纪念东吴大学法学院百年华诞

本书为江苏高校优势学科建设工程资助项目（PAPD）

本书属苏州大学公法研究中心研究成果

东|吴|法|学|文|丛·东吴法学先贤文录

东吴法学先贤文录
·民事法学卷·

方新军　胡亚球◎主　编

中国政法大学出版社

2015·北京

图书在版编目（ＣＩＰ）数据

东吴法学先贤文录.民事法学卷/方新军,胡亚球主编. —北京:中国政法大学出版社,2015.8
ISBN 978-7-5620-6271-4

Ⅰ. ①东… Ⅱ. ①方… ②胡… Ⅲ. ①法学－文集②民法－法的理论－文集 Ⅳ. ①D90-53②D913.01-53

中国版本图书馆 CIP 数据核字(2015)第 196655 号

出　版　者　　中国政法大学出版社
地　　　址　　北京市海淀区西土城路 25 号
邮寄地址　　北京 100088 信箱 8034 分箱　邮编 100088
网　　　址　　http://www.cuplpress.com (网络实名：中国政法大学出版社)
电　　　话　　010-58908586(编辑部)　58908334(邮购部)
编辑邮箱　　zhengfadch@126.com
承　　　印　　保定市中画美凯印刷有限公司
开　　　本　　720mm×960mm　1/16
印　　　张　　32.25
字　　　数　　520 千字
版　　　次　　2015 年 8 月第 1 版
印　　　次　　2015 年 8 月第 1 次印刷
定　　　价　　78.00 元

东吴法学先贤文录总序

胡玉鸿

光阴荏苒，岁月流金；薪火不熄，学脉永继。自 1915 年 9 月美籍律师查尔斯·兰金创办东吴大学法科以来，时光已一世纪，然东吴之辉煌、法学之昌盛，至今仍为世人津津乐道；东吴大学法学院于中国法制改革、法学教育史上之地位，亦可谓震古烁今，高山仰止。国内现代法学大师中，王宠惠、刘世芳、董康、戴修瓒、郑天锡、郭卫、章任堪、赵琛、凌其翰、徐传保、徐砥平、张志让、俞颂华、向哲浚、曹杰、张慰慈、吴芷芳、王效文、章士钊、朱通九、梅仲协、魏文翰、张企泰、范扬、俞叔平（以上为东吴教授，以到校任职先后为序）；王士洲、吴经熊、陈霆锐、何世桢、狄侃、李中道、盛振为、金兰荪、梁鋆立、端木恺、丘汉平、桂裕、孙晓楼、陶天南、张季忻、陈文藻、黄应荣、杨兆龙、李浩培、姚启胤、倪征噢、鄂森、何任清、查良鉴、费青、郑竞毅、卢峻、王伯琦、郑保华、魏文达、裘邵恒、陈晓、丘日庆、王健、徐开墅、潘汉典、高文彬、杨铁樑、王绍堉、浦增元、庄咏文（以上为东吴学子，以毕业届次为序），或执教东吴哺育莘莘学子，或出身东吴终成法学名宿，人人握灵蛇之珠，家家抱荆山之玉。合璧中西，形成"比较法"之特色；戮力同心，铸就"南东吴"之美誉。

但前人之辉煌，非仅为后辈称道而已。诸先贤之呕心力作，亟待结集；比较法之教学特质，仍需寻绎。前者在集拢大师文字，归并成皇皇巨作，嘉惠后人；后者则总结教育成就，细究其方法之长，服务现世。沧海桑田，白驹过隙。东吴法学之先贤，或天不假年，已驾鹤西行；或虽尚健在，然精力不济。精研法理之书文，多将散佚不存；服务国家之良策，亦恐湮没无息。是以今日学子之任务，在搜寻先贤文字，重版印行；总结东吴之成就，使传于世。

苏州大学王健法学院系承继东吴大学法学院而来。前辈业绩，自然庇荫今人，但全院师生，在以先贤为荣之余，更感使命重大，无一日或敢怠息。同仁深知：既为东吴之传人，自应熟悉先辈思想，了解学院历史。为此经讨论决定，近年内学院将完成三大浩繁工程：一为出版"东吴法学先贤文丛"，汇集大师之作，使珠玑文字，重见天日；二是编辑"东吴法学先贤文录"，以学科分类，归并单篇之作，以为研究之资；三则撰写《东吴法学教育史》，探讨东吴法学教育沿革之始末，总结比较法教学如何适应于今世。前者已有王宠惠、杨兆龙、李浩培、倪征燠、潘汉典诸先生文集面世，后续之举，已列议题；今则辑录先贤文字，以学科归类，分八册出版，以纪念百年东吴，使尘封妙文，重见当世。至于教育史之编撰，待档案解密、人员齐备之后，再行商议。

自 2012 年以来，本人即开始遍访东吴法学先贤于民国时期之文章，下载、翻拍、扫描、复制，虽卷帙浩繁，搜寻不易，然淘书之乐，无时或已。所幸者科技时代，诸多志存高远之士，将民国文献辑成电子文本，使今人更为便捷得识先贤文字。但遗憾者年代久远，资料多有散佚，有时"上篇"已得，但"下篇"难觅；有"二、三"者，却缺"一、四"。至于错漏、脱讹而至无法辨识之处，更是不足为奇。即便如此，学院同仁及广大学生，仍深感使命重大，不畏艰难，共襄盛事。文字录入工作，主要由在校研究生完成，论文选择编排，则请各卷主编担纲。资料浩繁，校对费时，自知多有遗漏，所录者不及万一；完善修正之举，仍需假以时日。敬请学界同仁，多加指正；如有资料提供，不胜感激！

是为序。

2015 年 7 月

目录
Contents

下编　民事诉讼

上编 民法学

民法之史的发展[*]

胡毓杰^{**}

在我国法制史上，民法之发达为晚近之史实。变法以前，民法不过为刑法之附庸。惟民法在欧陆法制史上自始即占主要之地位。在纪元前四百五十年即有具体之民法法典。[1] 同时法律学亦成为独立之科学。民法之发达在欧陆具二千年之历史。至近五十年始为亚洲国家所继受，日本民法典之颁行，距今仅四十七年，[2] 我国民法之发达，亦近四十年来之史实。我国民法虽其中之一部分为固有之规范，[3] 而大部分则直接间接继受欧陆之民法。[4] 故自法制史上而述民法之源流，应自欧陆法制史而详其变迁。但关于欧陆法制史之述作，卷帙浩繁，非初学者所得毕读。同时又多为原文书籍。我国关于欧陆法制尚无专书。罗马法学者所述史实亦限于罗马法本身之史实，欲明民法发达之史纲，实有综合说明之必要。本文之作，其目的在此。

第一节　欧洲私法发达史

自欧陆之法律发达史以溯民法之源流，罗马之十二铜表法以前虽已有制

＊　本文原刊于《新法学》1948 年第 3 期。

＊＊　胡毓杰，1934 年毕业于东吴大学法学院（第 17 届）。获得法学学士学位。

〔1〕　罗马法之十二铜表法其前十表于纪元前四百五十年前制定，其后二表于纪元前四百四十九年制定。见黄右昌：《罗马法》，民国七年北京大学再版，绪言，第十六页。

〔2〕　日本民法典一八九八年施行。

〔3〕　我国民法虽大体继受自欧陆，而其中如物权编，亲属编不乏为我国固有之法规及习惯所形成。

〔4〕　现行民法吸收欧陆德法俄瑞。诸国之法例，日本及暹逻民法亦为民法编纂之参考。

定法之存在。[1]但书缺有，间已难知其梗概。即十二铜表法之内容虽经多数数学者考订[2]，能于断简残编中求得其大致者，亦不过四五条耳。[3]故治罗马法学史者，或以十二铜表法之制定为始期。[4]欧陆法制史依法律发达过程得分之为五期。[5]（A）罗马地方色彩之罗马法。（B）世界主之罗马法。（C）罗马法之黑暗时期。（D）罗马法之复兴。（E）近代法典之完成时期。

（A）自十二铜表法之颁行（罗马法之萌芽时代），以迄优帝法典之完成，学者或分之为二期。自纪元前四五一年（十二铜表法编纂委员会成立于是年），至纪元后八九年（时罗马合并意大利全土）为第一期，此一期中罗马法乃适用于罗马市民之 Jus civile，其他地方色彩极浓，英美学者咸称之为 Roman Law as a Local Law。[6]罗马市民法之对象为罗马之市民，除享有市民权者，不得为市民法权利义务之主体。其内容则注重形式，一切交易往还均采严格的要式主义，所有权之移转无论矣，即借贷亦须经一定之仪式，其适用于移转所有权之仪式曰 Mncipatis。其借贷之成立所适用之仪式，则曰 Naxun。仪式不备，则两造之关系仅为事实上之关系，而无法律上之救济可言。使其形式具备虽无法律上之原因，其法律关系，亦为法律所承认。而法律之解释则采择严酷的狭义解释。殆至纪元前三世纪罗马与其邻邦有贸易之往还，杂居罗马之侨民，已不乏其人；而罗马与其邻邦亦时相缔结友好条约，因条约之作用，亦一度使有约国人民得享受市民法上之平等待遇。其后罗马强大，多数邻邦均为罗马所蚕食，罗马之市民法遂又为专用余市民之法律。

（B）自纪元后八十九年罗马既并意大利半岛于版图之内，帝国之基础已

---

〔1〕 罕谟剌比帝法典颁行于纪元前二一二三至二〇八一年之间。

〔2〕 "考订"原文作"攷订"，现据今日通常用法改正。——校勘者注。

〔3〕 参看黄右昌，前揭绪言第十六页。

〔4〕 索姆之罗马法即以纪元前四五一年为始期，见 *Sohm's Institution of Roman Law*，（Ledlie's translation）3rd ed 1926 Oxford P. Sherman（Professor of Yale Law School），*Roman law in the Modern World* 2nd ed 1924，N. Y.，Vol 1，p. 25. 就法制史而言分期，索姆氏法制史上划时代之史实为始期实较当也。故从其说。

〔5〕 罗马法之分期学者有分之为二期者，有分之为三期者，亦有分之为四期或五期者，详见邱汉平著罗马法上册第三章，但均为限于罗马法本身所为之分期。本文非研究罗马法之述作，其目的不过在略述欧陆法律发达史之概要以明我国民法源流之所自。不采求详，仅在略述欧陆法制史之大致，故对于罗马法之本身采索姆氏之二分说为分期之准绳。自第三至五期则为欧陆法律发展之鸟瞰，此种分期惟求简明使读者得略知我国民法之源流所自，不求精确俾免冗长，知我罪我则有待于读者。

〔6〕 索姆氏即锡尔门氏前揭同页。

成，服从罗马之法权者，已不仅其市民（Cives），被征服者外，往来罗马者亦不乏其人；缘罗马在此时期在政治上为帝国之首都，在商业上为国际之市场。专用于市民之 Jus Civile 已不足以应其需要，而临镜之习惯，规范以及衡平之法理应运而为罗马所逐渐吸收，于是罗马除市民法（Civile）外，复有所谓万民法（Jus Gentium）以治外来之侨民。罗马此时逐有平行之法制。至优士丁尼，（纪元后五百三十四年）完成世所谓为优帝法典，计三部分：曰法学阶梯（Institutions）凡四卷；[1] 曰学说汇纂（Digesta）；[2] 凡五十卷；曰法令类典（Cadex）；[3] 前二者于纪元三三年完成。后者则于五三四年完成，自优帝编纂法典以迄优帝升遐（535～565）所颁之敕令，原为单行法律，其后亦编纂而为新敕令（Novellae Constitutions）；[4] 与前述之法学阶梯，学说汇纂，法令类典共为四部分；而总称为国法大全（Corpus Juris）。[5] 至此而罗马法在发达史上已届成熟时期，市民法与万民法之平行制度，亦因优帝之编纂法典而统于一。自万民法发达之始期，罗马之法制，及不复囿于偏狭之观念，以罗马市民为其法律上唯一之对象。万民法既为适用于侨民之法则，盖亦世界人类为对象，故学者目万民法创始以来之罗马法为世界主义之法律。其后罗马法又为世界各国所继受，故自纪元后八九年以来，学者目罗马法为世界之法律（Roman law as world law）。[6] 罗马法成熟之期即优帝法典编纂时期，罗马帝国已衰亡，其法典之编纂已非罗马故都，而在东罗马帝国之首都君坦丁堡（Constantinople）。

（C）罗马法之成熟时期初届，罗马本部已沦陷于日耳曼族诸王之手，罗马帝国虽已衰微，但罗马法之适用则除局处近东之东，罗马帝国外，亦普遍适用于全欧。因日耳曼族诸王国虽未尝以罗马法为其国法，仍以其本族之习惯法为主，但以其法学理论采属人主义，以为人民应服从其本族之法则（Tribal law）。故罗马法除适用于东罗马帝国领域以外，罗马本土及意大利半

---

〔1〕 译名，均从黄黼馨师兄见黄氏前揭，绪言，第二二页。

〔2〕 译名，均从黄黼馨师兄见黄氏前揭，绪言，第二二页。

〔3〕 译名，均从黄黼馨师兄见黄氏前揭，绪言，第二二页。

〔4〕 译名，均从黄黼馨师兄见黄氏前揭，绪言，第二二页。

〔5〕 译名，均从黄黼馨师兄见黄氏前揭，绪言，第二二页。

〔6〕 索姆氏以 Roman law as world law of the world 名章而锡而门氏则以之名编。Sohmis Institutions, Part 1, ch II, Scherman Roman Law in the Modern, vol I, part II.

岛在日耳曼族诸王国支配之下仍以罗马法为治理罗马之人法律。惟法律在适用上，若与日耳曼种族法冲突，则日耳曼种族法居优先之地位。优士丁尼除编纂法典以外，复以武功恢复旧土，驱日耳曼诸王于罗马本土以外，时在六世纪中叶。及至优帝升遐，罗马帝国复衰。至六世纪之末叶，日耳曼族之朗巴德人（Lombard）复入主罗马本土。自此罗马帝国在中欧之国势，遂一蹶而不复振。在罗马法之史实上，亦遂入于黑暗之时期。在罗马之本土朗巴德法既随其政权而庞大。南欧之罗马旧领，又为日耳曼族中之西苟斯人（Visioth）所占领。而各该种族之习惯遂风行于罗马旧领。其后虽均受罗马法潜势力之影响，而罗马化，在八世纪西苟斯之王国作法典之编纂，其外形上虽为西苟斯之法典，而在实质上罗马之因素实占其主要部分。至九世纪之初期，日耳曼族诸王国联盟而成之弗兰克帝国查理曼大帝因其时宗教思想之支配，承认罗马主教为之上之权威。于纪元八百年受封而君临西罗马帝国。自此宗教在政治上之地位益固。从而中世纪之法律发达史上，除罗马法日耳曼种族法外寺院法亦占重要之地位。西罗马帝国在法制上之贡献，在立法方面，则有帝国之敕令，在司法方面，则有略具规模之上诉法院。除地方之保安官（Justice of Peace）以外，在帝国有中央法院，有巡回法院。以其时无正式之法典，案件之判断以衡平之法理为本据，故其判例法亦为相当之法源。使西罗马帝国而长存，则欧洲将为一之法令所统制。乃西罗马帝国不久崩溃，自十世纪始，欧陆遂入于混乱之局面。立法司法既无相当之机关，而法律思想又受封建制度之影响。属人之观念为属地之观念所破坏。统一之法制既随帝国之崩溃而消灭，属地主义之封建法令，又摒除罗马法之适用。自第十世纪以降，以迄罗马法之复兴，欧陆之法制史上，有三种法律系统之发展：（a）在候王统治之下，有封建制度之法令。（b）在教庭之下，有寺院之发展。（c）在商人之间，则商业习惯因地中海商务之发达，而形成为具体的海上及陆上之商事规范。自十一世纪以降，商事规范既为商人所遵守，而商人在海陆集散之要区，又各有公断机关之组织，此为商事习惯形成为独立之法律，而为近代多数国家民商法典分立之基础。而商事法之所以形成独立系统之主因，则以当时无统一政令之机关，属地主义之封建法规既不适宜于万方聚处之商业集散市场；同时寺院法以当时宗教之色彩对于商事既无适用之余地，而教廷之法庭，对于商事亦无管辖之权限。此商人所以自设公断之机关，而形成适用于商人之法律规范也。商法之形成，则为中世纪惟一之贡献。在十一世纪商业渐兴，于是社会经济制度发生剧烈之变化。在封建社会以及古代社会，土地为唯一之主要财产；法律制度以土地所有权、使用权、收益权为财产权之中心。其时之法制之主要规定，关于身份者，规定严密；关于财产者，则集中于土地上之权利义务。而关于债权债务及动产使用收益以外之权利义务（质权及权利质权）则缺如耶。泊至十一世纪以降，社会组织因商业之发达，贸易之日增而丕变。昔之以农业为基础者，至此而步入重商之经济组织。土地非唯一之财富，而动产及无体财产权逐渐而为财产权之中心。自日耳曼农林生活而演进以农村为对象之封建法制，既不足以适应当时之需要，变法之呼声因之发生；加以海陆通商，交易往返，已具国际贸易之规模，普遍适用之法律亦为当时之急需。封建候王既不足当此任重途遥之变法工作，且无相当之立法司法机关以担当此重任；而教廷之寺院法，对此种新生之社会需要，原无管辖之权限已见前述，且与当时之需要背道而驰（如寺院法对于利润之态度）；因之罗马法应运而起，复为中古欧所普遍援用，以补充其不完不备之法制。缘罗马法为都市文化之结晶，罗马之 Jus Civile 在十二铜表法颁布之时，已为城市之法令。至 Jus Gentium 则由于治外大法官 Praetor Pergrinus 历数十百年吸收罗马领邦商业中心之习惯所形成；此罗马法之所以合于转变时期之需要，而为当时所普遍援用也。

（D）罗马法之复兴，既由于需要，故在欧陆因需要之不同而有若干之例外。在北欧方面 Scandinavia 一带（即今之挪威丹麦），仍滞留于农村社会，变法之需要不殷，罗马法因之而未接受；在 England 则以自 Henry II 在位之时（1135～1189），司法制度已经确立；后以英为岛国，与大陆隔绝，其政治之基础固定，有本身之立法，后有相当完备之司法制度，已足适应其需要，故罗马法之原理，虽经吸收于英国之法制，而罗马法之本身，则未直接引用于英国。罗马法既复兴于欧陆，而普遍采用，于是治罗马法学亦为普遍之需要。其实全欧文化以意大利为盛，而意大利为罗马之本土，罗马遗法，始终适用，故罗马法学以意大利为中心，负笈里粮而就学于意大利者，乃日增一日。意大利学者，同时亦因欧陆直接援用罗马法典，故其研究之对象，以国法大全正文之注释为主，此前期注释学派（Glossatores）所以昌明于意大利也。意大利学者 Trnerius 于十二世纪之初年（一一〇〇），与其弟子专心致力于罗马法正条之注释，至十三世纪后期注释学派（Post Glossatores or Commen tators）继起，以注释前期注释学派者之论著为主旨。其方法虽采注释之方式，至其目的则以合于实用为宗尚。法律科学与实际生活之符合，实为后期注释学家之供献。罗马法虽为进步之法典，但其内容虽与数世纪后之实际生活相适应；加以意大利本土经日耳曼族朗巴德人（Lanbordi）统制，朗巴德之种族法典与罗马法并行适用者有年（均采属人主义，意大利之土著用罗马法朗巴德人用朗巴德法）。同时宗教势力之规律，从而协调罗马法，既以法律学与实际生活之符合为宗尚，从而协调罗马法，寺院法及日耳曼种族法之法则（朗巴德人为日耳曼族）入手，而使与实际生活相符合。此后注释学家巴耳妥路氏（Batalus）之论者，所以为意大利建国以后，意大利国家私法之主要本据也。不惟意大利民法以巴氏之论著为本据。欧陆国家甚至英美均直接间接接受其影响。至此而罗马法复兴之势力已成，复为世界所从同之规范。其初因经济落后而未直接援用罗马法之北欧国家，以及森林地带之瑞士，亦相继吸收罗马法之规范。不过在罗马法复兴之初期相继援用罗马法者，乃罗马国法大全之正文。而后世则吸收罗马法之原理，实质上无异于昔者。在形式上则为各该地方之 Common law（学者择为普通法易与 General Law 相混故迳用原文）。

（E）其后国家制度完成，欧洲大陆已脱离封建之时期而成立现代之国家。同时因文艺复兴、产业革命、国家主义以及法国大革命相继发生，国家法典之需要增高，而私法之发展又届成熟之时期，拿破仑法典遂于一八〇四出现于法国，中南欧诸国群起仿效，而为多数法典之模范，世称法国法系。至十九世纪之终期德国民法典异军突起，而不以法国民法典为模范，亚洲国家之中华民国民法典及日本民法典从之。欧洲之瑞士民法典亦大致从同，世称德国法系。近代国家之民法法典为两大系统，但均以罗马法为渊源，则所攸同。欧洲之法律发达史，虽非单纯罗马法之发达史，而始终罗马法之萌芽，始于罗马法之普通吸收以形成各国之法典，欧陆法律发达史，盖实以罗马为经纬也。

英美法之发达过程与大陆异。而英美法之精神则受罗马法之影响，英美法中罗马法之成分所在均是。本文对于法律史之探求，不过欲藉以明我国民法源流演变之所自耳。英美法之发达史，既与我国民法无直接之关系，自无详为说明之必要。

第二节　我国民法之史的发展

以我国民法之发展，我国自古以来重礼轻法为儒家之中心思想；仲尼有言，"尊之以德，齐之以礼，有耻且格；尊之以政，齐之以刑，民免而无耻。"[1]春秋之季世晋作刑鼎。[2]郑作刑书，[3]均为是论所不直。重治人轻治法，乃我国之传统思想，而我国之有成文法典则溯源自周代始。至于尚书吕刑[4]虽有真伪之辨，但春秋时已有刑书刑鼎，谓法典始于周代，盖无疑问。惟宗法社会宗亲关系居首要之地位，封建时代君臣上下亦为中心之组织，罗马古法关于身份之规定特详；而我国自古以迄清末以身份关系属之于礼，所谓父子之亲，君臣之义，长幼之序，上下之别以及一切宗法上封建上之秩序，均以礼为基础，而不以法律为范畴。至于财产关系，古代法制在农业经济组织之下，土地原为财产之中心；而秦代以前我国之井田制度不为私产，其他财产之交易在自足之农业社会有习惯已足遵守，亦无需法律为之规律。身份关系及关于土地之财产关系依各国之古代私法而言，原为其中心问题；而在我国古代，前者属于礼之领域，后者在井田制废以前，又非属于私有；私法无相当之对象，自无独立之可能。此我国所以在秦以前；仅有刑法发展之余地，而无私法可言。故见于尚书者，为象刑；[5]吕刑；见于春秋者为刑书刑鼎。先秦法家思想为刑法思想，李悝法经亦为盗法、贼法、囚法、捕法、杂法、具法六篇。盗贼囚捕诸法，一望而知其为刑事法令，杂法乃零星法令之集体名称，至于具法则为名例；是周代之法，乃纯刑事法，而私法不兴焉。汉既代秦，萧何定九章律，于李悝法经六篇外，增户、兴、厩三章。[6]户者婚，此为亲属身份定入法规之始。至唐律户婚章中，增入关于钱债之规定，是为中国私法除身份以外列入债之关系之始基。至光绪朝大清律始列田宅、

---

[1]　《论语·为政章》。

[2]　左俥昭公二十九年，晋铸刑鼎，见《春秋左传》，第十册第五十三卷第六页之乙（中华四部备要本）。

[3]　左传昭公六年，郑人铸刑书，见《春秋左传》，第十五册第四十三卷第六页之乙（中华四部备要本）。

[4]　《尚书》第二十九篇。

[5]　尚书瞬典，象以典刑，郁宪章氏（嶷）中国法制史四三至四六页明至为详尽。

[6]　萧何九章律就李悝法经六篇外增户、兴、厩三章，户者户婚，兴者与厩者厩库。

婚姻、钱债等三卷于三十三卷之现行刑律中。其田宅，婚姻，钱债各卷，仍一面为私法之规定，一面为刑事之制裁。变法以前我国固无纯粹之私法，则附属刑律之各章，亦非纯粹之私法。其所以然，重礼轻法之观念虽具相当之原因，但儒家之传统思想，无损于刑法之发展，而独碍私法之发达，亦为理论所难通。不过身分关系为欧洲私法初期之主要部份，我国古代，则列为礼制之中心，而居于私法领域以外。自汉以降，虽列户婚为专章，而大部之亲属关系仍属礼制之范围。至光绪朝现行刑律吸收礼制，列服制为名例之一部；身份关系始列入于法律之领域，身份关系不列于私法领域以内，可谓重礼轻法之观念对于私法发达之障碍，然不得谓全部私法发达史之落后，咸由于此。至其主要之原因，依寓所信，厥为经济组织自始以农业为基础；至海通以前，经济组织鲜相当之变动。国际贸易，在鸦片战争以前虽已数见于史籍，但一曝十寒，始终无正式市场。国内贸易，虽自周代即有商贾[1]为有无相通之媒介；然轻商之习已成，商人始终居于四民之求，[2]经济之发展既始终留滞于农业社会，对私法之发达，即鲜积极之需要，此我国私法在变法以前始终为刑法之附庸也。海通以后，社会有急转直下之丕变，经济组织亦入于产业革命之阶段；加以文化交流，欧美之思想制度均为当时所吸收，旧有之法制，不足以适应当时之需要，变法之局势已成，此我国所以接收西洋法制而私法之发达亦一跃而入于今日之新阶段也。

---

[1] 商贾数见于《孟子》及《左传》。

[2] 四民考：士、农、工、商，而商人居位末。

民法总则编立法技术上之批判
——为纪念民法总则编施行十周年作[*]

梅仲协[**]

（一）关于条文辞句

现行民法法典，计分五编，其第一编总则，系民国十八年十月十日施行，迄今适届十周年。现行民法之立法原理，是否与三民主义，甚相符合，则仁者见仁，智者见智，当无定论，且不属于本文讨论范围，姑不赘及。兹篇所述，系专就民法立法技术上，予以检讨与批判，且仅以有关总则编者为限。聊实一得之愚，藉供当今立法者，作一参考云尔。

按现在各国，民法法典之用字构句，皆有其特殊之点。举例言之：法国民法，辞句典雅，饶文学意味，颇堪环诵；唯用字欠确当，易滋误解。德国民法，词句精确，结构缜密，极合科学方法，然喜用专门名词，不易为一般人所了解。且文句冗长，抽象规定，非专家不能体会其法意之所在。至若一九一二年之瑞士民法，其立法上之技术，则有足称者。辞句确当，极易通晓，条文简洁，而了无遗漏，遮取法德民法之精英，而弃其糟粕，章节井然，眉注清晰，尤属别出心裁。我现行民法，颇具瑞士民法之长处，且避去前此各

---

  [*] 本文原刊为《新政治》1939 年第 1 期。

  [**] 梅仲协（1900～1971 年），浙江永嘉人。法学家，教育家。曾留学法国巴黎大学，获法学硕士学位。梅仲协自 1933 年起在国立中央大学及中央政治学校教授民法。1943 年出版《民法要义》一书，用德国、瑞士、日本等国的民法学说，对 1929 年的中华民国民法进行分析研究，阐释各个法律概念的法律内涵，并提出个人见解与意见，遂成一家之言。除了民法领域，梅仲协在其他诸如法律思想、宪法、商法等方面亦有建树。因早年留学法国，多受欧洲法律思想浸染，在罗马法、自然法以及近代德国法、法国法等方面亦有颇多论述，散见于当时各期刊且多被现今学者引用。梅仲协主张有选择地继承中国传统法律制度，这主要体现在其对先秦诸家的法律思想的研究。1949 迁台后，梅仲协执教于台湾大学法律系并在其他多所大学兼任教授，另常年担任台湾地区"教育部学术审议委员会委员"。梅仲协在学术思想方面的成就影响至今，且终其一生耕耘在教学一线，教书育人的成果亦是桃李天下。

民法草案之日本语口气，此不独总则编为然，即其他各编，亦莫不然，足征立法者之惨淡经营，独其双眼，诚为我国立法技术上之一大进步也。

（二）关于法例章

法例一语，由来旧矣。李悝法经，称为具法，魏因汉律，改具律为刑名第一。至贾充等增损汉魏律，于魏刑名律中，分为法例律。宋齐梁及后魏，因而不改。爰至北齐，并列名法例为名例。后周复为刑名，隋因北齐，更名名例，唐因于隋，相永不改（见唐律疏议卷一名例一）。律音义曰：主物之谓名，统儿之谓例，法例之名既多，要须例以表之，故曰名例。民律草案理由书所谓："关于民法全部之法则，以总括规定为宜。"云云，亦即"统凡"之意也。

现代各国民法法典，有设法例章者，亦有不设法例章者。前者如法，意，瑞士，苏联诸国之法典，后者如德国及日本民法是。法意两国民法，在法例章，规定法律之施行，效力解释及其适用（DE LA Publication, des Effo set de L, Application dos Lois en General; Disposizioni Sulla Pubblicaziole, Interpretazione ed Applicazione Delle Leggi in Gonerale），且其规定，一切法律，皆可拨用，不仅仅囿于民法也〔1〕。苏联民法法例章，虽寥寥三数条，但均属于有关新经，但权力之行使，远及其经济的与社会的目的者，不在此限。（Les Droits Civils Sont Proteges Par La Loi Saufles Casou ils Sont Exerces Daus Un Sens Contrairea Leur Destin Ation Economique Et Sociale.）〔2〕瑞士民法法例章，都凡十条，兹择要列示如下〔3〕：

（A）法律之适用（Anwendung des Rechts）

第一条事件，依法条或其解释，已有规定者，应适用法律。法律所未规定者依习惯法，无习惯法时，法官应自立于立法者之地位，以立法者所应采取之法理，而为裁判。前项情形，确定之学说与判例，应予援用。

---

〔1〕 法国民法法例章，凡六条。第一条规定法律之公布及施行。第二条规定法律无溯及既往之效力。第三条规定法律及于人及不动产之效力。第四条规定法官不得拒绝法律之适用。第五条规定法官不得创设法律。第六条规定关于公共秩序与善良风俗之法律，当事人不得与契约变更之。

〔2〕 苏联民法法例章第二条规定，关于私权之争执，应以裁判上之程序解决之。第三条规定，农业关系，因雇佣工人发生之关系，或亲属间之关系另以特别法规定之。

〔3〕 瑞士民法法例章第五六两条，系规定联邦法律与各州法律之关系。第七条规定债务法之通则，关于契约发生，履行及消灭等规定，适用于民法。第八第九第十三条，系规定证据法则。

（B）法律关系之内容（Inhalt der Rechtsverhaltnisse）

1. 行为须依诚实与信用之原则（Handeln nach Treuund Glauben）：

第二条行使权利，履行义务，应依诚实及信用方法。

权利显然滥用者，不受法律保护。

2. 善意（Guter Glaube_）：

第三条依法律之规定，权利之发生及其效力，由于善意者，推定其为善意。依照情形，应注意而未与注意者，不得援引善意之规定。

3. 法官之衡量（Richterliches Ermessen）：

第四条法律授权法官，得为自由衡量，或依照情形或重大事由为衡量者，法官应依据法理与公平观念，酌量裁判。

综上法，意，瑞，苏四国立法例以观，凡民法法典法例章所规定之事项，均系肇肇大者。不特足以贯穿民法之全部，即他种法令，亦可适用。而我现行民法总则编法例章则不然。民法第一条及第二条，固可适用于全部民法及各种特别民法，而第三条至第五条，则均属关于法律行为方式之规定，不宜规定于法例章，似应移置于总则篇第四章第一节之中。而民法第一四八条关于禁止权力滥用之规定，及民法第二一九条所定之诚信原则，似应规定于法例章。盖权利滥用之禁止，与诚信原则，皆为现代民法学上所最注意之事项，而与我三民主义之精神，亦极相吻合也。再者，现行民法，授与法官以酌量裁判之权之法条，亦颇不妙（例如第一八七条第三项，第一八八条第二项，第二一八条，第二五二条，第三一八条）。因事情之知与不知，于权利之得丧及其范围，发生因果关系者，复比比皆是。善意之推定，甚属重要。愚以为瑞士民法第三条与第四条之注意，似可探取，规定于法例章中。

（三）关于死亡宣告

现行民法第八条至第十一条，系规定死亡之宣告。按死亡宣告（TODE-SERKLAERUNG）一词，系德国民法所使用；法国，瑞士及日本民法，均称为失踪宣告（Declaration Dabsonce；Verschollenerklaeruug）。就理论上言，经宣告死亡以后，而安然无恙归来者，亦非事所必无。然则，死亡宣告一词，颇有语病，不若失踪宣告之较为合理也。更就中国之国情风俗言，欲子之对其父，妻之对于夫，而为死亡宣告之声请者，事实上可断定其为绝无仅有。则法律虽有死亡宣告之规定，亦属具文而已。转不若失踪宣告制度，较易实行。

兹有一事，尚须研究者。即失踪人受死亡宣告以后，如仍健在，安然归来者，则其法律上之地位，究属如何？现行民法总则编，及亲属继承两编，均漏未规定，如遇此项事件发生，虽免引起纠纷。兹特介绍德国立法例，藉供参考：

（甲）就原则上言，因失踪人之归来，其由死亡宣告而生之一切效果，概行废止。例如某甲于一九二三年，受死亡之宣告，判决内所确定死亡之时，为一九二〇年一月一日。因死亡之推定。乙丙丁均为甲之继承人。其法律上关系，与甲于一九二〇年一月一日，羁于自然死亡之情形无以异。然甲若于一九二四年安然归来，则其因死亡宣告而生之一切法律关系，概行废止，甲得主张遗产请求权（Erbschaftsanspruch）请求遗产占有人，返还其财产（参照德国民法第二〇三一条）。

（乙）因死亡宣告而生之亲属法上效果，不因失踪人之归来，而溯及其既定之法律关系，此例外也。（1）关于监护事宜者。受监护人受死亡宣告者，自宣告之日起，其监护关系消灭。监护人受死亡宣告者，自宣告之日起，其监护任务，亦归消灭（参照德国民法第一八八四条二项及第一八八五条二项）。（2）关于婚姻者。夫妻之一方，受死亡之宣告，他方再为结婚者，不因受死亡宣告之配偶，尚系生存，而使再婚（Wiederheir tung）为无效。但再婚者，及其新配偶，于再婚时明知受死亡宣告之人，尚系生存者，不在此限。又前之婚姻，因再婚而解除，其解除之效力，并不因死亡宣告之撤销而受影响（参照德国民法第一三四八条）。夫妻之一方，受死亡宣告后，因尚系生存，而提起撤销之诉时，则他方在诉讼终结前，不得再婚。但受死亡宣告之判决，经过十年，而始提起撤销之诉者，不在此限（参照德国民法第一三四九条）。再婚者及其配偶，于结婚后，始知悉受死亡宣告之人，尚系生存者，各得撤销其婚姻，但结婚时明知其尚系生存者，不在此限。有撤销权之人，于知悉受死亡宣告者尚系生存之时起六个月内，不行使其权利者，撤销权消灭。再者，有撤销权之人，于知悉受死亡宣告者尚析生存，而愿维持其婚姻，均不得提起撤销之诉（参照德国民法第一三五〇条）。

（四）关于禁治产制度

考现代各国立法例，禁治产之范围，较诸我现行民法为广。除对于心神丧失，成精神耗弱，致不能处理自己事物者，得宣告禁治产外，凡聋，哑，盲，浪费，酗酒，亦得为宣告禁治产之原因，即日本所谓准禁治产是（参照德国民法第六条二项，瑞士民法第三七〇条，苏联民法第八条，法国民法第五一三条，日本民法第一一条）。我旧律虽无禁治产之名称，而对于浪费者，仍许利害关系人，呈请地方官"出示晓谕"；"伤架封号"、以限制其行为能力。民律草案第二三条规定：对于心神耗弱人，聋人，哑人，盲人，及浪费人，审判衙门，须宣告为禁治产。前北京大理院统字第一九九二号解释例，更明白确认准禁治产制度。现行民法总则篇，未设专条殊为憾事。藉以聋，哑，盲，及浪费者，固不能视为心神耗弱，致不能处理自己事物，而予以禁治产之宣告，但此种之人或以生理有残缺，或以嗜好多恶劣，不能不予以相当之保护与矫正，而尤以浪费行为，影响于共同生活者巨。盖就吾国目前社会情形以观，慈幼养老诸射篇。似难于最近之将来，克臻完善。而成年之人，继或浪费，则为都市生活中，习见之事实，倘因是而致家属之生活，陷于困难，其贻害社会，至深且巨。深望立法者极谋补救之方，以遂民族之整个发展。

如上所述，现行民法，既未采准禁治产制，则民法第九十五条第二项，所谓"或其行为能力受限制"一语。殊难索解。按现行民法，关于行为能力受限制之原因，仅有满七岁而未满二十岁之一种（参照民法第一二条及第一三条二项）。故自然人满二十岁而成年后，虽可因受禁治产之宣告，剥夺其全部行为能力，但决不能因任何原因，致其行为能力受限制。至若法定代理人，对于独立营业之限制，盖其性质上，本系限制行为能力人也。又民法第十三条第三项，明定未成年人因结婚而取得完全行为能力，则亦不能因嗣后婚姻关系消灭，致其行为能力复受限制，要之，现行法规，既不认妻为限制行为能力人，又不采准禁治产制度，第九十五条第二项"或其行为能力受限制"一语实属赘设。

（五）关于法定代理人与授权代理

依法律之规定，取得代理权限者，谓之法定代理（Gesetsliche Ver – tretung）例如父母对于未成年之子女，监护人对于受监护人，依法律之规定（民法第七六条，第一〇八六条，第一〇九八条参照）。有代子女或受监护人为一切法律行为之权，是即所谓法定代理之权限。依法律行为，授予他人以代理权限者，谓之授权代理（Vollmacht）。代理权之授予，常有其处理事物之法律关系（Geschaeftsbasorguugsverhaeltmis）在，本人与代理人间，其内部权义若何，必受此法律关系之拘束，例如甲乙间订立委任契约，甲以出卖土地事件，委任于乙，而同时亦必授与甲以订立契约之全权。其授予订立契约全权，即系代理权之授予，而甲乙间内部之权利义务，则一依处理事物之委任契约以决定之。故代理权之授予，与其基本的处理事物之法律关系，应加区别。代理权之授予，并不因其基本的法律关系而受影响。如上示之例，买卖土地之委任契约、虽因乙系限制行为能力人，未得其法定代理人之允许，而失其效力，但乙所取得之代理权，仍属有效。倘乙已将土地出卖于丙，则以此项买卖契约，并不因甲乙间之委任契约失其效力，而亦羁于无效。盖限制行为能力人。亦得为他人之代理人，此民法第一〇四条有明文规定者也。要之代理权之授予。仅确定对外关系，且为单独行为，无须得相对人（即代理人）之承诺，代理人只享受代理之权利，并不负担任何义务。与债之关系，截然不同。而基本的法律关系则不然。此项法律关系，系规定当事人间内部之权利与义务，必须以契约订立，而发生债权债务之关系也[1]。

我现行民法总则编第四章第五节，规定代理之效力，双方代理，代理权之消灭，及无权代理之事项，而关于授权代理，即所谓代理权之授予，则规定于民法债编第一章第一节第二款，认为系债之发生之原因之一种此在各国立法例中，洵属创举。按民法第一〇三条至第一一〇条所规定之事项，并非专属于法定代理之情形，而授权代理，仅系代理中之一种，并不发生债之关系，亦如上述。立法者如果坚持其见解，认代理权之授予，确系债之一种发生原因，则试问债之主体为谁？债权人或债务人，为本人耶。抑代理人耶？债之标的又为何？为本人或代理人之行为乎？抑不行为乎？诚百思不得其解。甚愿世之贤达，有以教我！复查民法第一〇三条至第一一〇条（即总则编第四章第五节代理），及同法第一六七条至第一七一条（及债编第一章第一节第二款代理权之授予），均取材于德国民法（参照德民一六四条至一八一条）。德国民法第一编第三章第五节，将代理（Vertretung）与授权代理（Vollmacht）二者并列。足征其不认代理权之授予，为债之发生原因，彰彰明甚。愚以为现行民法第一六七条至第一七一条，应并入总则编第四章第五节中，方为合理。

（六）关于消灭时效

就现行民法全部以观，所谓时效者，计有两种所有权取得之时效（民法

---

[1] 参照：Enueocetus – Nip Per dey, *Lehrbuch dcs Buerger – lichen*, Allgemeiner &eil, G171.

物权为第七六七条至第七七二条参照），二曰请求权行使之时效（民法物权篇第一二五条至第一四七条参照）。在德瑞民法称前者为 Ersitzung 称后者为 Ver-jaerung[1]日本民法总则编第六章，则将此种时效，并列于一章中，称所有权取得之时效。日本民法关于取得实效之概念，固与德瑞民法相同，但关于消灭时效之意义，则与德瑞民法所称 Varjaerung 者，大异其趣。日本民法认所有权无消灭时效。普通债权，因十年间不行使而消灭。其他特种债权，则因其性质之不同，消灭时效之期间，或短或长，均须依法律之规定[2]。要之，日本民法上所谓消灭时效，乃权利消灭之原因。质言之，某种权利，依法律之规定，于某一定之期间内不行使者，其权利即根本归于消灭也。

德民法及瑞士债务法则不然。按德瑞两国法例，对于权利本身无论已，即因权利而生之请求权，亦不因于一定时间内不行使而羁于消灭。Verjaerung 之完成，仅足使义务人，取得时效抗辩权（Einredeor Verjaeruug）得以拒绝其应为之给付，同时权利人之请求权，即因此减损其力量，此征诸德国民法第二二条之规定，自属无疑。故德瑞民法所谓 Verjaerung 一语，在法理上之意义，应解为"请求权因一定期间不行使，而减损其力量"。之意（Dio Entkraeftung von Anspruecheninfolge Nichtausuebung Waoreudeiner Bestimmten Frist）最为适当[3]。

按现行民法总则编第一二五条至第一四七条之注意，系采德瑞立法例，而与日本民法，截然不同。且其条文辞句，均有德国民法选择而成，此则有法典可以比照，不容有丝毫疑义者。然则，总则编第六章章名，仿日本例，定为"消灭时效"，殊属未妥。愚以为应改为"请求权之时效"，较符条文之内容。盖如上所述，时效之完成。并不使权利或请求权，归于消灭也。又民法第一二五条至第一二七条，及其他散见于各编，或其他民事特别法中之条文，所定"请求权因若干期间不行使而消灭"云云，其"消灭"二字，均应改为"羁于时效"，或其他与此四字意义相似之字样，较为合理。又民法第一四〇条，至第一四六条所列"权利"二字，均应改为"请求权"字样，庶免误解。

---

　　[1]　参照德民第九〇〇条以下，及第一九四条以下：瑞民第六六一条以下，及瑞债第一二七条以下。

　　[2]　参照日民法第一六六条以下。

　　[3]　参照；Eneccerus – Nipperdey, *Lehrbuch des Buergerli chen – Rechts*, Allgemeiner Teil, &207.

（七）关于期间之起算

现行民法第一二〇条第二项载：以日，星期，月，或年定期间者，其始日不算入。关于此点，德日民法及我第一次民律草案，均设有例外之规定，即期间自上午零时为始者，仍算入其始日（德民第一八七条，日民第一四〇条，民草第二六八条第一项参照）。按我国历来施行法令，均自施行之始日上午零时起算。例如新刑法于民国二十四年七月一日施行，其犯罪在七月一日上午零时以后者，均适用新法治罪。又民国订立契约其约定期间，自某月某日始者，依照习惯，亦以其日上午零时为起算点。民法第一二〇条第二项未设例外规定，似嫌疏漏。

民法债编立法技术上之批判[*]

梅仲协

不佞于上年十一月间，曾在本刊发表一文，题目曰民法总则编立法技术上之批评（第三卷第一期），兹再就研究所得，对于民法债编，略抒管见，唯讨论范围，亦仅以有关立法技术者为限。聊实一得之愚，以就正于读者。

一、关于债之发生

现行民法债篇，将关于债之发生原因，撮其重要者，列诸通则之首，其数凡五：一曰契约，二曰代理权之授予，三曰无因管理，四曰不当得利，五曰侵权管理。按契约债之发生之最普遍的原因，唯查民法第一五三条至第一六三条，均系规定关于契约之一般原则，此项原则之适用，并不以关于约之债者为限，其他物权契及关于亲属事件如关于婚姻结婚认领收养等契约，亦不能不援用此项原则。然则，我现行民法法典，既没有总则编之规定，其关于契约上之一般原则，似宜订明于总则编，方足以贯穿全部，前后呼应。乃民法起草者，只认契约为债之发生原因之一种，规定于债编通则中，编制稍欠斟酌。论者或谓此种编制，系承瑞士债务法法典，未可厚非。殊不知瑞士民法，并不设总则编，且于第七条明定，于民法事件，亦适用之。（Dallegameinen Bestimmungen des Obligationenrecetes unber die Entstehung, Erfuellung und Aufhebung der Vertraege finden auch Anwendung auf Andere zivilrechtliche Verhaeltnisse.）具征其体制自与我不同。又按德国民法，系采五编制，将关

---

* 本文原刊为《新政治》1940 年第 2 期。

于契约之一般规定，纳诸总则篇〔1〕，而债务关系篇，则仅规定债务契约之特殊情形，及各种债务契约，颇足供吾人之参考云。

关于悬赏广告之性质，立法例中，有采契约说者，亦有采单独行为说者。现行民法，将关于悬赏广告之性质，订入于契约之后，因而引起学者之误解。吾国民法学家戴修瓒，陈璟琨，周新民诸氏，众谓民法采契约说，评悬赏广告系对于特定人之要约，以民法第一六四条及第一六五条关于广告之规定，列诸契约款故也。愚以为第一六四条所定悬赏广告之意义及性质，系取德例而与瑞日异。瑞士债务法第八条及日本民法第五二九条，均为相当于我民法第一六四条下段"对于不知有广告而完成该行为之人，亦同"。之文句，其采契约说，固甚明显。而我民法上开条文下段，系自德国民法第六五七条下段 Auch wenn dieser nicht mit Ruecksicht auf die Auslobung gehandelt hat 后译而成，亦无疑义。至德国学者，认悬赏广告为单独行为，则由系一般之定说〔2〕。我民法于悬赏广告之意义及性质，既从德例，而条文编列之次序，又仿日本，不能不认为系立法技术上之一重大瑕疵，自易引起学者之误解也。不佞以为民法第一六四条，既认悬赏广告系单独行为，则仍应仿照德例，将该条及第一六五条，移置于各种之债之中，作为因单独行为而生之债之一种，似较得体。

依法律行为，授予他人以代理权限者，谓之授权代理，亦称意定代理。代理权之授予，常有其处理事务之法律关系（Geschaeftsbesorgung Sverhaeltnis）在。本人与代理人间，其内部权力若何，必受此法律关系之拘束。例如甲乙间订立委任契约，甲以出卖土地事件，委任于乙，而同时亦必授予乙以订立契约之全权。其授予订立契约之全权，即系代理权之授予，而甲乙间内部之权利义务，则一依处理事务之委任契约以决定之。故代理权之授予，与其基本的法律关系，应加区别，代理权之授予，并不因其基本的法律关系而受影响。如上示之例，买卖土地之委任契约，虽因乙系限制行为能力人，未得其法定代理人之允许，而失其效力，但乙所取得之依理权仍属有效。倘乙已将土地出卖于丙，则此项买卖契约，并不因甲乙间之委任契约失其效力，而亦羁于无效。盖限制行为能力人，亦得为他人之代理人，此民法第一○四条有

---

〔1〕 参照德国民法第一篇第三者第三节。我现行民法第一五三条至第一六三条，即系采德民之立法例

〔2〕 参照 Ennecerus, *Lehrbuch des buergerlichen Rechts*，Ⅱ，&156.

明文规定者也。要之，代理权之授予，仅确定对外关系，且为单独行为，亦无须得相对人（即代理人）之承诺代理人只享受代理之权限，并不负担任何义务与债之关系截然不同。是故代理权之授予的并非债之发生的原因。现行民法起草者，将代理权之授予，列入于债编通则，认为系债务发生原因之一种，似属误会。如果认代理权之授予，确系一种债之发生原因，则试问此项债之主体为谁？债务人或债权人，为本人耶？抑代理人耶？债之标的又为何？为本人或代理人之行为乎？抑不行为乎？不佞之愚，语百思不得其解。然查民法第一〇五条至第一〇条（即总则编第四章第五节代理），及同法第一六七条至第一七一条（即债编第一章第一节第二款代理权之授予），均取材于德国民法（参照德第一六四条至第一八一条）。德国民法第一篇第三章第五节，将代理（Vertretung）与授权代理（Vollmecht），二者并列。足徵其不认代理权之授予，为债之发生原因，彰彰明甚。愚以为现行民法第一六七条至第一七一条，应并入总则篇第四章第五节中，方为合理。因行为不合法，致加损害于他人，依法律之规定，应负损害赔偿责任者，吾民法称之为侵权行为。就法理上言，所谓侵权行为之构成，并不以侵害权利为必要。此观诸民法第一八四条第一项下段，及同条第二项之规定。人格权，权利之一种也，但人格权受侵害时，以法律有明文规定者为限，始得为损害赔偿之请求，此则民法第十八条第二项，后予以明白之规定。而我民法第一八四条至第一八九条各条文中，均标明“权利”二字，一若侵权行为之客体，必须为权利之受侵害，而权利受侵害时，不问为财产权抑人格权，一体将为损害赔偿之请求也者。衡诸法理，似觉未当。又查现行民法第一八四条至一九八条，均系采取德国民法例，而德国民法，称侵权行为，曰 Unerlaubte Handlung〔1〕。就术语上言，Un-erlaubte 一字，并无侵权之意；且德民法关于 Unerlaubte Handlung 一节，除第八二三条载有“所有权或其他权利”（Das Eigentum oder Ein Sonstiges Recht）〔2〕，

---

〔1〕 日本民法称“不法行为”。法国民法，沿袭罗马法之旧称，曰私犯与准私犯（Delit et Quasi Delit），而现时学者之著书，亦多称为不法行为（Des Faits illcites）。瑞士债务法，则与德法同其名称。

〔2〕 日本民法第三编第五章关于不法行为之规定，除民七〇九条定有“侵害他人之权利”一语外，其余法条，均无同样之文句。法国民法之规定。则更为简括而抽象，其第一三八二条载：“凡同过失加损害于人者，应负赔偿责任”。（Tout Faits Un Dommage de Lhomme，Qni Cause A Autrni Un Dommage，oqlige celui Par La Faute Duquel il est Arrive，De Le Reparer.）瑞士债务法，关于侵权行为章，大体上虽采德国立法例，但其第四十一条第一项，则纯取材于法国民法第一三八二条。且统观全章，并无“侵害他人权利”诸字样。

而我民法起草者，乃于第一八四条第一八九条逐条文上，均标明"侵害他人之权利"一语，似有蛇足之嫌。愚以为各该条内"之权利"三字，应予删去，而第五款之标题"侵权行为"一语，亦宜改为"侵害行为"，应不背乎义务本位之立法旨趣也。

二、关于债之效力

民法第二一九条载：行使债权，履行债权，应依诚实与信用方法。此即学者所谓诚信原则。按诚信原则，不特债之关系上，有其适用，即一切法律关系，凡关于权利之行使与义务之履行，均应遵守此项原则，斯乃近代民法学者所公认。瑞士民法，将诚实与信用之原则，规定于法例章中，其第二条云：Jedermann hat in Der Ausuebung seinei Rechtee und in der Erfuellung Seiner PFlichten Nach Treu und Glauben zu Handeln. 以为全部法典之通则，洵属允恰。我现行民法，采德国立法例，规定于债篇中，就立法技术上言，似不及瑞民远甚。

民法第二三〇条第二项，系采瑞士债务法第九九条第二项之立法例。依瑞债该条原文，应译为"责任之轻重，应依事件之特性定之。如其事件非予债务人以利益者，应从轻酌定"。（Das Mass der Haftung Richtet Sich Nach Der Besonderen Natur Des Gese Haeftes und Wird insbesondere Milder Beurteilt，Wenn Das Geschaeft Fuer Den Schnidner Keinerlei Vorteil Bexweckt.）我民法规定"过失之责任，依事件之特性而有轻重"云云，措辞上似不若瑞债之明显。

按罗马古代，仅认依市民法所作成之债务关系，有强制执行之效力，不然者，均系自然债务，不能声请为强制执行也。现代各国法律，则认债之关系之形成，只须不违反法令及公序良俗，皆保有强制力，所谓自然债务，乃极稀有之例外，故各国民法法典，如我民法第二二七条之规定者，殊罕其例。而我民法第二二七条，似系仿照瑞士债务法第九七条之法文，而略予变易。瑞债第九七条载：债务人不为债务之履行，或不为完全之履行者，对于因此所生之损害，应予赔偿；但证明并非因可归责于己之事由所致者，不在此限（Kauu die Erfuelung der Verbindl. chkeit ueberhaut uichroder uieht gehoeig bewirk werdeu，so that der Schuldet fuer deu daraus eutsteheuden Schadeu Ersa e euleisteu，soferu er uicht beweist，dass ihm keiuerlei Verschufdsueur Iast falle.）但接瑞士债务法，并无类似我民法第二二六条之明文，故其第九七条之规定，自属必要。我现行民法，既采德例，设有第二二六条之规定（德民第二八〇条参照），则第二二七条，似属多赘。因立法技术上有瑕疵，致学者间，竟有误认第二二七条，系为"债权之积极的侵害"而设者（参照胡长清著，《中国民法债篇总论》。）

民法第二六九条，系采德国民法之立法例，唯对于德民所称 Versprechsempfaenger，我民法起草者，则译为"要约人"。查向第三人为给付之约定，系采契约之一种，在契约订立之前，自不能不有民法第一五四条以下所称之要约人（Antragendee）之存在，但契约订立前之要约人，与第二六九条所谓"要约人"，迥异其性质。以性质不同之二种法律关系当事人，使用同一之术语，最易引起一般人之误解，愚以为第二六九条之要约人，应改为"受约人"，以示区别。

民法第二五八条第三项载：解除契约之意思表示，不得撤销。按意思表示，有可得撤销之原因（如错误，被诈欺，被胁迫等者），为保护表受人起见，自应许其撤销[1]。然则，在解除契约之意思表示，何以犹异。就法理上言，第二五八条第三项之规定，应予删去。

（三）关于债之移转及消灭

民法第三〇四条第一项下段规定："但与债务人有不可分离之关系者，不在此限。"云云，殊难索解。按现行民法第三〇四条第一项，系采瑞士债务法第一七八条之立法例，所谓从属于债催之权利，与债务人有不可分离之关系者，在瑞士民法，有第二二四条之例可举。该条规定：在夫破产或共同财产被扣押时，妻得请求返还其原有财产之半数，享有优先受偿之权。（Im Konkursedes Ehemannes und bei der Pfaendung uon Vermoe Genswerten des Gesamtgutes kann die Ehefrau eine Forderung fuer ihr eingebrachtes Gut geltend machen und geniesst fuer deren Haelfte ein Vorrecht nach Schuldreirungs – und Konkursrecht.) 设若有人承担夫对于妻之原有财产之返还债务，则从属于妻之返还请求权（即债权）之优先权，不复因债务之承担而仍存在。盖此项优先权与夫（即旧债务人）之身份有不可分离之关系也。我民法亲属编，既无类似瑞民第二二四条之明文，又无其他法条可资援用，立法者为第三〇四条但书之规定，有

---

[1] 在特别民法中（公司法第一一〇条），亦有根据特种理由，认意思表示，不得撤销者，但此系例外，不足以语普通法也。

何深意，殊难悬惴。愚以为该项但书，在现行法上，无甚意义，应予删去。

依现行民法第三四三条之规定，免除之意思表示，系单独行为，债之关系，因债权人向债务人表示免除其债务之意思者，即归消灭，殆采日本之立法例也（参照民日第五一九七条及瑞债第一一五条）。认债之免除，乃一种契约，仅有债权人一方，表示免除债务之意思者，债之关系，尚不因此即归消灭。按现行立法之趋势，咸认法律之基础为义务而非权利，且依吾国固有之风尚，当有以克尽义务为业者，若因自己抛弃权利，而强迫他人不许其履行义务者，殊非事理之所通。愚以为德瑞法例，颇足资楷模，而日本民法，不屑取也。关于此点，虽非立法技术上之问题，至为重要，故亦附以一言耳。

（四）关于各种之债

按民法第三五九条以下关于买卖契约之解除，乃解约之请求权，与民法第二五四条以下所规定之解除权，自有区别。盖后者乃形成权，而前者乃请求权之一种，此观诸民法第三五六条第一项，定有解除权之时效期间，可以了然。故德瑞民法，称通常之解除权，曰 Rucktrittsrecht，而称买卖契约解除请求权，即为 Wandelung。我民法不加区别，一体谓为解除权，用语上殊属含糊，最易引起误解。愚以为民法第三五九条"买受人得解除其契约"；及"但依其情形，解除契约，显示公平者"；第三六〇条"买受人得不解除契约"；第三六一条第一项是否解除契约，又第二项"不解除契约者"；第三六二条"因主物有瑕疵而解除契约者"；第三六三条第二项"得解除全部契约"；第三六四条第一项"买受人得不解除契约"；第三六五条第一项"买受人因物有瑕疵而得解除契约"等文句中，"解除"一之语上，均应冠以"请求"二字。又民法第三六一条第二项"丧失其解除权"；第一六五条"其解除权"，"解除权"一语，均应改为"解约请求权"[1]。又第三六二条第二项及第三六三条第一项"为解除"三字，应改为"为解除之请求"。

按民法法理，法律行为由瑕疵，例如因错误，被诈欺，被胁迫而作成，或法律行为本身虽无疵累，但因未具备其他法定要件，致陷于瑕疵之情形（民法第九八九条以下参照），依法律之规定，可使其效力归于消灭者，是以撤销，德瑞民法上之术语，为 Anfechtlng。法律行为本身并无疵累，唯因特种

---

[1] 民法第三六五条"其解除权"，既改为"解约请求权"，则为修辞上之关系，同条"或请求权"一语，亦须改为"或减少价金请求权"。

事实之发生，法律准许利害关系人，收回其所作成之法律行为者，是为撤回，德瑞民法上之术语，为 Wiederuf。我民法起草者，对于该两术语之使用，未甚加以注意，在应使用"撤回"之处，往往误用"撤销"字样[1]。民法第四一六条，第四一七条，第四一九条，第四二〇条，及第四〇八条第一项，所谓"撤销"赠与，就条文之内容而言，其系"撤回"赠与之意。至赠与人之赠与意思表示，倘果有可得撤销之原因，在则仍得依民法总则第八八条至第九三条之规定，予以撤销也。

---

[1] 民法第一六五条，及第一二一九条至第一二二二条所谓撤销，就法理上言，均系撤回之误。

谈消灭时效——法律不保护"权利上的永眠者"*

彭学海**

（一）绪言

本期的法理讲题，经缜密考虑后，决定先谈消灭时效。目的在将现行普通民法所定，作一科学的分析从而为简明的介绍。至于为什么要先来谈他，原因就在我国人，尤其是普通商人，素讲面情，且富于惰性，因为当将许多权利，轻易放过，结果发现请求权已罹时效而消灭，徒唤负负。作者遇到这种事件很多，而一般人对于法律上消灭时效的规定，又极模糊，故决心首次来作一个有系统的介绍。

所谓消灭时效，乃法律上之规定时效制度的一种。"时效"的意义，系一定之事实状态，永续达于一定时间，法律赋予一定效果的制度。通俗地说，即权利人在此一定期间中，有了永续行使或不行使权利的事实，致生权利得丧的效果。其因时效而取得权利者，叫做"取后时效"；因时效而消灭权利者，叫做"消灭时效"。所以"消灭时效"的真义，就在某一定继续期间内，不行使权利，以致权利归于消灭的一个法律事实。

法律上所以规定"消灭时效"，主旨在于尊重永续事实状态，维持社会秩序，务使权利义务，早日确定，以免陆续发生无穷尽的纠纷。我人对于权力者，历久未一行使其权利，迹近自动放弃，而成为"权利上的永眠者"时，法律基于社会立场，对之不予保护，要无不当。

（二）期间

消灭时效的期间，有长期与短期之分。但不论长期和短期，他的起算点，

---

* 本文原刊于《文心》1938年第1期。

** 彭学海，1932年毕业于东吴大学法学院（第15届），获法学学士学位。

极关重要。我民法一方在其他适当处所设规定外；并在总则编中明定消灭时效，应自请求权可行驶时算起。兹就长期短期分述如下：

（甲）长期消灭时效的时间（即一般期间）——请求权因十五年间不行使而消灭，但法律所规定期间较短者，依其规定。

（乙）短期消灭时效的时间（即特别期间）——得分为五年，两年，一年，六月四种，限于篇幅，仅就一般规定而言，其他散见各条怎中兹特摆要分析如下：

（1）五年的时效时间——利息，红利，租金，赡养费，退职金，及其他一年或不及一年的定期给付债权，其各期给付请求权，因五年间不行使而消灭。

（2）二年的时效期间——有下列数种，其请求权因二年不行使而消灭。①旅店侯食店及娱乐场的住宿费，饮食费，座费，消费物的代价及垫矣。②运送费及运送人所垫钦项。③以租赁动产为营业者的租价。④医生药师看护生的诊费，报酬及其垫钦。⑤律师会计师公证人的报酬及垫与。⑥律师会计师公证人所收当事人物件的交还。⑦技师承揽人的报酬及其垫与。⑧商人制造人手工业人所供给的商品，及产物的代价。⑨因侵权行为所生的损害赔偿请求权。⑩出租人就租赁物所受损害，对于承租人的赔偿请求权；承租人的偿还费用请求权，和工作物取回权。⑪关于物品或旅客的运送，如因丧失，损伤或迟到所生的损害赔偿请求权。

（3）一年时效期间——下列数种，共请求权因一年间不行使而消灭。①定作人的瑕疵修补请求权，修补费偿还请求权，或契约解除权。②承揽人的损害赔偿请求权，或契约解除权。③占有人，其占有被侵害，被妨害，或有权妨碍之属者，共返还占有物，除去或防止其妨碍的请求权。

（4）六月的时效期限——下列数种，其请求权因六月间不行使而消灭。①贷与人就借用物所受损害，对于借用人的赔偿请求权。②借用人因贷与人故意不告知借用物的瑕疵，致受损害，其赔偿请求权及工作物的取回权。③旅店或其他以供客人住宿为目的场所主人，对于客人所携带物品的损毁丧失，其损害赔偿请求权。④同上主人，对于客人已经报明性质数量交付保管的金钱，有偿证券，珠宝或其他贵重物品，如有毁损丧失，其损害赔偿请求权。主人无正当理由拒绝保管者，亦同。

（三）故障

法律所定消灭时期，必须自始至终，都有不行使权力的一串事实，继续存在。倘使在这个法定期间中，关有行使权力的事实发生，或则另有难于行使权力的事实存在，均可使时效不完成，学说上叫做"时效的故障"。又分为时效中的中断，与时效停止的二种。

（甲）消灭时效的中断——时效期间进行中，有与消灭时效要件适相反对的事实发生，致使已经进行的若干期间，概括无效。以后必须待该适相反对事实告终，方再重行起算新时效。其事由有下列四种：

①请求。（但于请求后六个月内不起诉视为不中断）。②承认。③起诉（但撤回其诉，或因不合法而驳回之判决，其判决确定视为不中断）。④与其诉有同一效力之事项，更得细列为下列五种：（1）依督促程序送达支付命令。（但诉讼拘束失其效力时，视为不中断。）（2）因和解而传唤。（但相对人不到庭，或和解不成时，视为不中断。）（3）报明破产债权。（但债权人撤回其报明时，视为不中断。）（4）告知诉讼。（但于诉讼终结后，六个月内不起诉，仍视为不中断。）（5）开始执行行为，或声请强制执行。（因开始执行行为者，倘权利人的声请或法律上要件的欠缺，撤销其执行处分时，视为不中断；其因强制执行者，倘撤回其声请，或其声请被驳回时，视为不中断。）

（乙）消灭时效的不完成——时效期间进行后，以应完成，因而一定的事由，休止共进行，另其时效不完成。其与时效中断之区别，即时效中断，乃另已进行期间，全归无效，再由中断事由终止时，重行起算；而时效不完成，则使已经进行的时效期间，仍属有效，于不完成的事由终止时，尚可一并算入，其事由有下列五种：①时效之期间中止时，因天灾或其他不可避免之事变，致不能中断共时效者，自其妨碍事由消灭时起，一个月内其时效不完成。②属于继承财产制权利，或对于继承财产之权利，自继承人确定，或管理人选定，或破产之宣告时起，六个月内其时效不完成。③无行为能力人或限制行为能力人的权利，于时效期间中止前六个月内，若无法定代理人者，自其成为行为能力人或其法定代理人就职时起，六个月内其时效不完成。④无行为能力人或限制行为能力人，对于其法定代理人的权利，于代理关系消灭后一年内，其时效不完成。⑤夫对于妻或妻对于夫的权利，于婚姻关系消灭后一年内，其时效不完成。

（四）效力

消灭时效的效力，乃因时效完成而发生，结果使债权人丧失其请求权，债务人得依法拒绝给付。我民法对此，更就原则和例外，分别订定如下。

（甲）债务人得拒绝给付之原则和例外——就原则上说，时效完成后，债务人自得完全直截了当地拒绝给付。惟有一例外，即债务人自愿履行之给付，不得以不知时效为理由，请求返还；其以契约承认该债务或提出担保者，亦同。

（乙）债权人就担保物取偿之原则和例外——就原则上说，以抵押权实权或留置权供担保的请求权，其时效虽经时效而消灭，债权人仍得就其抵押物实物或留遗物取偿；例外即上开规定，对于利息及其他定期给付的如期给付请求权经时效消灭者，不适用之。

（丙）主权利的效力及从权利之原则和例外——就原则上说，主权利因时效消灭者，其效力及于从权利。例外即法律如有特别规定时，不在此限。

（五）结论

消灭时效的内容和效力，成如上所陈述，立法主旨系着眼社会公益，故具有充分的强行性，不准当事人任意变更。惟其不能任意变更，在在足以影响我人之权利，设不予以充分注意，结果必致发生重大损失。

我民法关于消灭时效之强行性，会用明文，予以特订。细代分析，当有二类：①关于时效期间不能变更之规定：明定时效期间，不得以法律行为加长或减短之。②关于时效利益能否抛弃之规定：明定不得预先抛弃时效之利益。是则法文主旨甚明，绝无变更余地，所赖我人熟瞻法理，自行注意，保护合法权利，乃作者介绍本篇的真意。

关于代理之数个问题[*]

陆泳德[**]

代理之渊源基古，考之初期罗马法，已有痕迹可寻。降及近世，交易频繁，个人事业范围日广，若事必躬亲，则有碍于社会之发展，故代理之制，需之日殷，用之日繁。今特就其立法上及学说上之数个问题，加以检讨，如有谬误，愿识者不吝教之。

一、关于代理权授予之立法问题

我国现行法以代理权授予一节，置之债编之中，认为为发生债的原因之一。此点不无可议，盖所谓债者，乃特定人与特定人间生权利义务关系之谓也，代理权究为权利乎，抑不为权利乎此立法分歧之处也。法民法一九九八条有"本人授予代理人以权力者………"云云，彼固视代理权为权利也；瑞债亦认代理权为权利，且其授予行为需为契约；但在我国则不然。代理权之性质依通说谓为资格之一种，且其授予行为仅需单独行为已足，与法瑞立法例相较，大为不同。其授予后代理人与第三人所谓之法律行为当可生权义之关系，然其授予行为之本身，实非债之发生原因也，立法者大概仿照法瑞立法例，而忘及其本质，未免有削足适履之嫌。

二、一一〇条无权代理人之责任根据问题

我民法一一〇条规定，无权代理人对善意第三人负损害赔偿之责，此种责任，以何为据，综其大较，可分为三说：

---

　*　本文原刊为《东吴法声》复刊 1947 年第 4 号。

　**　陆泳德，1949 年毕业于东吴大学法学院（第 32 届），获法学学士学位。

（1）默示保证契约说。此说谓无权代理人与第三人为法律行为时，无形中保证被之代理为有权的，若其后发觉为无权，则是代理人违反其保证之契约，故法律上使其负责，此说之缺点甚多，以事理上言，代理人与善意第三人，绝无此种观念，以契约之成立上言，契约须以意思表示为构成要件，在无权代理之场合，无权代理人既无保证之意思表示，岂可以臆测得之。

（2）特别责任说。此说为今日之通说，谓一一〇条代理人之责任，乃法律特别规定，非出于其他一般之赔偿原因者也。

（3）侵权行为说。此说理由谓无权代理人若因其无权代理行为而致善意第三人受损时，其行为无异为侵权行为之一种，故法律上使之负一一〇条之责任；反对此说者其理由不外下列两种：（A）若一一〇条根据侵权行为而来，则可适用侵权行为之条文，何必另设此条，盖以侵权行为之一般规定，须以过失故意为要件，而本条之无权代理人须负无过失之责任，故立法者不得不设专条也；（B）既然侵权行为须以故意过失为要件，而本条则否，可见本条非侵权行为。关于此二说，窃以为不然，盖侵权行为之立法例有过失责任，中间责任，及结果责任（或无过失责任）三类，本法以过失责任为原则，故对于过失责任之事项，笼统规定之，而于中间责任结果责任之采用，则皆明列以专条，已示例外，（例如一八七条一八八条二项后段又为结果责任之明列）而本条例亦其一也。

综上所述，是故以管见所及，一一〇条代理人之责任实质源于侵权行为之结果责任而来，若名之以特别责任，虽亦无不可，但似以侵权行为说为妥。

三、无权代理之三面关系

在有权代理之场合，代理之关系为二面的，因代理人所为之行为直接对本人生效，故本人与第三人为其所为行为之当事人，而本人与代理人为授权行为之当事人，并无三面关系之存在；但在无权代理之场合则不然，苟代理人之无权代理行为一完成，则本人与代理人之间，第三人与本人之间，第三人与代理人之间，均有发生权义之可能，故其法律关系为三面的，我民法对于无权代理中代理人与第三人与本人之法律关系，皆设有明文，而与本人与无权代理人间之关系，则独付之盖阙，今特分而述之。

（1）绝对无权代理。

（A）本人与第三人之间，原则上不生权义关系，如本人承认其行为者不在此限；（B）代理人对于第三人之间，原则上负一一〇条之责任，如其行为由本人追认者，不在此限；（C）代理人对于本人在通常场合不当负责，可无疑义，至若本人其后追认其行为而又因之受损者，代理人因否负责，颇成问题，然以笔者观之，则代理人不当负责，因无权代理行为被本人承认后，已成有权代理，代理人可与之无涉。

（2）越权代理。

（A）本人与第三人之关系因善意恶意而异，善意无过失之第三人，可得保护（见一〇七条）；恶意者则与绝对无权代理同。（B）代理人对于第三人之责任：善意无过失之第三人即受保护，恶意第三人非一一〇条之主体，代理人对之皆不可负责任，亦因第三人之地位而异，若第三人为恶意有过失者，对于本人之责任，亦因第三人之地位而异，若第三人为恶意有过失者，则代理人不可向本人负责，（因本人未受影响）若第三人得一〇七条保证，而代理人与本人之间有基本契约者，则代理人负违反契约之责，若其间为单纯代理者，则负侵权行为之责。

（3）已撤回代理权之代理。

（A）本人与第三人之关系与越权代理同；（B）代理人对第三人之关系亦与越权代理同；（C）若本人因一〇七条之关系受损时，代理人若有故意过失当负侵权行为之责；（因即使有基本契约为代理之基础，若代理权撤回时其基本契约已无代理之部分，故不生违反契约之问题。）

（4）表见代理。

（A）本人与第三人之间其法律关系与越权代理无异（见一六九条）；（B）代理人对于第三人之关系同越权代理；（C）代理人对于本人负侵权行为之责，但须以代理人有故意过失者为限，因表见代理决无他行为为代理之基础也。

所有权之今昔观*
——二十年四月十二日在世界学会演讲

王宠惠**

所有权之范围甚广，今所演讲者，只及于私人财产所有权之一问题。此一问题，表面虽似简单，内容实甚复杂。所有权之观念，虽未尝研究法律者莫不有之，如孩提之童、愚鲁之人，对于一己之物，必不容他人夺取。其明证也，盖自有彼我之分，遂逐渐发生所有权之思想：财产不必富人始有，至贫如乞者，其乞食之具，即其财产。是以无论何人，莫不有其私人财产，亦莫不有私人财产所以权之思想。

所以权之起源，学说不一，概别之为六种：（一）自然说，（二）占有说，（三）劳力说，（四）契约说，（五）法律说，（六）经济自然说。

从来学者对于私人所有权之问题，分两大派，其一赞成派，认财产所有权为必要者。法儒卢梭云，有财产所有权，社会乃有文明进步，无财产所有权，社会必致野蛮退化。其二反对派，认财产所有权为不应有者，百余年前意大利法律家伯克里亚〔1〕（Beccaria）云财产所有权，为可怕的权利，前数十年法国学者普鲁东（Proudhon）云财产所有权者，皆从掠夺而来者也。两派之主张，一以为文化基础，一以为强盗行为，盖成为极端相反之学说。至

* 本文原刊于《中华法学杂志》（第 2 卷）1931 年第 6 期。

** 王宠惠（1881～1958）年，字亮畴，广东东莞人。法学家、外交家。王宠惠是中国近代历史上第一个大学本科文凭的获得者；耶鲁大学首个华人法律博士；中华民国南京临时政府第一任外交总长；北京政府第一任司法总长；中国第一任驻海牙常设国际法庭正式法官；世界上第一部德国民法典的英文翻译者；南京国民政府第一任司法部部长、司法部院长；中华民国南京政府第一部刑法典《中华民国刑法》的主持制定者；中国第一批被海牙国际法院评选出的 50 位国际法学家之一。20 世纪前 50 年，王宠惠以其深厚的法学功底、精湛的语言能力、娴熟的外交谋略和博学儒雅的个人涵养，享誉海内外，为推进中国法制近代化、捍卫国家主权、收回司法主权，做出了巨大贡献。

〔1〕 "伯克里亚"原文作"伯嘉利亚"，现据今日通常用法改正。——校勘者注。

所有权之起源及其理论之根据，其说亦复不一，兹分述于下：

（一）自然说

以所有权出于自然而为当然应有之权利，德法两国哲学家，或主张为天赋之权利，或主张凡人皆享有财产权之能力，此属于自然派。

（二）占有说

以所有权从占有而来，凡无主之物，先占领之者，即享有所有权。最古罗马法，即主张此说。

（三）劳力说

以所有权从劳力而来，农夫之收获，工人之工资，商贾之赢利，皆其劳力之结果。英经济家亚当·斯密（Adam Smith）即主张此说，而倡之最力者，为英国之洛克（Lock）。其所著书中有云，凡人所有财产，皆以劳动而得之者。

（四）契约说

以所有权从契约而来，此说创自德国之康德（Kant），其言曰，彼我之间，相互谅解，各私所有，各不相犯，所有权遂由此发生。

（五）法律说

以所有权为法律上规定之结果，法国布苏爱（Bossuet）及孟德斯鸠等，均主张此说，而英国边沁（Bentham）主张尤力。彼以为人之所以需要财产，在希望储备日后可以随时自由享用。然无法律保护，则财产异常危险，故必有藉于法律，而后财产所有权乃能确立。其结论有云，财产与法律，同时而生，同时而灭，有法律，乃有财产，无法律，即无财产。

（六）经济自然说

以所有权为经济上自然之结果，人类为生存计，迫而为生产事业，然必使其所生产者保持为己有，乃能努力不懈，英国穆勒（Mill）云，奖励生产，必须承认其绝对所有权，然后能竞争进步。苟无所有权，即无竞争，无生产。

以上六种学说，关于所有权之起源及其理论之根据，后人有赞成者有反对者。孰是孰非，未敢遽下断语。如细分之，派别尚多，亦不暇一一缕述。今进论所有权观念之变迁。

所有权之传统观念，为绝对的，无限的，所有人对于所有物，可以任意处分之，任意毁灭之，非他人所得而干预。一七八九年法国革命时之人权宣言第二条云："组织政团之目的，在保护各项天赋之人权"，其所列举之人权。

财产所有权即其一也，又第十七条云，"财产所有权者，神圣不可侵犯之权也"。法国民法第五四四及五四五条规定，所有权为对于物有使用收益处分之绝对权利，此种绝对权利之观念，即基于革命人权之宣言。自法国革命以后，影响于各国法典者，百有余年。

英国人重保守习惯，其个人主义亦极发达。试举一例以证之，昔有地主某，与邻居农人有隙，于自己地内，以抽水机吸水使涸，致农人之田不能耕种。农人诉之法院，结果，认地主有在其地内自由行为之权，虽害及邻田，而被害者无权控诉。于此可见，所有权绝对无限制流弊。

至俄国革命，始打破所有权之传统观念，创立共产主义。以财产公有为原则，与旧观念极端相反，考其何以有此激烈之变动，盖滥用所有权之结果，例如地主垄断田园，任其荒弃，而贫者无地可耕。富者窖藏金钱，置诸无用，而贫者非常高利无从借贷，社会上种种不平，遂发生共产主义之反响。

现代观念，对所有权，既不主张绝对无限之私有，亦不主张财产之共有。盖已渐趋于限制所有权之势。所谓限制者，乃限制其权利行使之范围，必用之得当，乃许其行使。以为滥用权利之补救。在昔罗马法中虽已略露端倪，然至近代德国民法第二二六条规定，行使权利之惟一目的，为损害他人者，不得行使之。瑞士民法第三条与此略同。吾国民法第一四八条亦规定，权利行使，不得以损害他人为主要目的，皆同一趋势也。

夫限制所有权之行使，以免滥用，此仅就其侵害他人权利而言耳，其说未免过狭。最近学者，关于所有权之根本观念，亦有新说发明。其一为社会义务说，法国哲学家孔德（Comte）云，个人对于社会，各负有相当义务，为尽义务，而义务有权利之存在。财产所有权，为权利之一，亦不能居于例外。自孔德倡为此说，其后有法国学者狄骥（Duguit），复从而发挥之，彼研究个人与社会之关系，以为个人得管理其财产者，所以满足社会之需要。为满足社会需要之故，国家乃予以所有权之保障。故财产所有权，一方面于己为权利，一方面于社会为义务。其二为社会信托说。美国某哲学家于一九二六年所著之社会伦理学中有云："个人财产，乃由社会信托其管理，以谋社会之利益。故所有权者，基于社会之信托而存在。社会变迁，法律亦变迁。"自所有权之根本观念，在学说上发生大变动，各国法律，咸受影响。欧战以后之立法趋势，与三十年前，大不相侔。虽英国亦然，各国且有将所有权之限制，规定于宪法中者，如德国宪法第一五三条规定：使用所有权，应顾及公共利益。第一五五条规定：所有人对于土地，有耕种使用之义务，并受国家之监督。一九二一年捷克宪法规定：财产所有权，受法律保护，但不能违反公共利益而使用。一九二五年智利宪法规定：所有权之行使，应为社会公益与进步，受法律之限制。我国新颁布之土地法，第十四条规定：政府对于私有土地，得斟酌地方，需要情形，或土地之种类性质，分别限制所有土地面积之最高额，此关于取得权之限也。此外如第一五一条、第一五五条，关于使用权之限制；第一六三条、第一七七条，关于收益权之限制。皆注重于社会共同利益。盖土地之为物，与其他财产不同，其面积数量，为天然所限，而非人力所能增加。为顺应现代潮流，解决人民生计起见，对于限制私人所有权，应有特别之详密规定也。

中山先生夙昔主张节制资本，平均地权，盖有鉴于绝对无限之所有权，足以妨碍社会之进步，与社会义务社会信托之学说详尽。最近孟格（Menger）对所著德民法与无产阶级关系一书中有云：财产自由处分权，应以社会合作代替之，皆就个人与社会之关系。阐明所有权之真谛者也。

总之所有权之观念，已从个人化，进而为社会化。昔之以所有权为个人之利益与个人之需要而设者，今则以所有权为社会之利益社会之需要而设。昔之所有权为绝对的无限的权利者，今则以所有权为相对的有限的权利。此今昔不同之大要也。曩者罗马人有言曰：时代之变迁，何其速耶，诚哉斯言。时代变迁，观念即随之而变迁。观念变迁，法律亦随之而变迁。旷观世界多数国，对于所有权立法趋势，大抵采用折衷主义，渐进主义。一面维持私有制度，以奖励个人生产之努力，一面使之为社会化，以谋公共之利益。期于个人问题、社会问题，不相妨而相成，得以同时解决。其具体方法，虽各有不同，要皆以顺应时代变迁为归宿。若欲详言学理，非片时所能尽，兹尽略述梗概，以供诸君之研究而已。

抵押权与质权所担保之债权[*]

曹　杰^{**}

　　抵押权与质权之成立，以有依于此种物权担保主债权为必要，不独立存在，此为担保物权之属性，不待申论。惟所担保之主债权之内容体样，如作为之债权，不作为之债权，以金钱给付为标的之债权，不以金钱给付为标的之债权，又其债权附有期限或条件者，是否一概不问？实为议论之所在。兹就其应行研究各点，分述如下：

　　（甲）不能以金钱计算为标的之债权，民法与德日法同，明定不以有财产价格为给付内容之债权（第一九九条二项），此种债权，亦有因债务不履行而发生财产上之损害者，在以损害赔偿为归宿时，即显其效用，故得设定质权或抵押权。惟若发生财产以外之损害（即精神上之损害），应分别视之。第一九九条二项所规定者，系指债务未为不履行时之状态而言，其一经不履行者，通常皆得以金钱赔偿其有形或无形之损害，故因债务不履行，有无形的损害（即精神上损害）者，亦得为金钱赔偿，自无不得就其设定抵押权或质权之理由。虽然，吾民法对于侵权行为发生非财产之损害者，有赔偿之规定（第一九四条第一九五条）。对于债务不履行，则无直接之明文。且就第二二六条所谓除外之文义视之（即指第一九四条第一九五条等为例外规定），可见依原则，无形的损害，惟以法律有特别规定者，始得为金钱之赔偿（参照德民法第二五三条），若无此规定，自不得就之设定担保物权也。

　　（乙）罹于时效之债权，吾民法采德国法例，以消减时效之效果，非即使

　　*　本文原刊于《法学杂志（上海1931）》1937 年第 6 期。

　　**　曹杰，1942～1945 年于东吴大学法学院担任专任教授。

权利消减，不过赋予[1]欲享受时效利益者一种抗辩权而已，故在第一四四条二项，明定为罹于时效之债权提出担保。

（丙）附条件债权，条件附权利具有期待债权性质者。民法第一〇〇条既设有明文保护，自得设定抵押权或质权为担保。德日民法有明文规定（德民法第一二〇四条二项日民第一二九条）。我民法虽无明文，亦为当然之解释，其所担保之权利，为现在之权利，而非将来之权利，盖当事者不外预想他日条件之成就而为准备。若因于条件之成就，在当事者生如所预期之法律关系时，前所设定之担保，不须另有设定手续，当然为后者之担保者也。附期限债权，亦以依同一之理论为通说。

（丁）将来发生之债权[2]，为担保将来之债权，能否设定质权或抵押权？为学者所聚讼。在德国民法第一一一三条二项及第一二〇四条二项有明白规定（参照吾第一次民草案第一一二八条），在日本民法，则以无直接之规定，有主张无效者，有主张有效者，其主张有效之学说，论据亦不一致。兹胪列诸家学说如下[3]，以为吾民法解释之参考：

（1）无效说：以担保物权为从物权，须有主债权之存在为前提，若主债权尚未发生，抵押权与质权均不得存在，故以担保尚未发生之债权为目的之根抵当契约全然无效（法典质疑问答第二编第一一九六页仁井田博士解答）。

（2）有效说：

（A）停止条件附债务担保说，以根抵当非担保现在所确实成立之债权，乃担保未必所发生之债务，即停止条件附债权，其在有信用契约场合，当事者关于借贷关系成立时，主债权发生，担保物权亦以此时（即条件成就时）发生（梅博士民法要义物权第五〇一页）。

---

[1] "赋予"原文作"付与"，现据今日通常用法改正。——校勘者注。

[2] 此所谓将来发生之债权，系指债务关系当时虽未存在，而对其事实，有诱致力之客观的事实已存在之谓。易言之，即有日后发生债务关系之可能是也。例如：监护人管理被监护人之财产与夫管理妻之财产所供之担保，有妨害占有之虞为将来赔偿损害所供之担保（此在日民第九三三条第八〇三条第百九九条有规定），皆不外为担保将来发生之债权，此外，在习惯上最有适用者，即依信用契约而附借款最高限度，与一定期限，预供一定担保。例如：甲与某银行约定，自某时起开始信用关系，在一年内，一万元之限度内，随时借款，而预供担保。此问题，即甲所供之担保，究以甲实借一定金额日期始生效力乎？抑主为信用契约之日期即生效力乎？在日本所谓"根底当"效力之问题，极有研究价值者也。

[3] "如下"原文作"如次"，现据今日通常用法改正。——校勘者注。

（B）停止条件附担保设定权，以根抵当系以将来债权之发生为停止条件设定契约，其与前说有异者，即前说系以信用契约为停止条件附法律行为，得以一般原则设定担保，所担保者为附有"因信用契约而借受金钱"之条件债务也。条件附担保设定说则以将来实行借受之消费贷借成立为设定担保之停止条件，如消费贷借成立者，则担保物权发生效力，虽在实际上两说之结果大致相同，而说明不一。依前说，如为质权，当时即须移转占有，如为抵押权当时须为登记，殆条件成就时，前之担保即移为后之担保。依后说，担保权非即时发生，乃以消费贷借实行成立为其条件成就之时，担保物权之设定行为为于该时始生效力。故依理论言，在当初毋须为占有移转或登记，不过为保护信用贷与人起见，如为动产质，信用借受人自始亦须移转占有，庶其后无害信用贷与人权利之虞：如为不动产抵押，亦得依暂时登记以保全权利（富井博士民法原论物权第四六〇页以下）。

（C）信用债务担保说，以根抵当乃基于当事者间之与信契约，即当事者之一方（贷方）应于相对人之请求，于一定金额之限度，负担贷与金钱之义务，同时相对人之负担此信用债务即借受义务，根抵当即担保此信用债务，担保将来发生之债权也（横田博士物权法第七〇一页以下）。

（D）将来债务担保说，质权抵押权为从权利，惟所谓从于债权之权利者，仅谓应为某债权而存在，不得独立存在而已，非有在主债权未发生以前不得设定之意义，盖为债权之发生原因的法律事实虽未存在，苟有引起此项事实发生之客观的事实已存在之场合，则虽设定担保物权，与担保物权之从属性无妨。在与信契约，为当事者之一方约定于当事者之意思，以其时发生效力，毫无不当也（中岛博士民法论文集所辑《预约抵押论》第二四页以下；三潴博士《物权法提要》第九三页以下）。

综观以上各说，除无效说外，对于有效说中，愚以最后一说为正当，盖A说系将附条件法律行为所生权利之义务与因条件成就所发生之权利义务混为一谈。前者系一种期待权，得依一般原则设定担保，前已述及，后者非期待权，乃将来之债权。其问题之焦点，在能否预先担保因将来发生之贷借关系而生之债权？故与通常条件附法律行为所生之债务关系有别。在B说之错误，系以实行之借受即消费贷借关系实际成立为其条件。但此仅系法定条件，盖一切担保权皆以债权之成立为条件，非当事人意思所订定之附款也。C说以信用契约之成立，与信者（即贷方）亦负担必须贷予义务，同时受信者

（即借方）亦负担对于信者免受意外损害之义务，此时所设定之质权或抵押权，即担保此信用债务。其说固可说明担保物权之从属性，然与法理不合，盖此种信用契约，系消费贷借预约，通例与信者负担贷予之义务，受信者非担负必须借受之义务。今谓为借受义务设定担保，是无异强制一方必须借受，在法理上殊难说明。总之，债权之发生原因之法律事实尚未存在，而债权应发生之原因已客观的存在者，为担保将来发生之债权，亦得设定质权或抵押权。在日本民法，虽无与德国民法，一般规定，然在民法及其他法令有为将来发生之债权提供担保之条文，颇不在少，自不能于其他场合因无明文而否认之。

吾民法与日本民法同未设一般规定，其散见于民法或其他法令者（参照民法第七五条第二项公司法第二十四条第一项后段交易所法第十九条）较之日本法尤少。惟民法第八六○条第八八四条仅有担保之规定，并无限制之特例，自应含有各种债权在内，殊无区别现在之债权与将来之债权而异其解释之理由。所应注意者，若并无客观原因之存在，仅系抽象的将来之债权，例如：余或对汝负担债务之类，则不得为此架空债权而设定担保物权者也。

论典权与抵押权之竞合[*]

曹 杰

典权为用益物权，抵押权为担保物权，依其性质，似不生竞合问题。即同一不动产上设定典权，又设定抵押权之场合，在行使抵押权以拍卖抵押物，由拍定人取得所有权时，典权人本其物权追及效力仍继续享有典权（民九一八条参照）。而抵押权人亦不因有典权之存在妨碍其拍卖权之行使（民八六六条参照）。故两种物权同时并存，实无抵触之可言。但依现行事例，抵押权人依民法第八七三条为拍卖抵押物之申请[1]，须依强制执行法第四条第五款，经法院为许可之裁定以取得执行名义，然后始可据以开始执行，为查封及拍卖。而同法第十五条又规定第三人就执行标的物有足以排除强制执行之权利者，得于执行终结前向债权人即申请执行人提起异议之诉。至何者为就执行标的物有足以排除强制执行之权利，按诸历来判解。则援强制执行法施行以前之补订民事执行办法第七条所列学者为准据，即所有权人典权人质权人留置权人得提起异议之诉。盖所有权以外之物权，如典权质权留置权均以物之占有为存在要件。（民八八四条八九八条九一一条九二八条九三八条参照）如丧失占有，斯物权消灭，故认其有排斥强制执行之诉权，以资救济。因而典权与抵押权，在同一不动产上。而有前述情形时，即生抵触现象。例如甲（抵押权人）依强制执行法第四条第五款申请为许可强制执行之裁定以后，请求查封拍卖抵押物，而乙（典权人）则据同法第十五条参酌前补订民事执行办法第七条，提起异议之诉，将如何解决耶？关于此问题，吾国学者向无直接讨论，惟民法第八六六条之规定与本问题既有重大关联，姑揭举解释该条

---

[*] 本文原刊于《法令周刊》1946 年第 24 期。

[1] "申请"原文作"声请"，现据今日通常用法改正，下同。——校勘者注。

之两派学说，以供研讨。

有谓民法第八六六条系侧重保护抵押权人。故除债务人或就抵押物有利害关系之第三人清偿债务，以消灭抵押权外，不能阻碍抵押权之行使。债权人取得执行名义后，拍卖抵押物。虽典权人亦不得提起异议之诉，至强制执行法第十五条及补订民事执行办法第七条之情形，乃指普通债权人对于债务人之不动产为强制执行而言，在行使抵押权之场合，不适用之。有谓抵押人就抵押物设定用益物权时，抵押权人得否认其以后所设定之物权，而拍卖其抵押物。即其以后所设定之用益物权，因抵押物之拍卖而归于消灭。盖用益物权若不消灭，则抵押物之卖价必致减少，即为妨害抵押权人之利益。其他物权，既因抵押权之行使而归消灭，尚何异议之可言。以上两说，立论虽异，然结果则同，即典权人无异议诉权是也。窃以吾民法并无如一般立法例规定，使第三取得人（指在抵押物上取得所有权或其他物权人）得以其代价转移于债权人，而使抵押权消灭（日民三七七条），或行使消除权（参法民二一七九条二一八一条至二一九五条日民三七八条至三八七条），或行使先诉抗辩权〔1〕（参法民二一七〇条），以限制抵押权之效力。不过抵押权人若与第三取得人另订他种契约，以代抵押权之实行，为法所不禁。又第三取得人依民法第三一一条第二条第二项向抵押权人为清偿，抵押权人不得拒绝而已。故在原则上，第三取得人并无何种权源〔2〕足以排斥抵押权之实行，毋待深论。但若谓行使抵押物拍卖权时，即可不顾抵押物上其他物权之存在，亦欠缺理论上根基，盖各种物权，在本质上均有追及性，若依上述第一说解释，则在抵押物上有他种物权者，将因抵押物拍卖而全受牺牲。民法第八六八条之原则规定，亦殊无谓矣。故大体上自以第一说之见解为优。惟强制执行法第十五条之适用，既依补订民事执行办法第七条为准绳。而该条列举某种权利人可提起异议之诉，又某种权利人（如地上权人永佃权人地役权人）仅能主张该不动产拍卖中或拍卖后其权利依然存在，则典权人于行使抵押权程序中。既不能如地上权人永佃权人，主张其权利依然存在。若又一概不得提起异议之诉，则结局殆与第二说无异，又将何以自解。

依愚所信，现行民法关于不动产物权之得丧变更，系采登记生效主义。

---

〔1〕 "先诉抗辩权"原文作"检索抗辩权"，现据今日通常用法改正。——校勘者注。

〔2〕 "权源"原文作"权原"，现据今日通常用法改正。——校勘者注。

在同一不动产有二以上同种类之物权，既依登记之先后定优劣次序。（民八六五条）则于同一不动产上有二个异种类物权。遇有抵押情形时亦无妨适用此原则。民法第八六六条既规定"不动产所有人设定抵押权后……但其抵押权不因此而受影响"云云。统观全文意旨，不动产设定抵押权后，（即为抵押权登记）再设定他种物权，与设定他种物权（即为他种物权登记）后，再设定抵押物者，其权利相互间优劣亦不难概见。盖已有抵押权登记在先，设定他种物权时，利害关系人自可阅览土地权利登记簿，予以考虑。若犹贸然为之，自不得影响抵押权之丝毫效力。故在行使抵押权，依执行程序以拍卖标的物时，无论何种权利人均不得提起异议之诉。至其权利是否因拍卖终结而归于消灭。自以因强制拍卖取得之所有权，是否为原始取得抑继受取得为断。如解为继受取得，纵在租赁权，尚可依民法第四二五条继续存在。则典权地上权等有追及效力，更无待论。反是，若设定他种物权，以后再设定抵押权者，抵押权人亦可在当时阅览土地权利登记簿，而有考虑之余地。若明知标的物上已设定他种物权而仍为抵押权之登记，则在行使抵押权，依执行程序拍卖标的物时，其他物权人可否提起异议之诉。仍依强制执行法第十五条参酌前修订民事执行办法第七条为准据。易言之，即典权人仍可提起异议之诉。此与民法第八六六条之规定并无抵触。在强制执行法第十五条之文义上，亦并不因执行之标的物。究为一般债权之执行与附有抵押权之债权之执行，而有所差异。愚信为如斯解释，可以面面顾到，而不致生抵触现象，至立法之得失，又当别论矣。质诸海内贤达，以为如何。

物权中典之研究[*]

刘重荫[**]

一、引言

典，为我国特有之制度，求之外国法中，均无有与典权吻合者。中国法，在世界法系中原自成为一系，故其法律中多有不能与外国法相同者。典权，即其一也。特中国旧日治法学者，多不能就中国固有法律与以系统之研究。清末有日人冈田朝太郎博士主讲京师法律学院，松冈义正博士起草民律，冈田氏言中国典当，大体同于日本不动产质押。松冈氏于其所起草之民律草案物权篇中，亦仅规定质权，而未规定典权。于是典即不动产质之学说，几支配全国法界人士之思潮。盖当时随从二氏游学者，皆系近日法家之先进。莫不靡然风从。甚至以典质观念混同，见诸法令者，如奉天等省之不动物登记法。有见诸判牍者，如大理院判解例中："典当之标的物，不过为典价之担保"（四年统字第二二六号解释例），尤为露骨之表示。盖直抹杀固有之习惯，经认典权为不动产质权。于是中国法之典，一时几失其本来之面目。其后习法者始渐加注意，典是中国固有之特种，独立物权也。

我国历来通行各地之典，在大清律例，已有明文规定（典卖田宅门）。鼎革以还，各法院均作为裁判上唯一的根据。嗣以典押田宅的诉讼，日益增多，而民间争相赎回远年典押田地的案子仍数见不鲜。审判执行，均极为困难。于是民国四年背景司法部特拟定清理不动产典当办法十条（其第一至第三条，规定回赎、找绝和不卖的权利与时效。第四至第七条，规定此项权利的行使。

---

[*] 本文原刊于《法学杂志（上海1931）》（第8卷）1935年第1期。

[**] 刘重荫，1932年毕业于东吴大学法学院（第15届），获法学学士学位。

第八条规定典期的限制。第九条和第十条为施行法）。于同年十月六日奉大总统核准公布。但前清律例与清理典当办法，内容既不详密，法条仍不完整，施行多年，疑义丛生。至十九年五月始有新民法办法施行，将典权纳入物权篇之内，另立一章，参照我国固有之习惯，与关于物权的一般理论，详细加以规定。

观乎旧民律草案（清宣统三年起草），误以典权为不动产质权，故设不动产质权的规定，而不规定典权、民法修正案（民国十五年起草）虽有典权的名称，然而在其第一〇〇二条规定：典权准用，关于抵押权和所有权的规定；不外仍以典权为担保物权。如今新民法第九一一条，明白规定典权为使用及收益的权利，与所谓不动产质权的性质迥异。于是数十年淹没的法制，重复旧的观点。

二、典的性质

典权，是支付典价，占有他人的不动产，而为使用及收益的权利。依此定义，典权的性质有三。

（一）典权是支付典价而设定的物权。

（二）典权是占有他人不动产的权利。

（三）典权是为使用及收益的权利。换言之，所谓典就是将其物（即不动产田园山地房基属之），由所有人移转占有给典权人，典权人乙方支付相当价格的金钱，不另收利息，直接在典物上收取利益。典权人所给付的金钱，不过是为取得典权的代价，并非成立一种债权关系。

这更将典权与其他物权区分开：

（一）典权与抵押权的区别：典权须移转占有，而抵押权则不须移转占有。

（二）典权与质权的区别，典权的标的物为不动产，质权的标的物则为动产。

（三）典权与土地债务的区别：同为对物关系，其区别在标的物，（甲）后者限于土地，前者同时还有房屋。（乙）后者标的物不一定须转移，前者则必须转移。

（四）典权与买回契约的区别：买回契约中的买回为债权关系，而典权为物权关系。买回限于特定人始可赎回，而典权得转移给他人。

上述典权与其他物权的区别，这再与外国法比较。试和英国古代 Welsh Mortgage 比较，则典权得以就其物而清偿债务。与罗马法之 Antichresis，法国法之 Antichrese，意大利法之 Anticresi 比较，则典权无法从发生孳息的价额明显超过法定利率时，用其月抵销债务。与罗马法 Ususfructus、德国法 Ususfructus 比较，则典权非专属一身的权利，可以继承让与。考查罗马法，须移转所有；初期之 Pignus 无换价目的物的权利。颁布之后，则有因法律的规定而当然发生的。考查德国古法，Liegensehaftspfand，须移转所有权，富兰坚时代以后之 Liegensehaftspfand，则应就其利用所得之物，先充当债权的利息，而以其残余渐次抵消原本，也尽与典权不同。

典在外国法中，本来无从得到其比拟，即在中国，历来典的观念，也不全都相同。这将典与卖、典与当、典与不动产质权、三项都区别开。

（一）典与当

近代以来，典当二字，大多同时用于称呼。当考典当二字，连为一体，不见于六经三史，惟后汉书刘虞传云："虞所赍赏典当胡夷"，是典当二字最开始的出现。但就文字上的名称，典当二字，往往没有区别。例如：典——质物也。（中华大字典）典——质贷。（例）典当—当铺——抵押物品的店铺。典质——抵押。典物——谓所质之物业，与质物同一意思（日本法律经济辞典）。典物——质物，质权的目的物，是为质物，也称典物，日本现行民法上都用"质"这个文字，刑法（371 条）则有使用典字。（情书澄著法律经济辞典）又例如唐代杜子美的诗：朝回日日典春衣。如宋代陆游诗：新寒换典衣。

其他牛畜典卖的文字，书册中很多见，又六部处分则例，也有大典小典之语（大典为典，小典为当），是典与当的性质，本身没有丝毫的区别。查我国沿袭除典、当外，尚有质、押之分，但统称为当，遍考典当二字的区别，实在没有明文考查，曾根据从事较久典当业的人说，其中昔日本来是有区别的。

第一，典，其质物的价额，并没有限制，譬如有人用价值连城的玉璧，质押万千。其质本身不止万千，则典铺决不能以财力不及，拒而不收。当，对于质贷的价额，可以有限制，超过价额的限制的数额，即使价格超过数倍，当铺可婉辞却质，此典与当区别之一也。

第二，典铺之柜台必为一字型，而当铺应作曲形，盖典只有直柜，不设横柜，当则直柜与横柜并设，此典与当区别之二也。

第三，汗镇、昔年凡二分取息，二十个月满当者，为典，其余取息稍重，期限稍短者，即称当；此典与当区别之三也。

以上三种说素之外，又曰公当为典（各当公共设立），昔有二处一在北京，一在南京，自因故收歇后，典遂不存，当亦称典，不特名词混称，实质亦难以区别，此仅就典当商业，追究探求，典与之性质上有何关系，并两者混称之原因也。

在前清律例，有典卖田宅之规定，田宅皆用典字，以此决定用诸不动产者为典，即可决定用诸其他动产者为当，此强求典当二者之区别，进而推定旧日之"典"范围颇大，自"当"之适用，起于后世，分用诸不动产者为典，动产者为当。

俗云当者，近日之所谓动产质权是也，但详按其性质，亦非尽同。夫动产质权，纯然为债权担保之性质，当者，纯然为物上责任，一方负担其物之责任，出当者全不负担债务。至于回赎者，乃出当者之权利，而非出当者之义务。无回赎时，仅不过出卖其当物所得损益，出当者，均不顾问，当之性质完全为物上责任，与动产质权又有差异焉。

（二）典与卖

旧唐书惠宗纪"应赐王公公主百官等，庄宅碾磨店铺车坊园林等，一任贴典货卖"，是为典卖二字并用之始，在明清律例载："凡典卖田宅不税契者笞五十"。"其所典田宅园林碾磨等物年限已满，业主备价取赎，倘典主借故不肯放赎者，笞四十，限外篾年所得花利，追征给土，仍依价取赎，其年限虽满，业主无力取赎者，不在此例。"足微定法之始，殆以典卖视为同种之法律关系，不过卖出后，卖主无回赎之权，而典有定期，期满仍可回赎而已。

"其自乾隆十八年定例以前，典卖契载不明之产，如在三十年以内，契无绝卖字样者，听其照例分别找赎，若还在三十年以外，契内虽无绝卖字样，但未注明回赎者，即以绝产论，概不许赎找。"

"卖产立有绝卖文契，并未注有找贴字样者，概不准贴赎。""如契未载绝卖字样或注定年限回赎者，并听回赎，若卖主无力回赎，许凭中公估找贴次，另立绝卖契纸，若买主不愿找贴，听其别卖，归还原价。"（以上为大清律例）

"嗣后民间置买产业，如系典契，务于契内注明回赎字样，如系卖契，亦于契内，注明绝卖，永不回赎字样。"（明清律）

徽之律文，往往典卖并称，典之于卖，殆视若相同，因此其手续大概均依统一之规则办理。当时典当契约成立，常为取得丧失所有权之一阶段，典与卖之区别，仅在典之契约有一定之年限，且有是否得以回赎之规定。亦有名为典而出典者已确定不为回赎，表面上虽立有典契，在实际上可视为买卖者。其他虽为承典，而竟取得土地房屋之所有权者，先例甚多。雍正十三年用活契典业之语，以指出典，明白承认出典异于买卖，典可复归原主，并可免契税之义务，"如系活契典当田房，契载在十年以内者，概不纳税（中略），其有于典契内多载年份者，查出治罪，仍追交税银。"（户部则例置产投税）

或云，出典者回赎权之一点，殆与买卖契约中所附之买回权相似，径以典为买卖之一种，实则非也。典为物权也，买回契约债权也，买回契约，仅当事人间债权债务关系，不能对抗第三人，而典权为完全之物上负担，无论何人皆可对抗。再买回契约为保留解除权之行使，其效力溯及既往，而典产回赎在消灭以后之关系，其效力只及于将来，故典与买回契约，尤显相差异。

质权有动产、不动产及权利质权三种。动产质，是可以移动之物物为质，不动产质，是以不可移动之物为质，均以继续占有为发生之要素。其目的固属债权之担保，先他债权，而受自己债务清偿也。故质实为物上担保，必须有债之关系为前提。我国旧有之典，其本性如何，自来学说及立法例，颇非一致。

第一，用益物权说，谓典为主物权，非从物权，其权利自身，恒因物之关系而存在。换言之，因物而产生典之关系，决非因先有或别有何种法律关系也（如债之关系），而始发生典权也。故曰典权者，主物权也，除所有权外，占有、使用、收益之权均属之，又称之谓用益物权。

第二，担保物权说，谓典权为从物权，而非主物权，其权利之自身，非仅单纯之物上关系而已。实则典之关系发生，恒以债之关系为前提，其最大之权能，在于捍卫债权，而赋以担保之效果，要与不动产质权，或抵押权，同其精神也。用益与否，并非有其显著之特点，故实应以担保物权称焉。

典权究竟应属担保物权乎，抑应属用益物权乎？历来吾国学者认为典权应属用益物权为多，而吾新民法亦已规定其为用益权。典权之特质，在占有他人所有物而为使用收益，为一种用益物权，其契约之成立，往往为丧失所有权之一个阶段。盖出典人不忍一时遂卖其所有物，约定于期限内保留其回赎权，在典权人则支付典价，而得使用收益，且进而希望取得所有权。回赎权为出典人之一种权利，并非义务，若抛弃其回赎权，自非法所不许也。

不动产质权者，乃附属于债权之权利，其生存消灭，以债务关系为始终，仍为担保债权。在出质人自不得谓已转移物资占有，即可免除债务，在质权人亦不得主张经过若干年限，经可取得所有权。就其取得占有或使用收益之点而论，与典权相类似，就其担保债权而论，又与抵押权相同。

此二者之区别，已略举其大要矣，进而将中国法上之典，与日本民法之不动产质中收益使用之一点比较之。日本民法第三五六条："不动产质者，依于质权之目的之不动产之用方，得为使用及收益。"再观我国之典，典权人得使用及收益典物，其用益之方法，除设定行为有特别订定外，法律不加限制。又典权人不特得自行用益，且得以典物转典或出租于他人，供其用益。日本民法所认为不动产质之收益使用之范围，必从不动产之用方，而有限制。依梅谦次郎博士民法义解释，以为如以住家充工厂，变田为畑等，此为不动产质权者所不得为。而中国典主之使用收益之权利，则比诸日本之不动产质，较为广大，即如典主于其标的之土地，得建设房屋，特自当初以房屋建设之目的，而为承典者，亦非少数。又如变田为园变园为田，亦未尝不可为。要之典主对于其典物取得实权，恰如在买主同一之地位。盖承典者注目于典物上之权利，因而或云永远为业，或云自业，但不可害及出典人之权利。如典主于其土地之上，建设房屋，使用收益，广于日本不动产质之范围，于此可见矣。

在日本认典权为担保物权者，有冈田松冈二氏（见前），我国雍正十二年上论所载如下："至于活契典业，乃民间一时借贷银钱，原不在买卖纳税之例。"竟有认典为银钱借贷而发生，以之有债务担保之倾向，实则不过为不课税之理由耳。

主张用益物权者，有朱学曾氏，其言如下："前清旧律，多成于重农时代，其所认之典权，实非债权之担保，而为买卖外之一种置产方法。""在重农时代，几以置买不动产为唯一之投资方法，有资财者，只须投多少之金钱，而换得不动产之使用，即已满足。"朱氏明白否认，典权之为担保债权，而承认有用益物权之意思。黄右昌在民律要义中曰："典权为对物责任，与德国之土地债务相当，其不同者，典包含田宅，以转移占有为要件，土地债务，仅限于土地，并不以转移占有为要件。"

"担保物权，乃附属于债权之权利，其生存消灭，以债权关系为要件，而土地债务，则为独立之负担，债权关系不过其发生之缘由，而非成立及存续之要件。故土地债务与抵押权、质权，就经济上之效用言，虽为巩固债权之用，而其法律上之性质，则大相悬殊。"黄氏虽非直接明示典权非担保物权，然既比典权于德之土地债务，又明示土地债务非担保物权，要亦间接排斥，主张典权为担保物权说之一明证也。

黄谆氏之主张，典之用益物权，而非担保物权，其理由言之如下：（1）典为纯然物上责任，视为仅典物体负担债务者，如典体所生之变更及损益，均应归承典者，若典物全部损灭，则承典者及出典者分担损失，典主既应负担物体之损失，则与债权人丧失其担保，而仍得请求偿还债务者有矛盾矣。（2）不认承典者，有得向出典者请求回赎之权。换言之，即不认有债务之存在而许典主得以请求偿还债务。债权关系，既不存在，担保债权之从权利，又从何处发生。（3）为服从于物权中回赎权之用益物权，而同时加一定金额之物上的负担于其物体者，故典权为加负担于他人物上之物权，而非在债务清偿前，得占有使用收益他人所有物之债权关系也。

三、典之来源

典为吾国向来之习惯，由来已久，究起始于何时，无由得知。且我国古时无所谓民法典，迄于贞观，始将户婚钱债田土等事，摘取入律。宋以后因之，以逮于清，然仍无独立之民法典，而对于近代民法典中所规定之事项，记载及规定极少。盖钱田户婚等事，以为只涉及私人与私人间之利益关系，俱视为细故。因之律文既多所疏略，书籍亦少记载（钱田户婚等案，大都可由初审衙门判结，命盗等大案则否，即此可见重于刑事而轻视民事案），然此轻微细故之民事，却多半由习惯而为之支配。查考书史所得，以典制在旧唐卷一四〇列传一段为最早。贞元十六年四月，节度姚南仲归朝，拜卢伟天成军节度，郑滑观察等，使先寓居郑州，典质良田数顷，及为节度使，至镇各与本地契书，分付所管令长，令召还本主，时论称美。但在唐书中只言质，未有典。"卢伟化节度，伟尝客于郑，质良田以耕，至是则出券贷直，以田归其人。"（唐书列传七十二卷一四七）是在唐时典质二字起始通用，唐以前多用质字，除如形诸歌咏而有典字者，有："朝回日日典春衣"（唐·杜子美诗），"新寒换典衣"（宋·陆游诗），"丝未落车图赎典"（宋戴复古诗）其在唐以后，书籍中求典之记载，亦属凤毛麟角，不可多得。（五代）《册府元龟》中，见引后周开封府奏文："其有典质倚当物业，仰官牙人业主及四邻人同署文契，委不是曾将物业，已经别处重叠，已当，及虚指他人物业，税印之时，于税务内纳契日，一本务司点检，领有官牙人，邻人押署处，及委不是重叠已当财务，方得与印，如违犯应关联人并行科断，仍微还钱物，如业主别无抵当，只仰同契牙保邻人均分代纳。""如是卑幼，不问家长便将物业典质倚当，或虽是骨肉，物业自己不合有，辄敢典卖倚当者所犯人重行科断，其牙人钱主并当深罪，所有物业请准格律指挥。""如有典卖庄宅，准例房亲邻人合得承当，若是亲邻不要，及著价不及，方得别处商量，和合交易，只不得虚抬价，例蒙昧公利，如有发觉，一任亲邻论理，勘责不虚，业主牙保人并应科断，仍改正物业，或亲戚实是不便承买，妄有遮宏阻滞交易者，亦当深罪。"宋刑统卷十三户婚律引，建隆三年十二月五日敕节文："今从应典及倚当庄宅物业与人，限外虽经年深，元契见在，契头虽已亡殁，其有亲的子孙，及有分骨肉证验显然者，不限年岁，并许收赎，如是曲当限外，经三十年后并无文契，及虽执文契，虽辨真虚者，不论理收赎之限，见佃主一任典卖。""臣等参详自唐元和六年后来条理典卖物业敕文不一，今酌详旧逐件书一如后：一应田土屋舍有连接交加者当时不曾伦理，伺候家长及见证亡殁，子孙幼弱之际，便将难明契书，扰乱别系空烦刑狱，证验终难者，请准唐长庆二年八月十五日敕经二十年以上不论，即不在论理之限，有故留滞在外之年，违者并请以不应得为从重科罪。一应典卖倚当物业，先问房亲，房亲不要，次问四邻，四邻不要，他人并得交易，房亲著价不尽，亦任就的价高处交易，如业主牙人等欺罔邻亲，契帖内虚抬价钱，及邻亲妄有遮吝者，并据所欺钱数与情状轻重酌量科断。一应物业重叠倚当者，本主牙人邻人并契上所署名人各计所欺人已钱数，并准盗论，不分受钱者，减三等，仍微钱还被欺之人，如业主填纳罄尽不足者，勒同署契牙保邻人等，同共陪填，其物业归初倚当之主。"宋刑统卷第二十六杂律引杂令："诸家长在（在谓三陌里内非隔关者），而子孙弟侄等不得辄以奴婢六畜田宅及余财务私自质举及卖田宅（无质而举者亦准此），其有质举卖者，皆得本司文牒，然后听之，若不相本问违而辄举及买者，物即还主，钱没不追。"卷十三户婚律同引此令并附说："臣等参详应典卖物业，或指名质举，须是家主尊长对钱主或钱主亲信人，当面署押契帖，或妇女难于面对者，须隔帘幕亲闻商量方成交易，如家主尊长在外，不计远近并须依此，若隔在外化，及隔兵戈，即须州县相度事理给予凭由方许商量交易，如是卑幼骨肉，蒙昧尊长，专擅典卖质举倚，或伪署尊长姓名，其卑幼牙信引致人等并当重断钱业各还而主，其钱已经卑幼破用无可徵价者，不在更于家主尊长处徵理之限，应田宅物业随之骨肉不合有分，辄将典卖者准盗论从律处分。"元，大元通制户婚所规定："诸典资田宅须从尊长书押，给据立账，历问有服房亲及邻人，典主不愿交易者，限十日批退，违限不批退者，笞一十七。愿者限十五日议价立契成交，违限不酬价者，笞二十七。任便交易，亲邻典主，故相邀阻，需求书字钱物者，笞二十七。主虚张高价不相由问成交者，笞三十七，仍听亲邻主百日收赎，限外不得争诉。业主欺昧故不交业者，笞四十七。亲邻典在他所者，百里之外，不在由问之限。"明清有大明律及大清律例，于典有简略规定，固易于寻求。惟苦于太略耳。"典"之为言，转也，囊内钱空，无以治事，则转而谋诸所有之物，以所有而匡救其所无，亦转善之慧也。"典"本为俗义，考之于古，典字为三填五典之用，其意义，亦曰经也，常也，法也，写作敟，笛，形亦而义同也，古多称为质字。（1）周礼地官质人掌稽市之书契，长曰质，短曰剂。（2）春秋战国时，有周郑交质，秦昭王之子质于赵，燕太子质于秦。又有贳与质，相同其义："汉司马相如以鹔鹴裘贳酒。"按照明清各律，关于典之解释，其义广大，如律文中之买典田宅，虽其典字，似仅限于田宅，但注释上所谓田者，山林波荡，皆在其内，所谓宅者，碾磨店肆，皆在其内，则又不限于不动产。唐杜工部，有"朝回日日典春衣"。宋戴复古，有"丝未落车图赎典"。宋陆游，有"新寒换典衣"。昔日之典，动产亦包括于中，且典之标的物，亦得以人类之。韩愈，应所在典贴良人男女状："或因水旱不熟，或因公私债负，遂相典贴，渐已成风。"至元二十九年六月二十四日，中书省据御史台，浙东海石道廉访司，申准本道副使王朝请牒："中原至贫之民，虽遇大饥，宁与妻子同弃于沟壑，安得典卖与他人。江淮混一、十有五年，风薄俗败，尚具仍旧。有所不忍闻者，其妻既入典雇之家，公然得为夫妇，或为婢妾，往往又有所出，三年五年限满之日，虽曰归还本主，或典主贪爱妇之姿色，再舍银财，或妇人恋慕主人之丰足，弃嫌夫主，久则相恋，其势不得不然也。轻则添财再典，甚则偕以逃亡，或有情不能相舍，因而杀伤人命者有之。即目官法，如有受钱令妻与人通奸者，其罪不轻。南方愚民，公然受价将妻子典与他人，数年，如同夫妇，岂不重于一时。今妻犯法之罪，有夫之妇，拟合禁治，不许典雇。"（元典章五十七刑部十九就引）"凡将妻妾受财，典雇与人为妻妾者，杖八十，典雇女者，杖六十，妇女不坐。"（大明律卷五户律田宅）"凡诱拐妇人子女，或典卖，或为妻妾子孙不分良人奴婢已卖未卖，但诱取者，被诱拐之人，若不知情，为首拟绞监候，为从杖一百，流三千里，被诱之人不坐，如拐后被逼成奸，亦不坐。"（大清律卷十五刑律盗贼）"凡以自己妻妾典雇于人受财，而使为他人妻妾者，决杖八十。父以自己之女，典与他人为妻妾者，决杖八十。今之贫民将其妻妾典雇人服役甚多，不在此限。"（大清律）

基于上述之事实，旧日之典，范围广大，其性质亦虽随时代之迁延，地狱之睽隔，而有变更消长也。

四、典之社会性

法律之中心观念，固随时代之进化而演进，昔以义务为法律之本位，或有以权利为法律之本位者。法律应社会化，法律一切之规定应以社会之利益为准据。社会系多数人之融合而成人与人间有密切不可分离之关系。法律乃为整个的社会问题，谋解决，而非仅仅为社会中之个人或部分或阶级主张其绝对权，益陷整个社会于更危机之绝境，乃张大公正之利益，限制个人之权利。

查我国典权之制，相沿既久，且普遍于全国各地；此为我国社会经济情形，自然形成之物权，其关系于我国社会经济情形，实深重大。江庸有批评前清法律草案云：

"前案仿于德日，偏重个人利益，现社会情形变迁，非更进一步，以社会为本位，不足以应时务之需求。""前案多几受外国法，于本国法固有法源未甚注意，如民法债权篇，于通行之会，物权篇于'典'、'老佃'、'先卖'，商法于'铺底'等，全无规定，而此等法典之得失，于社会经济消长虚，影响极巨，未可置之不顾。"

十八年十一月十一日胡汉民在立法院演讲曾谓：

"我们立的法，乃以全国社会的公共利益为本位，处处以谋公共幸福为前提，这便是王道，我们要以仁恕，公平，贯彻我们全部民法，处处表示他保护弱者的精神。"

吾新民法之订定，以追随时代之潮流，以谋求社会利益为前提，表现其社会化之色彩。而吾国之旧有典制，几经舍弃于法典之外，复得重行采纳，以其备有种种之特质，具王道之精神，有济弱之优点也。此实为一吾固有之

53

法源，吾人岂可轻谬视之。

典权之特别规定三点：（1）回赎权，（2）找贴权，（3）转典权，三者最足以表现典权中之三大特质也。其特质何在：

（1）保护典权人之利益，于约定期间内，得使其安心使用或收益。

（2）保护出典人之利益，于期间届满时，得以回赎或找贴。

（3）股权经济之利益，其期间不宜过长，致碍产业改良。

（一）回赎

回赎者，即谓出典人于届约定期限或法定期限时，以原典价向承典人将典之标的物回赎。夫出典人以一时之经济逼迫，处境困难，乃发生出典之情事，不惜将所有产业，付之割爱，其灰心丧气，凄凉景象，固不言而喻。典权制度，许其得以回赎，则心血经营之物，虽一时丧失其使用，日后未尝不可物归原主。旧日典之年限，本无一定，通常为五年或十年。前清同治年间，户部则例有不得过十年之条款，违者治罪，然实际上多有不遵行者。我国之物权法，关于典权存续期间，并无最短期限，一听当事人之自由。其最长期，则定为三十年。其所以有此期限至规定者，一方保护典权人之利益，使得于一定期间之内，安心使用及收益，所典物产；一方顾到经济之利益，免使阻碍产业之改良。故规定典权，不得逾三十年，逾三十年者，应缩短为三十年；为定有期限者，若经过三十年，即不能回赎。凡其典人与典权人之订立典约，应以此法定期限之内，酌定其期限，否则超过之部分无效。法律上规定三十年，实践并不短促，典权人固无虑不得充分利用发展其典物。若任意伸长，权利用永不确定，弊害殊深。典期之约定，不满十五年者，不得附有到期不赎，即不能回赎条件。盖出典人而为他人设定典权，其原因本缘于经济之不充裕。假令不问所约期限至长短，得以附设绝卖之条件；则典权人挟其资本之雄，乘出典人之窘迫，而胁制其为绝卖之声明，是何异使出典人饮鸩止渴，自境漫境。于到期之后，定有犹豫期间二年者，是言典期以内，不得回赎，期间以外，亦民不能绝趋制，二年后不回赎者，出典人不得回赎，俾确定权利状态，无碍乎经济之发展也。

回赎者得以原典价回赎典物，凡物之价值，因供求之有异，随而增限无减，然回赎典物之价额，应依照原付之典价，虽时价增高不问也。若典物时价惨落，低至原典价以下者，出典人尽可抛弃不赎，以终了其关系，并无强制回赎之规定，此正我国道德上济弱观念之优点也（若夫典物灭失之回赎拟另篇言之）。

回赎权之行使，出典人之回赎，如典物为耕作地者，应于收益季节后，次期作业开始前为之，如为其他不动产者，应于六个月前，先行通知典权人。

（二）转典

转典者，即典权存续中典权人将典物转当，或出租与人之谓也。转典设立之原因何在，盖典权人于取得典权之后，遇有急需，而出典人无力回赎或典期尚未届满，一时不能要求其回赎，其势使典权人限于经济之绝境，是以法律准其转典，为救济典权人之经济呆滞也（契约另有订定，或另有习惯者，依其订定，或习惯）。但有下列之限制：

（1）因转典所受之损害，典权人应负赔偿之责任。

（2）典权定有期限者，其转典不得逾典权之期限。

（3）典权未定期限者，转典不得定有期限。

（4）转典之典价，不得超过原典价。

凡此皆所以保护出典人之利益，及免除出典人，典权人及转典人三方面将来无益之纠纷也。

（三）找贴

找贴者，谓出典人得按照典物之时价，向典权人请求找贴其原典价以外所不足之数额，因而使典权人取得典物之所有权之谓也。吾民法第九二六条之规定：

"出典人于典权存续中，表示让与其典物之所有权与典权人者，典权人得按时价找贴，取得其所有权。"

按典权之所以发生找贴情形者，乃在出典人于贫穷困苦中，将所有物出典于典权人之后，处境愈为艰难，产业实乏保全之法，乃不得不出于卖绝之一途，向典权人请求找贴，一经找贴之后，典物所有权，即归典权人所有矣。

请求找贴之期限，有何限制乎。

（1）依前清律例及清理不动产典当办法规定：

业主之请求找贴，在典期届满后，不论何时均得为之。

（2）依司法院院字第五三号训令解释。

业主与典主过户投税后，仍得告找作绝。

（3）依今民法九二六条规定：

出典人之请求找贴，只可于典权存续中为之。

典在昔之找贴，固可随时为之，即于约定典期满后，亦未尝不可在任于何时向典权人请求。因此纠纷常起，争论不决，更有事隔数代，时逾多年，而关系为断者，流弊实多。且典物之所有权，永不确定，典物之使用与改善，亦断难安心而尽力，此又与社会经济政策不相符合也。故法律许其在典权存续期中，有找贴之权利，一旦逾满法定期间之后，自当不能许其找贴也。例如，找贴权行使期间如：

定有典期者，于期满后二年之内为之。

未定有典期者，于出典后三十年之内为之。

逾此法定期间，典权人依照民法九二三条及九二四条规定，取得典物之所有权，出典人丧失其所有权。不复再有找贴之请求矣。

找贴，乃找贴其原典价以外所不足之数额也，则原典物之价格之估计，应以何时之价格为标准，曰："按时价找贴"，即按照出典人向典权人请求之当时，该典物之市场价格计算，而为找贴也。与民法九二三条规定"出典人以原典价回赎典物"，两相比较观之，出典人受法律特别之保护，享优裕之利益。出典人在典物价格低降时，固可抛弃其回赎权，一旦典物高昂，自可要求找贴，法律为公道而设，贫者弱者，应与以更有利之保护也。

四、结论

吾国全部民法，经立法院三读通过，均已公布陆续施行矣。其一一二五条，十九皆由德瑞民法中誊录而来，其是否适合吾民族性，实为一大问题。而吾民法物权篇中之典权制度之规定，既为我国旧有之特产品，在施行时，当无枘鉴之虞。且典权中社会性，原有王道精神，济弱优点，其明白表现吾中华公道主义，与泰西最新法律思想和立法趋势，并无二致。而近世高唱社会化，和中国民族之心理，适相吻合，吴师经熊于其新民法和民族主义中有曰：

"因为我们并非东施效颦地硬要模仿他们，实在是他们的思想先和我们接近，我们采取的，好比一件古物，从前曾经取之中府，藏之外府，现在又从外府，移到中府了。""他们的法制，与我国固有的人生哲学，一天接近似一天，我们采取他们的法典，恰巧同时也就是我们自己的文艺复兴中重要的一幕。"

罗马法永佃权之研究[*]

傅文楷[**]

（一）永佃权之意义

永佃权（Emphyteusis）者支付佃租而在他人土地上为耕作或牧畜利用他人土地之物权也。有仅以耕作为目的者，有纯以牧畜为目的者，又有同时以耕作与牧畜为目的者。此即地上权之行于宅地山林之上目的相异之点要之。永佃权不外供耕作牧畜之用。兹将其意义摘要说明如下。

（1）耕作。耕作二字，苟欲于学理上施以适当之定义，殊非易事。然普通之所谓耕作，不外于土地上培植物，而施以人工劳力，使得收产物之效用也。例如播种五谷于田亩，盖五谷为植物播种耕耘，即施以人工劳力也。所得粮食食料，即为耕作之结果，故得名之曰耕作。又如耕种蔬菜以供食料播种棉茶以供衣料及饮料，园丁种花卉以为业，皆为植物而必须施以人工劳力栽培使长，故皆得谓之耕作。

（2）牧畜。牧畜云者，利用土地出产物以供生畜之饲养之谓也。例如荒芜田地栽培产物而为牧畜场是也。

（3）耕作与牧畜。此即将前述二项目应的用于同一所在也，例如永佃权人（Emphyteuta）将土地（Emphytenticarius）一方用于播种蔬菜棉茶。一方又以之供牧畜之用也。

罗马法之永佃权，即为他物上权（Jura in re or a real right in another's thing）之一种，即使用他人之土地而为耕作牧畜之用。其与他物上权之地上权（Superdicies）地役权（Personal Servitude）。虽同为存在于地上他物上权中

　＊　本文原刊于《法学季刊（上海）》1925 年第 6 期。

＊＊　傅文楷，1927 年毕业于东吴大学法学院（第 10 届），获得法学学士学位。

之重要权利，然其性质与目的则各有殊异。兹将其性质及永佃权人之权利永佃权人之义务永佃权之设定，与永佃权之消灭。逐一说明于后。

（二）永佃权之性质

罗马法之永佃权，起源于罗马古代之 Jus in agro Vectigali 乃就罗马市之寺院及未开辟土地而为存在者。由永佃权人（Emphyteuta）年中付一定数量之租金（即佃租）（Canon，Pensio，Vectigalreditus）与物权所有者，（Dominus emphyteuseos or Owner of the thing who grant such right to another）永久为耕作或牧畜，或耕作与牧畜而使用其土地之权利。[1] 此种权利在罗马古代已存在。在罗马大执行官（Praetor）对于此种权利给予物上之诉权（A real action，viz. a utilis rei vindicatio）故为物权。[2]

其实永佃权在最初时代，非为永借，（Not a lease in perpetuity）乃为规定一定期限年代之租借权。在三世纪之末期，此种名词仅运用于私人土地之租借，而收取一定之佃租，及至规定期限届满。土地所有人（Owner of land）便得加高其佃租金额，或收回永佃权，一任其自择。其后始由定期租借进而为永久租借，此在四世纪中期也。[3]

自此时起。关于此权利之性质。在罗马法学者间议论不一，或者以为永佃权有赁贷借（Hire）之性质，或者以为永佃权有买卖（Sale）之性质。争论不决，而影响于此权利之行使，已不小矣。何则够以永佃权为有赁贷借之性质。则倘耕作者因不可抗力（Act of god）而发生损害土地之事以致土地收益减少。则永佃权人有要求免除佃租或减少佃租之权利。若以为永佃权有买卖之性质，则永佃权人即为买主。在其物所生一切损失，或因不可抗力而损减土地收益额自应由其负担，而不得要求免除或减低佃租也明矣，故二说在其时均不相上下。以致永佃权究为"赁借权乎抑为买卖乎。"而未得一决。迨罗马帝齐诺（Emperor Zeno）始决定永佃权之性质既非赁借权。亦非买卖。乃为一种特别之法律行为（Juristic act）即永佃契约（A contractus emphyteuticari-

---

〔1〕 马克尔特《罗马法》第二百五十九页（Mackeldey, *Roman Law*, p. 259）。

〔2〕 梭梅之《罗马法律类纂》第三百四十八页（Soh, *Institute of Roman Law*, p. 348），《法学讲义民法财产编之上帝》一六八页。

〔3〕 见梭梅《罗马法律类纂》第三四八页。

us）也。[1] 就减免佃租之请求言之，一切损失负担（不可抗力之结果）均由永佃权人负担。而土地所有人不论情形境遇如何，仅收取一定之佃租，此后关于永佃权之性质。学者之见解始归一致焉，兹复将其特质胪列于左

（1）永佃权者使用他人土地之物权也：永佃权以使用他人土地为目的而生物权性质之借地权，此点与地上权相同。而与土地赁贷借之为债权者有别。

（2）永佃权者支付佃租而使用土地之权利也：佃租为使用土地之报酬，有每年支付与分期支付之别，前者即于年中作一次支付清楚，后者即分若干期支付清楚。此与地上权之地租略同。然永佃权以支付佃租为要素，不能如地上权之地租可以一时支付。又不能以无偿行为设定之。是为永佃权与地上权相异之点。

（3）永佃权者为耕作或畜牧而使用他人土地之权利也：耕作与牧畜之界说。均于第一节述之。兹从略。此与地上权之行于宅地山林之上者不同。

（4）永佃权人之权力：与土地所有人之权力相等。然其仅可使用或增进开发土地，而不能使土地流于荒颓或变坏。

（三）永佃权人之权利

永佃权为使用他人土地之物权，其性质约与地上权相同。故其权利亦大同小异，永佃权人虽非土地所有人。然其权力几乎与地主相等。兹列举于左。

（1）永佃权人得执行土地所有人可执行之权力：永佃权人虽非实在所有人（Real owner），然其在土地上所站之地位，一如土地所有人对土地之关系。因此永佃权人实与土地所有人等。

（2）永佃权人得享受土地上一切利益及副产物。

（3）永佃权人有增进土地用益权，及变更耕种形式。［此种权力在受益权者（Usufructuary）与短期赁借地者（Lossee）均不得实行］

（4）永佃权人在实在享受土地权时。一若土地所有人得行使请求"占有禁止令"（Interdictum Possessionis or Possessory interdicts）。

（5）永佃权人对为权利标的之土地。得拒绝第三人之干涉。且对于第三人之侵害行为。得请求救济之权。即永佃权人对于无权利而占有其土地者，不问其为何人。得请求土地之交付（By vindicatio or real action）。甚至对土地

---

[1]　格士《罗马法》第三四三页（Gaius, *Elenents of Roman Law*, p. 343）；梭梅《罗马法律类纂》第三四九页。

所有人亦得行使。[1]

（6）永佃权人于其土地上得直接行其支配权：即永佃权人对于其土地在耕作或牧畜事业范围内。有支配土地之全权。如利用土地之上下及空间之权利。

（7）永佃权人得自由处置其权利：永佃权人于其耕作牧畜权利范围不得问土地所有人之意思如何，将其权利让与遗赠或将其土地贷与他人，盖永佃权为一种物权，非专属其人之权利。虽以之让与他人，或使他人行使之，亦不致伤及永佃权人之本质。又永佃权人得以其权利供抵押，[2]以让与言之。永佃权为物权，亦即为财产权苟其土地上之生产物（即其权利上所产出之利益）可以售卖与人，则其权利之自身。自亦无不可让与之理，况永佃权为物权。尤较财产权中之债权为强有力者。债权固可由当事人之意思让渡，则物权又何不能。故物权中之永佃权当然适用此原则，而有让与之权利也。以转贷言之，对于永佃权权利之自身既得让与其目的物之转贷，当然认为有效，此不待言矣。但土地贷与，当受左列条件之限制。

（a）贷与时不得为自己权利以外之处分。

（b）贷与限于同一之目的，如原以耕作为目的之土地，则贷与亦应为同一之目的（即耕作）而不得以之为牧畜。

（c）贷与期间不得超过权利存续期间。例如存续期间为五十年，设十年后贷与，则其期限应不得超过四十年。

（四）永佃权人之义务

法律规定永佃权人无特别规定外。其义务如左：

（1）完纳佃租：依普通言之。永佃权人之各种义务，均可包括于佃租之完纳，兹特分项论之者，乃单指支付佃租时，永佃权人对于佃租之义务也。永佃权人之支付佃租也。或以金钱，或以收货物之一部交付（Vectigal，Canon）至其支付方法，及其期限皆以设定行为详定之（At the time specified）。由永佃权人自动交与土地所有人无待追问。

永佃权人对佃租之义务。关于赁贷借之规定，亦准用之。例如关于佃租

---

〔1〕 格士《罗马法》第三百四十三页。
〔2〕 马克尔特《罗马法》第二百六十页。

之支付时期，无设定行为即习惯可据时。则应于月底〔1〕或年终或收获季节。依土地之种类以定其支付之时期。如永佃权人有不支付之事，土地所有人得取消永佃权。而收归已有。

于此有一问题焉，即永佃权人因不可抗力之事变，如水旱天灾等，以致收益减少，或无时，能否向其地主请求减少或免除佃租。吾人在第二节永佃权之性质内已言之。盖永佃权既非赁贷借权性质，亦非卖买性质。乃为永佃权契约（A contractus emphyteuticarius）。故虽遇不可抗力之事，仍不许永佃权人请求减低或免除佃租之权，然此种在赁借权中，则许赁借人行之（此即永佃权与赁贷借权相异之点）其理由焉。

（a）在永佃权人于赁借人负担上观察：赁借人年中所负担之赁租甚重，而永佃权人年中所负担之佃租则甚轻。在赁借人平时担负既重，若复遇不可抗力之事而歉收，则其所受打击特别重大。苟非准许其有请求减少或免除赁租之权。于法理似难言平，在永佃权人平时担负既轻则常年所得甚多，虽不幸而遭逢不可抗力之事，而致歉收。然所积丰润，固足抵偿凶岁之所失。故不若赁借人之危险。故一许其请，一不许其请也。

（b）在地主与赁贷人地位上观察：上节曾言赁借人赁租之负担。较永佃权人佃租之负担为重，此惟在赁借人与永佃权人观点言之。今在地主与赁贷人地位观之，其利害适与前者成正比例。详言之，赁借人负担赁租重则赁贷人所收赁租多，永佃权人所负佃租轻则地主所收之佃租少，如此赁贷人年中收入既多则偶遇天灾。许赁借人赁租之免除或减低，对于自身原无多大影响，反之，地主年中收入佃租既少，复因天灾之故而必使其许永佃权人减免佃租之请。于地主自身似觉损失过大，且地主之实行低额佃租者，原为恐天年丰歉不齐。以致收入亦不等，不如平时收入低额佃租，不问丰年抑凶年。均得如旧收入，乃许永佃权人得为佃租减少，或免除之请求。是与地主设定低额佃租之本意相背驰，故有此规定也。

（2）不得加土地以永久损害之变更：永佃权人虽得自由支配其土地上之权，然此仅限于增进土地生产力或暂时改变耕种形式。如开垦之类，虽土地暂时为之损害，然颇易于恢复原状，即不得谓损害所有人之利益。例如穿池凿井之类是也。若使用土地而生永久使用之变更，不易使土地回复原状者。

---

〔1〕 "月底"原文作"月杪"，现据今日通常用法改正。——校勘者注。

则法律有所不许，例如变旱地而为田或挖其土以供他处之用是也。[1]

（3）永佃权人应负一切公众赋税起于物上者：土地之于国家应付相当之赋税，在所有人未交与永佃权人前，一切应由其负担，今土地既为永佃权人受益，则一切公众赋税应由永佃权人负担。

（4）永佃权人如有抛弃永久租借权利或出卖他人之举，应先予通知地主。在两个月内给予答复。是否有意执行土地用益权。如遇规定时期而不表示，则永佃权人可自由处置该土地。而无需得到地主之同意。地主之所以有此权利。盖因其有先取特权（Jus Protimiseos or Right of Pre－emption）故也。如永佃权人不预通知地主而遽行抛弃或转卖。地主有撤销其永佃权之权力。[2]

（5）永佃权人如欲转让或出卖其永佃权与数相继人时。其卖得之价应以五十分之一供土地所有人以为其承认新永佃权人之代价。如其不出卖，则土地实在价值应由估计人（Laud emium of expert）估定，而此估计之费用。在无特别规定时，不由前永佃人后嗣负担。而由新永佃权人负担。然此估计人应先得地主之承认，然后得取估计费。若不得地主之认可，或通知后二个月仍坚执否认者。估计人不得接受估计费。[3]

（6）不得请求免除佃租或减少租额：支付佃租为永佃权人绝对之义务。虽因不可抗力致收益有所损失。亦不得请求免除佃租或减少租额。盖永佃权期限甚长，即使今岁歉收，来年尚可冀其回复。又在永佃权人之下，永佃权人恒以要求佃租不加变更为通例。且租额较地上权为低，故不得请求减免。[4]

（五）永佃权之设定

罗马法永佃权之设定，究有几种，法学家意见甚不一致。左列数项。为普通实用者。

（1）由合同设定。此节地主于永佃权合同（Convention or Emphytentical contract）上订明移交于永佃权人。而同时实行交付土地也。例如甲地主拟设定永佃权交乙永佃权人承受。于合同上订定何种土地位于何方，何时交付，然后连同土地移交乙永佃权人。乙永佃权人即实在取得永佃权。

---

〔1〕　梭梅《罗马法律类纂》第三四九页。

〔2〕　马克尔特《罗马法》第二六〇页。

〔3〕　马克尔特《罗马法》第二六一页。

〔4〕　民律物权第六〇页。

（2）由遗言设定。此即由地主在其临终时立下之遗言为据，而设定永佃权。例如甲地主有土地一方，位于某处，在其临终时制定（或预先制定）遗嘱。将该土地移交某乙为土地永佃权。及甲死某乙便得据遗嘱而设定其永佃权。

（3）由取得时效设定。取得时效（Usucapio or Acquired by Prescription）者。即经过若干年后之占有，而无地主过问时，占有人得将该土地据为土地永佃权，例如某甲占有该项土地二十年。而其占有为善意（Good faith）者，且其初之取得该土地由于非地主（Non owner）之让交，则今之设定永佃权，亦可由取得时效而决定。又如某甲对该土地经过长时间之占据。从未有正式之移交（Grant）。设定永佃权，今乃完付佃租于某乙。（地主）而某乙亦照收无异议，则某甲之永佃权因此而设定。[1]

（六）永佃权之消灭

永佃权遇左列事项时，即归消灭：

（1）标的物失灭。标的物不存在，则权利消灭。

（2）地主仅有暂时所有权。当地主之移交土地与永佃权人时，其所有权乃系暂时者（Temporary Ownership）。而非永久者（Perminent Ownership）。则在地主土地所有权消灭时，永佃权人其永佃权亦随之而消灭。盖地主既失其所有权，永佃权当亦无存在之余地。

（3）存续期间届满或条件完成。若永佃权设定之时，规定时期者，则俟期间届满，当然归于消灭。又如永佃权之授与，系有条件者，迨条件完成后，当然亦归消灭，此不待言。

（4）权利之抛弃。永佃权人自愿抛弃权利时，得向土地所有人请求注销登记，惟永佃权人以有支付佃租之义务。故除特别规定外，仍应照付至期满为止。

（5）混同。永佃权人取得所有权时，其永佃权以混同而消灭。

（6）时效。时效分二种，一为消灭时效，一为第三人取得时效。消灭时效者，如永佃权之登记已经注销。而永佃权人又于二十年间不行使其权利者，纵使其注销出于不法之原因。永佃权人亦即因时效而消灭，第三人取得时效者，如永佃权人之权利未经登记。而第三人用和平法取得，并公然行使其权

---

〔1〕 马克尔特《罗马法》第二六二页。

利，连续至二十年以上，则永佃权为第三人取得，而原有永佃权人之权利，当即消免。

（7）无嗣。永佃权人之权利无定期时，死后当可由其嗣继享，然若永佃权人死而无后，则其永佃权即归消灭。

（8）土地所有人表示消灭永佃权之意思时。土地所有人除有特别规定外，应由左列事件始得涂销。

（a）永佃权人毁损土地之价值。永佃权人虽得任意支配其权利中之一切土地。然无权减损土地之永久价值。苟发现此事，土地所有人可涂销永佃权人之权利。

（b）永佃权人怠于支付佃租继续二年以上者。土地所有人经设定永佃权后，对其土地只有收取一定地租之利益。若永佃权人频年怠于支付佃租，势必有损害土地所有人之权利，故得涂销。

（c）永佃权人怠于支付国家赋税继续至三年，或不将收条交付土地所有人时。其权利得涂销。

（d）永佃权人售卖其权利，而未预先通知土地所有人，或已通知而报告售价不确时，土地所有人得涂销其永佃权。

以上各种消灭永佃权之原因，土地所有人自身无权力涂销。必须假法律手续以执行之。〔1〕

---

〔1〕 马克尔特《罗马法》第二六二页。

苏俄民法中所有权之比较研究[*]

刘承汉[**]

---

[*] 本文原刊于《中华法学杂志》（第 3 卷）1932 年第 9 期。

[**] 刘承汉，1931 年毕业于东吴大学法学院（第 14 届），获法学学士学位。

一、序言

曾考所有权之变迁，可分为三大时期。曰团体共有制，曰个人所有制，曰社会所有制。上古之世，人口稀少，物产繁殷，茹血衣毛，谋生较易。当时无所谓生存争竞，故人类无争。无争则无彼我之分，与畛域之别，而所有权之观念亦无由以起。逮后人类日蕃，食物不敷分配，取得生活资料，渐感困难，不得不出之以竞争。争则力厚者胜，力弱者败，遂不得不谋所以团结之方。于是利害相关者，联成团体，以与他团体相拮抗。每一团体内之财产，则属之团员所共有。初由狩猎生活，进而为牧畜生活，更进而入于农业生活，继而因农业生活之居住有定也，遂形成村落共有之制。嗣因婚姻有定，家族组织，渐具雏形。更由村落共有制，分化而为家族共有制。是时一切品物，皆为一家所共有。虽家长不能自由处分，然其家长因劳力所得之物，族人因军工所得之物，亦有认为个人所独有者，殆已成后世私有财产制之起点矣。及后社会进步，工商业渐兴，个人劳力之所得，逐渐增多。认为个人所独有者，也日益发达。于是个人所有制之基础，于焉树立。然上述变迁，不过为互兴递嬗之大概。其间孰先孰后，学者间犹不免有所争辩。要之上古荒邈，莫可躬稽。其有文献可征者，当自罗马法始。时至罗马，私有财产制，盖已达完成时期矣。虽然，罗马法中共有财产制之遗迹，亦不无可寻者。按罗马古代法之所谓财产权，系就奴隶家畜而言，其土地与建筑物。概不与焉。观于财产移转方式中有所谓 Mancipatio 者，考之字源，实由 Manus 与 Capere 二字拼合而成，即为以手取之之义。夫能以手取之者，为动产而已。财产转移方式，仅及于动产，而不及于不动产，则不动产之不能私有也，审矣。世称萨多奴司（Saturnus）时代，罗马土地，皆为人民所共有。此说虽无何等考据，但罗马当神代之时，必采村落共有制，当为学者所公认。盖罗马太古之初，以土地为国家所领有，属于人民所有者，惟动产一项。至纽摩（Numa）王时代，虽以土地分配于人民，但仍在国家权力之下。即经人民处分后，国家亦可没收。是个人不动产所有权，仍未完全存在。始至远征以来，凡自敌国掠夺之土地，除国家保存一部分外，余皆卖却，或分配于罗马人，或还之于原有住民。于是个人所有权，始得兼括不动产而有之。此即私有财产制之发迹也，此制沿至 18 世纪，经个人主义之推波助澜，而气焰大张。其时国家一切法制，无不以保障个人权利为目的。对于所有权观念，以为具有绝对的无限制之权利。所有人对于所有物，可以任意处分之，任意毁灭之，非他人所得而干预。一七八九年法国革命时之人权宣言第二条曰，组织政团之目的，在保护各项天赋之人权。所列举之人权中，财产所有权，亦为其一。又第十七条曰，财产所有权者，神圣不可侵犯之权也。法国民法第五四四及五四五条规定，所有权对于物有使用收益处分之绝对权利。此种个人主义之立法，影响于各国法典者。几百有余年，然个人主义主法之极端，致造成社会贫富悬殊之现象。有地者，垄断田园，任其荒芜，而农人则无地可耕。富者窖藏金钱，置诸无用。而贫者非高利无从借贷，甚至日常生活，亦无以维持。于是积怨之下，社会主义之高潮以起，而所有权遂不得不为社会主义所诟病矣。意大利法学家伯嘉利亚氏（Beccaria）曾有言曰，财产所有权为可怕之权利。法国学者普鲁东氏（Proudbon）亦曰，财产所有权者，从掠夺而来也。至马克思资本论出，则径认资本为剥夺剩余价值所形成。凡研究苏俄法律之经济背景者，对于马氏学说，尤不能不三致意焉。然马氏之资本论，侧重经济学说，不属法律领域，姑不具引。马氏自谓资本论之重要部分，多得之普鲁东。今请一观普鲁东氏对于所有权之言论，亦可推知马氏态度之一斑矣。普氏驳所有权自然权说之言曰，自然者，生命自由等，须绝对平等，通万人而无多少厚薄之差，然所有权非绝对。因我若于某物上有权利，则必排斥他人之权利。所有非平等，因或多或少或无有也。其驳所有权先占说曰，吾人占有土地之一部，犹之观客占有剧场之地位。一客不能占数位，又剧终不能处分其座位。且剧场座位之数，必须与观客之数相同。故土地必须比照全球人口而分配之。又难所有权劳动说曰，劳动说不能建设所有权，反足以破坏之。劳动止于其所产出之物上有权利，其于所用之原材料及天然物，毫无权利。否则渔夫将以投网河中之故，而为河川之所有主。弋人将以射于空中之故，而为空中所有主。猎者将以逐兽于森林之故，而为森林所有主矣。其设辞之犀利，几使所有权之理论根据，陷入体无完肤之境。故财产所有权一名词，自社会主义者之眼光观之，直不啻罪恶而已。苏俄以社会主义为建国大本，则苏俄之立法，当不认所有权之存在。或虽认为存在，而必以整个社会为所有权之主体必矣。然事实上亦有不尽然者，苏俄当革命之初，实施所谓军事共产政策。举凡国内一切生产要素，概以无条件收之国有。一面人民生活所需者，则由国家设立之机关分配之。是时所有权制度，殆已根本推翻。但行之不久，外以列强之封锁，内以饥馑之频仍。仍不得不改行新经济政策而容许私有制度之复活，因之所有权仍居苏俄民法上之重要地位。然吾人有应认识者，苏俄对于所有权之观念，纵为环境所逼，未能悉数摆脱个人主义之传统思想，而代以社会主义之立法。但终不失为个人主义以达于社会主义过程中之法律。观于苏维埃宪法第三条规定经济之原则凡七项，其第一项曰，一切基本生产力，如土地矿产铁道工厂实行社会化。其第三项曰，废止私人利得，一切经济剩余，皆用于社会。其第七项曰，废除人与人间之榨取制度，泯灭社会上阶级之分化。凡此可知苏俄之所有权，已非法国人权宣言中之所有权。盖已由个人所有制之领域，走向社会所有制之领域矣。迩者苏俄五年计划，四年完成。依其预计，国内私有企业，已不足百分之三四，则私有制之式微，当可必也。吾人试以所有权之变迁，为时代上之分划者。应以罗马法为团体共有制之终期，个人所有制之始期。法民法为个人所有制之极盛期，而苏俄民法则个人所有制之终期，亦即社会所有制之始期也。欲明未来所有权之趋势，则苏俄民法之研究，或亦当务之急欤。

二、所有权之性质

所有权为物权中最强硬最重要之权利，其意义云何，从来学者，聚讼盈庭。有谓所有权为绝对之权利，有谓所有权为无限制之权利，有谓所有权为自由使用收益处分物之权利。凡斯定义，盖皆以个人主义之法律，为其出发点，均不足以语诸苏俄民法中之所有权也。试就苏俄民法本章各条规定，为之下一定义曰："所有权者，就法律容许管有之物上，依其物之性质及法令限制之范围内，有完全管领，并相对的永久存续之权利也。"兹就此定义，分析比较其性质如次：

第一，所有权者，管领物之权利也。所有权以物之管领为内容，故其标的物不可不为有体物且须为特定之物。观于苏俄民法第五十三条所规定之国家专有物，第五十四条至第五十七条所规定之私人及合作社所有物，均有客观之存在，并可以触觉认知之物为限。换言之，即均以特定之有体物为限。然考之各国立法例，则规定不一。罗马法定所有权之标的物为有体物，而德意志古代法，则无体物亦得为所有权之标的物。现时各国，凡旧式法律，如法国民法，皆认无体物之所有权。新式法律，如德日瑞士及我国民法，则仅认有体物之所有权。盖若认无体物之所有权，则所有权将涉及民法法典之全体。譬诸债权，亦将成为所有权，而所有权之特质，必因之泯灭，充其量，将使民法成为所有权法，不几反于各种私权之性质乎。此苏俄所以亦仿最新立法例，列举所有权之标的，均以有体物为限也。或谓第五十四条中有价证券，亦列为所有权标的物之一。按有价证券之价值，不在证券本身，而在其所代表之信用。似未可以目为有体物者，殊不知证券价值，虽在其所代表之信用，但信用不能离开证券而独立。信用所以显示于吾人者，仍有客观上实质之存在，故仍不失其为有体物也。然所有权之标的物，虽以有体物为限，但不能谓凡是有体物，皆得为标的物，又必其物有独立之性质而后可。依苏俄民法第二十五条规定，为确定所有权关系，凡主物之附属品，在经济上同一效用。如契约或法律上无相反之规定者，则应与主物相联属。故有体物之不能独立者，仅能视为主物之一部分，而不能为所有权之单独标的物，此与我民法总则第六十八条之规定，殆有同一作用也。

第二，所有权者，完全管领物之权利也。所有权有完全管领物之权利。所谓完全管领权者，非指于特定关系及以特定方法而得管领物之权利，乃指于一切关系，以一切方法而包括管领物之权利也。此即与定限物权异点之所在焉。按所有权之重大权能，就其积极方面言之，有使用收益处分之权。就其消极方面言之，有排除世人干涉之权，所谓排他作用是也。所有权实合种种权能而成为一单纯之权利，纵所有权一时受有限制，不能为充分之行使。但限制一经除去，所有人仍有圆满之管领权。譬依苏俄民法第九十二条规定，除建筑物及建筑权为抵押品外，其他抵押财产，应交付债权人。所有人似于设定抵押权后，已不能充分行使其使用权矣。但债务一经清偿，抵押权消灭，则所有权仍圆满无缺。又他种物权，只得有作用之一部，其权利人对于权利之标的物，或仅可使用，或只能收益。譬如建筑权只有使用土地之作用，而不能处分土地。抵押权只有占有之作用，而不能使用收益，均就一部权利言也。所有权则兼种种作用而有之，故得谓为完全管领。所谓完全管领者，不但积极的有管领之权，消极的亦得拒绝他人之管领。所有人得排斥他人，而己独专有其物。虽数人不妨共有一所有权，而二种所有权，不能并存于同一物之上。犹之两物体，不能同时占一空间，此所谓排斥性是也。然社会主义立法下之排斥性，已非个人主义澎湃时代，视排他作用具有绝对权威者，所可比拟。昔时对财产权之侵害，曾行极苛之法度，有盗一钱而处斩者。又债务人不偿债时，债权人得拉赴市场，而问有人救助与否。若无救助，则可卖为奴隶。债权者有数人，则切断其四肢，各取其一片而去。此种重视个人忽视社会之立法，迄今已无复存在。非但苏俄民法对于行使权利，如抵触社会经济政策，法律不予保护（苏俄民法第一条）。即其他资本主义国家之立法，亦渐趋社会化。例如警察司法，或收税之必要，用一定之手续，而入屋搜索，家主不得拒之。他人避祸而使用非其所有之物，物主亦弗能禁。此亦完全管领下之相当限制也。

第三，所有权者，就法律容许之物上，依其物之性质，于事实上法律上而施管领之权利也。苏俄系以共产主义号召之国家，共产主义之要求，应举生产消费，概归共有，不得任私人之支配。苏俄虽未达到此种境地，但终不失为过程中之法律。故对于所有权之标的物，严加限制。孰者专属国家所有，孰者得为私人所有，孰者须有特许契约，或经相当机关之允许，而后始得归私人管有者，其间严为分别。故非法律所容许管有之物，自无从施其管领之权利也。然物之管领，纵为法律所容许，又必依其物之性质而后可。盖物之性质不同，有为动产者，有为不动产者。所有人当依其性质，而为管领。例如，以房屋供居住，以牛马供耕种或驾车之用，皆是也。至所谓于事实而为管领者，即所有人在于实际情形上，当然可以管领也。例如，以书供诵读，茶供解渴之类是。反之，若事实上不可得而管领者，则固无所谓所有权矣。例如，日月星辰之类是。所谓于法律上而为管领者，即所有人应遵循法律程序，甫能管领之谓也。例如建筑权，所有人以管领力而为第三人设定抵押权时，则必须履行登记之程式是。反之，若不履行此程式，则不可得而实行其管领矣。

第四，所有权者，相对的永久存续之权利也。所有权存续之期间，系无限期的，有期之所有权，为法律所不许。非若建筑权抵押权，恒因经过设定之时期而消灭也。若夫自甲以移转于乙，则不过为所有人之更迭，仅变更权利之主体，其所有权固存续如故。是以所有权之移转，附有期限者，非甲之所有权，因期满而消灭，亦非乙之所有权，因期至而发生，实则不过甲权，依期以移转于乙耳。此所有权之所以具有永久性也。虽然，所谓永久者，亦非绝对之谓。苟所有人使标的物灭失，或因其他绝对消灭之事由发生，而致其灭失者，所有权亦必消灭。故所有权亦有死期，所谓永久云云，不过相对的而已。或曰，所有权虽限于一时，但可收取标的物永远之效用。虽所有人明日或将其所有物毁灭，或赠与他人，而其今日之所有权，固所有物永久可生效用之全体也。故所有权仍不失为永久的。殊不知今日所收取之效用，固可涉及千百年可生出之效用。但今日所收取者，止今日之效用，决非千百年间之效用。此说仍不过一种诡辩，殊未足以自圆其说也。

第五，所有权者，于法令限制之范围内，得为管领之权利也。所有权虽为物权中之最高权，其管领力备极完全。然亦非绝无限制者，其限制为何，即所有人于法令之界限内，始得管领其物也。法民法第五四四条，日民法第二〇六条，德民法第九〇三条，及我民法第七六五条，均规定所有权之行使，须在法令限制之范围以内。至苏俄民法第一条，则明白规定，行使权利，如抵触社会经济政策，不受法律保护。此尤为社会主义立法之特色。在个人主义思想极发达时，几认所有权为绝对权利，毫无限制可言。例如苏格兰大地主芬德力氏，改其土地为猎场，一日间驱逐数千佃户，烧其住宅，佃户老幼男女，相携号泣道旁，而世人犹以为所有权当然之结果，夷然不怪，是亦忍矣。大陆立法似不若英美之走入极端，犹注意于权利滥用之责任。法国判例对于滥用权利而损害他人者，往往令赔偿之义务。德民法第二二六条明文规定，不得单以损害他人之目的，而行使权利。瑞士民法第二条第二项亦曰，显然滥用权利者，不能受法律之保护。此均见其立法思想之日趋社会化矣，然以此举与苏俄民法第一条之规定相较，诚不免瞠乎其后矣。

三、所有权之范围

所有权之范围，恒所所有权之观念为转移。而所有权观念，又因时因地而异。综其演进踪迹，已从个人化，进而为社会化。昔之以所有权为个人之利益，与个人之需要而设者。今则以所有权为社会之利益，社会之需要而设。近世各国，对于所有权立法趋势，大抵采用折衷主义，渐进主义。一面维持私有制度，以奖励个人生产之努力。一面使之社会化，以谋公共之利益。故各国对于所有权之范围，仍多侧重个人方法。对于一切财产，鲜有不能为私人所有之标的者。然一国立法上，所有权之范围，不能不以其经济组织为标准。苏俄经济组织，以建设社会主义之国家，为最终归宿。一切基本生产方，实行社会化，废止私人利得，废止人与人间之榨取制度，此均为宪法中所明文规定。果其一一实施，则国内将不复有私有制度矣。但事实亦有未必尽然者。须知苏俄社会主义之建设，尚未彻底完成。列宁一九二一年于采用新经济政策时，曾说明苏俄社会经济之形态，认为五个阶段所构成。第一家族自给之农民经济。第二小规模的商品生产经济。第三私有资本主义经济。第四国家资本主义经济。第五社会主义经济。苏俄现正由第四阶段之国家资本主义，以走向第五阶段之社会主义。惟所谓国家资本主义者，在苏俄具有特种音色。因苏俄国家为劳动阶级所统治，苏俄之国家资本主义，性质迥异，且显然接近于次一阶段之社会主义。明乎此，则知苏俄之立法，一面在扩张国家之经济活动，以期完成社会主义之建设。一面则压抑个人经济之活动，以防私有资本主义之复兴。故苏俄民法，一脱各国立法例之旧制，特分所有权为国家所有合作社所有及私人所有三种（苏俄民法第五十二条）。而此三种所有权中，对私人所有者，则严加限制，对国家及合作社所有者，则力予便利。此其经济政策使然，殆亦无足异也，用再分述如下。

甲、国家专有物

第一，土地。土地公有私有制度，孰得孰失，向为研究土地问题者，聚讼之焦点。而所谓土地公有者，又可别为两种。一系不准土地私有权之存在，国内一切土地，其所有权属于国家，由国家参酌人民需要，为土地之分配。而人民于同样情形之下，有享受土地利益之平等权利。一系土地仍得为私有，惟土地非因施用劳力资本所产生之利益，则由人民共同享有，不得为地主所私。苏俄之土地政策，即属于前者，而其他各国，则多属于后一办法。苏俄自革命成功后，对于全国土地，一律宣布为国家财产，以之分配于农民，为耕作之用。其所有权专属于国家，人民仅得享有使用权而已。而所谓使用权者，又非漫无限制。依苏俄一九一八年二月土地法，农民之土地使用权，以自己及其家庭能力所能耕种者为限。如因疾病，不能耕种者，地方团体代其耕种。经过两年，尚不能耕种时，即失去该土地之使用权。凡此制度，实为苏俄之特色，其他如英美德法日瑞诸国，罔不承认私有土地制之存在。我国土地法，虽一面扩张公有土地之范围，但一面仍承认私有土地之存在。惟对于私有土地之使用，加以限制。与夫私有土地，因不劳而获得之增价，征收土地增价税而已。观于我土地法第七条曰，中华民国领域内之土地，属于中华民国国民全体。其经人民依法取得所有权者，为私有土地。又第十四条曰，地方政府，对于私有土地，得斟酌地方需要、土地种类、土地性质各类情形，分别限制个人或团体所有土地面积之最高额。是知我国土地法，虽非若苏俄之完全社会主义化，但已含有不少社会主义之色彩在也。按自欧战而后，各国对于土地之设施，均日趋于社会化，而尤以东欧诸国为甚。罗马尼亚一九一八年土地改革法，个人私有地，最低限度为一百黑格特（Hectare，每黑格特约合英亩二〇四七一），最高限度为五百黑格特，超过限度者，得没收之。犹哥斯拉维亚一九一九年三月土地改革法，每户土地面积，视各地情形酌定，大约总在十"约克"左右。又德意志联邦宪法第一五五条，亦明白规定曰，土地之分配及利用，均由国家监督之，以防弊端。其第二项曰，土地之耕种及开拓，乃土地所有者，对于公众之义务。可见战后新兴诸国，对于土地私有权，虽未若苏俄之完全废止，但其限制之严，亦足一反个人主义下私人垄断土地之积习矣。

第二，矿产森林河流。苏俄认矿产森林河流，均为专属国有物，不得为私有标的。我国除河流外，对于矿产森林，均于相当范围内容许私有之存在。观于我矿产法第一条曰，中华民国领域内之矿均为国有，非依本法取得矿产权，不得探采。第五条曰，第二条所列各矿，除第九条所定国营，及第十条所定国家保留区外，中华民国人，得依本法，取得矿业权，但所在之县市政府，有优先权。第九条曰，铁矿、石油矿、铜矿及适合炼冶金焦之烟煤矿，应归国营，由国家自行探采。如无自行探采之必要时，得出租探采，但承租人以中华民国人为限。又第十条曰，前条各矿，及左列各矿，农矿部认为有保留之必要时，得划定区域，作为国家保留区，禁止探采。观此可知重要矿产，虽已划归国有，但其他未经列举之较次矿产，固仍得为私人所有也。森林一项，我国对私人所有权有无限制，尚未颁有特别法令。惟细按民国二十年四月十一日国民政府公布之实业部林垦署组织法第二条规定，实业部林垦署掌左列事项，其第六项云，关于私有林之提倡保护监督事项。又土地法第十七条曰，左列土地，不得移转设定负担，或租赁于外国人。其第二项曰，林地，寻绎辞意，则森林之得为私人所有，盖无疑义矣。至河流之不得为私有，殆为各国立法例之所同。我土地法第八条曰，左列土地，不得为私有。一、可通运之水道。二、天然形成之湖泽而为公共需用者。三、矿泉地。四、瀑布地。五、公共需用之天然水源地。其第二项曰，市镇区域之水道湖泽，其沿岸相当限度内之公有土地，不得变为私有。法民第五三八条，亦有相似之规定曰，国所管辖之道路、巷径、市街及可通舟筏之河川海岸及海之汀渚、港口、海港、碇泊场及一切法兰西领地，不可为私有之各部分，皆可视为公领之附属，此亦与苏俄国有之规定相仿也。盖法民之所谓公领，与我民之所谓公有，不仅为国家所有，凡地方所有者，亦属之。苏俄民法之所谓国有，亦兼括地方公有，及由国家所没收之财产在内。故二者名称虽异，而其实则同。

第三，铁路及航空用具。铁路及其车辆，以及航空用具，依苏俄民法，均系专属国家所有物。我国铁路，对于私有，向无限制。依二十一年七月二十一日国府公布之铁道法第三条，铁道有国营公营及民营之分，则铁路之可为私有，盖可必也。又观十八年十一月国府修正之铁道部组织法第一条曰，铁道部规划建设管理全国国有铁道，及监督省有民有铁道。其第八条第九条及第十条，关于业务司财务司及工务司掌理之事项中，亦均有监督民有铁道之规定。可见铁道得为私有标的物，毫无疑义矣。至航空用具，依国际航空条约第三十条之规定，除军用航空器，及专供国用之航空器，例如邮务税务警察所用者外，余则视为私有航空器。法义航空法，不独允许私有，且可作为抵押之标的。依法国航空法第十一、十二、十四条，及一九二四年三月间所颁布之施行细则，航空器注册簿，用以示明公认之信用，得依国内船舶登记之规定，许可其抵押。至所有权之转移，则以曾经登记者为限。意大利航空法第九条第二六八条及第二七二条之规定，均与法国航空法相同。惟航空器及其附属物之抵押，须依民法之规定处理。美国一九二五年二月，及一九二六年六月间所通过之航空邮运条例（Air Mail Act），允许邮政部长招致私人商行或公司，以其航空器，载运邮件。是美国之容许私有，不难推想及之矣。我国航空事业，初具雏形。迄未有航空法之规定，惟依历届草案，均有容许私有之规定。最初航空警察顾问涧尔纳所拟之"中华民国空中交通法刍议"文中，其第五条所有人之规定曰，凡航空机须完全为中国国民所有，方得在中国航空机登记册登记。十年六月前北京航空署，拟定之航空条例修正草案第九条曰，航空器所有人，非有左款各项之一者，其航空器不得呈请注册。（甲）中华民国国民。（乙）经农商部注册之公司，其董事三分之二以上及经理，均为中华民国国民者。我国民政府成立后，立法院于十八年一月二十二日第八次会议通过监督商办航空事业条例。其第一条云，航空事业，除军用者外，均由国民政府行政院交通部经营之，但依本条例之规定，国办航空事业，得由公司或个人呈准交通部办理之。第五条云，经营航空事业，以有中华民国国籍者为限，并不得参加外资，或借用外债。观于以上历次草案，均有认航空器为私有标的之倾向。惟现时国内商用航空机关，仅有中国航空公司，及欧亚航空公司。一则隶属国府，一则隶属交通部，其余则均为军用航空器。而历届航空法草案，迄未一度公布，是将来可否容许私有，或一疑问也。

乙、合作社所有物

第一，同于私人之权利。凡合法成立之合作社，依苏俄民法第五十七条之规定，有权与私人同样管有各种财产。合作社何以得与私人享有同一权利，而为私权之主体，是不能不研究合作社在私法上所处之地位为何。按之苏俄民法第十二条规定，凡多数人联合之社团或财团，均得认为法人，得购置财产，负担债务，并于诉讼时，得为原被告。合作社者，多数人联合之团体也，或为生产合作社，或为消费合作社，故依法可取得法人之资格。所谓法人者，非自然人而具有人格者也。依学者一般分类法，法人中原有公益法人与营利法人之分。公益法人，系以公益为目的而组织，营利法人则以营利为目的，并分配其利益于社员之法人也。合作社实介于公益与营利之间。一面以商事作用，谋社员利益。一面更能分任国家生产与分配之职务，以谋整个社会之利益。然无论如何，合作社在苏俄具有法人资格，殆无疑义。法人得与私人具有同一权利，同为私权主体，亦为各国立法例之通则。我民法第二十六条曰，法人于法令限制内，有享受权利担负义务之能力，但专属于自然人之权利义务，不在此限。日民法第四十三条曰，法人依法令规定，于章程或捐助行为所定之目的范围内，享权利义务。瑞士民法第五十三条及土耳其民法第四十六条曰，法人得享有非以性年龄或亲属关系等自然人之天然性质为要件之一切权利义务。惟一切社团，取得法人资格，须以合法成立为要件。此各国立法例，亦与苏俄立法相同。我民法第四十五条曰，以营利为目的之社团，其取得法人资格，依特别法之规定。德民法第二十二条曰，以经济上之营业为目的之社团，于德国法律，无特别规定时，其权利能力，由国家付与之。日民法第三十五条曰，以营利为目的之社团，得依商事公司设立之条件，以之为法人。瑞士民法第五十九条第二项曰，有经济上目的之人的结合，依关于公司及合伙之规定。土耳其民法第五十二条第二项曰，有经济上目的之社团法人，依合伙之规定。观以上所引，可知社团之成立，须以合法为取得法人之要件明矣。

第二，超于私人之权利。观于前节所引各国立法例，吾人有可得而推知者。即法人虽由国家赋予人格，俾得与自然人，享有同一权利。然其权利范围，终较自然人所享受者为小。惟苏俄民法则反是，依苏俄民法第五十七条之规定，合作社依其性质，得经营各项企业，不受雇用工人额数之限制。是私人所不能享有者，而合作社能之。合作社之权利，实超出私人之上矣。苏俄何为而有此立法，是不能不一探苏俄所特有之经济组织，及其经济政策。苏俄素以社会革命为号召，列宁尝有言曰："社会革命之主要工作，要在能完成一精密细致而有组织之系统，以适合于经济货物之生产与分配。其最难者，为经济运用，提高工人生产力，建设一严格划一之国家会计，以管理生产与分配，使生产之真实社会化。"故苏俄一面扩张国家资本以期渐趋于社会化，一面压制私人资本，以防资本主义之复活。而其间沟通国家资本，与私人资本之间者，则悉赖合作社之组织。当其革命初期，苏俄曾以法律明定私人财产之总值，不得超过一万金卢布。不特全国土地矿山森林河流铁路邮电等公用事业，悉为国有。即对人民私人经营之工商事业，限制亦极严厉。例如人民经营航业，其最大之船只，不得超过二十吨。经营工商业者，全部职工，亦不得超过二十人，其后关于私人财产总额，不得超过一万金卢布之限制。虽经新经济政策时代取消，对于私人企业之限制，则仍旧未改。故就法律言，今日苏俄人民，不仅可以保有私产，且可保有无量数之私产。惟以经营工商业，重受法律限制之故，无由扩展。事实上私人资本，无由复活。五年计划告成后，残余之私有资本，或不及百分之一二，其无足轻重可知矣。然苏俄以占全球六分一面积，及一七八百万人口之国家，欲举一切生产消费事业，概出之国家资本，则力之不逮，至为明显。故不得不提倡合作社之组织，吸收私有资本，以补国家资力之不足。在过去数年中，消费合作社，几为全俄分配机关之惟一系统。自实施五年计划后，农业合作社，尤为农业集产运动之实施途径。据苏俄政府发表之统计，自前年十月至十二月三个月间，私营农场，并入集产农场者，数逾百万。合之前年十月以前并入者，共为七百七十万，约占私营农场全部十分之三。至全国集产农场，截至去年十二月止，约在十二万至十三万之间，仅就农业一项，其数字已如此其伟大，则合作社对于苏联经济上之地位重要可知。如其私法上，不能特予便利，一如私人之限制，不将有作茧自毙之憾乎。此民法中所以有合作社经营各种企业，得不受雇用工人数额限制之规定也。

丙、私人所有物

第一，通常得为私人所有者。通常得为私有之标的物，从无以明文为列举之规定者，有之。自苏俄民法始，依苏俄民法第五十四条之规定，凡能属于私人所有者，计有下列数种。（一）未收归地方所有之建筑物。（二）未超过法定雇工数额之工商企业。（三）生产事业之机械。（四）金银币、有价证券、外国货币。（五）家用品与个人用品。（六）法律所不禁售之一切货物，与私人间可以流通之各种财产。观于以上规定，私有标的物之范围，虽不若他国立法例之广阔，但表面上私有权利，似尚未至剥削净尽之地步。然一按其实际，则此种权利，多半为纸上规定。法律虽容许为私人所有，而事实上则私人实无从得有其物也。试就第一项言，苏俄自革命以来，房屋恐慌，几为各都市之普遍现象。外人之旅行其地者，无不以寻觅宿舍为难。即俄人自身观察，亦以为非待五年计划完成后，不能解决房屋恐慌，事实上，各地房屋，多已收归公有。其仍属私有者，除乡村住宅外，殆已寥若星辰矣。若言夫工商企业，凡私人经营者，雇用职工数额，不得超过二十人，此劳力上之限制也。国外贸易，及国际汇兑，悉操于国家设立之国外贸易部，及国际银行之手。一切物料，均须仰给于合作社。而私人向合作社所得购买之数量，又经国家严为厘订。其向自由市场购得者，则价值奇昂，此原料及金融上之限制也。一旦制成物品，贩之于市，所有售价，悉由国家为之核定，而国家对于私商，又复故为压抑，此又市场上之限制也。有此种种障碍，私人虽欲经营工商企业，而势不可能矣。视之我国工厂法仅对于雇用职工三十人以上之工厂，加以监督者（工厂法第一条），其宽严不可以同日语也。工商企业，事实上既不为私人所经营，则生产事业之机械，私人自无持有之必要，即使有之，亦必规模极小。至金银币及外国货币，国内极感缺乏。市面所流通者，惟苏维埃纸币而已。国际汇兑，既经汇兑章程严加限制，而私人对纸币与金银币之出口，又复为法律所不许。是法律上纵允许私有，事实上仍未可自由处分也。其能真正享有完全所有权者，其为第五项之家用品个人用品，与夫第六项可以流通之一切货物乎。

第二，经政府特许得为私人所有者。依苏俄民法第五十五条之规定，凡超过法定雇工数额之企业，与夫电报、无线电及其他与国家有重要关系之事业，非经政府特许，并订合同者，不得为私人所有物。可见苏俄对于重要企业，系采特许主义，且须经过契约行为，其原则上一律概归国营。从可知矣，我国对于电气及其他公用事业，除由国营外，私人亦许经济。惟国家及地方政府，不过予以监督而已。十八年十二月二十一日，国府公布之民营事业监督条例第二条曰，左列各款之公用事业，除由中央或地方公营者外，得许民营。一、电灯、电话及其他电气事业。二、自来水。三、电车、公共汽车或长途汽车。四、煤气。五、航运。六、航空。七、其他依法得由民营之公用事业。第三条民营公用事业，除应由中央主管机关监督者外，其经营范围，属于县区域者，由县政府监督，属于市区域者，由市政府监督，属于县市两个区域以上者，由省政府监督。十六年七月二十六日交通部电气事业取缔条例，第二条曰，凡经营电气事业者，非呈准国民政府交通部立案后，不得开办及使用电气工作物。其关于地方事业，及营业计划，属于其他主管官署者，应同时呈明该管地方公署及主管官署核准。十八年八月五日国府公布之电信条例，第二条曰，凡国家经营之电信，由国民政府行政院交通部管理之。惟海陆军及航空机关，为军用起见，自行设置，不在此例。第三条曰，左列电信，经国民政府行政院交通部或其委托机关之核准，得由地方政府公私团体或个人设置。其电信设置规则，由交通部另订之。第五条曰，凡未向国民政府行政院交通部或其委托机关登记领照者，不得装用无线电收音机，接受前条第五项规定之广播无线电信。观以上所引，可知我国对于重要企业，仅取监督态度。与苏俄之特许办法，性质不同。惟苏俄之特许制，对于国家经济，亦有其特殊作用。盖此种办法，不独防止私资之复活，且可尽量利用外资。俄国在革命前，全国大工业几全为外资所操纵。革命后经济凋敝，百业待兴。又有不得不利用外资之情势，故有订立特许契约之制度。凡外人之欲投资苏俄者，均须与苏俄政府订立合同，规明投资数额，生产数量，及其营业范围。而其中最要之条文，即为经过若干年后，苏俄政府得以无条件收回自营之规定。此苏俄之所以能尽量利用外资，而不为外资所害乎。

第三，经相当机关允许得为私人所有者。依苏俄民法第五十六条之规定，军器、军用品、爆废物、白金混合物及猛烈性之酒类药品等，非得相当机关之允许，不得为私人所有物。此盖为维持社会治安之故，不得不加以限制。考之各国立法例，无不皆然。惟各国对于此类事项，多于特别法分别规明。其见之于民法中者，实所罕观。我国十八年十二月三十一日国府修正公布之查验自卫枪炮及给照暂行条例，其第一条曰，凡人民与法团及公署机关人员所有自卫枪炮，其查验及执照，概依本条例办理。第二条曰，查验枪炮发给执照事宜，在国都者归警察厅办理，其他各地，由省政府办理。每届月终，由承办机关，开具清单，连同照费，咨送军政部转呈本府备案，此我国限制军器之情形也。十八年十一月十一日国府公布之麻醉药品管理条例，第八条曰，各地医院医师牙医师兽医药师或医学校，需用麻醉药品时，应以书面叙明理由，签字盖章，向分销机关购用。但医院药师医学校，每次购用，其重量不得逾五十克，医师牙医师兽医每次不得逾十克，此限制化学用品之情形也。考其立法原意，实与苏俄民法，毫无二致。惟苏俄刑法，对于违反民法第五十六条之规定者，其处罚办法，极为严重。苏俄刑法第九十三条，未经允许而制造或购置保存，或售卖各种爆烈物质弹丸，若未经证明其行动有犯罪目的者，处六个月以上之监禁。第一百四十条曰，以销售为目的而酿造，或自己售卖各种色酒、火酒、酒精以及含有酒精质之物，无相当官厅之允许，或超过法定保障以外者，以及以售卖该项饮料为目的，而非法保藏者，处一年以上之监禁，并没收其财产之一部分。观以上所定，可知其处罚极重矣。

四、所有权之保护

国家对于所有人，付与诸种请求权，以保护其权利，其理由何在。学者间，颇有争点，有主先占保护主义者，谓所有权之起源。在于先占，人类欲全生活，必须利用外界无主物。无主物以先占而取得，既有先占，即有所有权。国家保护所有权，即保护先占。然先占说不足以解释所有权之起源，已为普鲁东驳倒。业见前章，自毋待述。有主劳动保护主义者，谓人类对于外界之物，加以劳力，则人与物之关系生。而所有权之问题以起。国家保护所有权，即保护劳力。然所有权之标的物，未必尽由劳力所产生。此说之不足凭信，亦见前说。有主经济必要主义者，谓保护所有权，乃本于国家经济之必要。若不加以保护，则个人无劳动心，无贮蓄心。由是国家富力日削，必保护所有权，而后国家经济始得发达。然此说实囿于个人主义之传统思想，固无当于历史事实，且更无解于现代苏俄经济建设之现象。五年计划，四年成功，苏维埃之速率，几为举世所称道。试问私有权之保护何在。苏俄以共产为最终目的，自不能依此为保护根据明甚。有主人性的必要主义者，谓保护所有权，即所以保全人类之性命。若不加以保护，则人类不能生存。然原始社会，无所谓所有权，而人类亦能生存。今苏俄对所有权范围，严加限制，而人类亦未见减少，其说之不通也，审矣。然则法律究因何而加以保护，曰：其为维持社会秩序之故欤。上古之世，生活简单，彼此无分轸域，自不需所有权之保护。及至生齿日繁，争端渐起，乃不能不区别彼我，俾克相安。苏俄虽以共产号召，但在私有制，未经铲清以前，自不能不加以保护，以维秩序也。按其保护之方，约有两端。一对私力侵害之保护，一对公力侵害之保护。视之各国立法例，仅对私力侵害为明文规定者，其保护似尤周到也。虽然，革命之初，苏俄国家，随意没收私产，此所以不得不以明文规定，以昭大信欤。

甲、私力侵害之保护

第一，请求返还权。请求返还权者，乃现未占有标的物之所有人。对于其物之占有者，请求返还之谓也。盖所有人占有其标的物，始能全所有权之效用。故以不法而继续保留他人之所有物，或以暴力侵夺他人之所有物者，所有人得向之主张所有权，请求原物之返还。此种请求权，自罗马法以来，各国民法，皆采用之。按罗马法中有所谓所有权回收之诉（Reivindi catio），即有所有权而未占有者。对于占有而无所有权者，得提起诉讼，不问占有者之善意恶意。所有人对于占有人，总立于优胜之地位，然占有人对于所有人，亦决非有神圣不可侵犯之义务。即所有人主张所有权，须为确实之证明，若不能证明时，被告仍得保持其占有物。罗马帝政初期，有所有人不得以所有权之诉，反于占有人之意思，而取去其物之规定。足见所有人亦受相当限制也。苏俄对于所有人，在两种情势下，赋予返还请求权。（一）所有人如在他人非法占之物内，发现自己财产权者，不论其占有之为善意恶意，均得向占有人，要求返还（苏俄民法第五十九条）。（二）善意地而非向所有人直接购得之财产，所有人有返还请求权（苏俄民法第六十条）。惟以遗失及被窃之物为限。我民法第七六七条，亦有相似之规定曰，所有人对于无权占有或侵夺其所有物者，得请求返还之。德民法第九八五条曰，所有人对于物之占有人，得请求物之返还。瑞士民法第六四一条第二项曰，所有人对于错误稽留其物者，有要求返还之权。惟各国立法例，对于购买窃盗赃物者，其规定则间有出入。依英国一八九三年售货条例（Sales of Goods Act 1893）之规定，凡于窃盗罪成立后，其赃物纵购自公开之市场（Market overt），亦须返还于真正所有人。德民法则不然，凡于拍卖场内，不知窃盗之事实，以善意购得者，购买人取得不可推翻之所有权，不负返还义务。日民法虽定有返还义务，但分别善意恶意，而为有偿无偿之规定。日民法第一九三条曰，前条之占有物，若系盗品或遗失物，则被害者或遗失主，自被盗或遗失之日起，二年间得请求占有人回复其物。又第一九四条曰，占有人以善意从竞卖或公共市场或贩卖同种物商人，购买盗品或遗失物者，则其被害者或遗失主，非辨偿占有者所出之代价，不得回复其物。此与我民法第九四九条及第九五〇条相同。然苏俄民法第六〇条对于盗赃或遗失物之请求返还权，须以善意为要件。究其所谓善意之范围为何，是不可不一研究。按该条附注云，如不明了或不应明了售物者无权让给该物于购买者，则认为善意地占有。德民法第九三二条亦有相似之规定曰，取得者，明知物非属于转让人，或因重大过失，而不知之者，则取得者，为非善意。至我民法依解释惯例，凡以不知情之人，公然购得者，应均视为善意也。虽然，苏俄民法之返还请求权，亦非可普遍适用者。根据革命法律没收之财产，或于一九二二年五月二十二日以前劳动界所占有之一切财产，所有人无请求归还之权。国家机关及合作社之财产，虽被非法占有时，不问占有之方法为何，均得要求返还。惟合作社之各联合团体，请求返还所有企业及财产权者，应由特别法规定之。然所谓返还者，不仅返还原物，并应及其孳息。依苏俄民法第五十九条规定，自占有人查明，或应知其占有为不合法，或接到所有人关于归还财产通知时起，所得之利益，均有归还所有人之义务。我民法第九五八条曰，恶意占有人，负返还孳息之义务，其孳息如已消费，或因其过失而毁损，或怠于收取者，负偿还其孳息价金之义务。日民法第一九〇条之规定亦同。但以上系就占有人之义务言之也，占有人亦有其权利在。依苏俄民法第五九条规定，占有人亦得向所有人要求偿还对于占有时所用之必要费用，其计算则由所有人计算财产利益之时起。按罗马法对于占有人之费用，原有必要费（Impensae necessariae），有益费（Impensae utiles），奢侈费（Impensae Volutuariae）之分。必要费不问占有者之善意恶意，所有者须赔偿之。有益费又称改良费（Awelioration），此惟善意占有者，有请求赔偿权。通常须以物之增益价格为限，且不得超过实际支出之额。至奢侈费则纵使善意，亦不能请求赔偿。此制相沿至今，仍多采用。我民法第九五四条第九五五条。日民法第一九六条，及德民法第九九四条，均有类似之规定。

第二，请求保全之权。请求保全之权，乃所有人对于用保留或侵夺以外之方法，妨害其所有权。或对将加妨害之人，请求妨害之除去，或防止之谓也。盖所有权为对世权之一，无论何人，对于所有物负有不得干涉之消极义务。因之所有人得对于世人要求不为何等之妨害。他人若妨害所有权之行使，或将加妨害，所有人得对此妨害者，请求妨害之除去，或防止妨害之行为。夫除去乃对于已然之妨害而言，如未得所有人之同意，而侵入其宅第是也。防止乃对于未然之妨害而言，如甲有一屋，与乙相邻。甲屋形状，将有倾圮之虞，则乙因保全本屋利益，得向甲请求防止倾圮是也。此种请求权，自罗马法以来，即有规定。罗马法中有所谓侵害禁止之诉者（Actio negatoria），即所有人对于侵害人所得提起之诉。例如乙无权利而通行甲之土地，甲得提起此诉，请求禁止通行。成文法发达时代，原告关于此诉，对于被告尚可请求损害赔偿，及将来不为侵害之担保。我民法第七六七条亦有类似规定曰，妨害其所有权者，得请求除去之，有妨害其所有权之虞者，得请求防止之。苏俄民法第五十九条第二项曰，所有人对于自己权利上之侵害，虽与剥夺占有权无关，亦得要求解除之。揆其语意，似仅对已然之妨害而言。对于仅有妨害之虞者，或不在防止之列也。虽然，所有人权利上受有侵害，纵与占有权有关，在某种情势下，亦未必得充分保护也。譬如国家企业雇用之职工、公共教育设施之生徒、赤军家族、与受伤之士兵工人等所租之房屋，其租赁契约，无论出租人是否同意，依民法第一五六条之规定，均得自动视为不定期之租赁契约。此盖苏俄保护劳动阶级之权利，视之保护所有人权利，尤为重要之故，资本主义下与社会主义下立法之不同其在斯乎。

乙、公力侵害之保护

第一，军用征收。依苏俄民法第六十九条规定，军用征收，所有人之财产，应照军用征收及没收私人与团体等财产之命令手续行之，但须偿还所有人在征收时之中等市价，此苏俄对公力侵害之保护也。民法原为私法之一，规定私人与私人间之权义关系。考之各国立法例，从未以防止国家侵害之条文，规定于民法中者。然则苏俄何为而有此，斯亦有其特殊之背景在。盖苏俄革命之初，实施军事共产主义，对于私有财产，任意没收，农村穀物，征发不时，以致国内骚然，民不安业，益以农人鉴于征发之故，不事劳力，任其荒芜，更造成空前未有之饥馑。自改用新经济政策以后，恢复私有财产制。固不得不为明文规定，以资保障。按军用征收者，系因给养军队，充战事上之必要，对于私人权利，所加之一种强制也。故其目的物，须为军队所必要者，且必应乎该地方资力之程度。依国际公法陆战例规第五十二条第一项规定，征发现品及使役，非实系侵入军占领军必要者，不得向市镇居民要求之。征发须应其地方之资力，且须不使居民参预攻战行为，致有敌对其本国之性质。至征收当与以相当之赔偿，此从私有财产不可侵之原则，及军队搜集要品之政略上言之，皆不得不然者也。国际公法陆战例规第五十二条第三项亦为之规定曰，征发现品，务宜酬以现金，否则宜交付收据，此在国际法犹然。

则国内法之必须给付酬金，盖亦当然之结果也。

第二，依法没收。苏俄民法第七十条规定曰，没收所有人之财产，只能以惩罚名义，依法定手续行之。按没收为处刑之一，国家课以没收之罪者，其必出以惩罚名义，盖无疑义。苏俄特为明文规定者，良以革命之初，动辄没收，其原因不必出于犯罪，而手续更不必依照法律。故特设此条，以资矫正而已。各国对于公力侵害，鲜有规定于私法者，惟宪法中则多有规定。德意志联邦宪法第一五三条曰，所有权为宪法所保障，其内容及界限，悉依法律。惟因公众之幸福，而又依据法律之规定，始得为公用征收。公用征收，应给予相当之赔偿金。但联邦法律，有特别规定者，不在此例。关于赔偿金之数目，若有争执，应归普通法院受理。但联邦法律有特别规定者，不在此例。联邦对于各邦各自治区，及公益团体，行使公用征收时，应给赔偿金。日本宪法第二十七条曰，日本臣民之所有权，不可侵犯。若为公益所必要之处分，须依法律所定。土耳其共和国宪法第七四条曰，除依照特别法规，确实证明公益之原因，并预先给付价值外，人民之财产，及其不动产，不得征收。丹济自由城宪法第一一〇条曰，所有权实受保障，公用征收，非依法律之规定，不得为之。且须为公共利益，并给予相当之赔偿金。有异议时，得向法院起诉。爱斯多尼共和国宪法第二四条曰，公民资产之权利，保障之，无论何人，非因公用或依法定之原则或条规，不得剥夺其私产。芬兰共和国宪法第六条曰，凡芬兰国民，其生命名誉自由及财产之保护，均由法律保障之。其第二项曰，基于公益理由，完全用赔偿方法，以征收土地者，以法律定之。希腊共和国宪法第十九条曰，除经确切证明，实为公用起见，而又合于法定条件，并预给偿金者外，无论何人之地产，不得侵夺之。其第二项曰，因战事或动员时所发生之海陆军之需要，或因避免公共秩序或卫生之危险所发生之社会需要，而向人民征发者，亦另订法律，规定办法。立陶宛共和国宪法第二三条曰，资产权保护之，公民之财产，非因公益，不得以立法手续征收之。波兰共和国宪法第九九条曰，波兰承认一切种类所有权。其第二项云，国家对于个人与集合的产业，应确实予以保护。除为公共利益，依法律所定，且给予报酬外，不许没收或限制个人或集合的所有权。捷克共和国宪法第一〇九条曰，私有财产权，除依据法律外，不得限制之。其第二项云，公用征收，除依据法律之规定，不给赔偿外，非依法律，并给予赔偿，不得为之。关以上所引，可知各国对于公力侵犯之保护，均视为公法关系，而规明于宪法中，非若苏俄之仅视为私法关系已也。

五、所有权之取得

甲、所有权之移转方式

按罗马法所有权之取得，其方法有二。一为原始取得，一为承继取得。原始取得之方法，有六。曰先占（Occupatio），曰添附（Accessio），曰加工（Specificatio），曰埋藏物（Thesaurus），曰孳息之取得（Fructuum Perceptio），曰时效（Praescriptio Aequisitira）。承继取得之方法亦有五种。曰曼号怕蓄（Mancipatio），曰拟诉弃权（Jurecessio），曰引渡（Traditio），曰分配裁判（Adjudicatio），曰遗赠（Legatun）。惟当时所有权有市民法上之所有权，与裁判官法上之所有权之分。故其权利之取得，亦有市民法之取得方法，与裁判官法之取得方法。曼号怕蓄、拟诉弃权、时效及遗赠，均属于市民法上之取得方法，其他则皆属于裁判官法上之取得方法。但至优帝法典编纂时，凡此市民法上之取得方法，仅存时效与遗赠二者而已。此制相沿至今，多为大陆法所采用。各国立法例，凡言动产之取得方法者，仍不外原始取得与承继取得二者。惟不动产之原始取得，其例甚鲜。考其由来，谅不外包括权原与特定权原两种。因包括而取得者，如继承是。因特定权原而取得者，如买卖及让与是。苏俄民法虽经第二十一条附注规定，无动产与不动产之分。然苏俄私人之土地所有权，虽经取消，但建筑物之私有权，依然存在。故实质上仍不得谓为毫无区分也。依苏俄民法第四一六条规定，按照法律，并依遗嘱规定，在遗产价值之范围内，除死者所负之债务外，不超过一万金币者，准继承之。足见在一定限额内，继承亦足为取得所有权之方法，盖无疑义，惟本章内则仅以买卖为移转方式。观于第六十六条物之所有权，应根据买主和卖主所缔结之契约而转移之。惟所谓移转契约，其缔结之方式为何。将为书面契约乎，口头契约乎，抑二者兼用乎。依我民法第七六〇条规定，不动产物权之移转或设定，应以书面为之。又第七五八条，不动产物权，因法律行为而取得丧失及变更者，非经登记不生效力。故不动产之移转，须以书面契约及登记两者为要件。至动产之让与，则仅以交付为已足，不必以何种方式为限也。苏俄对契约形式，未有规定，似对一般所有权之让与，当事人以任何方式，表示其合意，均无不可。惟第七十二条第七十三条关于建筑权之契约，曾严订契约内容。第七十九条及第九十条规定建筑权之出售及抵押，应依公证人证明之手续缔结之，并须向公产管理处登记，否则无效。是建筑权之让与，既须出以书面契约，与登记手续。则让与建筑物之必须书面契约与登记也，自属当然解释矣。今请更言移转之效力，自何时发生。依苏俄民法第六十六条规定，买主对于不可分物之所有权，应由契约成立时取得之。对于可分物之所有权，如有数目重量及大小之分者，均由交付时取得之。按其辞意，除建筑权另以明文规定，以登记为发生效力之要件外，均以交付为要件。对于不可分物，以契约成立为生效之表示者，盖以契约代交付故也。我民法亦以交付为要件，观于第七六一条曰，动产物权之让与，非将动产交付，不生效力。但受让人已占有动产者，于让与合意时，即生效力。日民法第一七六条曰，凡物权之设定移转，惟因当事人之意思表示，生其效力。德民法第九二九条曰，凡动产所有权之移转，所有人应交付其物于受让人。又曰，如所有人非占有其物时，以关于所有权移转之合意为满足。此其规定，盖均同出一辙也。

乙、交付手续

依苏俄民法第六十七条规定，物之交付，计有四种方式。（一）亲手交付。（二）如契约无别种规定者，以领货凭据，交给买主。（三）依买主指示，以领货凭据交邮局递送。（四）依买主指示，交给买主之仆役。惟依（三）（四）方式者，一经交代，即认为交付，不负送到之责。按第一种方式，系采直接交付主义，自不发生问题。第二种方式，系采间接占有主义，按之各国立法例，大致相仿。我民法第七六一条第二项曰，让与动产物权，而让与人仍继续占有动产者，让与人与受让人间，得订立契约，使受让人因此取得间接占有，以代交付。又第三项曰，让与动产物权，如其动产由第三人占有时，让与人得以对于第三人之返还请求权，让与于受让人，以代交付。德民法第九三〇条亦曰，所有人占有其物时，所有人与受让人之间，得因受让人之合意，取得间接占有，以代交付。又次条曰，第三者占有物时，所有人得让与其物之返还请求权，以代交付。凡此规定，均属相同。至第三第四两种方式，我民法虽未有明文规定，但按之一般条理，亦复毫无二致。盖交付于邮局，或交付于仆役，既出诸买主之指示，则邮局与仆役，均为买主之委托代理人，其交付行为，当与交付买主本人，发生同一效力，自不负能否递到之责也。

丙、无主物之处置

本节所谓无主物者，系从广义解释。包括无主物及所有人不明之财产而言。按之各国立法例，对于无主物，或所有人不明之财产，构成所有权取得之原因者，约有三种方式。即无主物之先占，遗失物之拾得，与埋藏物之发现是也，试分述之。

第一，先占无主物。先占无主物，谓以所有之意思，先于他人，占有无主物之谓。各国立法，不外两种主义。即先占自由主义，与先占权利主义。前者罗马法采用之，主张先占可以自由，不问标的物之为动产不动产，均可取得所有权。后者德意志古代法采用之，意谓无主物，不能由个人自由先占，必须为法律所许可。法律所许可之情形有二。第一无主之土地，惟国家得先占之。第二无主之动产，惟国家所许之特定私人，得先占之。此两主义，各国立法宗之。就法国法例言，关于无主之动产，采先占自由主义。关于无主之不动产，采先占权利主义。盖土地乃国家领土之一部，不属于私人，当属于国家，自不得由私人先占也。就德国法例言，关于无主之土地，采先占权利主义。凡无主地，皆属于所在地之国库。关于无主动产，则以先占自由主义为原则，以先占权利主义为例外。就奥国民法言，则无论动产或不动产，皆以之属于国库，此纯采先占权利主义也。日本民法与法国同。我旧民草亦与日法同，无主土地及不动产之先占权利，属于国库（旧民草第九八九条及一○二五条一项）。占有无主动产者，得取得所有权（旧民草第一○二八条）。现行民法，仅于第八○二条，对于无主动产，有同样规定。对于无主不动产，未有规定，然多规明于特别法中，盖亦采先占权利主义也。

第二，拾得遗失物。拾得遗失物，可否为取得所有权之原因。各国立法例，规定不一。罗马法采不取得所有权主义。若遗失人不因时效而消灭其权利，不论何时，皆得对于拾得人，提起占有物回复之诉。德意志古代法采取得所有权主义，凡拾得遗失物者，有赴官署呈报之义务。官署得报后，催告遗失人，呈报遗失。如遗失人不为呈报时，其物即为寺院国库拾得人所分有。现在各国大抵仿效德意志古代法。法国法例，于遗失物之拾得，不规定于民法，而以特别法规定之。凡海上之遗失物，及湖川上之遗失物，属国库所有。沿海之遗失物，以三分之一属诸拾得人。若陆上之遗失物，则以属于拾得人为原则。但遗失人得于一定期间内，向拾得人索还。德帝国民法，仿照古代法，无多出入。日本民法，沿古来习惯，以遗失物之所有权，属诸拾得人，但拾得人须履行一定程序。其程序另以特别法规定之。我民法对于遗失人之所在不明者，须履行招领，及报告警署或自治机关之义务。经过一定期间，所有人未为认领者，拾得人取得所有权。

第三，发现埋藏物。发现埋藏物，能否取得所有权。各国规定，亦极纷歧。罗马法对于埋藏物作为土地之附合，其物之所有权，属于土地所有人。至哈托利亚鲁士帝（Hadrianus）时代，始改正此种规定。以其物之所有权，半属于发现人，半属于土地所有人。凡埋藏其物于动产中者，亦照此办理。近代各国立法例，均采罗马法例，而稍加变更。法民法第七一六条规定，包藏物所有人，发现埋藏物时，全部所有权，属于包藏物所有人。若他人发现，则半部所有权，属于发现人，半属于包藏物所有人。德民法第九八四条规定，发现埋藏物者，依发现之结果，而占有其物时，发现人取得所有权之一部。其物当未分配以前，为包藏物所有人及发现人所共有。日民法第二四一条规定，埋藏物依特别法所定。公告后六个月内，不知其所有者，则发现人取得其所有权。但于他人物中发现者，则发现人及其物之所有人，折半而取得其所有权。瑞士民法第七二三条规定，发现人不能与包藏物所有人折半取得所有权，惟有请求相当报酬之权利。但其报酬，不得超过埋藏物价格之半额。我民法第八〇八条规定，发现埋藏物而占有者，取得其所有权，但埋藏物系在他人之动产或不动产发现者，该动产或不动产之所有人，与发现人各取得埋藏物之半，此盖从德国立法例也。

以上三者，系略言各国立法例之大概。然则苏俄民法，将取何种主义乎。苏俄民法第六十八条规定曰，所有人不明之财产，如无主物等，依特别法之规定，移转为国家所有。可见无论为无主物遗失物与埋藏物，如不能确定其原所有人者，均归国家所有。私人不得依先占拾得或发现之原则，而取有之，此盖国家经济政策使然也。

六、共有

甲、共有之性质

共有云者，数人对于一物共有一所有权之状态也。一物不容二主，为法律之格言。罗马法上曾有一物一所有权之原则。故数人不能同时于一物之上，各有完全之所有权。但于一物之上所成立之一个所有权，共属于数人，则无背于所有权之性质。因之共有之关系生焉。按共有之形式，计分二种。曰分别共有，发源于罗马法，系于共有中想象各人之应有部分，为其实在所有者。就其应有部分，可以随意处分。他曰共同共有，发源于德意志古代法。其性质彼此牵制，不能随意处分。苏俄民法物权中所规定者，系属罗马法系之分别共有，观于第六十一条曰，所有权得属于两人，或依应有部分，而为两人以上之共有物，可知其为分别共有矣。然所谓应有部分者，从来学说不一。有所谓实在的部分说者，倡之于罗马学者（见 Digesta 三〇卷三二卷）。谓各共有人就其应有部分，而为实在的所有者，各自享有一个所有权。有所谓理想的分割说者，为 Waechter 所主张。谓各共有人于其标的物上，成想象的部分之分割，而各自享有一个所有权。有所谓内容的分属说者，为 Celsus, Ulpianus, Paulus 诸人所主张。谓所有权之作用有种种，共有人可以分别享有之。有所谓计算的部分说者，为 Windscheid, Steinchner 诸人所主张。谓所有权有金钱计算之价格，各共有人得就其经济上之价值，而分有之。此外更有所谓权利的范围说者，为 Dernburg 所主张。谓同一物上，数人共有一所有权，欲免权利之冲突，不得不予以一定之范围，使各人在范围内，得以行使其权利。此说揆诸法理，最为允当，观于苏俄民法关于共有之各条规定，盖亦采用此说也。

乙、共有人之权利义务

共有人之权利义务，不外为所有人之权利义务。然一个所有权为数名之权利主体所共有，则所有权中一切固有之权义，其状态较之单一所有人专有所有权时，自不能无异，用述如下：

第一、共有人之使用处分权

共有人对于共有物，虽各有其应有部分，然所谓应有部分者，指其权利所行使之范围而言，非指其标的物上所划分之范围而言。凡权利之行使，得就标的物之全体为之。惟须不越自己权利应有之范围，而又无害于他共有人之权利而后可。故行使权利时，不能不注意他共有人之利益。此苏俄民法第六十二条所以有共有物之使用处分，须经各所有人同意之规定也。然我民法及日民法仅对处分权，须得他共有人同意之限制，而使用则无之。观于我民法第八一八条曰，各共有人，按其应有部分，对于共有物之全部，有使用收益之权。日民法第二四九条曰，各共有人于共有物之全部，各得按其持分使用之，是均无同意规定也。虽然，苏俄民法中之所谓同意者，当不外权利范围之规定，须得共有人之协意而已。若谓他共有人对于某一共有人之使用，不予同意，即足根本剥夺其使用权，则与共有原则，不亦大相悖谬乎。且苏俄之同意权，其效力亦颇微薄。我民法第八一九条对于共有物之处分、变更及设定负担，应得共有人全体之同意。日民法第二五一条亦曰，各共有人非有他共有人同意，不得加变更于共有物。而苏俄民法中之同意权，并不以全体同意为要件。依第六十二条规定，如共有人意见不一致时，以多数人之意见取决之。盖苏俄政策，在保护多数人之利益，不欲以少数牺牲多数也。

第二，共有人之优先购买权。依苏俄民法第六十四条规定，共有人中，不论何人，欲将其所有部分，让与他人时，除拍卖外，其他共有人有购买之优先权，此盖共有人间，关系较切。如有让与情事，自应予他共有人有尽先获得之机会。此条为各国立法例所无有。然就事实与条理推论之，大致殆亦相仿。良以分别共有，乃各共有人之权利竞合。如共有人中之一人，不欲继续其共有关系，则其竞合之程度，自应减少，此必然之理也。惟各国立法例，对共有人中之一人，抛弃其权利时，每许其他共有人之权利，自动扩张。如我旧民草第一〇四七条及日民法第二五五条规定，分别共有人之一人，抛弃其应有部分，或死亡而无继承人时，其应有部分，属于其余分别共有人。苏俄民法，对于此种情形，无明文规定。惟共有人既经抛弃其应有部分之权利，则该部分之所有权，无有隶属，势成为无主物。依第六十八条无主物之规定，该部分应移转为国家所有，此或亦法律上之当然解释欤。

第三，共有人之分担费用义务。各共有人对于共有物，既能按其应有部分而享有权利，则付于共有物上所必须之费用，自应按其应有部分，而负担之，此自然之理也。故苏俄民法第六十三条规定曰，各共有人对于共有物之各种费用、捐款以及管理保存等费用，应依各应有部分分担之。此种规定，按之各国立法例，几无不相同。我民法第八二二条曰，共有物之管理费，及其他担负，除契约另有订定外，应由各共有人，按其应有部分分担之。日民法第二五三条曰，共有者，须各照其持分，出管理费用，及负担共有物所生之费用。德民法第七四八条曰，各共有人依其持分负共有物之担负，并保存管理及共同收益之费用。瑞士民法第六四九条曰，除契约有相反之规定外，共有物之管理费捐税，及其他费用，依共有人之持分，比例分担之。凡此种种规定，盖均大同而小异而已。

丙、共有物之分割

第一，分割之请求共有制度。虽为法律所承认，但按之经济原理，极为不利。盖以数人共有一物，则各人所蒙之利害，较单独所有时为少。因而利用保存，常不如单独所有人之注意。且以处分行为，因受多数同意之限制，亦不能充分全其经济上之效用。故法律对于共有关系，必使其容易消灭。依苏俄民法第六十五条，除抵触契约或法律者外，各共有人均有要求分割共有物之权。视之各国立法例，殆无不相同。我民法第八二三条曰，各共有人得随时请求分割共有物，但因物之使用目的，不能分割，或契约订有不分割之期限者，不在此限。日民法第二五六条曰，各共有者，无论何时，各得请求分割共有物。德民法第七四九条曰，各共有人随时得请求共有之废止。瑞士民法第六五〇条曰，除因法律行为或共有物之性质，不能分割外，各共有人有请求分割之权。可见各国立法例，殆均予各共有人以分割请求权也。惟依契约订明不分割之期限者，其期限长短，及有无限制，各国法例，规定不一。法日民法规定约定不分割之期限，不得逾五年。如期满另为更新之契约时，其更新之期限，亦不得逾五年（法民八一五条日民二五六条）。瑞士民法，定为十年（瑞民六五〇条）。德国民法，不定期间，一任当事人契约之自由（德民七四九条）。我国民法，定为五年，逾五年者，缩短为五年（民法八二三条二项）。苏俄民法，对期限无限制，与德国立法例同。惟衡之常理，亦不能永无分割请求权。此点或将有待于法令之解释欤。

第二，分割之方法。依苏俄民法第六十五条规定，共有物分割之方法有二。一为协议上之分割，一为审判上之分割。协议上之分割，最足适合各共有人之意志，故共有物之分割，原则上应依共有人协议之方法行之，其不能协议决定者，则由法院判决之。总以各人应有部分，不受经济上之损失为主。如损失无从避免者，其受损部分之共有人，得受相当之赔偿费，以剂其平。此种规定，盖亦沿用一般立法例之通则，我民法第八二四条曰，共有物之分割，依共有人协议之方法行之。分割之方法，不能协议决定者，法院得因任何共有人之声请，命为左列之分配。一、以原物分配于各共有人。二、变卖共有物，以价金分配于各共有人。以原物为分配时，如共有人中有不能按其应有部分受分配者，得以金钱补偿之。日民法第二五八条曰，共有人分割之议，如有不谐，得请求于裁判所。其第二项曰，在前项之时，不能以现物为分割或因分割有损价格之虞者，则裁判所得命其竞卖。瑞士民法第六五一条第二项曰，共有人间不能为分割方法之协议时，法院得令其以原物分配于各个共有人。如以原物分配，显有重大损失时，得以公开拍卖方法，或仅于共有人间，以拍卖方法行之。其第三项曰，如共有物之分割不均时，得以金钱补偿之。于此可见苏俄民法，关于共有规定，视之各国立法例，殆均相仿也。

动产质权及权利质之析义 *

卢绳祖**

第一目 动产质权

甲、动产质权之意义

称动产质权者，谓因担保债权，占有债务人或第三人移交之动产，就其卖得价金，受清偿之权，就此定义，析言之如下：

（一）动产质权者，为行于动产上之权利，就担保债权言之，质权与抵押权相同，然抵押权，为行于不动产上之权利，而动产质权，只行于动产上之权利也。

（二）动产质权，系设定于债务人或第三人物上之权利，出质人如无处分质物之权利，其质权应不成立，但质权人领受其物，若系善意，并无过失，仍取得其质权。

（三）动产质权为必须占有质物之权利，在未移转占有以前，虽经立有字据，尚不能发生质权之效力，但质权人对于质物，不限于自身直接占有，使他人代为占有，亦无不可。

（四）动产质权者，于债权未受清偿以前，得就质物全部，以行使其权利，动产质权，为债权全额而设定，并存于质物全部之上，倘债权未受全部之清偿，自可就质物全部，以行使其拍卖之权利。

---

* 本文原刊于《交通银行月刊》1939 年 7 月刊。

** 卢绳祖，1934 年毕业于东吴大学法学院（第 17 届），获法学学士学位。

乙、动产质权之范围

（一）原债权；

（二）利息；

（三）迟延利息；

（四）实行质权之费用，以上四则与抵押权之范围同；

（五）因质物有瑕疵而生之损害赔偿，例如质物为牛一头，已受有传染病，仍以之出质，致传染质权人自有之牛，受有损害，此损害为因质物而发生，当能由出质人赔偿，并以质物担保其赔偿之责。

丙、动产质权人之权利义务

（一）质权人须以善良管理人之注意，保管其质物，如未达此程度，即为有过失，应负赔偿责任。

（二）除契约另有订定外，质权人有收取质物所生孳息之权利，其所收取之孳息，应先抵充收取之费用，次充利息，再次充原债权。

（三）质权人于质权存续中，因质物有败坏之虞，或其价值显有减少，足以害及质权人之权利者，质权人得拍卖质物，以期卖得价金，代充质物，是不但与质权人有利，即于出质人亦有利，但质权人于拍卖前，须通知出质人，俾得为适当之处置，若不能通知者，不在此限。

（四）质权人于债权已届清偿期，而未受清偿时，有拍卖其质物之权利，惟抵押物之拍卖，须声请法院为之，而质入动产之拍卖，仅须于拍卖前通知出质人，其不能通知者，即得进行拍卖，质权人于债权清偿期届满后，为受清偿起见，并得与出质人订立契约，以取得质物之所有权。

丁、以工厂机械出质时出质人能否向质权人借用质物之商榷

吾国工厂，因流动资金缺乏，多有以机械出质于银行，贷借款项。银行方面，仅派遣监理员，常川驻厂，而厂内之机器，仍由该厂借用。学者间有因此主张出质人于设定质权后，不妨以质权人与出质人间之新的法律关系为根据，仍继续占有其物之解释者，此种主张，实似是而非。考司法院院字第一六四九号指令浙江高等法院一文有云："甲工厂于民法物权法编施行后，向乙贷款，以厂内之机器，对乙设定质权，已将机器移转归乙占有后。又另出

立借用书据，向乙借用该机器，此际占有之谁属，应视其事实上管领之力，属于何方为断。如因甲使用之故，由甲占有该机器，而乙已失其事实上管领之力，则依民法第八百八十五条第二项规定，其质权之效力，自不存在，若甲使用该机器而事实上管领之力仍在于乙（即仍由乙直接占有），则其质权之效力，自无影响。"据此以观，则银行于占有质物，派遣驻厂监理员后，其机器虽仍由厂方借用，但对于该项机器不可谓已失事实上管领之力，似与民法第八百八十五条"质权之设定，因移转占有而生效力，且质权人不得使出质人代自己占有质物"之规定，不相抵触也。

第二目　权利质权

甲、权利质权之意义

权利质权者，以所有权以外之财产权，如票据、公司债票、股票以及其他可让与之债权等，为质权标的物之谓，质权原则上应直接行于有体物之上，权利非有体物，似不能于其上设定质权。然质权最终之目的，并非在质物之本身，而在担保之确实，以所有权以外之财产权，为质权之标的物，亦未尝不可达担保之目的，银行所经营之票据贴现，债券押款等，即其实例。

乙、权利质权之特则

权利质权之性质，与动产质权相近，故凡关于动产质权之规定，除法律另有规定外，皆准用之，兹略述权利质权之特则如下。

（一）以债权为标的物之质权，为关系明确起见，其设定应以书面为之。如有证书，并应依权利让与之规定，交付其证书于债权人。例如以他行存单向本行押款时，除应订立借据并交付该存单外，并须以设定质权之旨，通知该行，至于以无记名证券如公债票之类为标的物者，只须交付其证券于质权人，即生设定质权之效力。以其他有价证券为标的物者，如有抬头人之庄票、本票、汇票等，并应以背书方法为之，否则不足以巩固质权人之利益。

（二）质权以无记名证券、票据或其他依背书而让与之证券为标的物者，其所担保之债权，纵未届清偿期，质权人仍得收取证券上应受之给付。如以公司债票押款时，收取到期之利息，但如此项利息之交付，系凭附带息票，则仅以已交付之息票为限，质权人得收取之，例如欠缺数期息票，该数期债息，即非质权人所得收取矣。如有预行通知债务人之必要，并有为通知之权利，债务人亦仅得向质权人为给付，如是则质权人之权利巩固，而交易上亦将以有价证券与动产同其效力也。

谈保证*

彭学海

一、保证的意义

保证，就各方面观察，确是一个恼人的问题。在要保者，是如何恼着寻觅一个最合适的保证人；在被保者，是如何恼着邀请一个债权人认为合格的保证人；再就保证人自身说，更是如何恼着，事前怎么可以推托一个有交情者的请求，事后怎么可以避免种种因保证而发生的责任。事情不论怎么可恼，还是连续发生，而且永远需要发生，接究原因，为的是社会本身需要它；也正因为社会本身需要它，法律不能不有详密审慎的规定。我人置身社会，对于这个习见的法律常识，尤不能不谋透彻的了解。

"保证"二字，到底是什么意思；简单说来，保证是当事约定，一方即保证人，于他方的债务人，不履行债务时，由其代负履行责任的契约。因此所发生的债务，民法称为保证债务。负此债务的一方，统称为保证人。他方为债权人，所保证之债务，称为主债务；他方的债务人，即主债务人。就上意义以观，保证的重要性质，只少有下列数端，特为清晰列举如下：

（甲）保证为一种契约

此种契约，只须保证人与债权人间，就其所担保的债权，意思表示合致，即可成立，故为诺成契约。通常虽多订立书面；但法律不以作成书面为必要，故又为不要试契约。迨契约成立，仅使保证人对债权人负有义务，债权人对保证人并无何种负担，故又为无偿的片面契约。

---

* 本文原刊于《文心》1939 年第 6 期。

（乙）保证乃对人担保

通常对于某一定债权的担保，分为物的和人的两种：前者乃提供一定的担保物，确保债权得于届期后，卖却供担保之物以代清偿，故称之为物上担保，如抵押权与质权是；后者在使第三人为附随的债务人，有代人履行的义务，故为对人担保，即现行之保证制度是。

（丙）保证从属补充性

保证债务，有二特性：一为从属性，即附随于主债务而发生的债务，故其存在性并无范围，均应以主债务为标准；又一为补充性，即系补充主债务人的履行，故原则上应以主债务人的履行为主。

二、保证的范围

保证债务，既为社会所习见，故其范围，意即保证人对于债权人应负责的程度，亦有审究必要。就通常情形而论，得分为下列两种状态说明之：

（甲）未订定范围时

保证债务，因其对主债务有从属性，举凡由主债务所生的结果，均应包括在内。我民法规定，保证债务，除契约另有订立外，包含主债务的利息，违约金，损害赔偿及其他从属于主债务的负担。此系原则上之订定，并无强制性，故仍许当事人间另以契约设法限制。

（乙）已订定范围

保证人的负担范围，原则上固许当事人间以契约自由订定，诚如上述。惟其负担程度，设经订定较主债务人为重时，应缩减至主债务的限度。换句话说，就是保证的范围，如经当事人间订定，较主债务范围为小时，固应从其约定。倘遇所订范围，大于主债务，则超过部分，依法无效，使仍缩为于主债务同一限度，此种规定，非特着眼保证与原主债务有从属性，且企求事理的公平。

三、保证的效力

（甲）保证人与债权人间的效力

保证契约，本系保证人与债权人间的契约，其内容及履行，应依契约内容定之。惟法律对于保证人的抗辩权利，特予明白订定。细代分析，有基于主债务人而为的抵抗；有基于自己地位而为的抵抗两种，分述如下：

（子）基于主债务人而为的抗辩

主债务人所有的抗辩，如给付拒绝，或权利不发生，与权利消灭等抗辩，保证人均得主张之。保证人行使此种抗辩权利，并非代表主债务人，乃以自己名义为之，纵使主债务人抛弃其抗辩时，保证人仍得主张之。惟保证人对因错误或行为能力的欠缺而无效的债务，如明知其情事，而仍为保证时，系显不注意该项无效事由，其保证仍应认为有效，即不得于事后以此无效事由为抗辩。再债权人如果已向主债务人，请求履行及其他中断时效的行为，为于保证人亦生效力。

（丑）基于自己地位而为的抗辩

即给付拒绝权，乃保证人对于债权人，有得拒绝清偿的权利。我民法明订下列二种情形，咸准保证人拒绝清偿。（一）主债务人就其债务发生原因的法律行为有撤销权者；（二）保证人与债权人未就主债务人的财产强制执行而无效果前，对于债权人得拒绝清偿。后者通常称为"检索抗辩权"，设遇保证人已自放弃，或行使致债权人受到不利益时，咸不许行使，其情形如下列：（a）保证人曾抛弃此种抗辩权利；（b）保证契约成立后，主债务人的住所或居所变更，致向其请求清偿发生困难；（c）主债务人受破产宣告；（d）主债务人的财产不足以清偿其债务。

（乙）多数保证人相互间的效力

同一债务，保证人有数人，而未明定其保证数额时，有分别担保，与连带负责两说。分别担保，除已额定外，推定其为平均分派；连带负责，乃令其各负全部保证之责。我民法规定，首从契约所订；如契约别无规定时，认为应连带负保证责任。

（丙）保证人与主债务人的效力

保证人与主债务人的内部关系，自应依当事人意思，或法律规定决定之。我民法对比，有下列重要规定：

（子）保证人的代位权

保证人向债权人为清偿后，债权人对于主债务人的债权，于其清偿限度内，移转于保证人，以保护其利益。

（丑）保证责任的除去

保证人受主债务人的委任，而为保证，有下列情形之一时，得向主债务人请求除去其保证责任！（a）主债务人的财产显形减少时；（b）保证契约成立后，主债务人的住所营业所或居所有变更，致向其请求清偿发生困难时；（c）主债务人履行债务迟延时；（d）债权人依确定判决得令保证人清偿时。保证人就上述情形，固得要求主债务人为一定行为，而使其保证债务消灭；惟主债务未届清偿期，主债务人亦得提示相当担保于保证人，以代保证责任的除去。

四、责任的消灭

保证责任的消灭，除应适用一般法律行为及契约并债的效力消灭的规定外，尤如主债务消灭，保证债务亦应消灭。惟民法就其消灭原因，更有下列五种规定：

（甲）债权人抛弃担保物权

债权人抛弃为其债权担保的物权时，保证人就债权人所抛弃限度内，免其责任。诚以担保物权，较人的担保为确实易行，抛弃与否，固属债权人的自由，若仍许追问人的担保责任，殊欠公允，故为维护保证人利益计，明订于其所抛弃的限度内，免除保证责任。

（乙）债权人未于保证期间内行使权利

约定保证人仅于一定期间内为保证，如债权于其期间内，对于保证人不为审判上之请求，保证人免其责任。

（丙）债权未于催告期间行使权利

保证未定期间，保证人于主债务清偿期届满后，得定一个月以上相当期限，催告债权人于期限内，向主债务人为审判上的请求。债权人不于前项期限内，向主债务人为审判上的请求，保证人免其责任。

（丁）保证人为终止保证契约的通知

就连续发生的债务为保证，如房租及商店伙友担保，而未定有期间，保证人得随时通知债权人终止保证契约。上开情形，保证人对于通知到达债权人后所发生的主债务人的债务，不负保证责任。

（戊）债权人延期清偿的允许

就定有期限的债务为保证，如债权人允许主债务人延期清偿时，保证人除对于其延期已为同意外，不负保证责任。

五、信用委任

此系委任与保证的混合契约，除应通知保证的规定外，并应适用委任的规定。我民法特订，委任他人以该他人的名义及其计算，供给信用于第三人，而就该第三人因受领信用所负的债务，对于受任人负保证责任。举例言之，有张三委任李四，使以李四的名义及计算，贷与赵五以金钱；则赵五因受领信用所负的债务，表面上虽对李四直接发生，不过张三对李四就此债务，应负保证责任。

物物交换制度复兴论[*]

丘汉平^{**}

一、经济恐慌之末路

物极必穷，穷则反；自古皆然。当资本主义经济组织暴露了他的矛盾而开始崩溃的时候，为着阶级利益起见，一部分的人们，便绞尽脑汁想来挽救这病入膏肓的资本主义经济组织。他们这种"努力"，无论在任何资本主义国家，都可以发现；最近，在资本主义大本营金元帝国的美国，这种"努力"，更成为两个新的方面而显现：一是"推克诺克拉西"，（Technocracy）一是"物物交换制度"。（Barter）在理论方面，物物交换制度固然不及推克诺克拉西来得广汛而著实些。

概观交换发达的过程，系因其社会经济发展的阶段而各异其形态与意义者。人类社会，在自足经济制度底下，物品是为满足生产团体的必要而生产的，当然没有什么交换之可言；但一走出完全自足自给的生活，便踏进物物交换的时代，更进而发展为通货为媒介的交换的时代（即是商品交换）。在现在资本主义社会里，其交换，不消说是后一种交换而非物物交换：商品交换，

* 本文原刊于《大学（上海）》1933 年第 2 期。

** 丘汉平（1904～1990 年），福建海澄人。罗马法学家、法律史学家、商法学家、华侨问题专家。先后毕业于国立暨南大学和东吴大学，后赴美国留学，赴欧洲考察。从 1931 年起，出任国立暨南大学、东吴大学教授，创办华侨中学等多所中学以及省立福建大学，曾任福建省政府财政厅长，国民政府交通部官员。1948 年，任立法院立法委员。1949 年赴台湾，出任东吴大学校长。一生著作甚丰，出版有《国际汇兑与贸易》、《先秦法律思想》、《中国票据法论》、《罗马法》（上、下册）、《法学通论》、《华侨问题》、《历代刑法志》等。此外，还发表了《现代法律哲学之三大派别》、《宪法之根本问题》等众多论文。他在罗马法、法律史、商法（尤其是票据法）和华侨问题等领域，均有专深的研究。长期担任东吴大学法学院院刊《法学季刊》（后改为《法学杂志》）的主编，在他精心策划和组织下，该刊物成为国民时期水平最高、名声最响的法学刊物。由于邱汉平在法律学术上的出色表现，他被选为意大利皇家学院"罗马法"荣誉研究员，美国密苏里州斐托斐荣誉会员。

殆可说是资本主义生产方法之所依以生存的条件，而为社会得以新陈代谢之作用者。至于由资本主义社会所发展的社会主义社会，因经济均能——依计划进行，资本家的商品已不可见，商品生产社会业行消灭，所以商品交换也就终不得不被所"摒弃"。

在商品交换的发达过程上，其价值形态，必然会向货币形态而发展；事实，在资本主义社会，一切的交换，须以货币为媒介而行，一切商品的价值，都要拿货币去表现为价格。换句话说，必须由货币为媒介以价格去表现一切商品的交换价值。所以在资本主义生产中，货币可说是本质的原动力；譬如资本家用货币去获得生产手段及劳动力，由这些生产要素的相互作用产出生产物，资本家将物卖出去，再拿回货币来，又再以这货币的一部分去购进更多的劳动力，工具和原料，资本家所卖出的生产物，由货币为媒介，经了很多人的手，最后仍由消费者以货币去交换来……举凡这一切行为，都要得货币的助力。

然而奇怪的很，在此资本主义的末期，经济恐慌益形深刻的当见，于物质文明发达到极点的现代美国，原始经济的遗物之作物交换，却又死灰复燃的盛行，一般停着工的工场主和失着业的工人，都好像救世主的降临一样，趋之若鹜；他们把资本主义社会交换媒介物的货币舍弃不用，将原来的交换过程 W－G－W'（商品—货币—他种商品）简略为 W－W'（商品—他种商品），而实行直接以劳动力或物品与物品交换：这不能不说是资本主义社会没落中的丧钟！

当然，就广义而言，物物交换制度，并非新近才始自美国；在国际贸易上，早已见诸实行：苏俄与意国订立了物物的交换，斯堪地那维亚（Scandinavia）半岛诸国仰取木材而供给以自国的煤炭等者是。即应该经济学者中，亦有提倡物物交换而主张以"巴特克斯"（Bartex）为其交换价值的单位这。他如最近巴黎的艺术界里，也常有不用丝毫的货币而以鞋、帽、汽车、酒等东西和艺术作品实行物物交换的。不过在商品生产社会的资本主义社会里，物物交换之从理论世界而踏进现实世界，并日成为人类的生活方式而很广汎的实行者，则不能不首推美国。

二、美国物物交换的盛况

据最近美国报纸之记载，殆至本年三月止，美国约有一百万人，或以劳动力与物品，或以物品直接与物品交换，藉着此种物物交换制度以满足其生活之泰半。照美国内外通商局贩卖事务部长列骚（Hector Laso）氏之所发表，现美国全国约有三百之物物交换机关在实行者物物交换制度；但据罗斯（Malcolm Ross）氏所调查，则谓只有一百六十的物物交换机关散在美国三十余省而已。无论如何，其势力之大与范围之广，当为吾侪之所不能否认者。目前这些物物交换机关，多发行有一种"消费券"或"货券"（Scrip）以便物物交换，其种类共约在一百五十种以上。

据云美国物物交换组织的起源，完全发端于极其微细的动机；去岁春季，加利福尼亚省（California）康登（Compton）地方的失业劳动者，曾为该地地主在田里劳动，而雇主方面并不给以货币，仅将其所剩余的菜蔬之类分给他们，以代工资；劳动者乃再以所得的菜蔬去和鱼肉，橘子等相交换。这种方法，在失业者和过剩商品充坑满谷的美国，劳资两方均觉得便利，不久逐渐组织化，而扩大风行全国诸省。

现在，在美国，物物交换之最盛行者，当首推华盛顿省之西雅图。该地方的失业者们，组织有"失业市民联盟"（Unemployed Citizens'League）以劝行此物物交换制度，现约有会员五万人之多，不断的以其会员失业者的劳动力和房租，农产物，及其他一切物品相交换。此外，如物物交换机关"育太省开发协会"（Natural Development Association of Utah'）其所发行"货券"，不但可在其所附属的机关交换物品，还可在银行用以交换清算，也可在饭店里吃些东西，就是戏院衣裳店也一律通用；罗斯安额两士交换合作社（Los Angeles Co operative Exchange'）平时备有三百多种的服务和商品在等者交换；加利福尼亚省，据云约有二十万的失业者藉此物物交换制度以度日；可鲁拉德省（Colorado）的"失业市民联盟"（Unemployed Citizens'League）甚至自经营炭坑以和加利福尼亚省所过剩的生产品实行物物交换。

然而物物交换制度，不仅只盛行于西部诸省，即在美国东部亦已渐见风行。如东部奥海奥省（Ohio）耶鲁斯勃云（Yellow Springs'）亦有中西部交换所（Midwest Exchange, Inc.）之组织，现正在召集诸工场主以结成物物交换的资本家国体；其下还设有附属机关耶鲁斯勃云交换所（Yellow Springs Exchange），以替加入中西部交换所的资本家们行中西部交换所所不为的零碎的物物交换，两者间的关系，宛如零售商人之于批发商制造者然。他如该地的安迭奥克学校（Antioch College）对于学生中之愿以劳动交换学费膳宿费等项，学校便将其劳动力供给牛乳公司，与其开始物物交换关系，而由公司方面把牛奶，奶油，鸡蛋等供给给学校，以为学生劳动的报酬或公司老板儿女们在该校肄业的学费。

对于全国许多的物物交际机关，尚有一加以统制和保持联络者，这叫做"紧急交换协会"（Emergence Exchange Association, Inc.'）盖即现在美国劝行物物交换的最高机关也。该协会本部设在纽约，其中心人物有：你的金钱价值（Your Money's Worth）氏，勃灵斯顿大学教授经济学者格列奄（Frank D. Graham）博士等。他们最主要的目的，不消说是欲将物物交换制度扩到全美国。

最近在美国所盛行的物物交换制度，其势力之浩大，可见一斑；不惟如此，随着失业的增加，而这种物物交换机关也正如雨后春笋地增加着。

三、物物交换的理论与组织

物物交换制度，和"推克诺克拉西"不同，其要点乃在于实行而不在于解决整个经济社会的理论。所以在实际方面，物物交换制度虽颇风靡全美各地，但在理论方面，并不能像推克诺克拉西那样的能声动世人耳目，其理论的专著，尤不多见。不过此次美国的物物交换，系以失业的增加，生产的过剩，操业的缩短，生产率的降低等为出发点者，故其理论，当亦不能以此为根据。

美国物物交换最高机关紧急交换协会的干事格列庵博士，曾著有失业的消灭一书，欲藉物物交换制度来解除失业的痛苦；书中叙述目前美国物物交换制度的理论与组织颇详，将来紧急交换协会如果能够确立了全美物物交换制度，那末路博士的大著也许会被物物交换制度拥护者推崇为物物交换制度的金科玉律。故本无暂以格博士的主张，来代表现在美国一般的物物交换理论。

格博士，当然是要支持现代资本主义制度的，所以他反对统制经济而以为对于人们须赋予以相对的选择之自由，不过若劳动者不能接近一切生产机关或土地，则资本主义制度之对于人们，实毫无益处。因此，当这劳动者和工场很多空间着之际，他主张劳动者和牛产业者应该协力合作，组织所谓"紧急雇佣公司"（Emerpency Employment Corporation）者，由生产业者提供其过剩见着的工场与其设施，由失业劳动者提供其无处出卖的劳动力，以行生产。

紧急雇佣公司，对于劳动者的生产品，将其交付给所属的贩卖机关，每星期以所出的商品总生产额为标准，发行一种"消费券"即"货券"，分给劳动者，使其向贩卖机关换物品，以为工资。这种货券，虽系以不熟练工一小时的劳动为单位者，但欲使其使用上简便起见，当每星期将这些失业劳动者所生产的商品的价格，和一般市场上的商品价格相对照，使此种货券得具有市上所通用的货币的价值。

为欲防止货券的退藏起见，货券上须一一标明发行期日，在旧法的货券未用完之前，须不断预备着一些商品，以便辅充生产额之不及所预定的标准者。这样一来，每星期所发行的货券额数可不至于发生多大的变动，而其所属诸劳动者的生活亦因而得以保持平衡。

当然，公司方面，并非完全可以无需现款者。譬如原料的购进，房租，纳税等等，均非现款莫办；他如商品的运输上，就非现款不可。对于这层，公司当发售一所定的货券给一般民众，或依其他方法，以得现款应有。

至于对于农民方面，他们可以其所过剩的农产物来和公司的货券相交换，而后再以货券去换他们所需要的都市的商品。这样一来，不但农民所过剩的农产物不至于无用，且若紧急雇佣公司方面多消费了他们的一只鸡，一只鸡蛋，一斤青菜，一挂得的牛奶，便无须加入普通的交易关系里，结果，在理论上，颇足以引起农产品价格的腾贵，而有利于农民。

上而所述，即美国现在所风行的物物交换制度的理论和组织的大概；但在这里，我们还可以发现出不少的缺陷和矛盾。张伯苓（John Chamberlain）氏，对于格博士的物物交换计划，统括的批评说："格氏的计划是否能胜任其为资本主义救世主的使命而很广汎地实行，这尚属疑问。他们如果欲贯彻其原来的目标，则实有使此计划的组织更加充实的必要；在现实上，对于劳资双方，又必须有深厚的善行才行。"[1]

---

〔1〕 "商品是一种为交换而生产之人类劳动的生产物。"所以严格而言，物物交换和商品交换的意义是大不相同的。在物物交换上所交换的，单只是物品使用物，而此物品使用物的交换，完全是起于偶然的，是瞬间的，是由于所有者的意志而行的罢了；盖虽在自足经济里，因劳动生产力的发展，其生产物偶然会有过剩，某特定的生产物过剩，对于生产者本身便会失去使用价值而须直接和他种生产物开始交换，在这时候，此生产物虽因交换而会成为商品（广义的，）但交换终完同时，因被充充于消费的目的，故又立即失去其商品的性质。然而商品交换则不然，其所交换的是商品，是非为满足生产者的必要而系以交换为目的而生产的。若从此点言之，则最近美国所盛行的"物物交换"严格地说，这是一种商品交换而非原始社会里的物物交换。不过在现代资本主义社会里，一切商品的交换，须以货币为媒介，但现在美国所实行的"物物交换"却差不多把货币舍弃不用。为欲与此取着货币形成的商品交换明白地区别起见，特依一般通俗用语，把此叫作"物物交换"固不能严格的以经济学上所用的定义来解释，倘欲简明些，也许可称为一种"相对的货币废止论"之社会改良政策。

四、结论

我们欲批评美国的物物交换制度，就不能不从其经济的立足点出发。自一九二九年以美国证券交易所恐慌为导火线而牵动了全世界的经济恐慌以来，美国产业界金融界便受到极大的打击：一千五百万的失业工人空着手挨着饿，其直接的或间接的受到影响者不下三千七百万人；许多棉花许多大麦，因过太甚恐怕价格惨跌，而不断地一大批一大批的烧毁；许多工场许多生产机关，都停了其大部分或一部分，以一九二八年为一〇〇的生产指数，到了一九三二年竟跌到五六。物物交换主倡者的眼光，完全只放在这些表面的现象，而不更进一步追究其所以然的根本原因。所以美国最近物物交换的呼声，无非只是此非常时期的反应罢了；他们即使能够成功，其所得到效果也仅是极其短暂而微乎其微的。

物物交换制度，其主要目的，乃欲从交换方式的改善来弥补目前资本主义的破裂，以持续其将寿终正寝的余命。然而以此区别的力量，何能解决资本主义之本身的矛盾。在资本主义经济组织之下，富的生产，是为交换而行的，富的分配，是由交换而行的，所以交换行为，在生产和分配两者之间，确占有极重要的地位；可是现在资本主义经济组织的矛盾，主要不在交换的方式而在生产力和生产关系的冲突。物物交换主倡者，为着要支持资本主义经济组织，就不能不只看见树木而不见森林了！即最近甚嚣尘上的推克诺克拉西，又何尝不是只注目于交换方面而仅欲矫正向来的物价制度？

就广义而言，格博士的计划，显然系欲在现在资本主义经济基础上面，建设出一相对的"排除利润，消费本位的生产"之社会者。这是否有可能，姑且勿论，但他的计划：第一，其所排除的利润，只是商业利润，对其更加重要的产业利润，反置而不问；第二，他一方面既排除货币将其舍弃不用，另一方面却又不得不为货币之所拘束，须使其用以代替货币的货券具有市面所流通的货币之价值。这确可说是此种制度所藏含着的矛盾。

不但如此。所谓货币者，乃交换过程——表示种种劳动物之在事实上相等及与其转行为商品之过程——之必然的产物。因生产物之成为商品的范围益扩张，而内在于商品性质里的使用价值和价值的对立也益有表现于外之必要；因此，随着生产物之商品化，而某特定的商品亦即渐货币化，终始了商品界分裂为普通的商品与货币。货币既然系内在于商品性质里使用价值与价值对立之必然的外部表现，故其在较为发展的商品生产社会里，是必须存在不可缺少的；同时在反面，因其须与商品相对立始克存在，故又系会随着商品生产的消灭而告终的。现在美国的物物交换主倡者，一方面既要支持资本主义社会，因之尚以商品生产社会为前提，另一方面却又要废止货币，这当然只是一种痴梦。我们要知道如果商品生产社会——因之现在资本主义社会——消灭，则货币当然是必须存在的。商品生产社会的矛盾性，绝不是由于货币之所惹起；反之，货币乃对于其矛盾之亦解决手段。这和把一切医生虽是杀掉，一切营业虽是毁灭，一切病院虽是焚烧，病人却不会因此而消灭一样。现在虽只把一切货币废止，但商品世界的矛盾绝不因此而得消灭。物物交换制度之不能解决经济问题可想而知！

当然，即使格博士和其他物物交换主倡者这种尝试失败了，于资本主义制度本身亦毫无所失；然若万一侥幸成功，则对于资产阶级就能有所贡献：第一，资本家可恢复其高率的剥削；第二，可利用此紧急雇佣公司外的一般劳动者的反抗（如怠工罢工等）；第三，可以缓和失业大众对于资本主义经济组织和资产阶级的压迫。不过他们此种反动的角色，究竟能够有效的作用到什么程度，那实在还是一个很大的疑问。不幸得很，当此物物交换制度已碰到许多困难，逐渐失其重要了。这要归答于物物交换制度根本上不是解决经济恐慌的方法，只视为治标的一个不得已的办法。

永租权名称应否存在之管见[*]

徐肇庆[**]

夫土地为不动产之主要部分，且为国家要素之一，国家之天然富源端赖于此，苟令他国人民，得能享有土地，则不但国民经济发生影响，即主权完整亦难维持，故一般国家，均否认外人有此权利，如罗马尼亚修正宪法（该法于一八七九年颁布）第七条规定，祇许本国人民取得不动产，他如日本、瑞典、挪威、德国、瑞士、英国，及美国若干省份等，其法律之规定，亦大同小异，至于我国旧时，对于何谓主权，何谓国富，向不注意，至今外人得能购置土地，实数见不鲜，及后始觉此种办法究非妥当，遂规定外人不能在华取得土地，至多不过享受永租权，骤视之，固觉甚善，但实际上，换汤不换药耳，盖外人对于我国土地之使用收益，依然如故，并不因有上述规定而受影响也。

或曰：使用收益固为所有权之主要特质，但所有权脱离使用收益部分，并非不能独立存在，譬如甲有市地六亩，就该土地之上，向乙设定地上权，则将来于地上权之存续期内，该土地之使用收益，即应归于地上权人（参见民法第八百三十二条）但某甲保持土地之所有权，固无疑义，反之非所有权有时亦有使用收益之成分在内，典权与租赁，当非所有权，但典权人与承租人得能享受使用收益，则为法律所明定也。（参见民法第九百十一条及第四百二十一条）因之安可以使用收益作标准而论永租权与所有权为一事哉。

上达见解固非毫无理由，但永租权究与其他物权不同，其他物权，除永佃权外（参见民法第八百四十二条第一项）皆附有期限（当然所有权不在此

＊　本文原刊于《东吴法声》1939 年春季号。

＊＊　徐肇庆，1939 年毕业于东吴大学法学院（第 22 届），获法学学士学位。

限），若附终期或附解除条件之行律权为以让与所有权时，外表上虽似为成立有期之所有权，然不得解为因于期限到来或条件成就而消灭所有权，盖依期限之到来或条件之成就，该处分所有权之法律行为虽失其效力，而于所有权之本身并无影响，不过有权利主体之更迭而已——（见吾师曹杰《物权论》第四十五页）即地上权亦以不永久为宜（此为多数学者之见解，吾师曹杰并举三占理由以赞成此说——参见曹著民法物权论第一百九十页）今永租权不附期限，岂非类同所有权乎？或曰永租权系租赁一类，但在租赁之场合，期限不得超过廿年，逾廿年者，应缩短为廿年（参见民法第四百四十九条第一项）而永租权则规定为永久无期，其非租赁，灼然可见，故予以为永租权者乃所有权之变相也，兹有左列二点理由，足以证明。

（一）内地外国教会租用土地房屋暂行章程第二条载"本暂行章程施行前，外国教会在内地已占有之土地及房屋，应向该管官署补行呈报，倘其土地系绝卖者，以永租权论"夫绝卖二字，按照语气，自指原主于出卖后，并不保持其所有权而言，果尔永租权必为所有权无疑，否则土地出卖之后，原主既无所有权；而永租权又非所有权，则此土地反因绝卖而变为无主物，得由国家充公之，匪特惊世骇俗抑且不合事实。

（二）司法院解释（参见二十七年六月十三日院字第一七三七号解释）明明规定：外国私人将有永租权之土地，移转于中国人，如确有买卖性质，自可准其为所有权之登记（其申请[1]解释之原文为……外国私人将永租权移转于中国；中国人申请为所有权登记，……），既谓准其为所有权之登记，则永租权定为所有权无疑，盖案中所述之买卖行为原系继受取得，按照继受取得之一般法理，被继受人所无之权利，继受人不能取得，亦即继受人之权利只能与被继受人之权利同一，或小于被继受人之权利是也（参见胡长清著《中国民法总论》第一百十九页；史尚宽著《民法总则释义》第二百四十页），故如地上○权人将其地上权移让与他人时，彼继受人仅能取得地上权而不能取得所有权，第以后者之范畴什百倍于前者故也，由此推之，苟令永租权之范畴，小于所有权时，则继受人安能取得较大之权利而为不动产所有权之登记耶？矧此处之标的物乃系土地，更无适用例外规定（指民法第八百○一条）之可能也，是永租权之等于所有权，又何疑哉？故予对于司法院之此

---

[1]　"申请"原文作"声请"，现据今日通常用法改正，下同。——校勘者注。

次解释，殊难赞同，盖永租权之名称，虽实际上无补于事（盖外人对于我国土地，仍有使用收益之盖）。要亦不失为维持国家体面之一种表面办法，今司法院如此解释，不管明示外人有土地之所有权，宁谓得计耶，故自今以后，永租权之名称实无存在之必要矣。

物权变动立法主义之比较[*]

张企泰[**]

一

物权之取得，设定丧失及变更，其依法律行为者，各国立法例所采主义，互有不同。有采意思主义者（法国民法），有采形式主义者，其采形式主义者，又分两派：[1]其一，物权之变动，除债权行为外尚须独立之物权行为，始生效力（德国民法）；其一，虽亦知有物权行为但不承认其具有独立之性格（奥瑞民法）。我民舍意思主义而取形式主义，固已毫无疑问，但究属形式主义之某一派在解释上系一重要问题。而各家著作，语焉不详，爰加研讨，以就正于有道。

二

意思主义，虽较陈旧，然奉行之者，除法国外，尚有比葡希意布加利及罗马尼亚等，所谓属于法国法系之国家是也。法民第七一一条规定："所有权之取得，与其移转，以债务关系而发生效力。"[2]随后第一一三八条，第一

---

　[*]　本文原刊于《国立武汉大学社会科学季刊》（第 7 卷）1937 年第 3 期。

　[**]　张企泰，（自民国三十二年春至民国三十四年夏）在渝复校后教授。

　[1]　刘鸿渐《物权法论》第四十页。

　[2]　此项债务关系，以发生于契约者为限。参阅 Bafnoir, *propriété et Contrat*, p. 53，"Toute cette théorie du transfert de la Propriété par l'effet des obligations suppose une obligation ayant sa source dans un contrat." 前巴黎大学教授 M. Planiol 亦主以"债务关系"改为"约定"较为确切参阅氏著 *Traité élém.* de dr. civ. fr. T. I, no. 2590.

一三九条，第一一四〇条及第一一四一条，均阐发此。尤以第一一三八条为最明显："以交付其物为标的之债务，因当事人之合意而视为完成。"其第二项载："此项债务之成立，使债权人变为所有人。纵其物未经交付，在应交付时，关于其物所生一切危险，仍由其承受。"以之而准用于买卖契约，在当事人两造对于标的物及价金合意时，纵其物未经交付，价金未经清偿，买卖仍告完成，买受人取得应有之物权。[1]总之，物权取得之生效，除当事人两造合意外，既毋须他种行为，更毋庸形式上之手续，所谓但有意思，即为移转是也。

法民舍罗马法之形式主义，而为上列之规定，事非偶然。在昔罗马时代，交付已不专指占有之现实移转，他种办法，如简易交付及占有改订，纵不移转其物，亦以交付论。复依法国古法，物之出让人，如在约定中声明放弃占有，由受让人取得之，该种条款，（通称 Clause de dessaisi ne – saisi ne）亦得以代现实交付。一般以其手续简省，遇以约定移转所有权时，辄援用之。该种条款之明订，遂成极普遍之现象。一七八七年，Argou 所著 *Institutes au droit francais* 一书内已称："吾人既时在买卖契约中置一条款，言明出卖人自己剥夺其买卖标的物之所有权及占有，使买受人取得之—此之谓虚假交付—则在契约完成时，属于出卖人之一切权利，即移转于买受人，如出卖人系所有人时，买受人即变为所有人。"[2]以后法民编纂诸公，以该条款既极通行，遂予省略。故其大体规定，皆本之当时实际情形，实未有所特创也。[3]

若就出卖人与买受人间之关系而论，意思主义乃系法律上一种进步，毫无疑义 un Progrès juridigue certain[4]。从此意思解脱形式之束缚，不受形式之限制，而获自生。法民中除所有权之取得一层外，尚有其他各点，亦偏重

---

〔1〕 法民第一五八三条规定："La vente est parfaite entre les parties et la propriété est acquise de droit à l'acheteur à l'égard du vendeur, dés qu'on est convenu de la chose et du prix, quoique la chose n'ait pas encore été livrée ni le prix payé. "

〔2〕 "Gomme, parmi nous, on met toujours une clause dans les contrats de vente, par laquelle le vendeur se dépouille et se démet de la propriété et de la possessson de la chose vendue, pour en saisir l'acquéreur, ce qu'on appelle tradition feinte dès le moment que le contrat est parfait et accompli, tous les droits qui appartien-nent au vendeur passent en la personne de l'acquéreur; de sorte que, si le vendeur était propriétaire, l'acquéreur le devient également. " T. II, p. 238.

〔3〕 刘志敩氏以为法民脱去罗马法侧重形式之窠臼，因于革命一役，盖非尽然（见氏著《民法物权》（上）第七五页）。

〔4〕 Planiol, *Ripert et Picard*, Traité prat, de dr. civ. fr. , no. 625.

于意思。例如关于法律行为，盛行意思学说，而不知有意思表示，关于占有之要素，以心素（animus）与体素（corpus）并重，不以事实上之管领力为已足。甚至法官断案之时，亦以搜求当事人之意思为要。[1]可见处处以当事人之主观为重，而弃客观之表征于不顾。

题后工商业发达，法律上交易频繁，第三者利益之保护，遂成立法上一重要问题。盖第三者之利益不予保护，交易上将无安全可言。物权有对抗一般人之效力，关于其发生及移转，尤应公示于大众。于是近代立法例，又渐回复曩昔形式主义。关于物权之变动，非经一定程序，（登记或交付）不生效力。

我民随近代立法例之趋势，亦采形式主义（民法第七五八条及第七六一条）。但形式主义又分两派，已如上述。兹分别论述之，以为解答我民问题之参考。

三

其一系德国法，依德民之规定，[2]物权之变动，其依法律行为者，除债权行为外，尚须独立之物权行为或物权契约。[3]物权行为，以直接发生物权变动为目的，由两种事态构成之。[4]一、当事人对于物权变动之表示（如系

---

〔1〕 法民第——五六条，"On doit dans les conventions rechercher quelle a été la commune intention des parties con trac tantes……"

〔2〕 关于不动产物权之变动，德民第八七三条第一项规定："因移转土地所有权或在土地上设定某项权利，或就此项权利而为移转或设定负担，若法律无特别之规定，非经权利人及相对人一致合意，发生权利变动，并登记其权利变动于土地册，'不生效力'。"第九二五条专于不动产所有权之取得而为规定："让与人及取得人因让与土地所有权，依第八七三条所必要之一致合意（合意让与），须当事人之两造同时出席于土地册官署前表示之。"关于动产所有权之取得，规定于第九二九条中："因让与动产之所有权，须所有人将物交付于取得人，并两造约定移转其所有权。取得人已占有该物者，只须约定移转其所有权。"（以上系朱德明氏之译文）

〔3〕 物权契约，德文称 dinglicher vertrag，在德民第一次草案中，曾明言之。第二次草案，虽全采纳第一次草案所定之原则，但对于"物权契约"一名词，有意搁置不用，听学理发阐之，而代以 Ei8nigung（一致合意），物权行为与物权契约之区别，亦即普通契约与片面法律行为之区别。

〔4〕 物权契约，是否指合意及登记（或交付），连系之事态，抑或仅指合意一事，学者间之主张，颇不一致。其持前说者为多数，有 Rosenberg, S. 174 ff., Tuhr, II S. 221, Enneccerus, § 137 -, Wolff, § 38 II, § 66 I, Kober bei Staudinger, Einleitung VII B 1 d. 等，本国学者如刘志敏氏等从之（见氏著民法物权上第九十二页以下）。而 Ph. Heck, § 29, 5ff. 颇不以为然。

物权契约，则两造当事人间之合意 Einigung）；二、公示物权变动之表征（登记或交付）。缺其一，物权行为或契约即不成立。

物权契约，其以变动不动产物权为目的者，与以变动动产物权为目的者，颇有相异之处。

（一）其关于不动产物权者——当事人两造对于物权变动之合意，[1]原则上不拘任何种方式，暗示亦可。往往权利让与者，以登记许诺证（Eintragungsbewilligung）授诸权利取得人，经其接受，而合意完成。合意并得附有条件及期限。例如物权契约之有效，以债权契约之有效为条件。

但关于所有权之移转，法律以不动产所有权社会上意义之重大，并更求事态之明确，及防免当事人之急迫。[2]对于合意，另规定特种方式。依德民第九二五条，当事人两造应同时出席地政机关，而为合意之表示。法律术语称 Auflassung。其不欲或不能躬自出席者得使他人代理，但凡授权状，应经审判上或公证上之证明或认证。[3]再依同条第二项之规定，此项合意，不得附有条件及期限。

合意是否发生拘束力，易词言之，当事人是否从此不能再撤回其合意，而阻止登记之进行。从原则上言之，合意无拘束力，盖亦所以免当事人之忽促轻率也。但如当事人之意思表示已具法定之形式者（已经审判上或公证上之证明，或于地政机关前为此项表示，或呈递此项表示于地政机关，或权利人已向相对人交付合于土地簿册规则之承诺登记证书，参阅德民第八七三条第二项）具拘束力。所谓拘束，仅指不得撤回。在未登记前，物权仍未发生变动。如欲解除拘束，应另订新约废止之。

合意普通成立于登记之前，但亦得发生在其后。如其须在地政机关以明白之表示为之者（例如关于不动产所有权之移转），则必须成立于登记之先。其后于登记成立之合意不得撤回。

---

[1] 如所有人在自己不动产上设定物权，例如所有人土地债务（德民第一一九六条），或权利人抛弃不动产物权，则以片面之意思表示，以代合意，乃系权利行为，而非物权契约矣。

[2] 为达到同样目的起见，法律规定债权契约亦须审判上或公证上之证明（德民第三一三条）如不具此种形式，其契约无效（第一二五条）。当事人不取得任何权利。但若两造为物权上之合意，进行登记，该债权契约因物权契约之成立，而发生全部效力。

[3] 以上所述，始终以法律行为取得所有权为限。其因继承，强制执行，公用征收，法院判决等取得所有权者，毋须此项合意。权利人申请登记时，提出遗嘱，确定判决书，或其他有关之公文书已足。但如分割共有之不动产，而互让其应有部分者，或受不动产遗赠者，仍须合意。

　　合意之外，尚须登记。否则物权契约不能谓为完成。物权不发生变动。登记因当事人一造之申请〔1〕为之。地政机关应履行其审核义务，以视关于合意或登记许诺证书等之条件，是否具备而准予登记。但其审核义务，不及于债权的取得名义。纵原因行为无效，地政机关不得据以驳回登记之申请。

　　物权契约，既须具相当形式，并经过种种手续而完成，故与债权契约，判别分明，不相混淆。（其关于动产物权者则不然，见下。）

　　（二）其关于动产物权者——两造当事人之合意，亦不拘形式。合意之外，当须交付。〔2〕事实上合意与交付往往同时发生。或竟由交付表示之。虽然合意有时亦得先交付而发生 antizipierte Einigung。例如甲于旅次向乙购得书一部，照价付清，以携带不便，着乙当场包扎付邮寄至其家。此际交付之发生，在该邮包送达到甲寓所时。合意既可发生在交付之前，是否亦具拘束力。一部分学者否认之，以为合意须在交付时存续。交付之前两造合意，犹未足也。〔3〕另一部分学者则承认之。以为两造既经交换表示，应信赖其效力之发生。〔4〕就上例而言，如乙于寄送后，因他人愿以高价购之，忽声明撤回其合意，遂，阻止物权契约之成立，及所有权之移转，宁得谓为合乎诚实及信用。

　　合意得发生于现实交付之后，此乃实际常见之事。例如甲因借贷关系，占有乙之书籍而向乙买受之，甲乙对于所有权之移转合意时，物权契约即告成立。

　　物权契约得附有条件及期限。其以直接移转所有权为目的者亦同。（此与以移转不动产所有权之物权契约异）例于甲向乙购买汽车一辆，言明分期付欵。乙交付其车时得附条件，即在甲未付清款项前，乙仍保留其所有权。或言明物权契约之生效，以买卖契约之生效为条件。（详见下）

　　物权契约与债权契约有时不易辨别，此与关于不动产方面之物权契约异。

---

　　〔1〕　"申请"原文作"声请"，现据今日通常用法改正，下同。——校勘者注。

　　〔2〕　交付得以占有改订，代位求还等替代之，不专指占有之现实移转也。

　　〔3〕　"Das Fahrnisrecht erfordert das Einigsein bei der Uebergabe；die vorherige Einigung ist bedeutungslos，sie muss bis zur Uebergabe fortdauern."见 Rechtsvergleichendes Hand－woerterbuch Bd. 2 zu. "Einigung" S. 并参阅 Wolff，§661 4. "Es genuegt nicht，dass die Parteien sich frueher einmal geeignet haben，Die Uebergabehandlung muss Ausdruck des Uebereignungswillens，der Besitzerwerb Ausdruck des Eigentumserwerbswillenä sein."

　　〔4〕　"Jeder Tei soll nach dem Austausch der Erklaerungen sich auf ihre Wirkung verlassenduerfen. Diese firwaegung musg auch beim Uebereignungsvertrage Platz greifen."见 Heck，§55 7.

不动产物权之变动，非经登记，不生效力，故物权契约，事实上必与原因行为异时发生。因此亦易于判别。其在动产物权之变动则否。此尤于特定物之现实买卖为然。[1]例如甲向乙购书一册，当场付欤交货。此际物权契约与买卖契约，实混合而不可分，吾人称之为行为之一统性（Geschäftseinheit），其中各部分相互依赖。（详见下）

物权行为系处分行为，当事人应有处分权限及能力，自不待言。[2]此外并准用德民总则编第一○四条至第一八五条之规定。（包括行为能力，意思表示，契约代理条件，及追认等数节）但物权法另有规定者，从其规定。例如关于不动产所有权之移转，物权契约中之让与合意（Auflassung），须具一定之形式并不准附有条件是也。

物权契约，系无因契约，与原因行为，（例如买卖，遗赠，赠与等）分离独立。德国法学者阐发此项主张之理由，在维护交易之迅速及安全。若以物权行为之效力依赖债权行为则第三者欲取得所有权，势必调查对方以前就同一物所为之债权行为是否有效，岂非使交易之进行，受多方之阻滞。纵令第三者取得所有权，仍有蒙不测攻击之可能，故不能安枕。例如与其对方缔约之业主，以契约之缔结，出于错误，而请求撤销所有权之移转是。

以物权行为具无因性格，固牺牲业主之利益（Verkehrsinteresse），但法律认为交易之利益更有保护之价。物权行为之独立及无因性格，发生效果如下：[3]

（一）纵原因行为无效，物权契约祇须其本身条件具备时，仍发生效力。其受损失者，仅得依不当得利之规定，行使其请求权。例于甲向乙购买地基一亩，并与之成立物权契约移转所有权。但乙对于价金实发生错误，如买卖契约被撤销而失效，对于地基所有权之移转不生影响。乙仅得依第八一二条之规定，请求返还其地基。

（二）物权行为，应合于其本身应具之条件。如当事人无行为能力，或因意思有瑕疵而被撤销，不问债权的原因行为是否有效，不生效力。物权行为之瑕疵，固可与债权行为之瑕疵互异，但事实上往往相同。于此债权行为之

---

[1] 参阅刘鸿渐，第五八页。

[2] 参阅同书，第五五页。

[3] 参阅 Ph. Heck，§30, 5ff.

瑕疵，遂致影响及于物权契约之有效性。

例如甲向乙购买坐于东首之地基，乙误以为西首之地基，以后复出于同样之错误以西首之地基为物权契约之标的物。乙不但得就买卖契约，同时得就物权契约，请求撤销。

（三）当事人之两造，得约定以原因行为之成立及生效为物权行为生效之条件（但关于不动产所有权之移转，法律规定不准附有条件者除外）。

上列三种效果，人所共认。但以下两种，颇有讨论：

（四）物权行为与债权行为有时构成一体（并见上，关于特定动产之买卖），于此，吾人是否仍以物权行为具独立之性格，抑或准用第一三九条之规定，[1] 而认为原因行为之无效，使全部（包括物权行为在内），皆为无效。曩昔学者之主张，均以为应维持其独立性格，最高法院判例亦然。但近来渐发现相反之趋势[2]，判例亦有同一之倾向。

（五）物权行为是否有违背善良风俗之可能，而准用第一三八条之规定，[3] 学者间之主张大多以为否。[4] 最高法院虽不一致，多数主张亦如此。但持相反之说者，亦颇不乏人。[5] 彼辈以为法律采物权行为无因学说，而保护交易之利益，乃以交易之利益与业主或处分者之利益相权衡，则前者之保护，自较后者之保护为重要矣。但若以之与社会上善良风俗之利益相权衡，则应牺牲交易之利益，而成全善良风俗，实属无可讳言。[6]

---

　　〔1〕　德民第一三九条规定："法律行为之一部分无效者其全部皆为无效……"并参阅我民第一一一条。

　　〔2〕　主张严格的无因性及独立学说者其 Tuhr, III, S. 210 Rosenberg, S. 181 等。持相反之说者 Planck zu § 138 3b, 3. Enneccerus, I. § 178 A 17. Wolff, § 38 II 4 Anm. 16 und Auf fuehrui igen, § 66 9. "die Unwirksamheit der einen Abmachung zieht die der anderen nach sich."

　　〔3〕　该案第一项称"远背善良风俗之行为为无效"。

　　〔4〕　Tuhr, III, S. 210 Rosenberg, S. 179, Enneccerus, § 178 II 3, Planck, I zu § 138 3b, Rechtsver-gleichendes Woerterbuch zu, "Auflassung", S. 808, "Ob die Sittlichkeit des Grundges – chaefts die an sich farblose Einigung beeinflusst, ist zweifelhaft."

　　〔5〕　Dernburg, § 127, 2, Wolff, § 38 (6), Heck, § 30, 9.

　　〔6〕　Heck 举一例如下，某甲欲炸毁某官署，以造成恐怖状态，向某乙购买炸药一桶，该官署位处于热闹市场中，若不幸而某甲之行为成功，杀人将以百计。乙知其事。此际买卖契约之无效，依第一三八条之规定，固不待言。但移转所有权之物权行为，是否亦属无效。若并假定该桶炸药，系某丙所有，但为乙侵占，而让与于甲，纵甲为善意者，是否仍准其取得所有权，俾进行其恐怖行为。善俗利益之受到危险，而应予保护，就上例言之，无有以为当者。

四

奥瑞民法虽亦采形式主义，但不以物权行为具有独立及无因性格。依瑞民之规定，不动产物权之变动，固非经登记，不生效，[1]但祇登记，不足以使物权发生变动。登记仅具形式上价值，而无创设之效力。登记之外，尚须他种条件。[2]其最要者，莫如有效之法律上原因（cause juridique valable）。（例如买卖，互易，赠与等）故所有权得丧变更之生效，不仅以两造之合意及登记为己足（Konsensprinzip），且须视债权行为是否有效（Legetimitätsprinzip）。[3]如因无拘束力之法律行为，或无法律上之原因而为登记，其登记为不当（第九七四条第二项）。[4]任何物权主体，其有因该项不当登记蒙受损害者，得请求涂销或更正其登记（第九七五条第一项）。[5]

不动产所有权之移转不得附有条件。如约定于登记后移转所有权，其约定无物权上效力。

在登记之前，受让人尚未取得物权。仅有债权。因此项债权，彼得请求出让人进行登记。出让人拒绝时，得请求法院判断以所有权与之（第六六五条第一项）。[6]

债权行为之成立生效，准用关于法律行为一般之规定，固毋庸赘述。但有应予注意者一点，以移转不动产所有权为标的之契约，应具公正证书（acte authentique）之形式，始生效力（第六五七条第一项）。[7]此廥与德民规定同。盖亦以不动产交易，对于私人及社会经济之影响颇大，自应规定要式也。此项公正证书，既为交易有效之要件，复为土地簿册登记之要件，同时亦系

---

[1] 物权之得丧变更，其因先占，继承，公用征收，强制执行及法院判决者，不在此限。

[2] Wieland, *Les droits réels dans le code civil suisse*, trad, par H. Boyay, I p. 144.

[3] 瑞氏第九六五条。

[4] "Ungerechtfertigt ist der Eintrag, der ohne Rechtsgrund（sans droit）oder aus einem unverbindlichen Rechtsgeschaeft erfolgt ist. "

[5] "......so kann jedermann, der dadurch in Beinen dinglichen Rechten verletzt ist, auf Loeschung oder Abaenderung des Eintrages klagen. "

[6] "Der Erwerbsgrund gibt dem Erwerber gegen dtn Eigentuamer einen persoenlichen Anspruch auf Eintragung und bei Weigerung des Eigentuemers das Recht auf gerichtliche Zusprechung des Eigennums. "

[7] 关于地役权之设定其契约应以书面为之（瑞民第七三二条）。

契约发生物权上效力之要件，及关于契约内容之证明文件，其效用实甚广也。[1]

关于动产所有权之变动，虽亦以交付为必要条件，但只交付犹未足。其他条件尚多，尤要者为法律上之名义（titre juridique）。[2]如法律上名义或取得名义无效，纵然物已交付，物权仍未发生变动。关于此層，瑞民虽无明文，但第九七四条第二项关于不动产物权之规定（见注二十八），自应类推及于动产物权。况不动产所有权之移转，因有公正证书及土地簿册登记等形式，物权契约与债权行为之区别对抗，比较容易辨认容纳。今法律既未予容纳，自不能谓反于动产物权予以容纳，其理明甚。[3]

奥国民法，虽以物权之变动非经登记或交付不生效力（奥民第四二五条），[4]但并非即以登记或交付即生效力。当事人两造之合意移转所有权，乃根据于债的关系（例如买卖，互易，赠与等）。故不动产所有权之取得，除登记外，尚须有效之债权行为。一九一二年有一最高法院判例称："无名义而登记，不创设所有权。所缔结之契约无效者，不发生合法之名义。"[5]关于动产所有权之取得亦然。一八九〇年一判例称："无法律上原因而交付，不创设所有权。"[6]

---

　　[1]　Rossel et Mentha, Manuel du dr. civ. suisse, II. no. 1232.

　　[2]　Wieland, I p. 423 et s.

　　[3]　以交付移转动产所有权是否具无因性格，而与，德民第九二九条所规定者同。因瑞民无明文规定，故学者间之意见颇有出入，依 Rossel et Mentha（II, no. 1332 et 1333）之主张，应认为具无因性格，盖为交易之迅捷及安全起见耳。故债权行为之有效与否，对于所有权之移转，不发生任何影响。其受损失之出让人，对于受让人，仅得请求返还其物，享有一种债权而已。瑞士最高法院之判例，正复与此契合。但 Rossel 及 Montha 复称，两造对于所有权移转之合意，明示默示不拘，事实上往往发生于创设行为即债权行为。再就债权行为之无效或得予撤销而言，事实上亦往往连带及于交付，此尤于有诈欺行为时为然。窃以为彼二氏既承认债权行为与物权行为，事实上往往互相牵掣，则分离之又有何实益欤。此其采无因性格之说，不能令人折服者一也。瑞民关于不动产物权，既明文规定以登记之效力，坐基于原因行为，若谓关于动产物权，不以交付之效力，仰赖于债权行为，是乃破坏立法上一贯之主义，此其说不能令人折服者二也。以物权行为具无因性格，难免赘疣之讥（详见后），此其说不能令人折服者三也。反顾 Wieland 之见解，实较有力。

　　[4]　奥民第四二五条规定："仅名义不发生所有权，所有权或其他物权除法律另有规定外，只得以合法之交付与接受取得之。"

　　[5]　"Durch Einverleibubg ohne Titel Wird das Eigentum nicht begruendet. Der nichtig abgeschlossene Vertrag gibt keinen rechtlichen Titel." 见 Heller, usw. , Systematische Darstellung der Oberstgerichtlichen Entscheidungen, S. 284.

　　[6]　"Die Uebergabe ohne Rechtsgrund begruendet nicht Eigentum."

德民创立物权行为之独立及无因性格，其理由要不外乎维护第三者之利益，及交易之安全。但欲达到上述目的，是否非倡说无因的物权行为不为功，窃深疑焉。夫第三者之利益，因法律对于善意取得人之保护，已获得充分之保障。例如甲向乙购得汽车一辆，复以之出售于丙。当甲向乙买受该车时，因某种事由，其买卖契约，应属无效，而此种情形，丙不知焉。丙既为善意者，依德民第九三二条之规定（瑞民第七一四条第二项），仍取得车之所有权。如买卖之标的物为不动产，其情形初无二致。依德民第八九二条之规范，登记具公信力，对于登记之信任，得替代必要之处分权限或能力。[1]故如丙查明乙之登记不动产无误，纵乙与甲所缔结之契约无效，因而无处分之能力，丙仍取得其所有权。[2]瑞民第九七三条且明文规定之："其善意信任上土地簿册中之登记而取得所有权或其他物权者，其取得应予维护。"[3]若并采物权行为无因之说，岂非招赘疣之机。

且以物权行为与债权行为分离独立，与当事人之意思不相契合。盖出让人之移转财产权，不仅为移转己耳，必另有其目的（或原因 cause finale）在也。其在出卖人，则企图获得价金，其在互易当事人之一造，则企图获得对方向其移转金钱以外之财产权。是故物权之变动，与其所根据之债权行为，不应分离独立。[4]再就实际而论，瑞士法学家 Rosse 及 Mentha 曾称两造对于所有权移转之合意，不拘明示默示，事实上往往发生于创设行为即债权行为。又债权行为之无效或得予撤销事实上亦往往连带及于交付，此尤于有诈欺行为时为然。并据德国学者 Heek 称，物权行为之瑕疵，固可与债权行为之瑕疵互异，但事实上往往相同。于此债权行为之瑕疵，遂致影响及于物权契约之有效性。然则无因性格之说，实际上之用度，究属有限。

最后德国学理，反使情形复杂。如出让人因被胁迫而让与其物，究竟物

---

[1] Der gute Glaube an das Rechtszeichen kann die sonst erforderliche Verfuegungsbefugnisersetzen. 见 Ph. Heck，§29b.

[2] "So erlangt der redliche Erwerber das Eigentum，auch wenn der eingetragene Veraeusserer nicht Eigentuemer war，und er erlangt es lastenfrei，wenn die auf dem Gruendstuecke ruhenden Belastungen zu Unrecht geloescht worden waren." 见 Wolff，§45 I 2a.

[3] "Wer sich in guten Glauben auf einen Eintrag im Grundbuch verlassen und daraufhin Eigentum oder andere dingliche Recht erworben hat，ist in diesem Erwerbe zu schuetzen."

[4] 或驳难云，吾人之问题，不能解释当事人之意思，而在确立法律规范，以维护交易之安全。纵令如此，交易之安全，已经法律中他项规定予以维护矣（详见前）。

权契约是否亦受胁迫之影响，极难断言。[1]

我国学者，根据第七五八条及第七六一条之规定，称我民采形式主义，固极确当。但并断谓从同德国立法主义，亦采取物权行为独立及无因性格之说，[2]颇有疑问。上述两条之规定，试与德民第八七三条，第九二五条及第九二九条诸条文相比较，其间显有不同。

况德民第一次草案明称物权契约，立法理由书中且详述其性质，而我民立法理由书中，始终未曾提及。充其量，吾人祇能认登记或交付为物权变动之必要条件，而不能迳谓其与债权行为分离独立，具无因之性格。

一部分学者及判例，又认民法第七六〇条，即系明定独立物权行为之形式。[3]愚则以为该条乃明定债权行为之形式。盖不动产之交易于社会经济及私人经济均有深切关系。故关于不动产物权移转或设定之约定，必使具要式，以昭慎重而免急迫。试观各国立法例，德民第三一三条规定不动产所有权移转之约定，须审判上或公证上之证明，否则其契约为无效。依瑞民之规定，关于不动产所有权之移转及不动产质权之设定，应以公正证书为之（第六五七条及第七七九条），关于地役权之设定应以书面为之（第七三二条），始生效力。其旨盖亦无非使当事人慎重将事耳。如债权契约不需要式，则口头约定即生效力，当事人一造，即有移转或设定不动产物权之义务，是岂立法之本旨哉。或难之曰，第七六〇条既规定债权行为之形式，应收在债编中，德民第三一三条即如此。但此项书面，在我国法律中，不仅为债务关系成立之要件，抑且为登记之要件，同时亦系债权行为发生物权上效力之要件，土地法岂不规定云：申请登记，应提出证明登记原因文件（该法第六十五条），然则以之置于物权编中，固亦未始不相宜也。此观诸瑞民第六五七条，第七三二条及第七九九条等规定，均置于物权编中，益可信矣。[4]

总之，依据我民各条规定，未见立法者有从同德民之意，而应认为与瑞奥民法所取主张相若。即以直接发生物权变动之行为，与其所根据之债权行为相连系，而成为一体。如债权契约无效，或被撤销，物权纵已发生变动，

---

[1] Wieland. I, p. 424.

[2] 参阅余棨昌，第十页，柯凌汉第二十页，刘鸿渐，第六十页，刘志敫，第九十九页及第一百页。

[3] 参阅余棨昌，第八页，及民国二十年上字第一二〇七号最高法院判例。

[4] 刘志敫氏对于第七六〇条之解释，与吾人同。见氏著《民法物权上》第九三页及第九四页。

其受损失者不但得依不当得利之规定，请求返还其物，且得进而行使物上请求权，而享有物权上之保护。就缔结该项契约当事人两造间之关系而言，吾人对于受损失之一造，许以物权上之保护，于情于理，均无不合。但如对造已将其物出让，则受损失者之物上请求权，不影响及于善意取得人之权利。如系动产第八〇一条已明文规定维护善意者之权利，如系不动产，因登记有绝对之效力（土地法第三十六条），纵让与人无移转所有权之权利，受让人仍取得其所有权。故就受损失者与第三者之关系而言，亦未尝不以保护第三者之利益为重。交易上之安全，固不待采取物权行为之无因学说而后达到也。法之立法主义，倾向于私人利益；德之立法主义则侧重于社会利益，均不免失之过偏。惟瑞奥之立法主义，于私人及社会利益，兼筹并顾，洵制之较善者也。反而及于我民，纵立法者初有从同德民之意，但法律一经施行，其解释应以其对于社会生活所发生之实际影响为根据，则就实际效果而言，自有采取奥瑞立法主义之道也。

二十五年（1936）十一月于南京

交易之成立[*]

陈贻祥

第一节　交易成立之意义

交易行为即契约行为，故交易之成立，即契约之成立。试问契约如何方为成立乎？

民法第一百五十三条第一项：当事人互相表示意思一致者，无论其为明示或默示，契约即为成立。分析言之：

（一）契约之成立须有二个以上之意思表示——起意人之意思表示谓之要约；相对人之意思表示，谓之承诺。契约必须有起意人之意思表示，及相对人之意思表示，方能成立。惟表示之方式，则不问明示或默示，均无所不可耳。

（二）各意思表示须互相对应——例如买卖必须一方愿买，一方愿卖，一方愿意得物出价，一方愿意失物得价；双方之意思表示，实互相对立呼应也。

（三）各意思表示须互相一致——所谓意思表示互相一致者，即合意之谓。合意有主观的与客观的二义，必须二者具备。所谓客观的合意即内容同一之谓。惟内容同一，仅依当事人对于必要之点意思一致，即为已足；固不必意思表示所使用之文字与语言均须全然同一也。所谓主观的合意，即当事人各有使相对人与自己发生契约关系之意思，即所谓节约意思是也。

---

[*]　本文原刊于《银行周报》1946 年第 19～20 期。

第二节　要　约

第一款：要约之意义

契约因当事人间互相表示意思一致而成立。此项意思表示，在起意人方面，称之曰要约；在相对人方面，称之为承诺。要约，承诺及合意为契约之三大要素，缺一契约即不能成立。特于本节及下节分述之。

要约者何？当事人之一方，以结合他方而成立契约为目的所为之意思表示也。分析言之：

（一）要约为当事人一方之意思表示——要约系以发生一定法律上效力为标的，故非事实行为而为意思表示。惟在未得他方承诺前尚不足以成立契约，发生当事人原欲之效力，故非法律行为而为当事人一方之意思表示。

（二）要约之目的在结合他方成立契约——要约之目的，本在缔结契约，此理易明，无待解释。读者所应注意者，即要约与要约之劝诱有别。盖后者仅有引起要约之意思，乃使他人向自己为要约，待自己承诺后，契约始能成立也。

民法第一百五十四条第二项：货物标定卖价陈列者，视为要约；但价目表之寄送，不视为要约。

价目表之寄送，即所谓要约之劝诱也。其与货物标定卖价陈列不同者，在标的物确能供给之数量未经确定，不足以决定契约之内容耳。

第二款：要约之效力

要约之效力，与契约之效力不可混为一谈。契约之效力，乃在要约与承诺互相一致之后，始行发生者也。

要约对于要约人之效力：

民法第一百五十四条第一项：契约之要约人，因要约而受拘束；但要约当时预先声明不受拘束，或依其情形，或事件之性质可认当事人无受其拘束之意思者，不在此限。

但要约人可以在要约达到相对人以前，将要约撤回。

民法第九十五条第一项：非对话为意思表示者，其意思表示以通知达到相对人对发生效力；但撤回之通知同时或先时到达者，不在此限。

撤回要约之通知，如到达在要约之后，原则上应不生撤回之效力；惟依通常情形，撤回要约之通知应与要约先时或同时到达者，法律另有例外规定。

民法第一百六十二条：撤回要约之通知，其到达在要约到达之后，而按其传达方法，依通常情形，应先时或同时到达者，相对人应向要约人即发到达之通知。

相对人怠于为前项通知者，其要约撤回之通知，视为未迟到。

要约对于相对人之效力，与对于要约人不同，并无拘束力。相对人受到要约后，可以承诺，可以拒绝，亦可以置之不理。故如要约人于要约之外，更发送物品为要约者，相对人亦不负接收，保管及返还（惟已接收时即应返还之）之义务。

要约效力之发生时期，视相对人为对话人与非对话人而异。

民法第九十四条：对话人为意思表示者，其意思表示以相对人了解时发生效力。

同法第九十五条：非对话而为意思表示者，其意思表示以通知达到相对人时发生效力（下略）。

要约效力之存续期间，因定有承诺期限与未定有承诺期限而异。定有承诺期限之要约，其效力只在期限内存续。

民法第一百五十八条：要约定有承诺期限者，非于其期限内为承诺，失其拘束力。

未定有承诺期限之要约，其效力之存续期间，因对话人与非对话人而异。

民法第一百五十六条：对话为要约者，非立时承诺，即失其拘束力。

同法第一百五十七条：非对话为要约者，依通常情形可期待承诺之达到时期内，相对人不为承诺时，其要约失其拘束力。

要约除因上述存续期间已过，及要约人之撤回，而丧失拘束力外，并因相对人之拒绝而失拘束力。

民法第一百五十五条：要约经拒绝者，失其拘束力。

第三节　承　诺

第一款：承诺之意义

承诺者，接收要约之人，向要约人表同意，而与其要约结合，以成立契约之意思表示也。分析言之：

（一）承诺为意思表示——承诺须与要约结合，方能发生契约之效力，故非法律行为而为意思表示。

（二）承诺为接收要约之人向要约人所为之意思表示——承诺须接收要约之人始得为之，且须向要约人为之；不似要约，其相对人可为不特定人也。

（三）承诺为接收要约之人，向要约人表同意，而与要约结合，以成立契约之意思表示——承诺之目的在缔结契约，故承诺之内容，须与要约之内容一致。

民法第一百六十条第二项：将要约扩张，限制或变更，而为承诺者，视为拒绝原要约而为新要约。

第二款：承诺之效力

承诺须于要约尚未丧失效力以前为之，方能发生效力。易而言之，即要约人定有承诺期限者，承诺应于该期限内为之，并达到要约人（民法第一百五十八条），要约人未定有承诺期限者，如系对话为要约时，须立时承诺（民法第一百五十六条），如系非对话为要约时，应于依通常情形可期待承诺之到达时期内为承诺，并达到要约人（民法第一百五十七条）。

承诺如迟到则如何乎？

民法第一百六十条第一项：迟到之承诺，视为新要约。

同法第一百五十九条：承诺之通知，按其传达方法，依通常情形，在相当时期内可达到而迟到者要约人，应向相对人，即发迟到之通知。

要约人怠于为前项之通知者，其承诺视为未迟到。

承诺例应通知要约人方生效力，惟亦有例外。

民法第一百六十一条：依习惯或依其事件之性质，承诺无须通知者，在相当时期内，有可认为承诺之事实时，其契约为成立。

前项规定，于要约人要约当时预先声明承诺无须通知者，准用之。

承诺应根据要约为之，方生效力。

民法第一百六十条第二项：将要约扩张，限制或变更而为承诺者，视为拒绝原要约而为新要约。

承诺亦可撤回。惟撤回之通知，须在承诺之先到达，或与承诺同时到达中。否则契约既已成立，自无准许之理。惟如撤回之通知，其到达虽在承诺到达之后，而按其传达方法，依通常情形，应先时或同时到达者，要约人应向相对人即为迟到之通知，否则其承诺撤回之通知，视为未迟到，其承诺仍应失败。

民法第一百六十三条：前条之规定（按即要约之撤回通知迟到而应由相对人通知要约人之情事）于承诺之撤回准用之。

第四节　合　意

除要约与承诺外，契约尚须具备合意，方能成立。申言之，即当事人之意思表示，须于客观主观二方面均相一致，而后契约乃能成立也。惟所谓一致者，是否不论必要与非必要之点均须一致乎？

民法第一百五十三条第二项：当事人对于必要之点，意思一致，而对于非必要之点，未经表示意思者，推定其契约为成立；关于该非必要之点，当事人意思不一致时，法院应依其事件之性质定之。

第五节　契约之种类

继合意之后，本当即就契约成立之时期加以论述。惟以读者如不先知契约之种类，必将感觉困难；故于本节先述契约之分类，而于下节讨论契约成立之时期。契约因标准不同，可为种种之分类。述之于下：

（一）双务契约与片务契约——双务契约者，双方当事人各须负担有对价的关系之债务之契约也。如买卖，互易，租赁，承揽等是。片务契约者，双务契约以外之契约也。有仅使当事人一方负担债务者，如赠与，无偿委任，无偿寄托是。有双方当事人虽均负担债务，然未立于对价关系；或在契约成立后，当事人始因特别事由而负担债务者。例如使用借贷，贷与人负贷与使用之义务,而借用人亦负返还原物之义务;但返还原物与贷与使用并非互为代价。又例如无偿委任,委任人负担偿还费用之义务,系在契约成立后因特别事由而始负担者是。

(二)有偿契约与无偿契约——有偿契约者,双方当事人各须由给付而取得利益之契约也。如买卖,互易,租赁,雇佣,承揽等是。无偿契约者当事人一方无须给付而即取得利益之契约也。如赠与,使用借贷等是。双务契约必系有偿契约。片务契约非必系无偿契约,亦有系有偿契约者,如给付利益之消费借贷是。

(三)要物契约与诺成契约——凡于合意外,更以当事人一方交付标的物,或完结其他给付为成立要件之契约,谓之要物契约,例如使用借贷,消费借贷是。凡仅以合意的成立要件之契约,谓之诺成契约,如买卖,租赁,雇佣,委任是。

(四)要式契约与不要式契约——凡须具备一定方式,方能成立之契约,谓之要式契约。例如不动产租赁契约,其期限逾一年者,须以字据订立是。凡无须有一定方式,亦能成立之契约,谓之不要式契约。近世法律因采方式自由之原则,契约多为不要式者。

(五)要因契约与不要因契约——要因契约者,必须有原因存在,方能成立之契约也。不要因契约者,无须有原因存在亦能成立之契约也。通常之债权契约,殆切为要因契约。至各当事人不问原因,仅单纯负担债务者,则为不要因契约,所谓债务约束,债务承认之类是也。

(六)有名契约与无名契约——有名契约者,法律付与一定名称,并为其特设有规定之契约也。凡民法债编二章所定各种之债,切为有名契约。无名契约者,法律未付与一定名称,亦未为其特设有规定之契约也。

(七)本契约与预约——约定将来缔结一定契约之契约,谓之预约;嗣后履行预约而缔结之契约,谓之本契约。

(八)主契约与从契约——主契约者,独立存在,无论有无他契约,均得成立之契约也。从契约者,必须有他契约存在,始能存在之契约也,如保证契约,违约金契约,质权契约,抵押权契约是。

(九)债权契约与物权契约——债权契约者,以发生债的关系为目的之契约也。物权契约者,以物权之设定移转为目的之契约也。如约定买卖某物为债权契约;因履行该买卖契约而交付价金,称转物之所有权,则为物权契约是。

（十）生前契约与死因契约——生前契约者，当事人生存中发生效力之契约也。死因契约者，因当事人一方之死亡而生效力之契约也，如死因赠与是。

第六节　契约成立之时期

契约成立之时期，因契约之性质而异，兹分述于下：

（一）普通契约于要约与承诺互相一致之时成立，此观民法第一百五十三条而即明者也。

（二）要式契约于合意之外，尚须具备法定式约定之方式，而于此项方式具备时方为成立。

民法第七十三条：法律行为不依法定方式者无效；但法律另有规定者不在此限。

民法第一百六十六条：契约当事人约定其契约须用一定方式者，在该方式未完成前，推定其契约不成立。

（三）要物契约于合意外，更以当事人一方交付标的物，或完成其他给付为成立要件，故必俟标的物交付，或其他给付完成，始能成立。

民法第四百七十五条消费借贷因金钱或其他代替物之交付而生效力。

（四）承诺无须通知之契约，在相当时期内，有可认为承诺之事实时成立；如要约人为要约时，预先声明承诺无须通知者，则于要约到达后经过相当时间后成立。

（五）交错要约之契约——交错要约者，当事人同时互向对方为同一内容之要约之谓也。交错要约虽仅有要约而无承诺，且各要约并无因果关系，惟仍具备主观与客观之合意，不碍其为契约。至其契约之成立期以理论推之当以各要约均达到对方之时为是耳。

保证契约与保证保险[*]

崔惠卿^{**}

保险不包括任何损失，凡其本原或限度，系直接或间接，近因或远因，为下列任何事故所致，或因之而发生，或与之有牵连关系而发生者：（1）地震、火山爆裂、大风、飓风、暴风、旋风或其他天然灾变或气象上之灾变。（2）战争、敌侵、外敌行为，战门或类似战争之行动，不论宣战与否，谋反、暴动、民众骚扰，造乱、叛乱、革命、谋反，海陆空军，或霸占强力，戒严或围困状态，或任何事故足认定宣布或继续戒严或围困状态者。即为普通火险，保单不保在内之危险，亦即所谓"凡有非常情形（不论有形与否）存在期内所发生之任何损失，不论直接或间接，近因或远因，为上列任何事故所致，或因之而发生，或与之有牵连关系而发生者，应作为本保险所不包括之损失"者是也。

普通情形之火灾与非常情形之火灾，就保险原理言，性质迥异，所定保费，相差奇巨，故被保险人，如欲兼保，非常情形之火灾应给付特别高额之保费，否则即为普通火灾之保险，遇有非常情形之火灾，即不能享受赔偿之利益也。

故保险人对于普通火险之保单，一遇因保单第六条所载之非常情形所生之火灾，即不负损害赔偿之责，其起火之原因，是否与非常情形有无牵连关系，皆不之问，因之保险人对于火灾之原因如何，有无非常情形发生牵连关系，根本不负举证之责。若被保险人能确切证明其火灾之发生，与非常情形绝无关系者，则为另一问题，故非常情形之火灾，被保险人如以为其火灾之

　＊　本文原刊于《保险界》1940 年第 20 期。

　＊＊　崔惠卿，1934 年毕业于东吴大学法学院（第 17 届），获得法学学士学位。

发生于非常情形无关，依照火险保单第六条第二项："但保户能证明其损失之发生，与上项非常情形之存在，绝无关系者，不在此限。不论在任何诉讼，或其他程序中，如本公司以本条之规定为理由，主张任何损失非本保险所包括时，则证明该项损失确系包括在内之举证责任，属于保户。"之规定，自应负举证之责。且其所为之证明，非为消极之事故，应为积极之原因。易词言之，第一必须证明其起火之确实原因，第二必须证明起火之原因与非常之情形绝无关系，不能以起火原因不明，或以想象之起火原因，与非常情形无关，更不能以起火之时并无战争或炮击或轰炸等等之消极情事，即尽举证之能事。尤不能责保险人应负证明保险标的所遇之火灾确与非常情形有关之责。盖保险人对于通常火灾保险之标的发生火灾，如因特种原因，不愿负担赔偿责任时，固应负证明其起火为不法之责任，而对于有非常情形存在时所生之火灾，则因根本不在保险之列，当然无庸举证其与非常情形有关或无关，论者竟有谓保险人以为火灾之发生，为与非常情形有关，保险人应负举证之责，殊属误解，不足为训也。

保证制度，肇自罗马。在罗马古法，有所谓 Vadimonion，仅债务人不履行债务时，由保证人支付违约金而已，揆诸保证制度，尚属似是而非。嗣后 Sponsio, Fedepromissio, Fedejussio 三种制度相继踵生，其最后制度，罗马市民以外之人，均可适用。保证人之义务，并应移转于其继承人，且将来之债务及其他各种债务，均得以保证而担保之，此则与保证制度，完全相同矣。

由法律上言，保证云者，谓当事人约定一方于他方之债务不履行时，由其代负履行责任之契约也。（民法第七三九条）债权人于主债务之清偿期届满时，固得迳向保证人请求履行，毋庸先向主债务人请求履行，但保证人亦得依法抗辩，以拒绝债权人之请求耳。

保证人之抗辩，大别为二：即保证人以一般债务人资格所有之抗辩，及以其保证人特别资格所有之抗辩。第一种之抗辩，与一般债务无异；第二种之抗辩，更得分为二种，即主债务人所有之抗辩及检索之抗辩是。兹分述如次：

（一）主债务人所有之抗辩。依照民法第七四二条第一项之规定，主债务人所有之抗辩，保证人得主张之。盖就保证债务之从属性而言，主债务效力之强弱，当然亦及于保证债务，故债权人向保证人请求清偿时，保证人得主张债务人所有之抗辩，以拒绝自己债务之清偿。

（二）检索之抗辩。保证之目的，在担保他人之债务，主债务人不履行债务时，保证人始代负履行责任，故债权人应先就主债务人之财产，强制执行，以求满足。俟无效果，然后向保证人要求清偿，始可谓为公平，且亦合乎保证人之意思。此之谓检索之利益。自罗马法以来，各国立法，殆皆认之。惟或以为债权人请求权之要件，或以为保证人拒绝清偿之抗辩，各国法例微有不同耳。其以为保证人之抗辩者，谓为检索之抗辩。

检索抗辩，亦称先诉抗辩。即保证人于债权人未就主债务人之财产强制执行而无效果前，对于债权人得拒绝清偿者是也。

检索抗辩之丧失。保证人在通常情形，固有检索之抗辩，但有下列[1]情形之一者，则丧失其检索之抗辩，对于债权人之请求，应即为清偿。

（一）保证人抛弃检索抗辩之权利者。检索之抗辩，为保证人之权利，自得自由抛弃之。

（二）保证契约成立后，主债务人之住所营业所或居所有变更致向其请求清偿发生困难者。在此情形，保证人丧失检索之抗辩，须具备二要件：即一须主债务人于保证契约成立后，变更其住所营业所或居所；一须因上项变更，致债权人向主债务人请求清偿，发生困难。

（三）主债务人受破产宣告者。主债务人既受破产之宣告，则其已无清偿之资力，已属显然，自应由保证人为之清偿，不得为检索之抗辩。

（四）主债务人之财产不足清偿其债务者。主债务人之财产，苟不足清偿债务，即属无清偿之资力，而保证人应即为之清偿，虽主债务人之财产，尚可清偿债务之一部，亦得为检索之抗辩。

保证保险中之尤要者，为保险人对雇佣人于受雇人在其业务上有诈欺、侵占、窃盗、舞弊等行为致雇佣人之委托人之财产受有损害时负赔偿责任之一种契约。故就

（一）为他人担负责任之点而论，保证契约与保证保险，实属彼此相同；但就

（二）契约之本质而论，则保证契约为代负履行责任之契约，而保证保险则为损害赔偿之契约，故

（三）保证契约为保证人对于积极之债务，代债务人负担履行之责任，而

---

[1]　"下列"原文作"左列"，现据今日通常用法改正。——校勘者注。

保证保险则保险人对于消极上之损害，负担赔偿之责任。因之

（四）保证契约之关系，常属于民事，有时虽亦涉及于刑事，要皆以民事上代负责任为主，而保证保险，则完全属于刑事之一种。

（五）保证契约对于无论何种债务均得订立，而保证保险则仅限于雇佣、承造、投票等而已。

由上以观，保证保险实较保险契约为有用。且保证契约在保证人常有检索抗辩之权，而保证保险，则保险人绝无检索抗辩之余地，一经查实，即须照约赔偿，此欧美各国之所以盛行保证保险之制度也。盖保证保险之效用：

（一）就本人方面而论，一可免觅保之困难，二可免求人之麻烦，三可免受人之牵制。

（二）就保证人（保险人）方面而论，以对被保证人有追诉权，可免意外之赔累。

（三）就受益人方面而论，一可免对保之手续，二可得迅速之赔偿，三可无弃才之遗憾也。

论债之性质[*]

梅仲协

一、债之基本意义

第一，债法系规定特定当事人间之特有的结合关系，基此关系，权利人得请求义务人为一定之行为或不行为，藉以满足其利益。兹之所谓权利人，吾人特称之曰债权人（Glaeubiger）；所谓义务人，特称之曰债务人（Schuldener）；所谓一定之行为或不行为，则称之以给付（Leistung）。

债之关系，一经成立，当事人之一方，常可藉此以满足其种种财产上之需要，而债务人所负担之给付，即所以充债权人之所需也。是故给付一经提出，常致债权人与债务人之间，惹起财产上之变动，债法之功能，端在使财富易于流通，诚一种交易上之法则也。

必先有债之关系之成立，然后财富始得为直接之变动，且使此种直接之变动，在当事人间，得保有其正当性，是故债之关系，常系财富直接变动之法律上原因，倘无法律上之原因，必将引起不当得利之问题也（参照民法第一七九条以下）。

第二，现行民法第一九九条载："债权人基于债之关系，得向债务人请求给付。给付不以有财产价格者为限。不作为亦得为给付。"斯即明定债之意义也。该条所谓债之关系一语，具有二重之意义。就广义言，系指二个特定之人相互间之特有的结合关系而云，基此关系，当事人之一方或双方，常取得请求权或他种权利如解除权终止权者也。就狭义言，所谓债之关系，仅指基此特有的结合关系而生之债权云。债权也者，即债法上之请求权也。例如在

---

[*] 本文原刊于《中华法学杂志》1948 年第 7 期。

买卖契约，其基此而生之出卖人之请求权，以及买受人之请求权，即构成债之关系也。

所谓广义之债之关系，与各别的债法上之债权，其相互之间，颇类似所有权与基于所有权而生之各种请求权，彼此相互间之关系。债之关系，系请求权所由发生之渊源，而债权则因债之关系而生之各别的债法上之请求权也。

第三，债权只能对特定之人，亦即所谓债务人而行使。此项特定之人，有时为原始的债务人，有时则为新债务人之因继承关系、债务承担诸事实，而代位于原始债务人者。虽然，不问债务人有否更迭，在债之关系中，唯必须为债务人而始受债权之拘束耳。债务人之财产，固得因债权人之请求，依强制执行或破产之方法，以供债权之清偿，但于此情形，必须该项特定财产之标的物，于强制执行或破产时，尚属诸债务人所有者，方得为之。至债权人对于债务人之财产，并不享有特殊之权利也。

（一）债权人之给付，仅得受相当的保护，就此点言，债权与绝对权，尤其与物权，显有差别。绝对权固亦间接的具有对人的效力，但兹所谓对人效力，乃对抗一切之人，而非仅仅对抗特定之人，故为一般的禁止权也。债权则不然，彼只能对特定之债务人而有效力也。

（1）基于上述之理论，足征债权在原则上仅得因债务人而受损害，债务人以外之第三人，则无由加害于债权也。

虽然，德国学者 Leonhard 之见解则异是。氏认为就给付之利益言，债权人固仅受相对的保护，但于此之外，债权人尚享有一种绝对的支配权，亦即所谓债之所有权是已，基于债之所有权关系，债权人得处分其债权（例如债权之让与债之抛弃），而此处分行为，即具有绝对性。再者，在第三人干涉债之关系时，债权固亦受有保护也（见氏著 Allgem, Schuldrecht Des B. G. B. 1929 第六〇页以下）。唯依吾人之见解，Leonhard 之主张，只适于日耳曼法与普鲁士法之诠释。而所谓绝对性一词，殊不宜于援用，不然者，将使人误解物权法上之各种原则，得以适用于债权法也。在债权法上，固亦承认处分之效力，但此只能谓为效力之直接性，要不能辄认为系绝对的性质也。至若第三人干涉债权时，债权人虽亦得受债权法上之保护，然此仍不足以与所有权同论，此际只能适用关于侵权行为（民法第一八四条）与不当得利（民法第一七九条）之规定，且在若干情形，尚可援用积极侵害债权之原理，以资解决。例如在债权之让与，债务人因未经让与之通知，于债权让与后，将给付提出于让与人，而该让与人竟予受领，致受让人不能对债务人为请求，此际即发生积极侵害债权之结果也。

（2）依照德国旧时普鲁士地方法，在特种情形下，债之关系有时对于第三人之取得债之标的物，亦可有其效力。德国学者，当称此种效力，为"及物权"（Recht Zur Sache）。及物权亦仅系一种债权，只能就债务人所有之各别而特定之物，使其为给付也。在债务人破产时，此项及物权，亦不过与其他债权，处于同等之地位而已。所异者，唯在第三人明知有及物权之存在，而恶意取得其物者，则此时关于该物上之一切权利，皆不能对抗及物权也。德国现行民法，不复认许及物权制度，我国旧有之习惯法，虽亦有类似普鲁士地方法上所谓及物权之制〔1〕，但现行民法以不复采之。

举例言之。有某甲者，曾将其所有之物，出卖于乙，惟尚未交付，旋复以该物卖与于丙，且曾完成其交付程序，于此情形，即使丙于取得其物之际，明知乙享有买受之权，但乙只能对其债务人甲请求赔偿，而不能向丙主张其债权。惟此际该第二买受人，既违反信义，破毁他人之买卖契约，则依民法第一八四条之规定，应负损害赔偿责任，就损害赔偿请求权之原理书，第一买受人，匪直可以请求金钱之赔偿，或请求返还其物于出卖人，且得请求经将该物返还于自己。

（二）在绝对权中，其由绝对权而生之请求权，常得请求回复原有之状态，例如民法第七六七条所规定之所有人返还请求权是。此种请求权，与债法上之请求权，亦显有区别。债法上之请求权，系各别之债权，二者渊源既有不同，而目的亦相互殊异，基于绝对权而生之请求权，其目的端在使绝对权之永续性，获得直接之保护也。是故此种请求权，不能与绝对权性分离而独立。例如所有物返还请求权，不能与所有权相互分离而单独为让与。但宜注意，除上述相异之情形外，债法上之请求权，与有绝对权而生之请求权，二者之结构，则属一致，良以此二者固皆系请求权也。从而关于债权之一般原则，均有准用于绝对权所派生之请求权。例如民法第二一九条所规定之诚信原则，对于一切请求权，不问其为物权上之请求权，抑系亲属权继承权上

---

〔1〕 大清律例户 律田宅门典买田宅条载："若将已典卖与人田宅，朦胧重复典卖者，以所得债权计算，准窃盗论，免刺，追偿还主，田宅从原典买主为业，若重复典卖之人即牙保知情者，与犯人同罪，追偿入官，不知者不坐。"盖我国旧时法制，物权与债权，无明确之观念，且登记制度，又未发明，故不能不认"及物权"之制也。

之请求权，皆得准用[1]。故瑞士民法，特将此原则，明定于法例中，以贯穿全部法典，其第二条曰："行使权利，履行义务，应依诚实与信用方法。"

（三）上已言矣，债法系交易法，故不涉及亲属法上之关系，亲属关系，乃由于婚姻与亲系而生，如夫妻之同居义务，父母对子女之行使亲权是已。此种权义关系，盖系有关道德上之名分，法律只视其为一种权利义务之形式而予以规定耳。此种法律关系之发生，纯基于义务人身份关系[2]，非所以求利益之满足也（参照本款第四，一）。是故亲属权并非独立之权利，不过亲属法本身之外部表现耳。

第四，债务人所负担之义务，即系作为或不作为也。权利之移转，劳务之服役，皆作为也。不为营业之竞争，容许他人就自己所有之物为干涉，予以容忍，斯皆不作为之类也。

作为与不作为，在法律上，合而称之曰给付。是故债权云者，乃债权人对于特定之债务人，得以请求给付之谓也（民法第一九九条）。

就给付之本身言，并不即系财产关系，无财产价格之作为或不作为，固亦得为给付也（民法第一九九条第二项）。惟在通常之债务关系，所谓给付，皆足以使二个当事人间，惹起财产变动之结果，而藉此以满足债权人之利益也。

（一）此一目的之确定，在债权关系上，至为重要。不有债权人之利益在，债之关系，辄无从发生，一旦债权人之利益，已获满足，则不问其获得满足之原因，是否给予债务人之给付使然，要皆足以使债之关系，归于消灭。例如在不变更给付之情形下，第三人为债务之清偿时，视为债务已由债务人为清偿，债权即从而消灭；又如二以上之债权，皆基于同一之利益而存在者，

---

[1]　近年来德国法学界，对于所有人之返还请求权，在若何之情况下，得以准用债法之原则，颇有争议。设若负有返还义务之债务人，已将其所应返还标的物让与于第三人，致其义务之履行，陷于不能者，此际能否准用德国民法第二一八条（与我国民法第一二五条第二项相当）之规定，使债务人负担将让与行为所得之对价（Commodum ex Negotiaone），交与于债权人之义务，诚一问题也。据彼邦最高法院民事第六条之见解，认为第二八一条，可以准用于物上返还请求权，而同院第四庭则予以变更，认为就物上返还请求权之特殊性质以观，该条实属不能准用，盖此际让与人已丧失物之占有，德国民法第九八五条（与我国民法第七六七条上段相当）所谓物之所有人得向其物之占有人，请求返还其物之事实上条件，不复具备矣。

[2]　例如子女服从亲权之义务，不能由第三人代为履行，而在债之关系则不然，虽然，因亲属关系之存在，往往亦发生财产法上之义务者，关于此项财产法上之义务，在亲属法规未设有特殊之规定，并于不违反立法意旨之范围内，债法之一般原则，均可适用。

若其中一债权已受清偿，即其他债权即随而同归废止，此种情形，在请求权相竞合时，殆所常见。

（二）债权人之利益，大抵皆具财产价值。但自罗马法以来，除财产价值之利益外，凡可受保护之利益，无一不可充给付之内容。在罗马当时，关于女奴隶之买卖，当附具特约，对于该奴隶之贞操，不加以蹂躏，此种约定，在法律上认为有效[1]。唯现时学者，对于无财产价值之利益，能否充给付之内容，颇有争议。德儒 Dernburg V. Gierke 诸氏，认给付必须具有经济上之价值，无财产价格之债权，依其情形，有时不应许其存在，即或许其存在，亦只能视为系一种不完全之债。而 Stammler，Enneccerus 诸氏，则谓依照德国民法之规定以观，所谓财产价值，并不构成债之关系之要素。债权人不必皆因给付之受领，而增加其财产，亦毋须使一切之给付，均可为金钱之估计也。此二说中，后者已成为权威之学说，学者咸采用之。我国现行民法，为避免误解起见，特于第一九九条第二项定："给付不以有财产价格者为限。"以便注意。

虽然，给付之内容，固无庸具有财产价值，但必须系可受保护之利益，则不待言。盖国家之任务，不能专为个人之怡情娱乐是营。其仅具有宗教上道德上特质之行为，国家亦无须强其履践。凡此种种，揆诸民族意识，皆不欲使之纳入于法律之范围也。于此情形，在当事人间，往往根本上不具有使其受法律拘束之意思在，即或有之，亦常有因背善良风俗，其行为羁于无效（参照民法第七二条）。再者，就令行为之作成，并不违反公序良俗，在当事人间，亦固具有受法律拘束之意思，但若可受保护之利益，一旦欠缺，法律仍不予以援助。例如商业使用人虽会与商业主人，订有关于竞业禁止之特约，然若此项特约，并不专在保护商业正当事业上之利益者，当事人仍可不受其拘束（参照商人通例第五三条）。

（三）债权系人与人之关系，严格言之，无所谓债之标的，权利之行使，仅得对债务人为之也。债之给付，即系债务人之作为或不作为，只构成债权之内容，亦非债权之标的也。虽然，在习惯上，往往使用债权标的一词，我国民法债篇通则第二节，且以此名之。就此一名词言，殆具二义：其第一义，系指债之行为而言，亦即债务人必须作为（或不作为）之效果，藉以完成给

---

[1]　参照 Dig, 17. 11. 54 及 43. 29. L. 3. 13.

付义务之内容；其第二义，则为债权人所收获之效果，此一效果，应归入于债权人或第三人法益范围以内，即如买卖物之移转，租赁物使用收益状态之保持，工作之完成皆是。

严格言之，此一名词，应予以排除，免致引起错误之观念。凡债务人所为之单纯的准备行为，方得视为债之标的，至此项准备行为，究否有所增益于债权人之利益，则尚属疑问。在若干之情况下，债务人虽已准备一切债务之清偿行为，但债权人依然丝毫未能享受其效果。例如在送交之买卖，出卖人虽已将出卖物发送，但若途次毁灭，则买受人仍不能享有若何之利益是。

第五，债权之抵触（Kollision von Forderungsrechten）对于同一债务人，而有二以上独立债权者，往往因一债权之行使，致其他债权，感受不利益，是之谓债权之抵触。例如就同一之物，为重复之买卖，每一买受人各保有其买受权利。二以上之亲属，同时享有扶养请求权。在汽车或飞机出险时，义务人仅就一定金钱限度内负其责任，而多数被害人之损害赔偿请求权，总计超过限定值金额。此际即发生债权抵触之问题也。

再者，二以上之债权，有时基于法律之规定，或当事人之意思，而互相连结者，连带之债，即其一例也。在连带之债，每一债权人，皆得请求全部债务之履行，但给付只须为一次，给付既已向债权人中一人提出矣，则全部之债，即从而消灭也。

就原则上言，债权之抵触，由于偶然之事实者，则数个债权相互之间，皆各自独立，一债权之清偿，是否足以影响他债权之清偿可能性，法律并不予以考虑。因各自独立之结果，凡债权人之已受清偿者，其权利即已完全达成。是故预防之方，不能不讲。凡债务人因向一债权人提出给付，致对于他债权人限于给付不能之状态者，则就给付不能限度内，应自负赔偿义务。

虽然，债权之抵触，由于法律而生者，则应有例外之规定：（1）数债权中之某一债权，享有优先清偿之特权者，则该项债权，应优先受偿。例如直系血亲尊亲属之扶养请求权，应先于直系血亲卑亲属而受清偿（参照民法第一一一六条）。（2）依比例而为清偿。例如受扶养权利者有数人，其亲等同一，而负扶养义务者之经济能力，不足扶养其全体时，应按其需要之状况，酌为扶养（参照民法第一一一六条第二项）。

唯有一事，须待解决者。除上述法律特殊之规定外，在内容互有影响之数个债权，能否亦得依其他途径，予以适当之调理？在德国曾发生一事件，有某出卖人，曾与数买受人订立二以上之定量种类买卖契约，旋该项定量种类之买卖物，因非可归责于当事人之事由，致数量不敷分配，德国法院判令该出卖人应将现存买卖物之数量，按照比例，向各买受人为给付。其理由以为此际之各买受人间，应具有利益之共同关系在，且依德国民法第二四二条之规定（与我民法第二一九条相当），债务人亦应以诚实与信用之方法，履行其债务。唯具彼邦权威学者之见解，此一事件，只予以维持。盖此际债务人应明了各债权相互间并不全然独立，漠不相关，其现存之买卖物，就债权人方面言，应有共同关系之存在，债务人基于诚信原则，自须顾全全体债权人之利益，而为处分，在任何债权人不能请求为超过比例数额之给付。

二、责任及有限公司之债

第一，债之关系，一经成立，债权人即享有对债务人请求给付之权利，而债务人则负有为给付之义务[1]。故债之关系，具有两面，其一为"得为请求（Foedernduerf en）"，其二为"应为给付（Leistensollen）"。然此不过一单一的意义两方面耳，质言之，即积极面与消极面之分，亦即债权或债务之谓也。

第二，在债务人不为给付时，债权人得依法律之规定，强制其履行，质言之，得提起给付之诉，并得就债务人之财产，为强制执行，此种强制之权能，乃债权之通常的效果，否则，债权之价值，必将大为削弱矣。但宜注意，所谓强制性之权能，并不构成债权之直接内容，债权之内容，要不外"得为请求"，与"应为给付"之二者而已。

债权人之强制权，有种种态样之不同，且在不影响债权内容之限度内，其强制权可得而变更。诉权与强制执行权，有时可以全然欠缺者，但债权之为债权，仍不因此而受影响，所谓自然之债，即其一例也。债权人之得为执行者，有时可及于债务财产之全部，而有时则仅限于其财产之特定部分。

财产全部或其一部，应供债权人之执行者，吾人特称之曰责任（Haftung）。执行而及于财产之全部，乃属事之常经，故亦别称之为无限责任，至

---

[1] 学者间往往对于民法第三五六条之规定，称为"通知义务"，或称继承法上之继承，为"继承人之义务"，统而名之曰间接义务，殊不知与此等情形，利害关系人在可为而不为时，只能蒙不利益之结果，在可为而为之，则必获取利益矣，自无所谓作为义务之足云，更无有债权或债务存在之余地。

若仅得就特定之固有财产或某一财产为执行者，则称之为有限责任。所谓责任，乃系执行权之消极面，亦即执行权之标的也。

我国旧制，负债不偿者，罪及其身〔1〕，自新法颁行，债务人之人身，不复充债权人执行权之对象矣。虽然，在容忍他人行为，或禁止为一定行为之债，债务人不履行时，执行法院，得管收之。此例外也（参照强制执行法第一二九条）。

第三，债务与责任——有限责任之债。按罗马法，认债之强制性，乃构成债之关系之一要素。所谓 Obligatio，系指责任而言，非仅谓债务而已也。而古代日耳曼法则异是。债务人"应为给付"之义务，得于其责任相分离。如欲使债务人负担责任，则非另行作成一种法律行为不可。德国普通法，仿效罗马法制，创设各种责任方式，唯此种方式，仅于执行上有其意义耳。现时德国学者，又回复旧制，使债务与责任，两相对立，认为二者各有其独立之意义。因而认德国现行民法上，有仅有债务而无责任者，如自然之债是。有仅有责任而无债务者，如土地负债（Grundschuld），系证人责任，妻对于夫之债务，仅就其全部财产而负责任（参照德民第一四四三条二项）是。我国现行民法债篇，十九系采德国之立法例，故应依德国学说以资解释，较为允恰。

唯责任一语，意义分歧，学者见解，尚未一致，试举其说如下：

（一）或谓就一般之意义言，责任一语，即强制之谓，具体言之，乃诉与强制执行之总称。虽然，此说不足以阐明责任之意义，盖现时学者，众认责任与债权之强制性，并非一事。在若干情形下，债权当有欠缺其一部或全部之强制性者，此在吾人研究自然之债时，当可了然。

（二）或谓责任，系对于给付或期待给付之一种辅充给付。是故所谓责任也者，亦即债务人本身或第三人所负担之义务而已。例如债务人之损害赔偿责任，孳息支付之责任，保证人或从债务人之责任皆是。虽然，此说只足以阐明义务以及给付，系二种不同之态样，要不能解释对于同一给付，何以"应为给付（Leistensoll）"与"必为给付（Leistenmmuessn）"之相互对立。盖应为给付与必为给付之对立，在债法上具有重要之意义，试举无行为能力人之责任为例。无行为能力人，自己本可不为给付，但其所以负担责任者，乃因其自己负有债务（应为给付），故必须就其债务，负担责任（必为给付）

---

〔1〕 参照唐律疏议亲律上，及大清律例户律钱债门违禁取利条。

也（参照民法第一八七条第三项）。

（三）第三种之见解，即为上述第二段所说明者，认债权人就全部财产或一部财产得以行使其执行权之状态，谓之责任（必为给付）。此种见解，殊为吾人所赞许。盖债之给付，经判决确定以后，其得为执行，乃属通常之效果。就一般言，债务人之全部财产，皆可以供执行之需，唯按其情形，有时债务不以全部财产，负有责任，而仅以一部财产为限者，则此际之责任，则为有张。在有限责任之情况下，凡原来给付义务，系属无限，债权人得就全部财产为执行者，此时则只限定于特种之固有财产，负其责任。例如在限定之继承，被继承人之债权人，不依法报明其债权，而又为继承人所不知者，仅得就剩余财产，行使权利（参照民法第一一六一条一项）。

（1）计算上之有限责任（Rechnerische Beschraenkten Haftung），非兹之所谓有限责任也。例如股份有限公司股东之责任，乃计算上之有限责任，其债务内容，固有定限，但就此限度内，股东仍须以其全部财产，负担责任。

（2）在抵押权与动产质权，其标的物之所有人，有时自己虽不负有债务（例如第三人为债务人设定抵押权或质权），但抵押权人或质权人，对于标的物，仍得行使执行权，但此项物的责任，与上述之人的责任，殊有区别。物的责任，只构成物权之内容，并不因而发生所谓权利人之请求权，或所有人之义务。应为给付与债权人执行权之支配二事，无从存在，且也，标的物虽已更其所有人，物的责任，并不受其影响。

（3）所谓"就第三人为债务而负之责任（Haftung Fuer Fremde Schuld）"，亦非仅有责任，而无债务者。盖此际责任人所负之债务，系与第三人之债务，两相竞合也。例如在保证之关系，保证人系随伴主债务人，就主债务而负责，未尝不自负债务也。依民法第一〇三四条之规定，妻对于夫所负之债务，其个人固并不就此负担义务（即对人债务），但此亦非谓妻对于任何义务，皆不负担也。盖共同财产制上所称妻之个人债务，系专指就其特有财产而为给付言，妻对于夫之债务，固无庸以特有财产为清偿，然就其共同财产，妻仍须负担给付之义务也。

综上论述，吾人可得如下之结语：无债务之存在，即无责任之可责，关于此点，应与物权上所谓纯粹物的责任有别，有债务而无责任者，则仅于拘束力不完全之债中见之，盖此种之债，欠缺其强制性也。

三、拘束力不完全之债

第一，就一般言，债权亦如其他私权，应受诉讼之保护，且在具备强制之要件时，得就债务人之财产，而为执行。在一定之情形下，债权尚具有其他之权能，即如行使抵销权以清偿其权利，援用抗辩权以主张其权利，而又得藉自助行为，以保证其权利也。此外，债权人并可利用他种法律关系，或因保证契约之订立，或以担保物权之设定，俾其权利益臻稳固。

第二，虽然，有时债权基于某种原因发生，其诉权与强制执行权，或其他效力，竟两丧失者，此种债权，吾人则称之为拘束力不完全之债（Unvommene Verbindlichkeiten）[1]。

（一）所谓拘束力不完全之债，即不能依诉权及强制执行程序而受保护之债权也。虽然，拘束力不完全之债权，亦得以受清偿，故仍不失其债权之性质。如债务人明知其已丧失强制性，而仍为给付者，其给付不能视为赠与，即使为给付时，不知其已失强制性，但其给付程序，如已完成，亦不能依不当得利之原则，请求返还。但宜注意，兹之所谓不得主张返还请求权者，以其曾认许确负有法律上之义务故也。在合于民法第一八〇条第一款之情形时，固亦不得请求返还，但该款之规定，全然基于公平之观念，并非谓为系清偿具有效力较弱之法律上义务也。

（二）在拘束力不完全之债权，能否作成他种法律关系，例如债务之承认，保证契约之订定，担保物权之设定，以增强其效力，则应视各种情形而定，盖拘束力不完全之债权中，亦有效力较强与较弱之分也。

我国现行法制，关于拘束力不完全之债，无多规定，依吾人所知者，确有下列几种。

（1）在羁于时效之债权，就其本身言，应与通常之债权无异，在债务人未主张时效抗辩权时，仍得受有利之判决，但若债务人依法提出时效之抗辩，则债权人之诉，即失其效力。唯此际民法第一四四条及第一四五条之效果，依然保有，是故羁于时效之债权，在拘束力不完全之债中，乃属效力较强者。

---

[1] 拘束力不完全之债，相当于罗马法上 Obligatio Tantum Naturalis，此种债之关系，仅依事实上之观察，认为有债之存在，而在法律上则欠缺其完全之效力。唯现代法学，对于此种债之关系之见解，已与罗马当时不同，抑罗马法上 Naturalis Obligatio 一词，意义至今含混，故近今德国学者，类皆避免"自然之债"一语，而改称拘束力不完全之债。

（2）依民法第九七五条之规定：婚约不得请求强迫履行。故由婚约本身而生之债权，其拘束力殊不完全，且不得以保证契约，担保物权等法律关系，保障其效力。

（3）依破产法为强制和解时，债权人所让步之债权额，即成为拘束力不完全之债。

（4）博戏与赌事，除国家之特许情形外（例如特许发行之奖券），均不得以诉请求之。盖赌博契约，乃经济上不合理之事，但若已为给付者，亦无须强其返还。

两种不同的债的观念[*]

张企泰

一、总论

中国法中之债，拉丁文为 Obligatio。在罗马法中，其定义为 Obligatio est juris vinculum quo necessitate adstringimur alicutus solvendae rei secundum nostrae cilitatis jura. 意为债是法律的关系，依照罗马法律，凡在此关系中者，必被强制为债之给付。此定义历经许多补充，范围日益扩大。罗马法家保罗（Paul）曾说：债之本质，不在使吾人为物之所有人或一地之地役权人（所有权地役权均为物权），其本质在强制其他一人，对于吾人为债之给付（如移交所有权，作或不作某件事等等）。依此说法，债的关系，遂如主之于奴，居上者之制下。债权人于债务人有命令权，有强制执行权，于债务人之自由可与以相当限制。根据萨维尼（Savigny）的罗马法解释，债务人竟是变相的奴隶。但此种债的关系，毕竟是反常状态，人人自由而不受限制，方是通常情形。反常状态之发生，须当事人表示愿意；故债之关系务必发生于两人的意思上。

此种债的观念，以个人自由为出发点，债者个人自由之束缚也，极适合于十八世纪思潮。当时个人主义及自由主义，汹涌澎涨，社会一切制度设置，须以个人自由为出发点，并以个人自由为归宿点。苟非本人自愿放弃，其自由绝对不受限制。所以法人波蒂埃[1]（Pothier）（一六九九至一七七二年）论写债篇时，对罗马法中债的定义，完全采纳，法国革命成功，个人自由两主义，即被视为天经地义。一八○四年之拿破仑法典，于债的观念，采用波

---

* 本文原刊于《中国法学杂志》（第 4 卷）1933 年第 5/6 期。

〔1〕 "波蒂埃"原文作"卜顗"，现据今日通常用法改正，下同。——校勘者注。

蒂埃意见，间接即追崇罗马法，所以拿破仑法典之视债，亦两方当事人的人的关系（非财产的关系），债权人于债务人有强制执行权。债务人之自由固受相当限制，但其与人订约，已表示愿意接受此种限制。各人有处分其财产自由权，亦有处分其身心自由权，债务人自愿受人抑制，正其自由权之行使，未可谓为有悖于自由主义之道。

　　但细翻拿破仑法典，于债字不见有一确切的定义。吾人说其采纳罗马法的观念，何所见而云然？查该法典于债不立专篇，仅在契约部分中附带规定。法典第三卷第三部分之题曰："契约及一般由契约所发生之债。"第一章为契约引论，第二章述契约之有效要件，至第三章始及于债。该章述债之效力。而所谓债者，且仅由契约所发生之债。故债在该法典中看来，乃两造当事人的人的关系，发生于两造合致的意愿。甲愿以千金邀乙画像，乙愿作此画像而获千金之代价，甲乙两造意思归趋一致，债即发生。乙如爽约，甲可假法院之力以强制其履行。而甲施行此种手段，仅可对乙为之，盖仅乙曾意愿结下此种债务。他人既无此项意思，当不致更不耐受甲之强制。再则拿破仑法典之纳债于契约之中，乃根据于波蒂埃"债篇"中分配的方法，波蒂埃又效仿罗马法，故谓法国法之债的观念，因袭罗马法殆非无稽。征之近代法国学者于债之定义，更可见罗马法陈迹，迄今犹存。奥布里和罗〔1〕（Aubry et rau）近代法国法学界之两大权威，论债谓为法律的必然，结债之一方必然于对方有践约之义务。（L'obligation est la necessite juridique par suite de laquelle une personne est astreinte envers une autre a donner, a faire ou a ne pas faire quelque chose.）普拉尼奥尔〔2〕（Planiol）的定义：债是两人间的法律关系，其一曰债权者，对于其他一人曰债务者有索求权，索求某一相当事件。郭冷及葛毕当（Colin et Capitant）的定义：债是两人间的关系。析求之，则债权人于债务人有命令权，并得强制其履行义务，以遂己利。最后两种定义，更表显债中人的分子的重要。而其解释债为一种上下的关系，居上者对居下者有命令权，强制权，更取罗马法中债的观念，发阐无遗。

　　其甚者，如普拉尼奥尔竟推此观念，以及于物权。自罗马时代迄今，素

---

　　〔1〕　"奥布里和罗"原文作"渥勃里与罗乌氏"，现据今日通常用法改正，下同。——校勘者注。

　　〔2〕　"普拉尼奥尔"原文作"白赖溺"，现据今日通常用法改正，下同。——校勘者注。

以物权为人与物之关系，以债为人与人之关系，在物权关系中，除所有人与物体外，无第三份子。所有人于物体有直接的绝对管领权。在债的关系中，有三种份子：曰债权人，曰债务人，曰债之标的。债权人于债之标的，并不发生直接关系，中有债务人为之媒介。普氏评谓以物权为人与物之直接关系，差讹莫甚。凡为权利，皆人与人间的关系。人与物绝对不能发生法律关系。故在物权关系中，除正面主体（即所有人）及物体外，并非即无第三份子，反面主体（Sujet passif）即是。此反面主体，在债的关系中即为债务人，在物权关系中，为所有人以外之一切人众。此一般人于所有人之权利，有尊重之义务。故债权与物权，乃同一物，均表现人与人间之关系，所不同者，反面主体之在前者为一人，在后者为一切人。

此种债的观念，自十九世纪末叶起，已不人尽采纳。有新的观念发生，此新的观念，德国学者提倡甚力，一九〇〇年之德民法即采纳之。在法有萨莱耶[1]（R. saleilles）者，素极留意德国法学之演变，于新说极表赞同，并为文绍介于其国人。据新的观念，债不必是两人间的关系，而是两方财产的关系。债不指债权人及债务人，亦指债权与债务。此非言债即是财产之一份子，可与田宅物具同论。若然，债权与物权将无丝毫区别。谓债为两方财产的关系，乃以债之精要及价值，在乎债务的履行，使变成财产之一份子；而不在乎某人于此人则有于他人则无强制权，将吾人之注意，完全引到两造人的方面去。然则据新的观念，债务由甲清偿亦可，由乙清偿亦可，若不清偿，由甲或由乙负赔偿责任均可。最精要者，而亦债之价值之所在，即在此诚意的清偿或赔偿。但亦有少数例外，债之价值有全凭乎人方面者：如约某画师画像，某伶人演剧，乃取该画师与该伶人之天才与技术，易其人，债即失其价值。但此等事不多觏。

若追溯历史，稽考债之起源沿革，更可见此说根源深远。在罗马法最初期，法律的关系，舍绝对的所有权即无他。此不但对物体而言，即如家长与族人之关系，亦全系此种所有观念管领观念的表示。以后有侵权行为，发生新的债的关系。但就此新的关系性质而言，依旧无新颖可言。一人于他人之身体财物，加以损害，苟不立予赔偿，被害者可置之为奴隶，对之可行施所有权及管领权。以后经济情形转变，每家不能自给自足，遂有货币假借，于

---

[1] "萨莱耶"原文作"萨赖"，现据今日通常用法改正，下同。——校勘者注。

是发生契约（Nexum）。但契约的关系，依旧无新的发明。苟告贷者不按时给偿，借与者可直接强其履行（Manus lnjectio），或置为奴隶。归根说来，上述种种法律关系（亦包括债的关系），始终如人于物的所有权的关系；其着重点，全在其财产上的价值。随后法律改良制裁方法，不许置债务人为奴隶，而视之为财产之一份子，于是以债为人与人间关系的观念，逐渐胎生，债与所有权亦截然成为两物。观乎上段叙述，可见债之要素，不在两造之人格，而在义务之履行，在债产生之初期中已然。

谓债之精要，不在乎两造当事人，非即言债已不成为人之履行（Prestation personnelle）。如某人贷金不还，非谓债权可直趋其家，启锁强取。其意盖义务之履行，不必限定某人。受义务履行之益者，亦可不拘任何人。义务之履行不必限定某人者，即言如某人当偿债千金，某匠人须收拾园圃，只须有该某人允偿此千金，或允收拾园圃，此债即有了价值，该某债务人为谁，可不必顾虑。苟以后债务人易人，于债之价值，不发生影响，亦如物权然。所有权之价值，在乎物体之物质存在，此所有权与彼所有权不同，在此，其物为房宅或田地，在彼，其物为池潭或米粟，进而问此债与彼债之不同，亦在此债中，其内容为千金而非千枚铜圆，为收拾园圃而非建造房舍，当事人之人格，实无与于所有权及债之内容与存在。

虽债务人之人格不能影响于债之存在（此处不谭例外：如约画师画像，伶人演剧等），然非先有某一确定债务人，债莫能发生也，其理至明。至债权人，即当时无确定之人，亦无害于债之发生。上述受义务履行之益者，可不拘任何人，即此意。从此点看来，债权更有与物权类近处。债不必须债权人确定后始存在，始有其价值，犹之物而无主，仍不失其物之存在。以后债权人确定，乃以接受债务人履行义务之利益，及利用此已存在之价值，亦即物之有主，所以应用物之价值。并非债权人之确定，物之有主，能于债之价值，物之存在，有所加益也。

自萨莱耶氏在法提倡此学说后，法国法学家从和者日众，雷维于孟（H. Levy – Ulhmann 今巴黎大学法科教授）亦其一。彼根据此观念，另下债的定义曰：L'obligation est l'institution juridique qui exprime la situation respective de personnes dont l'une（appelee le débiteur）doit faire bénéficier a l'autre（appelee le areancier）d'une prestation ou q'une abstention et qui correspond，sous les noms de creanee et de dette，à l'element particulier d'actif et de passif engendré par ce rapport dans le patrimoine des interesses. 债是法律的制度，表明两人的地位，其一（曰债务人）须履行义务（正面的，如给与某件东西或做某件事情；反面的，如不做某件事情），以裨益其他一人（曰债权人）。此义务，在一方看来为债务，在另一方面看来为债权，而与两方财产因此债的关系而赢而负，适相吻合。

此两种债的观念，究竟孰是孰非，窃以为问题不在此。盖两种观念，观点不同，各见到一面。以债为人与人间的关系，乃主观之说。以债为财产间的关系，乃客观之说。法国因多数学者，以债权物权之权，作特殊利益解，乃从受益人的立场看出。故如普拉尼奥尔者，不但以债为人与人间关系，即物权亦然。所有人之有物，对于其他一切人乃处于一种特殊地位。其对物而行使其使用权，收益权，或处分权，他人不得侵犯干涉。至萨莱耶等，以权作客观的法律规条解，物权债权之解释，须根据某地某时之实际情形及需要，诚不必紧随传统观念，固执不渝。故雷维于孟对债所立定义，但称之曰法律的制度，诚以制度乃为遂人之需要而产生，故亦因客观之时境如变迁，至今之实际情形及需要，如何能促成第二种债的观念的发生，后当论及。

此两种债的观念，虽不发生绝对是非问题，但从此两种观念所演绎之结论，大有区别，并可影响及法律上之交易。故某国法律之所以舍此而取彼，或舍彼而取此者，非为学理上真谛起见，乃纯以环境之需要也。

二、两种观念之实际上不同的影响

上述两种观念，各有其不同之实际影响，今请分节论之。

（甲）债务移转

债务移转者，即一人所结债务，已而由其他一人承担，原来债的关系，不因之受任何影响。但此移转，须通知债权人，而得其承认。惟其承认，非债务移转成立之要件。盖在承认以前，承担人对债务人已负清偿后者之债之义务，再则债权人对承担人所行使权利，非根据于其承认，乃根据于承担人及债务人间之移转契约。当声明者，此间所论债务移转，乃指单个债务，非指概括债务。如子女继承父母遗产，并承担其所有债务，乃属另一问题。

根据第一个债的观念，以债为两方当事人间的关系，则一人所缔结债务，绝不能以后由另一人承担。上溯罗马法，个人主义，极为膨胀，不但债务，即债权亦不能移转。债一产生，即始终成两当事人间的关系，直至其消灭为止。若易其人，即易其债。在最初时，有欲出让债权者（如以债权交换现金，父以一部分债权为女置妆奁等），引用更易新约（Novation）方式，但缺点甚多，最要者如新约成立，必须债务人承诺，旧债权的一切担保，原则上讲将完全消灭。故遂有发明引用委任的办法，由债权人委任第三者向债务人追诉，照例受任人须将所获权利交还委任人，惟在此处，委任人免其交代，并准其保留因起诉而获权利（Procuratio in rem suam）。援用此法，固无上述缺憾（如债务人之承诺可毋须要，所让与之债权仍为旧债权，一切担保等，并不消灭），但亦有其特种不便，因其为委任，故委任人在受任人诉讼未到相当地步时（Litis contestation），有处分其债权之权；或另出让债权予他人，或免除债务人交付，或由自己出面起诉，或债务人直接向债权人以作清偿，再则委任关系可以一方面之死亡，或以债权人之撤回而终止，是均非所以遂合当时社会经济之需要。及至罗马法后期，始承认债权可不必假他种办法而为让与，债权移转遂成法律上独立一种制度。

债务移转，初亦用更易新约方式，但有上述同样缺点，为免除此类缺点，法律常亦承认债务移转为独立一种制度矣，但实际上罗马法始终未承认之。盖就普通而言，债权者易人，于债务人并无不便处，债务人决不反对。反之，债务人之人格，债权人视为极重要，若易其人，必致影响于债之履行，此所以罗马法不能允准债务随便移转。近代如拿破仑法典，亦同此观念，仅承认债权而不承认债务移转。同时须认清者，即不承认债务移转者，乃不承认其为法律上一种独立的制度之谓，若更易新约，若代办（Delegation），若"为第三人约定"（Stipulation pour autrui）等，胥能达到移转债务目的。然上述诸方式均极僵硬，成立条件苛刻，并各有其他缺点，绝不能比德国民法中债务移转制度之有伸缩性，而应合实际之需要也。

根据第三种债的观念，债有独立的价值，债权人及债务人之人格，非债的存在之至要条件。故债当如其他各种财产，可以移转让与，非仅限于债权已也。然亦有几种债，其中人格份子，极占重要，则其不能随便移转，其理至明，惟此种情形，属例外。德国民法本采纳第二种债的观念，故承认一切债可以转移，不问其为债权抑为债务。关系债务承担，在四一四至四一九条中有规定，承担债务之方式有二：或由承担人与债权人立一契约，原债务人毋庸参与（参阅中国新民法第三百条）；或由承担人与债务人订立契约，再经债权人承认（参阅中国新民法第三〇一条）。在事实上，采用第二种方式者为多。至移转之效力，债务人虽换，而原债仍不动。在承担人方面，则可援用债务人对抗债权人之事由，以对抗债权人；在债权人方面，则在原则上，可对承担人仍主张原有从属于债权之权利（参阅中国新民法第三〇三及三〇四条）。

若再反顾罗马法，其承认债权让与，即已相当的承认债可脱离当事人而继续不变存在。惟债之要素，在其财产上之价值，迄今以社会经济情形之变迁，实际之需要，更为显然耳。

债务移转在事实上时常发生。

（1）出让营业。常有出让营业，受让人承担以前旧业主因营业而结欠一切债务之情事。根据第一种债的观念，如法国法，如有出让营业情事，除非两造当事人特别声明，受让人接受营业后，绝不承担丝毫债务。在法国，普通一种营业，不成一个独立的总体，包含存欠债账，而与业主其他部分财产不相关联[1]。故营业之转让，自可不必及于其债务。但若受让人声明承担以前营业上之债务，此声明之条款，当作何解释？或者此条款仅表示受让人给助出让人清偿，于是仅对出让人发生效力；或则此条款于第三者发生效力，而与债权人以追及权，追索承担人为债之给付。惟此间又可有区别；或承担人与债务人同时向债权人负责，或从此仅承担人负责，债务人于债权人解除以前一切关系。在不承认债务移转诸法律（如法国法）看来，此条款只能作第一解，于第三者不发生效力。欲取第二解，即欲其于第三者发生效力，除非谓此条款即指更易新约。但更易新约之效果，债务人从此不对债权人负债，一切由承担人担负，而两人同时向债权人负债，当为不可能矣。且更易新约为一种极不圆满的债务移转方式，倔强而无伸缩性，已如上述，于此不赘。

根据第二种债的观念，营业上之债务移转，绝对不生理论上之困难。再则在实际上，使受让人同时或单独接承向债权人负清偿之责，乃巩固第三者之债权。若不然，营业转让，债务仍归出让人，第三者之债权，即失其最重要之担保；行见第三者各具戒心，不轻易放债，致信用流通阻滞，而为害于工商业之发展。故德国商法之规定，其第二十五条大致谓：凡本原来商号，继续他人之营业者，负担清偿以前因营业而发生之一切债务。受让人继续营业，而不假原来商号者，于以前债务不负清偿责任，除非有特别约定，并已

---

[1] "关联"原文作"连关"，现据今日通常用法改正。——校勘者注。

发通告在案，在此约定中，两造可假债务移转方式，在不损害债权人权利范围内，随便伸缩其效果，第二十六条并谓：在债务移转后，债权人在五年内不向原债务人追索，其请求权因时效而消灭（参阅中国新民法第三〇五及三〇六条）。

（2）联接运输。货物联运，亦债务移转实际适用之一端。常有运送货物，须数运送人相继为运送，而发生迟延遗失或损毁等情由，在法国，法院常责令最后运送人、根据托运人与原运送人所订运输契约，赔偿损失。不问受赔偿者为托运人抑为收货人，总之，最后运送人绝未与托运人或收货人订立契约，不发生任何关系。并且法国法不承认债务移转，即不承认最后运送人可承担原运送人所结下之债务。今令其负契约上之责任，试问法院何以自解。有一部分学者如李鸿冈（Ch. Lyon‑Caen）等，囿于法国法律观念，不能赞同此种判决，主张原运送人，须负全部运输责任，苟有迟延遗失损害等情事，由其担负赔偿。在实际上，此主张失于公允。普通货物运输，托运人交货后，即不置问其他，而收货人与原来运送人，相隔辽远，请求赔偿，极为不便，而一方则又须给付全部运费予最后运送人，违背正义，自不待言，故另有一部分学者，维护此项判决，并立解云：在订立运输契约时，托运人约定运送人向收货人为债之履行，即法国法中之"为第三人约定"（Stipulation pour autrui）是也。以后原运送人将货交给另一运送人转运，亦约定后来运送人，向收货人为债之履行。故关于由此运输契约所发生一切问题，收货人得根据"为第三人约定"所发生效力，不但得向原运送人，并得向最后运送人主张其债权。故虽法律不承认债务移转，但可假"为第三人约定"之方式而达到移转之目的。惟有缺憾焉，若运送人有多人时（假定原运送人为甲，最后运送人为丁，中间又经乙丙运送），则收货人不但对甲对乙可行使其起诉权，对乙对丙亦然，实增无谓烦恼。查历来法国判例，从未承认收货人对乙丙有此权，然则此项判例不能以"为第三人约定"之制度解释之，极为明显。其实法院为应付实际之需要，已无意中采纳债务移转之观念。在甲将货交乙运送时，为不完全之债务移转（Cession imparfaite），甲并未因移转而解除其义务，于债权人仍旧负责；以后乙交丙，丙交丁，均为完全之债务移转（Cession parfaite），即乙丙于移转后即免卸其契约上之责任，结果收货人仅于甲丁有起诉追求权。

（3）出让租约。出让租约（Cession de bail）亦然，承租人向房主租赁，定期相当年限，在年限未终止时，原承租人可将租约让与他人，如此接三连四，可有数番之让与。依据"为第三人约定"之说，房主对所有承租人有追索租金之权。事实上，中间接租人以租约已让出，对房主已无行使其债权之可能，而对房主之债务，犹须负担清偿，实失允当，故法院仅准房主向原承租人及最后接租人追索租金，或请求履行其他债务。此又证明法院以环境之需要，在无意中承认债务移转。

（乙）片面意思束缚

片面意思束缚，法文为 Engagement unilateral de volonte，凡一人表示其意思，不待另一人之接受，即受所表示之意思之拘束是也。在罗马法初期订约，用口头问答方式（Spondesne Spondeo），须两当事人亲身在场对话，始生债的关系，绝无片面意思束缚之谓，以后法律因时境而演化，虽已无上述之严格性，但债非有两人同意不能发生之原则，始终未变。非但两人同意，其同意须取一定形式（即今之要式契约）。苟两人随便约定，此约不发生债的关系（Nude pactio obligationem non parit），债权人对债务人无起诉权（Ex nudopacto actio non）。今如有人单独表示其意思，谓有能作某事觅得某物者，予以某种报酬，以后有人满足上述条件，是否即可向悬赏人追求赏格否？若谓其起诉权根据于契约，则此契约既未取得一定形式，即不能得到法律之承认。悬赏人对应赏人，在原则上仅有道德上之义务而已。但亦有少数例外：如对神许愿，向城许作某事。

法国法以债为两人间的关系，故若无两个意思归合一致，即不发生债，单纯一方面的意思，无拘束效力。波蒂埃在其"买卖论"中，有如下之论述："La pollicitatio, aux termes du pur droit naturel, ne produit aucune obligation proprement dite et celui qui a fait cette promesse peuts'en dedire tant que cette promesse n'a pas ete acceptée par celui a qui elle a ete faite, car il ne peut y avoir d'obligation sans un droit qu'acquiert la personne envers qui elle est contractée contre la personne obligee." 单纯一方面的意思，依照自然法讲来，不发生真正所谓债者。预约人在其认定的对方未接受预约前，可打消其预约。债乃为某一人缔结，以对抗债务人。若犹无人得到由预约所产生之权利，即不能有债的发生。在此种债的观念中，即不能有片面的意思束缚。

德国法则不然，债之发生，不必即须确定债权人，债务人尽可受其单独意思表示的束缚。

（1）通告悬赏。通告悬赏，为片面意思束缚实际上之应用。法国法不承认其能发生债的关系，欲悬赏通告发生拘束效力，在原则上，须有人表示愿意接受该通告。法国法既不限定契约须具要式，此接受已使两个意思归趋一致，而成契约。债的发生，固仍不可谓为由于片面之通告也。德国法于通告悬赏，在民法第六五七条以下有规定，苟有失物悬赏情事，某人将物寻得归还原主，即使其事前不知有赏，于是初并无意于接受之，悬赏者对之仍须践行义务，不得食言，其债务之发生，在其出示悬赏之时，并不在应赏人接受之日。再则在此点上，片面的意思束缚，与契约中的要约不同。单独要约，固亦发生相当拘束效力，但债之发生须待对方接受。关于契约中的要约问题，涉及意思学说及意思表示学说之争，值得专篇研究，请待他日。

（2）财团。片面意思束缚，在事实上之适用，尚有捐助基金一端。时有人立遗嘱，谓愿将一部分遗产捐助某种公共事业之用（慈善事业，文化事业等等）。若其指定已存在之某公共事业机关，则此遗赠之举，不生以下所欲讨论的问题，然立遗嘱者，时有以一定之财产，为捐助创始某种事业之用。故在遗嘱发生效力时，尚无该种事业之合法机关，换言之，接受此项财产之受遗赠人，尚未产生。在法国法看来，是乃一种片面的意思束缚，遗赠不能发生效力。即使以后该项事业已成立机关，而为法人，亦无权追受此遗赠。故遗赠成立要件，在其发生效力时，须已有特定受遗赠人；即权利主体，须已有法律上的生存。德国法适其反。继承开始时，即使受遗赠之机关，尚未正式成立，遗赠不能即谓无效。以后正式成立，即可请求此项财产之给付。盖片面的意思，已有束缚立遗嘱人（及其承继人）之效力。再则德国法视捐助财产为独立的法人，此项财产之特定用度，及事业之特种宗旨，已使其有一种独立的法律生命。故在遗赠人表示意思时，不但即发生给付基金之义务，并即产生一法律上的生命，有接受遗赠之能力（参阅中国新民法第六十条）。

（丙）无记名证券

上述两种债的观念，在实际上所发生不同的影响，观乎无记名证券，更为显明。顾名思义，无记名证券为一种证券，不记持有人之姓名，可以随手转让。有向发行人提示此券者，发行人当不问持有人为谁，即有为给付之义务。假定一无记名证券，数番转让，原来，中间，及最后持有人与发行人相互间，究成何种法律关系？根据第一种债的观念，除两个意思合致外，债无发生之可能，则由无记名证券而能发生债的关系者，必因于发行人与原持有人间之契约，后来持有人之债权，乃承受原持有人之债权而来。每次证券换手，而有一次债权之移转。普通债权让与之效果是：关于债之原有一切对抗让与人之事由，债务人（即发行人）得以之对抗受让人。譬如发行人发券予原持有人，实受其欺诈，以后另一持有人提示此券请其给付，发行人得以欺诈事由对抗之，而拒绝给付。换言之，持有人于发行人所得主张之债权，完全凭靠让与人原有债权，若让与人之债权无效或犯撤销之原因，则持有人之债权，亦随而为无效或须撤销。结果得券人势必事先慎重调查当时发行人发券予原持有人时之情形，并检讨每次证券转让时手续是否合法，事实上此举绝不可能，证券曾经某人之手，非其所可得而知，盖随手转让，不留痕迹，再则证券亦必因之失其流通性，并失其辅助信用发展之道。

故欲维持无记名证券，以为发展信用之道，必须免去上述弊端，使持有人之债权为独立的，与发行人之关系为直接的。回顾以往历史，前人已知用无记名证券，并觉有免去上述不便之需要。古时法律，原则上不许令人代表涉讼，故债权人除亲身追逼债务人外，不能由他人代劳，但不无例外。实际上，遂有发明种种条款，如付款予持有人，或付款与某人或持有人，用处在其有委任契约之价值。因之持有人在法律所准许之例外的范围以内，得持券代债权人追索债务。但此委任乃属 Pocuratio in rem suam（并见上），即受任人获债之清偿后，即可留为己有，不必交代予委任人。债务人并无权证明持有人得券来历之不明，或手续之不合法，见券即得给付。从最后一点看来，可知持有人之权，已成独立，而与原债权人之债权不相关涉。此种习惯，在中世纪时已极通行，迄乎近代，无记名证券之用度益广。公司股票，债券，定期金，公债票等，屡有取无记名证券之形式者，免去上述不便，于今当更为迫切而必需。

今观采取第一种债的观念之法国法，何以措置。所决无改变可能者，即债之发生，必由于发行人及原持有人间在发券时之意思合致。故以后持有人之债权，其性质其效力，悉根据原债而来。但欲免除上述缺点，故即谓在原先订约时，当假定即有附属默约一款，据此条款，若发行人于原持有人有对抗之事由，承认对于最后持有人，放弃其对抗之权利，但此种假定，极为勉强，盖当事人间绝无此种意思。再则此默认放弃，不能发生十分圆满之效果。若原契约具有瑕疵，成立撤销之原因（如承诺有瑕疵，约因缺乏，或约因不法等等），则附属之放弃条款，亦必犯同样撤销之原因。债务人（即发行人）

理当可以之对抗最后持有人。然则默认放弃制度，发生效果极微，究未能尽除缺憾。总之，若由第一种债的观念出发，以解释无记名证券之法律性质，不论其如何曲解诡辩，究不能使其发生切于实需之效力。

转而观德国法，债之发生，不必须当时即确定债权人，两个意思合致，在发行人签发证券时，已受其片面意思表示之束缚。债已存在，而有价值，日后有提示此券向发行人请求给付时，发行人始得其确定之债权人。然则发行人与持有人间之关系为直接的。发行人之债务，直接根据于证券内所记载之内容（参阅中国新民法第七一九条）。其结果，若债有担保证券上明白言之者，则不问证券经若干次之转让，持有人有享受此担保之权利。持有人并毋须顾虑发券时及让券时之情形，手续是否合法。是债既发生于发行人与持有人间之直接关系，则即使发行人于原持有人有任何对抗之事由，不能以之对抗持有人。

由此推论，如有一已填写签字之证券，尚未发出，而为人偷盗，流通于市上，以后持有人向签券人提示请付，签券人亦必须给付，当不能以偷盗事由对抗之矣。关于此点，颇有争论。依照意大利法律，证券发生效力，必在发行人自愿发出之时，而不在证券填写签竣之际，此种规定于第三者极为不利。第三者得券后，无从检查此券乃由发行人自愿发出者，抑为偷盗而流行者。故德国法为愿全第三者并市面上信用起见，主张另一说，即证券签写后，债即成立，而发生效力。德民法第七九四条云：无记名证券发行人，即使证券因遗失被盗或其他非因自己之意愿而流通者，仍担负由证券所发生之债务。同条第二段并谓：即使证券之发行，在发行人死亡或丧失能力后，亦不失其效力（参阅中国新民法七二一条）。义国学者渐有采纳此说之倾向。

尤其在近代经济状况下，无记名证券之发行，每次一张，而授予一特定持有人者绝少。公司之股票，债券，或政府之公债票，辄大批发行。公司政府绝无于发行时与某人订结契约之意思，其意思在销售是项证券，并承认有提示证券时，给付其券上明订债务。故在制造证券时，发行人已为其片面意思表示所束缚，并已处分其一部分之财产。以后由任何人处分用益，于此部分财产之价值，不生影响。最后持有人，可直接根据证券之内容，向发行人主张其债权，不受因已往持有人所发生之事由之影响。其权利为独立的，直接的。

三、结论

两种债的观念，在实际上所发生不同的影响，有如上述。第一种债的观念，不适乎近代经济情形，亦甚显然。在拿破仑制法时，一方面罗马法影响极大，个人及自由两主义极昌盛，一方面工商业情形，未臻今日之大观。财产以不动产为重，动产价值极微（Res mobilis res vilis），遑论债权。故制法者，因袭罗马法之观念后，闭屋思索，只求其演绎井然，论理无疵，毋须顾虑其他。及十九世纪末叶，德国制民法时，经济状况已经大变，加以德国工商营发展猛进，生产加烈，运输益便，市面极需信用发达。故立法者第一须顾到第三者之安全，第二须使第三者对于在其自身以外所发生之债，能有接承之便利，是即与债以新的销场。其采取第二种债的观念，适以达到上述目的，而应环境之需要。

四、附录——中国新民法中之债的观念

反观吾国新民法，制法得宜。关于债之移转，不分债权债务，债务承担，规定在第三〇〇至第三〇六条中。

第三百条云：第三人与债权人订立契约，承担债务人之债务者，其债务于契约成立时，移转于该第三人。

第三〇一条云：第三人与债务人订立契约，承担其债务者，非经债权人承认，对于债权人不生效力。

第三〇三条云：债务人因其法律关系所得对抗债权人之事由，承担人亦得以之对抗债权。……

第三〇四条云：从属于债权之权利，不因债务之承担，而妨碍其存在。……

关于债务承担实际之适用，如营业出让，受让人承担出让人营业上之债务，则有第三〇五及第三〇六条规定。

第三〇五条云：就他人之财产或营业，概括承受其资产及负债者，因对于债权人为承受之通知或公告，而生承担债务之效力。……

第三〇六条云：一营业与他营业合并，而互相承受其资产及负债者，与前条之概括承受同。其合并之新营业，对于各营业之债务，负其责任。

至于货物运送，第六三七条规定，数运送人，对于运送物之丧失毁损或

迟到，负连带责任。

片面的意思束缚，如悬赏，新民法并无专条规定。但新民法于法律行为，采取意思表示学说（Theorie de la declaration de volonte）（乃为意思学说 Therie de la volonte 之反）。一人单方表示意思，其意思之表示，即有拘束表意人之效力，不必当时有特定债权人，然后发生出债来。此不啻间按承认悬赏为法律上独立的一种债的泉源。关于财团，民法第六十条云：设立财团者，应订立捐助章程，但以遗嘱捐助者不在此限。从末句推论，遗嘱捐助，即使捐助章程在继承开始时尚未订立，即尚未有合法受益机关成立，亦不失其效力，盖与德国法相近。

无记名证券，规定于新民法第七一九至七二八条中。

第七一九条云：称无记名证券者，谓持有人对于发行人，得请求其依所记载之内容为给付之证券。

第七二一条云：无记名证券发行人，其证券虽因遗失被盗或其他非因自己之意思而流通者，对于善意持有人，仍应负责。

无记名证券，不因发行在发行人死亡或丧失能力后，失其效力。

第七二二条云：无记名证券发行人，仅得以本于证券之无效：证券之内容，或其与持有人间之法律关系所得对抗持有人之事由，对抗持有人。

反而言之，发行人不能以对抗原持有人之事由，对抗最后持有人。

归纳上述数条，可见新民法乃采纳第二种债的观念，以债之精要不在乎两人间之关系，而在其财产上的价值。虽今日中国实业不如他国之发达，穷乡僻壤，尚不能比法国一八〇四年时经济情形，但日后工商业猛进发展，乃可断言绝无问题。且中国今日诸通都大邑，工厂林立，商务繁盛，交通亦便，上举数条，已日见应用，不但调剂实际上之利益，且更有促助实业发长之可能也。

一九三三年五月于巴黎

参考书

Aubry et Eau：Cours de Droit Civil français.

Colin et Capitant：Cours Elémentaire de Droit Civil français.

Fliniaux: Cours de Droit Romain—La Partie des Obligations.

Gaudemet: Le Transport de Dettes a Titre Particulier.

Girard: Manuel Elémentaire de Droit Romain.

Lacour et Bouteron: Précis de Droit Commercial.

Lerebourg——Pigeonniere —La Contribution Essentielle de R. Saleilles a la Théorie Generale de.

L'obligation et a la Theorie de la Déclaration de Volonté.

Levy——Ullmann: Cours de Droit Civil Approfondi 1927 ~ 1928.

Saleilles: Etude Sur Ja Theorie Generale de L'obligation.

—De la Cession le dettes, Annales de Dorit Commercial, 1890.

Planiol: Traite Elémentaire de Droit Civil Revue Par Ripert.

Pothier: Oeuvres de Pothier, Edition Bugnet.

约定违约金之比较研究[*]

——法德瑞英法律中之违约金，及中国民法之规定

张企泰

甲、绪言

约定违约金，乃两方以契约规定之给付（普通为一定之金钱数额），附属于一正债；在债务人不履行债务，或不适当履行时，债权人得请求之。在欧洲，违约金之引用，时见于工厂规则，公家办货例，私人购办契约，运输契约，保险契约，及禁止营业竞争约定之中。其名称在法称 Clause Penale，在德称 Vertragsstrafe，在瑞称 Konventionalstrafe。其在各国民典债编中所占位置，亦不一致。法国法（民典第一二二六至一二三三条）及瑞士法（联邦债典第一六〇至一六三条）置之于债之变别（Varietes des obligations）一节中，与选择的债，及条件的债并论。[1]德国法（第三三六至三四五条）则置之于债之效力一节中，在规定契约之效力时涉及之。[2]吾人以为违约金之附款，旨在逼迫债务人履行其债务，实于正债本身不发生丝毫影响。反之，在条件的债中，在条件未发生时，或债尚未成立（Condition suspensive, aufschiebende Bedingung），或债虽成立，而效力未稳固（Condition resolutoire 德之 Auflosende Bedingung 异于是）；在选择的债中，或债之标的，在债务人履行债务选择时始确定，（Obligation alternative Wahlschuld），或债之标的，先已确定，然债务人仍可以他物或他事为给付，以完行其债务（Obligation facultative, Schuld mit alternativer Ermachtigung），显见债务本身，已发生变动，违约金条款，未克与

---

[*] 本文原刊于《中国法学杂志》（第 5 卷）1934 年第 4 期。

[1] 义法债典草案亦然，规定于第一六五至第一七〇条中。

[2] 本国新民法典亦然，见债编第三节第四款第二五〇至第二五三条。

彼等列为同畴。所以德国法以违约金归入于契约效力中，实较合理。

约定违约金名称，在各国字义中，咸包含惩罚之义，究竟违约金确是一种罚金，或是一种变相的损害赔偿金，各国法律主张不同。即在各国内部，意见亦不一致。法似乎采取赔偿之说，第一二二九条规定："违约金是赔偿债权人因正债不履行所受之损害。"[1]学者亦多谓违约金乃代替法院裁断之损害赔偿金，故发生之条件，亦与赔偿金发生之条件相埒。然而关于违约金，债权人因债务人违约，受到损害与否，毋须证明。即使债权人未受丝毫损害，若他种条件具备，债务人仍得给付违约金。此在损害赔偿，实不然也。

德国法似乎采取罚金之说，法典条规中并不明示。施都定格（Staudinger）称谓："违约金是真正的惩罚，是对于犯法行为一种确定的不利处分。此固于公家惩罚有不同处。在此乃为债权人私人利益着想，此为私人惩罚。但其为惩罚也，则一，决非损害赔偿。"故即使债权人并不蒙受丝毫损害，苟他种条件具备，债务人仍须为违约金之给付。他如博浪克（Planck）艾纳瑟鲁斯[2]（Enneccerus）均同此说。惟欧特曼[3]（Oertmann）主持异议，谓法律规定，债权人请求违约金，即不能再请求正债之给付，可见有意以违约金代替正债之给付，或损害赔偿之请求（见德民典第三四〇条）。若违约金固为一种罚金，则其请求决无阻碍债权人同时请求赔偿之可能，且如违约金额过高，法院得酌量情形减低至适当程度，益见罚金学说不当（此点欧氏有误说详下文）。

若夫瑞士债典起草时，于此点亦曾发生争执。或主张违约金作罚金解，或主张作赔偿金解。亦有主张或此或彼，同时有主张亦此亦彼者。结果以无法解决，置之阙疑，故法典对此无明确定义。虽然，债典第一六一条第一项谓："即使债权人并不蒙受损害，违约金仍可发生。"[4]可窥见其侧重于罚金之解释，冯·图尔[5]（Von Tuhr）亦称违约金乃加于正债的附属允许，为制裁之用。[6]其在判例亦然。虽谓违约金代表债权人对于债务给付所具利益，

---

〔1〕 法义债典草案第一六六条亦云：la clause pénale constitue la réparation des dommages que le créancier souffre de P inéxécution de P obligation。

〔2〕 "艾纳瑟鲁斯"原文作"爱内塞罗司"，现据今日通常用法改正。——校勘者注。

〔3〕 "欧特曼"原文作"欧德曼"，现据今日通常用法改正。——校勘者注。

〔4〕 Die Konventionalstrafe ist verfallen, auch wenn dem Glaubiger kein Schaden erwachsen ist.

〔5〕 "冯·图尔"原文作"杜尔氏"，现据今日通常用法改正，下同。——校勘者注。

〔6〕 冯·图尔为德人，所著"德民典总则编"，极着盛名。于瑞士法亦深有研究，着有"瑞士债法"（Schweizerisches Obligationenrecht）一书。

但此与因债务不履行而发生之损害，不必关涉。

关于英国法中违约金，另节论之。

对于约定违约金之法律性质，意见固分歧若是矣，对于其功用，则异口同声。功用不外乎有二：

一、以威胁债务人完行其债务，不然当与以不利。尤其债务之不履行仅能发生非物质之损害，则在德国（见第二五三条。法则承认有非物质的损害赔偿 Dommages – ints moraux）普通不能请求赔偿。违约金之条款，亦所以补此缺憾也。

二、以省免债权人损害举证的烦杂手续。

可见违约金，要之为债权人之便利而设。

约定违约金极易与其他相似族类混杂。宜先辨别。

一、独立违约金条款——缺乏正债，或其债之给付无强制执行之可能，比如不准高声噪闹，不准出席某种会议。此种违约金，且可以用以制裁道义的债（Obligations naturelles），但以不违背强制法规，及不抵触善良风俗为限。此固非真正违约金，但在德法院亦可以该金额数过高，而行其削减权。

二、弃权条款——比如某甲遭遇火灾，向保险公司有意误报损失数额。保险公司一经查明，可以保险单上弃权条款对抗之，剥夺某甲所应得赔偿之权利。其与违约金条款不同处，在债务人不履行或不适当履行其债务时，即损失其发生于同一契约应有之权利；而非对于对方负欠新债，如违约金。简言之，在弃权条款，对方仅剥夺违约人所应有之权利。在违约金条款，则对方另外获得一新权利。

三、定金——数额比之违约金为微细，目的功用亦较狭窄。再违约金仅是一种允许，而定金在订约时已先给付。

四、退约金——规定一方援用解除契约权利，当给付对方一定金额。而在违约金，则其发生并不消灭正约之继续存在。

五、保证过去行为——比如买卖，两方言明若买者所购货物，一经后来查明，其品质绝非卖者当时所举说者，则卖者当给付若干罚金。此乃为过去行为作保证，缺乏违约金威胁之功效。

乙、违约金成立之条件

今请缕析约定违约金，以明其成立之条件，及其效力。先述前者。成立之条件为：

一、违约金须有正债——约定违约金乃是附属的条款，其产生悉凭于正债之成立。若正债无效，或可撤销，则违约金条款同此运命。在此一点上，各国法律，并无歧义。

（a）正债缺乏一定方式，而依法律条规，此方式为必须者。比如本国民法第七三○条，规定终身定期金契约之订立，应以书面为之。若仅口头约定，则依照原条及第七十三条，契约为无效，所附违约金条款亦随之无效。

（b）正债抵触法律强制条款者。如以契约加长或减短时效期间，或预先抛弃时效之利益，则依本国法第一四七条及第七十一条（盖时效期间为法律强制规定），契约为无效。

（c）正债抵触公共秩序或善良风俗卷。如约定一方须允承与对方结婚，或戏院雇用捧场喝彩者之约定，依本国法第七十二条，均归无效。

（d）正债标的不能给付者。比如一方以其灵性售于对方，依本国法第二四六条，此契约为无效。

（e）正债犯撤销之原因者。比如有错误、诈欺或胁迫等情事，则照本国法第八十八及第九十二条，可以请求撤销契约，违约金随之撤销。

违约金即随正债而来，故若正债因清偿、抵销、免除或混同而消灭，违约金亦随之消灭。

正债是否必须契约的，或亦可法定的，此一问题，各种著作中，极少见有讨论。在德国法中，欧特曼曾提到谓：正债不必契约的，亦可以法定的，或有关乎侵权行为的。关于瑞士法，杜尔谓：违约金亦可用以制裁因法定条款而产生之请求权，例如因不当得利所发生之请求权，因侵权行为所发生之损害赔偿金请求权。拙见以为此问题，与另一问题相关联。即当事人是否可违弃法定条款，而本自己意思，订立契约。约定违约金，其功用固在威胁债务人履约，然一方亦限定正债之效力。盖正债不履行，债权人追索违约金，仅能得约中已定数额。故答解原题，正债可以法定的，惟以法律准许当事人放弃法定条款为限。但在何种情形中法律准许，非此间所宜论及。兹举瑞士联邦债典第十九条，以明梗概。该条第二项曰："当事人不依法定条例，而本自己意思缔约，以该条例不属于严格的条规，并以不抵触公共秩序，善良风俗，及人格的权利为限。"

二、违约金内容——普通为金钱，故本国法称为违约金。但亦可以包括他事他物。从另一方面者，违约金又可分积极消极两种。积极的，比如给付财物，或作一事。消极的，如不作为。在法，此两种违约金内容，都能成立。在德只承认积极的。民典第三四二条所用 Leistung 一字，应指积极的给付而言。施都定格诠释，谓惩罚须属一种财产的给付，且须是正债旁分外的财产的给付。故若债务人承允不为某种工作，或债务人承允不向债权人追求发生于同一契约所当得之权利，则均属消极的，不能作为违约金。后者乃更是上所指述之弃权条款。

在瑞士亦然。债典起草时，有提议于违约金内容加于相当解释，曰：Ubernahme einer Rechtsnachteil "承受一种法律的不利"，故比积极给付之范围为广。终于未被采纳。图尔诠解瑞法，谓违约金为附加于正债新的债务，或正债加重。此外债务人所受他种不利，不能谓为违约金。比如债权人权利放弃或削减（卖价或酬金等），债务人债务给付期限之提早，债权人解除契约等。凡此种种，均属消极的。

虽然，在德在瑞，法院判决，亦有持异议者。在德曾有某石商承允，若交货误时，每迟延一星期，对方即可在所欠石价账上，折扣五百马克。法院以为违约金。在瑞士曾有某牛奶厂，承允如违约，尽丧失其已交送之牛奶。法院亦以为违约金。颇受学者方面之批评。

丙、违约金之效力

约定违约金之效力，可分三点述论：

一、效力发生之条件——违约金乃占据损害赔偿金之位置（此并非即言违约金具赔偿金之性质），故其效力发生之条件，与赔偿金效力发生之条件，有相似处。

（a）迟延——在此点上，法与德瑞法律有不同处。在法，若债务人不履行债务，不问其债务之履行，是否定有确切期限，债权人须与以催告。债务人自受催告时起，始负迟延责任。特别关于违约金者，见第一二三〇条谓："违约金之发生，不问正债之履行已确定期限与否，自催告之日起。"

至于德瑞法律，若债务人不履行债务，如其债务之履行，在约中已订明确切日期，则一过期限，债务人即负迟延责任（Dies interpeiiate pro homine），并毋须经债权人之催告。[1]在瑞士曾有某商人，向某工厂借有装制啤酒之瓶，规定六星期间归还，违约金为一万法郎。法院判谓毋须债权人催告。

此一点不同，并非特别于违约金为然。普通损害赔偿金之发生，其条件在法与在德瑞，已若斯相异矣。

债务仅给付一部分者，债权人得拒绝之，与违约或迟延同论。

（b）过失——此点又须分两层论。若正债为积极的给付，如作某事予某物，则违约金之发生，须债务人之违约，因缘于自己过失。若债务之不履行，其因由不能归责于债务人者，如因于债权人之事由，或因不可抗力，则正债消灭，债务人不负给付违约金之义务。在此点上，三国法律，可说一致。

若正债为消极的，即不作为，则债务人违约是否亦须因于自己过失？在法则然。依照普通法，须债务人自己有过失，始于债务不履行负责。

在德则否。民典第三三九条云："若正债系不作为，则违约金即因作犯而发生。"[2]在德民典草案中，关于此层亦云：违约金仅因债务不履行即发生。所以债务不履行与否，其评断标准，系客观的，机械的，并毋庸顾虑债务人犯过与否。一向学者，均同此见。故一九〇二年有某甲将某处地产出让与波兰人，该地产前所有人，因曾与某甲立约，言明以后出让仅能与一德人，故向之追索违约金。法院并不审酌某甲有过与否，判其给付。惟施都定格表示异议，以谓债务人承允违约金，乃为给予债权人一胁迫债务履行之工具，而并无有加重自己责任之意思。假使依照普通法，债务人犯过负责任，则在普通情形中，其缔结违约金条款，决不谓即对于非归责于自己之因由而致违约，亦负责任。普通，债务人并不于因不可抗力而致给付不能之事负责，即其例证。所以施氏结论，正债之不履行，其因由不能归责于债务人者，债务人无给付违约金之义务。傅浪克之主张，以后亦以债务不履行客观的评论为不允当。

于是其他拥护傅统主张诸氏，或谓违约金之发生至少债务人须有负责之能力，或谓债务人之违约须是有意识的。种种限制，结果与原来主张，愈离愈远。

---

[1] 见本国民法第二二九条。

[2] Besteht die geschuldete Leistung in einem Unterlassen, so tritt die Verwirkung mit der Zuwiderhand-lungein.

法院固执旧说。一九二七年某案,犹若是判决。谓正债系不作为,则违约金之发生,与债务人过失无关。若债务人对此原则之适用有所争辩,则必须证明当时两造缔约有反乎此意之意思。

瑞士法第一六三条规定:"若正债给付不能,其因由不能归责于债务人者,债权人不能请求违约金。"显然表示债务人须有过失,不分正债之内容,积极的抑或消极的。然一部分学者,受德国法影响,主张相反,未获大众采纳。

(c)损害——此点在损害赔偿为必要,在违约金不成为条件。违约金之功用,本所以省免债权人之损害证明。故瑞士债典第一六一条谓:"即使债权人未蒙损失,违约金亦得发生。"

法德民典,虽无明文规定,然均同此说毫无疑义。

二、违约金发生后债权人之选择——债务人在迟延中,违约金即可发生效力。惟债权人尚可选择正债之履行或请求违约金。但在债务人方面,不能主张给付违约金,以消免其债务。不然附有违约金条款之债,将与选择的债,无所区别矣。此处又得分两点论:债务不履行或一部分不履行。

(a)不履行或不适当履行——比如某营造公司,允某甲承造戏院一所,言明如有违约情事,允给付若干违约金。此乃指不履行而言。又某公司出售某甲汽车一辆,言明如公司不在某日某地交货,负给付违约金之义务。此乃指不适当履行而言。至于正债内容为不作为,比如某工厂技师,允该工厂,如将来退职,在若干年限内,不入类似之工厂中服务,或不创办类似之工厂,与该厂竞争营业,则若违约金数额巨大,抵过债权人对于全部不作为所具利益,则当视为制裁不履行;若数额微细,抵过债权人仅对于一次不作为所具利益,则当视为制裁不适当履行。

在实际,若当事人不明白言定,则违约金条款为制裁债务之不履行或不适当履行,有时极难断定。此问题,须根据普通法律解释原则解决。再违约金制此裁彼,法律效果,各有不同。故该问题未能漠然视之。

在违约金发生之后,债权人可以选择。若其声明请求违约金,则同时即不能再请求债务之履行。在此点上,三国法律,一无分别。

反之,若债权人请求债务履行,债务人允许履行,则债权人不能再请求违约金,其理至明。若债务人依旧迟延,则债权人不因其在先请求履约,即失其违约金之请求权。

但在不适当履行情形中,债权人可同时请求违约金与债务履行。比如上述汽车交易一例，约定违约金乃制裁公司不准时准地交货，或补偿某甲对债务准确履行所具利益。故公司过期尚未交货，债权人在请求违约金外，得同时请求正债履行。又比如在禁止营业竞争中，苟违约金数额不高，仅制裁每一次之违约，则显系指不适当履行而言。债权人除请求违约金外，并得请求债务人不再竞争，奉行契约。

法民法第一二二九条第二项谓："债权人不能同时请求正债与违约金，除非违约金专为不准期履行而约定者。"[1]德国法第三四〇条谓："若债权人向债务人声明请求违约金，则绝不能再请求履行债务。"第三四一条第一项谓："若债务人因不适当履行债务，尤其不准约定日期，而允给违约金者，则债权人在请求履约外，得同时请求已发生之违约金。"[2]瑞士债典第一六〇条亦云："债权人只能请求两者之一。惟在不适当履行情形中，则可兼而请求之。"[3]

但在不适当履行情形中，比如债务人逾期交货，债权人欲请求违约金，依德瑞两法规定（见德民典第二四一条第三项瑞债典第一六〇条第二项），须（一）拒绝接受债务人正债之给付，或（二）接受给付时，声明保留违约金请求权。此层在法国民典无明文规定，但不致有异议。

（b）一部分不履行——一部分不履行，在普通法中，即作全部不履行解，违约金即可发生效力。若债权人先前曾接受一部分，并不即因之丧失其违约金请求权。若其后来觉得此一部分给付于其为无利，可退回债务人，而另请求违约金之给付。此在各国法中，并无异处。若债权人受纳一部分债之给付，仍可因另一部分之不履行，而请求违约金。然法院可斟酌情形，减低原来额数，此点后再论及。

三、违约金数额之过高与不足——违约金由两方当事人在订约时确定数额，至将来债务不履行，违约金发生时，在债务人方面看来，或觉过高，在债权人看来，或感觉不足。在原则上讲，两当事人不能再有争执，向法院请求增减。故法国法第一一五二条谓："若当事人约定一方有不履行债务者，给

---

〔1〕 Il（lecréaneier）ne peut demander en même temps le principal et la peine à moins qu'Elle n'ait été stipulée pour le simple retard 法义债典草案第一六六条第二项，亦同样规定。

〔2〕 Erklärt der Glaubiger dem Schuldner, dass er die Strafe verlange, so ist der Anspruch auf Erfullung ausges chlossen.

〔3〕 见本国法第二五〇条第二项，包含同样规定。

付若干金钱，作为赔偿，则法院不能判令给与对方高于或低于约定之数额。"其事先确定数额，本所以免后来周折也。但事不尽然。

（a）数额过低——若债权人请求增加，在法院以民法第一一五二条（见上）之规定，决不与以承认。德瑞法中均规定，若违约金数额过高，法院可酌量灭低之。于是即有推论，谓若数额过低，法院当然亦可增添之。此乃谬论。德瑞法中减低数额之条款，乃为保护弱者而设。若亦允法院增添，适以己之矛，攻己之盾也。

然则债权人是否可假请求赔偿金之一道，以补违约金之不足，法与德瑞各有不同（此点本国法无规定）。

在法则否。第一一五二条规定明确，法院不能增减约定远约金。再法既以违约金具损害赔偿金性质，则两方确定数额后，依民法第一一三四条（合法缔结之约定，作为两方当事人间之法律），须恪守无违，不能另外再有所谓损害赔偿矣。四年前，法国某银行控诉某甲，缘某甲从前与该银行约定，在退职后五年间，不在该银行周围四十公里内之另一银行服务，如有违约情事，允给付一万二千法郎。今某甲破约，该银行除请求违约金一万二千法郎外，并要求损害赔偿金五万法郎，为上诉院驳斥。

在德则然。民典第三四〇条明白规定。该条第二项曰："若债权人因债务不履行，行使损害赔偿请求权，则其请求违约金，可算作赔偿一部分损害。损害赔偿之请求权，不因违约金之请求而丧失。"[1]

此并可见德以违约金为近似罚金。惟其为罚金也，故非专所以补偿损害。若损害重大，自得在违约金上，再请求赔偿。再违约金之设，乃所以便利债权人，若在普通情形中，债权人可以请求损害赔偿，有违约金条款后，反而不能，于事理为不合。

虽然，债权人在违约金上再请求损害赔偿，须证明债务人有过失，并所受损害超过远约金之数额。比如上举盖造戏院一例，假定违约金为万元，若某甲能证明兹营造公司故意刁难违约，并证明自己损失超过万元（假定为万五千元），则某甲于请求万元违约金外，并可获得五千元赔偿金。

---

［1］　steht dem Glaubiger ein Anspruch auf Schadensersatz wegen Nichtûrf ullung zuT so kann er dio ver-wirkte Strafe als mindestbetrag des Schadens verlangen － Die Geltendmachung eines weiteren Sehadens ist nicht aus geschlossen.

但第三四二条规定，若违约金内容，并非为金钱，而为他种给付，则债权人不能再请求损害赔偿金。

在瑞亦然，债典第一六一条谓："若债权人所受损害，超过违约金额数，可以请求此超过数额。但须证明债务人确有过失。"[1]该典关于禁止营业竞争约定，特立专条。第三五九条第二项规定："若竞争禁止，由违约金制裁，雇员给付违约金后，照理即可不再受禁止条款之束缚。但若损害超越违约金数额，彼仍负赔偿责任。"

在不适当履行情形中，债权人得同时请求违约金与债务之履行。三国法律均然，上已述及。若债务履行已不可能，则可请求损害赔偿。在此处，债权人在请求违约金外，复得请求赔偿金，自属允当（见本国法第二百五十条第二项）。

若违约金数额不足，尚有一补救办法：即放弃违约金条款，而引用普通法。在法一九二二年，有某雇员与铺主约定，在五年期限中，不向另一类似商铺服务，以二万法郎违约金为制裁。已而该雇员违约，照约给付二万法郎，意为可以了事，解脱契约之束缚，而继续其职业，安知铺主不追求其违约金，依普通法损害赔偿原则起诉。实际上不同点，在铺主损失达五万法郎，若接受违约金，尚损失三万法郎。法院审酌之下，接受雇主请求，承认债权人可放弃违约金，而依普通法起诉。此在德瑞不成为问题，盖债权人接受违约金外，若证明损失超过其额数，尚可请求赔偿，固毋庸放弃也。

（b）数额过高——债务人请求减低，在法不准，在德瑞则可。此为法与德瑞关于违约金规定最大不同点。德民法典第三四三条用意在保护经济之弱者，此辈人力量不足，或又迫于生计，每与经济势力雄厚者订约，并无平等酌议之可言，俯首帖耳，唯命是听。于是为人作弄欺压，屡见不鲜。诚非社会安宁之现象。该条款在初时，即引人注意。法名法学家已故萨勒利斯[2]（B. Saleilles）曾谓："该条款在社会观点及法律学说观点，表现一新倾向，诚为德新民法中诸最重要条款之一，无疑义焉。"[3]当时自由主义学说昌盛，

---

[1] Ubersteigt der erlittene Schaden den Betrag der Strafe, so kann der Glaubiger aus Mehrbetrag nur so weit einfordern, aïs er ein Verschulden nachweist.

[2] "萨勒利斯"原文作"萨赖氏"，现据今日通常用法改正，下同。——校勘者注。

[3] Cette disposition est sans contredit P une des plus importantes du nouveau code civil allemand par la tendance qu'elle manifeste au point de vue social et au point de vue des conceptions juridiques.

而德立法诸氏，在创此款时，能独以社会为重，启发私法个人化（Individual-isation de la loi civile）之思想，在法学上实为一大贡献。

再观法国法律，个人主义，意味浓厚。两当事人订立契约，即成为该两人间之法律（第一一三四条第一项）。不问其对于全体社会发生何种影响，该当事人等，须奉行无渝，法院更无权主张更改。时有工厂规则，规定工人违此犯彼，应给付若干罚金，额数甚高，工人请求减低，而法院不可。厂主藉此图利，而工人沦于鱼肉。立法失于平允，大非社会安定之道。

再者德瑞法律，允准法官裁减违约金，并不能即谓其于违约金视同损害赔偿金（见上欧德曼关于违约金法律性质之论说）。法院之裁减，并不以债权人所受损害程度之深浅为标准。此点吾人观乎下文自明。反之德瑞法律关于违约金，有采取罚金说之意思。惟其为罚金也，换言之为刑罚之工具也，故与公共秩序有关，不能听让私人随便施用。瑞士一八八一年法典谓，法官"有权"裁减；而现行法则规定法官"必须"裁减（前法第一八二条 Le juge anèan – moins le droit de mitiger la peine qu'il trouverait Excessive. 现行法第一六三条 Le juge doit reduire les peines qu'il estine Excessives），可见此条规实具强制性质。至于德之第三四三条，亦属强制条款，私人不能有相反之约定。故法官若觉金额过高，必须裁减（见施都定格德民典释义）。而在法，法官不准改动违约金，适足以表示其为一种赔偿金。损害赔偿，无与公共秩序，完全私人之事，故私人如此约定，法官即无法更动。

法院裁减违约金，有两主要问题：一为数量，一为时间。

（1）数量问题——违约金数额过高与否，法院何由定夺？德典第三四三条谓："若已发生之违约金过高，债务人可以请求法院裁减至适宜数额。在酌量适宜数额时，法院须考虑债权人种种合法利益，而不仅限于财产利益已也。"[1]瑞士法第一六三条第三项规定极简单，仅谓违约金过高，法院须酌量裁减（原文见上）。

德国法中所谓债权人种种合法利益者，以违约金乃制裁债务之不履行。故审定其数额是否过高，须以债权人对于债务履行所具利益（ErfùiIungsinteresse，

---

[1] Ist eine verwirkte Strafe unverhaltnismassig hoch, so kann sie auf Antrag des Schuldners durch Urteil auf den angemessenen Batrag herabgesetzt werden. Bei der Beurteilung der Angemessenheit ist jedes berechtigte Interesse des Glaubigers, nicht bloss des Vermdgensinteresse, In Betracht zu ziehen.

intérêt à Exécution）为根据。债权人此种利益，固不专指其因不履行而所受财产上损失而言。[1]债权人方面是否受有损害，或损害多寡，此不能作为法院之根据，于理明甚。一九二一年，德最高法院在某案中有判云：债务人请求违约金裁减，而仅声称因违约而所致债权人之损害未达违约金之数额以为论辩，本院视为不合事理。

在瑞亦然。曾有违期解约一案，约定违约金三千法郎，虽债务人证明债权人并未受损，法院仍不以此数为过高。判词中有曰：赔偿是一事，违约又一事，债权人之利益，不即指财产方面之得失而言。

鉴于上述两案，知债权人之利益与损失，并非即是一事明矣。

尤其在禁止营业竞争案情中，债权人之损失，有时不易证明，而仅能大概言之。

除财产利益之外，债权人于债务之履行，尚有情感上之利益，此层见于正债之无财产上价值者益明。在瑞士有某判决，其中法官之词云："鉴于买者对于契约履行所具利益，此数并不过高。"（Ce n'est pas trop en raison de Vinte'rêt que Vacheteur attachait au respect dela convention.）总而言之，债权人合法利益，乃指其对于债务履行所具一概的利益而言，并不专限于其财产上之损益也。

此外，法官尚须考虑违约轻重的程度，债务人过失之大小（若债务人故意毁约，照例不准请求裁灭），及其因违约而获到其所企盼之利益，以及两方当事人之经济状现及给付能力。[2]

除此之外，当事人是否尚有他法请求裁减。违约金数额过高，似乎亦可视为违背善良风俗，予以撤销。在德有某化学技师，与其服务之公司约定，禁止在相当年限内，在另一同类公司中任职；并以自己名誉担保，如违约则给付十万马克违约金。法院认为有背善良风俗，判令契约撤销（德国法第一三八条）。其理由：一、违约金数额太高，按该技师年薪仅二千四百马克；二、债务人安得以名誉担保债权人纯粹财产的得失。以后亦有援例引用第一

---

[1] 欧德曼解释如下：Folglich ist zunächst auf die Hohe des mit der Strafe zu ersetzenden Sehadens zu selien—nicht in dem Sinne, dass nur eine erweisliche Schadenshöhe bei Beurteilung der Angenessenheit in Betracht käme ……wohl aber in dem Sinne, dass das fur Verhältniase dieser Art normalögliche Erfullungsinteresse mit dem ausbeaungenen Strafbetrag verglichen wird.

[2] 见 Staudin gerts 及 von Tuhr.

三八条请求撤销者，法院即解释谓，既有第三四三条裁灭之规定，法官即不能随便准用第一三八条。仅违约金数额过高一理由，不能谓为违背善良风俗，必须加上其他理由。在前述一案，则为以名誉担保债权人纯粹的财产损益是也。

（2）时间问题——法院估量违约金额数过高与否，当根据哪[1]一个时候的情形为准？或云在两当事人约定之时，或云在违约金发生之时，或云在法院裁决之时（博浪克欧德曼等主此说），莫衷一是，当民典起草时，于此点曾加讨论。认为"违约金约定之时，不能作准。至少此点成为问题；若违约金在约定时数额过高，以后他种情形发生，已不能视该数为过高，若法院判令裁灭，是否允当？再违约金发生之时，亦不能每次作准。因为吾人可以想到，有时债务人因债务不履行获到利益，若在酌量违约金额数时，不算计债务人此项利益（有时在违约金发生后，隔相当时期，始能觉察出来），亦属有失公允。然则法官必当采择更后时期，若追诉时，若判决时"。其意盖欲让法官于每一实际案情，自由斟酌舍取。

若债务人一部分给付，债权人受纳之，法国有第一二三一条规定，谓法官可以裁减违约金，[2]违约金本旨在赔偿损害，故在此情形中，仅须补偿未给付部分之债已足。德瑞法律虽无明文规定，但法院既可将数额过高之违约金裁减，在此间当然亦可裁减无疑。但其立场与法国法不同。

三国法律关于约定违约金之规定，固各有不同矣，但当事人可以立约明订相反规定。盖各国关于违约金之规定（除法官裁减一条为强制条款，当事人不可有相反规定外），均属非强制条款，当事人可以随便约定变化也。故德人之欲采纳法国法中之规定者，可在契约中明订之。推之，法人瑞人亦然。再者比如在不履行债务情形中，债权人除请求违约金外，又得请求债务之履行；或债务之不履行，其因由未能归责于债务人者，债权人仍得请求违约金等，当事人均可自由明订。但当事人主张由相反规定所发生之权利者，负举证之责任。

---

[1] "哪"原文作"那"，现据今日通常用法改正。——校勘者注。
[2] 并见法义债典草案第一六七条，及本国法五二一条。

丁、英国法中之违约金

英国法中之违约金，有特异处，故分章论之。约定违约金分两种：即罚金（Penalty），及预定赔偿金（Liquated damages），其分别如次：

一、若正债无确定之价值，而两方约定一确定数额，作为债务人因违约而当为之给付，则此数额为预定赔偿金。若其数额过高，则当视为罚金。

二、若正债有确定之价值，而两方约定，若债务人违约，须给付超乎此价值之数额，则为罚金。

故罚金为一种恐吓的工具，与损失不发生关系。赔偿金则为两方对于将来损失预先诚意的估价。

自一六九七年法规后，罚金即已丧失严格性。且债权人有主张罚金之请求权者，法院决不令照数给付，仍须债权人证明所受损失，而仅得此损失之赔偿。在实际上，罚金已一无用处矣。故在英国法中，非罚金而为预定赔偿金，具他国违约金之功用，而可与之比较。

再法官可以其本人主见，决定其为罚金或为预定赔偿金，而不为契约中命名所拘束。但若法官估断金数过高，可判其为罚金，否则即为赔偿金，而无所谓裁减。因罚金等于虚设，故其判决尤比裁减为劣。若额数不高，作为预定赔偿金，则法官不能再加以变动，债务人当如数给付。

戊、本国新民法中违约金之规定

本国法关于违约金之规定，见第二五〇至第二五三条。研究之余，颇觉其有采取赔偿金之说，第二五〇条第二项谓："违约金……视为因不履行而生损害之赔偿总额"酷似法国法第一二二九条及法义债典草案第一六六条。再本国法以"违约金"命名之，避免用各国法中之"罚"字，更可为证。

大概立法诸公亦存心保护弱者。惟恐经济势力雄厚者过分要求，故以违约金为一种赔偿金，使其不超过实在损害程度。若超过，则法官裁减之。惟违约金之数额，定之于前，不能必与日后实在损害程度相巧合。则每次违约金，可以请求法院审酌重改，违约金即失其功用矣。盖两方约定违约金，本所以免日后周折也。观乎法国，乃采取赔偿金之说。惟其如此，所以成为私人间事，无与公共秩序，契约既立，即不能由一方或由法官擅改。即在英，法官仅有罚金与预定赔偿金之选择。若判其为赔偿金，法官即当令债务人照数给付，不能再行裁减。

　　窃以立法诸公，欲表示其良好之用意，实不如采取罚金观念之为愈也。惟其为惩罚之工具也，故有关公共秩序，不能由私人随便援用。若有滥用情事，法官自可加以干预。且既非赔偿金，故法官之裁减，固不必以损害为标准。若德瑞之以债权人对债务履行所具利益为准则，此与违约金原理似较一致。盖如债务人违约，即使债权人未受丝毫损失，仍须给付违约金也。

　　本国法第二五一条，似为多余。有第二五二条已足。而对于违约金成立之条件，及其发生后之效力，规定简赅，难能真确明了。则此比较之作，简介阐明本国法中违约金之学理，及其实际上之运用，其效用固不仅限于纯粹学理之论已也。

一九三四年三月于德蓬城绮瑞那

参考书

Enneccerus, *Lehrbuch des Burgerlichen Rechts*：*Recht der Schuldverhàltnisse*, Oertmann：Recht der Schuldverhàltnisse.

Oertmann, *Zur Lehre von der Vertragsstrafe*, "Recht" 1913 S. 186 ff.

Planck – Sibèr, *Kommentar Zum Biirgerlichen Gesetzbuch*：*Recht der Schuldv erhàltnisse*.

Standinger, *Kommentar Zum Burger lichen Gesetzbuch*：*Recht der Schuldver hàltnisse*, 1929.

Colin et Capitant, *Cours élémentaire de droit civil français*, Tome Ⅱ.

Josserand, *Cours de droit Civil Positif français*, Tome Ⅱ.

Planiol, *Traitéélémentaire de droit civil français*, Tome Ⅱ.

Planiol – Ripert, *Traité Pratique de droit – civil français*, Tome M, obliga-tions.

Niboyet, *Cours des législations comparées*.

Projet franco – italien d'un code des obligations et da Contrat.

Fick, *Das Sch w eizerische Obi jgat ionenr echt.*

Oser, *Kommentar zum Schweizerischen Zivilgesetzbuch – das obligationenrecht.*

Von Tuhr, *Allgemeiner Teil des Schweizerischen Obligationenrechts.*

Anson's Law of Contracts, 1923.

Stephen's Commentaries on the Laws of Englaiîd, vol. Ⅲ, Law of obligations, 1925.

债权与留置物之牵连关系*

张企泰

（一）

民法第九二八条，规定债权人占有属于其债务人之动产而欲留置之者，除应具备他项要件外尚须债权之发生，与该动产有牵连之关系。所谓牵连之关系，究作何解，颇滋疑义。例一甲买受乙之马，请乙交付，乙以未受价金之清偿拒绝之。例二，甲涉讼请律师乙代为辩护，一切有关文件悉交乙收存检阅。事寝，乙以未受公费之清偿，留置其文件。例三，甲以织锦料三匹交乙制裁。衣料原主丙向乙请求返还其物。乙以未受工金之清偿，留置其衣料。例四，甲以金表交乙修理，复向乙购买墙钟一只，约中载明如甲不清偿钟之价金，乙得留置其金表。后乙固留置之。就上列四例而言，乙所占有之动产，与其所享有之债权，是否均有第九二八条所称之牵连关系。

我民关于留置权各条，原参考他国立法例而制定。考德民第二七三条关于留置权，规定债务人基于与其债务之同一法律关系（aus demselben rechtlichen Verhältnis），对于债权人有已至清偿期之请求权者，自非因债务关系有特别之规定时，则未受清偿前，可以拒绝其所负之给付。瑞民第八九五条规定债权与留置物有自然的牵连关系。其原来法文为"un rapport naturel de connexité 原来德文为 die forderung ihrer Natur nach Steht mit dem Gegenstande der Retention in Zusammenhang"。但德瑞条文中之语意，亦未见明显。所谓牵连关

---

* 本文原刊于《国立武汉大学社会科学季刊》（第 7 卷）1936 年第 1 期。

系，究无一定标准，[1]自非研究各家学说，探讨历来判例，不能明其真义。

（二）

吾人研讨之结果，就牵连关系，可粗分为三种。曰法律上之牵连关系（connexité juridigue），曰实质上之牵连关系（connexité matériellé），曰约定上之牵连关系（counexité conventionelle）。

法律上之牵连关系，指两造给付发生于同一法律作用，其关系系理智的，应于当事人之意思或两造请求权之密切性质搜求之。同一法律作用，并非仅限于同一契约，更非指同一双务契约；纵其请求权发生于数次不同契约，有时仍可认为属于同一法律作用。在昔留置权之观念犹其晦涩，不履行契约之抗辩（exceptio non adimpleti contractus）尚未确立之时，此两种制度，时相混淆。[2]此尤于法国为然。盖法国民法关于动产所有权之取得向采意思主义。[3]例如甲买受乙之马，一经合意即取得其所有权。乙虽未交付，但其所持有者，已属甲之马矣。苟甲未付清价金，而请求返还其马，乙拒绝之，此岂非留置权之行使乎？但买卖系双务契约，依契约一般原则，因契约互负债务者，于他方当事人未为对待给付前，得拒绝自己之给付，[4]则乙又岂非提出不履行契约之抗辩乎？又如上例二，载律师乙，拒绝交还各种文件，其乃实行不履行契约之抗辩乎，抑亦留置权利乎？[5]自一八九六德民颁订后，此两种制度，截然分清。留置权规定于第二七三条中，不履行契约之抗辩见于第三二〇条以下。依第三二〇条之规定，凡为双务契约，当事人得提出不履行契约之抗辩。其基于其他法律关系者，当事人一方，仅得行使留置权。盖

---

〔1〕 参阅 Rossel et Mentha, Manuel dv dr. cir. fr. T. III. no. 1659.

〔2〕 此两种制度原由罗马法 Exceptio doli 脱胎而来。债务人在未受属于自己之给付前，得拒绝向债权人为债务之清偿，或交付某物。

〔3〕 法民第七二条：“所有权因债之效力而取得或移转”（La Propriété des biens s'acquiert et se transmet par l'effet des obligations.）又第二八三条第一项“债以交付物为标的者，于当事人合意时即发生交付之效力。”（l'obligation de livrer la chose est parfaite par le seul consente – ment des Parties contractantes.）

〔4〕 参阅我民第二六四条。

〔5〕 法学者 R. Cassin 认为乙乃实行不履行契约之抗辩。参阅其有名之博士论文 De l'Exception tirée de l'inexécution dans les rapports synallaginatiques, p. 447 ets.

凡双务契约，当事人之缔结债务，有其特定之法律目的，此不外乎同时接受对方之给付（Leistung Zug um Zug）。

如其犹未受对方之给付而强其履行债务，未免有违其本意。[1]故依其意思，应使有提出抗辩之权利。但此项意思，仅于缔结双务契约时有之，如系其它契约则无之。例如寄托，乃系片务契约（但事后可发生不完全双务契约contrat synallagmatique imparfait，委任契约亦属之），受寄人之目的，不在请求偿还将后可发生之保管费用，而在向寄托人效劳。[2]故如受寄人在未受保管费用偿还之前，拒绝交还寄托物，不能认为不履行契约抗辩之实行。故此项抗辩，仅限于双务契约之当事人始得提出之。上例一，载马之出卖人乙，以未受价金之清偿，拒绝将马交付与甲，此际马与债权虽有牵连之关系，但究非第九二八条所称之牵连关系。乙之拒绝交付，仅能认为实行其不履行契约之抗辩，而非行使留置权也。再者留置权必假定留置权人已占有他人之动产而不履行契约之抗辩，则不问当事人所负义务系以交付物体抑亦以作为或不作为为标的，终得提出之。[3]

留置权之行使与不履行契约抗辩之实行，虽能达到相同目标，但其区别，非无实益。依我民第九三七条之规定，债务人为债务之清偿，得提出相当之担保，以消灭债权人之留置权。此于双务契约之两造当事人则不可。德民第三二〇条（关于不履行契约之抗辩）第一项末句，且明文规定之。留置权与不履行契约之抗辩，即系两物，各有其存在之根据，及适用之范围，可知法律上之牵连关系，并非指基于双务契约所发生债权与动产之关系。

其基于他种契约或法律关系所发生债权与动产之关系，是否可认为法律上之牵连关系，例如甲以一钟一表交乙保管（无报酬之寄托系片务契约，见上）乙因表机件有损，曾支出相当修理费用。以后甲请求返还，乙以未受修理费用之偿还拒绝之。此际乙得留置其表，固无疑义（此乃关于物质上之牵连关系，详见后），但其是否有权留置其钟。又如上例二，载律师乙，代甲辩

---

〔1〕 参阅 Capitant：De la cause des obligations, 3 éd. no. 121. or, e » ce qui concerne notre exception, c'est dans l'acte de volonté qu'il faut en chercher l'origine. cet acte…ne comiste pas Seulement dans le fait de s'bliger, c – à – d, dans le consentement, mais se compose éga lement de l'intention d'atteindre un lut juridique detecminé, c – à – d. d'obtenix l'exécution de/la prestation promise en retour de l'obligation contracteé.

〔2〕 参阅 Capitanti：op. Cit. no. 128 et n.

〔3〕 参阅 Capitant：op. Cit. no. l26.

护，甲未给公费，乙是否得留置甲之各项文件，以督促其给付。[1]考当事人之意思，及其事态之性质，应认为钟及文件之归还，与修理费用及公费之给付，属于同一法律作用，成立法律上之牵连关系。德儒戈须泌（Goldschmidt）曾试立一定义曰，凡两方之请求权，属于法律关系之集合体，而依事态之性质，或当事人之意思，其法律关系，造成自然或意欲之一体性者，即成立牵连关系。此项意思，如因相反意思有背乎诚实及信用，即应替补之，而认为存在。[2]

此外附属债权，如契约之杂碎费用，偿还之请求权，担保义务，与契约所发生债权之标的物，亦可认为有法律上之牵连关系。

以上所述，其牵连关系均发生于同一契约。但请求权发生于数次不同契约者，复将如何？昔在德有一讼案，事实大要加次：某私人创办之铁道公司，与一营造公司，先后成立三次约定，各规定不同之工作，但均以建筑同一路线为目标。第一次契约乃关于山洞之掘凿，第二次关于一部分路线铁轨之铺置，第三次关于水泥工作。随后营造公司以铁道公司未履行第一次及第三次约定之义务，即留置其所占有之铁轨（其占有乃基于第二次约定）。[3]耶拿[4]（Jena）高等法院否认营造公司有留置权。上诉至最高法院，原判决废弃。其理由谓高等法院欲以留置权之适用，仅限于基于同一契约之债务关系，对于牵连关系之观念，未免太狭。留置权之根据，不在两方请求权之相互因果关系，而在事实关系之自然或意欲的一体性。因此一体性，一方不同时履行其义务而请求债务人给付，实际有背诚实及信用，如基于同一契约之请求权然。就本案事实而论，三种契约所具之共同目标，即表现其自然一体性。[5]

此讼案虽发生于一八八五年，但现行民法，关于留置权之规定，曾以此判例为根据。第二七三条中载"同一法律关系"，即该判例及戈须泌氏所称自

〔1〕　参阅 Civ. 10 aout 1870 a. 70. 1. 398.

〔2〕　Dass Anspruch und Gegenanspruch einem Komplex von Rechtsverhältnissen angenöven，welehe，nach der Natur der Sache oder dem Willen der Beteiligten，eine（natürlich－gewollte）Eniheit lilden，Dieser wille ist anch Iann vorhanden，weun heruntersbellt werden uruss，weil sein gegenteil gegen Tren und Glenhen versrossen wurde. 参阅 Goldschmidt，Hand buch des Handelsreclts § 94.

〔3〕　营造公司曾主张其商人之资格，而欲享有商法所规定之留置权（其性质与我民第九二九条相似），为法院所驳斥。盖不动产营造社团不以商人论。

〔4〕　"耶拿"原文作"叶那"，现据今日通常用法改正。——校勘者注。

〔5〕　R. G. 14. 231.

然或意欲的一体性。

自然或意欲的一体性，不止于此。契约因形式有瑕疵，或因当事人无行为能力而无效，其给付之相互归还，亦可发生留置权。契约虽不存在，而其牵连关系则甚显然。在法曾有已婚女子，不得其丈夫之允准，向人借款[1]。其借贷契约虽被撤销，法院仍确认借与人在未受清偿前，就属于该妇女之证券（原作为借款之担保）有留置权。[2]

以上所述，其牵连关系，悉基于契约或准契约关系。此外牵连关系，亦可基于某种法律制度。依据此项法律制度，两方当事人有相对之权义。一方不履行其义务，他方得行使其留置权。例如德国法中所谓后继承人之指定（Einsetzung eines nacherben），后继承人在先继承人未依德民第二一二八条提供担保前，[3]得就属于继承之财产在其占有中者，留置之。[4]

法律上之牵连关系，即以两方给付是否成立自然或意欲的一体性为准绳[5]，则失此准绳，即无牵连关系，自不发生留置权。但少数学者[6]主张如两方互有请求权时，不问其是否成立一体性，其占有对方之财物者，即享有留置权（le droit de rétention ex dispari causa）。

此乃以留置权与抵销相比拟，根本否认牵连关系为留置权之要件矣。我民第九二九条规定商人间因营业关系，而占有之动产，及其因营业关系所生之债权，视为有牵连关系，[7]实承认商人间留置权有较广大之适用范围。谓其采用留置权（ex dispari causa）实不远矣。

（三）

实质上之牵连关系，为当初留置权之唯一根据，非似法律上牵连关系之基于同一法律作用，而乃基于物质观念。或加工作于他人之动产，或为他人

---

[1] "借款"原文作"借欵"，现据今日通常用法改正，下同。——校勘者注。

[2] Req. 25 Arril 1900. S. 01. 193 et la note de Perron.

[3] 第二一六条规定"因先继承人之行为，显有侵害后继承人权利之虞者，后继承人得请求提出担保"。

[4] R. G. 59. 200.

[5] "准绳"原文作"神准"，现据今日通常用法改正，下同。——校勘者注。

[6] Colin et Capitant: Cours élémentaire de droit civil fr. Téd. no 1052 et n.

[7] 参阅瑞民第八九五条第二项。

动产之利益支出费用，发生对于动产所有人之费用偿还请求权，或受他人动产所加之损害，发生对于动产所有人之赔偿请求权。其请求权与动产之牵连关系（debitum cum re junctum）纯系物质的，客观的，故不如法律上之牵连关系捉摸不定也。

物质上之牵连关系，可于数种不同情形中发生，上已述及。[1] 兹分别论之。

加工作如他人之动产者，其加工人就占有之动产，享有留置权。但其效力所及，以债务人之不同而有异。如债务人系契约当事人之对方，则根据法律上之牵连关系，加工人在未受债权清偿前，不但得就更改之物料留置之，即犹待工作之物料，留置权之效力亦及之。如其对方与加工人无契约之关系，例如被加工作之物料，非加工人所有或非使其加工之人所有，已而原主向加工人请求返还其物料，加工人留置权之效力，是否如前不变。法国法韪之，德国法则否。依德国法加工人在未受费用偿还前，仅得就已更改之物料留置之。其他未经更改者，应返还原主。故就开章第三例而论，如其中一匹织锦料，犹未翦裁，乙应以之返还于丙。盖此际加工人所享有之留置权，系根据于物质上之牵连关系。此项关系，在债权与未经更改之物料间，显不存在。再加工人之请求权，不以契约上所定价值为标准。加工人与使其加工之人间之契约，对于物之原主（res inter alios acta）为不生效力。加工人仅得因更改物料所支出之有益费用，于其物现存之增加价值限度内，请求原主偿还。[2] 其解决似较法国法为合理也。

为他人动产之利益，支出相当费用，纵其费用并不增加动产之客观价值，其费用偿还请求权，与该动产仍成立物质上之牵连关系。故如占有人缴纳关于该动产之税捐，在其未受偿还前，得留置其动产。[3]

受他人动产所加之损害，因此损害所发生之赔偿请求权，与该动产显然

---

[1] 在德法等国，留置权亦得以不动产为标的，故如有建筑物于他人不动产上，或就他人之不动产加以改良者，因物质上牵连关系（并其他要件）之成立，得就占有之不动产，行使留置权。

[2] 参阅我民第九五五条。德 Marienwerder 高等法院，于一九〇七年，曾为此判决。某甲以机器交某乙修理，原主某丙，向甲请求返还之。甲亦请求给付约定之修理费。法院驳斥之，仅依第九九四条以下（即我民第九五五条），判令丙偿还费用（见 O. L. G. 15. 358）。

[3] 在德法，留置权之标的物，既不以动产为限，故自称继承人，既清偿继承债务，苟其继承请求权以后由法院驳回，在未受偿还前，得就继承财产，不分动产不动产，而留置之。

成物质上之牵连关系。故如他人之牛马，误入田园，毁其嘉谷，受害人得留置其牛马，以督促牛马主人之赔偿。

（四）

契约上之牵连关系，因两方合意而产生。此项人造的牵连关系，是否法所准许。在法论说不一，在德则学理判例，均以为可。盖德国法即不以留置权为物权，同时当事人又有订立契约之自由，苟契约不背公共秩序、善良风俗，或其他强制条欵，当然发生效力。故以上例四而言，甲以金表交乙修理，复向乙购买墙钟一只，言明如甲不清偿价金，乙得留置金表，此际金表与钟价虽不成立法律上或物质上牵连关系，但经人造，发生契约上之牵连关系，乙于必要时，自得行使其留置权。反观我民，留置权为物权之一种，而物权之数有限（numerus clausus），其内容亦经法律规定，故如当事人随意创设牵连关系，依法为无效。是乃与德法等法，异其旨趣矣。

契约法中之约因[*]

张鑫长[**]

严格言之约因（Consideration）似仅为英美法契约上特需之要约要件人（Promisor）欲缔订习惯法上之契约，除已有相当之要件与承诺外，其契约尚需具充分之约因，约因云何？约因者系自相对人（Promisee）发动，而法律上对于要约人有利，或相当人有损之事物也。譬如甲应许给乙书一本，乙应许给甲洋十元，此为相互应许契约，双方之应许各以有利为约因，甲方之应许即以乙方之应许为约因，同时乙方之应许亦即以甲方之应许为约因，更如甲应许给乙洋十元，若乙能往返奔走十里，此为单方应许契约，甲方应许之约因乃乙方奔走之劳，盖以有损为约因者也，约因之能遭变成为习惯法上之制度者，全在其能保持缔约人间法律上得失之平均衡，故约因亦不多以无偿应许无法律效果为理论上根据者。契约上之应许必须有对价之约因，既如上述，然约因之事实上价值如何非法律所过问焉，譬如甲应许以新汽车一辆，换乙之旧人力车一辆；以汽车而易人力车其实际价值之不相称，固夫人而知之焉，然缔约人间苟无欺诈胁迫等情，法律要亦不能认其为不相称也。约因只须其有法律上价值不问其事实上价值如何，即足支持一事实上极贵重之应许，换言之，即承诺人之行为或不行为之义务，苟系产生于要约人之请求，即此行为或不行为是——举手之劳，或九牛一毛，亦足够支持要约人之事实上极贵重之应许也。故前述"充分"二字之义，非谓客观的数量上与应许相对价，而指主观的法律上有价值之谓，道德上之义务，过去之行为或不行为，违反法规妨害公共秩序之行为或不行为，皆无法律上之价值，均不克充有效之约

---

[*] 本文原刊于《商法丛刊》1937 年第 4 期。

[**] 张鑫长，1931 年毕业于东吴大学法学院（第 14 届），获法学学士学位。

因，又盖章过契约（Contract under seal）不必需约因，因契约经过盖章之手续者，必已经双方慎重考虑，绝鲜怠忽之虞，殊无需约因为要件也。

普通一般学者胥不认约因为罗马法上契约成立之要件，此殊非确，罗马法上有时需要约因为契约成立之要件，较英美法更为严格，罗马法对于约因，固尠概括的学说，然原则殊数见不鲜，其关于买卖契约之规定有谓，买主所付物价不及该物实价之半者，契约不成立，即足见一班矣，罗马契约法上之"原因"（Causa）两字涵义广泛，于广泛中实寓英美法约因之义，当应用时两者间自未必尽同，在罗马法之和解契约中（Compromise of suit）"原因"即用作与约因同义。缔约人，藉和解契约之成立，即可避免涉讼，而与涉讼俱偕之种种麻烦周折，亦随之免除。麻烦周折之避免乃缔约人所获得之利，亦即该契约之约因，支持该契约使其成为有效者。罗马法又云"缔结和解契约之任何一方，务须经给予或允许某物，或经准予留置某物"和解契约须属争执之事件，盖有争始有涉讼之可能，无涉讼之可能，遑谕和解。故在罗马古代曾[1]发生一问题，姊妹两人立约分析共同继承之遗产，当时两人间毫无争执之事、既无争执之事，则彼姊妹花间之约定自不能与和解契约作同等观，而其约定之成立与否遂发生疑问。迨后奏求恩汤尼阿大帝（Antoninuo）之意见，大帝以为祇须双方均已坐收实利，彼此都感觉嗣后再无被牵涉讼之恐惧，则此项约定不能认为不成立。观此以和解解决遗产分析之约定亦正具备与和解契约类似之约因也，和解契约之有约因，实足使此种契约有别于赠与，观优士丁尼[2]《学说汇纂》（Justinians Digest）引大法学家保罗（Paulus）之言曰，"一人当加入和解契约时，其和解之标的系亦一未决之事件，该事件之诉讼既未决定，亦未尝经司法判决"，又曰"当一人加入赠与约定时，彼即放弃某种确定无疑的物件，以示其施与之行为焉"。

上述罗马法约因普通之原则既竟，兹请逐一研究罗马法上各种契约，而以含约因意味之"原因"必须合乎正义（Justa）意即不背法律，与善良风化为前提。

（一）无名契约

无名契约者，法律上无特别名称契约之总称也。罗马法上各种契约均有

---

〔1〕"曾"原文作"偿"，现据今日通常用法改正。——校勘者注。

〔2〕"优士丁尼"原文作"优帝"，现据今日通常译法改正，下同。——校勘者注。

特别名称，然亦有无特别名称而受法律之保护者，后世法学家，谓之无名契约，此种契约之要件为一方之给予或劳力与他方之给予或劳力之交换。据保罗之说，无名契约分为四种：（1）给予与给予之交换；（2）给予与劳力之交换；（3）劳力与给予之交换；（4）劳力与劳力之交换，约因显系此种契约成立之要件，苟应许人能获得他方之相对的给予或劳力者，其所为之给予或劳力之应许（仅以应许）即能使契约成立，交换契约（Exchange）虽系有名契约其实与上述无名契约中给予与给予交换无异。依据罗马法之规定，一当交换契约缔定后，虽物件尚未移交而物件之危险负担（Risk of loss）即移归予对方此时契约可谓完全成立，此项规定酷如买卖契约。优士丁尼学说汇纂中虽说，"交换契约在物件未交付前不生'义务'。"窥视似乎包涵"交换契约在任何一方未将物件移交前不为完成"之意但细细其义，并非如此，盖"义务"一词本有两义：一指某人若得随时经人唤请其给予或劳力时，则某人即负给予，或劳力之义务，一指某人一经他人唤请其给予或劳力即负给予或劳力之义务，优士丁尼书中之"义务"（Obligation）当指上述第二义，盖在物件未交付前自不发生此种义务也。然当交换契约缔定时，上述第一种义务即缘之而生，均是缔约人之任何一方即负得随时经对方之履行唤请其履行之义务矣。近世多数学者主张无名契约之"原因"乃一方之履行，此殊非确，彼等主张此说之理由有二：（1）根据裁判法之规定，契约人之一方若非预为履行此方之义务，不能对于彼方提起履行之诉；（2）根据于罗马法上取消契约之规定（Juspoenitendi）即一方在履行或给付后，他方尚迟不履行时得取消契约之权也，以余观之，此理由皆不成立。（1）在欧洲多数国内。其地方法律（Local law）多有根源于罗马法者，其地寺院法上关于提供履行与实际履行对于请求对方履行之诉有相等效力之规定适用之。但虽在此等处所仍难断定实际履行或提供履行可被视为契约成立之原因也。（2）吾人更不能就一方在履行后，当他方尚迟不履行时，即有取消契约之权，而认契约之完成必有待乎此履行也。至于缔约人之此方自履行后，而他方尚迟不履行时。可依 Conditio causa datacausa non secuta（即以将来发生某项结果为目的，结付某物于他人，而其结果不发生时，请求返还之诉）起诉，优士丁尼《学说汇纂》中说明无名契约原因之具体案件亦有之。如乌尔比安[1]（Ulpian）曾云，逃奴之主人悬赏

---

[1] "乌尔比安"原文作"乌尔比央"，现据今日通常译法改正。——校勘者注。

捉拿逃奴，当逃奴被捉拿至主人时，捉拿人即有请求主人给与酬报之诉权，因彼此间已发生契约关系故也。此种酬赏与捉拿互易的关系实为契约之主点。当捉拿人履行时即成为对主人不履行时诉权，乌氏在汇纂中他处又云"即使事例仅有不能归列于何种名类之契约中者，只需有'原因'依亚里士多德[1]（Aristo）塞尔苏斯[2]（Celsus）之妙对，便有义务。例如余与汝谅解，余给汝某物，汝须给余某物，或余给汝某物，汝须劳力，此依亚里斯吐之言，谓即成一契约便有民事上之义务"。

（二）有名契约

有名契约合意（Consensus）、要物（Re）、口头（Uerbia）、文书（Literis）四种，按此无非为分类便利起见而设有四种名称，非谓各契约之原因有合意，要物等之名目也合意契约更有买卖（Emptis uenditis）、赁贷借（Locatio Conductio）、合伙（Sociatas）、委任（Maudatum）四种之不同，买卖与赁贷借两者务需有对价之互易方始成立，其有约因自无待言。至于合伙，则狮子合伙（Leonina societas）亦认为无效，狮子伙合谓，伙合员中之一人，仅分担损失而不受利益之分配也，委任可与要物契约作同种观，要物契约可分作使用贷借（Commodatum）、消费贷借（Mutum）、寄托（Depositum）、典质（Pignus），四种，要物契约为无偿契约。然其无偿之性质与赠与根本不同，当契约之标的物授受时，相互的权义即随之而生，赠与系张务行为不生权义关系，要物契约当物件未授前，因其无约因之可言，其约定不能认为有契约之效力，然一待授受之后，情形迥殊，此时缔约人藉物件之授受其目的业已实现，依选辑之次序言，自不应再追问其约因之曾否有无，但两方意料中之权利义务，却可视作为各方之"有利"或"有损"也。譬如以使用贷借言，在借主方面，即有在一定日期返还原物之义务，及使用该物至该日期之权利，在贷主方面，即有于日期前许人使用该物之义务，与到期请求返还之权利，余若消费贷借，寄托亦有上述之权义关系作为约因，委任（无偿代理）酷肖寄托，但两者间亦稍有区制，甲若给乙某物件托其代为出售者，即为委任。委任契约在原始想亦与实物之授受相联，其性质与寄托无异，故寄托之原则亦可应用与委任，罗马法上更有他种约定不能列入上述各种契约中而亦受法律之保

---

[1] "亚里士多德"原文作"亚里斯吐"，现据今日通常译法改正。——校勘者注。
[2] "塞尔苏斯"原文作"达赛尔梭"，现据今日通常译法改正。——校勘者注。

护着。此种约定大概与主契约（Principal contract）有关，主契约之约因即可视为此种约定之约因，口头契约中之要式口约（Stipulatis）无需"约因"正如英美法上盖章之契约毋庸约因也，罗马时代之法律行为重形式而轻意思，故约因之制不甚发达，然与约因类似之契约上的规定则随处皆有，英美法之约因容或导源于条顿（Jeuton）法系。然英美法上关系于约因之最重要格言 Ex nudo Pacts non aritur actis 无约因之契约不生诉权，实即采自本篇所引学说汇纂中乌尔比安论原因一段，读者于此亦可想见约因与原因之关系矣。

法律限制债权人行使撤销权之程度[*]

张志陶[**]

债权人之撤销权，为保全程序之一种，与代位权同为保护债权人之权利而设。所谓债权人之撤销权云者，即债务人因保全债权而享有得撤销债务人所为有害债权行为之权利也。盖债权人之财产为清偿债务之担保，若债务人无充分清偿债务之资力，而犹积极的处分财产，使之减少，或消极的增加负担，另负债务，则必致清偿能力，益趋薄弱，甚至使债权人无法追偿，蒙受损失，其有害债权，彰彰明甚。故法律为确保债权，并防止债务人恶意行为起见，特认许债权人得享有撤销债务人行为之权利，此即撤销权之所由设也。

至于债权人之行使撤销权，根据我民法二四四条第一项之规定，须债权人申请[1]法院撤销。关于此点无非在防止债权人滥用权力，盖民法二四四条之立法本旨，系在保障债权人，但如债权人据此规定滥施权限，则必致债务人一切行为，有随时被撤销之虞。故须债权人申请法院，使法院处于客观立场，断定有无撤销之必要，以昭公允，而免纷争，立法至为妥善。然而同条第二项规定债务人所为之有偿行为，于行为时明知有损害于债权人之权利者以受益人于受益时，亦知其情事者为限，债权人得申请法院撤销之，此点殊欠妥当。按债务人之有害债权行为，可分积极消极两种，前已论及，而无论积极消极行为，又可分为有偿行为及无偿行为两种，我国民法对于债务人之无偿行为，只须行为本身，有害债权，即可由债权人主张撤销，不问债务人是否出于恶意，此乃二四四条第二项之反面解释。所得之当然结果，盖债

---

[*] 本文原刊于《震旦法律经济杂志》（第 2 卷）1946 年第 5 期。

[**] 张志陶，1945 年毕业于东吴大学法学院（第 28 届），获法学学士学位。

[1] "申请"原文作"申请"，现据今日通常译法改正，下同。——校勘者注。

务人在实力薄弱之际，犹为无偿行为，致害及债权人权利，自毋庸问其是否出于恶意，均可撤销，且受益人在无偿行为，既纯受利益，苟被撤销亦不生积极损害，于情于理，自属可通。至于债务人之有偿行为，则须债务人于行为时，明知其有害于债权，并须受益人于受益时亦知其情事者为限，始生撤销之效力。易言之，即债权人所得撤销债务人之有偿行为，须以债务人及受益人均出于恶意为要件。夫所谓受益人者，即指债务人之相对人而言，据二四四条第二项后段之解释，又当然包括转得人在内，转得人者，自受益人处取得权利之人也。故债权人撤销权之行使，在有偿行为，必须债务人，最初受益人及转得人间，均有恶意，始得生效，其中如有一人善意，即属不能援用，限制过严，不切实情，且债务人及受益人若有诈害意思，偶因转得人之善意，债权人即不可引用撤销权以保护债权人之利益，亦属显失公平，自不可谓非立法上之缺陷也。

考诸德奥，瑞士诸国法例，撤销权之行使，在有偿行为，仅以债务人与受益人之恶意为要件，毋须转得人亦有恶意，苟债务人与受益人均有恶意，即不问转得人之本意如何，均可撤销。债务人行为，一经撤销，则受益人即被视为自始未曾取得权利，而转得人亦成无权占有矣。此项原则，本可据以对抗转得人，然若转得人本为善意，亦得对抗，未免累及无辜，故为维持交易安全起见，必须转得人恶意时，始得对抗，故债务人及受益人之恶意，可作为撤销条作，而转得人之恶意，仅属对抗条件矣，立法周详，殊宜采用者也。

行纪制度对于不动产应否适用之商榷[*]

张志陶

　　行纪制度，萌芽颇早，降至近世，商业发达，交易频繁，行纪原为包代买卖之补助机关，功用既著，推行益广，营业规模愈大，交易范围日兴，因此各国民商法典，莫不于行纪制度，设置专章，详细规定，盖若不见诸明文，则不足以规范之，保障之，并促其发展也。

　　称行纪者，我债编五七六条谓以自己之名义，为他人之计算，为动产之买卖，或其他商业上之交易而受报酬之营业也，揆其定义，自须（一）以自己名义，即行纪人须以自己名义，代他人为行为，而由其行为所生之权利义务，均由行纪人享受及负担然后移转于委托人，故严格言之，行纪与间接代理，实相雷同。（二）为他人之计算，所谓为他人之计算者，即指由行纪人行为所生之利益及损失，均归属于他人（指委托人）而言也。（三）为动产之买卖，或其他商业上之交易，故行纪人所得代为买卖者，以动产为限，不动产买卖，自不在行纪范围之中，至于其他商业上之交易，言非动产（或不动产）之买卖，而为有关商业之交易行为是也。

　　行纪之定义既明，于兹尤应提出讨论者，即行纪人所得代为行为之范围，关于此点，立说有三：或谓行纪人所得代为行为者以买卖及其他行为为范围，此说失之过泛，尚无采用；或有以买卖及其他商行为为范围者，则德日等国旧商法中颇多采取，然而又嫌过狭，苟非商行为，即不在行纪范围之内，自属不切实情；又有以动产买卖为范围者则瑞士债法，德日新商法中，均有规定，即经营代人买卖货物之营业，谓之行纪，此说就其代为行为之种类言之，较第二说为狭，但就所得代为行为之人的范围言之，则较第二说为广矣。

---

　　* 本文原刊于《震旦法律经济杂志》（第 2 卷）1946 年第 5 期。

综上三说，行纪人所得代为行为之范围中，均无不动产买卖之规定，其理由无非为行纪制度，每在代表他人在远方买卖货物，而不动产，固定之处，搬动不能，转让匪易，不宜行纪代办，故未予包含，但就现代情形而论，人事关系，日趋复杂，不动产出卖，系属常有。至于一般行纪商设立之地产房产公司，经营代为他人买卖不动产之营业者，又复在在皆是，作者以为社会经济亦既应力谋充裕，则行纪范围之扩大，使买卖不动产包括在内，足促使经济之发展，利益良多，自有采取之理由也。

于此尤应附带说明者，不动产买卖，若不规定于行纪范围之内，则于行纪条文之解释，每生模棱两可之虞，易致扭歪法律，频起争执，盖在我国债法，不认有准行纪之存在。例如以承办买卖以外行为为常业者，所营事业，既为商业，则其代为行为，自属商业之交易行为，当然在行纪范围之内，且于债编五七七条复明白规定行纪除法律有规定者外，准用关于委任之规定。故不动产买卖，法律既无准行纪之规定，自应准用委任条文，方符立法之本旨。然而一般学者，颇多主张买卖不动产可准用行纪之规定，其立论理由谓不动产买卖，可视为商业上交易行为，此点未敢附从。盖我国债法，对于行纪之范围，系采列举规定，且既已明定买卖在前。如不动产买卖，亦属包括在内，必当见诸明文，不使遗漏，足见决非立法者之疏忽所致。反言之，若不动产买卖可认为商业上之交易，则动产买卖，又何独不然，何以仅将动产买卖，见于文字，不动产买卖，包括于商业交易之中。益有言者，动产及不动产买卖，既均可包括在商业行为之中，则法律又何以不采概括规定，而取此遗漏不全之列举规定耶，是以此种立前未敢赞同。但就不动产买卖准用委任规定之效果而言，则与动产买卖应用行纪所生者，迥然不同，若根据行纪之规定，则行纪人为委托人计算，所订立之契约，其契约之他方当事人不履行债务时应由行纪人负直接履行契约之义务。然若根据委任之规定，则受任人并无如行纪人之直接履行契约之义务，究属动产与不动产之买卖，除标的物外，别无轩轾，何以所得结果，若此悬殊，于情于理，殊属不通者也。

总之：行纪之范围，若一经扩充，而将不动产亦包括在内，则一切问题，均可迎刃而解矣。

"第三人受益契约"在吾国及英美法上之比较研究[*]

郑国楠[**]

一、概说

通常债权契约之订立，无不以当事人间成立债之关系为标的，故原则上只有契约当事人方有享受契约上利益之权利，契约以外之第三人，即不能因他人间之契约而直接取得任何权利。但法律基于契约自由之原则，亦允有例外焉，如契约当事人订定以由当事人之一方，向第三人给付，或由第三人向当事人之一方给付为契约之标的者，亦无不可，此于吾民法第二六八条及第二六九条均有明文规定。又第三人如唆使当事人之一方不履行契约，则彼在法律上亦负有相当之义务。（请参阅大理院三年上字八二九号判例）惟此系属于侵权行为不在本文讨论范围之内，故不赘述。兹将吾国与英美法关于此点，分述之于后。

二、吾国法律关于第三人受益契约之规定

吾民法明定："以契约订定向第三人为给付者……其第三人对于债务人亦有直接请求给付之权。"（民法二六九条一项）又最高法院民国二十二年上字第念三号判例亦载有"以契约订定向第三人为给付者，其第三人对于债务人亦有直接请求给付之权"。此种以向第三人给付为标的之契约，一经成立，该第三人即有直接向债务人请求履行给付之权利，无须再经过何种程序，例如甲与乙银行订立一契约，甲借与乙银行二万元，约定由乙银行每年供给丙若

---

   * 本文原刊于《社会学科月刊》（第1卷）1939年第1期。

  ** 郑国楠，1933年毕业于东吴大学法学院（第16届），获法学学士学位。

干元之学费，此时甲乙同为契约之当事人，甲为债权人，乙为债务人，丙则为契约当事人以外之第三人。在此情形，丙得直接向乙银行请求向丙自己为给付。甲为债权人，如乙不履行给付时，自亦有请求履行之权利，惟只能请求乙向丙为给付而不能请求向甲自己为给付耳。一方面固为近世经济发达，此种契约日益增加，如保险契约，信托契约等。一方面亦为当事人既有使第三人取得债权之效果意思，则其在法律上自亦可以发生效力，惟第三人既非该契约之当事人则第三人对于该约未表示享受其利益之意思前，当事人自得变更其契约或撤销[1]之耳。（民法二六九条二项）但若第三人既表示享受利益之后，则其权利义务关系即行确定，不能再为变更矣。

在罗马法此种以向第三人给付为标之契约，本属无效。因古罗马法原则上凡契约只能赋与契约之当事人以权利与义务者。换言之，凡契约当事人外之第三者，根本不得因他人间之契约而取得任何权利也。故如债务人不向第三人为给付时，第三人不得对之提起诉讼。盖当时以为此种契约仅使第三人不劳而获，坐享其利，而债权人究毫无利益可言。故法律上不能认其有诉讼权利也。此说在近代契约自由学说盛倡之时，殆无一驳之价值。且债权人亦何尝无利，契约成立之后即获得请求债务人向第三人给付之权，此即系利益。至其物质上之利益几何既难以数学方式计算之，法律上自亦无计算之必要也。[请参阅 Sohur（Rudolph），*The Institutes of Roman Law English translation by J. C. Ledlie*，Oxford，Third edition，pp. 415，221]

德国民法之规定，与吾国相同，承认第三人有直接起诉权。（请参阅王宠惠译英文本德国民法第三二八条第一项）如债务人对于此种契约之第三人不为给付时，第三人可以对之提起诉讼。[德国民法关于本论题之详细规定可参阅 Schuster（Ernest J.），*The principles of german civil Law*，At The Clarndon peers，1907，pp. 140～142.]

三、英美法

在英美法中，对于向第三人为给付之契约，第三人是否得因契约之成立即直接取得其债权。换言之，即如此种契约之债务人违背契约之义务不为履行时，在债权人固得诉请法院判令该债务人向第三人为给付。然第三人亦得

---

[1]　"撤销"原文作"撤消"，现据今日通常用法改正，下同。——校勘者注。

直接以该债务人为被告而向法院提起给付之诉乎？学说纷纭，判例因之亦异，然大别之可分为三派：

（一）英国主义（Englioh Doctrine[1]）

原则英国法院，对于向第三人为给付之契约，否认第三人，因此即有直接请求债务人履行之权利。例如甲谓乙曰："倘余付君一百元，君与丙一匹马可乎？"乙承诺之，于是甲付乙一百元，丙因乙并不与彼一匹马，控乙于法院。在英国对此拟例，皆将判丙败诉，其所持理由为凡契约不得赋与契约以外之第三人以一种权利，第三人既非契约之当事人，对于契约并无关系又无承诺，且第三人并无与契约债务人以一种代价（consideration），则彼自无直接向契约债务人请求履行契约义务之权利也。（请参阅 Dunlop Type Co. V. Selfridge &Co. apeol cases 847）在泼莱斯诉伊斯顿一案中，被告曾允某甲如某甲为彼工作者彼愿付原告款若干，某甲允之并为之完成工作之后，原告诉被告要求支付彼所允付之款项。当时法院曾判原告不得向被告请求支付该款，因被告非该契约之当事人，且又无代价（consideration）之给与也。（请参阅 Pride V. Eastor 4 Barnwall & Adolphus 443）又在名案吐惠达尔诉阿金生一案中（Tweadle V Atkinson）原告甲男与乙女未结婚之前，其父丙与女父丁（即被告）均口允如彼等结婚则赠与某数款项。甲乙结婚后，双方家长即丙与丁为证实从前诺言并为原告之利益起见，订立书面合约，订明由丁付甲英币二百镑，并由丙付甲英币一百镑，该款均应于一八五五年八月二十一日支付，如有违约，甲有全权诉之于法院云云。合约之当事人为丙与丁，甲并未参加。之后，因女父丁及丁死亡后之遗嘱执行人均不支付该款，于是甲提起诉讼。法院判决甲不得诉请支付该款。在该案判书中惠脱门推事（Wightman J.）谓代价（consideration 有人译为对价有人译为偿价）之第三者踪使契约系为彼之利益而为者，亦不得享受契约之利益。同案克隆姆顿推事（Crompton, J.）谓"天性之慈爱与情感非代价也"。又曰："代价必须出之由有权起诉之契约当事人。"（请参阅 Twedle V. Atkinson 1 Best &Smith 393）以上判例均系指普通法（Common law）而言。

例外但信托契约又在例外。故凡以向第三人给付为标的而与受托人订立

---

[1] "English Doctrine"原文作"Englioh Doctrine"，现据今日通常用法改正，下同。——校勘者注。

信托契约者，该第三人对于债务人即有直接请求履行给付之权。（请参阅 Willston on contracts Vo 1. T）在皇后工程公司一案中（The Empress Engineering company，16Ch. D. 125）曾有此种解释。[请参阅 Anson（William R.），*Principle of the English Law of contracts*，17th. EJ，pp. 280～282.] 英国名法学家萨尔蒙特氏（Sir John Salmond）将英法之例外，分举之如下：

（1）信托契约例如甲得与乙订约，订明付乙英币一千镑，乙则为受丙之信托。在普通法，此种契约之权利为乙所有，而在衡平法（Law of Equity）则在契约外之第三人即丙所有。（请参阅 Gandy V. Gandy 一案（1885），30 Ch. D. 57）

（2）代理权之追认契约当事人外之第三人得依据"代理权追认之原则"变为契约之当事人。例如甲乙互订契约，丙得追认甲之行为为代理彼之行为是也。惟此非第三人受益契约矣，萨氏排列似慊不当。

萨尔蒙氏又称第三人得代替契约之原当事人，其法有四：（请参阅 Salmond（John），*Principles of the law of contracts*，1927，pp. 378～382.）

（a）当事人之更改（By novation）经契约当事人之双方同意后，得以第三人代替契约原来当事人之一。故甲与乙间之契约，经甲乙丙三方同意后，可变为甲与丙间之契约。例如在合伙推受盘契约，如以合伙全部债权债务让与受盘之新合伙商店，其于债权固无问题，其于债务如未经债权人及推盘合伙商店与受盘合伙商店三方订立同意移转之契约。在英国法上，殊难发生效力。债权人固不得对于新受盘合伙商店提起给付之诉，因彼非推受盘契约之当事人。而售合伙商店之合伙人，如被诉偿债时，亦不能主张所有合伙债务均已由新店承担，因此乃新店与老店间之契约，与债权人根本无涉也。（请比较吾国民法规定第三〇〇条至三〇六条规定。）

（b）债权之让与（By Assignment）经契约当事人之一方之单独行为，亦得以第三人替代彼之当事人地位。例如本票之执票人，或人寿保险契约，均得移转与原契约外之第三人。（请比较吾国民法第二九四条至二百九十九条票据法第二七条至三一条又一二〇条保险法第七八，八二及八六条。）

（c）与土地相连之契约（By Concurrence）有种契约并非如一般契约之契约当事人间纯为人的关系者，原非契约当事人之新业主或占有者，常代售业主为租约之当事人，新业主对于承租人仍可依据前售业主与承租人间所订租约而请求承租人支付租金。承租人亦可依售租约请求，原非租约当事人之新业主，履行租约中规定之义务。关于此点，吾国民法亦有规定出租人于租赁物交付后，徒将其所有权让与第三人，其租赁契约对于受让人仍继续存在。

（d）承担（By devolution, throngh act of law）原非契约之当事人，经法律之强制规定而承担契约当事人之一方之地位。其最显著之例，为契约当事人一方死亡时，由其遗产管理人承担是也。惟人事契约，例如婚约等，则又除外。[请比较吾国民法一一四八，（权利义务之继承）九七九，九九九，（以上均为不得继承之权义）一一七九（4）"遗产管理人之职务"。]

以上 abcd 四目，依据笔者意见，似不能列为第三人受益契约，因根本所谓第三人者均已变成为当事人矣。

（二）马州主义[1]（Massachusettes Dactrine）

此主义之命名由于美国马萨诸塞州[2]法院之判例而来。该州法院在原则上所持主见与英国主义同，即凡非契约之当事人且无代价（Consideration）之给付者，不得为该契约之利益而为诉讼行为也。在巴尔顿诉鲍特门（Clara H. Borden v. John W. Boardman）一案中，一营造业承揽人某甲与某乙订立书面契约，建筑一屋。其造价为美币贰仟陆百伍拾元，分为二期付款，第一期在房屋将加粉刷时付款云云。在第一期付款之前，且该屋尚在建筑进行中之际，该屋忽为大风所吹移。于是甲雇丙（即原告）将该屋移至原位，其条件为费用不超过美币一百五十元。丙于第一期付款前将工作完成。甲于是继续进行营造，在第一期造价付款之时，甲告乙谓彼欠丙一百五十元。经甲乙双方同意之后，乙留下美币二百元作为付丙之款，并声明该款由乙直接付与丙。甲于是制给乙一美币一千一百二拾五元之收据，作为收到第一期造价之证据。甲乙双方均未以此事告知丙。丙经另外一人之告知，乃向乙请求给付美币一百五十元。乙虽承认彼曾留二百元作为付丙之款，惟拒绝付款。于是丙（即原告）对乙（即被告）提起诉讼，请求给付。法院判决原告（即丙）无请求乙付款之权利。此案之麻顿推事（Morton, J.）曰："本案并不发生'更改'（novotion）问题，因原告乙与某甲及被告三人间并未订有契约也。所订之契约乃甲乙间之契约，丙非契约之当事人，且又无代价之给付，自无权请求

---

[1] 根据英文，据今日通常用法，翻译为马萨诸塞州，标题译为"马州"为宜。——校勘者注。

[2] "马萨诸塞州"原文作"麻萨邱散剌州"，现据今日通常用法改正，下同。——校勘者注。

也。"（参阅 Barden v. Boardman，157 Mass，440）

例外马州主义亦有例外，惟其例外，则除承认英国主义之一"例外"外，且增一例外，即要约人因订立向第三人为给付之契约，而将其财产交付债务人时，若该财产依衡平法及良知，应属于第三人者，则该第三人得直接请求债务人履行其给付，第三人之有此种权利系由准契约（Quas－contract）而来云。（请参阅 Exchange Bank v. Ride，107 Mass，37 and marston v. Bigelow，150）

（三）纽约主义（new york Doctrine）

在纽约州之各法院其所主张，适与英国主义及马州主义相反，皆承认第三人，对于以向彼给付为标的所订立之契约，有直接请求债务人履行之权利。惟仅债务人之履行有利于第三人，不能谓为已足，必须其契约系为第三人之利益而订立，且债务人之履行须有对待之代价，（Consideration）方为有效。盖在英美法代价为契约有效要件之一也，在名案劳伦斯诉福克斯一案中，甲与乙（即被告）订立契约，约定由甲借与乙三百元，次日由乙以三百元还之于丙，因甲曾欠丙（即原告）三百元也。但次日乙并不付丙三百元，因此丙以自己名义控乙于法院。此案如控于英国或马州之法院，丙固败诉，但在纽约法院，则丙却可胜诉。其所持理由为：（1）乙从甲所得之金钱即足为乙允付丙之代价；（2）虽丙并无参加契约之订立而债务人亦无对第三人承诺之事实。然法律赋与当事人之行为，发生一种义务，创设一种关系，与暗含一对于第三人为承诺之事实。盖乙向甲承诺付丙之时即含有向丙为承诺也。该案琼生推事（Johnson C. J.）及地尼奥推事（Denio, J.）之意见均以为被告对于乙允诺付与原告三百元之允许，系算作对原告而发而经彼之代理人甲之媒介者。此种行为一经原告知悉，即可追认云云。（请参阅 Lawrence V. Fox，20 n. y. 268）此说殆以要约人为第三人之代理人，于学理上未免不通，盖代理之效力只及于本人，在为第三人利益而订立之契约其效力不但及于第三人，且及于本人。性质各有不同，自不能强为附会。况所谓向第三人为给付之契约，其契约当事人只包括要约人与承诺人而已。此外之第三人并不认为契约之当事人。如依此说，则亦无异认作契约之当事人矣。如第三人直接参加为契约之当事人，则非本文所论之第三人受益契约，而为另外一种普通契约。按吾国民法规定虽与纽约判例相同，惟所持理由则各自相异。盖吾国之立法理由乃以为契约当事人既有以使第三人得享有受人给付之利益之效果意思，法律自可赋与以直接请求权也。又关于第三人已向债权人追讨后又向债务人诉追，是否合法一节，美国蔓恩州最高法院亦曾有判例载明。该案事实乃原告为一名为惠脱奈者所雇佣，在雇佣之前，惠脱奈示原告以彼与被告所订之契约，其中规定其薪给由被告负责支付。惠脱奈并声明彼除依该契约外无法付薪云云。其后，惠脱奈氏与原告一凭票，以便向被告收取薪给。经被告拒绝后，原告于是对惠脱奈氏提起给付之诉，其结果为彼胜诉。惟因惠脱奈氏不能付清全部欠款，故乃另对被告提起诉讼。请求支付。法院判决原告败诉。该案梅推事（May, J.）谓原告本可向被告请求。又谓如当事人间有代价之给与，而订立以向第三人给付为标的之契约，第三人本可依次而直接向契约债务人请求给付。惟法律并非限制该第三人必须享受此种权利，彼尽可不理之，而向原与彼有权义关系之契约当事人（即订立以向第三人给付为标的之契约债权人）请求给付，亦无不可。但此二种救济方法，只可选择其一而不得兼而有之。既选其一，即为默示抛弃其他云云。盖在此案原告之先行对惠脱奈氏之诉讼行为在法律上已被解释为彼表示不欲享受惠氏与被告所订之第三人受益契约之利益也。（请参阅 Bohanan v. Pope 42 Maine 93）

第三人受益契约之当事人之一方，即债权人，能否因债务人不向第三人给付而请求损害赔偿乎？此问题在英美法则如仅为无偿之第三人受益契约，例如赠与等，则不发生损害问题。例如甲售与乙一马。言明售价一百元，而乙同意将马价一百元付与甲之友人丙。在此场合，如甲之欲乙付丙一百元，不过为赠与性质，则如乙经丙请求而拒绝给付时，甲充其量得对乙诉请向丙给付。而究不能另加请求损害赔偿。惟如甲之所以令乙付丙者因彼曾欠丙一百元之故，则甲得加诉乙请求赔补损害，因甲有被丙诉负欠款之损害也。

又以向第三人给付为标的之契约，如经契约之当事人双方同意撤销其契约，第三人可否提起诉讼反对之？此在英美法有二种判例。

（a）不可撤销说。多数判例均主张如第三人已受通知或知悉者，则不可任意撤销。如未经通知者，则可以撤销。（请参阅 2 Willislon on contracts §396 b）惟如何方能谓为第三人之同意，多数判例以为如第三人知悉该第三人受益契约之存在且未表示反对者视为同意。且有数判例，进一步判决踪使第三人无明示之同意，亦不得撤销者。（请参阅 Starbird v. Cranston, 24 Col. 20; Cobb V. Heron, 7 Ill. App. 654, 180 Ill, 49 Henderson V. Mc Donald, 84 Ind. 149 Trustees V. Anderson. 30 n. J. Eq. 365，368.）

（b）可以撤销说少数判例主张可以撤销。（例如 Crowell V. Hospital，27 n. J. Eq. 650）

吾国民法规定，第三人未表示享受其利益之意思前，当事人得变更其契约或撤销之。（请参阅吾国民法第二六九条二项）至于所谓"表示"自应解释作为包括明示与默示在内。而当事人之变更其契约或撤销之，自亦应依诚实及信用方法行之。如其撤销为欺骗当事人之一方之债权人（指第三人）或免除该负给付义务之债务人之债务者，依笔者意见，以为依法理解释均应认其撤销为无效也。

四、结论

吾国民法系从大陆法系，而大陆法系之契约法理多系承罗马法而来。在罗马法"约因"（Causa）之"近因"为法律行为之要素。此与英美法之以"对待之代价"（Consideration）为契约之有效要素者似属相似。惟"约因"与"代价"自有其不同之点，而其所以有其不同之点，无非因历史背景之关系而已。兹请先述"约因"与"代价"之分别，再述英美法关于代价学说之史的发展，以为本文之结束。

按"代价"在英美法上称之为 Consideration，系由拉丁文 Consideration 一字而来，吾国著作家有译之为约因者，然易与罗马法之 Causa 一字相混，盖 Causa 者即何故从事于契约行为之原因也。（参阅应时著《罗马法》第二〇五页）简言之 Causa 者即约因是也。而代价乃指一造所受之利益，他造所受之损害之谓。（参阅 Thomas V. Thomas, 2. Queen's Bench Rep 851 Judge Batteson's word）二者比较，前者方有代价主义之发生，（Doctione of Consideration）惟此时期所谓代价者，系指"要约人之利益"而言，凡非盖印契约均采用此主义。故在此时期，凡契约之标的对于契约之任何一造并无利益者，于法无效。至第三时期代价之范围已被扩大，此时期"承诺者之损害"亦认为代价矣［参阅 Holmes，（Olive w.）The Common law, p. 270］。故在第二时期，认作无效之契约，今亦认为有效矣。盖因时代之演进，社会生活之变迁，乃不得不变更解释以应时代之需要也。然往往因限于历史的背景，不得不采用代价主义。因之有时因解释上之困难，其结果虽与时代之巨轮同时迈进，而其理由则迫得不得不牵强附会"硬攀亲眷"甚至"盖印契约"亦有解作契约上之印盖即为代价者，于法理上未免欠通，彰彰明甚。此种穿凿附会硬将"代价"意思套上，其为方枘圆凿，不言自明，惟终为限于历史的背景，英美两国终无一推事有勇气敢放大胆子，革命一下，打倒此种机械化之法学也。

一九三四年十一月十五日
于英国伦敦大学皇家学院图书馆

我国契约法典与英美契约法之比较观[*]

朱志奋[**]

溯自我国与外国通商以来，英美人民之来我国者，固甚充斥。而我国人民之往彼国者，亦所不少，法律问题因之益趋繁复，尤以契约关系为甚。且我国法律乃继受大陆法系，往往与英美法律，大相径庭。国人因不谙彼国契约法规，而致误事者，实数见不鲜。本篇之作，即系将我国民法上关于契约之规定。于英美契约法作一比较观察，一以供学理上之参考，一为实际上之应用。惟以时间关系，所论者仅限于重要问题，遗漏之处，自当不免，尚祈有以谅之。

一、契约之意义

契约又广狭二义：广义谓凡法律行为为由当事人间之意思表示之一致而成立者，不问其是否因此发生债务关系，皆为契约。狭义则谓当事人间合意之成为契约者，至少须一方因此合意而负债务，即所谓债务契约，否则，非契约也。德国民法采取广义，分契约为债务契约与其他契约，将契约之一般通则，规定于总则篇中，而债务契约则于第二编中另设规定焉。我国民法则取狭义，视契约乃发生债务关系为目的之合意，将此项法规仅规定于债编中，惟其他合意，亦得准用契约之一般规定耳。英美法视契约为合意（agrelment[1]）之一种，其范围较合意为狭，所谓合意云者，实与前述广义之契约相当。契约之成立，以直接发生债务关系为必要。[2]举凡不发生债务关系或间接发生债

---

[*] 本文原刊于《现代法学》（第 1 卷）1932 年第 11 ~ 12 期。

[**] 朱志奋，1933 年毕业于东吴大学法学院（第 16 届），获法学学士学位。

[1] "agreement"原文作"agrelment"，现据今日通常用法改正，下同。——校勘者注。

[2] Fletcher v, Wheeler, v, Glasgow.

务关系之合意，皆不得视为契约，[1]盖亦取狭义也。

二、契约之分类

契约在我国民法上得以种种标准，而为分类。自当事人是否负担须为对待给付之债务一点上观之，则有双务契约与片务契约[2]。自当事人所为之给付是否有对待价值一点上观之，则有有偿契约与无偿契约。自订约于合意外是否须当事人之给付，始得成立一点上观之，则有要物契约与诺成契约。自契约是否立于从属地位一点上观之，则有主契约与从契约。凡此种种，在英美法上虽亦有行之者，然究非重要，实则彼自有其特殊分类焉。特殊分类维何，请言于下：

（一）要式契约——盖印契约（Cntraet under Seal）

盖印契约或曰"印契"，（deeds）为英美法上一种方式最严重[3]之契约。此种契约之作为，须于纸或羊皮纸（Parchment）上以书面为之。所谓盖印云者，在古时须以含有印痕（Impression）之火漆（Wax）黏于该书面之上。今则方式渐趋自由，凡以具有黏性而能受印痕之物附于该书面，或不另附他物，而于书面自体即印有印文者，均无不可。[4]最近美国各州，[如新墨西哥（New Mexico）加利福尼亚[5]（California）伊利诺伊[6]（Jllinois）等州]，且通过法律。对于书面上仅画一圈形，（Scroll）或任意符号，（Scrawl）以带盖印者，亦均认为有效者矣，一书面有数当事人者，虽仅以印号，而各当事人署签其下，认为自己之印号者，亦可有效。惟个人各自盖印，则较为妥实耳。[7]

盖印契约效力之发生，以交付为必要。交付有直接向相对人为之者，有向第三人为之者，前者契约之效力于交付时随之发生，后者其效力于完成一

---

[1] Wade v, Kalbfleisch , Ditson v Ditson.
[2] "单务契约"原文作"片物契约"，现据今日通常用法改正，下同。——校勘者注。
[3] "重要"原文作"严重"，现据今日通常用法改正，下同。——校勘者注。
[4] Warren，Lyneh，Pillow v，Bobents.
[5] "加利福尼亚"原文作"哥利福尼亚"，现据今日通常用法改正，下同。——校勘者注。
[6] "伊利诺伊"原文作"意利诺"，现据今日通常用法改正，下同。——校勘者注。
[7] Ball. Dunsteruille, Ludlow v, Simond.

定条件时始得发生。[1]惟得溯及既往，（即自原付之时起发生效力）耳。[2]

在普通法（Common Law）上，盖印契约是否以署签为必要，学者不无疑义。[3]惟署签能增加契约之妥实性者，则众所一致承认也。

盖印契约在原则上不以约因为必要。故无偿契约，多以此式行之，惟亦有下述之例外焉：

（1）限制他人营业之契约，虽以盖印方式为之，亦以约因为必要[4]

（2）盖印契约如有约因者，若其约因为违法或不公平时则衡平法院得依利害关系人之声请，宣告其契约为无效。

（3）盖印契约之法律。最近美国各州渐趋变更，有根本否认盖印契约与非盖印契约之区别者，谓不论盖印或非盖印之契约。凡以书面为之者，均视为已有约，因虽盖印契约，亦得提出反证。[如印第安纳[5]（Indliana）、加利福尼亚（California）等州]有相对否认盖印契约之效力者，谓契约以盖印方式行之者，得推定其有约因之存在，惟此项推定仍得提出反证耳。（如纽约等州）

盖印契约之适用，有出于当事人之任意者，有为法律规定者，兹就后者说明于后：

（1）无约因之契约此种契约非以此形式之即归无效。

（2）法人所订之契约在古时法人所订之契约，统须以此式为之。但今则除章程另有订定或法律别有规定外，不再使用此原则者矣。

（3）转让土地之契约依普通法之规定。此项契约不以盖印方式为必要，但多数判例则承认之。

（二）要式与要因契约——书面契约

此种契约以方式与约因同为必要条件，二者缺一，即无效。[6]惟此之所谓方式云者，系指以书面作成而言，非如盖印契约之须有特别严重之形式也。例如汇票（Bill of exchange）债票（Promissorymotes）以及诈欺法（Statute of

---

[1]　Wheelwrightv，Wheelwright.

[2]　参照 Leake：Contract 79.

[3]　Coock v，Goodan，并参照 Leacke：Contract，76.

[4]　Mallow v，Mag，Palmer v，Stebbins.

[5]　"印第安纳" 原文作 "印地那"，现据今日通常用法改正，下同。——校勘者注。

[6]　参照 Brantly：Contract，33.

fravds）上所规定之契约等，统须以此式为之。

后二种契约英美法以简单契约（Simple Contract）或口头契约（Parol Contrast）称之，"口头"一词，在通常意义，虽仅指口语而言，但适用于此。即书面契约，亦包括其内焉。[1]

三、要约

（一）契约效力之发生时期

我国民法对于契约效力之发生时期，虽未别设规定，然要约即为意思表示，自应适用意思表示之一般原则。兹分二种情形述之：

（1）向对话人为要约时，以相对人了解其意思时发生效力。[2]

（2）向非对话人为要约时，以要约到达相对人时发生效力。[3]

英美法所采之主义亦与此大致相同，视要约效力之发生，以相对人了知该要约为必要前提。否则，要约根本不生效力，而相对人亦无从与以承诺矣。[4]故如悬赏要约之相对人，已知悉该要约而对之为承诺之行为者，固成立悬赏契约，而请求报赏。但相对人为其行为时，不知有该要约之存在者，则不得成立此项契约矣。（关于悬赏契约问题将另设专节讨论之）

（二）要约之撤回

要约自发生效力后，要约人可得撤回与否，各国立法例尚未一致。有取积极主义者，如古代之罗马法，德国普通法。以及近现代之法国民法是。有取消极主义者，如德民（一四五条）、奥民（八六二条）、日民（五二一条一项五二四条）、瑞债（三条至五条）等是。我国民法第一百五十四条前段规定：契约之要约人因要约而受拘束，是则明采消极主义而认要约之形式效力矣。凡要约一经到达相对人，除撤回要约之通知于预先或同时到达者外，概不许要约人自由撤回。但要约人预先声明不受拘束，或依其情形或事件之性质。可认当事人无受拘束之意思者，不在此限。[5]英美法原则上不认此效

---

[1] Rann, v, Hughes.

[2] 民法第九十四条。

[3] 民法第九十五条第一项。

[4] Taglor v, Laird, Bartholoew v, gockson.

[5] 民法第九五条第一项第一五四条第一六二条参照。

力，视要约于未经承诺前，要约人得任意撤回，毫无拘束。[1]即其要约已有不得撤回之声明者，亦不能阻碍其撤回权之行使。[2]对于数人为要约者，若其契约之成立，以数人全体之承诺为必要者。虽给其中一部分人之承诺，而要约人对于该要约仍得撤回之。[3]例如甲对乙丙丁三人为共同让与其土地之要约，当乙丙已与承诺，而丁尚未承诺前，甲仍得撤回其要约。但丁亦与承诺时，则其撤回权即归消灭，盖此时要约已因承诺而进为契约，甲自身亦应受其拘束也。不仅此也，撤回且不以通知相对人为必要。[4]凡要约人于要约未经承诺前之行为，显足以使相对人推知其有撤回之意思者，亦视为已为撤回。学者尚无定论，有持否定说者，[5]有持肯定说者，[6]但以后说为当。[7]

虽然，要约之得由要约人任意撤回，不过为英美法上之原则耳，尚有例外在焉。凡要约于要约外另以附约约定该要约于相当时期内不得撤回，而其附约以盖印方式为之或有相当之约因[8]者。则其约定为有效，而该要约即不得任意撤回矣。[9]惟在此有一疑问焉，即要约者虽有附约，而仍不遵守。任意撤回者，则相对人于期内承诺此已经撤回之要约时，是否有请求履行要约之权是已。判例于此，见解尚未一致，有主张此时要约既已撤回，则相对人虽与承诺，自不得成立契约。惟要约人既附约于前，而不遵守于后，实系一种违反附约之行为，相对人于此仅得请求损害赔偿耳。[10]有主张要约人既已约定于期内不得撤回，则相对人于期内与以承诺，自得成立有效契约，而有请求履行之权也。[11]二说之中，后说虽为通说，究以前说为当。

（三）要约效力之消灭

依我民法之规定。要约效力因下述原因而消灭。

（1）要约之存续期限届满兹分二种情形言之：

---

〔1〕　Ide v, Leiser, Pagne v, cave.

〔2〕　National Befining Co, v, Miller.

〔3〕　Buston v, Shstwell.

〔4〕　Dirkison v, Dodds.

〔5〕　Avson：Contract Sth, Fd；32.

〔6〕　Sir Frederick, Pollock Ashley；Cntract.

〔7〕　）Chark：an Contract 3d, Ed, 40.

〔8〕　例如相对人约定于期内如不承诺与以相当之赔偿是。

〔9〕　Watkin v, Bobertson.

〔10〕　Litz v, Goosling.

〔11〕　Watkins v, Robertson.

a. 要约定有存续期限者要约定有存续期限者，非于其期限内为承诺，失其拘束力。[1]

b. 要约未定存续期限者对话为要约者，非立时承诺，即失其拘束力。[2]非对话为要约者，依通常情形，可期待承诺之达到时期内，相对人不为承诺时，其要约失其拘束力。[3]

（2）要约之拒绝要约经拒绝者，失其拘束力。[4]将要约扩张，限制或变更而为承诺者，视为拒绝原要约而为新要约。[5]

（3）要约之撤回要约得撤回之情形有二：

a. 要约当时预先声明不受拘束或依其情形或事件之性质可认当事人无受其拘束之意思者。[6]

b. 撤回之通知。同时或先时到达相对人者。[7]

凡此原因，大致上亦为英美法所承诺，殊无赘述之价值。惟于此有一差异，为吾人所应注意者，即要约人于发生通知至承诺前要约是否因要约人或相对人一方之死亡而消灭其效力是已。依英美判例之见解，契约系特定人与特定人间之关系，凡要约于达到相对人前，相对人已死亡者，其继承人固不得承诺此要约。而要约于发送后，未经承诺前，要约人死亡[8]或丧失行为能力[9]者，相对人亦不得对此要约与以承诺，以拘束要约人之继承人，是则明认要约人或相对人于要约发送后至承诺前死亡或丧失行为能力为消灭要约效力之原因矣。此原则不仅适用于自然人，法人亦然。凡公司于要约发送后承诺前解散者，一经通知此事实于相对人，即视为撤回其要约。[10]我国民法于此明定要约人于发送通知后死亡或丧失行为能力或其行为能力受限制者，其意思表示不因之失其效力，[11]固与英美法大相径庭也。

---

〔1〕 民法第一百五十八条。

〔2〕 民法第一百五十六条。

〔3〕 民法一百五十七条。

〔4〕 民法一百五十五条。

〔5〕 民法一百六十条第二项。

〔6〕 民法一百五十四条第一项后段。

〔7〕 民法九十五条第一项后段参照。

〔8〕 Wallace v, Tawnsend, mactiers Apmrs v, Frich.

〔9〕 Beach v, First M, E, Chuch. （以相对人知其丧失能力之事实为必要）

〔10〕 Goodapeed v. Plow Co.

〔11〕 民法第九十五条第二项参照。

（四）交错要约

交错要约云者，当事人彼此无因果关系而互为同一内容之要约也。例如甲对乙要约以某价出售其土地，适值乙亦对甲要约以某价购买其土地是，此种要约是否得以成立契约，学说纷纭，莫衷一是。吾民法于此，未设明文，惟学者多持积极说耳，英美法则异于是焉，其判例[1]明认交错要约不得成立契约。盖彼以契约之完成，须要约与承诺二者俱备，而成诺之成立。复以为承诺时知有要约存在为必要。今交错要约之当事人为其要约之际，全不知有他方要约之存在，是其不能成立承诺者明矣。既无承诺，则契约之不成立，实属当然。

四、承诺

（一）承诺之成立要件

关于承诺之成立要件，我民法与英美法大致相同，兹分述之。

（1）承诺须由相对人为之依我民法不认相对人于要约发送后承诺前死亡为要约效力消灭的原因之规定观之。除要约别有意思表示外，相对人之继承人应解为亦得为此承诺，但英美法则否。

（2）承诺须向要约人为之此为承诺之当然条件。要约之相对人因有时为不特定人，而承诺之相对人则必为特定人。

（3）承诺须在要约效力之存续期内为之要约之效力尚未发生或业已消灭时，相对人不得向之承诺，盖尔时要约尚未或已不存在故也。英美法于此，尚有以相对人为其承诺时，须知有要约存在为必要者，而我民法则否。

（4）承诺须与要约之内容一致承诺之内容须与要约之内容完全一致，若将要约之内容扩张，限制或变更而为承诺者，则我民法谓之新要约，[2]英美法谓歧趋要约，（Counter offer）[3]均无承诺之效力。惟原要约人得再与承诺，而无成立契约耳。[4]故如要约约售卖一定数量之货物者，不得承诺购买较多或

---

[1]　Tinn v, Hoffmandco.

[2]　民法一六〇条第二项。

[3]　Houyh v. Brown，Briggs v. Sizer.

[4]　Esnay v. Gorton.

较少之数量。[1]要约以特定价格出售其地者，不得以较少之价格承诺之，[2]不特此也，在英美法尚有一推定焉。即如一人要约售卖其土地于相对人，苟其要约对于地价之支付地未承诺人之住所支付者，即视为内容歧义异，不生承诺之效力矣。[3]

（5）承诺须依要约指定之方法为之承诺之方法，原以无限制为原则，惟要约别有指定者，应依其所指定之方法为之。否则，不生效力，故如要约人声明应以电报承诺者，相对人不得以邮件承诺，或遣人亲投承诺函件于要约人之私人信箱。而约束要约人，[4]英美法于此亦设有一推定制度，即以邮局电报或其他方法送达之要约，虽未指定承诺之方法，亦推定其应以与要约同一之方法，与之承诺。故如以电报送达要约者，不得以邮局送达其承诺。惟要约以邮局传送者，若以其他方式承诺，能于相当期间内达到要约人时，亦得发生效力耳。（按英美法对于承诺效力之发生时期原采发信主义，今于此采达到主义者，盖以其不依默示之方法承诺也。）[5]

（6）承诺须达到要约人所指之地点英美法于此有一著名判例，其事实如下："被告对原告为一购买面粉之要约，由火车送达，并声明其承诺应以当次转回火车（Return Woggon），送回。原告受此要约后其承诺不以转回货车送回，而以其他方法送达于货车目的地以外之处所，惟该承诺已于相当期内由被告收受。"此案之目的，即在确定原告之承诺，是否有效。质言之，即被告是否有自原告处购买面粉之义务是已。结果原告归于败诉，盖以此承诺达到于要约指定地以外之处所，虽于相当期内，已由被告收受，究不生拘束被告之效力也。[6]

（二）承诺效力之发生时期

关于承诺效力之发生时期，我民法未设明文，惟承诺既为意思表示，自应准备意思表示之规定。即在对话人间之承诺，以要约人了解时发生效力。[7]

---

[1] Minneapalis C st. L Ry Co. V. Rollingrnill Co.

[2] Hyde v. Wrench.

[3] Baker v. Wrench；Sawyen v. Brossart.

[4] Carr v. Duval；Howard v. Daly.

[5] Trounstine v. Sellers.

[6] Eliason v. Henshaw.

[7] 民法第九四条参照。

非对话人间之承诺，以承诺之通知达到于要约人时发生效力〔1〕是也。英美法于对话人间之承诺，固与我大致相同。而于非对话人间之承诺，则大相径庭，盖彼采发信主义而我取达到主义也。凡对于以邮局送达之要约，与以承诺〔2〕或依普通之交易习惯应以邮件承诺者，〔3〕则承诺之信件，一投信箱。则承诺之效力随即发生。以电报传达之承诺，于电文交付电报公司后亦然。例如某甲在南京以信件向上海某乙为出售其土地之要约，乙接到此要约后，即作书承诺。则当其信投递于信箱之时，即买卖契约成立期也。此项原则至今虽尚有表示异议者〔4〕然究为一般判例所承认矣。

在此有以问题焉，即承诺之信件发送后，于中途遗失或迟误者。是否亦得适用此原则是已。学者于此，见解尚未一致。惟据近今重要学说，均认承诺于投递时，契约已完全成立，何得以时候之变故，而影响契约之效力乎。〔5〕惟此之所谓投递者，乃指其已经合法之投递而言，苟其信仅交付其仆人，而仆人于时候未为投递，或交付非在收信之邮差，或邮票不足，或通信处错误者，均不生投递之效力〔6〕

发信主义为英美法所采之原则，但下列情形，则承诺非达到要约人不生效力：

（1）非以要约默示之方法为其承诺者所谓要约默示之方法云者，即指与要效送达之同一方法：或依交易习惯应为送达之方法而言，故如要约人以邮局送达其要约者，则以邮局送达其承诺，为要约默示之方法；〔7〕或依交易之习惯，素以登报通知其承诺者，则登报承诺为其默示之方法矣。相对人如以此法为其承诺，则在前例，于相对人投递其信，或在后例。于刊布于报时。契约即得完全成立，而相对人之是否曾已接到或知晓，在所不同也。今相对人不依此默示，而以其他方法为其承诺者，则非达到要约人不生效力。

（2）要约人声明承诺非至达到不生效力者。此时要约人既已预先声明，

---

〔1〕 民法第九五条参照。

〔2〕 Adams v. Lindsell.

〔3〕 Henthorn v. Fraser.

〔4〕 Hausehold Ins. Co v. grant.

〔5〕 Mactier's admss v. Fritl；Dunlop v. Higgin.

〔6〕 Lewis v. Browing.

〔7〕 Adams v. Lindsell.

自不得适用原则。[1]

（三）承诺之撤回

关于承诺之撤回，我民法亦未别设明文，自应准用第九十五条但书关于撤回意思表示之规定。即撤回承诺之通知须先时或同时达到于要约人，始生撤回之效力也。英美法是否承认承诺于发送后，得以撤回，不无疑义。惟据一般通说，均认承诺一经发送，契约随即成立。该承诺虽由发送者于中途取回，亦不生撤回之效力也。[2]但前述例外情形之承诺非至达到要约人不生效力者，于达到前，自得适用撤回之法则耳。

五、悬赏广告

（一）悬赏广告之性质

悬赏广告者。要约人以广告方法，声明对于完成一定行为之人给与报酬之行为也。此种行为之性质，立法例与学说均未一致。有持契约说者，谓悬赏广告乃广告对于不特定人所为之要约，须俟行为人与以承诺。然后契约始得成立，而广告人之债务关系亦因以发生，日本[3]、瑞士[4]等国民法采之。有持单独行为说者，谓悬赏广告乃单独行为，广告人得仅由一方的意思表示。遂即负担债务毋庸经行为人之承诺，惟广告当时，广告上所指之一定行为。既未完成，其债权人自不存在，尚难谓为即发生债权故多主张以一定行为之完成，为广告人负担债务之停止条件，德国民法[5]采之。我民法将此种行为规定于契约章内，其采契约说者，盖甚显然。英美法认要约之相对人不以特定人为不要，故悬赏广告亦视为要约之一种焉。[6]

悬赏广告之方法，原无一定之拘束，有以书中而为之者[7]，有以口头为之者[8]，有悬之于壁者，有公诸于报者，要皆任广告人之任意选择也。

---

[1] Vassar v. Carnp.

[2] Scottish – American Mortgage Co. v. Dauis.

[3] 日本民法五二九条以下。

[4] 瑞士债务法八条。

[5] 德国民法六五七条以下。

[6] Wentworth v. Day；Besse v. Dyer.

[7] 如以文字公诸于报是。

[8] 例如当起火者之际。某甲以其妻尚在屋内。即向群众曰。"谁能救伊外出者。与以千金"此时如有人遵约履行该行为者。则甲须负担一千元之债务矣。

（二）悬赏广告之撤回

悬赏广告既为要约之一种，自应适用要约之一般法则，于广告所指定之行为未完成前。得由广告人任意撤回者也。依我民法之规定，预定报酬之广告，如于行为完成前撤回时，对于行为人因该广告善意所受之损害，应负赔偿之责。但广告人证明行为人不能完成其行为者，不在此限耳[1]。英美法于此，则无此项救济办法，凡行为人于撤回后完成其行为者，不得使广告人受其拘束[2]。若广告人撤回广告之方法与公布广告之方法相同者（例如广告刊诸某报前面。而撤回之通知亦刊诸某报前面是），即行为人不知有是撤回。亦不能影响撤回之效力也[3]。

（三）悬赏广告之承诺

其要约定有期限者，应于期限内为之。无期限者，于相当期限内为之，此固我民法与英美法所一致者也。[4]惟于此吾人所应注意者，即行为人为其行为时不知有悬赏广告之存在者，是否得对广告人请求报酬是已。我民法因袭德国民法第六五七条之规定，认此时行为人仍得请求报酬[5]。质言之即亦得成立有效承诺是也。惟依契约一般之法则，承诺为承诺人意欲与要约人缔结契约所为之意思表示，承诺时承诺人以知有要约之存在为必要。否则。承诺人既无要约人共同缔结契约之目的，乌得以成立有效之承诺乎。德国民法认悬赏广告为单独行为，行为人完成其行为，仅为广告人负担债务之停止条件，行为一经完成，债务关系随即发生，固不问行为人是否知悉此项广告之存在。故此项规定，在彼甚为适当，但以我民法认悬赏广告为要约者采之，实不可同日而语，是否适当，事无商榷之余地耶。

英美判例于此，见解尚未一致。有主张行为人为其行为时，不以有请求报酬之动机（Matiue）为必要者。故行为人为其行为时，虽无请求报酬之目的，亦得成立有效之承诺[6]。有主张行为人为其行为时以知有悬赏广告为

---

[1]　民法第一百六十五条。

[2]　Shuey v. Unites states；Biggers v. Owen.

[3]　Shuey v. Unites states.

[4]　参照我民法第一五七条第一五八条及美判例 Loring v. city of Boston；Mitchell v. Abbort；Shaub v. Lancaster.

[5]　民法第一百六十四条第一项后段。

[6]　Williams v. Carwardine；Russell v. stewart.

必要者，谓契约之成立。合意（Mutual assent）之动机固非必要，而合意则不可缺，今行为人既未前闻广告之存在。则合意将何得而成立乎。[1]亦有主张行为之动机与行为人之知悉广告，均为必要者[2]。惟三说之中，以第二说为最当，亦为彼国著名学者之通说。

在此应附带说明者，即行为人为其行为，究至若何程度，方可认为已予承诺之一问题是已。学者于此，聚讼纷纭，莫衷一是，其主要学说，约如下述：

（1）在着手一定行为前，因为意思表示，而认为已予承诺者。

（2）因着手一定行为，而认为已予承诺者。

（3）因完成一定行为而认为已予承诺者。

（4）在完成一定行为后，因为意思表示，而认为有承诺者。

（5）因将完成一定行为之结果，交与广告人，而认为承诺者。

我民法于此，未设明文，惟据学者解释，宜采第四说。盖数人完成一定行为时，究应如何给付报酬。据我民法之规定，不以完成之先后为依据，而以通知之先后为标准[3]。足见最先为承诺之通知者，即因以成立契约矣。英美法则采第三说，凡行为人行为一至完成，契约随即成立，至其是否曾为通知，在所不同也。[4]故当数人完成一定行为之情形，广告人对之给付报酬，自应以完成之先后为标准。

六、约因问题

（一）约因之意义（Consideration）

约因之定义，吾国民法未有规定，而学者亦鲜有言之者。据英美学者之见解，亦甚纷纭，漫无一致。有谓约因为受约人（Promisee）因为约人（Promisor）之请求所为之动作者，有谓约因因为受约人之言所为之作为（done）忍耐（forbsrne）或损害（Suffereb）者[5]，有谓约因为契约当事人一方所得之权利（right）、利息（interest）、利润（Profit）或利益（Benifit）、

---

[1]　Fitch v. snedaker.

[2]　Hewitt v. Anderson.

[3]　民法第一百六十四条第二项参照

[4]　Wentworth v. Daz；Besse v. Dyer

[5]　Anson：Contraet 18th ED. P47.

或他方所受之损害（detriment）、损失（loss）或义务（Responsibility）者〔1〕。三说之中，以第三说为最完备。依此定义，可知约因不必限于金钱之给付，凡一方有所得或他方有所失者，均无不可。惟其所得或所失在法律上应视为具有若何之价值耳〔2〕。约因与动机（Motwe）有别，前者为缔结契约之直接决意，而后者则为所以生此决意之原因。质言之，即约因之原因也，约因为缔结契约之要件，而动机则于契约之成立多无影响。例如在买卖契约，买受人之缔约原因仅系由某人取得货物，而动机则种类分歧，或因买供自用，或因转让他人，或因专卖利是。故约因在同种契约，常相一致，而动机在同种契约，则千差万别也。

（二）约因之重要

所谓约因之重要云者，即契约之成立，是否以约因为必要条件是也。我国民法于此没有〔3〕规定：前大理院判例虽亦曾言及约因问题（如三年上字一一六四号，四年上字二八九号等），然究未承认约因为成立契约之必要条件。据正当解释，契约在我国民法上除少数契约（如双务契约等是）外，虽无约因，亦得成立，但违反公序良俗者，不在此限耳。英美法则有异于是，除盖印契约外，一切简易契约，均以有约因为必要，否则即归无效〔4〕。虽往昔判例，亦曾疑及书面之简易契约，不以约因为必要者〔5〕。但经英国一七七八年 Rann v. Hughes 一案之判例后，此项疑团，随即涣然冰释矣。

票据于直接当事人间，亦以约因为必要。惟其约因于票据订立时，法律即推定其存在，当事人非提出无约因之反证，不得影响该票据之效力。〔6〕

（三）英美法上约因概说

（1）约因之适值（adeguacy of consideration）。依英美判例之见解，契约之成立，约因固为必要条件，而约因之适值则非必要。若缔约之双方，各已得其心之所欲。而法律视为具有若何之价值者，虽一方之所得，极其微细，不足以偿其所失，法院亦应认为已有约因之存在，不得轻予干涉。盖非如是，

〔1〕　Currie v. misa；Bainbridge v. Firmstone.

〔2〕　Anson：Contract，p. 76.

〔3〕　"没有"原文作"无有"，现据今日通常用法改正，下同。——校勘者注。

〔4〕　Coley v. moss；Briggs v. Latham.

〔5〕　Pillans v. an mierop.

〔6〕　Norton：Bill C n. 3dEd，p. 270.

则法院必致越俎代庖，而当事人之本意反不得任意实现者矣。[1]故如价值十元之表，以一元购之者，苟非出于诈欺，其买卖契约仍可有效成立，盖此时已有约因之存在也。不但如此，契约当事人仅一方有所失，而他方毫无所得者，其契约亦得成立。例如甲谓乙曰："汝能于一年内不吸纸烟。余将与汝十金。"若乙于期内遵约旅行者，甲即有给付十金之义务。盖此时甲虽毫无所得，而乙固已丧失吸烟之自由矣。[2]又如甲谓乙曰："尔若旅行欧洲，余将付尔一切费用。"此时乙苟如甲所约，则甲应支付其一切费用。[3]

虽然，前述原则，仅能适用于法院不能决定当事人对其标的物之价值的场合，若其标的物之价值，既已确定者，即应取例外之规定焉[4]。例如甲谓乙曰："尔与余一元，余当与尔千元。"乙固如所请而与之，而甲拒绝千元之给付，于此场合，法律不能认此契约之约因已为存在，盖甲之千元与乙之一元。同为交易媒介，其价值既已确定，当事人之本意，绝不以种类相同价值相等之多数量之物易少数量之物者，惟乙之一元。若为古昔遗物，与普通之货币不可同日而语，则其情形自当别论。[5]

（2）约因之真实性（Reality of consideration）。依前节所述，约因固不以适值为必要，但法律须视为具有若何之价值，否则，谓之虚设约因（Unreal consideration），直与全无约因者等耳。兹将虚设约因之情形，说明于下：

以约言（Promise）为约因，其约言无互束性（Mutuality）者。依原则言之，凡契约当事人双方互为约言者。若其约言在法律上视有价值，二者虽不适值，亦得互为约（注十二）[6]，但其约言无互束性者则不然。例如甲谓乙曰："汝能以某价向余定货，余将如所谓而奉上。"乙承诺曰："余如向汝定货，将以某价与汝。"此时乙虽亦为约言，但不能视为约因，盖据此约言，乙之是否定货，乃乙之自由，而甲毫不能有所强制也。[7]

就法律上不能行使之事而为不行使之约言者。法律上不能行使云者即法

---

〔1〕 Woyorbv. Power Hubfordv Coolidge.

〔2〕 Hamer v. Sidway.

〔3〕 Devecmon v. Shaw.

〔4〕 Schnell v. nell.

〔5〕 Schnell v. nell.

〔6〕 Higgins v. Hill；Dendy v. Russell.

〔7〕 American Cotton Oil Co v. Kirk.

律不认其有行使之权利是已，按此类事件，法律既已确定其不能行使。

当事人虽无约定，亦不能任意为之，故就此而为不行使之约言者，仅不过履行法律上之义务耳，在为约人固毫无所损，而受约人更无受益之足云，其不能构成约言者，实数显然。例如甲谓乙曰："汝能与我十金，余将不讨汝之赌钱。"乙曰："可。"此种约言，法律不能视为可成立契约，盖甲之不能讨取赌款。法律早已确定，就此而为约言，于甲毫无所损，自不能成立约因也。[1]

就法律上或契约上所应履行之事为履行之约言者。在法律上或契约上所应履之事，既早为法律或契约所确定，当事人就此而为约言，当属毫无所损，自不得视为约因，此与前项所述者基于同一理由，惟彼为消极义务，此为积极义务耳。例如对有逮捕责任之公务员为逮捕某犯与以相当报酬之约言，[2]对法律已有定额报酬之公务员或证人为行使某事与以额外报酬之约言[3]。船主于一水手脱逃后，对未脱逃者为如能在船继续服务，将与以额外薪金之约言[4]等，均不能视为有约因而成立契约是。惟此种约言要求之行为，苟超越法律上或契约上所定义务之范围者，则其情形，又当别论。[5]

在此有一问题应附带说明者。即契约当事人之一方鉴于契约履行之不利，意欲解除契约，而他方为防止解除起见，因而对其为额外给付之约言，是否有效是已。判例于此，见解纷纭，有谓应依原则之规定。此种约言，宜归无效者[6]，有谓此项约言，非因其契约履行发生不可预料之困难不生效力者[7]，亦有谓此项约言应完全发生效力者[8]。三说之中，第一说最符合法理。[9]

就不能之事实（Impossibility）为约言者。不能之事实得分二类：一、法律上不能，二、事实上不能。前者之例，如一仆人对其主人之债务人为免除

---

〔1〕　Eueringham v. meigham.

〔2〕　Smith v. whilelin.

〔3〕　Lucas v. Allen；Hatch v. Mann.

〔4〕　Stilk v. Myrick.

〔5〕　England v. Dauidson.

〔6〕　King v. Railway Co.

〔7〕　King v. Railway Co.

〔8〕　Munroe v. Perkin.

〔9〕　Holmes：The Common Law P. 301.

其债务之约言是。[1]后者之例，如约定以一日之路程。由纽约而伦敦是，[2]凡此约言，均不得成为英美法上之约因。

以不法之事实为约因者。凡约言以合法为要件，否则，即归无效[3]。例如甲谓乙曰："汝能杀丙。余将与以千金。"乙固如所谓而杀之，其契约亦不得成立，盖其约言乃非法之事也。

以过去之事实为约因者。以过去之事实为约因者，谓之过去约因（Past Cousideration）。此种情形。类多为约人于过去因受约人之牺牲而受利益，未曾负担若何之义务，事后缘于天良或友谊，不安于心，而对其为相当报酬之约言也。惟受约人于过去对为约人有所利益时而不使其负担义务者，或固心之所愿，或以咎由自取。事实既确定，即不为此约言，于受约人固理所当然，毫无所损，而为约人亦不因此约言而受有若何之利益，故法律视为无约因之存在，而不能成立契约也。[4]例如当事人间所订之买卖契约，本无瑕疵担保责任者，出卖人不得于时候与以担保[5]，一人为他人所为之工作，本无要求报酬之目的又非他人之嘱托者，该他人不得于事后许以相当之报酬，[6]等是也。

虽然，右之原则，有例外焉：

（A）受约人过去为为约人所为之工作系因为约人所嘱托者例如乙因甲嘱托而代为其事，事后甲许以相当之报酬是，此时甲既有请于前，复许于后，自应许其有效也[7]。

（B）受约人于过去为为约人所为之工作系为约人在法律上应为之事者受约人为为约人所为之行为，既为为约人在法律上所应为之事，实无异于无权代理行为，今为约人既于时候许以报酬，遂生追认之效力矣。例如甲欠债务。丙代偿还，时候甲谓丙曰："汝代余所偿之款。余将还汝。"此时甲之约言，亦生效力也[8]。

---

[1] Harvey v. Gibbon.

[2] James v. Morgon.

[3] Bishop v. Railroad Co.

[4] Moore v. Thomas.

[5] Roscorla v. Thomas.

[6] Mills v. Wyman.

[7] Lampleigh v. Braithwait.

[8] Gleason v. Dyke.

（C）受约人于过去对于为约人之权利仅因法律之规定而失效者，为约人就此约定回复其权利时，其约言亦生效力[1]。例如债务人经破产程序后，其对债权人之清偿责任，原归消灭，而债务人仍复对其为清偿债务之约言者[2]，幼年时与人所订之契约，本无履行之义务，而至成年后，对其人为履行该契约之约言者[3]，已过时效之债务，于债务人亦无清偿之义务。而对债权人为清偿之约言者[4]，诸如此类，虽亦以过去之事实为约因，然法律视之究与其他之过去约因，不可同日而语也。

七、为第三人所为之契约

为第三人所为之契约云者，当事人之一方以契约订定向第三人为其给付。因而第三人对于债务人取得直接请求给付之权利也。于此契约，为给付之当事人谓之债务人，其相对人谓之要约人。[5]

为第三人所为之契约，罗马法认为无效，其理由盖以个人均有为自己利益而行动之责任，绝不能因他人之行动而取得利益。且契约为待定人间之关系，第三人既未参与其间，更不得因而直接取得债权，即所谓或人间所为之事，不得为他人之利或害者也（Resinter alois alliis neque neque neque prood esse potest）。惟近世以来，社会经济日趋复杂，保险信托轮年金等契约之缔结，日渐增多，法律于此实有承认之必要。故如德国民法，瑞士债务法等，于此均特设明文。法国民法虽无明文，其判例亦承认之。我国民法亦设规定焉。[6]

依我民法之规定。以契约约定向第三人为给付者。要约人固得请求债务人向第三人为其给付，而第三人对于债务人亦有直接请求给付之权。第三人之取得债权，以意思表示为必要。在未表示享受其利益之意思前，当事人得变更其契约或撤销之，第三人不得出而干涉，至第三人若对当事人之一方表

---

[1] Earle v. Oliuer；Shepard v. Rhodes.
[2] Trueman v. Fenton.
[3] William v. Moor.
[4] Usley v. Jewett.
[5] 参看民法第二六九条。
[6] 民法第二六九条及二七〇条。

示不欲享受其契约之利益者，视为自始未取得其权利[1]，债务人得以由契约所生之一切抗辩，对抗收益之第三人[2]。故契约为双务契约者，于要约人未为对待给付前，债务人得拒绝自己之给付[3]。债务人因受要约人之诈欺或胁迫而缔结此契约者，得撤销之[4]。因于错误者亦然[5]，债务人应向第三人先为给付者，如要约人之财产，于订约后，显形减少。有难于对待给付之虞时，于要约人未为对待给付或提出担保前，得对第三人拒绝自己之给付[6]等是也。

英美判例于此，见解纷纭，莫衷一是。举其要者约分三派：

（一）英国主义（English doctrine）

依原则上言之，英国于为第三人所为之契约，不认第三人有直接请求债务人履行之权。例如甲谓乙曰："汝能代余完成某事，余将以相当款项与丙。"乙如甲之所请而完成之，惟甲拒绝对丙之给付，丙因而控甲于法院。法院之推事于此，有谓丙对甲未与相当之约因者，有谓丙与甲间无契约之关系者，有谓丙完全不知甲乙间约定之内容，因而不得对甲起诉者，有谓甲对丙未为约言者，见解虽异，而其所以主张丙对甲无诉权者，则毫无二致也。[7]

在昔英国法曾承认为第三人所为之契约，若其第三人为要约人之近亲者，则该第三人对于债务人有直接请求履行之诉权，[8]惟此项法则，今已否认之矣。[9]现所认为例外者，仅信托人（Trustee）缔结信托契约者，则第三人对于信托人有直接请求履行之权。[10]

（二）马萨诸塞[11]主义（Massachusetts doctrine）

马州在原则上亦不认第三人对债务人有直接请求履行之权，[12]与英法无

---

[1]　民法二六九条。

[2]　民法二七〇条。

[3]　参照民法第二六四条第一项。

[4]　参照民法第九二条第一项。

[5]　参照民法第八八条。

[6]　参照民法第二六五条。

[7]　Price v. Easton Tweddle v. Atkinson.

[8]　Dutton v. Poole.

[9]　Tweddle v. Atkinson.

[10]　Clark：On Contract，p. 445.

[11]　"马萨诸塞"原文作"莫沙朱色德"，现据今日通常用法改正，下同。——校勘者注。

[12]　Exchange Bank of st. Louis v. Rice.

异，所不同者，仅在例外情形耳。兹将其例外情形，说明于下：

（1）要约人为第三人之利益而与受托人缔结信托契约者则该第三人有直接请求受托人履行债务之权。[1]

（2）要约人因缔约为第三人所为之契约耳而将其财产交付债务人或归其管理时，若其所交付之财产，依衡平法则，应归属于该第三人者，则该第三人对于债务人有直接请求履行之权。[2]

为第三人所为之契约，若其第三人为要约人之近亲者，则该第三人得直接请求债务人履行债务，[3]惟判例亦有否认此法则者。例如 Wilbur v. Wilbur；Linneman v. Moross estate 等案是也。

（三）纽约主义（Newyark[4] doctrine）

纽约之法院，对于为第三人所为之契约，大多否认第三人不能直接请求债务人履行债务之原则。换言之，即第三人有直接请求债务人履行债务之权利。例如甲之债务人乙借款与丙，丙谓乙曰：“余将还此款与甲。”此时丙如拒绝对甲清偿，甲即有直接请求履行之权，惟依纽约判例之见解，为第三人所为契约，要使第三人对债务人有直接之请求权者，须要约人与第三人间已存有债权债务或其他权义之关系，仅有单纯之约言，尚不能认为有效耳。[5]如前例甲能对丙直接请求履行者，以甲乙丙间已有债权债务关系之存在耳。若甲乙间仅因私人友谊，毫无权义关系者，则甲无直接请求之权利。

要约人于第三人尚未表示享受利益之意思前，得任意变或免除债务人之义务，[6]但已为表示者，不在此限。[7]

---

〔1〕　Union Pac. R. Co. v. Durant.

〔2〕　Exchange Bank of st. Louis v. Rice.

〔3〕　Felton v. Dickinson.

〔4〕　“New York”原文作“Newyark”，现据今日通常用法改正，下同。——校勘者注。

〔5〕　Durnhur v. Rann；Wheat v. Rice.

〔6〕　Kelly v. Robert.

〔7〕　Ressett v. Hughes；Gifford v. Corrigan.

法国社会学说在契约方面之最近趋势[*]

王伯琦[**]

一、引论

自由平等四字，为法国数次革命之中心思想，在十八世纪末叶，已见铭于典宪。1791 年之人权宣言（La Declaration des Droits de l'homme et des Citoye）其著者也。至如 1804 年之民律，成于其时，产于此流，则其所受个人自由思想之影响，当极重大，后之人愿而扬之者，成一学派，称自由学派（L'éoole libérale）。惟溯自十九世纪中叶以来。社会学说风行于世，法家采之而沦贯于民典者，亦成一学派，称社会学说派（L'éoole sooiale）此二学派之争辩文籍，汗牛充栋，各言其是，各云其然，然其要旨，不外所个人自由为出发点及归宿点。一以社会需要为出发点及归宿点。今试就三点略论其持论之异差：

（一）法律

人生本有绝对权利，而其所以受法律束缚，而仅得相对之权利者。乃其自愿放弃其一部分，而得完善保护其余之权利也。故法律产生于个人之自愿，而其目的当为保护个人之权利自由，此自由学说派之说也。以个人为观点则无用法律，亦无所谓法律。鲁宾逊[1]在荒岛时，不知法律为何物也，及人与人相接，然后可以言法律，故法律产生于人群。其目的在求社会之幸福，此社会学说派之说也。

---

 [*] 本文原刊于《中华法学杂志》（新编）1936 年第 2 期。

 [**] 王伯琦，1930 年毕业于东吴大学法学院（第 14 届），未获法学学士学位。

 [1] "鲁宾逊"原文作"鲁宾生"，现据今日通常用法改正。——校勘者注。

（二）法律行为

自由学者谓个人之意思，至高无上，应完全自由，一切法律行为，为个人意思之表现。故亦当完全自由，而以个人意思为前提。社会学者谓一切法律行为，为人与人相接之表现，不能全重于个人之意思，而当视社会须要而加以参酌。

（三）法律与法律行为有冲突时

自由学者谓法律行为，高于法律，法律仅足为个人之建议，而法律行为为个人意思之真实表现，当首重之。法律中虽有强制规条，然为例外，须尽力免去之。社会学者谓法律高于法律行为，至少亦须二者平视，法律与法律行为，均为社会须要之表演。然制法者知社会须要较平常个人为深切，故法律当优于法律行为。法律中之强制规条，绝无例外性质。而其所以定许多替代条文者，亦以应社会之须要。而与个人以相当之自由耳。

由此三点，吾人可略得此而学派思想之大概矣。此而学派各有其徒，谓近世以还。社会学说之澎湃，为不可讳辩之事实，今试就契约方面，从实际上观察，以见其最近趋势之一斑。

二、总论

社会学说在契约方面之沦入，至极普遍，今限于篇幅，仅就下列三点论之。（一）关于契约之方式方面；（二）关于契约自由原则方面；（三）关于契约效力方面。

第一节　关于契约之方式方面

吾人知古罗马法几全注目于方式，无方式之契约，即仅侍（看不清）造合意之契约，不足以发生债务（Ex nudo pacto aotio non nascitur）继之后起，法学名家如田姆仑（Dumonlin）罗外赛儿（Loisel）唱之益力。至十七世纪末叶法大法学家驼曼（Domat 1625～1695）时允诺即生债务（Solus Consensus obligat）已成不移之原则。学者称为允诺主义（Consensualisme），与方式主义相对待（Formalisme）。

允诺主义既为寺院法首唱，则其所以唱之者，当有其原则思想在，寺院主义（Doetrine de l'Eglise）之原则思想为何，个人自由，各各平等而已。寺院法曰："个人当自由，其意思亦当自由，不宜受一切方式之牵制（惟须注意允诺主义与契约自由为二事后即当论及），且人言必以信，谎言者人对上帝之重大过失也。"罗外塞尔曰："结牛以角，结人以言（On lie les boeufs par lea cornes er les homes Bar les paroles），人者个人也。"言者内心意思之表于外者也。个人意思之宜尊也，明矣，故允诺主义者，个人自由主义之产生物也。自由学者乃以允诺主义为一口号，谓个人意思，须在契约内求之，外表之方式，不足重也。社会学者虽不攻击允诺主义之原则，惟其视允诺主义为应社会之须要。人事日繁，势不能行罗马法方式之制。然社会有须要时，仍当行相当之方式。此二学派意见不同之点也。

在一八○四年民律中，允诺主义之原则，并未明定于典内。然亦未明言须行如何如何之方式。此足反证此原则之存在。惟其规定须行特定方式之契约，亦不在少数，如九三一条关于赠予，一三九四条关于婚约，二二二九条关于抵押，一二五○条关于由债务人允许债权替代皆是（Subrogation per-sounelle），此专就契约方面而言。至于在其他方面，（如家属继承）则此项条文，乃多不胜数，此法条明与特种奖约以特定方式，违反者，其法律行为当属无效。惟民律之中尚有一条，至可注意，第一三四一条曰："凡物价或款数在五百法郎以上者，须立书据……"此条非强制法规，订约者不立书据，契约不之无效，惟于涉讼之时，乃发生困难，凡物价或款数在五百法郎以上者，法院不容人证，债权人无书据，即无证。于是立约者，乃间接被迫订立书据，故书证者，可谓方式之变象也。

民律之后，有一八四四年七月五日法律第二十条，关于发明照之移让，一八八九年二月十三日法律，第九条，关于已婚妇女放弃其法定抵押权。在最近颁发法律之中，则有一九○六年四月三十日法律第三条。关于农产动产抵押。一九一三年八月八日法律第三条，关于旅馆动产抵押。一九三二年四月二十一日法律，关于煤油动产抵押。又如一九二五年一月一日法律，令在阿尔散司罗冷境内买卖不动产，续行德律。按在法国本境买卖不动产，全无方式。依德国民律，则须行官式，而此官式买卖契约，须登记于地产书中，依国际法惯例，一国一切法律，行于新拼土地，而一九二五年法律容德制之续存者，何耶？抑法制之有不善欤。窦木格先生于一九三三年在巴黎大学法科大学部二年级教授债权，奖至抵押时日："良善之抵押制，在于同时顾及债权人及债务人二方之利益，惟欲顾及债权人之利益，首须有良善之不动产（在原则上抵押仅限于不动产）之组织但在法国不动产之组织，尚有待期望者。"窦先生为法人，故不言不善而言有待期望者，然其期望者为何，或即德国之地产书制乎（Le systéme des livres fonciers）？此为律之与契约以一定方式者，至如律令立书据者，则有一九二四年五月三十一日法律第十二及十四条，关于买卖及抵押飞行器。一九三〇年七月十三日法律，关于保险契约。但如上所述，订约者不立书据，契约并不以之无效，惟至涉讼时发生问题耳。然今有尤甚者，一九一九年三月二十三日法律即今劳动法第一卷第三十一条曰："共同劳工契约须以书面为之违者无效。"（La conveution colleetive de travail doitétre écrite á peine de nullité.）此处之书据，乃非方式之变象，而为真正之法定方式矣，又如法意债权及契约法草案（La prijot frauoo – italieu du code des obligations et des o'mtrats）第二七二条曰："下列契约须以书面为之，违者无效……"后列七款，前六款指出六种契约（如买卖不动产等等）此六种契约，依法民法，均无须立书据，第七款谓一切其他契约由律令规定者，此条法律，法国方面曾接受之毫无异议。格华东先生（Capitaut）曾曰："法国所以能接受之者，以前五种契约，依法民法须行登记，既须登记，必先有字据，若无书据，登记几不可能也。"此言固然，但登记一事，书据一事，此处之书据为契约有效之条件，契约与之同时成立，无书据即无契约也。登记则行于契约有效之条件，契约与之同时成立。无书据即无契约也。登记则行于契约已成之后。不登记契约仍然有效，惟不足以对抗第三者而已。故书据为法定方式，非行不可，登记为所以对抗第三者之法定手续。可不行也。法国既全接受此条，则方式主义之在法国又多一立场矣。此仅就民律方面而言至在商业契约方面，则此趋势尤显。论籍至礼，今略之。

观之以上所言，则方式主义，乃有复燃之势矣。考其所由则折言之为，无非社会之需要，昔时人，多重外表事态，而忽于内心意思，且人事简单，其重于方式也无足为怪。及文化渐进，人事日繁，则个人内心之意思，乃处重要地位，而一切方式，多觉不便。迨及今日，人事过繁，于个人方面，则事多易忽。于法院方面，则事事须求二方内心之意思，乃亦不胜其难，于是立法者于重要法律行为，与以相当方式，得以简易决事也，法大罗马法家齐拉而（Paue Frédérie Girard）在其所著罗马法大网重，论方式主义之得失曰："方式主义之可称处，在于意思相合（契约未成）至履行方式（契约乃成）之时间中，二方得多注意行为之重要，而其最可称之处，在使法官轻便而简括其职司。"吾人处于今日社会之中，岂不须此乎。

第二节　关于契约自由之原则方面

契约自由，早成各国立法不移之原则。近世新订民律，如德民法勃来齐民法，多视若当然，不稍齿及，法民法成于自由平等最高呼声之中，当不出此规。人权宣言第五条曰："法所不禁者，皆所允许。"民律第六条曰："凡律之有关公众秩序善良风俗者，不得以私约违抗。"反言之，则除律之有关公秩良俗者外，皆得以私约违抗。即除此条件以外，契约绝对自由。故契约自由者，人有需要时，可自由订立无论何种契约之谓也。在罗马法中，二方订约，非行法定方式不可。故一般学者，皆谓在罗马法中，无契约之自由，同时乃谓契约自由之原则。肇始于寺院法，以寺院法首唱允诺主义者也。格华东先生于一九三二年授课巴大法科博士班时，曾力抗此说，在罗马时代，虽须行一定之方式，然在此条件之下，人可递结任何契约而无阻。故在罗马法中，契约自由之原则，并非不存在也。实则法定方式，仅使立约者有所不便耳，不便与不自由，当非可以混淆。如在一小镇市中，无汽车电车之便，访戚晤友，只得步行。在此情形之下，吾人谓为交通不便则可，若云无交通之自由则不可也，寺院法首起废除方式之制，而创意思相合即成契约之说，此非言契约自由之原则，即出源于寺院法也。故契约自由与允诺主义根本两事，此首须认清者也。

契约自由原则之不可移，即如上述，则吾人订约绝对自由耶。民律第六条曰"凡律之有关公众秩序善良风俗者，不得以私约违抗。"递一一三一条曰："契约之因不法，契约无效。"第一一三三条申言之曰："因为法律所禁止或违背公众秩序及善良风俗者为不法。"由此观之，契约自由之原则，乃有相当之限制，其限制可分下列二种。一、法律之有关公众秩序善良风俗者，二、公秩良俗未为法律所规定者（即契约之因有违公秩良俗者）。

自由学说派与社会学说派二派学者，对契约自由之原则，多无异议。惟于其限制方面，乃起争执。自由学者谓，契约为个人意思之表示。当完全自由，非万不得已，不可加以限制，故强制法律（律之有关公秩良俗者）之本质。即为恶物，宜尽力避免之。且公秩良俗，须有明文禁止者，方可谓为有背。法所不禁者，皆所允许也。社会学者谓，法之所以与个人以契约自由者。社会有所需要也故社会有须要时，亦可加以限制。强制律之所以定者，亦所以应社会之要耳，且公秩良俗之性质，无须法定，即无法条可据，而契约本身有背公秩良俗者，亦当无效。此二学派意见不同之点也，今试就实际方面观察，以见其趋势之一斑。

1. 法律之有关公众秩序善良风俗者

在一八〇四年民律之中，关于契约方面之条文〔1〕，大多为替代法。强制条纹，乃属例外。此为众口一词之事实，无容赘述，但肇自十九世纪末叶，则其例适得其反，法律乃以强制为原则，今试举例以证之。

一八九八年四月九日法律，关于劳工危险，其末条曰："本法不得以特约违抗。"此法采纳职业冒险之说（Bisgue professionnel），凡劳工因职务而受损害者，得无条件的请求厂主赔偿，无须依民律一三八二条证明厂主之过失。而厂主与劳工不能私约曰：劳工倘以职务受损，不用此法，而用一三八二条。此种意思表示，当属无效。

一九〇五年三月十七日法律，关于陆地运输，其规定曰："运输者不能在运输契约中，加入不负责任条款（Clause de non – responsabilite），即运输者不能与托运者约定，运输物倘有遗失损坏情事，运输公司不负责任，惟债权人仍得证明对方之过失。依一三八二条设定其侵权责任，而请求赔偿。然自一九〇五年法律后，陆地运输者，不能为此约定矣。"

一九一五年七月十日法律，规定户作女工之工资，不得在若干数之下，工资之多少，本得由二方自由约定，而此法加以至少限度。二方不得违抗，此法自一九二八年十二月十四日起，适用于男子户作与女子同样之工作者。

一九三〇年七月十三日法律：关于保险，其第二条曰："本法所有一切规定，不得以私约违抗。"如第十六条第一款规定曰："保险费第一次外，均在被保人居所或特别约定地址收付。"又第二款曰："保险契约，不以至期不付保险费而即行解除。"此第二款规定，即民律第一二四七条第三款及第一一三九条之原意。惟此二条非强制法规。故在一九三〇年以前，保险公司于订约之时，每注明保险费用须在保险公司交付，而及期不付保险费。契约则视为解除，于是期后倘有不测事故，保险公司，即不负赔偿之责。此种规定，于被保人方面，当多不利，然依民律前述二条法意。志为合法，而法院为契约自由之原则所缚。亦无如之何。然自一九三〇年法律颁布之后，则此种契约规定，当属违法矣。

一九一八年三月九日、一九一九年十月二十三日、一九二一年四月二日、

---

〔1〕 "条文"原文作"条纹"，现据今日通常用法改正，下同。——校勘者注。

一九二二年三月三十一日、一九二三年十二月二十九日、一九二五年七月六日、一九二六年四月一日、一九二九年六月二十九日，诸法律，关于租赁，租赁房屋，无论居房店面厂屋，赁期租金，当可由订约二方议定。租赁期满，屋主当可令出屋，另赁他人，或竟可请求解除契约。此为常理，亦为常情。然自一九一八年后，其情其理，乃有不然者，一切租赁契约。起自一九一四年八月者，房客得请求续赁，屋主不得拒绝，一九二九年法律，又依各地居民之多寡，及租金之昂赚，分租屋为三类，租金之昂者，可延期续租至一九三〇年七月一日。较赚者至一九三五年七月一日。再赚者得延期至一九三九年七月一日，屋主不得另赁他人，而另出屋。又依一九一八年法律，房客得请求延期交付租金。而房客在军队时，未能享受其租屋者，可不付房金。又依一九二九年法律，享受续赁利益者，其租金不得超过一九一四年租金150％。惟屋主得每年加租15％。但其数至多不得超过一九一四年租金百分之三百（居房），或百分之三百二十五（营业房）。又一九二六年法律第二十八条曰：本法为公众秩序法，此为自一九一八年至一九二九年续布诸律之大概规定。今日一部分之屋主，尚受其牵制。于是往日之租赁为契约。今日之租赁几成法制矣。

一九二六年六月三十日法律，关于商业财产（Propriété commerciale）。商业财产之名词，至为新奇，在一九二六男之前，不见于籍典也。今情稍加解释。如一商人赁屋营商。数年后美名四播，顾客云集。考其买客之中，又者当对于店主又特别信任，然认地而不认人者，当亦不在少数。故所驻店屋之价值，亦因店主经营之得宜而提高。设若数年之后，租赁其余期满，依常法，屋主可拒绝续赁，或允续赁而增加租金，然店主被迫出屋者，损失当不在资。故商人高呼曰："吾在此营业数年，使店屋之价值增加不少，此吾之力，此吾物，此吾之'商业财产'。租赁契约，倘不容继续，屋主当与我以赔偿，即容续赁，租金亦不得苛加。"商人口利，于无词中兑辞，呼之为商业财产，立法者被动，乃有一九二六年法律之订定。此法之大概规定，为凡商人在一定地址营商在二年以上者，倘屋主拒绝继续租赁，店屋得请求损害赔偿，即允许续赁，而对于租金，或其他条件有不能和解者，由公证人裁夺之。又此法第十三条曰："一切特约或和约与本法规定之续赁权有违戾者。皆属无效。……"由此观之，则今日之出租商业或实业处所者，几全无结约之自由矣。

2. 公序良俗未为法律所规定者

此项契约自由之限制，为民律第一一三一条及一一三三条规定。第一一三一条曰：“契约之因不法，契约无效。”第一一三三条曰：“因为法律所禁止，或有违公众秩序善良风俗者为不法。”惟在民律之中，因之意义，未得发挥。而学者间之争论，乃由是而起。在民律之后，所谓因者，乃求之于契约之中。在双务契约之中，一方债务之因，为他方所负之债务，如买卖中卖主之所以交物者，以买主付价。买主之所以付价者，以卖主交物，在赠予契约之中，赠予人之所以赠予者，因其有赠意（Intention libénale）。在单务契约之中，如借贷者所以有归还之债务者，以其已收到某物或某数也（借贷乃视为准物契约）（Contrat réel）。及至十九世纪末叶，因之意义，乃重起变化。契约之因，宜求之于契约之外，而不求之于契约之中。人之所以立约订契者，必有其一定之目的在，其目的即为其所订契约之因。如买卖中卖主之所以交物，非因买主交价。吾人须问其所以卖之目的为何。买主之所以付价，非因卖主交物，吾人须问其所以交价取物之目的为何。在赠予契约之中，赠予人之所以赠予者，非仅因其有赠意，吾人须察其所以为此赠予之目的何在，如借贷，则吾人须求借与者于借贷者之目的为何（借贷乃视为双务合同）。以此义解释契约之因，法院乃可直接插入契约之中，而加以干涉矣。此种解释，虽受自由学说派及非因学说派（Anti – causalistes）之攻击，然终为法院所采纳。今摘数例以证之：如公娼院在法国为法律所许，得有官厅允备者，当不违刑律，惟在民事方面，法院仍认为有违公秩良俗。故买卖娼院之契约，当属无效，此契约之客体不法。（民律第一一二六条至一一三〇条并未言及契约客体之不法，惟学理及判例，皆认为其义含于第一一三一及一一三三条中）。无用多论，但设如一屋主出租房屋一所，为开设娼院之用，此种租赁契约，以因之旧解，当为有效。出租人之所以交屋与人使用者，以租赁人交付房金，租赁人所以交付房金者，以出租人以房屋与其使用。其中毫无不法情事，若以新义解之，则其结果绝异。出租人所以出租房屋之目的，为供人开设娼院，租赁人所以租此房屋之目的，为开设娼院，其因之有违公秩良俗，显而且明，契约当为无效（Arrét de Paris du 16 mars1926）。又如公娼院主，资本不足，向人借贷某数，依因之旧解，此种契约完全有效，然以新义解之，则借与者，所以出借此款者，目的在助人企图娼院。借贷者所以借此款者，其目的在企图娼院，其因有违公秩良俗，应认为无效（Arrét de Paris du 26 jan. 1894）。又如在非法结合男女间之赠予，法院认为无效。以赠予人之目的，在求媚于他方，而继续其非法结合也。然在二方离散时，一方给赠他方某数或某物，以为嗣后生活费用者，法院认为合法。又如非法结合男女之一方，向人借贷某数，以他方为担保人。此种担保，法院认为无效，以一方所以愿为担保之目的，在献媚于他方，而继续其非法结合也（Arrét de Nancy 12 nov. 1904）。又孙纳省上诉法院，在一九三二年七月二日，判决一案，尤饶兴趣。事关一从事出版事业者，发明而种美容药品，后与一医生约，将此二种药品之商标出让，每年二十四万法郎，并此医生须在出让人之出版物上，每月登广告至少六千法郎。在此契约之中，视无不法或背公秩良俗之处。以一八九二年法律（关于医生营业），并不禁止此项契约。而出让人以极合法之物品出让，及约登广告，医生购买药品商标，及登广告，皆至合法。然法院谓药品商标，出让之价格如是之高，医生或将盲目劝人服用，而忽其应施医术。且其月出广告必如是之多，显有愚弄病人之意。故此项契约，有违公秩良俗，应为无效。观之以上数例，则订约二方之意思，乃直受法院之干预矣。契约自由之为原则，当无可讳辩，然近世以来，法律之性质，大多强制，而又以一一三一条适用之广阔，其限制乃日增矣。

第三节　关于契约之效力问题

契约为结约两方意思之表现，故任何一方，无意思表示，或其意思表示有瑕疵时。契约无效，而契约之效力，只能及于订约二方。以第三者在此契约之中，并未表示其意思，故其效力亦不能相及。且契约既订之后，单方不能任意解脱。此为自由学派者之论。民律第一一六五条曰："契约仅在结约两造间发生效力，除第一一二一条之规定外，第三者不以之裨益。不以之受损。"又第一一三四条曰："合法之契约，在订约二造间，视为法律。"由此谓一八〇四年之民律，为个人自由学说之结晶，不为过也。社会学说派学者之思想，均以社会之须要未出发点。故谓社会有需要时。契约之效力。可及于第三者。而结约一方亦可请求解脱。观之今日立法及判例，其势极向后说。今分二部论之：1. 在结构两造之间；2. 对于第三者。

1. 在结构两造之间

在原则上，债务人当有履行契约之义务，债权人除有不可抗力之情事外（Le force majeure er le cas fortuit），当有强制对方履行债务，或请求赔偿之权。然在此原则之外，须注意二点：一、在结约之时，一方以经济或他种势力之压迫，无奈与对方结成极不公平之契约，此种契约，赁务人亦必履行，而债权人亦得强制其履行乎。二、在结约之后，社会经济，或其他情形剧变，而致债务人受损过巨。在此情形之下，债务人亦必履行，而债权人亦得强制履行乎。于此二点，学说方面乃起二种理论：

（1）损害说（T'héorie de la lésion）；

（2）不预见说（Théorie de l'imprévision）。此二种学说，在今日立法及判例方面，虽未得完全接受，然日有进地，其势或将成为普通原则，非臆断也。今将此二种学说，分别论之。

A. 损害说——此说谓一方乘人之有急需，疏忽或无经验，与之结成显然极不公平之契约。此种契约，当为无效。受损一方，得单独请求解脱，或修改。此说在英美法制之中，早经接受（Indue influence）。在近代新订民律之中，亦多插入，如德民第一三八条第二款，瑞民第五卷第二十一条，俄民第三十三条，均有此项规定。在法民律种则不然。第一一一八条曰："除在特定契约或对特定人外。契约不以受损而无效。"故在法民律在，受损乃非普通规定。而为例外规定。第一一一八条之所谓特定契约者，则谓一六七四条不动产之卖主受损十二分之七。第八八七条第二款分产者受损四分之一。其所为特定为人者，即第一三〇五条关于未成年人之法律行为。此为民律对于受损惟有之三项规定。迨及今日，则其势不然。一九〇七年七月八日法律规定农人购买肥料或田蓄之养料。出价较市价高昂四分之一者，得请求扣还或损害赔偿。一九二六年十二月十四日法律，完全禁止分期付款，购买交易所价票（Valeurà lots）。此所以保护无经验之买主，出价过高，以致受损。此法虽非直接应用受损学说。然为防止受损之积极规定，又如大战时许多法律，限定物价，及战后许多法律，限定房屋租赁，并一九一五年七月十日法律规定，户作工人工资至少限度。一八九九年八月十日命令规定为公家作工工人之工资不得少于当地通常之工价等法律，均同此意。至如判例方面，原则上当不应用此说，然简亦采纳之。如代客买卖者，本可取用酬金，惟其所索酬金，与其所行事务显有过份时，法院亦酌减之。又如代理人本为服务性质，不取酬劳，惟二方亦可特约酌给。然其所取酬金显为过分时，法院亦常酌减之。此项判例已极旧，今犹循用（Arrét de la ehsmbre des réguêtes du 11 mars 1824 et du 12 duc. 1911）。近年来立法者受社会学说及他国立法之影响，数有建议以受损作普通规定者。一九〇四年在民律修订委员会中，曾一度讨论。一九二〇年在国会中，亦曾有此建议。但终未加讨论。然立法研究会曾特别注意此项建议，详加审查（Discussion an bulletin de la societé d'études legislatives，1921 Page 216）。又法意债权及契约法草案第二十二条，与德民瑞民俄民作同样之规定。此对于损害学说在立法及判例方面趋势之大略也。

B. 不预见说——此说谓订约二方均以订约当时情形为背景。设当时情形不如此，其契约之内容亦绝不如此，或竟无此契约。故在无论何种契约之中，两方皆默认仅在当时情形之下订约（La olause de rebus sic suantibus est sous – sntendue）。倘订约之后，社会经济或其他情形有剧变时，受损一方可请求修改或解约。此说与损害说之重大区别在后者注目于结约时因二方个人之情势不同而起之不公平。前者注目于结约后，因社会情形有变而起之不公平，在一八〇四年民律之中，吾人未见有何规定，足为此说之根据。倡导此说者，虽摘引多条文款（如一一三四条第二款一一五六条一一五〇条一二四四条第三款等等）以充其说，然多属勉强。实则一八〇四年之民律，为个人主义自由主义极盛时代之作品，势不容有极端社会思想。如不预见学说之侵入，故在民律终求此说之根据，亦仅在步风促影，觅词以张其说而已。此问题幸不在题内，置之可也。今视观此学说之现于实际方面者。

民事法院至今固执不纳此说。盖以此说之应用极难，恐利于一方，损于彼方。而契约之拘束性，以之不固也（Arrét de la chamber cibile du 6 jnin 1921）。惟行政法院，完全采纳此说。如在大战时之煤价，较战前腾高数倍，一般水电公司，无法继续营业，乃请求修订契约。行政法院每准之（Arrét du conseil d'etat du 30 mars 1916 et du 27 mars 1926）。行政法院之判例，所以异于民事法院者，以行政契约之订约二方（行政机关雨承办者）几无利害之冲突。若水电公司，以亏本息业，则此说颇多进地。如一九一八年一月二十一日法律。规定在战前所订有继续性之商业契约（Contrats successifs ayant un caraxterc commercial）。倘一方以战事而致其所任债务，较订约时所能预见者，显有过份时，该方得请求解除，或暂停履行（惟不能修改）。一九二五年七月六日法律。规定在一九一九年十月二十四日以前，所订之租赁契约，在九年以上者，屋主得照法郎跌价之比例（战后法郎价跌几及五分之一）请求增加房租。又一九二七年六月九日法律，规定田主得请求增加田租（亦以法郎跌价故）。在此之外，最近常有法律建议，应用不预见说者，如大战以后，农事兴茂，田主乘此机会，加高租金，而农人乐受之。及近数年来，农事衰落，农人乃无力出此高昂田租，甚有弃田不耕者。故立法者曾建议，凡租赁契约订于一九三二年七月一日以前者，受赁人得请求减租或解约。又购盘商号者，以今年商业不振，至期不能支付盘价，常请求延期或分期付款。今有建议允购盘者请求减低已经约定之价目，或延期或分期付款，又租赁商业处所者，在租赁契约之中，当约定经营何种商业，在贷期之中，不得改营他业。今有建议允许商人在贷期中，改营他业者。

观之以上所述，则不预见说在民事法例方面，虽未得采纳，然在行政法例上，已成定则，尤在立法方面。自战后各方情形变迁，及近年来经济情况之凋疲，此说乃得绝大立场。至于损害学说在民律中，已经一部采纳，及近数年来，在判例立法二方，其适用尤广。于是契约在结约二造间，视为法律之原则，乃重受打击矣。

2. 对于第三者

民律第一一六五条曰："契约仅在订约两造间发生效力，除一一二一条规定外，第三者不以之裨益，不以之受损。"此为契约之效力不及于第三者之原则，学者间谓为契约相对效力（L'effet relalif des contrats）。

在论一切以前，吾人须问第一一六五条中之所谓第三者究谓何人。第一一二三条曰："除契约有特别规定，或依契约之本质，须用相反解释外，债权之获得，为利己，及其继承人或收益人。"此言凡人订约获得权利时，其继承人及受益人同时获得同样权利。故一一六五条中之所谓第三者，除结约两方外，结约者之普遍受益人（Ayants – cause a titre universee）及特别受益人（Ayants – cause a titre partidulier）常不包括在内。然学者间有谓第一一二二条中之所谓受益人，专指普遍受益人而言。以特别受益人，只能承受其作为人（L'anteur）所设债权，而不能承受其所设债务。因特别受益人再启作为人所订契约中，根本未曾参与，则其作为人所订债务，不能不得其允许而移给也，此言诚然。然第一一二二条之原文曰："On est eense avoir stipule pour soi et pour ses heritier et agauts cause……"法语中法律名词 stipuler 字非可作 coutracter 解。后者包含递给债务，攻获债权二事。前者只含有攻获债权之义。如一一二一条之文曰："On peut pareillement stipuler an profit d'un tiers."此即学者间称为"Stipulation pour l'autrui"者。此处 Stipuler 一字之义，特为明显。因其文曰："Stipuler au profit……"内中显不包含债务之义，故 Stipulation pour l'autrui 成语亦万不能谓为"为他人定约"也。又如第一一一九条之文曰："On ne peut eu geueral s'eugager ni stipuler……"此处以 S'engger 与 stipuler 处于相对地位。则 Stipuler 一字中不含债务之义，觉明显矣。故一一二二条中之所谓受益人，包括普通受益人几特别受益人而言，而同时一一六五条中之所谓第三者，当无普遍受益人及特别受益人包括在内。又债权人于其债务人，关于财产方面之法律行为，颇受影响。故债权人可得干预。闵鹿第一一六六条曰："债权人可行驶其债务人之一切权利及诉权……"（Action obligre）又一一六七条曰："债权人可以其个人名义，反抗其债务人有损害其债权之法律行为。"（Action paulienne）此二条为一一六五条之但书。而为其例外也无疑。故结约二方之债权人，亦非一一六五条中之所谓第三者。总上所言，则一一六五各条中之所谓第三者。为除结约二方其普遍受益人特别受益人，及其债权人以外一切人等。

第三者之范围，既如上述，今试观契约之效力。果如第一一六五条所言，仅及于结约二方，而第三者不以之损益乎。兹分二部分论之：

A. 两者订约果不能裨益于第三者乎至第一一六五条即列第一一二一条为其例外。睇一一二一条曰："订约者可为他人获益而订约。倘他人只利益，为其自己订约或为赠予之要件……"此即"为人设权"（Stipulation pour l'autrui）之规定。依此条规定，则为人设权仅在二种情形下为有效：一、为其自己订约之要件；二、为其自己为赠予之要件。例如甲出卖房屋一所与乙，价一万元，并二方约定，在此一万元之外，（房屋实价或在一万元以上）乙须支付某丙终生赡养费每年五百元，给丙赡养费之约定，为甲出卖房屋之要件。又如甲赠乙田五十亩，惟乙须每年付丙米十五石。付丙米十五石之约定，为甲赠田之要件，除此二种情形之外，第三者不能以他人所订契约二裨益。惟迨及十九世纪末叶，判例方面，已将为人设权之义，大为扩充。谓在法定两种情形之中。为人设权者，亦有相当利益，如上述例中。甲之所以与乙约定给丙赡养费者，或甲欠丙某数以此作偿，或其曾受丙之恩以此作报，或其对丙有特别感情以之作赠。故即在他种情形之中，倘为人设权者，在物质方面或精神方面有利益时，其约定即当有效（Arret la chamber cioile du 6 jau. 1888）。实则神经在普通状态之下之人，其虽未他人设权获益。自己至少在精神方面，终有一部利益，故自此之后，为人设权之约定，无不有效矣。此为第一一二一条第一步之进展。

第一一二一条为一一六五条之例外，凡例外规条，皆当以狭义解释。故契约种无显明之意思表示时，不能适用此条。然在数十年前，法院已有相反之判例。如一商家，托某铁路公司运输某项货物，自甲地至乙地。设货物有遗失损坏，或延迟运到时，托运者当有请求赔偿之权，至如乙地收货者，在此运输契约之中为第三者，与铁路公司毫无法律关系也。然法院认为托运人在订立契约之时，同时为收获人员获利，故收货人对铁路公司亦有诉权。铁路公司不得以一一六五条对抗也。（Chamber civiledu 31 jau. 1894）此判例今日已成不移之定则。凡在运输货物契约中，托运者皆预设为收货人设权也。近年来，与此同类之判例及立法例，尤层出不穷。如一九一三年五月二十八日法律（民律第二一〇二条第八款）规定受害者在责任保险赔偿金上，有优先权。即受害者对保险公司，有直接诉权，而保险公司有直接交付赔款与受害者之义务。夫保险契约，订于保险公司及受保者之间。受害者在此契约种为第三者，与保险公司，绝无法律关系。然立法者之意，以为受保者在订约时已为受害者设权，故受害者得对保险公司直接起诉也。一九三〇年七月十三日保险法律第五十三条，做同样规定，又最近抱坏悌爱法院判决议案，事关某甲购买汽车一辆，以车有瑕疵藏匿，致冲伤某乙。某乙直对出卖此辆汽车公司起诉，请求赔偿，法院准之。按买卖汽车之契约，订于汽车公司及某甲之间，车有瑕疵，汽车公司对某甲当有保障之义务。至如受害者与汽车公司，终未谋一面，又何据而得诉权耶？此以购买人在购买汽车契约中，预设曾为受害者之利益，而约定此种瑕疵之保障，故受害者得据买卖契约，以出卖人一部分未能履行契约。而请求赔偿（Cours de poitier 8 nov. 1933）再如最近最高法院，关于行旅契约之新判例，尤是注意。初，乘车者与铁路公司，无所谓有契约关系，设中途有何不测情事发生。乘客之受害者，须依民律第一三八二条，证明铁路公司之过失。设定其侵权行为责任，而请求赔偿。至一九一一年后，法院始认铁路公司有契约责任。受害者无须证明其过失，而可依据第一一四七条，以订约一方，未能履行其债务，而请求赔偿。此为判例上之一大革命。今设如受害者，以此不测情事，终而死亡，则其妻子父母，或侍其赡养之人（如姜）当可依第一三八二条，证明加害者之过失，设定其侵权责任，请求赔偿，至如受害者死前一切医药费用，依一一四七条设定其契约责任，请求赔偿。然设若受害者之名义，依一一四七条设定其契约责任，请求赔偿，然设若受害者即时死亡，而其死亡之原因不明，于是路局之过失，无从证明时。乃将如何。其父母妻子，无法证明路局之过失，即不能设定其侵权责任。受害者即时死亡，无物资方面损失之可言，放其继承人亦无从设定路局之契约责任，于是路局将全卸其责耶？在一九三二年以前，受害者之家属，遇此情形，实无可奈何，自一九三二年十二月六日最高法院民庭判例之后，则其情不然，法院曰：受害人与铁路公司，订约之时，曾同时为其赡养之人设权，故其父母妻子或妾等，可依第一一二一条，直对路局起诉，请求赔偿（Chambre eivile des 6 Dec. 1932 et 24 mai 1923）。

言而至此，则吾人离律条之规定也远矣。昔日之为人设权，仅在二种情形之下为有效。今日为人设权，无不有效。昔日之为人设权，当以狭义解释，今日之为人设权，乃以广义解释。于是在今日情形之下，仍谓第一一二一条为一一六五条之例外几不可矣。

B. 两造订约，果不能加损于第三者乎？——于此问题，在民律中已多相反规定，如第一期五三条规定，分赁房客，在其应付分赁者之租金范围内，对屋主直接负责，此即设租赁者无力交付租金，在分赁与原屋主所订之租赁契约中，绝未参与，当为第三者。然其对原屋主，亦有交付房金之责任。又第一七九八条规定，泥水匠木匠，及其他造屋工人，在屋主应付承造者之价金范围内，得直接问屋主索取工资（设承造者不能支付）按屋主对承造者与工人所订契约，为第三者。然其对工人又直接支付工资之责。此二条规定，学者间视为不当利得之适用。此种法意，在判例方面亦早经采用。如一农人购买肥料若干，设在收获之前，租约解除，或农人以故离田，无力交付肥料价金，商人可向田主请求交付，田主在买卖肥料之契约中，虽未涉入。然依不当利得之原则，在其得利范围之中，当有偿还之责任也（Chamber des reguetes，25 juiu 1892）。此由不当利得之适用，第三者因他人所订契约，而受损者也。

又如一厂主与一工人约，倘工人以故离职，在若干年内，不得为本地同行厂家雇用。设工人离职后，即受本地一同行厂家雇用，则该工人之契约责任，当不成问题，但后厂主若非善意（即明知此工人与其前厂主有约定），则其对前厂主，亦当负侵权责任。以其为工人违约之帮助犯也（On ne peut pas sereudre complloe de la violation d'un oonti'at）（Chamber civile，27 mai，1908）故第三者对他人所订契约，亦又尊重之义务。但其义务仅在消极方面，第三者当无履行他人所订契约之义务，亦当无访问在某人某人之间，有无何种契约之义务也。予言虽如此，然心犹有疑焉。一九三二年，孙纳省法院判决一案，事关巴黎笑剧院（La Comédie Traugaise）亦艺员辞职后，在某时间内，不得插入巴黎任何戏院。于是笑剧院主，对此艺员并大马路戏院主人，同时起诉，其对某艺员之诉权，当无他议，惟其同时对大马路戏院主人起诉，视甚奇突。大马路戏院主人抗诉，谓不知笑剧院与此艺员所订之契约中，有此项规约。然法院判决，谓一戏院主人，理当明悉他同行规约，不得谓为不知。由此判案观之，则第三者对他人所订契约，竟有积极之义务矣。此类判例法意，在一九三二年二月五日法律中（劳佣法第一卷第二十三条第一项）得完全发挥。其文曰："倘后主人曾帮助佣工离职，或明知此佣工与其前主人有契约关系而雇用，或继续雇用之，后主人与佣工联合负赔偿之责。"是乃集判例之大成。此由侵权责任之适用。第三者因他人所订契约而受损者也。

再如前述特别受益人，只能承受其作为人所订权利，而不能承受其所认义务。故其作为人在契约中，有认担义务，或权利义务相间时。此项契约，不能对抗特别受益人，故购盘商号者，不受出让人与其佣工所订契约之约束，而无继续雇佣之义务（Chamber cible, 22 aoril, 1920）。又如某屋主与一保险公司订定保险契约，后将此房屋出卖。倘此房屋于出卖后遭火，购买人不能向保险公司请求赔偿，以保险契约之于出卖人，一方为权利，一方有交付保险费之义务。故此契约不能对抗买受人（Arret de nanoy, 29 juin, 1893）。此为法院不移之常例，然时至今日，其法有变，一九二八年七月十日法律（劳动法第一卷第二十三条）规定曰：买受工厂或店铺者，须继续出卖人所订之一切劳工契约。又一九三〇年七月十三日法律第十九条，规定出卖人所订之保险契约，对买受人继续有效，于是今日之特别受益人，乃当承受其作为人之义务矣。

三、结论

一切科学之严禁，莫不以学说理论为引导，而学说理论之创立，皆以社会情形为背景。惟有者现实，得能被采而驰于实用。有者虚远，而成为空谈，故社会形情，变幻莫测。而新说异论，亦随之而起，其说其论之善与否。乃亦当以其是否适合当时社会情形为断。在法国革命以前，人民苦君主压迫束缚，奶油自由平等之论，卢梭之民约论，即倡此义，而所谓民约，只惟其论之饰品。真否有此，固不足轻重其论也。此义之沦人之说。然时至今日，社会情形剧变，人事之繁，几使个人在此社会中，无独自张立之余地。而一切事务之处置，乃亦不得不以整个社会为出发点及归宿点，社会学说，在今日之高潮汹涌，其亦所谓适合社会轻者欤。

契约成立的比较观[*]

徐开墅[**]

法律是随着文化而演进的，各国文化不同，法律亦趋于分歧的状态，那是必然的结果。但是近代世界日渐讲通，加以比较法学的兴起，各国法学家相继作比较的研究，[1]修订法典的时候，又谨慎参考各国立法例，以便斟酌损益，因此各国法规就有逐渐同化的趋势。

就法律同化力而论，任意法总是强于强制法的。关于债权债务的法律关系的规定，各国所采的法理，相同的地方固然更多，但究竟历史、政治[2]、风俗、人情各有不同，所以影响于法规不能趋于全然一致。兹试将各国契约成立的法律关系的规定，简单的比较一下。

首先，就契约在法律上规定的形式来说，继承大陆法系的国家是以明文

　＊　本文原刊于《东吴法声》1939年春季号。

　＊＊　徐开墅，（1916～1999年），浙江宁波人，当代民法学家。1933年至1940年就读于沪江大学、东吴大学，1940年毕业于东吴大学法学院（第23届），获法学学士学位。毕业后曾任《文汇报》、《中美日报》法律顾问栏编辑。1945年至1951年先后专任、兼任东吴大学法学院上海法学院、大夏大学、光华大学、复旦大学、上海法政学院副教授、教授。曾在上海市高等法院担任审判、检察工作，后任上海市人民法院审判员、上海市教育局研究员。1980年受聘于上海社会科学院，任民法、国际私法教授和特邀研究员，兼任江西大学、安徽大学、南开大学法学研究所、上海工商学院、上海机械学院商学院、华东政法学院、上海市政法管理干部学院、上海对外贸易学院等校教授、研究员，同时，还兼任中国法学会民法学经济法学研究会顾问、上海市法学会学术委员、顾问，民盟上海社科院法学所支部主委、民盟中央法委会委员，特邀律师等职。1980年起多次应邀参加全国人大法制委员会主持的民法起草小组工作。曾讲授民法、商事法、民诉法等课程。1980年起招收硕士研究生。著作有《民法债编各论》（上海法学院讲义）、《契约法的比较研究》（东吴大学法学院讲义）等。

　〔1〕　参见不鲁日大学教授披卡尔（E. Picard）氏 Le droit pur, pp. 236～273，又《法学杂志》第六卷第六期，孙晓楼氏近代比较法学的重要。

　〔2〕　"政治"原文作"政制"，现据今日通常用法改正。——校勘者注。

规定的，即所谓成文法；而海洋法系的国家是依据法理引用成案的，即所谓不成文法；所以一以法条为主，法律所未规定的，才依习惯和法理，间亦参照判例；而一以判例为主，近世亦间有法令的颁布。将来二大法系或者会有趋于适中制度的可能。

契约在法律上有广义和狭义二种解说。一切以发生私法上的效果为目的的合意，就是广义的契约；专以发生债权债务关系为内容的合意，就是狭义的契约。各国民法多数是采狭义主义的，[1]像中国、法国、奥国、日本等民法和瑞士债务法都是。[2]德国的民法都采广义，所以把契约分成债务契约和其他契约，将契约的一般原则规定在总则编，[3]而债务契约则在第二编中另设规定。英美法规契约为合意（Agreement）的一种，这所谓合意就是广义的契约。所以英美法中契约的成立，以直接发生债权债务关系为必要，契约二字亦是采狭义的解释。[4]

契约的成立，须有要约和承诺的合意。对于要约的概念，各国法理大致是相同的。要约的目的当然在订立契约，但是要约与要约的引诱，二者在实际上的应用，大陆法系与海洋法系都有不同；多数大陆法系的国家规定货物。标定买价成列者为要约。但价目表之寄送，都视为要约的引诱，我国民法亦是这样规定；[5]而在英美法，陈列的货物标价和价目表的寄送，原则上都认为是要约的引诱，而不认为要约，不过英国曾有认为汽车的时间表为要约的例外判例了。[6]

要约为意思表示，所以向对话人为要约，在相对人了解其意思时发生效力；若当时相对人不为承诺，要约就失却效力了。向非对话人为要约，在要约到达相对人时发生效力！若相对人不在相当时期内承诺，要约也就失却了效力。德、奥、瑞、俄、和我国的法律都是这样规定，[7]英美法的原则亦是

---

〔1〕　其他合意亦准用契约之一般规定。

〔2〕　参照中国民法第一五三条以下，法国民法第一一〇〇条以下，奥国民法第五二一条以下，瑞士债务法第一条以下。

〔3〕　参照德国民法第一三〇五条以下。

〔4〕　Ioh. I. Sullivan, *Amrican Business Law Ch*, 1 in Vol, 1.

〔5〕　参照中国民法第一五四条第二项，德国旧商法第三三七条，瑞士债务法第七条第二项第三项。

〔6〕　Denton V. G. C. N. R. C.

〔7〕　参照德民法第一四七，一四八条，奥民法第八六二条，瑞士债务法第四条第五条。

如此。[1]惟有日本民法却没有这种明文的规定，解释上认为经要约人撤销后，才算失效。以上是就要约未定承诺期者而言，至于要约定有承诺期限的，相对人不在期限内承诺，则要约当然失效了。这一点各国法理都是相同的。再说要约对于要约人的拘束力，大陆法系和海洋法系不同，在大陆法系方面，要约人的要约如定了承诺期限，在期限内，固然不得撤回，就是没有明定承诺期限的，凡是要约一经到达相对人，除撤回要约的通知在预先或同时达到者外，亦一概不许要约人自由撤回。[2]但要约人预先声明不受拘束，或依其情形或事件的性质可认为当事人无受其拘束的意思者，不在此限。我国民法也是这样规定。[3]然而英美法原则上不承认要约有这种拘束力，凡要约还未经承诺的，要约人有自由撤回之权。撤回之通知到达相对人，相对人就不能再承诺。[4]非但未定或已定承诺期限者，一概可以撤回，即使要约人预先声明不撤回的，他还是不受拘束。[5]只有以具备印章或约因（Seal or consideration）的要约，要约人才没有撤回的权利。[6]

契约成立以后，即使一方当事人死亡或丧失了行为[7]能力，对于契约，当然是毫无影响的。但倘使要约人为要约后，还未经相对人承诺，却遇一方当事人死亡或丧失行为能力，那么[8]契约再有没有成立的可能呢？在我国及德日民法认为非对话为意思表示以到达为意思表示的生效要件而非成立要件，所以在发出要约后，要约人虽然死亡或丧失行为能力，相对人仍可承诺，而不影响契约的成立。[9]在英美法的判例却不同，认为要约人在承诺前死

---

[1] Henthon v. Fraser；Bennett v. Cosgriff Taglor v. Lasrd；Barthlmew v. Gockson.

英美法关于非对话为要约其效力的发生，原则固采到达主义，然英国会有少数例外的判例，而已失却权威力。

Toylor v. Ionlk.

[2] 参照我国民法第九十五条第一五四条，德民法第一四五条，瑞士债务法第三条第七条。

[3] 同前面注。

[4] I. Jhompson and sons Mbg. Co，v. Perking S son；Bosshardt S Wilson Co. v. Creseut Oil Co. Cook v. Oxley.

[5] National Befininz Co. v. Miller.

[6] Thomason v. Belher；Watkins v. Robertson.

[7] "行为"原文作"引为"，现据今日通常用法改正。——校勘者注。

[8] "那么"原文作"那末"，现据今日通常用法改正。——校勘者注。

[9] 参照我国民法第九五条，德民法第一三〇条第二项，日本民法第九七条第二项。

亡，相对人不能再为承诺。[1]因为英美法明认要约人于承诺前死亡，为要约消灭的原因，学者亦多作此主张。[2]反之：相对人在受要约后死亡或丧失行为能力的时候，要约是否失其效力？德国普通法系定为要约因相对人死亡而失效，普通法律却依相反的规定。我国及德日民法并无明文规定，学者解释各有不同，而以"视要约是否以相对人为要素而定"[3]较为妥善。在英美法都认为相对人在承诺前死亡，无论何人不得代相对人代为承诺，所以契约就没有成立的可能。[4]英美法以契约为特定人与特定人的关系，非但明认要约人或相对人在为要约后承认死亡为要约效力消灭的原因，而行为能力的丧失亦同此解释。[5]这原则非但适用于自然人，法人的解散亦是一样的。[6]

当事人间彼此没有因果关系而互为同一内容的交错要约，是否成立契约？各国民法都没有明文规定，不同的学说很多。[7]惟有英美判例则明认交错要约不得成立契约，其理由为契约须有要约与承诺并存，并且承诺时以知有要约存在为必要。[8]

关于对话人为承诺，其效力的发生时期，我国及各国民法都没有明文规定，学说上虽有不同的主张，其实以采了解主义为最妥善。[9]英美法原则上对话人为承诺亦采了解主义。[10]而于非对话人为承诺，其效力发生之时期，各国民法很是分歧；我国及德国民法无明文规定，解释上适用一般非对话为意思表示的通则，即采到达主义！[11]日、瑞、俄三国民法均有明文规定，日本民法采发信主义，瑞士债务法采条件附到达主义，苏俄民法采到达

---

[1]　参见 Dickinson v. 中 Doods Milish, L. I. 的意见。

[2]　Bir F. Pollock, *Principles of Contracts*, p. 39; S. Martin Leake, *Principles of Law of Contracts*, p. 25.

[3]　参见刘镇中氏：民法债编通则（中央大学讲义）第三三页。

[4]　*Duff's Executive Case*；并参照 Geldart, *Elements of Enfliz Law*, p. 174.

[5]　Beach v. Tirst M. E. Church. 但以相对人知其丧失行为能力之事实为必要。

[6]　Goodapeed v. Plow.

[7]　主张债权说居多；参见日本神户寅氏论文。法学志林第十五卷第十二号第二九页。胡长清氏：中国民法债编总论第十九页。

[8]　Tinn v. Hoffman S Co.

[9]　参照我国民法第九四条。德国日本民法无明文规定，其国内学者如 Crone, Planck, Enneccerus 诸氏及富井，川各，松冈诸氏均主张了解主义。

[10]　Radford Potts, *Law of Contracts*, p. 95

Laagdell, *Summary of Principle of Contracts*, 2nd Ed. § 14 p. 15.

[11]　参照德民法一三〇条我民法九五条。

主义。[1]而英美法原则上采发信主义，[2]承诺发出之后，契约即已成立；即使中途迟误，若不是承诺人的过失，并不影响契约的成立。[3]但例外也有采取达到主义的，例如承诺人不用要约中明定的或默示的传达方法，或不用交易上应有的传达方法，或误写通信处等。[4]

承诺的通知，按其传达的方式，依通常情形在相当时期内可达到而迟到的，在我国及德、日、民法瑞士债务法，都规定要约人应向相对人即发迟到的通知。[5]而英美法既已采发信主义，承诺一话发出，契约即已成立，所以承诺可在相当期间内到达而迟到的，当然影响于契约。[6]

关于承诺的撤回，我国和德国等民法都未有明文的规定，大概准用关于撤回意思表示的规定，就是撤回承诺之通知必须先时或同时达到于要约人，方才有效。但英美法上承诺很少有撤回的，因为承诺一经发送，契约随即成立，就是把承诺中途取回，亦不生撤回的效力。[7]

各国民法关于悬赏广告的性质，亦有不同的规定。我国及日本民法、瑞士债务法都认悬赏广告为一种要约，而以完成其指定行为为默示的承诺，[8]英美法亦认悬赏广告为要约的一种，[9]然而德国民法都采单独行为说，以广告人得仅由一方的意思表示，遂及负担债务，毋庸经行为人的承诺。[10]

若认悬赏广告为要约，一经公布就视为到达相对人，要约发生拘束力，就不能撤回了。广告人定有行为完成期限者，期限内当然不能撤销；未定期限的，我国及日本民法，瑞士债务法都特别规定于行为完成前可以撤销。[11]

---

[1] 参照日本民法第五二六条第一项，苏俄民法第一三四条，瑞士债务法第十条。

[2] Holland, *Law of Contracts*, p. 262, *Pollock: Principles of Contracts*, p. 36.
Household Fire Co. v. Grant; Henthorn v. Fraser.

[3] Dunlop v. Higgins.

[4] Lewis v. Browiny; Scottish Mortgage Co. v. Davis; Adams v. Lindsell.

[5] 参照德民法一四九条日民法五二三条，苏俄民法一三三条，瑞士债务法第五条第三项。

[6] Dunlop v. Higgins.

[7] 承诺传达之方法与要约传达之方法不同者，承诺之效力既采达到主义，自许中途撤回。
Scottish American Martgage Co. v. Davis.

[8] 参照我国民法第一六四条以下，日本民法第五二九条以下，瑞士债务法第八条以下。

[9] William v. Carwardine; Gbbons v. Proctor.

[10] 参照德民法第二编第七章第九节，即第六五七条以下。

[11] 参照瑞士债务法第八条，我国民法一六五条，日本民法五三〇条。
我国学者陈瑾昆氏谓我民法第一六五条所谓撤销，系撤回之误。（见氏著《民法通义债编》总论第五五页）胡长清氏则以为并非撤回之误。（见氏著《中国民法债篇》总编第六〇页）

德国民法虽认悬赏广告为单独行为，亦有撤销的规定。[1]英美法不认要约有拘束力，悬赏广告当然亦可以自由撤回，只须广告人撤回广告的方法与发表广告的方法相同，实际上行为人即使不知有撤回，亦不影响撤回的效力。[2]撤回后完成其行为的，亦设法请求广告人赔偿损害。[3]德日民法广告撤销后，广告人对于行为人因该广告所受损害不负赔偿的责任。[4]我国民法瑞士债务法却不同，规定除广告人证明行为人不能完成其行为外，对行为人善意的损失，广告人应该赔偿的。[5]

悬赏广告的承诺，是否以行为人为其行为时知有广告存在为必要？我国及德国民法都认为并非必要，所以完成行为人纵然行为时不知有广告，事后亦得请求报酬。[6]在英国制例中虽行为人为其行为时无请求报酬的目的，亦可成立有效的承诺。[7]但美国的判例却不然，行为人于行为时，一须知有广告的存在，二须自动的完成其行为，三须有请求报酬的意思。[8]

关于悬赏广告的承诺的效力发生时期，我国民法未设明文，但给付报酬不以行为完成先后为依据而以通知先后为标准。[9]从这一点看起来，当然是在完成一定行为后，再有意思表示。而承诺才生效力，契约也就成立。英美法认为给付报酬以行为完成先后为标准，可知行为本身即是承诺。凡是行为人的行为一到完成，契约随即成立，通知广告人并非必要。[10]至于德日民法则又不同了，规定报酬[11]的给付及分配以完成行为能否辨别先后而定，能辨别者，报酬属于最先完成行为人；同时完成行为人，各以平等比例取得报酬；报酬在性质上不便分割的，以抽签定之：[12]

以上是各国民法关于契约成立相异之处的大概情形，相同的规定很多，

---

〔1〕 参照德民法第六五八条。

〔2〕 Shey v. Unnitde State

〔3〕 Biggers v. Ouen.

〔4〕 参照德国民法第六五八条，日本民法第五三〇条。

〔5〕 参照我国民法第一六五条，瑞士债务法第八条第二页。

〔6〕 参照我国民法第一六四条，〇国民法第六五七条。

〔7〕 Williams v. Carwardine.

〔8〕 Iohn Vitty v. Thomas Eley.

〔9〕 参照我国民法第一六四条。

〔10〕 Venthworth v. Day；Beate v. Dyer.

〔11〕 "报酬"原文作"酬报"，现据今日通常用法改正，下同。——校勘者注。

〔12〕 参照德民法第六五九条，日本民法第五三一条。

因限于篇幅不再赘述。我们从这里[1]可以看出一种现象就是世界各国法律纵然有不同的规定，但同化的倾向都很盛，尤其是契约法，在国际贸易日渐发达和世界市场日渐繁荣的现代，虽不能立时谈世界立法，但较目前更进一步的沟通，那是必然的趋势。

---

[1] "里"原文作"裏"，现据今日通常用法改正。——校勘者注。

英美法雇主对于雇员所负伤害责任之演进[*]

梁敬钊[**]

在昔手工业时代，雇员在工作时期所蒙受之伤害，罔不由雇主负其责任，及近代蒸气工业即兴，工厂工人均有大规模之组织，于是雇主对于雇员所受伤害，辄设辞自辩，以求卸免其责任，此为世界各国趋向之所同，兹篇所述，仅就英美法源流，叙其梗概而已。

雇员所受之伤害，系出于雇主之故意者，其事涉于刑事之范围；雇员所受之伤害，非发生于工作时间者，自与雇主无所牵涉，故均非吾文所及，兹所述者，系指雇员之伤害乃发生于其工作时间，而非出于故意者是矣。

就原则言，雇主对于雇员之安全，亦有其相当义务，怠忽其义务；而致雇员于伤害时，则雇主应负伤害之责任，但雇员因伤害而至于死亡，则无谓求赔偿之权利，盖英美法以为人之诉权，与其身同亡故也。从有所谓康拜尔条例者，对于因受伤害而致死者，亦予以诉权，则系用拟设之法，视死者若犹生。虽然，此原则耳，事实上雇主仍多方设词防御，故诉辄难得。雇主所持为防御之理由计有三点：（一）曰雇员与有过失（Contributory negligence）；（二）曰雇员自蹈危险（Assumption of risk）；（三）曰应依同事雇员律（Fellow – Sevant's Rule）。综其目的，无非指明系出于对方或第三人之过失，藉以自卸其应负之责任。

雇员与有过失者，乃谓伤害之起因，雇主与雇员，均有其过失；且必有雇员之与有过失，而后其伤害乃得发生，其说始见于一八〇九年（Butterfiend v. Forrester）一案。案中事实，报告因修屋而植杆于路，原告乘马，驰而过

　＊　本文原刊于《法学杂志（上海 1931）》1933 年第 3 期。

　＊＊　梁敬钊，1933 年毕业于东吴大学法学院（第 16 届），获得法学学士学位。

市，触杆惊马，因而致伤，挨伦博罗推事于此断为原告与有过失，谓必原告驰马过市，而后其伤害乃成，原告自身之疏忽，不能因被告有植杆之失，遂予不究，盖依被告之过失，不过为伤害之原因，而原告之过失，则为伤害发生之直接原因也。

雇员自蹈危险者，系指雇员与雇主订立契约时，业已明示或默示自应承受所遭遇之危险之谓，而雇主兹所用以为抗辩之理由，则系基于"其出于自愿者，不足以云伤害"（Volenti Non tit injurin）之原则，即谓危险之存在，已为雇员所熟知。知其危险而赴之，则其结果所受之伤害，自不能责诸雇主之所失，盖伤害之来，系出雇员自取，使雇员于知有危险之后，即自行避免，则雇主对于危险之存在虽不得辞其过失，而伤害亦终不至于发生。雇员既自冒危险，雇主之所失；遂得因之而免除。

同事雇员律者，系谓雇员于受雇时，便已默认将来其同事所加予之危害，应自承受，不得责雇主赔偿，故雇主于此遂得免其责任，其学说据谓系滥觞于一八三七年（Priestley V. Fowler）一案。案之发生，系原告某日以被告之命，乘其车外出，他雇员为御，车载逾量，输折，原告因跌致伤，以是与讼，亚宾杰推事驳斥其诉，以为车之载量与安全，为原告与被告所当共同注意，不能专责诸被告，必使车主对于其车负牢稳之责任，是无异使车主为制车者或御者负其过失之责任也：设由是推之，则凡婢仆所备卧具之霉湿，与夫厨夫所供膳食之过于膻腻。而致害及雇员健康者，亦将均由雇主负其责任矣。亚宾杰于此说实发其端，后复有安德生从而助长之，于是遂成为防御之理由，后世持是说者，谓法律所以定雇员所受伤害应由于雇主负其全责者，乃不过为顾全社会政策与便利之计，而实非基于公允原则。国家法律，仅保护大多数之利益，而未为少数雇主计其利害，兹律乃于原则中特设例外，盖亦所以求公允故也。

盖当十八世纪中叶以迄于十九世纪之初，个人平等自由之说盛行于世，尤以英美为甚，美国独立宣言，首着重于人民之自由平等，然其时所倡说者，纯基于理论，而未顾及事实，以为人类均立于平等地位，自应予以绝对自由订立契约之权力，设强加限制，妄行拟定其为平等与自由，势必转背于平等自由之原则。以地位平等之人类，使各自为谋，其结果较法律所代为之谋者，自必尤妥善而完密，且以平等地位所订立之契约，使非双方业已权衡利害，必不肯贸然合意；既经合意，则此后所发生之危险，自显已默认自愿承当，所谓自蹈之危险，所谓同事雇员律，其说之得立，殆以此也。立法之士，多出身于资产阶级，而当草创法例之初，无所依据，其居心虽未必有所偏颇，而无形之中，所立法例实厚于雇主而薄于雇员，若辈睹劳工人数之多，以为若使工人所受之伤害，必由雇主一一为之负责，则雇主之损失，必且奇重，其说固足自圆，特未为劳工一计之耳，迨工实业日益发达，工人之知识日益增高，工人之团体日形膨胀，劳工之问题亦日形复杂，于是国家对于劳工不能不为谋较善之保障，学者知劳资双方交涉权（Bayainins Powe）之不均，不能只凭理论，妄拟平等。于是渐趋于保护劳工，以求双方事实上平等之一途。其赖以对抗雇主之防御辩护者，始则利用衡平法规，次则致力于普通法之解释，终则颁布新条例，以求适合时代之需要。其演进之略亦有可得而述者：

衡平法与普通法，在十三世纪以前，形式上及诉讼手续上两者正相类似，至十三世纪以后，普通法始渐有定形，与衡平法分立门户。每当衡平法上权利与普通法上权利有所冲突时，衡平法恒优于普通法，而普通法上权利，衡平法遇之，往往能更施以特别救济，凡此皆属于衡平法之历史范围，勿庸详及于此，惟以普通法限于成例，故其所处理之范围之隘。衡平法则能排先例，察时宜，以济普通法之穷，于是雇员所受之伤害，遂得藉公安或真正平等之理由，责雇主以赔偿，平时所不得直于普通法者，兹乃得直于衡平法焉。而雇主所设为防御之理由，至是乃有所阻抑。

学者既鉴于时势之更易，知旧日学说已不足以餍人心。且劳工情形，不容忽视，不能不更新旧法，以应新求，于是或就旧例为广泛之解释，或于总则设例外之规定，而雇主所恃为防御理由，至是乃益受限制。就自蹈危险言之，自蹈危险之成立，至是已不能以雇员之在雇用期间及已知有危险二条件为已足。例如某项机器中途发生障碍，自障碍发生之时起，至途程终了之时止，机师在此期间所受之伤害，不得视为自蹈（Olney V. Boston）又如在雇用之时，雇员已知有危险之存在，但自以为设谨慎从事，或可得免。而其伤害终竟发生时，仍不能以雇员在雇用时已知有危险为理由，而拒其请求伤害赔偿（Cole V. St Louis Transit Co），就同事雇员律言之，亦有同一之改变。例如，设雇员对于其同业同事他部雇员工作之性质，非所熟知，因而遭遇伤害时，则仍不能依同事雇员律，而视为自蹈危险（Noshville R. R. Co. V. Canoll）。再如，设雇员系受他雇员之管辖，而其伤害之发生，系出于该高级雇员之过失者，亦不能适用同事雇员律。后者之例，虽尚有争辩之者，然亦可见普通法修改之趋向矣。

修改之不足，乃复颁行新条例，以保护劳工，新条例颁行，而雇主所恃为防御辩护之理由，几尽失其依据。计十九世纪末叶，英美两国，对于保障劳工伤害之条例，纷相继起，英国于一八八〇年首布雇主责任条例，即为雇主对于其雇员在工作时间内所受伤害不负责任之规定，特设例外：同时并将同事雇员律加以限制，而废弃其一部。依该条例之规定，凡雇员受伤害或致死，其原因（一）系出于道路，工作，机器或机械之弊病者；（二）系出于他雇员之过失，其人系司监督工作，而其过失系发生于监督时间中者；（三）系出于雇主所用他雇员之过失，而其人之命令或指示，该雇员应遵从之者；（四）系出于雇主所用他雇员之行为，或不行为；而其行为或不行为，系遵循雇主之命令或常规者；（五）系出于雇主所用雇员之过失，其人系专司理旗号，分轨处，火车头及火车者，只能证明其伤害系出各人员上述之过失，则雇主便不得引同事雇主律，以求免责。

在于美国，则乔治亚州首发其端，乔治亚州于一八五六年，首先规定铁路上之伤害，雇主不能依同事雇律免责之理由。继其后者，一八六二有爱乌亚州颁布之条例，一八八五年有亚拉巴马州颁布之条例，其性质皆相类似，亚拉巴马州所颁布者系取法英国之雇主责任条例，其法院并予受害之雇员以起诉权利，设受害雇员之地位与加害雇员之地位相等时，则仍适用普通法之规定。后二年，复有马隆秋塞州所颁布之条例，亦取法于英者也，其他各州虽未有颁布此项通则，但对于铁道劳工，亦均有类似之规定。同事雇员律应用之范围。至是乃益狭。

一八九三年联邦政府，颁布用具安全条例，以保护州际列车之工人，限定洲际铁路上所需之机械，载运人应为种种之设备。一八九六年之修正案，并规定设载运人违反该限定时，则雇员所受伤害，雇主不得以自蹈危险为免责之理由。自蹈危险之不得为免责理由。至是乃有明文规定。

一九〇六年国会通过第一次雇主责任条例。规定（一）凡普通载运人经营州际载运事业或国外商业者，使其雇员因其同事工人过失之行为或因路基，车辆，车头，路轨，道路，机械或工作之不良，或因其设备有所未周，而致死亡时，则雇主对于其死亡应负责任。凡雇员因受伤或致死，引用本条例，诉请普通载运人赔偿其伤害者，其伤害或死亡之原因虽由于雇员之与有过失，但设雇员之过失较诸雇主之与有过失为重大时，则雇员请求伤害赔偿之权利不因其与有过失而消灭。惟法院得比例而轻减之耳。于是比较过失遂代与有过失而起，而与有过失在本条例范围内。不复得为雇主防御之理由。

一九〇八年国会复通过第二次雇主责任条例。该条例系适用州际铁路及经营国外商业之铁路。条例内容与第一次雇主责任条例相似。其关于对抗雇主之防御部分，则另增入"设载运人违反用具安全条例之规定而致雇员受伤害或死亡时，雇主不得以雇员自蹈危险为免责之理由"一段文字。厥后一九一五年纪一九二四年对于车头汽锅等项之安全，又有显著之篡改一九二〇年关于海员案件，并准引用一九〇八年之雇主责任条例。该条例所包括之范围愈广，而雇主所用为防御之范围愈狭。英美国家，盖持侵权法中原则，以为凡侵害之发生，使非由于他造之过失者，则法律不能加他造以责任。至是，乃使雇主对于雇员在业务上所受之伤害。负其责任，盖以大反于其素守之原则矣。

立法者鉴于近代劳工问题之严重，工人安全之不容忽视，遂复创设恤金条例，以抚伤慰死。恤金之立法，始创于德，英国于一九〇六年始通过恤金条例，凡含有危险性之工作，均得适用之。该条例所着重之点。在于伤害之发生。是否由于工作之故，至雇主于此有无过失，则非所问。美国联邦政府于一九〇八年，亦颁布有同一条例保护在危险业务下工作之工人。一九一六年国会通过联邦工人恤金法，予各公家机关雇主计巴拿马铁道公司之雇员，以伤害抚恤之救济。许至一九二六年，美国各州，除哥伦比亚及南部五州其地工业素不发达者外，皆已采用劳工抚恤条例。一九二七年乃复颁布关于海港方面私家雇员伤害抚恤之条例。凡此种种固已于不属于劳工伤害责任之范围，而国家乃以是为雇主之义务，综其推进之迹，近代劳工立法之趋向亦可以略见一斑矣。

汽车肇祸与法律上责任观念之变迁[*]

彭望雍^{**}

原文为 Albert Buisson 所著，标题为 L'automobile et la Jurisprudence 登载于一九三五年九月十五日出版之 Revue des Ceux Mondes.

夫人与人群居萃处，其间关系，必为一定之规律所约束，无论在原始社会中，或在最进化之社会中，皆属如此。此项一定规律之全体，即吾人所称为法律者是。吾人苟欲于各国历代法制中，求得一共同点，则舍损害责任外，恐无更较此普遍而坚定之原则。

无论何时，无论何法，对损害责任之原则，咸加认可：但此原则之适用，在刑罚范围或在民事赔偿范围内，不互发生相同之结果，而被害者所受不法侵害，亦非皆因应用此原则，即能充分收敛，而得享受赔偿之利。

盖在蒙受损害之际，人之行为，有时无所表现，例如畜类伤人，或无生物下坠伤人，其损害或足以致人死命，而骤视之，未尝有人之责任存乎其间。然设使肇祸之物件或畜类，为人所有，则吾人使该所有人对其物之所为，负担责任，宁非至当？此观念今已为人所熟悉，然其自多数相类之事件中，演化而来，为期甚久，而法律与判例之认可此观念，亦迄今始行实现。

加害于人之物，在罗马法中，可谓直接负责，如该物所有人将其舍弃与被害人，则被害人更不能为其他请求。在法国古法中，有若干案件，系对伤人之畜类或无生物，（如下坠伤人之石像）等，提起诉讼，然自中世纪始，法学者如卜麻诺（Beaumanair）即讥评此项习俗，于是被害人亦得向物之所有人提起损害赔偿之诉，所有人更不能以舍弃该物为理由，而脱卸责任。

---

* 本文原刊于《中华法学杂志》（1937 年）第 7 期。

** 彭望雍，1933 年毕业于东吴大学法学院（第 16 届），获法学学士学位。

神学者对此责任问题，推论较精：分为物之损害与人之损害二种，谓对他人权利有所损伤，即成物之损害；而人之损害则假定加害人与有过失，神学者为被害人计，在上两项情形下，皆认可其求偿权，创为客观责任之说，此说且终为近代法例所采纳，而为有效之运用。

法国民法已认可物为责任，然其范围及法律根据如何，近始经人研求，此项法理之演进，大部分尚系因汽车肇祸而促成，经三十年之争执犹豫，始进至今日之一阶段，似可历相当时期，不致有何变更。

汽车肇祸在此项法理进行中之影响，后文将依次言及，为衡量其重要性计，吾人可先自统计求之；据可靠数字言，此项肇祸事件在各国咸年有增加，法国内政部文件最近发表一九三四年之数字如下：

致死之肇祸事件——四千四百十三件；

被杀者——四千七百三十七人；

较诸十年前已赠加三倍矣。

美国纽约总警务处，亦通告示众，谓交通肇祸事件在十八个月中所引起之死亡，较战争在同一时期内所致之死亡为尤伙云。皆足以说明上项死亡率之增长，各法院对此项肇祸，咸思有以消弭之，而关于损害赔偿一层，尤加注意。

法国民法一三八四条及其各种解释：

法国民法中，有若干条文为人所共知，亦最为在诉讼中所易援引者，第一三八二条亦为其一，该条规定"因其过失而致生损害者，应负赔偿之责"可谓为包含普通法中关于责任问题之原则，若被害人所能证明其所指摘者之过失（即过失与损害间之因果关系），即可得充分之赔偿。

此原则虽范围甚广，可为人多方引用，然尚难保障一切损害之赔偿，吾人观十九世纪中工作肇祸事件因机械发展而增多，立法者为人道正义计，不得不于一八九八年，以特别规定，对受雇人加以一种不能因一三八二条而求得之保障，即可知矣。

然立法者对汽车肇祸伤及行人事件，尚未有所规定，当时亦无为此项规定之需要，盖法学者已在民法中求得解决方法，使驾驶者或肇祸车辆所有人，在无论何种情形下，终难辞其责任。其所引条文，即一三八四条是，该条谓："加害人不但因其自己所为，负担责任，（此即一三八二条中之责任所谓：'人之所为'者是），即损害系因其所管有之物之所为，而发生时，仍应负担责任。"此系后半节,引起不少学说上之争论,而法院亦得藉此以判例发挥其创造之机能,据萨来(Saleilles)语,此项机能,正所以使法律与时间进行历史演化相适应云。

此一三八四条"即该损害系因其所管有之物之所为而发生时,仍应负担责任"云云,最初引起两种不同之解释。据古典派之论调言,此一三八四条至末,仅为一三八五及一三八六条规定建筑物所有人因建筑物坍败或失修而致损害时之责任,除此两项限定特殊情形外,一三八四条不能为其他之运用[1]。

然据终于胜利之另一学派言,一三八四条实包含一种绝对普遍之原则,一三八五条不过明示自其主人之责任方面言,应认动物为物,而一三八六条乃对一三八四条之原则,加以相当限制。此项限制,仅系对动产建筑物而发,若对于动产,则一三八四条之原则,原可为无限制之运用。

最初,在一长时期间,第一派解释占据优势,大审院一八七○年七月十九日之判例(Sirey 1871-1-9)即确立此项解释。该案事实颇为特殊,系一妇名班樊者,在一洗衣船上洗物,因汽锅爆裂而受伤,其损害赔偿之请求,初级法院及上诉院皆予驳斥,因该妇未能将船主之过失证明,后班樊复行上诉,谓应推定汽锅所有人为有过失,必须其自己证明并未有若何过失,始可免除责任云云。

大审院对上项理由,未予认可,判明"此肇祸事件固可因不可抗力之事实而发生,然其本身并不一定包含被告之过失云",大判例家拉培氏(Labbe)加以注释,谓此判决对行将成立之一种趋势,加以反抗,大为赞助,并谓使损害赔偿不以人之过失为依据,而以物之所有为根据,实为谬见云云。一八九四年十二月三日判例中,尚显谓"在一切责任诉讼中,必须有可以合法加之于人之过失存在,该过失乃此项诉讼中要件之一也"。

民法与"客观责任":

虽然,客观责任之说,仍于十九世纪末叶工作肇祸事件产生之际,继续进展。而二十世纪初,法学者更因汽车肇祸事件,于一八九八年工作肇祸法

---

[1] 一三八五条:动物所有人或使用人于其使用期间内对于该动物所致损害无论其是否在其看管下与否,皆应负责。一二八六条:建筑物之所有人因建筑物之失修或建筑不良致损败而使他人受损害者应负责任。

颁布前之判例中，求得有益之奥援。

吾人之目的，仅在说明客观责任说之演进，故若干判决，谓工作契约中之雇佣人，对受雇人负有安全责任，受雇人之安全一遇损害，在雇主不能为反证前，即被推定为有责任云云，吾人对之，无须屡举。

法院为救济被祸者起见，最初将一三八六条为至宽大之引申，该条本系对因建筑物失败或败毁而生之损害言，及经引申，则凡连属于建筑物之动产（如电梯与未经封锁之机械等）所为之损害，皆包括在内，甚至因土地动摇树木倒塌或玻璃倾倒而致之损害，皆可适用该条。

然此项解释既险且狭，因若干动产，并非建筑物之从物，其所致损害，即不能以上项解释得到赔偿，是以法学者与法院之努力，终超于一三八四条之广义解释，使该条发生普遍之价值。自一八九〇至一八九五年间，判决之为此解释所影响者日增，而拉培亦转而拥护此说，大审院终于寡妇狄番对纪西一案中（Tiffaine contre guissy）于一八九二年六月十六日为可纪念之判决，采纳此项广义解释。

此案事实亦为汽锅爆裂，致机械师狄番于死，其妻弟一审败诉，上诉而胜，上诉院既认定雇主之契约责任，复引申一三八六条及于建筑物之从物，雇主向大审院上诉，乃引起一极奇难之辩论。检察长沙吕（Sarrut）对上诉院之判决原因，极力攻击，然为解决此案计，沙吕更进而研究狄番之妇是否得以援引一三八四条至广义解释而获胜，其结论则为"不能"。

大审院仅对沙吕攻击上诉院判决原因之理论，予以赞同。然另一方面，则认为可以引用一三八四条至广义解释，判决谓该条关于无生物之所为，创立一种普遍之过失推定。

虽然，此项判决其实质尚非"革命化"，盖其所引者，仍为过失之推定，而非因物之所为而发生之客观责任之观念。故人无过失，即无责任之根本原则，依然存在，距法学者今日已达之目标，尚有一段路程，而有待于汽车为之接引焉。

自一八九六年之判决后，法学者乃公认因无生物所为发生损害时，被害人无须证明该物所有人或管有人之过失，举证责任，在于后者。然使其欲推翻此项过失推定，究应如何举证乎，是否证明在该不幸事件中，其个人应毫无过失，即为已足，抑须其进而证实该不幸事件之发生，乃由于不可抗力之事实或由于第三者或被害者之过失乎。各级法院对上两项方式，舍取不一，而在采纳第二种方式者间，或只认不可抗力之事实，可以是被告免除责任，或则采证较宽，即第三者或被害人本身之过失亦可免被告之责任。

大审院为解决此问题，再为判决，然并未即将其一八九六年判决中之责任观念扩大，仍并未确立客观责任之说。其一九一九年正月二十一日之判决规定，物之管有人为推翻第一三八四条所加于彼之过失推定计，不能以证明其个人并无任何过失或该事件之原因无人知晓为已足，尚须证明该事件系生于不可抗力之事实或第三者之过失或与其本人毫无关系之外界原因始可。此判决中之方式，大审院在此后相类之案件中皆经重述。

汽车是否危险物：

以郁四郎（Gasserand）院长为首之客观责任论者，对此判决之怯弱，攻击弗懈，主张自一三八二条之"过失"观念。而一三八四条中之"物之所为"之原则，乃与一三八二条所认可之"人之所为"相对立，物之管有人，更不能如在罗马法中然，将肇祸之物比拟舍弃（abandon noxao）即能免除责任，盖今兹负责者之原因，非为其积极之过失或消极之疏忽，而为其使用该物之代价。良以其将某物置诸道途时，已创成一种危险，吾人固得自由创成危险。然因使用其物而受益，自不能不负担责任，故此项责任之基础，已非为前此之过失观念，而为所有人或管有人自由创成危险，使用一物而受益之代价。

客观责任之理论如此，大审院对之为向所未有之注意，吾人将观此项学理若何终为大审院所采纳。此最后之法理进化，可谓全藉汽车肇祸而促成。

汽车肇祸通常必在为人驾驶之时，然当其静止之际，亦得因某种事由，（若土地倾斜）而自动肇祸，一三八四条对上两种情形，是否应为同样之适用，殊可研究。在第二种情势下，应适用该条，不容疑义，然当车辆有人驾驶之时，吾人岂非可谓"人之所为"超越其他，而复返于一三八二条，应使被害者证明过失责任乎？

为解决此难题起见，比国有人提议，谓杀伤人之事实本身，即为过失，且为已经证实之过失，故应否适用一三八二或一三八四条之问题，根本不能存在，此项解释，虽经比国大审院检察长赖自克之权威，未能为人所采。且此外更有反对一三八四条为广义解释者，提出难题，伊等谓一三八四条系规定因其所"管有"之物之所为而发生之损害责任，其所指者仅系有危险性而需要看管之物，若肇祸之物无危险性时，被害人仍应证明被告之过失。

253

此危险物与无非危险物之别，似源自杜马，杜氏主张无证实之过失即无责任，但复列举危险物之名，认为因危险物而致损害时，可成立过失推定，即推定所有人对该物之看管，未尽相当之注意。

此说复于一九一八年为爱斯曼氏（Esmein）在自行车与汽车肇祸案件内所采。爱氏对一三八四条之物为责任，虽未加以普遍推定之价值，然认为在若干案件内，得为一种事实推定。萨伐第氏（Aavatier）亦赞同此说，然谓车辆而有人驾驶时，"物之所为"因有"人之所为"而消灭。

当时郁四郎院长即力避此危险物与非危险物之分，明言车辆即有人驾驶时，"物之所为"，仍为消灭，盖无论何物，皆可创造危险。若危险发生，致有损害，其物已自证其为危险物，而吾人即应适用一三八四条。

设吾人对于静止之汽车因骤动而肇祸时，即适用一三八四条。则经人驾驶时，因其行动，既已造成一种危险，岂非更应适用该条，若谓一经驾驶，该车即不复在人看管之下，实属奇谈，盖吾人除驾驶车辆之时外，更有何时。对该物为更完全之看管，或谓一物有时得心应手，绝对服从人之命令，则已成个人之延长，而"人之所为"，乃超越一切。郁氏未以此论为然，且谓在汽车专案件中，此论尤为不安，因汽车有"本身之动性"，虽驾驶人亦不能始终为完全之主宰。

此项立论，虽极强烈，然"危险物"说其初仍占胜，吕白（Ripert）教授本一切责任生于过失之意，对一三八四条为狭义解释，意谓一三八四条中之责任。其发生须由于当事人对于物之看管有所过失，若该物因其本性，即有受看管之需要，则即为一种过失之推定。吕氏更试为"危险物"之客观分类，条件宽广，事实上"物之所为"之肇祸事件，皆可因而得偿。

至是过失观念仍为负担责任之惟一原则，客观责任之说，多数法家咸认为"异物"。大审院于一九二七年二月三十一日在向实对百福商店案之判决内（Geand'heur contre Galories belfortaises）亦引吕氏之说。在该案内，向实为百福商店之汽车撞伤，下级法院未用一三八四条。理由为该事件因有人驾驶之汽车而发生，被害人欲得赔偿，应先证明驾驶人之过失云云。

大审院则在其判决内，先重述其自一九一九年起，对于一三八四条之解释，即谓该条所创之"过失推定"，除经证明肇祸系由不可归责于管有人之外界原因外，不能任意推翻。大审院于此传统之解释外，更为二种极重要之决定如下：（一）大审院谓法律适用此过失推定时，不问肇祸之物，是否有人为之指挥推动，因此项原则决定，各法院之犹疑，乃得解除；（二）该院谓一三八四条之应用，只须该物因其可以对他人发生危险，有受看管之需要即可，此第二项原则，立即经人解释，谓为大审院放弃"人为"（一三八二）与"物为"（一三八四）之标准。而采取危险物及非危险物之分别，大审院在此后三年内所下判决，皆重引此原则，而上诉院及初级法院亦咸援引为例，仅里昂上诉院于重审向实一案时，仍摒绝此危险物异非危险之标准。

虽然，法学者未能明定危险物之标准，争端于以重与。爱斯曼氏建议，谓一三八四条仅予吾人以一简单"方针"，法院判决说明其认某物为危险物之理由，而其运用此项方针是否妥善，则应由大审院决定之。贾璧堂氏则对大审院所为一三八四条之解释，全部否认，原因为即仅限于危险物而言，仍嫌过于广泛，其意谓一三八四条并无普遍价值，而但为一三八五及一三八六条之向导，应发"即成危险"之说。而以过失为责任之惟一基础，但危险物不断增多，而法院复不能合法的恃一三八四条以得解决，则如之何，贾氏结论谓应由立法者出面处理之。

此危险物与非危险物之分，不但为传统责任论者贾氏所为批评，亦大受其他各派法学家之攻击。如马索氏（Mazeeude）即认可一三八四条之普遍性，然认为吾人殊不能自该条提得客观责任之说。马氏尤反对危险物及非危险物之分，理由为在一三八五条中，法律对动物所加责任，不以其动物为和平或为恶犹而有所轩轾云，至如郁四郎院长则仍力主"即成危险"论，谓法院事实从未研求某物是否危险物，只须该物造成危险，即认之为危险物耳。

汽车肇祸法例之最近情况：

上列争论充斥于一九二七至一九三〇年之法国法律刊物中，乃促成法理之切实进展。大审院审查庭于一九二八年七月十六及六月九日之判决中，业已明言一三八二及一三八四两条中之责任，"出发自不同之法律原因"，盖一三八二条既认可过失观念。若不谓一三八四条系以"危险"观念为基础，亦殊难另解，故虽有人仍继续认定一三八四条仅对危险物而发，然此项"危险"论之默认，终必产生其结果。

向窃案于里昂上诉法院复审后，重经大审院合议庭判决，该庭依检察长马代之结论，正式认可一三八四条之普遍价值，不复谓某物得对他人发生危险有被看管之需要云云。盖已放弃其一九二七年所发现之方式，亦即放弃危险物与非为危险物之标准，尚有更重要之一点。即该院不复谓一三八四条创成一种推定过失，而谓为含有一种推定责任，一三八四条乃使责任与看管相连，吾人更不能谓必须有过失存在，始发生管有人之责任。

此判决或未必即一成不变，然其正式认可"危险"论，毫无疑义，贾璧堂（capitant）氏谓此后"过失观念对于物之所为之责任，仅一虚设定之假定耳"。肇祸可由人之所为而起，亦可由物之所为而生。在第一种情形下，法律对物之管有人，成立一种推定责任，物之管有人因物之管有人因物之管有所有或使用收益，自应提供相当代价，其管有所有或享受之事实，应使之冒一种危险，因其物之所为而致损害时，自应使之负责赔偿。

自此以后，一三八二及一三八四条，乃分占民事责任之地盘，然或谓一三八四条已成今日普通法上之原则，取一三八二条及其过失观念而代之，则似属过火。何则，立法者固不绝趋向于客观危险之观念，而司法者则方努力以缩小其范围。

然既成危险之说，颇能适合社会需要与夫良心上之要求，故终能确立于法国法律中，而充分发展；其实过失论者与客观责任论者，在学理上与实际上，皆不如其自信之相水火，试举例明之：吕白氏谓"民事责任者，不过为道德责任之确定及其法律制裁耳"。危险说仅以责任与所有权相连，似乏法律所应有之道德性，然吕氏亦认可使用一物创成危险等，皆"人之所为"，足生过失，即或当事人不愿过失发生或无心而生过失时，责任终以成立。

另一方面郁四郎氏拥客观责任说，谓"物之指挥利用引起责任"，又谓"吾人对自身所创造之结果，负担责任，实至公平之事"云云。虽然，指挥，利用，创造，非亦"人之所为"乎？若无指挥利用创造等，则物之是否依然为是物，而造成同样危险，殊难预期。

在未开化之社会中，无所谓工作，无所谓所有权与夫主权，因物之所为而生之事件，仅类不可抗力之事实，绝不生责任观念，社会愈复难，则人之活动亦愈增，"人之所为"到处与"物之所为"相衔接。欲特殊认清在某种情形下而存在，固非易事，然若由是而否认其与"物之所为"有密切关系，亦殊不当。因如此则在大部分案件内，推定责任，将由被害人负担，于社会秩序及吾人正义观念，咸相背驰矣。

关于因企业所生之灾害立法上
应否采用无过失责任主义问题之检讨[*]

王伯琦

　　自十八世纪末叶以还，个人主义思想，风靡全欧，法典之成于此时者，无不以个人之利益为前提，责任问题中之过时概念，亦无非此主义之流亚。其言曰：人之行为，完全自由，若非故意或过时而致人遭受损害者，不负责任。故过失为构成责任之要件。然个人利益之获得，非自空隙，其致用也，亦不能脱离人群；尊重个人之利益，固所以维持其在社会之哼村，尤须以整个社会之生存为前提；若专事尊重个人之利益而置整个社会之利益于不顾，则又和桂湖尊重个人只利益？切自近世以来，大规模企业日益勃兴，其所能致人之危险及损害，绝非个人主义盛行时代之立法者梦想，昔时个人间或整个社会利益之平衡，今日乃被破坏矣。又况企业者类皆富有，社会一般群众，多数无产阶级，若使企业人得以无过失而面旗责任，则必致资产阶级易享利乐，而无产阶级无辜受损。益且企业人由其企业攻获利益，而造成此种危险，是无异于从事冒险，倘有不测情事发生，自当承担其结果。故无过失责任主义之学说，乃应运创新：不问行为人有无过失，既有损害，即应赔偿，俾被害人不致无辜受损，而社会利益之平衡得以维持。

　　我国民法第一八四条至一九一条关于侵权行为之规定，仍探过失主义，对于整个社会利益之尊重，乃嫌不足。故最高法院之意见，认为关于企业之人之责任，有修正民法而采用无过失责任主义之必要，即企业人虽无过失，亦应使负赔偿之责，然我国大企业方在萌芽时代，亦须扶植其发展，始足进社会于繁荣之域，倘令企业人多负重责，无异予以摧残，故不得不兼筹并顾，期能两全。两全之法，经由司法院法规研究委员会研究结果谓（见中华法学

---

　　* 本文原刊于《社会科学学报》1941 年第 1 期。

杂志第二卷第七期九十三页）："立法上似应一方采取无过失责任主义为原则，即企业人虽无过失，亦于因企业所生之灾害使负赔偿之责任。他方则力矫阻抑企业发展之流弊，而在工厂法内，订明企业人应为意外灾害保险之强制规定，俾有意外灾害之发生而损及团体利益时，得以保险赔款以资挹注，使企业资源，不致遭受打击而有倒闭之虑，庶及折中至当，互获其利。但工厂法内既有意外灾害保险之强制规定，则企业人如违背其规定不为保险，即是违背保护他人之法律。于因企业所生意外之灾害时，推定其有过失，此与现行民法第一八四条第二项之规定相当，自得基为令负损失赔偿责任之依据，因而民法上即无再设特别规定之必要。"

鄙意对于司法院法规研究委员会确认无过失责任主义为合于现社会之需要，而于其扶植新兴企业毋使受困衰竭之婆心兼顾，至用钦佩。惟与其调整法律之方法方面，不无再加以检讨之余地。

该研究报告中之要旨，不外在工厂法中设强制保险之规定，企业人倘违反此项规定，即应用民法第一八四条第二项，推定其有过失，令企业负赔偿之责。窃以为由此可以发生之问题有三：①企业人倘违反强制保险之规定，依照该委员会之意见，固可应用民法第一八四条第二项而令负责，然若其遵法保险，被害人将如何请求赔偿？②企业人违反强制保险之规定，是否即可应用民法第一八四条第二项？③应用民法第一八四条第二项，是否即为采用无过失责任主义？兹就此三问题略抒鄙见于下，质于海内高明。

（1）民法第一八四条第二项曰："违反保护他人法律者推定其有过失。"故欲应用此项规定，必先有违反保护他人之法律之事实，反之，若未违反此种法律，则根本不能应用第一八四第二项。今企业人若违反强制保险规定，依照该委员会之意见，固可应用该条第二项而令负赔偿之责任，然若其依法保险后而因企业发生灾害时，被害人将如何获得赔偿？该委员会之所谓意外灾害保险，或指损害保险而言，即倘因企业发生灾害时，保险人应赔偿被报人所受之损害；惟其赔偿，以企业人自己所受之损失为限，他人所受之损害，保险人当不服责任之责，则因企业所生灾害之被害人，仍不得不依照普通法证明企业人之过失而请求赔偿。若云所谓意外灾害保险为责任保险，则保险人之赔偿，必以企业人之责任确定为前提：企业人倘依法不负责任，保险人亦不负赔偿之责。即如是，则所谓再工厂法内设强制保险之规定者，对于企业人固可以资挹注，而于被害人则惟在违背该项规定之情形下关于因企业所生之灾害立法上应否采用无过失责任主义问题之检讨方可录用民法第一八四条第二项稍得便利（但鄙意认为即在此情形下，仍不能应用但一八四条第二项，见下）；若企业人依法保险后，则被害人仍依照民法第一八四条至一九一条之各项规定，根据企业人之过，方能确定企业人之责任（民法第一八四条至一九一条，为一贯得过失主义之立法）。故企业人依法保险后，其赔偿能力虽可以之增加，被害人虽可以之确实获得偿金之支付，但欲确定企业人之责任而获得赔偿，仍如前之困难也。

（2）我国民法第一八四条之应用，有不移之要件三：①过失，②损害，③过失与损害间之因果关系。此为过失注意责任中一常不变之格式，缺一则不能构成责任。该条第二项之规定既曰"推定其有过失"，则其责任仍为过失责任也，了无疑义；其所以别与前项者，惟法律已推定违反保护他人之法律之行为中，已含有过失，法律代被害人预先证明行为人之过失。被害人即毋容再为证明。故一八四条第二项之法意，惟在免除被害人证明过失之责任，即为一般举证法（民诉第二六五条）关于特定一点（过失）设一例外，俾被害人易于得偿而已。至于请成责任之各项要件，法律既未免除，自仍需要，即仍需有过失、损害，过失与损害间之因果关系。今过失虽已由法律推定，即违反保护他人之法律事实，损害则仍须由被害人证明，而违反保护他人之法律之行为，仍须与此损害有因果关系。例如违反违警罚法第四一条第二项，于公众聚集之处及弯曲小巷骤驰车马，或争道竟行不听阻止，或违反同法第四二条第十一款，车马夜行，不燃灯火，因而撞伤行人。在此情事中，言过失，则为违反违警罚法在公众聚集之处骤驰车马，或夜行不燃灯火；言损害，则为致人受伤；言过失与损害间之关系，则为在此种场所骤驰车马或者夜行不燃灯火，有撞伤行人之绝大危险，今行人果被撞伤，其山于骤驰或不燃灯火也，至为显然，故法律推定其致此损害之过失。今该委员会之报告谓企业人违反强制保险之规定，但令负损害赔偿之责。言过失，为未保险之不作未行为；言损害，则为他人遭受之损害之责，如工厂火炉爆裂，以致震塌邻屋，或机器轧伤工人；此二种条件崮已其备，然过失与损害间之因果关系何在？企业所发生之灾害，礼由于企业人之不保险耶？邻屋之塌倒与企业人违反强制保险之规定间，可得谓有因果关系耶？因企业发生之灾害形态多，因果关系之学说虽紧，然企业所能发生之灾害，似不能与不保险之不作为行为发生任何学说所主张之因果关系。企业人保险与否，谓其与赔偿能力有关则可，至于因企业发生之灾害，不啻风马牛也。

或曰，法律所推定之过失，为与损害有因果之过失，故既被推定为过失，则即不必问其与损害有否因果关系，即可构成责任。是言亦惟以自困耳：夫法律所以推定某行为为过失者，以此种行为有发生某特定损害发生之过失行为。保护他人之法律，即防止某种特定损害发生之法律，违反此种法律，即有发生某种特定损害之绝大可能，做法律推定违反保护他人之法律行为为过失行为。是可见法律所以推定某行为为过失者，于事理亦当有其依据。法律者，权情衡礼之事者也，其何可悖谬事理哉！且法律所推定者，为发生特定损害之过失而非发生任何损害之过失；其推定违反保护他人之法律为过失者，为此种法律所以防止发生某特定损害，而违反此种法律，即推定其为致此特定损害发生之过失。如违警罚法第四十一及四十二条为保护他人之法律，其所保护者，为个人身体财产之安全，换言之，即所以防止行人被车马撞伤或撞死，道旁财产被撞毁等等特定损害之发生；今若违反此种法律而有此特定损害发生，则法律推定其为致此特定损害发生之过失，即令行为人负责；然若所发生之损害，非法律所防止发生之特定损害，如道旁适有一人跌伤，则虽未燃灯，或虽骤驰，虽为法律所推定之过失，然不得谓为致此损害发生之过失；无损害，无赔偿，责任问题种之大原则也。今工厂法种之强制保险规定，固为保护他人之法律，然其保护者何？其所以防止之损害为何？曰：使企业人确有支付损害赔偿之能力，不致被害人虽受损害而不能获得实际上赔偿；哉吾国之特种情形下，亦所以保护企业人本身，而同时全国企业之前途，不致因遭不测而歇闭。既如是，则企业本身致人遭受之损害，当不能谓为由于企业人违反保护他人之法律不保险而致也。

该委员会之意见，无异于承认凡有违保护他人之法律者，应赔偿他人遭受之任何损害，是背于侵权责任之原则而不无削足适履之嫌也。关于因企业所生之灾害立法上应否采用无过失责任主义问题之检讨。

（3）该委员会曾确认无过失责任主义应采为企业责任之原则，然其结果仍在录用民法第一八四条第二项，其岂以为该项为无过失责任之规定耶？夫第一八四条第二项之规定，如前所述，无非欲免被害人证明行为人之过失而已。其既明言"推定其有过失"，则其基本法意与第一项完全一贯，仍以过失为构成责任之要件，当无疑义；惟此处之过失已由法律（有个字看不懂）定，被害人无须举证。但行为人仍可提出反证，即证明自己未有过失而卸其责。

故所为推定过失者，惟举证责任之倒置而已，与过失主义之原则无有也。所谓无过失责任主义者，不以过失为构成责任之条件之主义也。行为人是否过失，多所不问，故亦无须法律推定；被害人只须证明行为人确会为此行为而由此行为遭受损害为已足；被告方面，当亦不能以证明其未犯过过失而卸其责任。此谓无过失责任主义，与推定过失相较，犹不啻有参商之隔也。

窃观近世各国法制，关于直接责任方面，固多仍采过失责任主义，而关于间接责任及由于物（动物或无生命物）所发生之责任方面，立法上或解释上，采取无过失责任主义者，其例乃不一而足，而尤以关于无生命物之责任为然。

我国民法关于侵权责任之规定，以过失为其一贯主义，即第一九一条关于土地上建筑物或其他工作物之责任（企业所能发生之灾害，十九可包括在内），亦以过失为要件，是为不合于现代社会情形之尤甚者。鄙意以为最好能将民法第一九一条加以修改，直接采取无过失责任主义，庶几合乎最高法院及司法院法规研究委员会尊重社会利益之至意。若以为此举过于急进，则为因企业发生之灾害另设特别规定，亦无不可。至于扶植新型企业一层，则可同时在工厂法内设强制保险之规定，企业人倘违反此项规定，则站在整个国家经济之立场，可另立罚则也。

同居与结婚[*]

陈传钢[**]

一、甜蜜蜜的梦

托尔斯泰在他读书一周纪中，引了一段马德志尼的名言："男的和女的就恰是琴上的两个音符，没有这两个音符，人类的心灵就好像琴上的弦，永不会正确，也永不会和谐。"我们说：两个潜力不同的电流的物体分离的时候，其中的电力是看不清楚的，等到他们有了正当的结合，电力就发生了变化，火花，红光就从他们中间灿烂了起来。男女的爱情也就是这样。

那么爱情是什么东西呢，男的和女的之间，为什么要发生这种"电力"呢？

为什么？这也许只有上帝会解答，至于上帝是不是真的能够解答，这依然是一个没有解答的疑问。男女的爱情结合了，就能发生电一样火花和红光，这和上帝不单创造男子，也不单创造女子，却将这两个不同的性别，创造在一个世界里，是一样的不可理解。如果你说世界上有那种大的力，一口气可以吹倒喜马拉雅山极巅，卷尽太平洋的浩浪，我告诉你，爱情的力比那个还要大得多。

这是结婚的爱（Married Love）的作者，无数青年男女奉为"爱之神"的史塔柏女士（M. C. Stopes）说的话：无论他怎样用厌世观或爱世观，来遮盖他的欲望，每个青年的心，都渴望"得一终身伴侣的美梦"得以实现。各人

---

[*] 本文原刊于《法学杂志（上海1931）》1933年第4期。

[**] 陈传钢，1935年毕业于东吴大学法学院（第18届），获得法学学士学位。

本性上就知道，潜伏在心灵中的一切伟大，只有配偶者才能使我们充分的了解，即使在白发老翁的心中，也还迷离地保留着一切孩子般的惊异，这也只有配偶者才付与温柔的微笑。确实的，除非他是心神耗弱者，或是先天丧失感觉者，在他的心中总不会缺乏热情的燃烧，美梦的追求。每一个热情的人，谁不希求斯丹太尔所说的那"雷电之一击"？[1]

气温到了一百度，就算是沸点，平静的水就会泛起沸腾的泡沫同样的，爱情的气温，到达了相当的程度，不可避免地就要求实行"同居"或"结婚"了。鲜艳的花朵着丰腴的果实，大自然中哪会有不结果的花朵呢？

有人说："结婚是恋爱的坟墓。"说这话的人，不是从来没有好好地深思过的人，就是犬儒派之流他们看见了一方面，就以为自己已经获得了全部真理，忽略地抛弃了另一方面，其实真理是在讪笑他们的无知了。

情人时代的爱情，是一种色调，夫妻间的爱情，是另外一种色调；前者常在追求某一时的 Climax，后者却在保持永恒的连绵性一个是海洋里的狂涛，一个是平湖中的波纹。所以结婚以后的爱情，不过是改换了一种形式罢了，真正沁入灵魂生活的人格结合，可以纵然因结婚改换它的色与形，可是绝对不能消灭它的本质。

结婚以后的爱情，不过是由外面的动作，而变为由内面的潜在罢了，而且这种内面的潜在是更深入的。

一个人缺乏一个真正的伴侣，他的灵魂就是受了支解的惨痛，没有获得"自己的完成"。

从爱人的简单，甜蜜和娇艳的肉体里——这肉体是动物原始的本能逼着爱的，——不但生出新的生命来，而且能够扩大人类同情的范围，增加精神了解的光华，这些是孤单的人独自所永远不能得到的。[2]

你如果要心灵的契合，肉体的交戚，享受你实爱的青春，满足你种族本能的冲动，追求那神秘的乐趣，使你飞翔浮沉在灵魂的爱河里，就像一双海上的白鸥，那你只有在"同居"与"结婚"的生活中，去完成你这"甜蜜蜜的梦"。

即使是在"礼教之邦"的古国圣贤君子们也说出："欲食男女人之大欲"

---

〔1〕 见斯丹太尔著《恋爱心理研究》卷一第十三章。
〔2〕 见史塔柏《结婚的爱》第一章"心欲"篇。

的话，也吟出"羡鸳鸯不羡仙"的诗词，读过诗经中关雎二章中，"窈窕淑女，君子好逑，求之不得，寐寐见之"句的朋友，更会证实中外古今观点[1]的一致了。

"同居"与"结婚"一般而论，是没有差异的，都是男女要保持他们永恒的热爱，完成他们灵肉，一致的阶级；可是在法律上，这却是一个极大的争议，在社会上这却是一个极重要的问题，让我们在后面仔细地讨论吧。

在这儿，我要问你们说"同居"与"结婚"不是一个，"甜蜜蜜的梦"吗？

二、性关系之史的考察

照佛劳德（Freud）的说法人类全部的历史，应该说是男女性关系的纪录，他主张一切现象都是由于性的关系，正和马克思（Karl Marx）以经济基础来解释一切现象，是一样的坚持。[2]这在我们研究"同居"与"结婚"的时候，是一个不可忽略的工作。因为我们不洞悉男女性关系的来踪去迹，我们怎能够解决现代因"同居"与"结婚"而发生的法律争议和社会问题？我们又怎能够开辟未来的"光明之路"呢？

世界上有了两性的男女，才构成社会，社会有了经济活动，才变迁，才进化，同时影响社会上性的关系。这正像一把秧，到了时候就长成稻，稻子到了时候又可以长成秧一样。社会上性的关系是跟着经济而转移的，正如[3]摩根（Lewis Moran）和恩格斯（Engels）所说的，并不是起于诗人的幻梦，或哲学家的空想，这是显而易见的事实。

在上古时代，社会经济的形态是"自给自足"（Self - sufficient），因为生活的欲望与需要都容易用自己的力量来满足，谁也不依赖谁，男的和女的都是极端的自由平等：同时性的关系也是极端的放任，可说是一种完全"乱交"（promiscuity）的状况。"结婚"制度是没有的，"同居"的事实只限于发生性关系的那一刹那。

时代的车轮到畜牧的阶段，原始的家庭工艺于是发生，人类知道了编织

---

〔1〕 "观点"原文作"观戚"，现据今日通常用法改正。——校勘者注。

〔2〕 见罗素（Russell）的婚姻光明"性道德必需"章。

〔3〕 "正如"原文作"假如"，现据今日通常用法改正。——校勘者注。

和炊煮的方法以及贮蓄天然物的作用，男子在外畜牧，逐水草而居，女子多在家做工，这就是所谓的"族制"（Clans）社会，用罗马的名辞就是 Gentes，这种社会是以女子为中心的，所以叫做，母族制度（Matriarchal System）或称，女权的统治（The government by women）。因此性的关系就由，"乱交"而进而为"双妻"（Pairing）的"杂交方法"（Promiseuous Methods）。男女的性关系仍然是自由，不过有"双妻"或"偶居"的行为罢了。双妻的时间不拘长短，可由双方或单方的意思而中止，另行与别人发生性的关系而双妻，这种方法也就是婚姻的雏形，逐渐形成永久同居的制度。在这个时代，有一个极显著的特征，那就是"一夫多妻制"（Polyandry），一个女子不但同一个男子双妻，有时候，也和几个男子"同居"。

因为农业时代的来临，人类的经济生活，日益进步，居住固定，于是男女"双妻"的现象维持愈久，形成家庭的生活，同时因为新生产方法所需的技能，以及由此而得的生产物，归男子所有，所以"母族制度"遂告崩溃，而代之以，"父系家庭"（patriarchal family），奴隶的掳掠与买卖，也于以成立女子沦了男子的财产和奴隶因此就产生了"一夫多妻"（Polyganmy）的制度，女子是必须对于她的丈夫，保持绝对的贞洁，不能和其他的男子再发生性的关系，而男子对于女子却可以自由的奸淫或遣弃，在这时代，女子政治的，经济的权利完全剥夺无余！她们一方面是供男子发泄的性欲的工具，同时又是隶属在支配阶级的武力之下的奴隶，她们在双重的压制之下。

到了中世纪，手工业发达，家庭中的分子无论男女都从事于用手来制造货物，所以在经济学上叫做，"家庭工业制度"（Domestic Industrial System），同时因为生活程度的增高，一个普通的男子的经济力，显见得不能维持许多的妻子，除非他是有特权的强者或会长。在这时代，女子的地位依然是从属，因为支配经济的权力，依然为男子所占有，这就是，"封建制度"（Feudal System）的影响。

自从瓦特（James Watt）蒸汽机的发明，工业界就掀起革命的波澜，手工及家庭出产的制度宣告动摇，工厂制度（Factory System）的实行，需要较大量的资本，和大量的生产，以及多数人的劳动，于是手工业者因为生活的艰难，同时又不能与之竞争，都跑出了家庭，卷进了工厂。当初以为机器在粗浅时代，只有男子受工厂的雇佣，女子仍然在家庭生活，受男子的支配管理家庭的琐事和养育子女，这时，才确立一夫一妻制度（Monogamy）。

后来机器工业日益发达，同时社会的需要日渐膨胀〔1〕，分工制度（Division of Lober）实行，机器运用简单，贫民的生活更加困难为避免饿死起见，女子也渐渐在工厂中操作，但是在城市中男子的人口，仍然是占绝对的多数，因此"姘头制度"便实现流行的趋势，男子劳动的结果仅够一饱！女子的所得，更是低微。但是性欲的苦闷又不能发泄，正式的结婚又不能避免经济的重负，于是流行"姘头"的现象，同时在另一方面，因为工业的发达，财富的集中，渐渐产生了一个新的有关阶级，女子得到新的性道德的洗礼，获到自由的解放。但是，这种解放，经济的基础是太薄弱了，女子教育既不发达，又不切实合理，女子在正当的社会事业中并没有占到巩固的地位，职业的训练又过于缺乏。因此，女子就被卷入了都市的娱乐和消遣活动的中心，仍然是处于经济的寄生阶级。

从前女子的职业是生儿子，"传宗接代"完成宗族社会唯一的使命："上以事宗庙，下以继后世"。〔2〕管理家务为男子的"内助"，其次才是为男子肉体的对象。到了现代，大多数的女子，厌恶辛苦的劳动，纯以"卖淫"来换取生活的给养，就和工厂里的机器一样，供给男子们性欲的满足，谁肯花钱，谁就是受欢迎的主顾。所以工厂的"湖丝大姐"可以三四块钱买得她的肉体一度销魂，即使"最高学府"的"女学士"，也可以十万块钱买到手中。其间是毫无差别的不过身份不同，价码有高低罢了。

现代男女的性关系是形式上的结婚，事实上的姘居，男子是嫖客，女子是嫖妓。

所以现代婚姻的纠纷是以"奸诱""重婚""遣弃""不愿赡养"为主要的题材。金钱的盈亏决定性关系的久暂；一个富有者在事实上尽可估有许多的女子，但是，如果他的金钱，流水般的飞逝了，他的美梦也只好埋葬在空虚里。

这种形态，与封建时代，在事实上是毫无二致的，同是蹂躏女子的人格。但是现代蹂躏女子人格的程度更来得厉害了。虽然在法律上明白规定，性的关系是一夫一妻制，可是姘居的事实却无可讳言地，到处皆是。这便是现代资本主义社会的表里。

---

〔1〕 "膨胀"原文作"膨张"，现据今日通常用法改正。——校勘者注。
〔2〕 见礼记婚义参照。

在这儿，我们至少对于历代的男女的性关系得到一个简略的概念：在上古时代，无所谓，"同居""结婚"，直至畜牧阶段才发现了其原始的雏形，到农业社会才确立了"同居"与"结婚"的形式，女子的地位也随之朝不利的方向堕落。在手工业制度之下，性的关系是十分稳固的，但是因为机器的发明，经济的压迫，家庭工业不得不走向崩溃之路，男女性的关系也不得不趋于动摇。苟合"姘头"多渐渐繁盛，正式的夫妻反而蒙上了一层灰色的翳障。

现代男女性的关系日现严重，这在法律上，政治上无疑义的发生极大的影响，在这儿，我们只好说欲知详情，且听下节分解。

三、"家花""野草"的争议

诗人们把正式的夫妻喻作"家花"，把"野草"比作苟合的姘头，我不是诗人，不过，我很喜欢诗人的比喻。

在法律上，也是如此，正式的夫妻认为合法的"结婚"，苟合的姘头只算是私通的"同居"。

我们中国宗祧〔1〕社会的眼光，以"结婚"为一种礼教的仪式，罗马的大法学家（Modestinus）莫德斯体爵士却将"结婚"放在道德观念的基础之上，以"结婚"为"男女以终生共同生活为目的的结合关系"。〔2〕德国民法和瑞士民法上的（Ehe）法国民法和英美法上的 Marriage 都是根据这个观念的，我国的民法上的婚姻也不脱这种窠臼。

近代文明国家的法律都确立"一夫一妻"的制度，以"结婚"为一种法律行为（Rechtsgeschaft）。不过，对于婚姻的立法却分为两种主义：一种是形式婚主义，另外一种是事实婚主义。

采用纯粹事实婚主义的有美国南部加利福尼亚（Calfornia）一州；采用纯粹形式婚主义的，为英美，西班牙，斯德那维亚，中欧诸国（德国奥地利〔3〕法国瑞士，意大利等）和日本兼采形式婚主义与事实婚主义的是新兴的苏俄。我们中国的婚姻立法是一种特殊的形式婚主义。〔4〕

---

〔1〕 宗祧指宗庙，引申指家族世系。——校勘者注。

〔2〕 见胡长清《中国婚姻法论》。

〔3〕 "奥地利"原文作"奥国"，现据今日通常用法改正。——校勘者注。

〔4〕 见胡著《中国婚姻法论》。

依照事实婚主义须男女有"同居"的事实，社会上都认为夫妇，即使没有举行任何仪式，法律上也认为婚姻。罗马法上的姘头制度就是这种主义的根源。罗马法以"姘头"为"准婚姻"，只要当事人有"同居"的事实，不论是否当事人的意思如何，法律也使他们发生"姘头"的法律关系，所以姘头的基础，不是意思，而是事实上的结果：不是契约，而是事实行为法律对于"姘头"赋与当事人本位的婚姻效果，确保当事人间性之结合的效果，而使互相担负扶养的义务，与贞操的义务。不过因为"姘头"没有具备正式婚姻的要件，所以没有亲属团体本位的法律效果，"姘头"之间没有相互继承的权利，一方与他方的血亲并不发生姻亲的关系。

"姘头制度"是教会坚决所反对的，斥为，"最大罪恶的奸通"。根本上教会对于"婚姻"也认为卑污的，可是又无法禁止的事。所以圣保维说：性交是一件阻止得救的事，就是婚姻中的性交也是如此；不过那些结婚的人是可以得救的，因为奸通乃是最大的罪恶。至于那些没有改过的奸通者，那一定要归于山羊之列。[1] 在哥林多前书第七章的第二节，更说出允许"结婚"的理由："但要免淫乱的事，男子当各自己的妻子，女子当各有自己的丈夫。"

因为教会思想的流毒，在中世纪警察国时代中"姘头"在法律上被认为犯罪的关系。但是兰基（W. E. Lecky）告诉我们在事实上，即使教父约翰第二十三世也做了这种乱伦，和奸淫以及其他犯罪的行为；列日（Liege）的僧正亨利第三也被发现了有六十五个私生子；西班牙圣比拉若（Pelays）的住持也被揭发了至少有七十个婢妾；圣奥古士丁（Augustus）的被选而尚未就任的住持被审查之后，更被人发现；他单单在一个村子里，已经有了十七个私生子；笃实的信徒圣路得（Luther）也一样的受不住"欲火的攻心"倡导起"倒不如嫁娶为妙"的学说，自己就与一个女子修道士发生了恋爱。这时修道士明是"修道"实际上是"卖淫"比嫖妓还要不如。[2]

因此，自十八世纪后叶以来"姘头"就成为公开的秘密了，法律上更认为私事，而非警察取缔的对象。[3] 一九二〇年奥大利遗族扶助法更进一步的规定，在被告人未死亡前至少二年，所姘居的妇女，认为被害人的"准妻"

---

〔1〕 见哥林多前书七章三十二节至三十七节。

〔2〕 W. H. Lecky，History of European Morals。

〔3〕 奥大利行政院判示。

赋与遗族扶养金的请求权。美国加利福尼亚州的婚姻立法，虽然没有"姘头制度"的规定，实际上，其法律上的婚姻的就是采用形式婚主义国家法律视为的"姘头"。

形式婚主义分：宗教婚主义，与法律婚主义二种。前者依照基督教会的仪式，举行结婚典礼；后者结婚则不在教会举行，而在官厅举行。形式虽不相同，而其精神是毫无二致的，都以形式为婚姻成立的要件，不问社会习惯上，有无可认为婚姻的事实关系存在。我们中国所采定的是一种特殊的形式婚主义，民法第九八二条规定的是"结婚应有公开之仪式及二人以上之证人"既非宗教的，也非法律的，一任当事人之所好，不过限制必有公开的仪式，和二人以上的证人，才算合法的结婚。

在采用形式婚主义的国家之中，有的是承认"姘头制度"的。例如奥大利法国德国日本等是，日本判例法以姘居为准法律婚，矿业法第八○条，工厂法第十五条，更以姘头女视为正妻，赋予遗族扶助金的请求权。其他诸国则以同居为无法律效果的行为。

我们中国的立法，因为要维护一夫一妻制的确立，所以在条文中找不出关于"姘头制度"丝毫的踪迹，无疑义的是否定"姘头制度"的效果，这在民法第九八八条中，可以揣摩出立法的原意，那就是规定：不具备第九百八十二条之方式者无效。

俄国革命前的法律，是采用宗教婚主义，自从无产阶级的祖国建立以后，所有的法律发生极大的变动，婚姻法就充分地表现出其特色，那就是撷拾事实婚主义与法律婚主义的精义，而规定男女性的关系，在原则上采用法律婚主义，而以事实婚主义为例外。例如苏俄在一九二○年一月一日所公布的新婚姻法第二条："在人民身份登记局内所为之婚姻，视为婚姻成立之铁证，不许抗登。其依宗教仪式结婚者，无论何种证明婚姻成立之文书，均无法律上的效力。"新婚姻法中虽然仍旧采用呈报主义，可是同时也承认，"姘居"的制度，即无登记婚之所以同法第十二条规定：关于未登记的婚姻，法院得认为婚姻同居之二证据者，为共同生活之事实，基此生活而生之共同家政，于私人信函内及他种文书，由对于第三人所为之夫妇名称，以及因情形之需要而为之经济互助，及对于子女共同扶养等。

不知有多少的法学者纷纷扰扰据地讨论这些主义的利害，探求这些制度的得失，把和平庄严的法学的园地，变成舌抢笔剑的战场。这为了什么？不是为了"家花"与"野草"的争议吗?

四、人生的悲剧

蜀传上说:"有天地,然后有万物;有万物,然后有男女;有男女,然后有夫妇;有夫妇,然后有父子;有父子,然后有君臣;有君臣,然后有上下;有上下,然后礼仪有所措。夫妇之道,不可以不久也,故受之以恒。"这就是说:男女的性关系是社会组织的基础,没有男女,一切的文明教化都不能成立,没有男女,我们就没有历史,没有男女,根本上社会的组织,只能算是一个虚渺的遐想。

所以,要求文明教化的繁荣,历史的互绵,社会组织的稳固,首先要求男女性关系的融洽与坚实。

大学上说:"欲治其国先齐其家。"这种观念与西半球的近代学者,也不谋而合,史塔柏女士说:现今国家惟一稳固的基础就是在结婚时各分子的融合,倘使有许多结婚是不幸福的,国家的基础就危险了。[1]

在一个国家之中,有许多美满幸福的夫妇,比十万吨的无畏的战舰,百生的大炮,或遮住了太阳的飞机队,还要强盛,还要伟大而且坚实。

现代的青春今年去了,明年还会来;人生的青春却像伴着落花消逝的流水,去了再也不见转来。人生的短促正像易谢的樱花,樱花从种植到发芽,从发芽到生枝,从生枝到开花,不知经过如许的岁月,开花的时节,虽是蓬蓬勃勃,赢得诗人们的歌赞,获得墨客们的欣赏,但是,生命就在那一霎间,随着残叶凋零了。人生最多不过一百年,而在幼年期间,只受了亲爱的抚慰,就像受扶植的幼枝,及至能够独立生长,开那灿烂的青年春之花,享受性爱的欢愉,时代又要不停地推到死灭的路上去了。樱花开放的时间,虽然只是一刹那,明年还会照样的开放;人生呢?渺渺茫茫,有去无还。

人生最甜蜜的时代,就是青春,最幸福的乐趣就是得到一个终身的伴侣,得到灵肉的融合;而人生最惨痛的悲剧,也莫过于性关系的破裂。所以,以保护人生幸福社会繁荣为目的的法律对于性关系必须有合理的规定。

固然,纯粹的事实婚主义容易摇动性的关系,增加社会的不安;可是纯粹的形式婚主义,也未免矫枉过正。尤其是我们中国那含有浓厚的旧教会法

---

[1] 见史塔柏结婚的爱自序。

意味的婚姻法，简直是使短促的人生，尽消磨在一个惨痛的悲剧里。

我们中国婚姻法的制立，完全是根据于空想，和口里说起来动人的理论，忽略了事实，脱离了社会。

现代是资本主义的社会，男女的性关系是形式上的"结婚"事实上的"同居"。男子们仍然是在掳掠女子，买卖女子，不过是戴上了一层文明的，伪善的面具罢了；女子在经济上，社会上，依然地处于奴隶的地位，以肉体来换取生活的给养。高贵的奖章不能充作贫穷的人面包；同样的，法律上名义的尊崇，对于呻吟于压迫下的女子，何曾有什么寓意？

法律上严厉地排除"姘头"的制度这是不失为一个高尚的理想，但是其奈事实何？经济条件名义变迁，法律便先变迁了，这不就是"因果倒置吗"？

根据现在中国的法律，即使是事实上已经同居多年，子孙满堂，社会上都确认其为夫妇，就差没有具备第九八二条的方式，也仍旧无效，而无夫妻的身份。一旦不发生式变故，多年同居的夫妻，满堂的子孙，都有陷落悲苦的阱井的危险。习惯上虽认为夫妇的，而法律上竟不认为夫妇；事实上认为亲生子的，而法律上竟不认为亲生子，无怪乎现代婚姻的纠纷，是以，"奸诱"、"重婚遗弃"、"不愿赡养"为主要的题材，造成全社会扰攘不安的现象。

法律上不认习惯上的夫妇，为夫妇又不认事实上的亲生子为亲生子，极少自救能力的妻子，既失受扶养的权利，又失继承财产的权利，使孤儿寡母陷于日暮途穷的境况，简直可以说就是驱之到死线上去，使弱者永远辗转于苦痛的地狱，使压迫者反而逍遥法外，更助长其作孽的机会。这不是，"人生的悲剧"吗？

五、光明之路

人生的悲剧在我们的眼前一幕的排演，弱者的呻吟在我们的耳中一声声的波动，压迫者的刀光，被压迫者的血影，在我们的周围环绕，我们就让他们这样下去吗？

不，不我们要追求"光明之路"。

法律必须要跟着社会走，随着经济环境而转移，"乌托邦"固然是伟大高尚的理想，究竟不能存在于现代，"法律不外人情"尤其不能与事实分离而孤立，否则，就是"弄巧成拙"反而失掉了法之所法的价值，和生存必要的条件。

法律是社会的衣冠，一方面固然要保持仪容的整肃，同时也要抵御寒冷的侵袭，而最重要的是尺寸适度；否则，不但一事无成，反而形成社会的病态，这是证据确凿的事实。

我们中国的婚姻立法，显然的是"削足适履"的制度，外部社会的事实，和经济的环境，我们不急于改革，那么"人生的悲剧"就会一幕幕得排演下去了。

历史与经验增加了我们现代人不少的智慧，智慧告诉我们："乱交"和"杂交"对于种族的健康，对于个人的卫生，以及社会的安宁，都有极恶劣的影响。过去的愚蠢和无知，不要在现代的舞台上扮演，我们现代人应当破除一切有此类恶劣影响的制度。纯粹的事实婚主义虽然表面上以爱为基础，实际上是以金钱为内幕。社会将因之而成为公开买卖人肉的集团，所以纯粹的事实婚主义是不足取的。

至若纯粹的形式婚主义呢，在确定婚姻关系之有无，与成立婚姻时期这一点上，是有特著的效果的；可是对于社会事实和经济的环境，感到适应的困难，结果演出无数人生的悲剧。

在一个"没钱的犹太人"看来，一块面包要比一片不值钱的奖章有用得多，法律堂而皇之说为"保障女权"确立"一夫一妻制"起见，于是否认同居的事实，其实就是剥夺了女子因生计或无知而与人同居后应享的权利。同时，社会又不赋与女子经济的力量，和充分的教育，这不是一个绝大的矛盾吗？试问，可怜的女子们得到了这块不值钱的奖章，失掉了生活必需的面包，究竟得到了什么好处，"女权"呢，"一夫一妻制"呢，都是废话。

我们应该对法律与事实兼筹并顾，才免得发生过于不及的流弊，所以形式婚主义也是一样的不足取。

那么我们的"光明之路"在哪里呢？

我们要使法律与事实融合贯通，就必须仿效苏俄的婚姻立法，一方面采取严格的形式婚主义，确立性关系牢固的基础。同时在现况之下，仍然容纳"姘头制度"的存在，只要有事实上的"同居"对于第三人表示夫妻的关系，彼此享受扶养的权利，担负着养育子女的义务。这么一来，弱者倒得到了实惠，不至于收了一块不值钱的奖章，失了维持生命的面包。

同时，这对于经济力薄弱的人，唯爱主义者，也比较的有利，他们的结合自由，他们的分离也是自由，只要他们两个人同意。在消极方面，可以免去抽象式婚姻的愚盲，又可以洗刷和买卖式婚姻的卑污；在积极方面，更可以树立结婚之爱的根基，完成美满的人生。

然而仅是由法律这样规定，就一切成功了吗？

不，依然是不，我们现在还是在追求"光明之路"在前面啊！

现代社会组织不根本改造，仅仅乎改造法律，那是显然的不可能。一对花柳病的夫妻，永远养不出一个健全的儿子，除非他们身上的毒菌完全消灭，吃春药，用秘方都是没用的，唯一的办法就是根本治疗。现代社会组织也是如此，丛生着的毒菌，使现代社会的组织变成一种畸形的病态，我们仅自改造社会上层组织的法律，而离开社会组织的核心——经济结果自然是弄得心劳日拙。

我们中国的婚姻立法就是这样，所以"保护人权"者，反而成为人权的障碍，所以"促进文明"者，反而成为文明的仇敌。说一句俗话，这叫做"羊肉没有吃到口，反而惹得一身骚"。

在现状之下，最可怜的是女子，在名义上是。与男子完全平等了，而在实际上，政治的，经济的，社会的地位，远不及男子，唯一的原因就是由于不事生产，单学消费，只争权利，忽视义务，所以到头来，过的是非人的生活，就像乞怜的娼妓。这对于个人，对于社会，对于全世界的文明，都是一个绝大的污点。

以专有母鸡不会生出圆净净的鸡蛋，只有男子不会形成社会的组织，更不会发扬全世界的文明。女子同样地要担负起责任来，没有生产，就没有消费；没有义务，就没有权利——这才是真正的自由，真正的平等，也就是我们的"光明之路"。

亲爱的女同志们："将你们擦（Cortex）涂（Kissing red）画眉毛的工夫用来解放你们自己吧！'倚门卖笑'。比不用那些化妆品，不是更难看吗？奋斗吧，快点坚实自己的力量，与男同志们努力开辟我们的'光明之路'！"

论离婚[*]

陈霆锐[**]

在昔罗马法家乌尔比安[1]称离婚制度为宇宙间自然法之一部，言其曾建寰区无关于文野也，婚姻之制昉自何时，历观史乘书缺有间顾其创始实为人类进化史上之一大关键，无人能否认之以婚姻立而后父道尊。父道尊，然后家族之制得以牢固永久。家族之制乃世界文明之基础，故言法制者必首及夫婚姻，而谈婚姻制者尤当注意于离婚之一端，以离婚之繁简难易乃即婚姻制度文野之所由判焉，不揣固陋愿得而论列之。

一、离婚制度之类别

历观中外法制离婚之制约分下列九种：

（一）呈诉离婚。即双方当事人如欲离婚必经过法庭之裁判权是也，此制凡近代各文明国皆适用之。

（二）协议离婚。即经双方之同意随时可以离婚，不必有一定之条件是也，此制在现在之中国、日本、德比诸国皆采用之。

（三）单面离婚。即经婚姻当事人之任何一方有不得于他方时，即可提出离婚，无须他方之同意是也。此制在罗马共和时代之末叶及帝政之初期颇见盛行，其在罗马法上之名词曰 Repudium。最初此制只适用于夫之方面，凡夫

---

  * 本文原刊于《青年友》1925 年第 7/8/9 期。

  ** 陈霆锐（1891～1976 年），江苏吴县人，1920 年毕业于东吴大学法学院（第 3 届），获法学学士学位。曾获东吴大学法学士、美国密歇根大学法学博士。历任东吴大学、暨南大学、群治学院、中国法政学院教授、国民政府参政员、制宪国民大会代表。去台后，仍执律师业务。1954 年奉准成立东吴法学院，出任院长。

  〔1〕 "乌尔比安"原文作"乌尔品"，现据今日通用用法改正。——校勘者注。

如有不嫌于其妻者可向妻曰"驱出吾门，前途珍重"。只此片语已足能除婚姻，不容妻之争辩。罗马名人雪西洛之与其妻离婚也以一书札之通知了之，即本斯意既而妻之一方亦得援用该制与夫离婚，于是或夫或妻如逢他方疾病困苦，不愿再与之继续夫妻关系时，即可提出离婚，另图他适。刻薄寡恩夫妻之道苦矣，幸而奥古斯德大帝嗣位制定离婚法，此制即见废弃。

（四）尊亲属强制离婚。即夫或妻之尊亲属如有不嫌于其婿或媳时，可以为其子或女提出离婚，无容其子或女同意也。此制亦在昔之共和时代之末叶行之。

（五）法律强制离婚。即夫或妻犯有重大过失时，法律必强之使离，如不离者坐罚，此即吾国唐明清律之所谓义绝是也。

（六）议会离婚。即由情愿离婚者之一方提出请愿书于议会，由议会审查或裁判以后通过议案而准其离婚是也。此制在昔之英国最为通行，厥后美国新建国内诸州政府亦当仿其意而行之，今则此制亦渐废矣。

（七）宗教离婚。欧洲当中世纪时神权横行，以为婚姻本神权而成立，故其离异也亦必遵循寺院法之规定，而由祭师裁决之厥后，神权衰歇此制亦废。

（八）相对离婚。即如婚姻之双方不能和谐时，法庭准其暂时分居以观后效，夫妻关系并不因之消灭是也。此制在英美法中称"divorce a mensa et thoro"。

（九）夫权离婚。罗马古代，妻无人格权，故夫可离妻，妻不得离夫，又我国七出之条皆为夫方面离婚之原因，妻不得援用之。此皆夫权离婚制度也。

以上九种离婚制度世界各国法制虽万有不同，大概皆不外是矣，世界愈文明法制亦愈演愈进。今之所存者大概为呈诉离婚及协议离婚之二种。其中中国、日本、德意志等国则二者兼行之，其在英美法系诸国则除呈诉可以离婚外，其余离婚制度概不承认其所持法理，则谓婚姻者虽为民事契约之一种，但以双方一经议定身份，即因之更改，故与其单称之为民事契约，毋宁称之为身份契约 Status 之为愈也，而且婚姻制度之良善与社会幸福，国家安宁均有着密切之关系。故在婚姻契约之中，国家亦为第三之当事者，当双方离异时国家自不能任双方之自由行动，而不予以一种公平之裁判。故所谓协议离婚者绝对无存在之余地，若以婚姻为纯粹之民事契约，则其缔结与解除皆无与国家事，能协议离婚事之最善者也，若不幸而须法庭之裁决者，则法庭之受理亦犹之受理，他种民事案件耳。吾国协议离婚之制，其在唐律已有规定。

夫，吾国以夫妻为五伦之一。婚姻一制素极重视，而居然许有协议不之制，可谓非法律之变相。自至近代法律虽经更变，而以民法未订前清旧律犹在沿用，故协议离婚仍为法律所许。但当世法家非不知婚姻契约为与当事者之身份有关，而国家以利害关系之所在，不能不一任当事者之自为撤销，故民诉条例规定，凡逢离婚案件，检察官必代表国家莅庭参与其，与英美法系诸国之离婚必经呈诉手续之用意将毋相同，不过与协议离婚制之存在又得毋互相刺谬[1]欤。

二、离婚原因

现代各国之离婚原因不外重婚、遗弃、奸非、虐待、酗酒、癫痫等事，大概离婚原因列举者多概括者少，盖所以示限制于容许之中也不过合众一国民刑法之制定，不在联邦政府而在州政府之手。故即以离婚原因言，纷纵错杂，莫可究诘，严格如纽约州，不过以奸非为离婚惟一之原因。宽容如华盛顿州，凡当双方不能容忍时，法庭即可准予离婚。据美国官报所载之离婚原因，实有匪夷所思者，某案妻以其夫虚构其妹窃盗致伤其心，请求离异，法庭准之。又一案妻以其夫从未与之乘车出外兜风，称为虐待，请求离异，法庭亦准之。又一案妻以其夫不肯洗澡为不洁，有伤情感，法庭亦准其离异。凡此诸类不一，而足此直以婚姻为儿戏，夫妻为陌路，祸之中于家国，社会者岂浅鲜哉。

吾国七出之条专重夫权，而且大悖人情，于理亦难圆满，虽曰此非义绝，尚在可离与不可离之间，然蔑视妻之人格亦太甚矣。顾吾国巨儒钱大昕犹曲为之解说曰，此为先王忠厚之遗意，毋乃言之不经欤。今试引其言如左，以备研究法学者之公判焉。

钱大昕礼经问答一条。云问妇人之义从一而终，而礼乃有七出之文，毋乃启人以失节乎。曰此先生所以扶阳而抑阴，而家道所以不至于穷而乘也。夫父子兄弟以天合者也。夫妇以人合者也以天合者无所逃于天地之间而以人合者可制以去就之义。尧舜之道不外乎孝悌，而孝悌之衰，自各私其妻始，妻之于夫，其初固路人也。以室家之恩联之，其情易亲，至于夫之父母，夫之兄弟姐妹，夫之兄弟之妻，皆路人也。非有一日之恩，第推夫之亲以亲之，

---

〔1〕 刺谬，指违背，悖谬。——校勘者注。

其情固已不相属矧妇人之情，贪而吝柔而狠，而妯娌姑姊之伦亦妇人也。同居而志不相得，往往有之，其真能安于义命者，十不得一也。先王设为可去之义务，合则留，不合则去，俾能执妇道者可守从一之真，否则必割伉俪之爱。勿伤骨肉之恩，故嫁曰妇出亦曰妇以此坊，民恐其孝衰于妻子也。然则圣人于女子抑之不已，甚乎曰去妇之义，非近以全丈夫，亦所以保匹妇，后世闾里之妇，夫爱于舅姑。谗问以叔妹抑郁而死者有之，其夫淫酗凶悍，宠溺嬖媵凌迫而死者有之，准之古体因有可去之义，亦何必束缚之禁锢之置之必死之地。以为快乎，全一女子之名其事小得罪于父母兄弟其事大。故父母兄弟不可乖而妻则可去，去而更嫁。不谓之失节，使其过在妇与不合而嫁，嫁而仍穷，自作之孽不可逭也，使其过不在妇与出而嫁于乡里。犹不失为善妇，不必强而留之，使夫妇之道苦也。自七出之法不行而牝鸡之司晨日炽，夫之制于妇者隐忍而不能去，甚至于破家绝嗣而有司之断，斯狱者犹欲合之，知女之不可事二夫，而不知夫妇道者虽事一夫，未可以言烈也，此未喻先王制礼之意也。

（又仪礼义疏）或问妻可出乎，程子曰妻不贤出之，何害如子思，亦当出妻。今世俗乃以出妻为丑行，遂敢为古人不知此妻有不善，便当出也。人修身刑家最急，才修身便到刑家上也，问古人有以对姑叱狗蒸不熟出妻者。无甚恶而剧出之，何也。曰此忠厚之道也，古人绝交不出恶声，君子见不忍以大恶出其妻，而以微罪去之。以此见忠厚之至也。古语有之，出妻令其可嫁绝友，令其可交。

七出之法，圣人之所制也，古人君臣、朋友、夫妇皆有离合之道，去就之义。圣人盖料人情贤否，各别事势顺遂不同，而以此用其变为观孔会孟氏之家法，可见圣人亦有不能格者，则出之而已矣，出之亦所以刑家也。

据上论断，七出之文非但不抑迫女权，抑且藉小，故而出之，益见古人忠厚之遗意，不知女子一经被出，即为终身之玷，而在中国为尤。甚尚安望其能嫁于乡里，而不失为善妇乎，吾国巨儒每好创为诡诞之论，而以自掩其过者，此为最著之例也。幸而吾国人民之立身点常在礼，而不在法。故七出之文，虽至今可以援引，而历来士夫借以自便私图者，尚在少数，否则吾国女子冤沉海底矣。

三、近世离婚案之剧增

近世以来，不论何国，离婚案之剧增，举无例外。即以吾国言，法庭判案虽犹拘牵于列举之条文，而以协议离婚制之存在，离婚之件遂日披露于报纸者不知其若干起。此种现象何由发生颇为社会学上一种可研究之问题，以予观之，大概有如下述。

自古以来，各国对于婚姻制度，皆有一种神权观念存于其中，故当成婚之始，必祷告上下神，只以为百年之券，即双方后来不能相得，亦不敢故达神意，以快私图，今则神权浸衰，此层即不复介意，又古代女子学问知识迥不如今，身处世举，凡有依赖夫君之必要，今则女子渐渐可以独立离婚，以后能嫁则嫁之。否则亦足以自立于世，不必有所顾虑。况近世交通日繁，人类生活亦渐趋复杂，是夫妻间勃溪之事，亦因之而加多，男女平等。个人乐利之观念又深中于人心，双方稍不如意，自然即复脱离夫妻关系，无所怜恤，凡此诸端，皆为中外离婚案剧增之大原因。圣人虽起，恐亦不能挽狂澜于既倒矣。至立法者对于离婚之事，究应取放任主义乎，抑取限制主义乎，议论纷综，要随各人之意见为定，但离婚案剧增之原因，既不由于法律而实，由于其他原因观于协议离婚之制，早已有在于中国而离婚之案，方至于今日，而剧增者其故亦大可见矣，然则为之立法及司法者夫，亦不过能寓限制于容忍之中而已。

谈民法亲属篇中之婚约问题[*]

程元溱^{**}

"父母之命，媒妁之言"的旧式婚姻，在现代的中国，已渐失其立足之余地；而由自由恋爱而成的婚姻，已呈勃兴之象。再阅数年，此与时代潮流背道而驰之旧式婚姻，即将消减，盖可断言。溱因鉴于新式婚姻日趋重要，发挥婚姻中之婚约问题，阐述于下：

（一）订婚前男女当事人应有之认识

（A）关于未达订婚年龄者。男女双方，行将订婚之际，首宜注意者：殆莫过于应知对方之年龄。（法律上年龄之计算，以自出生之日起，满足一年，为满一岁。）若男未满十七岁，女未满十五岁者，法律上根本不准其订婚。（民法九百七十三条）否则虽已订立，法律上不能认为有效。

（B）关于已达订婚年龄而尚未成年者。次之，吾人亦应注意者：男女已达订婚年龄，（男已满十七岁，女已满十五岁）虽得缔结婚约，但因双方尚为未成年人，故尚不得单独为法律行为，订婚时，须得法定代理人之同意，（民法九百七十四条）否则私行订结后，男女之家长，仍得出而否认，将婚约撤销。

（C）关于男女之已成年者。民法第九百七十四条曰"未成年之男女，订定婚约，应得法定代理人之同意"；同法第十二条又规定"满二十岁为成年"此二条不止明示男女须满二十岁后，法律上方准其不必经法定代理人之同意，而得自由缔结婚约。准是以观，吾国现行之新民法，于原则上虽绝对主张婚约应由男女当事人自行订定，（民法九百七十三条）然为增进当事人幸福计，

---

* 本文原刊于《东吴大学学报》第 1 期。
** 程元溱，1936 年毕业于东吴大学法学院（第 19 届），获得法学学士学位。

故仍有上述之几种限制。

（二）订婚之手续

订婚系成立婚姻关系之预约，现行民法，认为"诺成行为，"并未规定任何形式。只须有当事人之合意，即可成立。故男女订婚时，苟能交换信物，印发卡片，声明由某人之介绍，于何日起订婚，在法律上已认是项婚约有效诶。

（三）解除婚约之情形

（A）法律上有明文规定者。今日为解除婚约而涉讼者，日有所闻，推其原因，半虽由于男女爱情之不专，以致朝秦暮楚，然亦有订婚之后，任何一方，确因身体上或行为上发生极大改变，以致对方不得不请求解约者。大概言之，婚约当事人之一方，有下列情形之一者，他方得解除婚约。（民法九百七十六条）

（甲）婚约订定后再与他方订定婚约或结婚者。

（乙）故违结婚期约者。

（丙）生死不明已满一年者。

（丁）有重大不治之病者。

（戊）有花柳病或其他恶疾者。

（已）婚约订定后成为残废者。

（庚）婚约订定后与人通奸者。

（辛）婚约订定后受徒刑之宣告者。

（申）有其他重大事由者。

此九种解约情形，居一于斯，婚约即可解除。但婚约解除时，无过失之一方，得向有过失之一方，请求赔偿其因此所受之损害。（民法九百七十七条）

（B）法律上未设明文规定者。上述九种情形，法律上均有明文规定，此外如男女未成年时，由父母作主，未经本人同意所订立婚约，依法不生效力。男女之一造，如于成年后不愿履行，可以请求解除。解除婚约时，当事人之一方，得向对方要求退还订婚之礼物，自不恃言。

（四）解除婚约之方法

（A）双方同意者。婚约之解除，除未成年人须得法定代理人之同意外，均以男女本人双方意思表示一致为条件。若双方均赞成将已订婚约解除，则可由原介绍人等将双方婚约调回，作为解除婚约之方法。此时婚约关系即已消减，法律上手续亦已完备。

（B）一方不愿者。如当事人之一方，请求解约，但对方表示不愿者，则有效的解决之途，惟有依普通诉讼法程序，向有管辖权之法院或县政府，（指未设法院地方）提起诉讼，开审时，如被告无故不到，法庭亦得为缺席判决也。

现行法对于订婚结婚离婚的规定
——在上海暑期讲习会演讲*

狄　侃**

一、凡从事研究一种学问最好能先拿这种学问的目的及范围弄个清楚，然后再一步一步去进行。这个学程所包颇广，可惜讲演的时间太短促，不能详细讨论。只能说一个大概。

这学程的主要目的是个人们了解关于两性问题在吾国现行法律上有怎样的规定，并略略知道法律上解决此等问题应备的手续。

二、民法原于罗马时代之所谓市民法（Jus Civil），是私法中的项重要的部分。照德国民法的编纂方法言是分作总则，债权，物权，亲属继承等五编。我国的民法草案就以这个为蓝本而编的。民法上所规定的大抵非关于人的身份，即物的主权。倘若有悖于民法法规，在法律上看起来这种私人关系就不能算做有效。但民事立法例是采不干涉主义；当事人苟尽能同意——除刑法及其他法规有特别限制者外——司法衙门从不加取缔。

我国的民法尚未告成，关于民事的法规除大清律例中与国体不相抵触并未经明令废止者，继续有效外，其最重要的源泉就是大理院判例及法令解释。

三、民法上关于两性的规定即婚姻法。婚姻法虽不过估民法中的一小部分，但民法总则是贯彻全部民法的；因择几条重要而有现行的效力的抄在

＊ 本文原刊于《法学季刊（上海）》1923 年第 7 期。

＊＊ 狄侃，江苏溧阳人。1921 年毕业于东吴大学法学院（第 4 届），获得法学学士学位。1919 年担任全国学生联合会会长。同年担任孙中山先生秘书，加入中华革命党（不久改组为中国国民党）。1924 年孙中山指派他为中国国民党第一次代表大会代表。1925 年随孙中山去北京，担任交通部参议，司法部秘书。1927 年到武汉任国民政府秘书，转任安徽法学院院长。次年到南京任最高法院检察官。1931 年任中央公务员惩戒委员会委员，10 月间卸职做律师。抗日战争期间，出任汪伪政府监察院监察委员，兼伪宪政实施委员会设计委员。抗日战争胜利后，在南京主持中国公学、南京大学、临时联大学校校务。

下面。

（一）关于法例的

1. "前清现行律，关于民事各条除与国体及嗣后颁行之成文法相抵触之部分外，仍应认为继续有效。"（见民国五年统字五五六号大理院判例）

2. "前清现行律所定婚姻条文，虽仍继续有效，而各项处罚，早因新刑律施行而失其效力。"（见民国五年十月三日统字五一一号大理院法令解释）

3. "现在民国民商法法典尚未颁布于本案应适用之详细规条，犹感阙如。应依法律无文明者适用习惯无习惯适用条理之公例。择取我国至当之条理判断之。"（八年一月三十日上字八七号判例）

4. "适用习惯法，则须审查该习惯法则是否成立即是否具备下开四种条件。（1）法律无明文规定。（2）确于一定期间内就同一事项，反复为同一之行为。（3）该地方之人均共信为有拘束其行为之能力。（4）不违背公共秩序善良风俗。"（四年四月二十日上字二五四号判例）

（二）关于权利能力及行为能力的

法律对于权利能力及行为能力，都有相当的规定。就通例说，凡出生后而保持生命的人，即有享受权利的能力。至于为法律行为，须达于一定年龄，始有此项能力。大理院于民国七年十月二十三日所为上字一○六一号的判例说："按现行法律上仅定明成年[1]年龄为十六岁以上，并无必须年满十六岁之明文，则凡计年已及十六岁者，当然即系成年。"从这个例则看来，除如商人通例等有特别规定外，凡居十六岁的人，即有行为能力。不过尚有例外，即此人虽居十六岁，倘伊患有神经病如疯癫等或因精神耗弱，或为聋为哑为盲等，他的行为为能力就要受相当的限制了。

（三）关于意思表示的

意思表示时法律行为中一种极重要的元素，与婚姻法尤有密切的关系。大理院对此事由下列各种法例。

1. "当事人就自己或他人意思表示之内容，已为一定之解释，而历久遵行者，无论其解释与原意是否全符自应依照事后适法合意之解释办理。"（三年十二月二十二日上字一二一四号判例）

2. "意思表示有明示默示之别。而所谓意思表示之默示者，虽非以言语

---

[1] "成年"原文作"成丁"，现据今日通常用法改正，下同。——校勘者注。

行动明白表示其意思，而亦必另有他种举动，足以间接推定其意思。若单纯之沉默，不得谓为默示。"（三年十二月十八日上字一二〇三号判例）

3. "按民事法例被欺诈或胁迫所为之意思表示，因保护异意人起见，固非不许撤销。惟须证明确有被欺诈之事实，始能准许。"（八年二月十八日上字一四一九号判例）

4. "表意人于已表示之事项，其心中实保留有不欲之意思而相对人已明知或可得而知者，其意思表示不生效力。"（三年七月二十日上字五八〇号判例）

5. "以违背法令禁止规定为目的之法律行为，当然认为无效。其由此所生之权利义务，即属不能有效存在。"（三年一月二十日上字六号判例）

（四）婚姻成立的要件通常约有下列各种

1. 当事人须达适于结婚之年龄。此条吾国法律无相当规定。惟既有十六岁为成年的判例，自以居十六岁为适于结婚的最小年龄。实在这种问题的解决，应当视一国之风土气候及男女身体发育之迟早为标准。

2. 当事人当时须没有配偶的。吾国现在的立法例，系采一夫一妻主义。凡已有配偶者，除经正式离婚或一造死亡后不得再为婚配。犯者不特第二次之婚姻无效，且须按照暂行新刑律二九一条重婚罪处罚。

3. 女子解除婚姻关系后，须自解除婚姻的日期起算，经过十个月后，再得有人结婚。但在前婚时所怀的孕已分娩者不在此限。

4. 在亲属范围内因避免有乱伦纪的一种传习。有几种具特定关系的人不得为婚。

5. 婚姻的关系须经当事人自由同意，才能成立。

在中国的婚姻法上，尚有一种极无聊的订婚[1]主婚等问题，容易引起争执。下面所录的各条，或摘诸清律或摘诸大理院判例及法令解释：

（1）"凡男女结婚之初，若有残废疾病或老幼庶出过房同宗乞养异姓者。须要两家明白通知，各从所愿者即止，愿者同媒写立愿书依礼聘嫁。若许嫁女已报姻书及谓已知身残疾老幼庶养之类面辄悔者，其女归本夫，虽无婚书，但会聘礼者，亦足。"

（2）若再许他人后定娶者（男家）知情财礼入官。不知者，追还财礼，

---

〔1〕"订婚"原文作"定婚"，现据今日通常用法改正。——校勘者注。

（给后定娶之人）女归前夫。前夫不愿者，倍追财礼，给还其女，仍从后夫。男家悔（而再聘）者，（仍令娶前女后聘听其别嫁）不追财礼。

（3）若为婚而女家妄冒者，（谓如女有残疾，却令姊妹妄冒相见后，却以残疾女成婚之类）不追财礼。未成婚者，仍依原定。（妄冒见相之无疾兄弟姊妹及亲生之子为婚，如妄冒相见男女先已聘许他人，或已经配有室者，不在仍依原定之限。）已成婚者离异。

（4）若卑幼或仕宦或买卖在外，其祖父母、父母及叔伯母姑兄姊，（卑幼出外之）后为订婚。而卑幼（不知）自娶妻成婚者，仍旧为婚。（尊长所定之女，听其别嫁）未成婚者，从尊长所定。（自定者听其别嫁）违者仍改正。

以上系清律，现仍继续有效。

（1）嫁娶皆由祖父母、父母主婚。祖父母、父母俱无者，从余亲主婚。其夫亡携女适人者，其女从母主婚。

（2）孀妇自愿改嫁，由夫家祖父母主婚。如夫家无祖父母、父母，但有余亲即由母家祖父母、父母主婚。如母家亦无祖父母、父母，乃由夫家余亲主婚。

以上系清例，现仍继续有效。

（1）"定婚系要式行为，其形式要件有二，一婚书。二收受聘财。二者备具其一，即为合法。苟其形式业已具备。即或其后媒证亡故，亦无碍于其婚约之效力。"（四年十二月七日上字一四一七号判例）

（2）"婚书于法律上虽无一定之方式，然必须就书据自身，可认为婚约关系者，（如习惯上通行之方式，以男女两造之年庚并列一柬，或于柬内直接或间接表示允许之意旨者是）始为适法。"（四年七月十一日上字三七号判例）

（3）"男女婚姻，如祖父母、父母俱在，而又同居，其主婚权在父母，惟须得其父母子同意……至祖父母并无正当之理由。不予同意，本得请由审判衙门斟酌情形，以判决代之。"（八年八月十一日统字一〇五一号解释）

（4）"查父母之主婚权，非可滥用。如父母对于成年子女之婚嫁，并无正当理由，不为主婚，审判衙门得审核事实以载判代之。"（九年一月一日统字一〇二七号解释）

（5）"定婚即不得本人同意，亦虽谓为无效。"（三年七月十九日七字四三六号判例）

（6）"订立婚书授受聘财，必须出自订婚人两方之合意，该婚约始能成

立。"（七年十一月廿四日上字一三六五号判例）

（7）"按现行法定婚须得当事人同意，若定婚当时未得女之同意者，其女自得诉请解约。"（九年九月十八日上字一〇九七号判例）

（8）"已定婚除未及成亲，而男女或有身故者，不追财礼外；其他如有不能履行此项预约，则悔婚之一造，应负相当之责。其定婚而更与他人成婚者，依新刑律虽不以重婚罪论，而其结婚决非无效，纵不能照结婚本旨履行，应有代替之方法。"（三年六月十九日上字四三二号判例）

（9）"现婚律载有再许他人未成婚者处罚，已成婚者处罚，后定娶者知情与同罪，财礼入官。不知情不坐，追还财礼，女归前夫等语。是知女子已与人定婚，而再许他人婚，无论已未成婚及后娶者知情与否，其女应归前夫。"（三年九月二十五日上字八三八号判例）

（10）"查现行律所载许嫁女再许他人已成婚者，虽以仍归前夫为原则，然法律为维持家室之和平并妇女之节操计，尚希望其女得以长事后夫。故本条末段特附以前夫不愿者，赔还财礼女从后夫之规定。律意所案，彰然甚明，则审判衙门遇有此项诉讼案件，自应先就此点尽其指论之责。"（九年四月十九日上字二九五号判例）

（11）"养女之主婚权，苟无特别情事，自应归于养父母无本身父母家争执之余地。"（七年六月十八日上字一九五号判例）

（12）"查主婚在法律上与证婚之性质不同，而慈善机关之收育与养亲关系性质又不同，除法令有特别规定外，不能认其主婚权。"（十年一月二十一日统字一四七四号解释）

（13）"现行律载男女婚姻，各以其时或有指腹割衫襟为亲者，并行禁止等语。依律文所称，可知男女婚约，虽于年龄上并无限制。而当男女未出生前之婚约，则自属根本无效。"（四年六月二十一日上字五三六号判例）

（14）"现行律载有孀妇改嫁，先尽夫家祖父母、父母主婚之定规，但有特别情形，（例如孀妇平日与其夫家祖父母、父母已有嫌怨）其夫家祖父母、父母难望其适当行使主婚权者，则审判衙门判令由其母家祖父母、父母主婚，或令其自行醮嫁，亦不得谓为违法。"（同前判例）

以上系大理院判例及法令解释。

从前面所引用的几条法例看起来，——内容如何，容后再说——一方面求适合向来的习惯，一方面又不敢大背现代的思潮，支绌矛盾的地方，可算做"触目皆是"了。

五、现在要说到婚约的解除，及婚姻的离异了，就在民国时代有效之清律部分讲，几乎只有出妻的规定，无离夫的规定，出妻的理由计有左列七种。

（1）无子；

（2）淫佚；

（3）不事舅姑；

（4）多言；

（5）盗窃；

（6）妒忌；

（7）恶疾。

但虽犯了七出的任何一条，倘有下载情形之一。

（1）与处三年丧；

（2）前贫贱后富贵；

（3）有所娶无所归，妻即不得被夫辄出，惟妻犯奸时不在此例。

至妻要与夫离异一层除"夫逃亡三年不还者"或夫逼其通奸得经官允许外，只有"妻辄背夫在逃"之一法了。（关于解除婚约的清律条文已略见前数节中）于夫妻相殴的案件，更有下列两种不合理的规定。

（1）凡妻殴夫者，夫愿离者听。

（2）夫殴妻至折伤以上先行审问；夫妇如愿离异者，断罪离异；不愿离异者，验（所伤应受之罪）仍听完聚。

现行法例对于离婚理由的规定，已放宽了许多，除两相情愿的——协议的——离婚为法律所许外，尚有左列诸事足为离婚的原因。

（1）重婚；

（2）妻与人通奸；

（3）夫因奸非罪被处刑者；

（4）被造故谋杀害自己者；

（5）夫妇之一造受彼不堪同居之虐待，或重大侮辱者；

（6）妻虐待夫之直系亲族，或予以重大侮辱者；

（7）受夫直系亲族之虐待，或重大侮辱者；

（8）夫妇之一造恶意遗弃彼造者；

（9）夫妇之一造逾三年以上生死不明者；

（10）夫妇之一造有不能交媾之生理上不完全之处。

万一协议议离婚既办不到，复没有法定的离婚的理由，纵夫妻不相和谐，亦只有别居的一法，可用以略救济，至于婚约，即无法定的理由，任何一造均可提出取消，不过应负七年六月十一日上字六二三号大理院判例所规定之责任，其原文略云：

"解除婚约因一造之事由而生者，他一造因订约所受之损害，应由该一造负担赔偿之责。"

六、兹为应用起见，杂抄关于婚姻的效力及离婚的大理院判例及解释在下面。各条的排列毫无系统可言，不过拣其是涉及最容易引起争执的诸点罢了：

（1）"妻负有与夫同居之义务，而夫亦须使夫妻同居。在婚姻系存续之中，除有法律上理由不能同居外，自不容一造据行拒绝同居。"（七年一月二十日上字一〇九号判例）

（2）"妻以自己之名所得之财产，为其特有财产。"（七年八月十二日上字六六五号判例）

（3）"现行律载妇人夫亡改嫁者，夫家财产及原有嫁奁并听前夫之家焉，主嫁媚对于夫家财产及原有妆奁已因改嫁而失其效力。"（三年五月十八日上字三一九号）

（4）"妇私自利得及承受之产，即为私产，原在此限。"（七年十二月十四日统字九〇九号解释）

（5）"别居与离异，系属两事，别居者，事实上夫妇不同居，而婚姻之关系依然存续，与离异之消灭婚姻关系不同。"（三年六月二十日上字四六〇号判例）

（6）"离婚后之子女原则应归其父，但有特别情形。（年幼即其一端。）暂归其母抚养，亦无不可。"（七年八月五日统字八二二号解释）

（7）"婚姻解消之效力，原不及于所生子女，无论离婚以后子女归何造监护……于父母之权利义务并无何等影响，故离婚归母监督之女，其嫁资仍应归父支给。"（五年六月二十日上字四九号判例）

（8）"判定夫妇互相扶养费用之标准，应斟酌受扶养人生活之需要，及扶养人之财力。"（三年六月二十日上字四六〇号判例）

（九）本院判例所谓夫虐待其妻，致令受稍重之伤害者，实以伤害程度较轻，足为虐待情形最确切之证明之故。如其殴打行为，实系出于惯行，则所受伤害"不必已达到较重之程度。既足证明实有不堪同居之虐待情形，即无不能判离之理"。（五年十一月九日上字〇七三号判例）

（10）"女家悔盟，男家不告官司强抢者，在现行律上虽有处罚之条，显不足为解除婚约的原因。"（五年七月十一日上字二九六号判例）

（11）"父母虽有主婚之权，至于已成之婚约，经当事人双方合意解除或一方于法律上有可以解除之事由者，断无反乎婚姻当事人之意思。可以强其不准解除。"（五年二月十八日抗字六九号判例）

（12）"居丧嫁娶，（甲女夫死一月经其翁及生母到场，凭媒与乙男正式结婚，越月甲女翻悔请离）应行离异，不以自身主婚为要件，至统字五七六号解释所谓私人，包含本人在内。"（七年八月九日统字八二九号解释）

（13）"（一）查现行刑律，丧服制度既未废止，则该律居丧嫁娶之规定，自应继续有效，惟此等公益规定，非私人所能藉以告争，审判衙门亦不能迳行干涉。（二）妻犯七出而无三不去之理，自应认夫有出妻之权，其有三不去系犯奸者亦同。并依本律犯奸条愿否离异，仍应由本夫主持至义绝离异固在强制离异之列。然本为夫妇，在未经官判离以前，其夫妇关系自仍存在，（三）现行刑律义绝条文采用唐律，则义绝之事例，自可援据疏义，并非限定律内离异各条。又该律（唐律疏义）应离不离一语，谓事实发生，经处断而故违者，方予科罪……总之以上三端皆旧律为礼教设立防闲，遇有此类事件，仍宜权衡情法以济其平，现在民律尚未颁行，该律民事部分虽属有效，而适用之时，仍宜斟酌社会情形，以为解释，不得拘牵文义，致蹈变本加厉之弊。"（六年一月十一日统字五七六号解释）

七、美满的婚姻，固然没有不希望"百年偕老"即稍有缺憾，苟其系可容忍的也应委曲求全，因为在现社会中间，若有人提出离婚，不但实际上即有一造——尤以女子为甚——须受许多无形的痛苦。要知道世界上尽如人意的事实在不多呵。但我并非反对离婚，且承认离婚是解除"夫妇之道苦"的唯一方法，不过须出之以慎重罢了。

离婚的法表理由，前面已略述过了，离婚的种类，大约可分为"协议的"与"裁判的"，协议的并无一定的手续，只要双方同意就行，能各立一笔据尤佳，所有（一）登报广告，（二）律师证明，或（三）司法衙门备案等，无非为慎重将事起见，不是法律上不必经的程序。（此仅指现行法言）。呈于裁判的离婚，非经过相当法庭的合法判决，不能有法律上的效力。

八、纳妾制度，本为非正义不人道的一种东西，早应严行禁绝，不谓近日北京司法部忽颁有所谓纳妾限制条例，其条文大意如下：

（1）原配至四十岁无出者方准纳妾。

（2）须经父母允许原配同意。

（3）纳妾须在警察所注册贴印花四十元。

（4）如违上项手续者，处二千元之罚金。

（5）年老而私纳少妾者，处二年之有期徒刑或六千元以下之罚金。

从这个条例看起来，至少有为国家另辟财源的嫌疑。而且他们何能有实行此项条例的诚意，你看最近报纸宣传吴景濂纳小鸳鸯为妾那一事实，岂不大犯特犯这条例么。但是北京的法官对这事件有加以取缔的么，

现在拿大理院于民国五年八月二日上字四〇号关于家长于纳之关系一节，抄在下面，以供参考：

"家长与妾之关系，与夫妻关系不同，此种关系，虽亦发生于一种契约，而其性质及效力，既与婚姻有别，则关于此种契约之解除自不能适用离婚之规定。应认为无论何时，如家长或该女有不得已之事由发生即可解除婚约。"

总之，我国所谓的婚姻法，不但多不合现代潮流，竟有许多纯系胡说，无怪诗人要叹"婚姻之道苦"了。

妾在法律上的地位[*]

何襄明^{**}

（一）妾制究竟起源于什么时候？从来没有确实的测定。就几本古书考查起来，夏以后，妾制早已存在，殆无疑义，曲礼说：

"天子有后，有夫人，有世妇，有嫔，有妻，有妾。"及"公侯有人，有世妇，有妻，有妾。"

这种制度，经过秦汉各朝，直到现在。虽国民政府力倡平权，但妾制仍然存在，未经废止，那就不能不请将来负修订法律的人注意改革了。

孟子说：

"齐人有一妻一妾，而处室者。"

战国策说：

"楚人有两妻者。"

明律名例篇问刑条例所载的一段律文说：

"各处亲王许妾媵奏选一次，多者至十人而止。世子及郡王额妾四人；长子各将军额妾三人；各中尉额妾二人；世子，郡王选婚后二十五岁，嫡配无出者，方许纳妾二人；以后不拘嫡庶，如无子，郡以二妾为止。至三十无出，方许纳足四妾。长子及将军，中尉选婚后三十岁，嫡配无出者，方许选配一人；以后不拘嫡配如生子，即以一妾为止。至三十五岁无出，长子，将军方许娶足三妾，中尉方许娶足二妾。庶人四十以上无子者，方许选娶一妾。"

民律草案第一千三百八十七条：

"非妻所生之子为庶子"及此条之理由上说：

　＊　本文原刊于《法学季刊（上海）》1927 年第 6 期。

　＊＊　何襄明，1929 毕业于东吴大学法学院（第 12 届），获得法学学士学位。

"……吾国习惯，于妻外有妾者尚多"

已废暂行刑律补充条例第十二条：

"刑律第八十二条第二项准第一款称妻者，于妾准用之……"

以上数则皆我国认许妾制的明例。

（二）妾制存在的原因有几种，但是也不能确定。按照我国从来的思想观念和古籍的记载，其最大的原因殆不外乎：（甲）满足殖嗣延宗的欲望和（乙）用以帮助男子的工作，即所谓"备内职"者两种。

家族观念，在我国从来都是很发达的。子孙多了，自家的势力就可以伸张了；死后的烟火也不致没人来继续了。因此，就对得起祖宗，安慰得自己。所以有妻有子的要去纳妾；有妻没子的更不用说了。

易经上说：

"天地氤缊，万物化醇，男女搆精，万物化生。人承天地，施阴阳，故设嫁娶之礼者，重人伦，广继嗣也。"

孟子说：

"不孝有三，无后为大。"

明律名例问刑条例载说：

"……郡王选婚后二十五岁，嫡配无出者，方许纳妾二人……至三十无出，方许纳足四妾……庶人四十无子者，方许选娶一妾。"

至于"备内职"的话，就要贵族才有资格说了。至若平民呢？因为从前地广人少的缘故，他们多纳一个妾以帮忙自己工作，也未必不是意中的事情。

周礼昏义上说：

"古者天子后立六宫，三夫人，九嫔，二十七世妇，八十一御妻，以听天下之内，治以明章妇顺，故天下和而家理。"

"王者立后，三夫人，二十七世妇，八十一女御，以备内职焉。"

（三）说到妾制，有许多人就不免要误会，以为她是等于"一夫多妻"的制度。其实我国虽然有妾的存在，原则上则仍是"一夫一妻"制。"一夫多妻"或"一妻多夫"的意义，就是几个被匹配的女子对于她们所共同匹配的男子，或几个男子对于他们所共同匹配的女子都立于平等的地位的。换句话来说：就是一个男子同时为几个女子的"夫"；一个女子同时为几个男子的"妻"。她们或他们对于由夫妻关系所发生的各种权利义务都是平等的享受或负担。但说到妾呢，就两样了。妾的制度，在事实上虽然也是一个男子匹配几个女子，但是在法律上看来就不能说一个男子配几个"妻"子了。妻的对方人，她称他为"夫"，妾的对方人，她就不能称他为"夫"了。因为一夫一妻制的国家，一个男子仅可以为一个女子的"夫"，一个女子也仅可以为一个男子的"妻"。

已废暂行刑律补充条例第十二条第二项称：

"本条例第二款称夫之尊称属者，于妾之家长尊称属准用之……"

大理院判例，民五上字三百六十一号：

"查刑律补充条例第十二条，妾准用刑律第八十二条关于妾之规定，则家长之与妾，犹之夫之与妻；对于妻所有之亲告权，家长当然亦可准用。"

大理院判例民三上字一千〇七十八号：

"凡为人妾媵者，与其家长，虽无法律上婚姻关系，然苟事实上可认为家属之一人者，其家长即应负担赡养之责；若家长故后仍为其家长守志，其家长后嗣亦应负赡养之义务。"

大理院判例民七上字六百五十八号：

"妾与家长未经合法离异以前，应负赡养义务。"

大理院判例一千四百十三号：

"家长于妾在其关系消灭后，当然无赡养义务。"

从这律文和判例看来，我们就可以晓得，妾对于对方的称呼是"家长"了。但查大理院判决例，亦常有"夫"的名称。

大理院判例民七上字九百〇五号：

"守志之'妾'于亲属会议为其'夫'主立继时，既占重要地位，自应经其同意，然究不得有阻该'夫族'之立继之权。"

大理院判例民九上字八十六号：

"查刑律补充条例第六条之无夫奸罪，依该第二项其上告诉权专属于妇女之尊称属。为人'妾'者，除对于所生子女，及虽非所生而由其抚育者，应认为尊称属外，对于'夫'之其他子女并无尊称属之资格，自无此项告诉权。"

但是这样的判决文字，对妾的对方加上"夫"的名词，仅可认为是大理院的疏忽。上面已说过了，"夫"是"妻"的专有称呼名词，妾非妻可比，自然不能称呼对方为"夫"了。

（四）"家长"与妾的关系，非由婚姻行为而发生的，乃是由契约的行为而发生的。有婚姻的行为在法律上就发生夫妻的关系。所谓婚姻行为的意义就是行为的双方面都须依法律文中所规定的条件，——民事草案第一千三百三十二条至第一千三百三十九条之要件——举行一种相当的礼式。

大理院判例民六上字八百九十四号：

"刑律第三百五十五条第二项之婚姻，因举行相当之礼式而成立，不能有同居之事实，遂即认为成婚。"

大理院判例民七上字一百九十二号：

"查婚姻之是否成立，以有无成婚之一定仪式为标准；其仅有婚约，交付聘礼者，只能认为婚姻预约之成立，不能认为婚姻之成立。其未成立婚姻者，如有诱拐行为，仍应成立诱拐罪。"

民律草案第一千三百四十条又规定须经呈报于户籍部后方才可以发生私法上婚姻的关系，及成立夫妻的身份。对于妾的契约行为呢，其所需的条件，法律上无何种规定，但依常理论之，其必须具有契约上之要件自不必说了。

大理院判例民六上字八百五十二号：

"妾之家属身份系由契约而生，家长生前虽有时得以解除（如家长或妾有不得已事由时），然家长故后，若妾于夫家无义绝之情状者（如犯奸之类），即不致丧失家属身份，断不容藉故驱逐。"

大理院判例民七上字一百八十六号：

"妾与价值间名分之成立，应具备如何要件在现行并无明文规定；依据条理正当解释须其家长有认该女为自己妻以外之配偶而列为家属之意思；而妾之方面须有入其家长之家为次于正妻地位之眷属之合意，始得认该女为其法律上之妾，若仅男女有暧昧同居之关系，自难认其家长与妾之名分。"

由上面的判决例推测之，则家长与妾的一种契约的要件，不外是须双方都合意于成立互为"家长与妾"的身份，即家长有认该女为正妻外的配偶，妾合意于作次于家长之妻的眷属就成了。

妾与家长的关系非夫与妻的关系，她又非由婚姻行为而发生的结果；她在法律上的地位与妻在法律上的地位两样；她不独不能成为家长的敌体，率直说来，她是她所匹配的男子——家长——的所有物。所以不能与家长立于敌体的地位。

清律妻妾失序条的注解说：

"妻者齐也，与夫齐体之人也。妾者接也，仅得与夫接见。贵贱有分，不可紊也。"

在家长的家族中，她亦不能与家长的妻一样的取得夫对于宗亲属的身份。拿"妾为家长族服图"一看就可明白。

而家长对于本生的亲族亦不发生何种亲属关系，故妾的父母，祖父母，伯，叔，姑和兄，弟，姊，妹等等非家长的亲属，在法律上只可以通常人相待。

（五）纳妾非婚姻的行为，在上面已说过了；所以有妻的，就是已结了婚而婚姻关系仍然继续的人重行纳妾不能成立重婚罪。

大理院判例民六非字一百五十一号：

"娶妾不得谓为婚姻，故有妻复纳妾者，不成重婚之罪。"

有妻复纳妾不能成立重婚罪已无疑义了，但是若果先行纳妾，然后娶妻，是否成立重婚罪呢？照暂行新刑律第二百九十一条："有配偶而重为婚姻者……"里面"有配偶"的几个字，字面说来，好像不免有多少疑问。但无论如何，重婚的意义就是有了婚姻的关系，重为婚姻的行为。纳了妾，不能算有婚姻的关系；所以从条理说来，先纳妾复娶妻也不能成立重婚罪。

大理院判例民二非字五十八号：

"未成立正式婚姻即不能谓犯重婚罪。"

大理院判例民六非字七十二号：

"刑律第二百九十一条规定有配偶者，系指已经成婚，其婚姻关系尚在存续中者之一方而言。"

男子已是先娶妻复纳妾，或先纳妾再娶妻都不成立重婚罪，女子又如何呢？她已为人妻复作人妾，或先为人妾复嫁人为妻，在刑法上也不成立重婚罪。

大理院判例民九上字第三百号：

"上告人系某甲之妻，如系与人作妾，固无所谓重婚，然和奸之罪要不能解免。"

这许多话都可归纳起来说，就是纳妾根本上不是婚姻行为，所以不能认为重婚的行为。

（六）法律要剥夺为妾者起来的时候，便说"妾非妻比"；要保护男子对于妾的特别利益的时候，又要说"称妻者于妾准用之"。法律真有无上的权威。可是，那作妾者苦极了！妾在刑法上所负的责任不但是与妻所负的相同，有时且有过甚的呢！

已废暂行刑律补充条例第十二条：

"刑律第八十二条第一项准第一款称妻者，于妾准用之。第二百八十九条称有夫之妇者，于有家长之妾准用之。"

前清现行刑律关于民事有效部分，妻妾殴夫章：

"凡妻殴夫者处十等罚，夫愿离者，听。若妾殴夫及正妻者，又各加一等。其夫殴妻未至折伤，勿论；至折伤以上减凡人二等；先行审问，夫妇如愿离异者，断罪离异；不愿离异者，验罪，收赎。殴伤妾至折伤以上减殴妻二等。"

（七）妾已非妻，在法律上她仅是家长族中的一位人员。

大理院判例民三上字一千○七十八号：

"凡为人妾媵者与其家长虽无法律上婚姻关系，然苟事实上可认为家属之一人者，其家长即应负养赡之责。若于家长故后，仍为其家长守志者，其家长后嗣亦应负养赡之义务。"

妾不能与家长立为敌体的地位，所以妻可以承继夫分，而妾就不能享受这种权利。因之对于为家长立嗣等等问题，她完全没有权力可以执行。但在事实上她仍是家长家属中的一位人员，兼且与家长有密切的关系，所以法律有时给她一种相当的权利；这也不过因事实的关系而通融办理的。

大理院判例民六上字二百四十五号：

"现行律载，妇人夫亡无子守志者，合承夫分，凭族长择昭穆相当之人继嗣；又载无子立嗣，除依本律外，若继子不得于所后之亲，听其呈官别立等语。律意是否妻妾同论，本属解释问题；惟据本院判例，认为立继即废继之权，惟有妻之身份者得完全享有，而仅有妾之名义者，则此权不属。盖查上开例载，守志妇人是否包念妾在内，当无先问妾是否亦可称为所后之亲。按为人后者为之子，即取得嫡子身份；故为所后父母斩衰三年。则亲自关系当然以所后父母为限。其对于父妾生有子女者，虽依律应称庶母，为之期服，然不过仅有亲族关系。参照妾为家长服图，嫡子曰家长长子，众子曰家长众子，愿与其所生子有别，实为明证。则妾对于入继之嫡子即不得称为所后之亲，则不特不能行使废继之权，即家长，正妻均故，妾欲为家长立继，亦仅能请亲族会议为之主持，妾自身于会议中只占重要地位，并无正妻择继全权；盖立嗣关系重大，除妻得代行择继权外，自应取决于亲族会议，而不容妾私擅行之。"

婚姻法中妇女的地位[*]

刘莹（刘朗泉）^{**}

　　这篇文字内提到我国的几种法律名称，恐怕读者有不大明白处，先在此地解释一下。我国的民法尚未完全公布施行，只其中的总则篇，物权篇，债篇三部分已先后公布施行，其余亲属、继承两篇尚未正式施行。在实用上，不得不袭用大清现行律民事有效部分以为裁判之根据。但是这大清现行律内容非常腐旧，以之适应最近的社会，实有不足不宜之感，所以从前的北京大理院以及现在的司法部都常以解释、判例和法令来救济它，同时在裁判上，法院也常常援引各国的法理，根据我国的实情来应用的。至于正式法典的起草，前清末年以来也曾有过数次，但都未曾成为法律，如旧民律草案（宣统三年），新民律草案（民国十五年），以及国民政府法制局的最新草案（民国十七年）都不曾实际上发生过效力。不过现在虽然还不曾正式施行亲属篇和继承篇，我们从大清现行律以及历次的草案中可以看出法律观点的递变。婚姻法只不过民法亲属篇中的一部分，我们要看妇女在婚姻法中的地位，正不妨从这些草案中追寻其演变的痕迹，借以明了现在的处境。至于本文的内容，仅就婚姻关系中比较重要的贞操之义务，同居事务决定之权，夫妻财产制度，离婚的条件，妾之地位等中去研究妇女所处的地位。

　　妇女在我国法律上，素来不能和男子占着同样的地位，直到最近，慢慢取得平等的待遇。最显著的例，就是女子同样可以有财产继承权。本来承受财产是一般人最注意的事情，无怪许多女子为了这件事情奔走呼号。但是一旦达到目的之后，就心满意足，不闻再有其他为女权奋争的运动。其实除了

---

　　* 本文原刊于《妇女杂志（上海）》（第 17 卷）1931 年第 2 期。

　　** 刘莹（刘朗泉），1932 年毕业于东吴大学法学院（第 15 届），获法学学士学位。

财产继承权之外，女子在法律上不能和男子占着同样地位的事情多得很呢，不过大家不注意罢了。本文仅就有关婚姻的一部分法律中，去研究妇女所处的地位，以备关心女权运动者的参考。

法律虽然大多带着坚性，不容易随便改变，但是也不是一成不变的。法律是社会现象的反照，什么样的社会，就有什么样的法律以资适用，六十年前的社会，绝不能采用现在法制局的最新草案，所以现的社会，也不能死板板的一味适用大清现行律而不加以变通的办法。最近二三十年来妇女在法律上的地位渐渐增高，也是由于妇女在社会上的地位渐渐增高之故，绝不是一二个学者特别同情于妇女，在编纂法典时，提高她们的地位。所以要提高妇女在法律上的地位，并不是单单喊口号开大会所能奏效的，最要紧的还在提高女子的教育和智识，在社会上谋到女子和男子平等的地位，使女子有经济独立的能力，到那时候不去请求修改法律，法律早已自动的提高女子的地位了。

所以从前和现在的妇女，在法律上有许多地方不能取得相当的地位，也可以说是因为：（一）女子在社会上没有地位，（二）女子的经济不能独立。我们可以随便举出两个例来证明：（一）按照夫妻有共同遵守贞操的义务，妻固然应守操节，夫亦应守贞，如果一造不遵守而犯奸非时，照理其他一造可以出来请求官厅予以惩戒。但是我国现行的法律只许男子享有这个权利，女子便不能享受，所以如果妻子和人通奸，丈夫可以请求法院惩办其妻，丈夫与人通奸，妻子便不能请求法院惩办其夫。这种待遇极不平等，无非因为妇女在社会上没有地位之故；不能出来主张，所以只好咽气吞声。（二）因为女子的经济不能独立，处处都要依赖丈夫生活，所以虽然号称一家中馈之主，其实只有代理日常家事的能力，并没有真正处理的能力，如果丈夫对于妻子的"代理"认为不当，可以限制她的"代理"权。这种事情似虽细微，涵义重大，如果女子对于日常家事还只有代理权，那么女子在家庭中等于毫无地位，她的行为，丈夫随时都可以加以限制，她的代理权，丈夫随时都可以收回，试问她和她的丈夫处的是共同生活吗？她和她的丈夫在家庭中是站在同一的地位吗？这无非因为女子的经济不能独立，所以事实上只好惟夫之命是听，自己不能有所主张。我国女子对于这一点多视为当然，不成问题，可见我国女子大多数确是还没有经济独立的能力，所以对于这种不平等的地位，既不曾感觉到，也不会要求改良。

　　在婚姻法中男女一经结婚就发生婚姻上的效力。彼此应互守贞操的义务，亦为因婚姻而起的婚姻上效力之一种。上面已经说过对于不守贞操刑事上制裁的方法，显然有男女分别不平等的待遇。现在再来看看对于不守贞操民事上制裁的方法究竟如何。如果妻不守贞操，和人通奸，丈夫除了请求官厅予以惩戒以外，民事上还可以请求离婚。但是如果丈夫有了奸非之事，妻子不但不能请求官厅予以惩戒，还不能立刻请求离婚，一定要等和丈夫通奸的那个妇人的本夫出来控告奸夫，定了奸夫奸非罪的罪名之后，做妻子的才能请求和他离婚。所以如果那方的本夫不出来控告，或那方仅为寡妇，丈夫已死，无人可以出来控告，这方做妻子的对于犯奸非的丈夫，不但在刑事上毫无制裁的方法，在民事上也没丝毫办法。同时在婚姻法上却又要夫妻互守贞操，而对于不守贞操的制裁显然又是为男子一方而设的，这是何等的滑稽！倒不如明明白白说男子是可以不守贞操的，女子则非守贞操不可，反来得爽快了。不过要注意的，上面所说的乃就现行的法律而言，国民政府法制局已起草好的亲属法草案里，已经没有这种不平等的规定了，下面再细细地说。

　　男女结婚以后，便要实行同居。照最理想的见解，同居便是两个平等的男女在一处着共同的生活，关于共同生活的事务之决定，如选择居住的地点，租赁居住的房屋，购置家具等等，应该由夫妻共同决定，还有已经说过的日常家事的处理，夫妻二人都应有同等的权力。但是现行的法律以决定共同生活的事务的权专属于夫，妻不能过问，即对于日常家事的处理，也只有代理之权而无处分之权。这实在因为我国妇女无独立经济的能力，特别是嫁后更不能不靠丈夫维持生活，所谓共同生活既然由丈夫单方维持其费用，那么一切决定大权，当然不得不专属于他。这是事实如此，无可如何的办法，即在欧美各国也由此现象。不过在平等的原则上，我们终不能不认为缺憾。好在这种法律上的规定并不是强行的，如果夫妻间彼此两方愿以同等的权力来决定或处理家事，也是可以的。

　　结婚后夫妻间关系最密切的可以说是财产制度。我国古代社会上和家庭中妇女本没有平等的地位，妇女不能有她自己特别的财产。不但妇女本身嫁人之后，便应事事由丈夫支配，就是她的嫁奁也变为她丈夫的财产，完全任丈夫去支配，而她本人反不能做主。我们只要研究妇女对于积蓄"私房"的秘密态度，就可以推想她们一定不能有一点公开的特别财产。现在适用的大清现行律民事有效部分对于夫妻财产制度没有明文规定，便是因为我国从前向来不承认妇女可以有特别财产，所以用不着在法律上明白规定。但是自从中国和外国通商以来，很受了欧美制度文物的影响，社会上起了显著的变化，妇女的地位也渐渐提高，所以如果仍是不许妇女有特别财产，未免不合时代环境。从前北京的大理院便力判例和解释的方法，规定妇女可以有三种私产：（一）妆奁；（二）以自己劳以所得之财产；（三）承受他人的赠与及遗赠。（大理院七年上字第一四七号）并且规定离婚时这三种私产都可由妻取去，夫亡改嫁时，除妆奁须由夫家作主外，其余二种私产也可以携去（大理院二年上字第二〇八号及大理院解释第九〇九号）。这种规定并没有什么不公平的地方，可是大理院又规定说妻之财产管理、使用、收益权，均属之于夫（大理院七年上字第九〇三号）。照这条看来，妻要动用她的私产须得夫之允许，而夫可不得妻之允许去管理、使用、收益妻之私产，这未免太限制女子的能力。在立法者本意，以为女子的见识才智总不及男子，要叫女子去管理、使用、收益她自己的私产，恐怕要受他人愚弄，所以特令其夫代为管理，至于做丈夫的是否为合法与尽职的管理，那就不问了。其实如此一来，女子更没有练习管理财产的机会，养成更深的受人保护的劣性，同时不肖丈夫滥用他妻子私产的事情也层出不穷，况且近来女子的智识渐渐开通，这种法律上的规定，自然渐渐觉得不很适用了。

宣统三年起草完竣之旧民律草案上就规定说妻之特有财产原则上夫有管理、使用、收益之权，但有一个例外，即夫管理妻之财产时，显然发生足致损害之虞，那么妻可以请求审判厅命妻自行管理。这条规定和上述办法还是一样，仅不过多了一种补救方法，所以如果夫代管妻之私产不发生损害之虞时，即便是妻很有才干很有自管私产之能力，在法律上也不能取得自管私产的权力。这一点依然不能令人满意。

民国十五年起草完竣之新民律草案内容和以上两种办法便大不相同，可以说有三个特点：（一）除规定妻于成婚时所有之财产及成婚后所得之财产为其特有财产外，又规定专供妻用之衣服首饰及手用器具等物推定为妻之财产。这一点在现行法和旧草案中都没有明白规定。（二）妻之特有财产的管理权在原则上归妻自行管理，但可委托其夫代为管理。这一点和现行法及旧草案中的规定刚刚相反。现行法规定夫可以当然管理、使用、收益妻之私产，旧草案亦规定妻之私产原则上由夫代为管理，一定要有损害之虞时，才许其收回管理。新草案则将这种毫无理由的规定完全取消，而以妻本人为其私产原则上之管理人，不可不算一个极大的进步。新草案对于夫因妻之委托得代为管理上，也规定得很精到，以免弊端，草案上规定说，夫管理妻之财产，除在管理目的范围内，得处分孳息外，若（甲）以妻之名义借债，（乙）以其特有财产供担保或增加重大负担，（丙）让与特有财产，均须得妻之同意。若夫不得妻同意而为上述之行为，妻得不经夫参与，在裁判上对第三人主张权利。如果已经将特有财产托夫代为管理之后，又欲为处分权之行施，草案上亦有规定说，在夫管理期内，妻欲处分其特有财产，夫无正当理由不与允许，而妻能证明其处分为有利益者，无须经夫之允许。这点对于妻的特有财产的保障，可以说是很为详尽。（三）新草案最后一个特点，便是规定由婚姻而生的一切费用，归夫妻双方负担，如果妻无力负担，由夫负担。这一点可以说是很理想的规定，在现行的法律中和旧草案上都规定由婚姻而生的一切费用归夫负担，便是以后要说的最新草案上亦是规定由夫负担。理论上讲，结婚后的生活既是共同的生活，一切费用自然应由夫妻双方负担，在现行法、旧草案、最新草案上都规定由夫负担。也不是因为立法者的头脑都非常守旧，实在因为事实上我国现在妇女大多数还不能经济独立，结婚后还要叫她们负担家庭费用，为事实所不可能。所以不如规定由夫负担，夫不能负担时，始由妻负担。新草案则以为原则上不妨规定双方负担，妻不能负担时，由夫代其负担，在实施上也无甚障碍。所以就理论上讲，新草案上妇女的地位，可以说是再平等没有。

最近法制局的最新草案对于夫妇间的财产关系明白规定为各个独立，无论在结婚前或在结婚后，夫妇各人所得的财产，各为其特有财产。所以夫如果未得妻的允许当然不能管理、使用、收益妻之私产，妻如未得夫之允许亦不能管理、使用、收益夫之私产。这种规定比较新草案上规定妻之私产原则上归妻管理更来得彻底明白，将妇女在法律上的地位，视作男子一样，不必说什么原则不原则，各人的私产应该归各人自管，互相独立，这是因为最新草案起草最迟，所处的时代最近，容纳的思潮也最新。除了特有财产之外，最新草案还有共有财产的规定。对于共有财产，应由夫妇双方共同管理，这一点比现行的法律进步得多了，在现行法中女子不特不能管理共有财产，连自己的私产都要归夫管理。最新草案规定夫妇双方对于共有财产管理上如有争议时，由亲属会议决定之，这一点把妇女的地位提高和男子一样，所以争议不由夫决定而由亲属会议决定，已经将妻的意见视为与夫的意见有同等的价值了。但是最新草案上有一点很与理想的平等原则相冲突的便是规定家庭生活费用由夫负担，这条用意虽在保护做妻子的人，因为叫她们负担家庭生活费用是不可能的事情，但是就此也可以看出妇女在社会上实在还没有达到和男子同样平等的地位和能力，所以法律上才有如此规定。不过草案上也说但与妻有协议者不在此限，那么如果妻有负担家庭生活费用能力，情愿与夫协议共同负担，当然可以的，所以就大体而观，我们可以认最新草案中关于夫妇间财产关系的规定，已经给妇女一个法律上相当的地位，很可以满意的地位。

上面都只就发生婚姻关系后，妇女在婚姻效力上的地位，加以研究。现在再来看看解除婚姻关系时，妇女处的究竟是何种的地位。妇女可以和男子一样有主张离婚的权利吗？还是只能让丈夫"出"妻，而妻不能请求与夫离异呢？下面就现行的法律中，新、旧民律草案中，最新草案中，解决这个问题，并看看妇女的地位在这几种法律中演进的痕迹。

我国古时无所谓离婚，只有夫可以出妻，妻却不能离夫，所以旧律上只有七出三不去等等的条文，而无现在所谓离婚之规定。处在这种法律之下，妇女简直不能算是一个完全的人，在社会上不能享受公权，在家庭中只能受人保护，受人支配，丝毫不能有独立人格的主张。法律上之规定七出三不去还算是保护她们，如果没有这些出妻条件的规定，恐怕做丈夫的更要随随便便将妻子离出，于此可见昔时妇女地位的黑暗，时至今日，已经是二十世纪的世界了，所以这种单方的出妻法律不免要应付不上来，现在既未颁布民法中的亲属篇，只好于大清现行律民事有效部分之外，再引用离婚的法理，以救其穷。现在我们可以常常看见法院里有离婚案子的判决，好像男女都很平等都可以自由离婚，然而一问究竟，则最黑暗的旧律上七出三不去各条，仍然可以有效。且看七出的规定：

（一）无子；

（二）淫佚；

（三）不事舅姑；

（四）多言；

（五）盗窃；

（六）妒忌；

（七）恶疾。

三不去的规定：

（一）与更三年丧；

（二）前贫贱后富贵；

（三）有所娶无所归。

三不去的规定完全是为保护女子而设，即如犯七出之一照律应出时，如有三不去中之一种情形，即可不出。所谓七出，我们若就其条文而看，简直把女子看得和商品一般的不值钱。拿现在的眼光来看，男女要共同生活才结婚，生子并不是婚姻的唯一目的，所以无子决不能以为出妻的原因。又如妒忌为人之天性，妻看见丈夫讨妾会有不妒忌的吗？法律决不能责备天下的女人都是那样有贤德的大妇。所以我国的法院因七出之条既然尚可有效，适用上不得不加以解释：

（一）无子可立侄子辈为子者，不能算无子；

（二）淫佚做事荒唐漫无规矩亦为淫佚；

（三）不事舅姑并非一次不事舅姑，须经丈夫屡劝不改；

（四）多言家庭中吵闹不安；

（五）盗窃犯窃盗罪；

（六）妒忌对丈夫之妾不能容，脾气不好；

（七）恶疾不治之恶疾。

就是解释结果，仍然有许多不能满意的地方，因为大清现行律的本意，根本上就只许丈夫出妻，而妻不能离夫，现在虽然于大清律外引用其他的离婚法理，但是这些大清律的规定，根本就不能解释得圆满的。

新旧两草案上离婚的规定，已经不采这些大清律上的黑暗的七出等等的条文，精神上以夫妻地位对等为原则，但是仍然有一两点免不了受人抨议。这个在上文里我们已经提出讨论过，就是妻如与人通奸，不管丈夫请求刑事上制裁与否，丈夫都可以无条件请求离婚，但如夫与人通奸，就要等夫的奸非罪名成立时，妻才能请求离婚。我们研究何以夫妻的一造犯奸时就可以作为离婚的原因，不外因为夫妻的一造与第三人通奸，可以破坏夫妻间的感情，而这种感情为维持婚姻关系所必要的。现在妻和人通奸，丈夫可以说这种行为破坏了他们间的感情，所以要离婚，但如夫和人通奸时，就不会破坏夫妻间的感情吗？妻就不能据之以要求离婚吗？如果感情是真破坏了，我们可以不责夫而单责妻仍然要维持着婚姻吗？这些都是不可解的。所以有的人便从历史上和风俗上去研究解答的原因，说是法律上所以有这种男女差异的规定，因为中国素来是重男轻女的，社会上只有男子才能有地位，女子便不必要给以平等的待遇。又因为中国向来是重血统主义的，一家世代相传，血脉决不能稍有混乱，如果有一点不纯粹，便要血统斩绝。所以如果妻子和第三者通奸，便淆乱这一家的血统，等于斩绝这一门的血脉，非离婚不可。如果丈夫和他家的女子通奸，那是淆乱那家的血统，他自己家中的血统并未淆乱，所以做妻子不能和他离婚，只有那家的男子可以出来告他淆乱血统。如果那家只有寡妇已无丈夫，根本就不会淆乱那家的血统，便没有人可以出来告他，官厅也不能将他办罪。这种妙论，在血统主义盛行的时代还可以说得过去，拿现在的眼光，男女人权平等的眼光去看，便觉得可笑了。

法制局的最新草案把离婚原因规定了九条，夫妻双方都可以同样的适用，把上文所说的差别的规定都一扫而空，可以说已经做到男女平等的地步，女子的地位和男子一样的高。我们且看它的规定：

（一）重婚。男或女之一方与第三者已结婚，又复相瞒结婚，受欺之一方可诉请离婚。

（二）犯奸。男或女之一方有犯奸情事，他方即可请求离婚，不必待奸非罪之成立。

（三）不堪同居之虐待。男或女之一方受他方此项虐待或侮辱。

（四）遗弃。男或女之一方以恶意遗弃他方。

（五）不堪同居之残废。男或女之一方有此项残废时，他方可诉请离婚。

（六）不堪同居之恶疾。男或女均适用。恶疾指花柳病及全身癣癫不治之症。

（七）重大不治之精神病。男或女均适用。

（八）出外已满三年而生死不明。男或女均适用。

（九）判处三年以上徒刑之犯罪。男或女均适用。

但是有一点要注意的，上面已经讨论过的各草案中所规定的离婚原因，都是呈诉离婚的原因，即男或女根据了这些原因可以到法院去请求离婚。至于两愿离婚，并不一定要有这些原因，只要男女双方自愿离婚即可。我国古时也有两愿离婚的，旧律上名之曰"恩绝听离"，即夫妻双方恩情既绝，自然可以听其离异。不过旧律上还有一条很奇怪的规定，名曰"义绝应离"，即妻子有不孝翁姑，谋害丈夫或翁姑的情事时，法律不管夫妻愿不愿离，一定要他们离，否则便要处罚，这也是近来的草案上所没有的。

最后还有一事我们应该注意的，就是很奇特的妾在法律上的地位。按照一夫一妻的婚姻原则，绝不容男子于正妻之外，另有畜妾的事情。这种畸形的制度不但破坏夫妻间的贞操和感情，同时也蔑视了妇女的人格，堕落妇女的地位，实为现代潮流所不容。我国新刑法里便没有妾的规定，丈夫对妾的一切权利，概不保护，如果妾跟人逃跑，也不能请求追人，因为畜妾根本就不对，现在妾自愿跟人另组家庭，原来的丈夫是无可如何的。但是因为社会上这种恶习惯一旦还不能取消，事实上还有许多人畜妾，关于妾的权利义务，不能没有规定。所以现行的民事部分的法律里，仍承认妾的制度，但是妾与丈夫之间，并非正式的婚姻关系，只为类似婚姻关系的一种契约关系，因之双方倘如要解除其关系时，不能适用离婚的规定，只要一方有不得已的缘故，就可以要求解约。这种规定原是无可如何的，如果社会上已经有废除妾制的心理，事实上畜妾的事情也逐渐地减少，民法上就可以不必有这种规定，未来的新民法里我们可以希望没有这种条文。这一点还要希望妇女自己觉悟，起来做种种实际的废妾运动，使妇女在法律上的地位，永不留下一些污点而蒸蒸日上。

上面我们已经把婚姻法中妇女所处地位值得讨论各点都一一查看过了，我们可以归纳出妇女在婚姻法中究竟处的是何等样的地位。平等吗？我们不敢讲。满意吗？我们更不敢承认。在新、旧草案和最新草案里也许妇女已经获得了相当的地位，这在上文里都已提到，但是要知道草案只是草案，并不是现行的法律，所以看了草案上平等的规定，绝不能以之自慰的。现行的法律上妇女的地位仍然很低，这一点应该认明白。况且婚姻法中所提及几条，不过是庞大法典中一小部分而已。仅在这一小部分里，我们已经找出许多不满意的规定，在其他部分中更不知有多少呢。如果今天发现一条不满意的规定，便去开大会发通电向政府力争，向民间演说，要求改良，明天又发现一条不满意的规定，便又去闹一番，恐怕将不胜其烦，事实上这种空洞的运动，也不会收如何具体的效果。所以最应致力的，还在事实上求将妇女在社会上的地位提高，使旧社会起了新变化，那时候法律为适应社会情形起见，便不得不有变更了。我希望拥护女权的人，从事女权运动的人，先要对于妇女界的现状有明白的认识，譬如说妇女在法律上的地位不平等，先要知道在何样法律里不平等到何样程度，然后去研究明白造成这种不平等的原因在什么地方，再从这方面去谋根本的解决，如此方有成效可观，否则一味叫嚣，其结果还只是叫嚣而已。

此文章完不久，立法院已将新民法的亲属、继承两篇三读通过，大概不久即可实施。立法院亲属篇的条文虽然和法制局所拟的草案不无出入，但就大体而论，妇女在法律上的地位已见增高不少。总算这许多年来各草案所努力为妇女增高法律上地位的想愿已大致实现，得到明文的保障，成为具体的法律了。在这新民法的亲属篇中，我们可以看到贞操的义务夫妻都是要遵守的，如果一造不守贞操，夫或妻俱得提起离婚之诉，不像现在那样只有丈夫可以叫妻子守贞操，而妻子却不能叫丈夫守贞操的。又如日常家务的处理权也不专属于夫，而由夫妻互相为代理，以符平等之义，而且一方如果滥用权限，他方不问夫或妻俱得加以限制的。至于夫妻财产制度照这新民法亲属篇夫妻法定财产制的规定，虽则夫对于妻之原有财产有使用、收益之权。但是妻仍保留处分之权，如果夫欲加以处分，仍须得妻的同意。关于离婚的条件大致和法制局草案所拟相同，而且也是明文规定夫妻两方俱可适用的，并不像旧律的"七出之条"只为丈夫欲出其妻而设的。至于妾制在新民法亲属篇中已无规定，当然是不承认的。这样看来。这部新民法的亲属篇虽则难免尚有可讨论的地方，然我国素来在法律上毫无地位的妇女，总算因这部新法典的制成而获得不少平等的待遇，也是不能不认为满意的。

一九（1930年），十二，八作者附记

英美婚姻法与中国法之比较观[*]

孙祖基^{**}

今于未入本题之先，请略述英美法与中国法基本不同之观点以明其趣旨。法律之对象为环境渊源为习惯此人人所知者。英美社会组织中个人与法律，中国社会组织中家庭及礼教。所本不一，法例遂异。惟近十年来，中国家庭组织渐由复杂而趋于简单，而法律与道德之划分亦将为新式法学家之口头禅，如是则新民律之编订，英美婚姻法之借鉴，其或不可忽视乎？

用述婚姻比较法，略分一下五项：

一、合法婚姻与惯俗婚姻。

二、订婚。

三、结婚：

1. 婚姻成立的条件。

2. 结婚后夫妻身份上之权利义务。

四、离婚。

五、结论。

一、合法婚姻与惯俗婚姻

英美对于婚姻的解释，认为一种民事的契约，根据男女两方的同意，达法律年龄，依习惯仪式，与法律不相传谬而共同生活，虽父母不能干涉。尚有一种婚姻，男女两方同意共居，并未经过何种仪式，经过若干年限亦可相对的成立。前者名为"合法婚姻"（Lagal Marriage）后者名为"惯俗婚姻"

---

* 本文原刊为《法学季刊（上海）》1924 年第 1 期。

** 孙祖基，1926 年毕业于东吴大学法学院（第 9 届），获法学学士学位。

（Common law Marriage）（英美有二十六省准许惯俗婚姻成立，有十七省不准成立，尚有六省未有明令准否表示）。

照英国普通法，苟男女两早有结婚之能力，可自行结婚，不必得父母同意。然其后英国实行婚姻专律，载男女未成年者，苟非鳏夫寡妇，若其父生存，当得其父之同意。否则须得监护人或其母或平衡裁判所（Court of Equity）之同意，违者其婚姻为无效。但此法过严，群以为不便。盖违法者婚姻即须解散故也。故其后更定新法，凡不得父母之同意者应没收其婚姻中所增值之财产，但婚姻仍作为有效。美国有数省解释婚姻专律者，谓未成年者不得父母同意，当做为无效，然通常仅作为不合法，婚姻不因此而解散。

中国法对于婚姻，因历史上关系，男婚女嫁，皆有祖父母，父母主婚，祖父母父母俱无者，从余亲主婚，其夫亡携女适人者，其女从母主婚，又孀妇自故改嫁，由夫家祖父母主婚，如夫家无祖父母父母，但有余亲，即由母家祖父母父母主婚；如母家亦无祖父母父母，乃由夫家余亲主婚，至"惯俗婚姻"上等社会为体面关系，尚少相似事实；下等社会未婚男女，因经济或身份关系，不能正式婚嫁，每因种种机缘相互合意，共同生活。三年五年后生男育女，彼等自以夫妇居，社会亦承认彼等之结合，与英美正同，惟惯俗婚姻在英美法著为成例，而吾国重礼教，乡绅先生难言之也。

二、订婚

英美法对于婚姻并不重视，因订婚仅为一种简单之契约关系，双方悔盟，自属常事。法庭如欲强制执行则禁止扰乱，不可穷究其理由有几：

（1）契约成立，须得当事人之同意，如强制执行则成怨偶两方终身陷于不幸。

（2）婚约改变，实无妨碍，因双方尚未履行契约关系。

（3）财产契约如不履行，法律可以强制，若身份契约，则虽强制而无效果。

（4）法律对已婚者如有健全理由，尚可批准离婚，则订婚尤无不可之理。

又英美人民习惯，订婚与结婚时期相距甚短，又大多无自由订婚，且双方达成年者为伙，故寒盟者极少，否则有一方不惬意与彼方，一经提出，不难立刻解除，亦不必定至法庭陈述。中国习惯，以聘娶为重，近年来大理院判例，对于此点，以稍松动，如七年十一月二十四日上字一三六五号判例云

"订立婚书授受聘财，必须出自订婚人双方之合意，该婚约始能成立"。又九年九月十八日上字一〇九七号判例："按现行法订婚须得当事人同意，若定婚当时未得女之同意者，某女自得诉诸解约。"及五年二月十八日抗字六九号判例亦云"父母难有主婚之权，至于已成之婚约，经当事双方合意解除，或一方于法律上有可以解除之事由著断无反乎婚姻当事人之意思可以强其不准解除。"

前述英美人民习惯，订婚结婚时期相距甚短，故发生问题极少，英美人民认为订婚为"婚姻之准备"。而中国习惯，则认为"婚姻之预约"虽现行律例已早禁止指腹及割衫襟为婚，但并未明定如何年龄始可订婚。所以幼童未满十二三岁者，往往赤绳一紧终身已定，于是发生问题乃至繁伙，如（一）订婚时未得当事人之同意，其后有一方面不满意与彼方，诉请解约者。（二）定婚后又为他之定婚或结婚者。（三）故违结婚期约者。难现行律例有种种预防，惟民事范围包罗太广，当事人苟自有解决之方，司法衙门亦不加以取缔。（但刑法及其他特定法规除外）

三、结婚

1. 结婚成立的要件

婚姻成立之要件通常分为形式上与实质上两种：

形式上要件英美法除惯俗婚姻外，均须向地方官厅领取结婚证书，填写要项，如双方所住地点，年龄，种族，籍贯，亲长姓名，婚男状况，父母曾否同意，有无法律之上阻碍，双方有无疾病预定结婚在何日何地举行等等，经验明无讹后，始得给予结婚，并向官厅注册；违反以后手续者，婚姻为无效，中国现行法并无是项规定。惟按民律草案一三三九条"婚姻从呈报于户籍吏而生效力"将来如能修订颁布，则与英美法大致相同。

（a）非欺诈胁迫之同意英美法最注意于双方同意，惯俗婚姻之成立，即系本此条件，若一方面有欺诈胁迫之行为，即可作为无效而撤销之，如某男以力劫女，女怵于威，遂行允诺，是谓由胁迫者得有之，可以撤销。若欺诈则须待乎解释：美国意利诺省高等审判厅判词曰："欺诈者玷污婚姻以致与双方契约之谓：若一方面之性情，社交地位，命运，健康等，如有错误，不能谓为玷污。"举一例如某女与甲私有孕，复与乙结婚，妄以其孽胎为乙所有，则乙有提议撤销相互之婚姻关系。又例如某女与某男言，余有嫁资若干，某男羡其嫁资之农，遂与结婚后某女临门，并无一文之嫁资。在此时，某虽未察某女诈欺，然不得以之谓撤销婚姻之原因，以财产之多寡，与婚姻之目的并无关系也，中国法大致相同，亦已事实错误者为限，又现行律"若为婚而女家妄冒者（谓如女已有残疾，却令妹妹妄冒相见后，却以残疾女成婚之类）不追财礼。未成婚者仍依原定，（妄冒相见之无疾兄弟妹妹及亲生之子为婚，如妄冒相见男女已聘许他人，或已经配有室偶者不在依原定之限。）已成婚者离异"。此种事实，英美法所无，为东方诸国所独有。

（b）须满法定年龄英美法均定结婚年龄，英国男十四，女十二，美国则各省不同：规定男子十七岁者有三省，十六岁者有六省，十五岁者一省，十四岁者二省。（有数省均定为十八岁）规定女子十八岁者有一省十五岁者八省十四岁者六省十三岁者一省十二岁者三省。其中如密支干，新墨西哥，汪海旺鸟太佛琴尼亚等五省，如结婚者未及年龄，须即撤销，又有十五省则视审理案件之情形，而得宣告撤销。此均以法权制止人民早婚者，中国法律尚无此种规定。

（c）不得已有配偶英美法与中国法大致相同，其不得已有配偶，但前婚无效或撤销，或离婚，或一造有死亡时再行婚嫁者不在此限。

英美法规定一夫一妻主义，无论何造，如与婚姻期间内重与第三造缔婚，彼造可诉请离婚，并呈法庭微诫被告，中国法上虽有禁止已有配偶而重为婚姻之条，（新刑律三百八十一条）但纳妾则所不禁，名义虽不同，实际上娶妻与纳妾有何分别，此为国法上之大弱点，亦即夫妻人格上大不平等之条例，最近北京内务部虽颁布一种纳妾限制条例，并未见诸实行，即实行亦与英美法之精神相去尚远。

（d）再婚者应逾法定规定时间中国法凡女从前婚解约或撤销之日起，非逾十个月不得再婚；若于十个月内已分娩者不在此限。（此条全为防止血统之混乱而设）

夫妻为恩爱及生存之结合，如两造已经法律手续离婚或虽未离婚而夫妇之一造因病亡故后，则与前妻或前夫身份上之关系已早消失，即可再婚。此英美法所不禁，中国法虽未禁止，但习惯上对于女之再婚，常认为不德，于是违反人道之贞操主义以起。

（e）无不得结婚之关系英美法之规定较中国法为宽。今就美国各省同性之法，列表如左：

（甲）血统上之关系：

凡男子不能与以下所列者结婚：

母
母之姐妹
父之姐妹
姐妹
女
子女之女

凡女子不能与以下所列者结婚：

父
父之兄弟
母之兄弟
兄弟
子
子女之子

（乙）凡男子不能与以下所列者结婚：

父之妻
子之妻
子之女
妻之女
妻之子女之女

凡女子不能与以下所列者结婚：

母之夫
女之夫
夫之子
夫之子女之女

以上所列者，乃美国各省通行禁止者，此外若最近之从兄弟姐妹相婚或

最近之表兄弟姐妹相婚，则有禁有不禁。实率梵尼省于一九〇二年新订法律，凡最近从兄弟姐妹相婚，或最近表兄弟姐妹相婚，当一律作为无效。其他若亚尔刚萨斯省亦有此法。又异父或异母之兄弟姐妹与共母之兄弟姐妹同。即推而至于半血统之叔侄亦同。英国法律半血统与全血统视同一律，故与亡妻异母姐妹之女相婚者亦在禁例。

中国则同宗共姓概不得结婚，其虽异姓而系出同源者亦在禁例。（如无锡钱陶不能相婚，即其一例）又英美法与异种人相婚，本不在禁例。然美国南部诸省，往往特设专律，禁白人与黑人相婚，犯者其婚姻作为无效，且受严罚。且此禁不特指纯黑人而言即白人与黑白人所生之子相婚，或白人与黑白人所生之孙相婚，亦在禁例。然美国人设与红种人相婚，法律无禁止明文，当作为有效。又美国西部太平洋沿岸诸省，往往特设专例，禁止白种人与黄种人通婚，故在此诸省中，中国人日本人与美国人结婚者当做无效。

婚姻成立的条件，除以上五项外，中国法尚有二项：（一）因奸而被离婚者，不得与相奸者结婚。（二）结婚须有父母允许，继母或嫡母故意不允许者，得经亲属会之同意始结婚。英美法对于第一项并无律例禁止。即为体面关系，亦可选居他处，重为婚姻，第二项则已成为形式上事，父母即不允许，亦无法禁阻彼等前途之好合也。

2. 结婚后夫妻身份上的权利义务

（a）居住英美法妻负与夫同居之义务，又关于同居之义务，由夫决定，与中国法同，有时夫为正当之事外出或其力不能揣妻同居及为法律所禁阻者，如身在兵营监狱之类，不在同居之例，又出仕经商游历等项，英美家庭组织简单，夫当契其妻子同往，在中国则不然。

（b）抚养义务英美法规定夫妻互负抚养之义务，但在习惯法上，夫应赡养其妻，与中国法同。

（c）妇之侵权行为如夫在场，夫应负全责，妇可免罪。如夫不在场，妇应负法律上之责任。中国法则妇之侵权行为，无论夫闻悉与否，均由夫负责。

（d）第三者对于妇之侵权行为由妇起诉或由夫为妇之代理人抗诉均可，因英美法与中国法均视夫妻为一体也。（法律成语谓为 Vir et Uxor Conse ntur in lege una persona. ）

（e）妻之收入英美习惯法夫造有管理使用及收益其妻收入之权，但按照新法规，妻服务社会所得之财产，应为其特有财产，与中国法相同。

（f）妻之财产英美法特设夫妇财产制对于妻之财产，复区分为衡平财产与法定财产两种：Equijble Seperate property；Statutory Seperate Property. 衡平财产在普通法庭上无地位但为衡平法庭所承认。法定财产则为法庭所规定。衡平财产借以限制夫权，保护妻奴，妻可自由处理其财产，如处女一般。法定财产除非的法律上之允许，否则妻不能处理。中国法则无此项规定，第著"妻有成婚时所有之财产及成婚后所得之财产，夫有管理使用及收益之权，夫管理妻之财产顾有足生损害之虞者，审判厅因妻之请求，得命其自行管理"。

（g）妻之契约婚姻期中妻为得夫允诺，不能与任何一造订立契约。

（h）妻之过割财产妻未得法律上之正式允诺，无权过割一切房产地土，否则作废。

（i）妻于寻常家事视为夫之代理人寻常家事云者，如薪米油盐等家常琐事；此等事件，妻得为夫之代理人，但妻之代理权限，夫欲加以限制者，仍得限制之，又妻之衣饰等费，夫亦当供给之。但视所处地位，区分必需与不必需两种：普通如珍珠宝物，不能认为必需；妻如补欠过多，夫可谢绝偿债。

以上（g）（h）（i）三项，英美法与中国法略同。

四、离婚

英美法对于离婚取干涉主义，如不经法庭批准，不能发生效力，因彼邦结婚易而离婚亦易，则认为社会永无安宁之一日，故有是项限制。中国法与裁判的离婚以外，尚有协议离婚之一法，协议离婚并无一定手续，只需双方同意，即能成立，能各立一笔据尤佳。所以登报广告，或经律师证明，或呈请司法衙门备案等等，无非为慎重将事起见，并非法律上必经之程序也。

又英美法与中国法对于离婚均有离异与别居之二法，（法律成语离异谓之A Vinculo matrimonlii 别居谓之 A Mensa et thoro ）离异与别居之别。

①妻之能力限制，虽别居仍然存在，离婚则否。②别居中其妻所生之子，以仍为婚姻中所生之子为原则，离婚则除怀胎在于离婚之前者，皆与前夫无关。③别居之妻苟有奸通之行为，得为离婚之理由，且构成刑法上有夫奸罪，离婚则否。④别居后夫妻仍有互相授受财产之权，离婚则否。⑤别居后夫妻互相抚养之义务仍然存在，离婚则否。

英美法关于离婚之原因有以下各种：

（一）奸淫：结婚后之男女与人通奸，任何一方均可提出离婚。

（二）虐待英美法对于虐待解释颇不一致，如"非常虐待"，"不堪之虐待"，"违反人道之虐待"等等。

（三）遗弃夫妻之一造并未经彼方及法权上允许，以恶意遗弃彼造之谓。惟须完备以下各条件：①异居；②满法定期限；③一造确有恶意遗弃；④一造确实未得彼造之许可。

其余如（1）饮酒酗醉成癖。（2）彼造被裁判有罪及监禁之决定。（3）不能医愈之疯人。（4）不顾赡养均可认为离婚理由，提请法庭裁决，惟有特种情形，此造提出离婚诉讼时，彼造可以请辩护。如下：

（一）默许夫造或妇造有足以离婚之行为之先，彼造默许者，不能提出诉讼。如美国蜜苏厘省甘萨斯法庭审理夫诉妻奸通，请求离婚，但妻造声辩彼之奸通行为已犯数次，其夫并未抗诉，则表示默认可知，法庭兼得此情，即申诉不理，合始则于其行为表示同意，后则以其行为为离婚之原因，是近于故从其非，故法庭剥夺其请求离婚之权。

（二）原宥彼造提出离婚诉讼时，如因一时气愤，发生意见冲突，虽有理由，但可宥恕时准许辩护原诉，但一造得彼造原宥后，不能再犯。

（三）互诉此造提出离婚诉讼者，应心地坦白不能同犯罪恶，否则彼造可以辩护。

又美国各省法律不同，但于离婚案件，如一处判决者，无论各地均为有效，不能撤销云。

中国现行率只有"出妻章"，而无离夫之规定。出妻章著"七出"条如下：

（一）无子；

（二）淫佚；

（三）不事舅姑；

（四）多言；

（五）盗窃；

（六）妒忌；

（七）恶疾。

犯以上七出条之一者，又有三不去之例：

（一）曾为夫之父母服三年之丧者；

（二）先贫贱后富贵者；

（三）离婚后妻无所归者（惟妻犯奸时不在此例）。

如犯者夫应六等罚，又现行律门衙门妻妾殴夫条载"凡妻殴夫者但殴即坐，处十等罚，夫愿离者听；殴妻者非折伤勿论"。读者试一思之，夫妻在法律上之地位，何其如此不平等耶？

现行法例关于离婚理由的规定，已渐宽放，出协议离婚为法律许可外，尚有左列各事，足为离婚原因：

（一）重婚法律规定重婚无效外，又予前妻前夫以呈请离婚之权。

（二）妻与人通奸者英美法夫造或妻造与人通奸者，均可提起离婚诉讼，与中国法不同，但妻被人强奸者不在此例。

（三）夫因奸非罪处刑者夫即为奸非，若未受刑，为其妻者虽明知其身此行为，不得因之请求离婚。

惟既被处刑，则非特为家门之玷，即社会公众亦均认为罪恶之徒，而于妻之名誉亦受损害。故在此时，只许其妻得提起离婚之诉。

（四）彼造谋杀害自己者若果有谋杀之实据，请求离婚后，并得刑事审判衙门。

（五）受彼造不堪同居之虐待与重大侮辱者与英美法大致相同。如故意不予以日常生活之费用，使冻馁，或无故而肆行殴打者，均为不堪同居之虐待；又如妻当众暴扬夫之罪恶，或夫抑勒妻犯奸等类，均为重大之侮辱。但侮辱之事实，须由结婚后发生。若发生在结婚前，而发觉在结婚后者、不在此例。如结婚前与人私通，或曾为娼妓，或曾怀胎，至结婚后而后发觉者，并不得请求离婚。

（六）妻虐待夫之直系尊属或重大侮辱者夫之直系尊属即妻之舅姑及其以上之亲与"七出"第三条略同。

（七）受夫之直系尊属虐待或重大侮辱者此条尚须斟酌情形离婚之诉。

（第六第七条在英美法上几不成问题。）

（八）夫妇之一造以恶意遗弃彼造者与英美法同。

（九）夫妇之一造逾三年以上生死不明者生死不明者离家之后，久无音信，生死不得知之谓。若离家虽逾三年而时有书信往来，则其生死可得而知，故三年之期限应从接到最后之日书信起算。

（十）夫妇之一造有不能性交之生理上不完全之处昔时均为体面关系，即有此等事实，亦讳莫如深，近来常有此项诉讼，已成判例。

离婚后之财产与亲子关系，英美法与中国法大致相同，离婚后妻之财产仍归妻，但依离婚条例，应责于夫者，夫应暂给妻以生计程度相当之赔偿。（见三年六月二十日上字四六〇号院例）此项赔偿须从妻之身分而定，又离婚后亲子之关系，据大理院判例如左：

"离婚后之子女原则应归其父，但有特别情形（妻年幼）暂归其母抚养，亦无不可。"（七年八月五日统字八二二号解释）

"离婚解消之效力，原不及所生之子女，无论离婚以后子女归何造监护。于父母之权利义务，并无何等影响，故离婚归母监护之女，其嫁资仍应归父母供给。"（五年六月二十日上字四九号判例）

五、结论

从以上各点所述者，英美法与中国法上夫妻关系，可见一斑，兹可将研究之问题，摘录于左，以资采择，并做本文之结论。

（一）合法婚姻与惯俗婚姻在法律上可以并存否？

（二）订婚是否系要式行为？

（三）婚姻呈报在中国应否急即实行？

（四）媒妁说婚每为欺诈行为之渊源，是否用法律可以废除？

（五）法定结婚年龄最低限度在中国法律上应否统一抑随各省习惯制定？

（六）纳妾制度如何用法律废除？

（七）女之再婚应以法律规定提倡否？

（八）同姓远族及异姓同源可否结婚？

（九）男女当事人同意结婚，父母无故反对者法律应如何规定防护？

（十）关于夫妻之居住，妻可有主张之余地否？

（十一）夫妻财产之继承，应如何妥协规定？

（十二）夫妻财产制，在中国目前渐有采用英美法之需要，应否特别规定？

（十三）妻与第三造订立契约及交割财产有法律之根据否？

（十四）协议离婚妻造（或夫造）每有欺诈及胁迫而允诺者，此制度是否可以成立？

（十五）离婚与别居之利害如何？

（十六）出妻七章完全为一方面之法律如何废除？

（十七）妻造与人通奸，夫可提起离婚诉，夫造与人通奸者妻可否作同样之请求？

本文参考之书籍如下：

1. Tiffany's personsand Domestic Relations.

2. Cooley's Caseson Personsand Domestic Relations.

3. HallandBroke : AmericanMarriageLaws.

4. 《大理院判解法令营编》（黄荣昌编，中华图书馆出版）。

5. 《清律民事有效部分》

6. 《民律草案》

7. 《美国婚律大凡》（杨荫杭著，见《小说月报》六卷四号）。

8. 《现行律上对于订婚结婚离婚的规定》（狄侃著，见本刊第一卷第七号第十五页至三十页）。

9. 《中国的现时的婚姻》（陈瑾昆著，见《法律评论》第四十一期）。

中俄法律关于结婚与离婚规定之比较[*]

郑保华^{**}

苏俄婚姻规定及监护法，于一九二六年十一月公布施行。（有谓一九二六年十一月二十六日公布，于一九二七年一月一日施行者）我国民法亲属编，则于十九年十二月二十六日公布，二十年五月五日施行。其中关于结婚与离婚手续之规定，颇多不同。试加以比较如下：

甲、结婚手续之不同

（一）结婚年龄和方式的不同

关于结婚年龄，各国法律多设限止[1]。其最低者，为西班牙之男子十四岁，女子十二岁，最高者为瑞典之男子二十一岁，女子十七岁。除丹麦男女结婚年龄均规定为二十一岁外，余均规定男高于女。我国亲属法规定男子最低结婚年龄为十八岁，女子为十六岁（第九百八十条）。苏俄民法则纯由法律的立场，否认生理差别，无论男女，皆以十六岁（有谓为十八岁者）为最低结婚年龄，以示平等。

---

* 本文原刊于专著《法学杂志》。

** 郑保华（1905～1952 年）字亚男，英文名 Cheng Pao Hua，浙江省慈溪县人（今属宁波市江北区慈城镇人）。1931 年毕业于东吴大学法学院（第 14 届），获法学学士学位，1933 年毕业于东吴大学法学院（第 6 届），获法学硕士学位。于 1933 年毕业后，经翁文灏推荐，随一批法学精英前往英国、美国和德国考察、交流和讲学。返国后在上海开设律师事务所、会计师事务所，同时任东吴法律学院法学杂志社营业主任兼理编辑事务、上海信托公司法律部主任、上海大陆商场会计师、江苏高等法院二分院陪审员，并在东吴大学法律学院、复旦大学、沪江大学、江南学院等学府兼课。翻译了多篇国外法学名著：《法系概览》、《心证要旨节译》、《性教育论》等，著有《法律社会化论》、《泰国宪法概要》、《论遗产之分割》、《法治之基础》、《英美买卖法述要》等。

〔1〕"限制"原文作"限止"，现据今日通常用法改正，下同。——校勘者注。

至于结婚方式。革命后苏俄新亲属法，则规定完全与基督教绝缘，而取绝对之事实婚。该法第二条后半规定："凡一件文件证明，业经按照教堂礼节结婚者无法律上之效力。"即本此意。此后实行政教分离，确认事实上经营共同生活之男女，即成立婚姻关系。是否举行婚礼，在所不问。完全基于唯物史观而定新法律。颇值得吾人注目。又苏俄新亲属法第二条上半条规定："婚姻经主管官署登记后，即认为婚姻确定之证据。"故登记非婚姻成立之要件，不过为一种婚姻存在之证据而已。此依同法十二条："婚姻未经登记如有同居事实，或对于第三人曾于信札及其他文件上，承认有夫妻关系。以及共同生活共同教育儿女时，法院应即认定其有同居，而有其肉体上之关系。"（即认定其婚姻关系之存在）之规定，可推知也。至于我国结婚之方式，须举行婚礼。法律规定，应有公开之仪式。及二人以上之证人（第九百八十二条），则与苏俄民法之不同，实显而易见。

（二）近亲结婚之禁止

苏俄新亲属法第六条第三项，只规定婚姻两造。有直系尊亲或卑系亲属，以及兄弟姊妹之关系者，方不得为婚姻之登记。而我国亲属编第九百八十三条所规定，亲属间不得结婚之范围，则较为广泛，故限制较严。又苏俄民法关于被宣告疯癫及精神衰弱时，亦不得为婚姻之登记（第六条二项）我民法则无此限制。

乙、离婚手续之不同

（一）两造同意

此即协议离婚。在苏俄凡根据此条件而离婚者，须履行一定之手续。此项手续，亦如结婚时之登记，而向人事登记处登记（第十九条）。然登记亦非离婚之要件，故离婚虽未登记，若有离婚之事实，裁判所亦得确认其离婚（第二十条）。我亲属法则明定夫妻而愿离婚者，得自行离婚。但未成年人应得法定代理人之同意（第一千〇四十九条），两愿意离婚，应以书面为之，并应有二人以上证人之签名（第一千〇五十条）。与苏俄新亲属法协议离婚，别无任何限制相较，相去远甚。

（二）一造之意思

苏俄新亲属法十八条规定：婚姻在两造生存时，经两造同意，或有一造主张，即可解除。此种因一方之意思表示，即可请求离婚之概括规定，为苏俄民法所特有。其手续乃须经裁判之程序，并经法院认为理由充分后，即可离婚。我国亲属法关于请求离婚，虽亦采平等主义，然其法定原因，有列举之规定，非可随意由一造向对造提起离婚之诉也（第一千〇五十二条）。

（三）子女之养育

离婚后子女之养育，我亲属法第一千〇五十一条规定：两愿离婚后，关于子女之监护，由夫任之。但另有约定者，从其约定。第一千〇五十五条规定：判决离婚时，除准用上述条文外，更得由法院得为子女之利益，酌定监护人。苏俄新亲属法。则原则上由当事人协议，协议不谐，然后依民事诉讼定其子女之归属（第二十二条第二十三条）。费用之额数，亦当于协议成立时，在离婚之登记时登记之。并作成誊本，交付于各当事者。

丙、中俄民法关于结婚离婚手续之利弊

中俄民法关于结婚离婚手续之规定，各有其瑜点及瑕点。今试各加以简评如下：

苏俄新亲属法，关于结婚年龄之规定，由纯法律之立场，否认生理之差别，以示男女平等，确认事实上经营其共同生活之男女，即成立婚姻关系已否举行婚礼，在所不问完全离宗教上之色彩。即如禁止近亲，与疯癫精神病人结婚，亦但因生理上之优生一理由之故，而与道德风俗无关。与不如我国民法规定障害之数之多、范围之广。此苏俄民法优于我国民法之处。

苏俄民法关于离婚手续之规定，亦能认男女之完全平等。因夫一方之意思表示，得以去妻。同时因妻一方之意思，亦得以去夫。故其出发点，一本婚姻自由，常允许因一方之请求之自由离婚。故离婚诉讼，最后不为必要。苏俄之离婚之诉，至于绝迹，亦属当然之现象。因双方无理由之结合，而生弊害。且其法律，对于离婚之条件，采概括主义，故富有伸缩性。（Flexibility）。盖规定概括，则范围无定，伸缩应变，可无困难。有裁判官之权限扩大。盖条文简单，审判官自由裁量之范围扩张，此亦为苏俄民法优于我国民法之处。然因此离婚案件增加，社会之公共秩序善良风俗受其影响，偶因家庭细故，即可提出离婚，视物质如生命，置爱情于脑后，观苏俄之离婚统计，即将令人咋舌如一九二六年通全俄之离婚律，不过百分之五十分半。于新法施行之初年一九二七年，在列恩姑悦督为百分之六十六，在莫斯科为百分之七十四。在威得撒为百分之三十二，其后增加数目，日进未已。吾个人对于离婚，亦并不反对。有事且觉其为一种极好之婚制上救济之制度。然视离婚如儿戏，固非吾人所应提倡。且对于离婚后，子女之抚养，苏俄虽试行干涉制度，但离婚即多国家将不胜其干涉。子女甚至不如其己身之父母为何如人。此种困难，至今且尚未解快，此则为社会主义之苏俄新亲属法之缺点。尚不若我国亲属法之规定，较为适当也。

中国之离婚法例[*]

孙祖基

陈师霆说撰离婚论。腾术古今中外之离婚学说甚详吾国民律。尚未颁布。所有关于离婚法例。东鳞西爪。治律者甚苦不便。爰以读书之暇。略事搜辑。例为一篇。题曰中国之离婚法例。籍作之贡云。

一、离婚之方式

现行惯例。关于离婚无一定之方式。有作成休书者，有立契赎身者，又有仅由言词声明者。是故虽未经一定之方式，而事实已为离婚之协议确有实据者，自不得谓为无效。（三年上字四六号判例）据现行律载嫁娶皆由祖父母父母主婚，祖父母父母俱无者从余亲主婚。又载夫妻不相和谐两愿离异者不坐各等语，是男女婚姻之主婚权虽属于祖父母父母等，而协议离婚则因有明文规定，必出于为夫妻者之两相情愿而后可。自不得牵引主婚之条例以为口实。（六年上字七三五号）余亲及族人就男女之协议离婚。不容妄有争执。（六年上字一二六一号）

二、离婚之原因

（一）关于妻方者

现行律著"七出"条。其条文及大理院判例及解释如下：

1. 无子据院例七年上字二六四号无子系指妻已达不能生育之年龄，而其夫除另行娶妻而外，别无得子之法者而。言又院解释六年统字五九一号云，该律主旨在于得子以承宗祧。故凡夫已有子（如妾或前妻已生子或已承继有

---

* 本文原刊于《法学季刊（上海）》1925 年第 3 期。

子之类）或虽不另娶亦可有子者，无适用该条之余地。其不能生育之原因，须在其妻更无待言。至不能生育之年龄，应准用立娣子违法条内所定五十以上之制限。

2. 淫佚。

3. 不事舅姑。现行律所谓不事舅姑系不孝之义，即指虐待及重大侮辱而言。如果查明所称事实已达于虐待或重大侮辱之程度，始得判令离异。（院解释八年统字二三四号）按现律七出之条，虽列有不事舅姑一项，然细释律意，所谓不事舅姑系指对于舅姑确有不孝之事宜，并经训诫怙恶不后者而言。若因家庭细故，负气归家，其夫逐拒而不纳，致不得事舅姑者。尚不在应出之例。（六年上字九四七号）

4. 多言。

5. 盗窃。

6. 妒忌。

7. 恶疾已成婚后发生之恶疾。不能为离异原因。（院释九年统字一四二四号）

又妻虽七出有三不去。（1）与更三年丧。（2）前贫贱后富贵。（3）有所娶无所归。但犯奸者不在此限。

（二）关于夫方者

有下列数种原因：

1. 抑勒妻妾与人通奸若妻妾自愿为娼，其夫虽纵容并无抑勒情事者，妻不能据以请求离异。（见院例七年上字九四六号）

2. 家卖妻妾夫对于妻有嫁卖显著之事实，仅以数种原因未遂所为者，得予离异。（见院七年上字七八七号）又本夫抑勒其妻嫁卖为娼者，较之抑勒通奸典雇为妻妾及卖休之情形，尤不可恕。依当然之条理，类推之余释，自在应离之列。即卖未成，确有证据者，亦为义绝。自可据以离异。（院例三年上字四三三号）

3. 逃亡三年不还所谓逃亡，须确有失踪不返之情形，若有所在可以探之，因信常通者，虽离家较久，亦自不得以逃亡论。（院例七年上字一三八一号）

4. 妻受夫直系尊亲族不堪同居之虐待或重大侮辱。（见院例六年上字十八号）

5. 夫妻之任何一造可提出以为离婚之原因者如下：

（1）夫妇之一造受彼造不堪同居之虐待者所谓不堪同居之虐待，并不因一时之气愤偶将他造致伤而事属轻微者。但其殴打行为，实系出于惯行，则所受伤害不必已达到较重之程度，既足证明实有不堪同居之虐待情形，即无不能判离之理。（见院例五年上字一〇七三号又同年上字一四五七号又七年上字二六四号）

（2）夫妇之一造受彼重大侮辱者所谓重大侮辱，当然不包括轻微口角及无关重要之言责而言。惟如果言语行动，足以使对造丧失社会之人格，其所受侮辱之程度至不能忍受者，自当以重大侮辱论。如对人诬称其妻与人私通，而其妻本为良家妇女者即其事例。（见院例五年上字七一七号又六年上字一〇一二号）由夫妻不睦，以致涉诉，在诉讼中互相诋毁，虽故甚其词，究不能据此指为重大侮辱。（见院例六年上字一一三八号）

（3）夫妇之一造以恶意遗弃彼造者妻背夫在逃，见现行律婚姻门出妻条，但在逃云者必其出于一去不返之意思。非谓其妻偶有所适，未经预先告知其夫，即谓为背夫在逃。（见院例五年上字五九八号）其夫遗弃妻而不顾赡养者亦同。

（4）彼造故谋杀害自己者。

（5）夫妇之一造妄冒之残疾成婚者现行律例男女婚姻条载男女定婚若有残疾务须明白通知，各从所故，又妄冒之成婚者离异，如关阎等是。

以上离婚原因，均为法定除不相和谐两愿离异外，不得由一方任意请求离异。（见院例五年上字一〇二八号及院释七年统字八二二号）如吸烟赌博（院例四年上字一九二五号）家道贫寒，不给衣饰（院例三年上字七六五号）夫不得妻之同意，擅卖妆奁（院例五年上字九六年三号）内造尊亲属间冲突。（院例三年上字二二三号）民教结婚（院释九年统字一四一二号）已成婚后发生恶疾（院释九年统字一四二四号）等等均不成文法律上离异之理由。

又夫妇对于一方或他一方之行为既经宥恕或从容在前者，既应认为离婚诉权之抛弃。（院例四年上字三三一号及五年上字六〇六号）

三、离婚之种类

离婚分为别居与离异二种，别居者事实上夫妇不同居，而婚姻之关系依然存续。与离异之消灭婚姻关系者不同。（院例三年上字四六〇号）

四、离婚后之子女与财产

离婚后之子女，原则应归其父。但有特别约定时，亦得从母，不能听子女自愿。然其亲生母子之关系，仍为存在，并不因而消灭。（见院例三年上字二二九号五年上字四〇九号六年上字一一九四号院释四年统字二二五号七年统字八二二号等各条）

至夫妇于诉请离婚后，其财产上之关系，现行律并无规定明文。惟据通常法理，若离婚之原由夫构成。则夫应给妻以生计程度相当之赔偿。但继令离婚之原因由妻造成，夫对于妻亦只得请求离婚而止，妻之财产仍应归妻。（见院例三年上字一〇八五号四年上字一〇四七号六年上字一一八七号）

我国民法应于离婚外明白设置别居制度议[*]

郑保华

离婚有两愿离婚^[1]及裁判离婚之别，别居亦有互相约定别居及法院宣告别居之殊，现所欲讨论之别居，乃并不解销婚姻关系，以法院宣告，免除由婚姻而生之同居义务也。故经法院宣告后，夫妇仅事实上不同居，而婚姻关系依然存续。此种效果，即在夫妇双方约定别居时亦有之，而当夫妇俩愿离婚或裁判离婚时，则婚姻关系即视作消灭，故别居与离婚性质不同，细析如下：（1）别居并未丧失夫妻身份^[2]，离婚则婚姻关系消灭；（2）别居时凡妻所生之子女，原则上仍视为婚姻继续中所生之子女，但离婚后所生之子女，除妻之怀胎确在于离婚之前外，不复与前夫有任何关系；（3）别居后如夫妻之一方另有奸通行为，得依亲属法第一〇五二条第一项第二款提出离婚，且仍足构成刑法上第二三九条之奸非罪，^[3]离婚则否；（4）夫妻互负扶养义务，虽经别居，依然存在，而离婚后则不再有上述义务；（5）别居后，配偶间依继承法第一一四四条乃有互相继承遗产之权，离婚则否。总之凡上述种种区别，均自消灭婚姻与否而发生者也。^[4]我国民法亲属篇第一〇〇一条明定："夫妻互负同居之义务，但有不能同居之正当理由者，不在此限。"所谓不能同居之正当理由者，如出仕，经商，游学，游历，及身在兵营，监狱等

---

　* 本文原刊于《法学杂志》（期数，年份不详）。

　〔1〕 "协议离婚"原文作"两愿离婚"，现据今日通常用法改正，下同。——校勘者注。

　〔2〕 "身份"原文作"身分"，现据今日通常用法改正，下同。——校勘者注。

　〔3〕 刑法第二三九条规定："有配偶而与人通奸者，处一年以下有期徒刑，其相奸者亦同。"

　〔4〕 最高法院一九年上字第一三号判例："别居与离异系属两事，别居者事实上夫妇不能同居，而婚姻之关系依然存续，与离异之消灭婚姻关系者不同。"

属之。[1]反之，如无正当理由，夫妇即非同居不可。[2]夫妻间即约定期限别居，[3]中间如一方不愿别居，向法院诉请同居时，法院之判决仍当根据亲属法第一〇〇一条但书之规定。调查其有无别居之正当理由，而判决是否准其继续别居，如无正当理由，则夫妻间前虽约定别居，此种约定仍可视作与成文法抵触，或与公序良俗有背，而认其无效也。观此则我国法律在原则上似可谓不认别居之制度，[4]惟例外依照但书之规定，亦得别居以济其穷耳。对于此点，东西洋各国法律，有认离婚外，复兼认别居制度者，如英，美，法，德，荷兰，瑞士，瑞典等国。有认离婚外，不兼认别居制度者，如日本，兹将重要各国关于别居之法律条文，汇述于下：[5]

（一）兼认别居制度者

英、美对于夫妻别居（Separation of husband and wife）名曰 a divorce a mensa et thoro，其性质与离婚（An ahsolute divorce a vinculo matrimonii）之完

---

[1] 最高法院一八年上字第二六四一号判例："夫妻固有同居之义务，惟果有正当原因，亦非绝对禁止别居，若妻因受夫之家属虐待，愿与夫同居，而不愿与夫之家属同居，虐待果属真实，即不能谓绝年斟酌准许之余地。"

[2] 最高法院一九年上字第一〇五九号判例："夫妇在婚姻关系存续中，应互负同居之义务。"又最高法院一九年上字第二六九三号判例："夫妻互负同居义务，在婚姻关系存续中，苟非有正当理由，即不得由一造拒绝同居。"又最高法院二〇年上字第一六四五号判例："妻对于夫有同居之义务，苟非有不堪同居之事由，即不得诉请别居。"又最高法院一八年上字第二一一九号判例："妻有与夫同居之义务，在婚姻关系存续中，非证明有不堪同居之虐待或其他正当理由，不得请求给养分居。"

[3] 参阅曹杰"中国民法亲属法论"第二一二页，依其主张，谓夫妻订立永久别居契约，因夫妻同居，为共同生活之要素，关于同居之法规，系强行性质，不许当事人以意思变更，惟暂时别居，依我民法第一〇〇一条但书之解释，固属无妨也。钟洪声在民法亲属篇（东吴法学院讲义本）则主张夫妇同居，人之大伦，除依法律由法院判决别居外，虽自订别居之契约，其契约亦不发生拘束之效力也，参阅该书第五八页，余从曹说。又最高法院一七年上字二八号判例："夫妻间虽有同居之义务，但有不堪同居之事实，经双方同意分别居住，亦非法所不许。"

[4] 我国民法不采别居制度，可参阅黄右昌氏民法实用亲属一书（法官训练所讲义本）第四八页，钟洪声民法亲属编（东吴法学院讲义本）第五九页，及应时民法第一〇〇一条但书之检讨一文（见本杂志第十卷第四、五期）"则曰我国民法实采日民之立法例，并不设置别居制度，再则曰别居制度并未确定"。曹杰在民法亲属编（东吴法学院讲义）第二〇三页亦云，"吾民法虽未明定别居制度，但依第一〇〇一条但书之解释及最高法院二一年院字第七七〇号判决则认别居，惟有理论上应解为一时的别居"云云。

[5] 参阅曹杰民法亲属编（东吴法学院讲义本）第二〇三页谓别居制度，为禁止离婚主义之一代替制度，即虽免除共同生活之义务。而婚姻并未消灭也。近代法多不禁止离婚（意大利、西班牙例外），然于主义之下，仍兼采别居制度者，非无其例，如英、法、德、瑞诸国是，有认离婚与别居，由当事人选择其一者，如英国、德国、法国是，有以别居为离婚之预备处分者，如瑞士、瑞典等国是，又对于别居之各国法律及各国民法编订之历史，可参阅应时"民法第一〇〇一条但书之检讨"一文，见本志第十卷第四，五期。

全消灭夫妻关系不同，别居后妻有完全独立之人格 feme sole，得处分其获得之财产或以遗嘱加以分配。其他分居之效果，与离婚不同之处，与余前所述者，大致相同，惟依一般情形，别居后妻之赡养（alimony），仍由夫负担之耳。[1]

法国民法第三〇六条规定："具有离婚理由者，得请求别居。"又第三一〇条第一项规定："别居已届三年者，如经夫妇一造之请求，其判决当然变为离婚之判决。"法国民法，关于别居问题，在第一编人事法中第六卷内另有专章规定，自第三〇六条起至第三一一条止共有六条之多。

德国民法虽于第一三五三条第一项规定："夫妻互负婚姻上共同生活之义务。"但该条第二项即规定："同居后夫妻中一造之请求系为滥用其权利者，他造无服从之义务，他造有起诉请求离婚之权利者亦同。"

瑞士民法第一四六条第一项规定："离婚之原因已确定者，应判离婚或别居。"又该条第二项规定："对于提起别居之诉者，不得判决离婚。"又该条第三项规定："于提起离婚之诉，夫妻间显有复合之可能者，仅得判令别居。"又第一四七条第一项规定："别居得判一年至三年或不定期间。"同条第二项规定："期间届满，别居当然终止；但两造仍不能复合者，各人均有请求离婚，或终止别居之权。"[2]

瑞典一九二〇新婚姻法第十一章规定别居及离婚，该章第一条规定："夫妇间因有深刻的且持久的不和睦，视为不能继续共同生活者，若双方合意，得向法院请求判决停止共同生活（别居）。"第二条第一项规定："若夫妇之一造，对于其配偶或子女之扶养义务，有重要疏忽者，或对于配偶或子女之其他职务，或明显的忽略者，或滥饮或滥用麻醉药者，或荒淫无度者，法院得为彼造之利益别居判决，但因彼造本身行为或其他特别情形，于合法强制彼造继续其共同生活者，不在此限。"第二项规定："因夫妇间性质或意见之不合，或其他原因，发生深刻的且持久的不和睦者，愿别居者，得请求法院为别居判决，但因其本身行为或其他特别情形，得合法强制其共同生活者，不在此限。"第三条规定："自别居判决时起，经过一年，夫妇分别居住，且从未恢复同居者，得因一造之请求宣告离婚。"第四条规定："若无别居判决，

---

〔1〕 参阅 1. C. S. Reference Library："The Law of Husband and Wife"，§16，page 36.

〔2〕 瑞士联邦民法于一九一二年一月一日起施行，实为各国民法中之最进步者，我国民法之内容，虽亦有采瑞士法例之处，然编制之体裁，仍一贯之德、日法例也。

夫妇间因不和睦而分别居住，在三年以上者，各造得请求离婚，但因夫妇间一造之行为，或其他特别情形，应拒绝该造婚姻解散之声请者，不得因该造之声请，宣告离婚。"第五条规定："夫妇之一造，故意放弃共同生活二年，又不复同居，而无正当理由者，得为他造之利益宣告离婚。"第二五条规定："别居宣告后，夫妇之一造，得依第五章第二条规定，负担供给彼造扶养费维持其适当生活之义务，但彼造对于别居特应负责者，除有特别理由者外，此造不负供给扶养费之义务。"第三〇条规定："夫妇别居后，恢复其共同生活者，除第十四条至第二〇条规定事情外，别居不发生其他效力。以及其他关于别居后夫妇财产之分割等条文若干条。"

（二）不兼认别居制度者

日本民法第七八九条第一项规定："妻负与夫同居之义务"，该条第二项规定"夫须使妻同居"。[1]

基上所述，可知各国法律，大都于认离婚外，兼认别居制度，惟我国法律，则模仿日本，不认别居制度之原则，其不采用别居制度之理由，依照黄右昌氏在其所著司法行政部法官训练所讲义，民法实用亲属一书内所述之意见，谓别居之制。虽足以缓夫妇间之冲突，而得其调和，然调和苟或不能，则冲突或且滋甚，家庭之怨深，而夫妇之道苦，其弊殆与禁止离婚相等。故法律不予采取等语，窃以为不然，愚意以为我国关于别居制度，实颇有依照其他认许别居制度之先进各国法律加以采用之必要，试析言其理由如下：

1. 我国虽原则上不采别居制度，而例外依但书有正当理由仍得别居，可知立法者固知夫妻定须同居。事实上确有种种困难，惟欲维持其夫妻互负同居义务原则上之主张起见，遂只能有此但书之例外补救规定。此种规定不但与兼认别居制度诸国如英，美，德，瑞士等国法律不同，即与不兼认别居制度之日本法律亦有未合，学者间均主张我国法律并不采别居制度。[2] 表面上

---

〔1〕 日本民法不采别居制度，依第七八九条第二项虽规定"夫须与妻同居"，然在日本，夫可以强妻同居，而夫则从一己之便宜，不与妻同居，妻即有请求而终不能违其目的者，固属常见，故其不认别居制度，仍随时受世人之非难也。

〔2〕 我国民法不采别居制度，可参阅黄右昌氏民法实用亲属一书（法官训练所讲义本）第四八页，钟洪声民法亲属编（东吴法学院讲义本）第五九页，及应时民法第一〇〇一条但书之检讨一文（见本杂志第十卷第四、五期）"则曰我国民法实采日民之立法例，并不设置别居制度，再则曰别居制度并未确定"。曹杰在民法亲属编（东吴法学院讲义）第二〇三页亦云，"吾民法虽未明定别居制度，但依第一〇〇一条但书之解释及最高法院二一年院字第七七〇号判决则认别居，惟有理论上应解为一时的别居"云云。

余自亦从其主张惟自民法第一〇〇一条但书规定以观，吾国法律实已在某种限度内认许别居制度，焉得复称其为不采别居制度乎？惟对于别居之效果及方式等在法律上初一无规定，故谓我国法律对别居制度极少规定，难有遵循则可，如谓我国并不采取别居制度，窃期期以为不可，可知我国立法者虽不赞成别居，然其规定仍不能彻底[1]。又最高法院院字第七七〇号解释例谓既云得请求别居，则当事人同意别居，自所不禁（参照前大理院九年上字第一〇一号判例），则依契约方式，当事人间固得同意别居。观此，则法律既不能彻底否认别居之办法，曷若明文规定在某种场合，方得诉请法院为别居之宣示，并另由法律详为规定别居之期限效果，使双方均有遵守之为愈乎？

2. 民法第一〇〇一条但书虽认有正当理由可不同居，然正当理由之范围极难确定，依照修订法律馆刊行之法律草案汇编上册中第一次民律草案之立法理由虽称出仕，经商，游学，游历，及身在兵营，监狱为正当理由。然亦不过为例示之说明，并不能阖括一切，[2]至于合于离婚条件，是否得请求别居，学者间因我国法律及解释例判决例既无合于离婚条件即得请求别居之明白规定。又因别居与离婚性质不同，遂为聚讼之焦点，有认为应视作合于民法第一〇〇一条但书之正当理由者，因别居究较离婚为缓和，既合于离婚条件，当事人不请求离婚而请求别居时，法律理应准许之。惟亦有认为不应准许者，认离婚后可以续娶再嫁，而居别则闺房之乐，丧失殆尽。故认为合于离婚条件请求离婚则可，请求别居则不可，惟依最高法院二十一年院字第七七〇号解释认纳妾即属与人通奸，得为离婚请求之原因。如妻因此请求别居，即属民法第一〇〇一条但书所称正当理由，及最高法院一八年第二一二九号判例认妻受夫之虐待，与最高法院一八年上字第二六四一号判例妻受夫之家属虐待，均得视为别居之正当理由[3]等语，则别居原因与离婚原因虽不能谓完全相同，但亦不能谓毫无关系。愚意以为与其随时以判例解释例加以补

---

[1] "彻底"原文作"澈底"，现据今日通常用法改正，下同。——校勘者注。

[2] 民律第一次草案并无例外得准别居之规定，惟理由书内固释明出仕，游学，经商等为事实上及法律上之不能同居之例外情形，即为不能同居之正当理由，高种氏（曾任修订法律馆主任纂修及总纂等职，并起草亲属承继两篇民律第一、二次草案）即以为此种例外情形，不胜枚举，不若依照习惯办理，以免牵涉别居问题，盖消极的不同居，即等于积极的别居云云。

[3] 最高法院一八年上字第二六四一号判例："夫妻固有同居之义务，惟果有正当原因，亦非绝对禁止别居，若妻因受夫之家属虐待，愿与夫同居，而不愿与夫之家属同居，虐待果属真实，即不能谓绝年斟酌准许之余地。"

充别居之理由或原因，实不如由法律简捷了当设置别居制度，明文规定何种场合得以别居之为愈也；何必如此假惺惺一面以夫妻必须同居昭示民众，一面复徒藉但书开方便之法门为乎？

3. 夫妻依法固负同居之义务，惟有时虽经法院判决同居。然一方如仍不遵照判决实行时，依前大理院解释及多数学者意见均为难藉公力以强制其同居，盖除去和平劝论外，实无其他强制执行之方法。[1]观此，法院虽判令同居，有时其效力仍等于零，当事人间既不便请求离婚，则法律上应同居之当事人，而事实上固仍多别居也，法律如认为强制同居多有困难，实不如明予采用别居制度为佳。

4. 教徒结婚后，依照教规多有不许离婚者，[2]而同居又势不可能。在此种情形，法院为事实与法律兼顾计，如有别居作为缓衡地步，其纠纷即易于解决。今则认同居为原则，别居为例外，法院于当事人请求离婚时，自不便为别居之宣示，惟有对离婚加以准驳耳，此实无可奈何者也。

5. 我国素号礼教之邦，离婚最为人所不齿，一般习俗，又大都不考察离婚之原因，惟认离婚为一种罪恶，女子离婚后固当尝受种种痛苦。即在男子，一遇离婚，何尝能免受人指摘，更以报章专视离婚为良好题材，凡有离婚涉讼事件，即常不分皂白，亦不问对当事人或社会影响如何，竞加登载，不知当事人间因家庭不幸，发生离婚，已觉十分痛苦，何堪更受社会之故意渲染或诽笑。然在我国则夫妻间除同居或离婚外，因未明认别居制度，虽谓依照民法第一〇〇一条但书有正当理由亦可请求别居，然欲法院宣告别居，因法律对别居规定未见详备，苟理由稍不充足，即难违请求之目的。故当事人对请求别居，多裹足不前，因其欲求如愿以偿，其困难不但不在请求离婚之下，或反超过之。故当事人间如不能以约定别居方式解决，则虽合于离婚之条件，且实感情恶劣不能同居时，此时为顾虑种种起见，亦惟有束手无策，勉为容忍。倘法律能明认别居制度，详为规定得藉以请求别居之理由，不但其理由之规定须较离婚之原因为宽泛，（愚意以为有离婚之原因，得以提出离婚者，

---

[1] 司法院院字第九三号解释："对于夫妇同居之确定判决，除以和平方法，勤加劝论，或使其自行调解外，别无执行方法"

[2] 基督教义绝对禁止离婚，并以"神作之合者，人不得而离之"，售教会法以婚姻为终身结合，一旦结合以后，既不能分离，此为某于宗教思想而产生者，然学者对于禁止离婚，亦有根据道德及社会秩序等理论者。

固应一概许其请求别居，其他虽无离婚原因，如同居困难时，法律亦应一概予以列举规定，许其别居，藉免争执。）俾有遵循。而请求别居之手续及程序，又应较请求离婚为简捷便利，则当事人间虽因别居而成讼，然因其限制较宽，提供证据亦较易，当事人间虽被宣示别居，因并未消灭婚姻关系，仍互负扶养义务，将来仍有回复感情，恢复同居之余地。而诉讼程序又较简捷，则双方之互相诋毁，必不致如离婚之剧烈，报章不但因此将缺乏资料而登载无由，又因一般人因诉讼之当事人两造既非离婚，自可不予注意，遂不愿多绞脑汁加以记载渲染矣。（最佳莫如法律特定对别居诉讼，禁止旁听，使一般记者，无从得知其事实而加登载。）如此则多数依法定条件得以离婚或不得。离婚之怨偶，虽觉不便提出离婚，但可籍请求别居为补救，可使夫妇间不致常相对一室，如坐图圄矣。

6. 夫妻感情，变化倏忽，提出离婚，常不免由于意气用事。虽民事诉讼法第五七三条规定离婚之诉于起诉前应经法院调解，及民事诉讼法第五七四条规定离婚之诉法院认当事人有和谐之望者，得于六个月以下之期间内，命中止诉讼程序，但以一次为限。然愚意以为时间究太短促，当事人既起诉于前，实不便即自食其言而销案于后，故不易消除其一切意气。倘法律能明采别居制度，则法院认夫妻间日后有复合之可能，无离婚之必要时，尽可酌定年限之长短而宣示其别居，在别居期内如双方意气平静，自愿同居，自为法所不禁。否则如别居年限已届，复经一造请求离婚时，则法院认其夫妻复合为不可能，方下离婚之判决，一如法国法律关于别居之规定者，愚意以为离婚定能减去不少也。黄右昌氏谓调和苟或不能，则冲突或且滋甚，家庭之怨深，而夫妇之道苦，愚意以为法律如不采永久别居制度。（实际上各国法律亦无采永久别居制度者）复能以离婚相互为用，则黄氏上述别居之不便，实属鳏鳏过虑也。

7. 为子女幸福着想，亦以同时于别居外，更采取别居制度为妥，在两愿离婚及判决离婚。虽有民法亲属篇第一〇五一条规定："两愿离婚后，关于子女之监护，由夫任之，但另有约定者，从其约定。"及第一〇五五条规定："判决离婚者，关于子女之监护，适用第一〇五一条之规定，但法院得为其子女之利益，酌定监护人。"足资解决，然一般夫妻结合，如育有子女，多未成年，夫妻间虽非离婚不可。然为子女着想，仍勉强容忍者，大有人在，盖一离婚无论监护之谁属，虽亲子之血统关系，并不因离婚而受如何之影响。[1]
但夫妻既已离婚，子女自将离去不任监护之父或母，世上一般人固将因其失
去父或母视其为孤儿，子女自身亦何独不然。即监护之父母，日后续娶或再
嫁，而子女因此而更得父母时，亦为继父或继母耳。依一般情形，继父母因
子女非其己出，总以虐待者为多，此为未成年子女而又略有知觉者所最为反
对父母离婚之理由。父母间虽觉实难再继续同居而非离婚不可时，当其思及
上述离婚之结果，亦不觉为之胆怯，盖子女之理由，虽明知其未必坚强，然
亦无确定方法即证明其错误也。抑又有进者，离婚后不任监护之父或母，虽
谓与其亲生之子女不能断绝血统关系然一待其另娶或另嫁时，自多将其与前
夫或前妻所生之子女置之不顾，则离婚之结果，常使若干子女因此失去亲生
之父或母，使一般欲离婚之父母，常因孺子何辜之感想而丧失离婚之勇气，
又因法律不明加承认别居制度，别居多有困难，怨偶遂双方于无形中宛如受
无期徒刑之宣告，日处于家庭地狱，而不能自拔，惜哉？倘能采取别居制度，
则在上述场合，即得以别居而济其穷，子女既无后父或后母之虐待，监护问
题亦可随子女之所便。因此时夫妻仍互负扶养之义务，子女住在父处抑母处
均无区别，况住在父处之子女，固可时至母处，住在母处之子女亦可时往父
处，而夫妻则可不致同在一处，时向勃溪，而有"不是冤家不聚头"之苦也。
此洵为一举两得之事，别居后幸能经子女之从中联络，夫妇感情得以恢复，
固属最佳，即不幸不能恢复，则别居数年，子女或已长大，再行离婚，则子
女方面自可少受痛苦矣。

8. 别居足以督促夫妻有过失方面之改过。夫妇不和之原因，其故虽有多
端，或因双方均有过失，或因一方有其过失，或双方均无过失。但感情不和
或不睦之故，总以有过失者为多，然过失大抵均可改正，所谓"人谁无过，
改之为贵"、"过则弗惮改"、"放下屠刀，立地成佛"。可知人虽不能无过，
能改即属上乘。夫妻一方有其过失，或双方均有过失，其对方即不相谅，或
双方不能互谅，即提出离婚，一发而不可收拾，使无挽回之余地，固有所不
当。倘仍继续同居，双方又难免继续互争意气，不肯自认过失，互相让步，
夫妇之道因此而愈苦者，亦比比然也。如能以别居促有过失者之醒悟，则因

---

[1] 最高法院上字第一九八二号判决："母虽与父脱离关系，而其所生之子，究无绝母之义，故
母子间之关系，依法自属仍售存在。"

别居后之或能闭门思过，或因别居后互鉴于夫妇失去合作之困难，认为昔时轻居妄动〔1〕之多有未合。因而得以回复夫妇之感情，同勉为善人，则别居制度之有造于夫妇者更多矣。

9. 依照民法亲属第一○五六条第一项第二项规定："夫妻之一方，因判决离婚而受有损害者，得向有过失一方，请求赔偿。前项情形，虽非财产上之损害，受害人亦得请求赔偿相当之金额，但以受害人无过失者为限。"及第一○五七条规定："夫妻无过失之一方，因判决离婚而陷于生活困难者，他方纵无过失，亦应给与相当之赡养费。"乃属于判决离婚之损害赔偿及赡养费之规定，至于两愿婚姻，关于赔偿及抚慰或赡养问题，自可任令当事人协议解决。故法律不设规定，惟即在判决离婚场合，法律对上述各种问题，虽明文设有规定，足资遵守。然其解决，颇非易易，当事人间之离婚涉讼，颇有对于离婚根本不成问题，而对于赔偿及赡养则哓哓不休者，盖在中国女子教育尚未普及。一般女子，离婚后既不易再适，又因未受相当教育而谋生困难，苟平日非有相当特殊财产或离婚时得取回其相当固有财产，〔2〕或离婚后其母家富有，能维持其生活外。则离婚时未有不欲取得多数之赔偿或赡养费者，此亦为吾国离婚困难蕴结之所在，常使一般人依法虽得离婚，惟因恐惧给付赔偿或赡养费。或恐惧不能获得相当之赔偿或赡养费，致不敢离婚，惟有貌合神离，勉维家庭。或因必须同居，不得已视家庭若传舍，徒有同居之名，而无同居之实，至于家庭之改进，子女之教养不顾也。或竟因不能离婚或别居，遂致备尝痛苦，怨恨交集，而造成种种自杀或逃亡等惨果者。则其对家庭对社会之损失又何如乎？又如男子本为薪给阶级，家无恒产，则男女双方离婚时，其对于赔偿或赡养之解决，尤为困难。在女子因不易及不愿再嫁，为维持其日后生活计，非一次取得相当之赔偿或赡养不肯离婚，在男子则务

---

〔1〕 "轻举妄动"原文作"轻居妄动"，现据今日通常用法改正，下同。——校勘者注。
〔2〕 民法第一○一三条规定：左列财产为特有财产：
一、专供夫或妻个人使用之物。
二、夫或妻职业上必需之物。
三、夫或妻所受之赠物经赠与人声明为其特有财产者。
四、妻因劳力所得之报酬。
又民法第一○一四条规定："夫妻得以契约订定以一定之财产为特有财产。"又民法第一○五八条规定："夫妻离婚时，无论其原用何种夫妻财产制，各取回其固有财产，如有短少，由夫负担，但其短少，系由非可归责于夫之事由而生者，不在此限。"

须离婚。然欲其一次给付赔偿或赡养，则在势自有所不能，如于判决离婚时定分次就其薪给中按月或按季给付，在事实上亦多困难。依照上述种种情形，苟两者之间，倘不致趋于极端决裂，愚意以为法律苟能另设别居制度，则法院依法宣示别居以作缓衡地步，使男子仍按月对其别居之妻，负扶养之义务，实为计之得者。

意大利有名民法专家高生的尼氏（B. Cosentini），曾任意大利都朗大学教授，巴拿马国家法律大学教授。其所著《民法之改良》（*La reforme de la legislation civile*）等书，极有学术上之价值。一九二九年复出版《家庭法改良之试拟》（*Le droit de famille, essai de reforme*）一书，据其自序，书中草案，乃根据调查社会与法律之宗旨，并经比较欧美民法改良之结果及趋势，且与讲学听众（包括学生，律师，法官，议员）逐条经过长期公共讨论而定者。其中即有属于撤销婚姻，别居，离婚法草案之规定，已经吾国钱泰式为之译成华文，刊登于中华法学杂志第一卷第一号。关于高氏所拟别居规定，虽未必全合于吾国国情，然亦颇有足资借鉴[1]者，爰不嫌冗杂，为转述其关于别居规定于左，藉供研究本问题者之参考焉：

第二九条离婚对于婚姻解销之；别居并不解销婚姻，但中止或免除婚姻之一部分效力。

第三〇条别居系一种暂时办法，法院用以于一定犹豫期间内，试行种种方法之和解，普通以二年为度，满期应即恢复婚姻关系，或宣告离婚。

第三一条下列事件，得依照情形，为别居或离婚之宣告：

（1）夫妻一造犯奸者。

经宥恕，或同意，或自知悉事件之日起六个月继续同居者，不得提起诉讼。婚后于夫妇外传染有花柳病者，于夫妇间，认为犯奸。

（2）犯反对天然及善良风俗，及各种反对或特别方式性交之罪者。

（3）介绍卖淫，引诱配偶或其子女犯罪或卖淫者。

（4）犯违反名誉罪，经确定判决，处二年以上监禁者。

（5）谋杀或同谋杀害配偶或其最近亲属，受彼造之虐待，致其生命健康，发生危险，及使常川同居，不堪忍受者。

（6）恐吓或重大侮辱，或有妨害名誉，妨害风化及不名誉之行为，致婚

---

〔1〕"借鉴"原文作"借镜"，现据今日通常用法改正，下同。——校勘者注。

姻为不堪忍受者。

（7）重大违背家庭之义务，拒绝依其资力赡给家用及子女教育费，奢侈无度，无故滥用，嗜赌成性，家庭经济紊乱及浪费者。

（8）无故遗弃，逾六个月无音信者，或完全不负家庭义务失踪逾一年者。

关于遗弃及失踪事件，推事经原告之声请，应于三星期内，每星期一次，继续在市政府公告栏内，或对于住址不明之失踪人，登入日报内，公示催告，令其于三个月内归家，逾期不归者，推事即为失踪及离婚之宣告。

（9）夫浪游无固定之住所，并拒绝依其社会地位及经济状况；设置固定及合宜之住所者。

（10）素有酒癖，酩酊成习，不可改正者。

（11）耽嗜麻醉品，如鸦片，高根，吗啡，爱担等，于其人或后裔之健康，有危险者。

（12）不可治愈之心神丧失，情形重大，其行为于子女及家庭之秩序有妨害者。

心神丧失，应经推事命令法医鉴定后宣告之。

（13）体质上之长期传染或遗传病，经宣告不可治愈者。（如梅毒，肺病，羊痫风病，癫病，痰厥，及其他同类之病。）

遇有以上情形，推事依法医鉴定之结果，得以职权，或经原告人声请，立为中止同居义务之决定，但对于彼造其他之义务，咸维持之。

（14）婚后发生绝对或相对的不能人道，先天或后天的，显然而不能治愈者。

育有子女后发生之不能人道，不得提起诉讼。

无故单方拒绝夫妇性交，认为与不能人道同。

推事应依照第十三款十四款情形同样之标准，为适宜之处分。

（15）同意别居，或经推事宣告无定期别居，已逾两年而夫妇拒绝和谐者。

（16）重大扰乱夫妇间关系，致其继续婚姻为不可能者。

前项扰乱，如配偶一造有特别过失者，该造不得提起诉讼，如系配偶双方之过失，双方皆得提起诉讼。

第三三条离婚或别居之诉，无责任配偶普通应自知悉可为诉讼之事实起，六个月内提起之，但无论如何，事实发生后，已逾两年者，不得提起诉讼。

遇有第三十一条第二款第三款第四款第十一款第十二款第十三款第十四款第十五款情形时，推事得宣告和解无效，并无法律上效力。

第三五条　配偶提起别居或离婚之诉后，重行同居者，法律上认为业经和解。

第三六条　诉讼之提起，得或为离婚，或为别居。

遇有第三一条第二款第三款第四款第五款第六款第九款第十款第十一款第十二款第十三款第十四款第十五款第十六款情形时，如推事以情形重大不宜和解，认为离婚之必要时，得迳行宣告离婚。

第三七条　配偶之一造提起别居之诉时，除特别重要情形外，推事不得宣告离婚，反之如配偶请求离婚，推事为减轻事实之严重，及使和解可能起见，得宣告别居。

第三八条　推事于知悉事实及考量特别情形后，如认为无责任配偶及家庭有危险时，得立下中止同居义务之决定。

遇有第三十一条第十一款第十二款第十三款第十四款第十五款情形时，中止同居为必要的。

第三九条　关于别居及离婚之诉，由原告住所地之法院管辖。

第四一条　推事于认明事实及诉讼理由后，应为无定期别居之宣告。

宣告后两年而推事未能使之和谐者，配偶双方，均得重行提起离婚之诉。

遇有上述情形，有责任配偶提起之反诉，须具有对彼有利新发生之事实，始予受理。

但如彼造拒绝和谐，并应宣告离婚时，推事对于有责任配偶之诉，不得拒绝不理。

第五〇条　宣告离婚者之夫妇财产，应分析之。

第五一条　关于离婚及别居之诉，推事对于亲权之行使及父母与子女之关系，应为必要之处分。

第五三条　别居或离婚之诉，一经确定，由推事以职权通知户籍吏，登记于配偶者双方婚姻证书簿之旁。

第五四条　关于别居或离婚之诉讼，均禁止旁听，并由检察官莅庭陈述意见。

第五五条　关于别居或离婚之诉，对于当事人之陈述及证据，推事有自由考量之权，凡规定别居离婚附带结果之一切契约，须经推事核准，方为有效。

观高氏所拟关于别居草案，虽不无讨论之余地，如将别居之原因与离婚之原因互相合并，而不予各别规定，及育有子女后发生之不能人道，不得提起离婚或别居诉讼，及无故单方拒绝夫妇性交。认为与不能人道同等种种规定，均不无疑问。惟如别居有一定期限，满期应即恢复婚姻关系，或宣告离婚，推事于当事人提起别居时，除特别重要情形外，不得宣告离婚。反之如提起离婚时，得因事实之需要而宣告别居，在某种场合，且以法律规定其必须宣告别居及别居或离婚之诉讼，均禁止旁听等规定，则均为吾人所极端赞成者也。

余为此文，非敢固意阿好于别居制度也。夫妇结婚后，应同居一处，相敬如宾，鼓琴鼓瑟，鹣鹣鲽鲽，如梁孟之举案齐眉，或如张敞之情深尽眉，方合结婚之本意，亦为余所崇拜而欣羡，然梁孟张敞究不数数见，而夫妻之勃谷，则反因人事纷繁而与日以俱增。[1] 如在离婚及同居之间，法律不另谋补救调剂之道，毅然决然设置别居制度，则夫妇之道，仍难得其平，小之固有妨于个人家庭之幸福，大之实有关于社会一般之发展也。惟别居制度，究应如何规定，方得称为缜密而适当，则此问题大，必待立法者及一般法学专家之共同研讨，而非浅学如余者之所敢妄参末议焉。

---

〔1〕 依照 Fmory S. Bogardus 著 *Introduction to Sociology* 认现代家庭不稳固之原因，有下述数种：一、对婚姻及家庭之宗教观念日趋衰颓。二、个人主义及欲求个人满足之精神日渐蓬勃。三、妇女日渐解放。四、现代工业日见发达。五、公寓旅馆建筑之兴起。六、租金之增高。七、生活程度之提高。八、迟婚之普遍。九、人民对离婚等法律之认识较以前为清楚。十、结婚时双方未经细加考虑等均是。

婚姻财产制[*]

王宠惠

第一节　绪　言

英国法学家亨利门（Sir Henry Maine）有言。"人类之进化，由身份而进于契约。"此寥寥数语，言简而意赅。盖可视为世界文化之公例。上古之世，社会组织极为单简。而人与人之关系，皆依其身份而定之。当事人之自由意思。绝无置喙之余地。其时社会之阶级有三，曰主奴也，曰父子也，曰夫妇也。皆所谓身份也。惟其为身份之关系，故有上下之分，亦惟其无自由表示意思之余地也。故其关系悉以身份为准绳：主居上，奴居下，父居上，子居下；夫居上，妇居下。上者独享其权利，下者独负其义务。嗣人类渐进，民智日启，居上级身份者之权利，虽日见削小，然居下级身份者对于其所负之义务，不能有所可否于其间。盖仍然适用身份制度也。迨至近世，自由之意思，日益发达。平等之灌南，逾推逾广，上下之界，亦因之消减。于是社会上种种关系，莫不受其影响。雇者与被雇者之关系，昔之以身份定者。今则有雇佣之契约矣。父子之关系，昔之终身在父权之下者，今则于成年时即脱离父权而有独立之能力矣。夫妇之关系，昔之夫监护者，今则得独立为法律行为矣。其他种种关系，皆得依当事人之意思而定之。此世界人类进化之大略情形也。

就上述三种阶级而论：主奴之制度，早经废除；父子之关系，亦早已改良。独夫妇之关系，改革最晚，此亦各国法制史上之一奇事也。我国自古迄

---

[*] 本文原刊于《中华法学杂志》（第1卷）1930年第1期。

今，重男轻女。礼记内则云："子妇无私货，无私蓄，无私器，不敢私假，不敢私与。"是不独不能享有财产，且并发了行为能力而无之矣。此种思想，遗传至近数年，经第二次全国代表大会关于妇女运动议决案，始定男女平等之原则。在古昔罗马女子，嫁人夫家，即在夫权之下，（in manu）而无独立之能力，故不得独立享有财产。其在法律上所处之地位，等于夫之未成年子女（filiaeloco）故在婚姻存续期间内，无日不受夫之监护。其遗迹在今日各国法律中，犹有存焉者。英国号称自由平等之国，其习惯法受封建制度之影响，不认已嫁女子有独立之能力，故称之为"受庇荫之女子"。（femme couvert）意谓其私法上之人格，为夫所吸引，不能不受其庇荫也。已嫁女子之解放，在英国不过近数十年间之事耳。

由斯以谈，夫妻间之关系，尤其是财产之关系，经历次之改革，以有今日，非一蹴而至者也。因略述关于妻之法律地位之沿革，以冠此篇。

第二节　定　义

婚姻财产制，即夫妻之财产，因婚姻而发生各种财产关系之统称也。此种关系，不独于夫妻相互间发生效力。即夫妻一方或双方于第三人之间，亦发生效力。现时所用夫妻财产制之名称，似专指夫妻间之财产关系而言，意义殊嫌过狭，故拟改名为婚姻财产制。若证以德文之 eheliches Guterrecht，法文之 regime matrimonial、英文之 effect of marriage on property of husband and wife 当不以为好于立异也。顾名思义，不得不尔也。

依上述定义，则左右各种关系，皆不再婚姻财产制范围之内。

甲、夫妻间关于财产之普通关系。

所谓普通关系者，即不因婚姻，而因双方间订立通常契约所发生之关系也。此种通常契约，在法律允许范围内，夫妻相互间之订立，非以其夫妻资格而为之者。盖与通常人相互间之订立无异。

乙、夫妻间或与其子女间属于个人本身权利义务之关系。例如妻随夫住所之义务，养育子女之义务。

丙、与子女间之财产关系。此种关系，就其性质而言，属于亲权范围内。

第三节　法定制与约定制之区别

　　婚姻财产制自其法律上之性质观之，可分为两种：一曰法定制，二曰约定制。两者之区别，不容紊乱。按各国现行法规，除一二例外，莫不许婚姻当事人订立契约，以确定其财产关系。虽自由约定之范围，容有广狭之不同。然其尊重当事人之意思则一，故订有契约者，依其契约，是为约定制；其未订有契约者，则适用法律所规定之制度，是为法定制。于此有应注意者两点：（一）所谓法定制者（除一二国外，详见第五节自由约定之范围）指无契约时当然适用之制而言，非谓有强制力，不容当事人有自由取舍之权也。（二）法定制又可细别为通常法定制及非常法定制两种。上述之法定制，即属通常法定制。至非常法定制，则在适用普通法定制或约定制（除分别财产制外）期间内。因发生特定情形，（例如夫之滥用其权）而改用分别财产制，是为非常法定制。

第四节　各种制度之大别

　　各国法律对于婚姻财产制之规定，万有不齐，兹特就其概括观念。大别之为统一财产制、共同财产制、联合财产制、至瑞典自一九二一年一月一日所施行之婚权财产制，则为世界之创制，故别论之。

　　甲、统一财产制（Guetereinheit, regime de l'unite des biens）。此制度之内容，极为简单。盖妻所带入财产之所有权，除保留者外，均移转于夫，而妻则只有请求返还原估价额之权而已。惟关于此项请求权，得要求夫方提出保证。（瑞士一○五条第二项）并享有一种优先权。（瑞士二一一条）

　　据调查所得，世界各国现行法律，无有一次为法定制者。惟瑞士因保存数州旧法起见，于法定联合财产制章内，将统一财产制，规定为约定制。（瑞士一九九条）盖视其为一种变相制度也，故采用统一制时。妻之财产，如非保留，又非归入统一财产内，则仍适用联合制之规定。

　　乙、共同财产制（Guetereinheit, regime de communaute）。此制之特质，为认定一种夫妻共同财产，此外各得独立享有财产。关于共同财产之管理权，用益权及处分权，在原则上属于夫之一方。迨共同财产关系了时，于清算后，通常由双方平均分析之：

共同财产之范围，大小不同，故此制可细别为下列三种：

一、一般共同制。（Algemeine Guetergemeinschaft，regime de la communaute universelle）

二、动产及所得共同制。（Fahrnisgemeinschaft，regime de la communaute des meubles et acquets）

三、所得共同制。（Errungenschaftsgemeinschaft，regime de la communaute d'acquets）

上三种制度，其共同财产，包括最广者为第一种，最狭者为第三种，介乎其间者为第二种。兹将各制分别述之如下：

一般共同制

在此制度下，夫妻之财产，得分为左列两种：

一、共同财产（Gesamtgut. biens communs）。夫妻现有及将来取得之一切动产与不动产，包含劳获（即劳力上及精神上所得）在内，皆为共同财产。但关于妻之劳获，各国法律亦有定为例外者。（芬兰对于不动产设有特别条件）

二、保留财产［Vorbehaltsgut（瑞士 Sondergut），biens propres］。一方或双方之保留财产，各国多数以法律定之，例如葡萄牙巴西及罗马法系诸国皆是。惟德国及荷兰等国，则以法律行为定之。按德国民法第一四三九条，虽规定依法不得移转之财产，其所有权仍各属于本人，然其收入则归入共同财产之内，乃系特别财产，非保留财产也。德国学者称之为 Sondergut。关于共同财产所有权之性质及其隶属，各国判例及学说，殊不一致，兹不赘述。至管理权、用益权及处分权，可略述之于下：（一）在原则上，管理权及用益权属于夫，多数国法律之规定，大都如此。法国更不许以契约变更之，至夫对于共同财产行使权力，如有不正当时，只对于妻负赔偿责任，而妻遇有夫危害其财产之情事，得要求终止共同财产制。（二）依多数国法律，处分权在原则上属于夫，但有限制。瑞士则以属于纯粹管理事项，为夫或妻处分权之限制。在此范围外，则须由双方共同处分，或一方得他方之同意，其他各国法律所设之限制。其最要者，为下列两种：（甲）关于不动产之处分，须得妻之同意，惟葡萄牙及芬兰，则须由双方共同处分。（乙）关于无代价之处分，亦须得妻之同意。而此限制，有不分动产及不动产均适用者，例如德国民法第一四四六条所定是也。有分别动产与不动产而为规定者，例如法国民法第一四二二条规定。夫对于动产，除有保留自己用益权情事外，得自行处分之。又那威一八八九年法律第十四条规定，无代价处分动产，若逾全额十分之一者，须得妻之同意。

保留财产，为夫妻个别所有，故得暗度管理用益及处分之，（但于特定情形多设有例外）至保留财产之收入。若依法律之规定，应算入共同财产内，则妻之保留财产，亦属夫管理。例如法国、荷兰、芬兰、葡萄牙、巴西等国皆是，但夫之管理权，不无限制。其最严者为法国。采用一般共同制为法定制者，有芬兰、荷兰、挪威、葡萄牙等国。采用此制为约定制者，有德国、瑞士、土耳其、法国、比国等国。

动产及所得共同制

在此制度之下，共同财产之范围，较一般共同制为狭。盖夫妻现有之不动产，概不在内，依法国法律，共同财产，包括下列三种：

甲、双方现有及将来取得之一切动产，但有若干例外。

乙、双方个别财产之收入。

丙、婚姻存续期间内，以代价取得之不动产，其代价系由共同财产负担者。

依德国法律，共同财产之范围，大致与法国相同。惟夫妻财产除共同者外，分为下列两种：

（一）夫或妻之带入财产（Eingebrachtesgut, appprts）、（二）妻之保留财产（Vorbehaltsgut, biens reserves）（夫不得有保留财产）。瑞士则无论采用何种制度，均许双方有保留财产。

共同财产之管理权、用益权及处分权，在原则上适用一般共同制。故其权属于夫，惟在法国则夫之处分权极其广大，在德国则分别有代价与无代价及动产与不动产，（见上丙种财产）而为处分之限制。盖适用一般共同制关于共同财产之规定也。

就双方之带入财产而言，其所有权虽为各别所保存。然其收入，则概归入共同财产之内。故属于妻之部分，夫有管理权，于特定范围内。亦有处分权，此德法两国之所同。

采用此制为法定制者，例如法国、比国、卢森堡等国。采用此制为约定者，例如德国、瑞士、土耳其等国。

所得共同制

在此制度下，于婚姻存续期间内，夫妻所得者，皆为共同财产。其双方现有之动产与不动产，及将来无代价取得之一切财产，皆不再共同财产范围之内。

共同财产以外，则为双方之带入财产。德国则更许妻一方有保留财产，对于此点，与动产及所得共同制无异。

共同财产之管理权、用益权及处分权。在原则上适用一般共同制之规定。关于妻之带入财产，（瑞士则不限于妻者）在原则上适用联合财产制之规定。妻对于保留财产，则单独享有之。采用此制为法定制者，有苏俄，西班牙，及南美洲数国。采用此制为约定制者，有德国，法国，瑞士，土耳其等国。

丙联合财产制（Gueterverbindung, l'union des biens）

在此制度之下，夫对于妻之财产，除妻保留者外，有管理权、用益权，且于特定范围内，有处分权。其处分权之范围，较之共同财产制为狭，惟妻对于其带入财产，仍保留其所有权，而夫妻间所谓共同财产。此与共同财产制相异之要点也。

关于此制度之名称，学说上名之为共同管理制。（Verwaltungsgemeinschaft）然其管理权既属于夫，而强名之为共同管理，亦属奇事。法国法律则名为非共同财产制（regime exclusive de la communaute）。盖因法国以此制为约定制，而以共同制为法定制，夫妻间如欲采用联合财产制，往往于契约内声明，拒绝共同财产，或用同类之字样故也。

夫对于妻之财产，既享有特定权利。故今兹所应研究者，为妻之财产。是否属于带入财产，抑属于保留财产，至夫方财产，严格论之，无所谓带入与非带入。职是之故，德法等国法律，不认有夫之带入财产。惟瑞士则否。按瑞士民法，夫妻双方财产，概称之曰婚姻财产。故夫之部分，实为夫之带入财产，妻对于此种财产，在有代表双方资格之范围内，有管理用益及处分权。（瑞士民法第二〇〇条第三项、第二〇三条）

夫对于妻之带入财产所应享有之权利，本有两种办法：（一）认为普通用益权。完全适用关于用益权之规定，或原则上适用之而设有些少例外；（二）认为特种权利，与普通用益权不同，在原则上不适用关于用益权之规定。第二种办法为多数国所采用。德国民法第一次草案，采用第一种办法；第二次草案及最后之议决，改用第二种办法。因此夫之权利，尤其是处分权，乃溢出用益权范围之外。德国现行条文，不曰用益权（Niessbrauch）而曰享益权，（Nutzniossung）盖以此也。瑞士民法第二〇一条曰：夫得享用妻之带入财产，并因其享用而负担用益人同等之义务，此仅就其义务而言，若论其处分权。则亦溢出用益权范围之外。盖不免受德国民法之影响也关于保留财产。依瑞士民法，不分夫妻，均得有之。其原因由于妻在有代表双方资格范围内。

享有管理用益及处分婚姻财产之权，而婚姻财产包含夫之带入财产。故同时许夫保留其财产。至其他各国，若德若法，则无所谓夫之保留财产。若论保留之方法，则各国怒通。法国以此制为约定制，故无法定之保留。德国、瑞士则于法定保留外，仍得以法律行为保留之。

采用此制为法定制者，例如德国、瑞士、（参以一种类似所得共同之制度 Zegewinstgemeinschaft，瑞士民法第一九四条及以下各条）波兰、日本等国。采用此制为约定制者，例如法国、比国等国。奥国民法第一二三七条规定，夫妻财产各自享有。第一二三八条规定，妻无反对意思之表示时，推定其财产之管理权，由夫代表行使之，其用益权由夫享有之。此种办法。可视为得随时自由撤销之法定联合财产制也。

丁、奁产制（Dotalsystem，regime dotal）。在此制度之下。妻之财产。可分为左列两种：

一、奁产。（Dotalgut，dot）

二、非奁产。（Paraphernalgut，paraphernaux）

妻之财产，依法律之规定，或因法律行为之指定，具有不得移转及扣押之性质者，即所谓奁产也。在原则上，奁产之管理权及用益权，属于夫，其所有权则属于妻，妻之财产不属于奁产者，即为非奁产。

据调查所得：各国法律，尚无采用纯粹奁产制为法定制者。南美洲诸国，若阿根丁、巴辣基、乌拉圭等国，则以之掺杂他种制度而为法定制。其属于罗马法系及法国系诸国，则以之为约定制。

戊、分别财产制（Guetertrennung，regime de la separation des biens）。各制度中，其最简单者，为分别财产制。在此制度之下，夫妻对于现有财产及日后所得之财产。各自独立。各别有其所有权、管理权及用益权。夫妻相互间及对于第三人之关系，殆与未结婚无异。所不同者，则夫妻间有担负家用之义务。其担负之多寡，各国不同，大抵多以平均为原则。

采用此制为法定制者，有奥国、捷克、匈牙利、（参以一种类似所得共同制）罗马尼亚、意大利、希腊、土耳其、英国、美国（数洲）等国。采用此制为约定制者，有法国、德国、瑞典、瑞士及其他允许婚姻财产契约诸国。

上述五种制度，仅就其大体而略为区别耳，实则各国现行法律。虽采用同一制度，而其内容之复杂，条文之繁简，各有不同。有非简单篇幅所能尽者，且采用一种制度而参以他种制度为一混合制度者，亦所恒者。其最著者，为南美洲诸国之采用奁产制而参以所得共同制是也。

婚权财产制（Giftorattssystem）

瑞典于一九二〇年六月十一日公布新婚姻法，于一九二一年一月一日施行。其所采用制法定制，实为世界之创制。兹摘其大要于下，以供国人之研究：夫妻各享有其财产，惟其财产分为两种：（一）婚权财产，（二）保留财产。前者为原则，后者为例外。盖双方结婚时或结婚后之一切财产，除保留者外，皆为婚权财产。（瑞典婚姻法第六章第一条）

法律规定之保留财产如下：（同法第六章第八条）

甲、婚姻财产契约声明保留。

乙、夫或妻由第三人所得之赠与，附以保留之条件，或以受遗赠人或继承人之资格所得之财产，而遗嘱内附以保留之条件者。

丙、甲乙两款财产为他种财产者，但婚姻财产契约另有订定者，不在此限。

除特别订定外，保留财产之利息及果实，不属于保留财产。

双方于结婚前或结婚后，对于应属保留财产者，得以契约订明其为婚权财产，对于应属婚权财产者，亦得订明其为保留财产。

关于保留财产，夫妻各别有自由处分权。不受何种之限制。惟婚权财产。则所有权与管理权虽为各别所保存，但不免受他方享有一种权利。其权利维何？即婚姻解除时，或虽未解除而改用分别财产制，或夫妻别居时，双方之婚权财产，合并为一而为之清算。清算后所余之部分，双方或其继承人各得一半是也。此种权利，无以名之，名曰婚权，因称此制度为婚权财产制，一方之婚权财产，因受他方婚权之限制，故其处分或抵押，须得他方之同意，方得为之。若系不动产。则其同意须有证人二人签字之证书。方为有效。

就债务言。双方婚前或婚后之债务，各别以其保留财产及婚权财产而担负之。双方于婚姻后共同担负之债务，除另有订定外，连带负责。至一方在相当范围内，因家用及养育子女所负之债务，亦连带负责。但因其情形，得推定他方不负其责者，不在此限。

综上所述，瑞典所采用制法定制，既非分别财产制，又非共同财产制。盖双方虽各别保有其财产。然婚权财产，则受他方享有特种权利，此与分别财产制不同之要点也。又婚权财产，虽受他方之享有特权，然除处分外，几与各别享有无异，此有又与共同财产制不同之要点也。质而言之，此种制度，实介乎上述两种制度之间，而别为一种创制。（瑞典婚姻法条文载在本号译页内）

第五节　自由约定之范围

关于婚姻财产契约，有规定于债编者。法国、比利士、意大利、罗马尼亚，及南美洲多数国是也。有规定于亲属编者，德国，瑞士，土耳其，荷兰，日本，巴西等国是也。但无论规定于债编或亲属编，其为特种契约，固属毫无疑义。此特种契约，其内容既有相当之范围，其订立亦有特定之手续，此不可不注意者也。

各国法律对于婚姻财产契约，有一根本问题。即契约自由范围之广狭是也。分析言之，则为婚前之契约自由，及婚后之契约自由，婚前无此自由者，婚后当然亦无此自由。反言之，婚前有此自由者。婚后非必有自由。此又不可不注意者也，兹分别论之如次：

婚前之契约自由

婚姻财产关系，应否许结婚当事人自由订定之，实为一重要问题。此问题之如何解决，其影响于当事人双方之经济，固无论矣。其于一般社会，亦复影响不浅。反对契约自由者之言曰：男女子智识经验，恒不相等，若听其自由订约，则所订之条款，难保其不无一时感情之作用。且所订之约，各有不同，社会上既无一定之标准，则第三人对之为法律行为，亦感莫大之困难。赞成契约自由者之言曰：各人在社会上习惯上及经济上所处之地位，各有不同，若不问当事人之意思如何，而强以一定不易之制度，恐有扞格难行之处。即行矣，亦未必与当事人之地位适相符合。此两说皆有相当之理由。然大势所趋，以主张后说者为占大多数。兹总观各国立法例，对于此问题，可大别为二派：

一、不许有婚姻财产契约者。例如墨西哥自一九一七年四月九日之法律公布后，只承认分别财产制为唯一之制度。又俄国旧律及苏俄一九二六年之新法典，均不许夫妻订立婚姻财产契约。其新法典第十三条。虽规定夫妻于法律允许范围内，得订立各种关于财产之契约，然此种契约，系指通常人相互间亦得缔结之契约而言，非所谓婚姻财产契约也。

二、许有婚姻财产契约者。（契约自由之范围大小不同）例如法国，比国，德国，奥国，波兰，捷克，荷兰，意大利，罗马尼亚，瑞士，土耳其，葡萄牙，西班牙，日本及南美洲多数国是也。

婚后之契约自由

婚前之契约自由与婚后之契约自由，表面上似有聊琐之关系，实则截然两事。盖婚前之问题，系于法定制外是否许有约定制是也。婚后之问题，系无论其为法定制或约定制。是否一经实行，即属确定，而双方不能自由变更是也，各国立法例，对于此问题，略分三派：

（一）婚姻财产制在婚姻存续期间内，不得以契约变更者。大多数国法律采用此主义。例如法国，比国，荷兰，波兰，芬兰，意大利，罗马尼亚，西班牙，葡萄牙，日本及南美洲诸国皆是。

（二）婚姻财产制在婚姻存续期间内，得以契约变更者。例如德国，奥国，捷克，巨哥斯拉维亚，（赛比亚民法典第七五条）巴拿马等国皆是。

（三）于特定条件范围内得以契约变更者，例如瑞士，土耳其等国。瑞士民法第一八一条第二项规定，须经监护官署之许可。又第一七九条第三项规定，在婚姻存续期间内所订立之婚姻财产契约，不得侵害第三人之权利。此种条件，皆为预防流弊起见。土耳其所规定之条件，与瑞士同。

婚前及婚后契约自由之有无，已如上述，若更就许契约自由者耳研究其自由之范围，则各国立法例，可分为两大派：

（一）无限制之自由。所谓无限制者，即法律虽列举若干种制度，而详细规定其内容。然此不过为便利当事人订约起见，略供其采择耳。若当事人不采用其中之一种制度，而自定他种办法，或采用其中之一种适度，而参以他种制度，为一混合制度，均无不可。采取此主义者，为法国，比国，荷兰，挪威，波兰，捷克，西班牙，葡萄牙，日本及南美洲诸国。

（二）有限制之自由所谓有限制者，即于法律所列举各种制度中，任择其一，但原则上不能变更其内容。质言之，即整个制度之采择自由也。采取此主义者，为德国，瑞士，土耳其等国。德国对于此点，对无明文规定，然其立法之用意如此，而实际上亦不许任意采用混合制。瑞士则有明文规定，其民法第一七九条第二项曰，定婚人或夫妻间如订立契约，应于本法所规定之各种婚姻财产制度中，选择其一云云，是契约之自由。限于整个之采用或不采用，固甚明显。惟学活上仍多不以混合制度为违法，故实际上有日趋于第一派之势。

第六节　我国对于本问题应采之主义

关于法定制与约定制之区别，既如第三节所述；关于各种制度之大别，既如第四节所述；关于自由约定之范围，既如第五节所属。然则对于本问题应采何种主义乎，窃谓此种问题，与社会有密切关系，断非贸贸然任举一制，足以范围全国者。必须远取近譬，求一较为适当之制度，更从而斟酌损益之，然后不致于削足以适履。其难也若此，而又不能置之于不议不论之列，则惟于不易解决之中，求一较合国情之制，以备研究而已。至于应采之主义，则有三大问题存乎其中：（甲）应以何种制度为法定制；（乙）应以何种制度为约定制；（丙）约定自由之范围。均应先行研究也：

甲、应以何种制度为法定制。依第三节所举之区别，本问题原有法定制与约定制两种：就吾国婚姻习惯而论。其中关乎财产部分，罕有订立契约者。盖安常处顺，苟不发生其他问题，自无所用其约定也。考之各国，对于此点虽许有契约之自由，然实际上订有契约者居少数。逆料吾国将来订立契约者，亦属少数。由斯而论，则法定制实居重要之地位，盖订约之事，既属少有。则大多数无契约可依者，当然适用法律所规定之制度，此亦势所必至，理有固然者也。但各种制度中，究应以何种为法定制，试列举论之：

（一）统一财产制。此制之内容，甚为简单，盖妻所带入财产之所有权，除保留者外，完全转移于其夫。此种情形，非妻对于夫极其信任，或情谊敦笃者，不易行之。是以各国现行法律，无有以此为法定制者。惟瑞士因保存数州旧法，于法定联合财产章内，将统一财产制，规定为约定制。（瑞士民法第一九九条规定，妻带入财产后，于六个月内，双方得依照关于婚姻财产契约之程式，订明将妻方带入财产之所有权，移转于夫。其财产之价额，应估定之，妻因财产所有权之移转而取得之债权，始终存在不变）是统一财产制，妻以现有之财产，易为请求权，未免偏重于夫，故不当采此制为法定制。

（二）共同财产制。此制之内容甚为复杂，其特质在认定一种财产为共同财产。质言之，即夫妻对于其财产，除保留外，均失其所有权，而变为共同财产。然关于财产之管理权、用益权及处分权，在原则上均属于夫。夫权甚为扩大，且实行共同财产制之结果，夫妻相互间及与第三人负责问题，甚为纠纷。以是种种，吾国自不宜采用此制为法定制。

（三）奁产制。此制性质：（一）其奁产在原则上既不得移转，复不能扣押，于社会失其财产上之作用；（二）第三者之债权人，不免因此种财产于法律上有特别性质，受其影响。以是之故，各国法律尚无采用纯粹奁产制为法定制者，即吾国向来习惯，虽有添粧之品，并非外国之所谓奁产，自无采用此制为法定制之理。

（四）分别财产制。此制之内容，甚为简单。其特质即是夫妻对于现有财产及日后所得之财产，各自独立。因之其所有权、管理权及用益权，亦各别分有，而家用又分别担负之，盖夫妻间于财产上并不发生何种关系，由是尔为尔、我为我，情谊将因之薄弱。近来虽有主张用此制者，然亲如夫妻，于共同生活之中，而无财产相互之关系，恐非吾国普通心理对于婚姻之所乐闻者也，故亦不宜采用此制为法定制。

（五）婚权财产制。此制为瑞典之一种特别制度，其特质介乎共同财产制及分别财产制两者之间。盖夫妻间一方对于他方之带入财产，因婚姻而当然取得一种特权，所谓婚权是也。此种制度，除与婚权有关系之特定限制外，仍各别享有其财产，其结果实验骏乎有分别财产之意味。瑞典于一九二一年一月一日始实行此制，计其施行至今，未及十年。

社会上多明了，究竟适宜与否，尚难断定，吾国自不宜以此制为法定制。

以上各制，我国既均不宜采为法定制，惟第四节中丙项之联合财产制，则有相当研究之价值。

各国对于此制之规定，互有出入。以瑞士民法典之所规定者，较合于现代情形，而条文亦不支蔓，较易实行。兹就瑞士所定之联合财产制，略举其原则如下：

（1）夫妻财产合为一个之经济上集合体。夫虽有其管理权，而对于妻方带入财产之处分权，则以得妻之同意为原则。（见瑞士民法第一九四条第一项第二〇〇条第二〇二条）

（2）妻有法律行为能力，且得有保留财产，其依法律之规定，而当然为妻之保留财产者有二：第一，关于其执行职业或营业之财产；第二，关于其家庭以外工作所得之劳获。（见瑞士民法第一九一条第一九四条第二项第二○三条）

（3）夫有保全妻方带入财产之责任，而因妻之要求，并应提出相当之保证。（见瑞士民法第二○一条第一项第二○五条）于联合财产终了时，应将妻方带入财产，返还于妻或其继承人。如有盈余利益，以三分之一归妻或其继承人。（见瑞士民法第二一四条）

其原则既如上所述，一方面维持经济上之合作，而又一方面维持经济上之独立。并有种种规定，预防夫管理之不当，就此诸点观之，实为各制中较为适当之制度。瑞士民法理由书内，谓其所定联合财产制上述之三大原则，实参酌分别财产制与共同财产制而为规定。良有以也，吾国向无所谓夫妻财产制度，若必采用一制度以为法定制，从维持夫妻间经济合作及保障妻之经济独立起见，似无有逾于此制者矣。惟主张采用瑞士制者，系就大体言之，若论其条文细目，则尚有应予变通之点。例如瑞士民法第二○一条第三项规定，妻之现银与其他代替物及未经划归于妻子无记名债券，皆属于夫。夫对于其价值，成为妻之债务人云云。而德国民法对于此层，则以为家用之目的起见，方属于夫为条件，此瑞士条文似应斟酌者一也。又瑞士民法第二○二条第一项规定，在纯粹管理权范围外，夫对于未转移归其所有之妻方带入财产，未经妻之同意，不得处分之。其第二项云，为第三人利益起见，推定妻业经予以同意。但该第三人确知或应知未得同意者，或被处分之财产，无论何人皆可认其为属于妻者，不在此限云云。是夫在纯粹管理范围内，有单独处分权。而何为纯粹管理，何者非纯粹管理，适用上不无疑问，此瑞士条文似应斟酌者二也。又瑞士民法第二○三条规定，在有代表双方资格之范围内，妻得处分婚姻财产云云。所谓婚姻财产者，系指双方带入之财产而言。假如夫不应有上述之处分权，则此条所定之妻之处分权，亦应随之而改订，此瑞士条文似应斟酌者三也。又瑞士民法第二○四条第一项规定，妻未得夫之同意，不得放弃继承权云云。而德国民法典第一四○六条，则妻承诺或放弃继承权，毋须得夫之同意，此瑞士条文似应斟酌者四也。此第就其最显著者言之，其他或尚有应斟酌之点，采用时自宜详细研究也。

乙、应以何种制度为约定制。法定制既拟采用联合财产制矣。然以一制度适用于全国之婚姻财产事项，未免嫌于拘滞。因物情不齐，形势互异，故各国鲜有不许其另订契约者，于是约定制之说以兴。盖为尊重当事人之意思起见，于订有契约者，依其契约以确定其财产关系，并非不问双方之意思及其经济状况，而必绳之以法定制也。然约定制之在吾国，应规定为若干种，及应采用何种，试略论如下：

（一）统一财产制。欲以此制为约定者，苟其夫妻间自信为彼此确能信任，而妻自愿将其财产之所有权移转于其夫，法律上自不妨许其自由约定。瑞士将统一财产制规定为约定制者，虽系为保存数州旧法起见，其中原含有容纳特种心理之意味，盖统一财产制者，特患其不愿行耳。苟其愿行而申之以契约，则法律上自不予以苛求也，此统一财产制可采为约定制者。

（二）共同财产制。此制使夫妻间除个别财产外，另设一种共同财产，若以之为约定制，自属可行。惟共同财产制中，依第四节之所述，本又细别为：第一，一般共同制；第二，动产及所得共同制；第三，所得共同制。其第一种共同之范围极广，凡夫妻之财产除保留者外，无论现有及将来所得之一切动产不动产，皆为共同财产。其第三种则共同之范围极狭，只于婚姻存续期间内夫妻之所得，始为共同财产。两者各有取义，自可以之为约定制。惟第二种之共同财产制，以动产与不动产为是否共同财产标准之一，如双方之动产与不动产相去悬殊，则双方带入之财产亦相去悬殊，未免失平，故三种共同制之中，此种似不可用。

（三）奁产制。此制在法律上具有不能移转及不能扣押之特性，是其财产不免减少在社会经济上之效能，故各国采用此制者，日居少数。近年来外国立法趋向，亦不主张此制，吾国自不宜采之。

（四）分别财产制。此制夫妻间于财产上不发生何种关系，但当事人或因特殊之情形，自愿实行此制者，亦未尝不可。

（五）婚权财产制。此制为瑞典最近之一种特别制。其内容及其结果，既已如上所述，则吾国虽不以之为法定制。但就约定制一方面言，则不无研究之价值也。

丙、约定自由之范围。上述甲乙两项。第就制度言之，若论订立契约之自由范围，则有可论列者。

（一）无论婚前婚后，均主张有契约之自由。（其范围及派别并见第五节）惟婚后之契约自由，应采有限制自由之办法。略如瑞士，以明文规定于民法中，（参观第五节有限制之自由一段）似较为折衷之办法。

（二）凡自由约定者，主张采用整个的制度。所谓采用整个的制度者，即不采取混合制度之谓。（参阅第五节无限制之自由一段）

以上第一点，无论婚前婚后，均主张有契约之自由者，所以予当事人以自定其财产关系之机会。其第二点主张采用整个的制度者，所以免除制度之过于复杂。于实行上多生困难，若谓不许采用混合制，未免近于板滞，则不妨于整个采用之中。而别定下列两种办法：（1）多设约定制，以备其审事度情，择一而用。（2）或于各约定制条文中，明定例外，而许其变更，如是则略有伸缩之余地，或竟兼用两种办法，亦无不可也。

右所论列，大都就关于婚姻财产制重要之点而加以研究，于此有可附带说明者。关于夫妻间财产关系，中外观念，颇有不同。外国趋重个人经济，吾国趋重共同经济。而且外国之所以有婚姻财产制度者，其原因更由于个人之观念甚深，是以财产界限，务极分明。若吾国社会观念，对于财产上非如外国之偏重于个人，所以通有无相扶助之事，往往而有。而且通财而后，又往往不甚措意。此于朋友且然，而在夫妻间，于财产上尤不发生计较问题。故拟采用各制，虽系多仿自外国，而将来确定之详细办法，似应将其过于趋重个人经济之一点，予以充分之研究。总之外国制度，无不各有原因。苟能折衷于中外之间，则庶乎制度本乎人情，法律非同虚设，此则区区之微意也。

婚姻与离异在法律上之沿革[*]

王建航[**]

绪　论

　　婚姻与离异皆为人事法中之重要问题。考厥婚姻之制起源甚古，易曰"有男女然后有夫妇。"通典载，"伏羲氏制嫁娶，以俪皮为礼。"是于生民之初，即有结婚之形式矣。离异之说，不见于往昔法律，但于史乘杂书间有记载。旧唐书李德武妻裴氏传，"淑字英，户部尚书安邑公矩女也，德武坐从父金才事，徙岭表，矩奏请德武离婚，炀帝许之。"又世说，"买充前妇是李丰女，丰被诛，离婚徙边"，是离异之源亦远矣。

　　婚姻之制，太古难稽，伏羲制嫁娶，以立聘娶婚之制。而"五帝驭时，娶妻必告父母"，此伏羲时聘娶婚已盛行，允诺婚亦已见之。左傅昭公元年，春秋时郑徐吾犯之妹，适子南氏。僖公十四年，李姬及郑子遇于防，此春秋时已间采自由婚之制矣，及周代聘娶婚之仪始备，但此亦不过一种礼制，而非法规也。后世法律，皆遵周礼礼记仪礼而为厘定，故聘娶婚之制，全国遍行[1]，迄今已数千年矣。

　　离异与七出三不去之条，最为相似大戴礼记曰："妇有七去，不顺父母去，无子去，淫去，妒去，有恶疾去，多言去，盗窃去。不顺父母去，为其逆德也；无子为其绝世也；淫为其乱族也；妒为其乱家也；有恶疾不可与共

---

　　[*]　本文原刊于《法学季刊（上海）》（第4卷）1930年第6期，《法学杂志（上海1931）》（第5卷）1931年第2期。

　　[**]　王建航，1930年毕业于东吴大学法学院（第13届），获法学学士学位。

　　[1]　原文为简易句读，本文句读为校勘者加。——校勘者注。"遍行"原文作"徧行"，现据今日通常用法改正。——校勘者注。

粢盛也；口多言为其离亲；盗窃为其反义也。妇有三不去，有所娶〔1〕无所归不去，与更三年丧不去，前贫贱后富贵不去。"孔子家语，亦尝引之，曾子因蒸梨不熟而出妻，礼记檀弓散载孔氏三世出妻，但不详其出之之因，是可见妻之可出，不限于七出之条。圣门师生，尚行之无忌，其为周代之通行礼俗无疑矣，及至唐时，方为明文规定，迄今离异之事已日见不解矣。

当今国民政府民法亲属篇，尚未制定，而现行律亦时在变迁之中，研究此项问题者，因缺乏一定标准，殊为一极大之障碍。所幸本文侧重于供给沿革之材料，全系研究性质，对于实际应用问题，尚非至要，只得以现行律及前大理院判例解释例，及今之最高法院判例解释例，为编述之根据。而我国古时，对此问题，至唐方规诸明文，故将唐明清律相仿之规定，按项录入，则其沿革可概见矣。

第一章　婚　姻

第一节　总　论

第一款：婚姻之意义

婚姻者，基于一男一女之自由意思，为法律所公认之生存结合也，若分析言之，婚姻当具四要件：

（一）婚姻者一男一女之结合也。婚姻制度有一夫多妻，亦有一妻多夫。但今日文明各国，皆采一夫一妻制度，故婚姻之结合，必基于异性，而又限于一男一女也。

（二）婚姻基于男女自由意思也。婚姻之成立，必以男女双方本人意思之合致为要件，惟对于有允许权者，更须得其允许。在唐明清律，则主婚权属诸亲长，本人既不能有意思表示，更何来合致之可言。

（三）婚姻者为法律所公认之男女结合也男女之结合也。男女之结合，必须具备法定条件，反是则苟合而己矣。

（四）婚姻者生存之结合也。男女结婚之初，即须有百年好合之意思，终

---

〔1〕　"娶"原文作"取"，现据今日通常用法改正。——校勘者注。

身为伴之愿心。事实上虽不免有中途离异者，然苟于结婚之初，即存有不永久结合之志趣者，不能称之为婚姻也。

第二款：婚姻之预约 [1]

婚姻之预约，为婚姻之要式行为，即男女双方于将来缔结婚姻为目的之意思表示也。周代男方称"六礼"，即纳采，问名，纳吉，纳征，请期，亲迎，是也。女方称"许嫁"，明律始称"定婚"，最近方称婚姻之预约。

婚姻订立之后，双方是否受其拘束，而得强制履行，或得以一方之意思而可随意解除。考欧美各国婚姻之预约，皆婚姻当事人所自订。惟法律以婚姻为男女终身大事，亦不遽使之受其拘束，而强之履行，盖恐不能收家室之和平也。若我国则婚约向由亲长作主，卑幼不反对，则己苟有反对意思，亦何能强之成婚。其有关家庭幸福社会秩序，彰彰明甚，兹将现行法及唐明清律上所承认之解除婚约原因分述于后：

一、男女两家怠于法定事项之通知

（大理院判例）四年上字二三〇五号

现行律载，凡男女定婚之初，若有残疾、老、幼、庶出、过房、乞养者，务要两家明白通知，各从所愿，写立婚书，依礼聘嫁。若许嫁女已报婚书及有私约而辄悔者，处罚，虽无婚书，但曾受聘财者亦是，等语。是定婚之有效与否，在现行律上若果，男女自初即有残疾、老、幼、庶出、过房、乞养、情事，其前提要件第一须两家明白通知，第二须写立婚书，或经收受聘财为情愿之意思表示。若仅空言许婚，则其婚约自非有效成立。

又四年上字二三五七号

现行律内载，其男女定婚之初，若有残疾者，务要两家明白通知，各从所愿等语。原认为男女有残疾在定婚之后者，无变更婚约之效力。惟兹经详释律意，男女一造之残疾在定婚之初，既明认为重要必须通知相对人，为所甘愿，始可有效。订立婚约，则残疾之生于定婚后者，亦须通知相对人，为所甘愿，始可使婚约继续有效。盖为婚约重要内容之当事人，其身体上嗣后既有重大变动，即与订约时当事人之意思不能符合，故亦更须明白通知。若为相对人所不愿，亦许解除婚约，不得以无故辄悔之例相绳。

---

〔1〕 "预约"原文作"豫约"，现据今日通常用法改正，下同。——校勘者注。

（最高法院判例）十七年上字二三号

现行律载凡男女定婚之初，若有残废疾病者，务要两家明白通知，各从所愿。是男女之一造，苟于定婚时已发生残废疾病未经明白通知相对人，得其同意，其婚姻自难完全有效，无论已未婚娶，为尊重人道及谋家室之和乎起见，应许相对人请求撤销或离异。

（唐律）诸许嫁女报婚书条

诸许嫁女，已报婚书及有私约（约为先知夫身老幼疾残养庶之类）。

而辄悔者，杖六十（男家自悔者，不坐，不追聘财）。虽无许婚之书，但受聘财亦是（聘财无多少之限，酒食者非以财物，为酒食者亦同聘财）。

（明律）男女婚姻条

凡男女定婚之初，若有残疾老幼庶出过房乞养者，务要两家明白通知，各从所愿，写立婚书，依礼聘嫁。若许嫁女已报婚书，及有私约（谓先已知夫身疾残老幼庶养之类），而辄悔者，答五十。虽无婚书，但曾受聘财析亦是。

（清律）与现行律同

男女两家，于定婚时若有不将疾残老幼庶出过房乞养等情，为明白之通知，而得他方同意者在法律与现行法皆为解除婚约之理由。在唐明律虽有处罚之文，但不得认为退婚之原因，故亦不见有返还聘财之规定。

二、妄冒

（大理院判例）四年上字一〇〇七号

定婚之初，果有妄冒情事，即已成婚者。依律尚许离异若仅有婚约，自无不许其撤销之理。

又五年上字八七〇号

冒为他人之子而定婚者，得为彼造请求撤销之理由。

又七年上字一三六五号

诈称地位与定婚者，如果相对尺确因深信其有此地位始允与定婚非此即不允许者，则其诈称地位之事实，即于婚约效力不为无关。

又七年上字七八〇号

定婚之初，男女年龄之老幼，须明白通知，各从所愿，违者，即属妄冒为婚应许撤销。

（唐律）诸为婚而女家妄冒者，徒一年。男家妄冒者，加一等。未成者，依本约，已成者，离之。

（明律）若为婚而女家妄冒者，杖八十（谓如女有残疾，却令姊妹妄冒相见，后却以残疾女成婚之类），追还财礼。男家妄冒者加一等（谓如与亲男定婚，却与义男成婚，又如男有残疾，却令兄弟妄冒相见，后却以残疾男成婚之类）不追财礼。未成婚者，仍依原定，已成婚者，离异。

（清律）若为婚而女家妄冒者，杖八十。男家妄冒者，加一等。未成婚者，仍依原定（所妄冒相见之无疾兄弟姊妹，及亲生之子为婚，如妄冒相见男女先已许聘他人，或已经配有家事者，不在仍依原定之限），已成婚者，离异。

妄冒在唐律无解除婚约之理由。明律规定"女家妄冒追还财礼"，但对于未成婚者有"仍依原定"之文，则其小能因妄冒而退婚，亦可想见。清律于"仍依原定"之下，附有注解，可以推知无论男方或女方，若有妄冒情事，在或种情形，可解除婚约，在现行律，妄冒当然是解除婚约之原因。

三、定婚男女于定婚后又与他人定婚或成婚者

（大理院判例）六年上字八四五号

现行律载，若再许他人，（中略）已成婚者，处罚。后娶知情者，与同罪，财礼入官，不知者不坐，追还财礼。女归前夫，前夫不愿者，倍追财礼，给还其女，仍从后夫。男家悔者，罪亦如之，等语。是就该律类推解释，男家悔约，另聘已成婚者，如前女仍愿与为婚姻，自应令娶前女，而后聘者令其别嫁。如不愿与为婚姻，自应准其解除婚约，是不待言。又此种解除婚约之原因，事实一旦发生，即可据以请求，自不容男家事后以一方之意思补止事实，拒绝其请求。

又三年上字八三八号

现行律载有再许他人，未成婚者，处罚。已成婚者，处罚。后定娶者知情，与同罪。财礼入官，不知者不坐，追还财礼，女归前夫等语。是凡女子已与人定婚而再许他人者，无论已未成婚，及后定者知情与否，其婚应归前夫。

又四年上字六三八号

现行律关于男女定婚后再许他人之规定，系一面维持婚约，欲其践行，一面因违约而已与后定娶人成婚者，仍准女从后夫（不过应以前夫不愿领回为条件）。

（唐律）诸许嫁女已报婚书，及有私约，……若再许他人者，杖一百。已成者，徒一年半，后娶者知情，减一等，女追归前夫，不娶，还聘财，后夫婚如法。

尊长与卑幼定婚条：

诸卑幼在外，尊长后为定婚，而卑幼自娶妻，已成者，婚如法。未成者，从尊长。违者，杖一百。

（明律）诸许嫁女已报婚书，及有私约，……若再许他人，未成婚者，杖七十。已成婚者，杖八十。后定娶者知情，与同罪，财礼入官，不知者不坐，追还财礼，女归前夫，前夫不愿者，倍追财礼，给还其女，仍从后夫，男家悔者，罪亦如之，不追财礼。

若卑幼或仕宦或买卖在外，其祖父母父母及伯叔父母姑兄姊后为定婚，而卑幼自娶妻已成婚者，仍旧为婚，未成婚者，从尊长所定，违者杖八十。

（清律）凡男女定婚，若再许他人，未成婚者，女家主婚人，杖七十。已成婚者，杖八十。女归前夫，前夫不愿者，倍追财礼，给还其女，仍从后夫，男家悔者，亦如之（仍令娶前女，后聘听其别嫁）。

尊长与卑幼定婚条，同明律。

男女定婚，若再许他人，唐明清律，均以女归前夫为原则。如男方不愿娶者，即可退婚，在唐律祇得追还聘财，在明清律则可倍追财礼，此微近今之所谓违约金者，现行律从清末之文，至男家悔约，又与他女成婚者，其前聘之女，亦得退婚。

尊长与卑幼定婚一项，如尊长于卑幼出外之后，为卑幼定婚，而卑幼不知前情，在外自娶妻，其已成婚者，则尊长所聘之女，自可退婚，而听其别嫁。若卑幼尚未成婚，则当娶尊长所聘之女，其自聘之女，可以退婚，而从其别嫁也。唐明清律规定同一，惟在今日，婚姻当重当事人之意思，殊无娶尊长所聘之女之理也。

四、男女有犯奸犯盗情事

（大理院判例）六年上字七三五号

现行律载未成婚男女有犯奸犯盗者，不用此律等语。注称男子有犯，听女别嫁，女子有犯，听男别娶。至所称盗之意义，当然包括盗窃[1]而言，

---

[1]　"盗窃"原文作"盗窃"，现据今日通常用法改正，下同。——校勘者注。

而盗窃行为，应作何解，当根据于暂行新刑律之律条，亦无可疑。据刑律第三百八十一条称，于直系亲属配偶或同居亲亲属之间犯第三百六十七条（律文为意图为自己或第三人之所有，而窃取他人所有物者，为盗窃罪等语）。及第三百七十七条第一项之罪者，免除其刑等语，则是直系亲属配偶同居亲属之间，犯所列盗窃罪者，仅得免除其刑，其行为仍不失为犯罪，则为保护相对人之利益，自应许其撤销婚约。

（大理院解释例）五年统字四八三号

悔婚再许，现行律男女婚姻门本有禁止明文，第未成婚男女有犯奸盗者，应听女别嫁，亦有明文规定。

又六年统字六〇九号

现行律男女婚姻门载，其未成婚男女有犯奸盗者，不用此律。又犯奸门载，男子和同鸡奸者，亦照此例办理，是和同被人鸡奸。自民事方面言，亦系犯奸之一种，自可为解除婚约之原因。

（明律）其未成婚男女有犯奸盗者，不用此律。

（清律）其未成婚男女有犯奸盗者，男子有犯，听女别嫁，女子有犯，听男别娶，不用此律。

关于此点，唐律无明文[1]，清律规定"其未成婚男女有犯奸盗者，不用此律"。意谓男女定婚之后，有犯奸盗情事，即不得适用悔婚之律文，现行律亦同。

五、期约已至无故不娶

（大理院判例）四年上字八一〇号

现行律载期约已至五年，无过不娶等语，寻释律意，期约二字系指所定成婚之日期而言。参观男女婚姻律载，其应为婚者，虽已纳聘财，期约未至，而男家强娶，及期约已至，而女家故违期者等语。其意自明，故律载五年无过不娶，听告官改嫁者，必其定有成婚日期者，始能适用，不能遽以定婚之日起算。

（明律）五年无故不娶，及背夫逃亡三年不还者，并听经官告给执照，别行改嫁，亦不追财礼。

（清律）同明律。

---

[1] "明文"原文作"文明"，现据今日通常用法改正。——校勘者注。

此项规定，明清律与现行律皆同，唐律无文。

六、定婚男女间有义绝情状

（大理院判例）六年上字九二二号

按现行律例夫妇有义绝之状请求离异者，准其离异，依此类推解释，凡定婚当事人彼此有义绝之状者，当然可以准用该律规定，准其解除婚约，在唐明清律，义绝为出妻之原因，但于定婚男女间能否以此解除婚约，未见规定，前大理院方以判例认之。

七、婚未得本人同意者

（大理院判例）十年上字一〇五〇号

婚姻之实质要件，在成年之男女应取得其同意，苟非婚姻当事人所愿意，而一造仅凭主婚者之意思缔结婚约，殊不能强该婚姻当事人以履行。

又十一年上字一〇〇九号

父母为未成年子女所订婚约，子女成年后如不同意，则为贯彻[1]婚姻尊重当事人意思之主旨，对于不同意之子女，不能强其履行。

（最高法院判例）十七年上字二四六号

未同意之婚约，不能强制履行。

又十七年上字八二九号

父母本于主婚权之作用，为其幼小子女订立婚姻预约，虽为吾国旧律所容许，然与婚姻自由之原则，显相违反。在现行婚姻自由之制度下，根本不能容其存在。故在子女尚未成年时缔约之一造，请求解除该预约，不论所持理由如何，应认为法律上解除权之正当行使，他造不得任意反对。

在唐明清律，子女之婚姻，皆由尊长作主。当事人完全受其尊长所定婚约之拘束，是因当时之婚姻，完全不重男女之自由意思也，其男女之一造，不能因此而解除婚约，固不待言。同时他造尚得提起履行之诉，近来婚姻渐重本人意思，故凡未得本人同意之婚约，纵无法定原因，其请求解除时，亦不能违反该男女之意思，判令其履行尊长所定之婚约也。

八、定婚男女两方同意解除者

（大理院）五年抗字六九号

父母虽有主婚之权，至于已成之婚约，经当事人双方合意解除，或一方

---

〔1〕 "贯彻"原文作"贯澈"，现据今日通常用法改正。——校勘者注。

于法律上有可以解除之事由者，断无反乎婚姻当事人之意思，可以强其不得解除。

此项规定，于唐明清律均未见之，其在现行法则为解除婚约之理由。

九、欠缺法定要件者

（大理院判例）七年上字八八八号

未经订立婚书，及受过聘财之婚约，既欠缺法定要件，则虽经同意追认，亦不能有效。

（大理院解释例）四年统字二〇七号

法律认为无效之法律行为，无拘束当事人之效力。男女苟合，既无合法之婚约，法律上当然不受拘束，故其后拒绝为婚，自无不可。

（唐律）诸违律为婚当条，称离之正之者，虽会赦犹离之正之，定而未成亦是聘财不追，女家妄冒者，追还。

婚约有法定条件，若有缺少，其婚约不生效力，唐律违律为婚条，有"定而未成者亦是"之规定，此当时之婚约，苟有违律，亦可解除，明清律与唐律同，惟删除"定而未成者亦是"之句，不解其故。

第二节　婚姻之成立要件

婚姻之成立，有实质要件与形式要件两项。所谓形式要件者，即婚姻之仪式是也。我国现行法对此尚无一定规定，今姑从略。至于实质要件，则分述如左。

一、共诺

（大理院解释例）五年统字四五四号

定婚须得当事人之同意，当时未得女之同意者，其女诉请解除婚约，亦无强其成婚之理。

又四年三七一号

民法原则，婚姻须得当事人之同意。现行律例虽无明文规定，第孀妇改嫁，既须自愿，则室女亦可类推，以定律言。婚姻固宜听从亲命，然苟乖乎礼教，背乎人情，则审判衙门，仍有裁夺之权。

共诺者，当事人之合意也。考唐明清律，皆侧重于主婚人之意思，而不问当事人之意思，是以无此项要件之存在也。其原则虽如此，但亦不无例外规定如"不愿还聘财"及"其夫丧服满，果愿守志，而女之祖父母父母及夫之祖父母父母强嫁之者，杖八十"又"其男女被逼"等等，亦可推知其有时亦须得当事人之同意也。今则共诺为婚姻成立之最先要件焉。

二、适婚之年龄

适婚年龄之迟早，各国法律规定不同。我国古时之成婚年龄，较后世为高，经书不乏记载。今姑就唐明清三代及现行法言之。

（唐书太宗本纪）唐贞观元年，诏民男二十女十五以上无夫家者，州县以礼聘娶。又食货志载，开元二十二年，诏男子十五女十三以上得嫁娶。

（大明会典）明洪武元年，令庶民之嫁娶，悉依朱子家礼（男年十六女年十四）。

（大清通礼）仍明之旧。

民国以来，大理院以男女至十六岁有婚姻能力，盖因视行律以十六岁，为成年耳，今国民政府所颁布之民法总则第十二条云，"以满二十岁为成年"，又第十三条第三款云，"未成年人已结婚，有行为能力"，此则适婚年龄似又不限于成年之后也。

三、配偶之数（一夫一妻之原则）

（大理院判例）五年上字一一六七号

现行律妻妾失序门内载，若有妻史娶妻者，后娶之妻离异归宗等语，是已有妻室之人，如果欺饰另娶，其后娶之妻，自在应行离异之列。

（唐律）诸有妻更娶妻者，徒一年，女家减一等，若欺妄而娶者，徒一年半，女家不坐，各离之。

（明律）若有妻更娶妻者，亦杖九十，离异，其民年四十以上无子者，方听娶妾，违者笞四十。

（清律）若有室更娶妻，亦杖九十，后娶之妻，离异（归宗）。

唐明清律，及现行律，皆维持一夫一妻之原则。但除妻之外，尚得有妾，明时娶妾尚有条件。一、须年四十以上。二、须无子，不若今之娶妾，毫无限制。惟此种一夫一妻之原则，历来亦不过徒有其名而已耳。今国民政府所厘定之法律，皆以男女平等为原则，则此项不平等之妻妾并存制度，在法律上决无立足之余地，如此方得称为真正之一夫一妻制度矣。

四、须得主婚人之同意

（大理院判例）二年私上二号

现行律载，嫁娶应由祖父母父母主婚，祖父母父母俱无者，从余亲主婚，是婚约不备此条者，当然在可以撤销之列。

又四年上字二一八八号

婚姻当事人已有结婚之合意，并曾践行一定方式（订立婚书或收受聘财）。又无其他无效原因者，其婚姻即系合法成立，虽未经父母或其他有主婚权人之同意，亦仅足为撤销之原因。

（唐律）诸嫁娶违律祖父母父母主婚者，独坐主婚。若期亲尊长主婚者，主婚为首，男女为从余亲主婚者，事由主婚，主婚为首，男女为从，事由男女，男女为首，主婚为从。其男女被逼，若男年十八以下，及在室之女，亦主婚独坐。

（明律）嫁娶皆由祖父母父母主婚，祖父母父母俱无者，从余亲主婚，其夫亡携女适人者，其女从母主婚。

嫁娶违律条，其规定与唐律大致相同。

（清律）同明律。

主婚之文，始于唐代，意谓婚姻必有主婚人为之主也。明清律与唐律大略相同，现行律仍清之旧，我国婚姻，系由父母作主，男女本人，亦唯父母之命是听。今则婚姻渐趋重于本人之意思故婚姻多由本人自主，惟须得有主婚权者之同意而已矣。

五、非同姓或同宗

（大理院判例）三年上字五九六号

现行律载，凡娶同宗无服之亲，或无服亲之妻者，各处罚等语，律意所在，盖无非重伦序而防血系之紊乱。故同宗无服之解释，不拘于支派之远近籍贯之异同，但使有谱系可考，其尊卑长幼之名分者，于法即不能不谓为同宗，而禁其相互间婚姻之成立。

又八年上字一〇九三号

现行律不禁同姓不宗者相为婚姻。

（唐律）诸同姓为婚者，各徒二年，缌麻以上，以奸论。

（明律）凡同姓为婚者，各杖六十，离异。

凡娶向宗无服之亲，……各杖一百，……小功以上，各以奸论，……若娶同宗缌麻以上姑侄姊妹者，亦各以奸论，并离异。

（清律）同明律。

同姓不得通婚，始于周代，其时不过为礼制之一种，而无强制之效力也，至唐代方为明文规定。考周时所谓同姓，实与同宗无异，此可证之于孔子家语。其文曰："同姓为同宗，有令族之义，故系之以姓，而弗别，辍之以食，而弗殊。虽百世而婚姻不通，周礼然也。"及至后世，姓氏混乱，故有同姓而不同宗，或同宗而不同姓之事发生。现行法不禁同姓为婚，而禁同宗为婚。所谓同宗者，则支派之远近，籍贯之异同，姓氏之各别，皆所不问。如果系出同源，而有谱系可考其尊卑长幼之名分者，皆为同宗，而在禁止之例。反之，虽属同姓，而无谱系可考，或可查知其非系出同源者，皆得为婚矣。

六、非宗亲之妻妾

（大理院判例）四年上字——七四号

现行律载凡娶同宗无服之亲，及无服亲之妻者，各处罚。但使其人已为同宗亲之妻，即无论其亲或为小功，或属缌麻，又或推而至于无服，依法均不许娶。

又七年上字三八七号

娶同祖兄弟之妻者，其婚姻依律自应撤销。

（大理院解释例）七年统字九一七号

现行律娶亲属妻妾门载，其亲之妻曾被出及已改嫁娶而为妻妾者，统应离异，其婚姻自非有效。

（唐律）诸尝为祖免亲之妻而嫁娶者，各杖一百，缌麻及舅甥妻，徒一年，小功以上，以奸论妾各减二等，并离之。

（明律）凡娶同宗无服之亲，及无服亲之妻者，各杖一百，若娶缌麻亲之妻及舅甥之妻，各杖六十，徒一年，小功以上，各以奸论。其曾被出及已改嫁而娶为妻妾者，各杖八十，若收父祖妾及伯叔母者，各斩，若兄亡收嫂，弟亡收弟妇者，各绞，妾各减二等。

（清律）同明律。

同姓或同宗不得通婚，前已述之。但宗亲之妻妾，虽不在同姓或同宗之限，然亦为法律所禁止，不得互相为婚也。明律规定较唐律为严，清律仍明之旧，现行律亦不见有如何出入也。

七、非异姓亲属之辈分不同者

（唐律）若外姻有服属，而尊卑共为婚姻，及娶同母异父姊妹若妻前夫之女者，亦各以奸论，其父母之姑舅两姨姊妹及姨若堂姨母之姑堂姑己之堂姨及再从姨堂外甥女女婿[1]姊妹,并不得为婚姻,违者各杖一百,并离之。

(明律)凡外姻有服,尊属卑幼共为婚姻,及娶同母异父姊妹,若妻前夫之女者,各以奸论,其父母之姑舅两姨姊妹及姨若堂姨母之姑堂姑己之堂姨及再从姨堂外甥女若女婿及子孙妇之姊妹并不得为婚姻,违者各杖一百。若娶己之姑舅两姨姊妹者,杖八十,并离异。

(清律)同明律。

近亲为婚,为各国法律所禁止。虽异姓近亲,辈分相同者,亦不得为婚。在我国则只限[2]异性亲属辈分不同者间,不得为婚。虽于表亲属关系解消后,亦同。即无亲属之关系,而有切近之尊卑辈分可稽者,亦均不许为婚姻也。唐明清律,规定大致相同。惟明清律于"女婿姊妹"句下,增加"子孙妇之姊妹"及"若娶己之姑舅两姨姊妹者杖八十"两项。除此之外,明清律尚有"前夫子女与后夫子女苟合成婚者,以娶同母异父律条科断"之规定,此则以其血脉之相联也,现行律仍清之旧。

八、非居丧者

(大理院判例)九年上字四九二号

夫死未久,即欲改嫁,依照现行律居丧嫁娶门,居夫丧而身自嫁者,离异之规定,自在禁止之列。

(唐律)诸居父母及夫丧而嫁娶者,徒三年,妾减三等,各离之。知而共为婚姻者,各减五等,不知者,不坐。若居期丧而嫁娶者,杖一百,卑幼减二等,妾不坐。

(明律)凡居父母及夫丧,而身自嫁娶者,杖一百。若男子居丧娶妾,妻女嫁人为妾者,各减二等。若命妇夫亡再嫁者,罪亦如之,追夺并离异。知而共为婚姻者,各减五等,不知者,不坐。若居祖父母伯叔父母姑兄弟丧而嫁娶者,杖八十,妾不坐。

(清律)同明律。

居丧不可嫁娶,为我国独有之伦理,而为别国所无也。考此制源起于周代,至唐始规诸明文明清律规定相仿,现行律亦无更改。

上述各点,于唐明清律与现行法上皆有相当规定。至为唐明清律所禁止

---

[1] "女婿"原文作"女壻",现据今日通常用法改正,下同。——校勘者注。

[2] "只限"原文作"止限",现据今日通常用法改正。——校勘者注。

而为现行律所未规定者，亦有数项：如父母因禁，不得嫁娶，不得娶逃亡妇女，不得娶乐人监临，不得娶所监临女杂户，不得娶良人，僧道不得娶妻等皆是。兹为节省篇幅起见，不复赘述。

第三节　婚姻之无效及撤销

婚姻无效云者，为婚姻行为却不能发生效力之谓也。婚姻撤销云者，为婚姻当事人之意思有瑕疵，而否认其婚姻行为效力发生之谓也。但婚姻之撤销，与寻常法律行为之撤销不同，前者不溯既往，而后者则自始无效也。

唐明清律，关于婚姻之无效及撤销，皆混而为一。及前大理院始以判例与解释例区别之，唐明清律所规定之嫁娶违律处罚离异诸条，皆为失去婚姻效力之原因也。前大理院所谓婚姻无效者如下：

一、基于定婚之无效

盖因男女定婚，有相当要件。苟缺而不备，虽已成婚，仍不生婚姻之效力也。（十年上字第二八一号判例云：婚书若不真确，则未践定婚方式，纵两造先有口约，亦不能遽为婚姻关系已经成立之断定。）

二、基于成婚未经一定仪式

（三年上字第四三二号判例云：婚姻成立，与定婚有效，系属两种问题。婚姻成立，必经习惯上一定仪式……）

三、典卖为婚

（统字第一〇五〇号解释例云：依民事法凡理买卖为婚，并无婚害或财礼，亦与以妾为妻不同，均不生婚姻效力。）

四、当事无结婚之意思

此为婚姻无效之最普通原因，实以现行法采共诺之制，苟当事人之一方缺乏结婚之意思时，其婚姻全然不生效力。但其意思当以全不存在为限，如仅因其意思有瑕疵，则只能认为撤销婚姻之原因，不能认为婚姻无效之原因也。（此点判例颇多，已详前节，兹不再录。）

唐明清律关于婚姻撤销之原因，混入于嫁娶违律处罚离异各条，已如上述。但除前项所述婚姻无效之原因外，皆为婚姻撤销之原因。现行法上所谓婚姻撤销之原因者如下：

（一）未届适婚之年龄—居适婚年龄，其撤销权即行消灭。

（二）重婚。

（三）未得有允许权人允许之婚姻。

其撤销权经有允许权人在六个月内追认而消灭。

（四）同宗为婚。

（五）与宗亲之妻妾为婚。

（六）异姓亲属之辈分不同者间为婚。

（七）未满禁止再婚时期而结婚。

解销婚姻之女违反法定期间而再婚。

（八）因诈欺或胁迫而结之婚姻。

其撤销权经当事人在六个月内追认而消灭。

第二章　离　异

第一节　总　论

离异者，即夫妻之一造基于法定之原因，经法院之判决或由于两造之协议而消灭其合法成立之一切由婚姻而生之法律关系是也。简言之，即婚姻之解除是也。此与婚姻之无效不同，因婚姻之无效者，根本上不生婚姻之效力，而从无夫妻之身份者也。离异者，必须婚姻关系早已合法成立，而使其成立之婚姻归于消灭也。此与婚姻之撤销亦异。两者虽同为使其已成立之婚姻失其将来于效力，但亦有不同之点在焉。婚姻之撤销者，乃因婚姻成立时有瑕疵。而离异者，必其婚姻成立时为无瑕疵，乃因其夫妻生存中发生事争执而解除其婚姻者也，此其一。婚姻之撤销者，限于相当之原因，而离异固亦须有法定之原因；但于协议离异判度之下，则为全无限制者也，此其二。婚姻之撤销者，必须经呈诉之手续，而离异者若双方不合意，固亦是须经呈诉之手续，但如双方合意时，则可以协议之方法行之，无须经法院之裁判者也，此其三。婚姻之撤销与离异，皆不得追溯既往。但婚姻之撤销，若当事人于成婚时为善意者，须交还对方现存之利益。若为恶意者，须交还全部之利益，并须负相当之损失费用。若在离异，则不见有是项规定者也，此其四。婚姻之撤销者，除夫妻本人之外，有时第三人亦得行使撤销权，请求撤销其婚姻。若在离异，则必限于夫妻之本身者也，此其五。

唐明清律之所谓离异者，并无明白界限。其所称"离之"、"各离之"、

"离异"、"两离之"者，皆混合婚姻之无效或婚姻之撤销而言，并非纯粹之离异也。

离异之法则，有协议离异，裁判离异，与禁止离异三种。但禁止离异为近世文明各国所不探，已成为历史上之陈迹。今日各国所探者，不外协议与裁判两种。我国现行法兼二者而并用。若夫妻两造合意离婚者，则可以协议之方法行之，国家亦不得加以干涉，并认其离异为有效。若有一造不同意时，必须经呈诉之手续，得法院之判决。若许其离异，始可解除婚姻之关系。

唐明清律之离异法制，可分为协议离异，裁判离异，与强制离异三者。强制离异者，即夫妻生存中发生一定之原因，国家得不问其本人只意思，强为其解除婚姻关系也。反之者，国家则加之处罚，此为今日立法者所不探，亦为欧美各国所无也。

第二节　离异之种类与原因

第一款：协议离异

协议离异者，基于婚姻当事人自由意思表示之合致而解除其婚姻者也。离异既属两愿，则其所以离异之原因，在所不问。

（大理院判例）五年上字一四七号

协议离婚为现行律所准许。

又六年上字一二六一号

余亲及族人就男女之协议离婚不容妄有争执。

又八年上字一一一五号

离婚字据现行法上并无一定之方式协议离婚事实既经证明即当事人未在字据书押盖印亦不能谓为无效。

（大理院解释例）统字第一二三一号

现行律夫妻不相和谐两愿离异者准其离异。甲既提起离异之诉，乙在审判上复明白表示承诺即属两愿未裁亦应发生效力。

（唐律）义绝离之余，若夫妻不想安谐而和离者不坐。

（明律）出妻条，若夫妻不相和谐而两愿离者不坐。

（清律）出妻条，同明律。

协议离异之制，于唐律称"和离"，于明清律称"两愿离者"。可知此制于唐时已规诸明文，非自今日始也。其称"和"称"两愿"者，亦可推知其以当事人之自由意思为重，而不容第三人干涉也。

第二款：裁判离异

裁判离异者，因夫妻一造之提出离异，而为他造所不同意时，由一造向法院请求解除其婚姻。法院视其请求离异之条件是否存在，而为解除其婚姻之判决。此与协议离异之不同原因者，迥然不同。

裁判离异，须合法定条件。自唐明清律与现行法视之，其条件可别为二大类：即七出与义绝是也。今分别述之于后：

（甲）七出

七出在唐明清律均为离异之原因，现行律亦未见更改。前大理院有判例与解释例申述之。四年上字一七九三号判例云："现行律载，凡是妻于七出无应出之条及夫亦无义绝之状而擅出者，处罚。虽犯七出（即无子、淫佚、不事舅姑、多言、盗窃、妒嫉、恶疾），有三不去（与更三年丧、前贫贱后富贵、有所娶无所归），而出之者，减二等，追还完娶等语。是出妻于律有一定之条件，与条件不相合者，即不容擅出。"又六年统字第五六七号解释云："现行律妻犯七出而无三不去之理，应认夫有七出之权。"是可见妻犯七出者，夫可请求离异，兹关于七出之各个原因，再分析言之。

1. 无子

无子为七出之第一原因。但何谓无子，亦当研究。唐律疏议云："妻年五十以上无子，听立庶以长。是四十九一下无子，未合出之。"前大理院七年上字二六四号判例："妇人无子，虽为七出之一，然系指为人妻者已达不能生育之年龄，而其夫除另行娶妻外，别无得子之法者而言。"又该院统字第五九一号解释："现行律婚姻门出妻条所称无子之义，系指为人妻者达不能生育之年龄，除其夫另娶外，别无得子之望者而言。盖该律主旨在于得子以承宗祧，故凡夫已有子（如妾或前妻已生子或已承继有子之类），或虽不另娶亦可有子者，无适用该条之余地。其不能生育之原因，须在其妻，更无待言。至不能生育之年龄，应准用立嫡子达法条内所定五十以上之限制。又妻虽其备上述无子之条件而有三不去之理者，仍不准其夫离异，此律所明定也。"是可知因无子而出妻者，尚须其备四要件：（一）妻年满五十已达不能生育之年龄；（二）夫除另娶外别无得子之望；（三）其不能生育之年龄须在其妻，无三不去之理。

2. 淫佚

淫佚并非犯奸，不过有犯奸之虞耳。前大理院并不见有以判例或解释例认此为离异之原因，其八年上字第六四号判例："现行律载：淫佚及不孝翁姑虽在七出之列，惟出妻制度既系夫妻间之关系，则夫故之后，翁姑于媳，当然不能援用。惟子媳苟有淫乱行为，其翁姑为维持一家名誉，加以相当之惩戒，或为家庭和平，勒令其退回母家，脱离亲属关系，固不能谓为不当。"此不过谓妻于夫故后，有淫乱清醒，翁姑得令其退回母家，脱离亲属关系，并非离异也。

3. 不事舅姑

不事舅姑亦为出妻之原因。故礼记内则云："子甚宜妻父母不悦出子不宜其妻父母曰是善事我子行夫妇之礼焉没身不衰。"此可知妻虽然能宜其夫，不能宜其舅姑，亦必被出也。其不事舅姑，在古时候无须有事实上之证明。若有主观主张，即为已足。前大理院六年上字第九四七号判例云："按现行律七出之条，虽列有不事舅姑一项，然细释律意，所谓不事舅姑，系指对于舅姑确有不孝之事实，并经训诫怙恶不悛而言。若因家庭细故实，训诫而不悛也。其见解已脱古人之立法愿意矣。"

4. 口舌

口舌，即多言也。唐明清律之以此为出妻之原因者，为其离亲也。

5. 盗窃

前大理院亦不见有是项判例或者解释例。

6. 妒嫉

此于前大理院之判例或解释例，亦未之见也。

7. 恶疾

前大理院统字第一四二四号解释例云："已经成婚后发生恶疾，不能为离异原因。"此可知恶疾生于成婚之后者，亦非离异之原因也。

妻犯七出，并非皆得出之。尚有三不去之限制。何为三不去？孔子家语云："三不去者，谓有所娶而无所归，与共三年之丧，先贫贱而后富贵。"妻犯七出，若有三不去情形之一者，即不得出之。若妻犯七出而有三不去而仍出之，在唐明清律均有处罚之规定。是则三不去者，乃阻却七出发生效力之事由也。但唐律疏议又云："恶疾及奸虽有三不去，仍在出限。"又现行律例云："妻犯七出之状有三不去之理，不得辄绝。犯奸者，不在此限制。"此则恶疾与奸之二者，虽有三不去，仍得出之也。

七出为出妻之原因，在唐明清律固已不生问题。前大理院对于七出，若自概括方而言之，已经有判例与解释承认之。若分别言之，则仅对于无子及不事舅姑二项有例可援。至其余之淫佚，口舌，盗窃，嫉妒，恶疾五者，未有例。无例虽不能为不承认之证明，但自近世各国之法理，与其关于无子及不事舅姑二者之尚加以种种条件，约以种种限制观之，似对于后之五者无承认之可能也。

我国古时，宗法鼎盛。七出之条，纯为男子出妻之单方原因。至女子出夫，固可不必言。即退而至于求去，亦为社会所不容。故白虎通嫁娶云："夫有恶行，妻不得去者，地无去天之义也。"又三纲六礼篇云："夫为妻纲……妇者，伏也，以礼屈服。"此可见女子在法律上向无地位。今国民政府所颁布法律，皆以男女在法律上处于平等地位为原则，是不平等之七出，已经无存在之余地矣。

（乙）义绝

义绝，在唐明清律皆为离异之原因。唐律有义绝离之条，明清律出妻条内，有"若犯义绝，应离而不离者，亦杖八十"等语。但何为义绝，唐律疏议解释："义绝，谓殴妻之祖父母、父母及杀妻之外祖父母、伯叔父母、兄弟、姑姊妹、若夫妻祖父母、父母、外祖父母、伯叔父母、兄弟、姑姊妹自相杀；及妻殴詈夫之祖父母、父母、杀伤夫外祖父母、伯叔父母、兄弟姑姊妹及与夫之缌麻以上亲、若妻母奸及欲害夫者，虽会赦，皆为义绝。"明清律于此并无明文，但观其所采律文与唐相同，则其有同一之解释，自无疑义。前大理院统字第五七六号解释例云："现行律出妻门义绝律文，采用唐律，则义绝之事例，自可援据。唐律疏议解释并非限定律文内离异各条，又该律文第一节系指妻对于夫言，次节则兼指双方犯义绝应离不离一语，谓事实发生经官处断而故远者。"是大理院之解释义绝，亦根据唐律疏议也。

上项解释，虽不无可取，但亦不免失之过狭也。近之解释义绝者，其义较宽。诸凡足以构成离异之原因者，皆为义绝。故所有种种事由或法定条件而为判决离异之根据者，无非证明其夫妻间有义绝之情形也。故义绝为夫妻之一造得据之以为离异之事项。唐律疏议所称之义绝，既属狭义，而犯之者又必强制离异，另在后款叙述之。兹先将广义之义绝事项，即足以裁判离异之事由者，分述之如左：

1. 重婚

夫妻之一造与人重婚，在刑法上构成重婚罪，姑置勿论。其前夫前妻，因他造与人重婚，当然可认其行为为与本人义绝。而愿否再继续其本来婚姻，自可从其自由，故法律上特予以呈请离异之权。

（大理院判例）九年上字一一二四号

现行律载明有妻更娶后娶之妻离异归宗至于先娶之妻愿否以其夫有重婚事实主张离异在现行法上并无明文规定。唯依一般条理，夫妻之一造，苟有重婚情事为保护他一造之利益，应许其提起离异之诉，以资救济。

（唐律）诸有妻更娶妻者……各离之。

（明律）若有妻更娶妻亦杖九十离异。

（清律）同明律。

唐明清律对于有妻更娶，皆有离异之规定。但其所称离异，皆指后娶之妻离异归宗也。至于前娶之妻，能否因其夫之有重婚事实而求去，未见规定。推其律意，似在不得求去之列。反之，若妻犯重婚，其夫能否请求离异，唐明清律亦无规定，但其夫可依据犯奸条而出之也。现行律对于双方利益，保护较为周到。勿论男女之一造，皆得意此为请求离异之原因也。

2. 妻与人通奸

妻之于夫，负有贞洁之义务，若与人通奸，则背乎此义务，夫得据此而请求离异也。妻与人通奸，不特与夫之名誉有关，且有混乱血统之嫌。但此所谓通奸[1]者，乃专指与人和奸而言，若其妻被人强奸，则其夫不得请求离异也。

（大理院判例）五年上字八七二号

有妇之夫犯奸义绝于夫，依据现行律之规定，固得由其夫请求离异。惟若夫无愿离之情而其舅姑私擅卖之者当然不能生效。

又四年上字三三一号

现行律载明妻犯七出之状有三不去之理不得辄绝，但犯奸者不在此限。是妻对于其夫有不贞洁之行为者，当然可为离异之原因。惟对于此类行为其夫实已故纵在前（并非仅因保全名誉为事后之掩饰）者，则其妻之责任即已

---

[1] "通奸"原文作"奸通"，现据今日通常用法改正，下同。——校勘者注。

解除，夫不得以业已故纵之行为，请求其妻离异。

（清律）其和奸刁奸者奸妇从夫嫁卖其夫愿留者听若嫁卖与奸夫者奸大本夫各杖八十妇人嫁卖归宗。

唐明清律对于妻之犯奸者，虽有三不去之情形，其夫仍得请求离异，使其不受三不去之保障也。若于妻之通奸行为，实已故继，在前者则不得请求离异矣。现行律亦相同。

3. 夫因奸非罪被处刑者

我国向重宗法，妻有犯奸，夫得出之。夫有犯奸，妻不得求去。其贞洁义务，专使妻方负之。此在唐明清律皆可见之。至民国十五年，前大理院始有判为离异之因，但尚附有条件，即其须因奸非罪而受刑是也。若其妻明知其夫有奸非行为，但未受刑，其妻仍不得请求离异。及既受刑，不特其家门受其玷污，即社会公众亦均认之为罪徒，而于妻之名誉当然受其损害。其妻于此时，方得请求离异。其于妻方利益虽较唐明清律稍为顾及，但尚未与夫处于平等之地位也。

（大理院判例）十五年上字一四八四号

本院按夫犯奸，通常固不可与妻犯奸并论，而准许离异。但若已因犯奸处刑，则情形又有不同，为保护妻之人格与名誉计，自应援用现行律，未婚男犯奸听女别嫁之规定，许其离异。

4. 夫妻之一造受他造重大侮辱或不堪同居之虐待者

侮辱与虐待，皆为事实问题。至何为侮辱，何为虐待，当由法院临时审定之，殊无从列举。虐待事实，须发生于结婚之后，固不待言。即关于侮辱事实，亦须发生于结婚之后，若与结婚之前，会有侮辱事实，而于结婚之后，方始发觉者，皆不得据之以为请求离异之原因也。

（大理院判例）五年上字一〇七三号

夫妇之一造因受他造重大侮辱而提起离婚之诉者，一经查明实有重大侮辱之情形，自应准其离异。

又五年上字七一七号

凡妻受夫重大侮辱，实际有不堪继续为夫妇之关系者，亦应准其离婚，以维持家庭之和平而尊重个人之人格，至所谓重大。侮辱当然不包括轻微口角及无关重要之誉责而言。惟如果其言语行动，足以使其妻丧失社会上之人格，其所受侮辱之程度，至不能忍受者，自当以重大侮辱论。如对人诬称其妻与人私通而其妻本为良家妇女者即其适例。

又六年上字一〇一二号

夫之于妻如有诬奸告官之事实，则行同义，绝并非轻微口角及无关重要之言责可比，应认为有重大侮辱，准其妻请求离异。

又五年上字一四五七号

夫妇之一造，经彼造常加虐待，不堪同居之程度者，许其离异。

又九年上字八〇九号

夫妇之一造，受他造不堪同居之虐待者，为保护受虐待一造之利益，固应准其请求离婚，然于虐待之一造要不得准其自行请离。

又七年上字二六四号

夫妇之一造，如果受他造不堪同居之虐待，应准许离异，惟因一时气愤偶将他造致伤而事实轻微者，自不能遽指为不堪同居之虐待。

又五年上字一〇七三号

本院判例所谓夫虐待其妻致令受稍重伤害者，实以伤害之程度较重足为虐待情形最确切之证明之故。如其殴打行为实际出于惯行则所受伤害不必已达到较重之程度既足证明实有不堪同居之虐待情形即无不能判离之理。

（大理院解释例）八二八号

妻受夫虐待有不堪同居之情形者，应认为义绝准予离异。

又一三五七号

受夫不满同居之虐待，自可对夫请求离异，并应许其拒绝同居。

唐明清律皆不见有此项概括之规定。

5. 夫妻之一造对彼造直系尊属有虐待或重大侮辱者

夫妻一造之直系尊属，亦即他造之长辈，于礼应孝敬之。若己之尊属，如有不事孝敬而反有虐待或重大侮辱之情形者，其对于夫妻间虽不见有虐待情形，但法律处亦认之为请求离异原因也。

（大理院判例）七年上字一五〇号

夫对其妻之父母虐待或加以重大侮辱者应认为义绝亦应准其离异。

又五年上字七四二号

因虐待舅姑或为重大侮辱而应离者若经舅姑明白表示宥恕者不得再以之为请求离异之原因。

（大理院解释例）一一三四号

查现行律所谓不事舅姑，不孝之养，即指虐待及重大侮辱而言。如果查明所称事实确已达于虐待或重大侮辱之程度，始得判令离异

唐明清律对此并无专条，七出中之不事舅姑与此相仿，唯此之范围较狭于彼耳。

6. 受夫直系尊属之虐待或重大侮辱者

妻如不事舅姑，为尊属者自得训之、戒之。若子妇并无失德之处，而受舅姑之重大侮辱或虐待者，纵使夫妻间无难堪情事，亦准其请求离异也。

（大理院判例）六年上字一八号

现行律……殴祖父母父母条载若非理殴子孙之妇致令发疾（中略）笃疾者（中略），并令妇宗等语是妻为其夫或祖父母父母所殴者，如按其情形不能认为不堪同居之虐待，则非至折伤或笃疾不得请求离异。

（大理院解释例）八一三号

翁虐待童养媳，且已致成废疾笃，自应准其离异，又子妇为翁强奸，院判亦准离异。

（清律）若非理殴子孙之妇致令废疾者，杖八十，笃疾者，加一等，（子孙之妇）并令归宗。

子孙之妇，本以义合，殴至笃疾，是为义绝，义绝当离。清律如此现行法亦相同。

7. 夫妻之一造以恶意遗弃彼造者

夫妻本以义合，彼此有共同生活共相扶养之义务。若夫妻之一造，无故遗弃他造，则其夫妻恩义早已灭绝，自无不准其离异之理。

（大理院判例）八年上字三五九号

夫对于其妻纵令无力养赡，而既非确有遗弃之意思，即不足为离婚之原因。

又四年上字一四三三号

……遗妻不养虽合法定离异之条件，惟其夫系因赴京应试而离家并非无故遗弃者，亦不足为请求离婚之根据。

（大理院解释例）六九六号

已成婚男子虽因犯罪判处无期徒刑，致其妻无人扶养，如本无遗弃之意思者，其妻不得遽行改嫁其母未得子之同意，亦不得单独为之主婚。

唐明清律无此项规定。

8. 逃亡

妻背夫在逃，及夫逃亡三年不还，皆为义绝，彼此皆得请求离异也。

（大理院判例）八年上字一一六号

妻背夫在逃，辄自改嫁者，既于其夫有义绝情状，其夫自得据以请求离异。

又五年上字五九八号

背夫而逃在现行法虽为离异原因之一，然律文所谓在逃云者，必其出于一去不复返之意思，非谓其妻偶有所适，未经预先告知其夫，即谓为背夫在逃。

又十一年上字八一〇号

现行律载若妻背夫在逃者（中略），听其离异等语背夫云者，系指立意背弃其夫而言，如在逃系因别事，即非立意背弃其夫，尚不得为离异之原因。

又三年上字一一六七号

现行律载……夫逃亡三年不还者，并经听官告给执照别行改嫁等语，寻释立法本旨，女子本以不许重复婚嫁为原则，但夫若逃亡多年不知下落，使女久待亦非人情故以许其改嫁为例外。其必经官告给执照者，无非令官署得以调查其逃亡不还之事实是否真实及其年限是否合法，以凭准驳而防后日之争议。故女子如实因夫逃亡三年以上不还而始改嫁，虽当时未经告官领有执照，而事后因此争执经审判衙门认其逃亡着实，而年限又属合法者，其改嫁仍属有效，不容利害关系人更有异议。

又七年上字一三八一号

现行律载夫逃亡三年不还者，并听经官告给执照别行改嫁等语，其经官告给执照无非使官署得有机会，以便调查并非改嫁之条件，苟有夫逃亡着实并已经过三年者，则其改嫁仍着有效，惟所谓逃亡须确有失踪不返之情形。若其所在可以探知音信常通者，虽离家较久，亦不得以逃亡论。

又十年上字八四三号

现行律例所谓夫逃亡三年不还，并听经官告给执照别行改嫁云云，系指夫于逃亡三年以后仍继续在外生存，莫定并无归还之音信而言，若其夫于成讼前早已由外归来，自不能追溯往昔情形，而引用现行律以为请求改嫁之论据。

又八年上字四三四号

现行律例所谓夫逃亡三年不还者，须夫之踪迹不明而有置妻不愿之事实，若夫仅因故留滞在外尚存有资财足供其妻之生计，或另有赡养其妻之人自非弃妻不愿不得以逃亡论。

（唐律）义绝离之条……即妻妾擅去者徒儿年因为改嫁者加二等。

（明律）出妻条，若妻背夫在逃者，杖一百；从夫嫁卖因而改嫁者绞；其因夫逃亡三年之内不告官司而逃去者，杖八十擅，改嫁者杖一百。

（清律）同明律。

唐律只有妻妾擅去，及因而改嫁之规定。其对于夫之逃亡，不见明文规定。在明清律始有妻背夫在逃，及夫逃亡三年不还者，听经官告给执照，别行改嫁之规定。现行律从清末之文。

9. 成婚后发现一造有残疾者

男女成婚之后，发现对造有残疾情形而于订婚时并未明白通知者，得据之以为离异原因。

（大理院判例）九年上字二九一号

现行律载男女定婚若有残疾务须明白通知，各从所愿，则定婚当时未经通知身有残疾至结婚后，男女之一造发现对造身有残疾者自可为请求离异之原因。

（唐律）诸为婚而女家妄冒，徒一年。男家妄冒者，加一等。未成者，依本约已成婚者，离之。

（明律）若未婚而女家妄冒者，杖八十，追还财礼。男家妄冒者，加一等，不追还财礼。未成婚者，仍依原定。已成婚者，离异。

成婚后发现一造有残疾者，即唐明清律所称妄冒为婚是也，前大理院所著判决，不过加以补充耳。

10. 妻殴夫以及夫殴妻至折伤笃疾者

夫妻本以义合，殴至折伤笃疾，其义已绝，当然听其离婚。惟妻殴夫则无须至折伤程度，即为已足。

（大理院判例）九年上字五三七号

现行律妻妾殴夫条载凡妻殴夫者，处十等罚，夫愿离者，听等语。是妻苟有殴夫情事，夫即得据以请求离婚并无须至折伤之程度。

又六年上字一八号

现行律妻殴夫条载夫殴妻妾（中略），至折伤以上（中略），先行审问夫妇，如愿离异者，断罪离异等语……

是妻为夫……所殴者如按其情形不能认为不堪同居之虐待，则非至折伤或废疾不得请求离异。

又六年上字六三四号

夫殴妻已至折伤以上之程度，其妻请求离异应即准其离异无再须得夫之同意之理。

（唐律）诸殴伤妻者，减凡人二等，死者以凡人论……（皆须妻妾告乃坐即死者听余人告杀妻仍未不睦）过失杀者，各勿论诸杀妻夫徒一年若殴伤重者加凡重伤三等（须夫告乃坐）死者绞。

（明律）其夫殴妻非折伤勿论，至折伤以上减凡人二等、先行审问夫妇，如愿离异者，断罪离异不顾离异者验罪收赎。

（清律）同明律。

唐律对于妻之殴夫，科以较夫殴妻之加重处罚。而对于夫之殴妻，则科以较殴凡人之减轻处罚，彼此皆不得据之为离异之原因。在明清律对于妻之殴夫，予夫以离异之权；对于夫之殴妻，须至折伤以上，方可构成离异之原因。但愿否离异，其权仍操诸夫手。现行律对于妻之殴夫，当然为离异原因；至于夫之殴妻至折伤以上者，其妻亦得据此而请求离异，无须得其夫之同意也。

11. 抑勒或纵容妻与人通奸

此项无耻情事，发生于夫妻之间者，义有不容其再合，故许其离异。但事若出于夫妻两愿者，则法律以其双方皆属无耻，即不予救济，而许任何一方请求离异也。

（大理院判例）三年上字八六六号

现行律载……抑勒妻妾与人通奸者，女不坐，并离异归宗等语是离婚之判本位现行律例所认许不过须具备一定之条件而已。

又四年上字三七八号

查现行律例，惟本夫抑勒妻妾与人通奸及夫妻至折伤以上者始得离异。若尊长殴伤卑幼及抑勒子孙之妇妾与人通奸者，除本夫系属知情参与或致令废笃疾者外人不得认为离异原因。盖殴伤抑勒咎在尊长舅姑而于本夫之义究未断绝也。

又九年上字六八号

现行律载纵容妻妾与人通奸本夫奸夫奸妇各处罪抑勒妻妾及乞养女与罚。通奸人本着，义父各处罚，妇女不坐，并离异归宗等语。所谓并离异归宗系指被抑勒之妻妾及乞养女除不坐罪外，并得请求与本夫或义父离异。若其纵容通奸事出两愿，即无许一造请求离异之理又纵容抑勒妻妾或乞养女为娼与纵容抑勒通奸相同自可依据此项律文以为判断。

（大理院解释例）四三七号

舅姑抑勒子妇与人通奸如其夫知情而不阻止，可认为有义绝情状者应许其离异。

又五五号

前清现行律夫抑勒妻妾与人通奸准其离异归宗。

（明律）凡纵容妻妾与人通奸抑勒妻妾与人通奸者妇女并离异归宗。

（清律）同明律。

唐律对于此点，并无规定。明清律与现行律同。

12. 买休卖休

买休卖休，有乖伦理。买者贪色，卖者贪财，其夫妻之伦已亡，其恩爱之义已绝。后夫不能正其始，前夫不能正其终，故在往时有"两离之"之规定也。

（大理院判例）五年上字六五四号

用财买休卖休和娶人妻者依自应离异归宗。

又六年上字一〇六八号

妻之改嫁，无论是否由于其夫之欺诈胁迫，抑或处于合意，但如果系用财买休、卖休者，依律自应令与其夫离异。

又三年上字四三三号

……即图卖未成确有证据者亦为义绝自可据以离异。

（唐律）诸和娶人妻及嫁之者，各徒二年，妾减二等，各离之，即夫自嫁者亦同（仍两离之）。

（明律）若将妻妾妄作姊妹嫁人者，杖一百，妻，妾杖八十。

知而典娶者各与同罪并离异财礼入官，不知者不坐，追还财礼。

（清律）若用财买休和娶人妻者，妇人离异归宗。

若买休人与妇人用计逼勒本夫休弃其夫，别无卖休之情者，妇人给付本夫从其嫁卖。

唐明清律对于买休、卖休皆规定离异，并加处罚。在现行律虽图卖未成，但确有证据者，亦为请求离异之理由。

13. 典雇妻者

典雇妻女，当然为灭义行为，其妻自可请求离异。

（大理院判例）八年上字四一一号

现行律载，凡将妻妾受财典雇与人为妻妾者，处罚妇女不坐，知而典娶者各与同罪。并离异等语，原谓妇女被夫典雇得据为请求离异之原因，并非一有典雇事实，即当然是为业经离异。

（明律）凡将妻妾受财典雇与人为妻妾者，杖八十，典雇女者，杖六十，妇女不坐……知而典娶者，各与同罪并离异，财礼入官；不知者，不坐追还财礼。

（清律）同明律。

唐律无文明，清律有离异之规定。现行律仍其旧。

第三款：强制离异

强制离异者，即夫妻间发生一定事实时，法律即强制其离异，而不容其再合也。若有违而不离即予处罚。至于当事人意思如何，概不问及。此种法制，为各国所未有。民国以来，已无此项强制人民离异事实之发现。实为唐明清律特有之法制也。

（唐律）诸犯义绝者离之违者徒一年。

（明律）若犯义绝当离而不离者亦杖八十。

而（清律）同明律。

观于唐明清律，知强制离异之唯一理由，厥为义绝。至于何为义绝，唐律疏议有详细之解释，即前款所称之狭义义绝，广义之义绝不与焉。分而言之，可别为五项，兹并录之于后：

（1）夫殴妻之祖父母、父母及杀妻之外祖父母、伯叔父母、兄弟姑姊妹。

（2）夫妻祖父母、父母、外祖父母、伯叔父母、兄弟姑姊妹、自相杀。

（3）妻殴打夫之祖父母、父母、杀伤夫外祖父母、伯叔父母、兄弟姑姊妹。

（4）妻与夫之缌麻以上亲奸或夫与妻母奸。

（5）妻欲害夫者。

上述五项，在现行法当然为请求离异之理由。但现行法无强制离异之规定，而以当事人之意思为重，并为谋家室之和平起见，勿论有如何义绝情状，一任当事人之互相宥恕，言归于好也。前大理院五年上字第六〇六号判例云："夫妇一方，对于他一方之行为，既经宥恕者，即应认为离异诉权之抛弃。"又同院五年上字第七四二号判例云："因虐待舅姑或为重大侮辱而应离者，若经舅姑阴白表示宥恕者，不得再以之为请求离异之原因。"可知前大理院不特援用强制离异之表示，而显著有相反之判例也。

妾在法制上之研究[*]

谢德宏**

一、引言

亘古之世,男女交配,悉本自由,情投则合欢山野,不合则相逢陌路,其抉择也既任意,其遗弃也亦自如,何夫何妇,罔加辨识,婚姻云何,契约云何,要未计及,按之史家所载,盖即所谓乱婚时也。[1] 商君书开塞篇云:"天地开而民生之,当此之时,民知其母而不知其父。"吕氏春秋恃君篇亦云:"其民聚生处,知母不知父,无亲戚兄弟夫妇男女之别。"其始也盖一妻而多夫,比男权日昌,使女子终身事一夫,故一妻多夫之制发,而一夫多妻之制盛行。[2] 若埃及,若阿述,若迦南[3],若巴比伦,若以色列人,胥一夫而多妻或一妻而多夫,中外从同,恰如一辙。

按一夫一妻之制,固为近世立法所采,顾其滥觞,湮为陈迹,渺不可考,但知当时希腊罗马一带,奉会圭臬,推行甚早,尤其希腊,"一人不得纳娶二妇"之命令,于立法家梭伦——希腊七智之一——所编之梭伦法典中已可检及,且依历史家之考据,该项法令,在梭伦法典之中纵属最初发现,然穷源究委,考其公布日期,则犹在梭伦诞生一千余年之前也。[4]

次言我国,则自周以后,虽已确立一夫一妻之为婚姻准则,然例外则恒

---

* 本文原刊于《震旦法律经济杂志》(第 3 卷)1947 年第 8 期。

** 谢德宏,1943 年毕业于东吴大学法学院(第 26 届),获法学学士学位。

〔1〕 主张原始乱婚说者如 Morgan, Avebury Tylo, Bachofen 等。

〔2〕 见刘师培著《中国历史教科书》第一册。

〔3〕 "迦南"原文作"腓尼基",现据今日通常用法改正。——校勘者注。

〔4〕 参阅 M. F Morris 著 *The History of the Development of Law*.

于发妻以外，许有妾之纳娶，陋规恶俗，相习成风，纪纲败坏，实肇于此。

第查妾之为制，乃封建余孽，宗法产物，方其发生之始，固以宗法重在承宗，承宗不可无后，苟妻无出，忧有伯道，殊非人子之道，为嗣绩计，不得不尔，抑亦所以谋补救之一法也。惟古者妾之数目，尚因阶级贵贱而有等差，三妻四妾，初非尽人可致，入后旨趣尽失，变本加厉，乃不问有后无后，左拥右抱，广蓄媵妾，而筑金屋，藏阿娇，直视为天经地义之义已。杜牧之阿房宫赋曰，"一肌一容，尽态极妍，缦立远视而望幸焉，有不得见者三十六年。"文虽刻意描摹宫阙之宏伟，建筑之庄丽，实则反映嫔妃之众多，宫人之惨况，要为当然之事，而读白居易长恨传，知除三夫人九嫔二十七世妇八十一御妻外，更有所谓后宫才人，乐府妓女之目，试问蓄妾之制，残摧人权，狎弄女性，亵渎人格，自掘坟墓，其有甚于斯者乎！

方今男女平等，女权日高，蓄妾陋规，实不容再有存在余地，故社会学家以为社会问题而非难之，新闻学家策动舆论而制裁之，法律学家探求法理而论列之，非无因也。

作者攻研申韩，不敢有云心得，惟有关法律，虽骈枝小节，每喜为有系统之研究。本文之作，盖亦在斯，若云著述，则我岂敢。

二、历史

分制度与事实两方面言：

（甲）制度

蓄妾制度，因蓄养人地位尊卑高下而妾数有异，兹将古籍所载，摘录[1]如下：

（1）天子：

（A）天子有后，有夫人，有世妇，有嫔有妻，有妾。（曲礼）

（B）古者天子后立六宫，三夫人九嫔二十七世妇，八十一御妻，以听天下之内治，以明章妇顺，故天下内和而家理。（礼记婚[2]义）

（C）王者立后，三夫人，二十七世妇，八十一女御，以备内职焉。（周礼）

（2）诸侯：

---

[1] "摘录"原文作"摘録"，现据今日通常用法改正。——校勘者注。

[2] "婚"原文作"昏"，现据今日通常用法改正。——校勘者注。

公侯有夫人，有世妇，有妻有妾。（曲礼）

（3）卿大夫：

卿大夫一妻一妾。（白虎通）

（4）士：

士一妻一妾，不备侄娣。（白虎通）

（5）庶人：

匹夫匹妇之为谅也。（论语）

（乙）事实

（1）帝尧七十一年命帝二女嫔于舜。（竹书纪年）

（2）齐人有一妻一妾而处室者。（孟子）

（3）宋逆旅有妾二人。（列子皇帝编）

（4）楚人有二妻者。（战国策秦策）

三、妾之由来

（甲）事实上之成因

（1）淫奔之结果：

聘则为妻，奔则为妾（礼记内则）。

古者婚姻崇尚六礼，是以纳采，问名，纳吉，纳征，请吉，无可或缺，故曲礼云"男女非有行媒，不相问名"。坊记亦云"男女无媒不交"。故女子于归，不合婚仪，等而下之，其地位亦遂不足重矣。

（2）买卖之结果：

买妾不知姓则卜之。（曲礼）

卫人有夫妻祷者而祝曰："使我无故而得百束布，其夫曰：何其少也，对曰：益是，子将以买妾"。（韩非子）

此际：妾殆沦于物之地位，可以相当代价购而得之矣。

（3）媵之结果：

"媵者何，诸侯娶一国则二国往媵之，以侄娣从，侄者何，兄之子也，娣者何，弟也，诸侯一聘九女"。（公羊传）

释言："媵，送也，言妾送嫡行，故夫人侄娣亦称媵也。"按媵为贵族阶级中特有之现象，盖诸侯一娶数女，惟一女备六礼，余均缘此女而来，不经正式六礼之程序，故为妾。周易说卦"兑为妾"，蔡节斋氏曰，"少女从姊为娣，故曰妾"。

（4）犯罪之结果：

"妾字从辛，女之有罪者为人妾。"（说文）

家长犯罪，累及妻孥宗族，此种史实，即在稗官野史，亦可见之。

（乙）理论上之依归：

蓄妾一事，其为残摧女性，妨害家庭之单一，固矣，然在蓄养人方面，将微特不肯坦然自认，自从而诠释其是，俾遂其欲。

（1）帝王方面之藉口：

"后正闰闱，同礼天王，夫人坐论妇礼，九嫔掌教四德，世妇主丧祭宾客，女御序于王之燕寝，颁宫分务，各有典司"。（周礼）

（2）宗法社会之论据：

"小宗可绝而大宗不可绝也"、"不孝有三，无后为大"。

其词冠冕堂皇，似是实非，然而借题发挥，蓄妾之风，已因此大炽于朝野矣。

（丙）重男轻女之结果

我国古代社会，以男系为中心，夫对于妾，有所谓夫权者，故和奸方面，亦仅以妇女为处罚之对象，他如有妇之夫，无夫之女，不在处罚之列，是于纳妾酿成，不无渊源。

（丁）法律上之根据

（1）明律名例律问刑条对于官民娶妾有特别规定。

（2）大清律例及民律草案间接认许妾之存在。

（3）暂行新刑律妨害婚姻及家庭罪中关于妾之规定。

四、妾之地位

在昔男女不相平等，故以妻之地位而言，犹在夫权控制之下，妾非原配发妻可比，则其地位更低于妻，自不待言，兹引古制为征：

（1）妾为君（丧服）妻称夫为夫君，当有夫为冠辞，妾则不然，不能将壻称夫，祇能称君。

（2）妾谓夫之嫡妻曰女君，夫曰男君，故名其妻曰女君也（刘熙释名）。是妻对于妾，亦公然为君矣。

（3）吾以此饮吾父，则杀我主父，以此事告我主父，则逐我主母（战国策）。是妾不仅又称壻为主父，并称妻为主母。

（4）何以服也，妾之事女君与妇之事舅姑等。（传）

"女君死，则妾为女君之党服。"

在服制上妻之地位亦高，女君对妾无服，而妾对女君，须服不杖期服。

此在大清律例，有服制图可据，今将妻为夫族服图及妾为家长族服图〔1〕录后，以资比较：

表一　妻为夫族服图

夫祖父母 大功			
姑舅 斩衰三年			
妾 无服	妻		夫 斩衰三年
衆子妇 期年	衆子 期年	长子妇 期年	长子 期年
孙妇 缌麻		孙 大功	

表二　妾为家长族服图家长祖父母

家长祖父母 小功		
家长父母 期年		
正妻期年	妾	家长斩衰三年
为其子期年	家长长子期年	家长衆子期年
为其孙 大功	家长嫡孙 无服	家长衆孙 无服

---

〔1〕　见易家钺著《中国问题》。

五、古代外国法律上关于妾之规定

（1）巴比伦。汉谟拉比[1]法典规定妻外可以蓄妾，但妾如对夫有任何诉讼提起时，不能直接称对方为"夫"，反之，祗能以"爱人"称呼之。[2]

（2）希腊。梭伦法典规定婚姻以一夫一妻为原则，惟纳妾则在提倡之列。[3]

（3）罗马。在帝制时代，为繁衍[4]人口，奖励生殖起见，曾一度盛行蓄妾，惟有下列三项限制：

（A）须无子嗣；

（B）蓄妾不能在一人以上；

（C）不得以他人之妻为妾。

否则，即不赋予[5]以合法婚姻之效果。[6]

（4）埃及。前埃及法律承认多妻之制，故如丈夫与另一女子结合，二妻并存，法所不禁，惟在斯场合，前配偶不愿，得自行下堂。此际，在二妻并存时，其后纳者，事实上显然为妾，当无疑义。[7]

六、中国历代法律上关于妾之规定

（甲）明律

"各处亲王妾滕，许奏选一次，多者止于一人，世子郡王选婚后，嫡配无出，许选妾二人，以后不拘嫡庶，如有生子即止二妾，至二十岁无子，方许娶足四妾，长子及将军中尉选婚后，三十岁嫡配无出，许选一人，以后不拘嫡庶，如有生子即止于一妾，至三十五岁无出，长子将军许娶足二妾，庶人四十岁以上无子，许选一妾。"

（乙）大清律例

（1）嫡庶子男，分析家财田产，不问妻妾婢生，止以子数均分。（见户役

---

[1] "汉谟拉比"原文作"哈摩拉比"，现据今日通常用法改正。——校勘者注。

[2] 摘自东吴法学院教授陈晓先生所讲授 Lectures of Legal History 笔记。

[3] 参阅 M. F Morris 著 *The History of The Development of Law.*

[4] "繁衍"原文作"蕃衍"，现据今日通常用法改正。——校勘者注。

[5] "赋予"原文作"付与"，现据今日通常用法改正。——校勘者注。

[6] 见王去非著《罗马法要义》第三九页。

[7] 摘自东吴法院教授陈晓先生所讲授西洋法制史笔记。

卑幼私擅用财条例）

（2）独子承祧两房者止应娶嫡妻一人，不得两房均为娶妻，盖礼无二嫡，后娶之妻应以妾论，惟希冀生孙延嗣者，母庸照有妻更娶律离异。

（丙）民律草案及暂行新刑律

（1）民律草案。"非妻所生之子为庶子。"

按妻之所出者为嫡子，自受胎以至出生，其父母无婚姻关系者谓之奸生子，现庶子既非嫡出又非奸生，是为妾之所生，意在言外，不难探索。

（2）暂行新刑律。和奸有夫之妇者处四等以下有期徒刑，其相奸者亦同。（第二八九条）

暂行刑律补充条例：刑律第八十二条第二项及第三项第一款称妻者于妾准用之，第二百八十九条称有夫之妇者，于有家长之妾准用之。（第一二条）

七、在现行法上对于"妾"应有之认识

（甲）民法上之规定

1. 妾之地位

（A）原则：

（a）为准家属之一员。虽非亲属，而以永久共同生活为目的同居一家者，视为家属。（民法第一一二三条第三项）以此，妾虽为现行民法所不规定，惟妾与家长，既以永久共同生活为目的，同居一家，依民法第一一二三条之规定，应视为家属（二十一年院字第七三五号解释），是为法律上之拟制。申言之，亦即男女同居已久，纵不能谓已发生夫妇关系，而其有以永久共同生活为目的，其同时之事实，固极明了[1]，因认为已发生家属关系，即非无据。（二十一年上字第一〇七号判例）

（b）受夫及妻之监督。妾为家属之一员，固如上述，惟妻妾之间，其地位如何，姑无论已无若何规定，即妾与家长间名分之成立，应具备如何要件，法律亦无明文；惟依据法理，在前者家政应有所统属，凡家属关于家事之行为，均应受家长之监督，正妻得以监督夫妾，又属当然之理（六年上字第八五二号判例）；在后者则依据条例正当解释，不仅须家长有认该女为自己正妻以外之配偶，而列为家属之意思，即在妾之方面，亦须有入其家长之家为次

---

[1] "明了"原文作"明瞭"，现据今日通常用法改正。——校勘者注。

于正妻地位眷属之合意，始得认该女为其家长法律上之妾，若仅男女暧昧同居关系，自虽认其有家长与妾之名分（七年上字第一八六号判例）。

（B）例外：

得为正家属。

已生子女之妾，若其一家以内所存者仅妾与其亲生子女，别无他人，则虽未取得妻之身份，仍为正家属，盖依民法所定之亲属关系言，彼为子女之直系血亲尊亲属，又为其家中之最尊辈也。

2. 离异

妾之成立，在法律上纵未限制其须备何种方式，然依其契约之性质及效力，既与婚姻有别，则关于此种契约之解除，自不能适用关于离婚之规定，亦无所谓别居（廿二年上字第九三八号判例），应认为无论何时，如该家长或该女有不得已之事由发生，即可解除契约（五年上字第八四〇号判例）。于此，妾与家长，家长与妾，虽均可主动离异，惟彼此间尚因地位不同而有下列歧异：

（A）家长令妾脱离关系。以有正当理由为限，方可准计。（二十一年上字第一〇九七号判例）

（B）妾不愿为妾时。得自由离异。此盖某于男女平等原则，俾向处不平等地位之女子，得脱离继续为妾之拘束。（二十一年上字第一〇九八号判例）

其无过失而因与家长脱离关系，致生活陷于国难者，其家长纵无过失，亦应给与相当之赡养费，免致该妾无以生存。（二十二年上字第五二九号判例）

3. 效果

（A）得为妻方请求离婚之原因。民法亲属编施行后，不得以纳妾为缔结契约之目的，如有此类行为，即属与人通奸，得为离婚请求之原因。

（B）得为妻方请求别居之正当理由。基于前项事实，如妻请求别居，即属第一〇〇一条但书所称之正当理由。

在施行前业已成立之纳妾契约，或在施行后得妻之明认或默认而为纳妾之行为，其妻即不得据为离婚之请求，但因此有不能同居之正当理由时，仍得请求别居。（二十一年上字第七七〇号判例）

4. 扶养

家长家属间均互有扶养之权利义务（民法第一一一四条），故妾之制度，

既沿于旧日习惯,在家长置妻之时,即认为家属之一员,应负扶养之义务。(十九年上字第二一九八号判例)

5. 认领

生父有抚育之事实,视为认领。(民法第一〇六五条第一项后段)此为法律之拟制,且仅以有抚育之事实为已足,非若法律行为之尚须有意思表示也,其于胎儿,并得认其有抚育之事实,故遗腹子女,受胎在妾与家长关系存续中者,应认为与生父抚育者同。(二十一年院字第七二五号解释)以此,妾之胎儿。亦自有其合法之保障在,初未许家长之任意违背其义务焉。

6. 继承

妾为自然人,得为权利义务之主体固矣,惟在民法亲属编上究无若何地位,在继承编上亦未赋予以何种权利,故除因被继承人之特殊宠遇,依法得为指定继承人并受遗赠外,对于家长遗产,只享"酌给"之权而已。惟须注意,酌给之决定权属于亲属会议,不得迳行向法院请求。(参照最高法院廿三年上字第二〇五三号判例)[1]其应行斟酌者为该应受酌给人所受扶养之程度及其他关系。所谓其他关系,包括甚广,举凡遗产之多寡,应受酌给人与被继承人情感之厚薄,对于遗产有无贡献等俱属之,至继续扶养期间之久暂,与受酌给之权利无关,当不在斟酌之列。又酌给遗产之最高限度如何?法无明文规定,依民法继承编施行前之判例,酌给财产,不得超过应继承人所得继承之财产。(参照前大理院四年上字第一五三四号,六年上字第九九七号及七年上字第六一一号判例)在解释上,本条自无妨采取同一之见解,即所酌给之遗产,不得较任何继承人之应继分为多。盖倘许酌给之最高限度得超过继承人之应继承分,则不啻承认亲属会议有扩充继承人范围,或变更继承人继承顺序之权限,而如此广泛之权限,当非亲属会议所应有。

至妾在继承方面之其他权利,则可分述如左:

(A)参与立继。妾在现行法上虽无正妻之全权,然当家长与正妻均故,关于其家之继承事项,固可出而为审判上或审判外之主张,即或正妻尚在,

---

[1] 最高法院廿三年上字第二〇五三号判例:"民法第一千一百四十九条规定被继承人生前继续扶养协议之人,应由亲属会议依其所受扶养之程度及其他关系酌给遗产,是被继承人生前继续扶养之人,如欲受遗产之酌给,应依民法第一千一百二十九条之规定,召集亲属会议请求决议,对于亲属会议之决议有不服时,得依民法第一千一百三十七条之规定向法院声诉,不得迳行请求法院以裁判酌给。"

而与之同为承继事项之诉讼当事人，或由正妻委任为代理人，亦非法例所不许（大理院六年上字第七九〇号判例）；又守志之妾，亦无立继之权，惟于亲属会议中应占重要地位，故其所主张如有正常理由，则亲属会议之立继，即应经其同意或追认始能完全生效（大理院七年上字第三八六号判例）。惟在新民法施行后，立继一事，业已废除，以上各判例，自不得再行援用。

（Ｂ）为所生子女之继承人。妾之制度，现虽废止，在亲属编施行前所纳之妾，于其所生子女之关系，视为母子关系，故妾于其所生子女之遗产，自属第一千一百三十八条所定第二顺序之继承人。（最高法院二十二年上字第一七二七号判例）

（乙）刑法上之限制

查禁止纳妾，法律固无明文，惟在形式上，在事实上，纳妾往往容易搬演下列事项：

（Ａ）有公开之仪式，二人以上之证人而举行结婚礼。

（Ｂ）虽不公开举行仪式而有实施通奸之事实。

然无论以何种方式纳妻，在法律上当负刑罚，在前者以有配偶而重为婚姻，系犯重婚罪，在后者，则有配偶而与人通奸，成立和奸罪。

查重婚与通奸不同，其区别有三：

（Ａ）重婚系指有配偶而再与他人举行结婚仪式之谓，以有无结婚为前提，通奸则否，每每在秘密不公开或半公开状态下为之，乃以有无"双宿双飞"之事实为构或要件。

（Ｂ）重婚为非告诉乃论之罪，故不以告诉为限，不仅允许自首，第三者亦得向侦查机关告发，即检察官如因报纸记载，道听途说[1]，街谈巷议，知有犯罪嫌疑者，亦应立即侦查犯人及证据（修正刑事诉讼法第二〇七条第一项）；通奸则为告诉乃论之罪（刑法第二四五条），以有告诉权之人（配偶）向侦查机关申告犯罪事实请求诉追为必要，乃以合法之告诉为检察官起诉之条件（修正刑诉法第二一三条第二项）。

（Ｃ）重婚非告诉乃论之罪，故与刑事诉讼法第二一六条所定六个月之告诉期间无关，纵逾期间，不将指其告诉为非适法（廿九年上字第六九五号判

---

〔1〕"道听途说"原文作"道听涂说"，现据今日通常用法改正。——校勘者注。

例），[1]通奸则绝对受告诉期间六个月之限制。

兹为进一步说明起见，再分述如下：

1. 重婚

有配偶而重为婚姻或同时与二人以上结婚者处五年以下有期徒刑，其知情相婚者亦同。（刑法第二三七条）从而已有正式之配偶，倘再与人举行结婚仪式，无论后娶者实际上是否受妾之待遇，均应成立重婚罪。（二十二年上字第三七八号判例）

按一夫一妻为社会之婚姻制度，故重婚即系积极破坏社会制度之不法行为，换言之亦即侵害整个社会之法益，自不以亲告为要件，而迳可由检察官侦查罪状，提起公诉。

重婚固为法所不许，惟纳妾则系婚姻以外别辟蹊径之行为，故娶妾不得谓为婚姻，有妻复纳妾者不成重婚罪。（大理院六年非字第一五一号判例）

于此，吾人可以得一概念，即纳妾原祇痛奸，若其因举行结婚仪式而构成重婚罪责，自系画蛇添足，方法不同所召致之后果。换言之，亦即通奸为纳妾当然之结果，重婚绝非致妾之必要条件。此点，但观廿二年上字第三七八号判例即可了然，故关于民法上撤销婚姻等种种问题，自不在本文所应讨论范围之内，于此即不赘述。

2. 和奸

有配偶而与人通奸者处一年以下有期徒刑，其相奸者亦同。（刑法第二三九条）查此项规定，专为保护夫妇间之婚姻生活而设。故大理院九年上字第三〇〇判例云："上告人系某甲之妻，如系与人作妾，固无所谓重婚，然奸之罪，要不能免。"盖夫妇实互负贞操之义务也；天纳妾既亦通奸之结果，自系触犯上开罪名，其配偶即有告诉权（刑法第二四五条第一项），但须以其告诉未经配偶之事前纵容或事后宥恕者为限（刑法第二四五条第二项）耳。

于此有一问题：即妾与第三者通奸或家长另与他人通奸，其家长或妾，果得依法有所主张乎？欲求上项问题之解答，则对于配偶之意义不可不明，查配偶云者，系指合法成立之婚姻关系现尚存续者而言，妾之产生，既非缘于正式婚姻，其与家长关系又无妻之身份，自不能以配偶论（十九年非字第

---

[1] 廿九年上字第六九五号判例："重婚非告诉乃论之罪，某氏之告诉，纵在上诉人结婚后之一年，然与刑事诉讼法第二百十六条所定六个月之告诉期间无关，不得指其告诉为非适法。"

二一六号判例），故其行为，亦即不受刑法第二三九条之限制。换言之，妾非正式婚姻关系，无配偶之可言，故无论妾与第三者通奸，或家长另与他人通奸，均不得有告诉权之行使，而享合法婚姻所赋予之效果，至其因相奸者而论罪，自系另一问题。惟是家长与妾，依之民法规定，其间究有家属关系，故如妾尚未届成年，被人和诱脱离家庭或有监督权之家长时，自可依刑法第二四○条第一项论处。司法院二十一年院字第六五一号解释："甲妾乙年尚未满二十岁，又不能认为正式婚姻，不得谓有行为能力，被丙和诱卖与丁为妻，丙应构成刑法（失效）第二五七条第二项（作者按：相当于现行刑法第二四○条第一项）之罪"，盖其适例也。

又如所纳之妾，若为直系或三亲等内旁系血亲时，则其限制如何？查刑法第二三○条规定"直系或三亲等内旁系血亲相和奸者处五年以下有期徒刑"，盖纳妾不过通奸之变相，血亲相奸，伤风败俗，为文物之邦刑事政策所不容，自另应构成上开法条之适用，从严处断。

（丙）刑事诉讼法上之规定

查合法之告诉，必须符合下列各项要件，即（一）须有告诉权；（二）须未逾告诉期间；（三）须告诉未经撤回；（四）须非配偶纵容或宥恕，现将刑诉法明定各点，分别说明如次：

1. 告诉权

纳妾足以构成通奸之罪责，前已具述，因此，有配偶而再纳妾，即有刑法第二百三十九条之适用，惟在此须应注意者，即其告诉权仅以属于配偶为限（刑诉法第二一三条第二项），他人要不得越俎代庖也。

2. 告诉期间

告诉乃论之罪，其告诉应自得为告诉之人知悉犯人之时起，于六个月内为之。（刑诉法第二一六条第一项）盖告诉乃论之罪，诉追与否，系于告诉人之意思，与普通犯罪在公权未消灭前无论何时均得告诉者不同，诚以未经告诉以前，应否诉追，悬而不定，此种状态，若永久任其犹豫不决，漫无止境，殊与社会秩序有妨，故法于规定告诉权外，复明定以告诉之期间，其逾此期间而不为告诉者，即属迟误期间，则无论故意迟误，或过失迟误，皆生迟误期间之效力，日后纵使告诉，检察官应为不起诉之处分。（刑诉法第二三一条第五款）

查连续数行为而犯同一之罪名者谓之连续犯（刑法第五六条），关于连续犯之意义。明言之，即指一次即可成罪之行为，而以特定或概括之故意，对于刑法上构成同一罪质之法益反复而为数次之侵害者而言，今纳妾而为通奸，揆诸事实，衡之法理，自不失为一连续犯，然则对于此种连续犯，其告诉期间（六个月）究竟应自何时起算，不无疑问。关于此点，最高法院庭长夏敬民氏于其所著《刑事诉讼法释疑》[1]书中解答至明，渠认为对于本问题有二种见解：

（A）自最初犯罪行为知悉犯人之日起算。

（B）自最后犯罪行为知悉犯人之日起算。

此二说应以后说为当。因第一说于人情上多有未惬，盖被害人对于连续犯初次犯罪行为发觉时，每多加以原谅或冀其改悔，如因其原谅而致告诉期间经过，嗣后知悉原谅后之各次犯罪事实不能再为忍受时，若不许其告诉，则于法理人情均有未通。

3. 撤回

凡告诉乃论之罪，告诉人于第一审辩论终结前得撤回之（刑诉法二一七条），其对于共犯之一人告诉或撤回告诉者，其效力并及于其他共犯（刑诉法二一八条），但因通奸罪对于配偶撤回告诉者，其效力不及于相奸人（刑诉法二一八条但书），是即刑诉法第二百十八条前段规定对于共犯之一告诉或撤回告诉之效力，原则上及于其他共犯，而但书规定则属于例外，凡不合例外之条例时，即仍适用原则，此为解释法令当然之结果。刑法第二百三十九条之罪，其有配偶而与人通奸暨相奸之人，原属刑法上之必要共犯，前述但书既以对于配偶撤回告诉，其效力不及于相奸人为限，则对于相奸人撤回告诉，仍应从该条前段规定，其效力及于该必要共犯之配偶，实不待烦言而解。（廿七年非字第二八号判例）又告诉一经撤回，告诉人就同一事实，不得再行告诉（刑诉法第二一七条第二项），以示限制，而所以确定案件之状态。

与撤回似是而非者为舍弃，撤回与舍弃迥不相同，凡已经行使告诉权而放弃其告诉者曰撤回，其未经行使告诉权而预先放弃其告诉权者曰舍弃，惟告诉虽得撤回，告诉权不能在告诉以前预为舍弃。此盖告诉乃论之罪，必有告诉乃能使检察官所提起之公诉有效。此种法律关系，乃公法上之关系，存在于国家与被害人之间，其性质虽与上诉权抗告权同属公权，但上诉权及抗

---

[1]　见夏鄞著《刑事诉讼法释疑》第二二○页。

告权法律上特以明文准许舍弃，（参照刑诉法第三四五条及第四一二条）告诉权则否，是告诉可以撤回，告诉权不能舍弃之理由在此。

4. 配偶纵容或宥恕

按此系刑法上规定，前在和奸一节，亦已略述梗概，惟为使有系统起见，在此仍有并述之必要，盖行使告诉以有希望诉追之意思为成立要件，若配偶而纵容，是不特无希望诉追之意，且有请君入瓮，导人入罪之嫌。又，配偶之间，恩深义重，容有小眚，宥恕为其常事，既经宥恕，显然已无诉追之意，出尔反尔，法所是禁，立法用意，深信在此。

综之，无告诉权，已逾告诉期间，告诉撤回，及经配偶纵容或宥恕者，俱称不合法之告诉，凡不合法之告诉，检察官不必开始侦查，且亦不应受理。

八、结论

关于妾在法制上之种种，业如上逊，从知妾之存在，实为社会畸形，为适应世界潮流及维护社会制度计，妾之为制，当即废绝，再不容有一日之存在，惟我现行民法，婚姻方面虽采一夫一妻主义，不认有妾之存在。然依民法第一一二三条第三项之规定，在解释上视妾为家属，而仍非绝对禁止，此项立法，揆其原意，固在顾全事实，然而削足适履，腾笑万邦，要不能免。深信今后立法，不作积极性之取缔，侈言废止，是将不啻缘木而求鱼矣。（编者按：读者可参阅本刊第一卷第四期陆德裕君之《从判例中观察妾之法律地位》以资对照）

重婚论[*]

张季忻[**]

古时家制有采多夫及多妻制者，吾国之西藏、非洲西岸之黑人、土耳其、埃及、印度等处，其民智识未启，文化未开，尚有行其制者。然文化发达之邦，如英、美、日等无不采一夫一妻制度，良以一夫数妻必致加重夫之负担，激起家室之纷争。而一妻数夫则必致血统紊乱，家室无燕好之乐，社会有梼杌之象。惟一夫一妻制无上述诸弊，能发生夫妇之真爱情，克尽抚养儿童之义务，建设雍穆之家庭也。各国既采其制，为维系保持计，对于重婚靡不设制裁之律。吾国亦然，新刑律第二百九十一条规定如下：

"有配偶而重为婚姻者处四等以下有期徒刑或拘役，其知为有配偶之人而与为婚姻者，亦同。"

然吾国之禁重婚非自新刑律始，唐律、明律均有申禁之条，故新刑律之规定祇沿唐明之旧，而非新创者也。

唐律诸有妻更娶者，徒一年，女家减一等。若欺妄而娶者，徒一年半，女家不坐，各离。

明律凡婚嫁女或再招赘者，杖一百，其女不坐。男家知而娶者，同罪。不知者亦不坐，其女断付前夫出居，完娶。

今者吾国受新思潮之激荡，新旧思想之争日剧。新之信仰未立，旧之制度已摇，社会不安之象触目皆是。其受影响之最大者，婚姻制度亦居其一。我国自昔以来，婚姻系采聘娶制，不以当事者之意见为重。自受新思潮之鼓

---

* 本文原刊于《法学季刊》（第3卷）1926年第2期。

** 张季忻，1927年毕业于东吴大学法学院（第10届），获法学学士学位，曾任东吴法学院法律学系教授。

原文为简易句读，本文句读为校勘者加。——校勘者注。

动，吾国之青年咸欲申其己意于沿袭之聘娶制。大加非难，亟思摆脱。然受思潮之鼓动者，多有已受旧制度之束缚。于是每有不顾其前妻而另娶妻者，而重婚问题生焉。故今日研究重婚问题，洵富于趣味者矣。

关于重婚罪之法文甚为简明，毋庸详释。然吾人所应研究之问题非止一端，今依历来大理院判例分二节论之如下：

（一）重婚罪之前提

所谓重婚者，乃既有配偶而复为婚姻者也。故犯者必先有法律上之配偶，而重为婚姻。若其先有之配偶非法律上之配偶，则事实上虽有夫妇之形式，不能为重婚罪之前提。例如，先有之配偶仅属姘度，未经法定之结婚手续，不得为重婚罪之前提。或先有之婚约虽已成文，然未行结婚之仪式，则婚姻尚未成立，亦不得构成重婚罪之前提。又或婚姻虽已合法成立，但已因当事人之协议，或法庭之判决而解除，则以后即有同居之事实，不得据为重婚之前提，更或其婚姻虽已合法成立，而其夫已逃亡三年以上，律已明许其妻可依法复为婚姻，则亦不能为重婚罪之前提。然则兼祧双配其先成立之婚姻可否为后婚之重婚罪前提耶。据大理院统字第四二号之解释，其后娶若在新刑律之前，则不为罪，即先为之婚姻不得为重婚之前提。若后娶在新刑律施行之后，其婚姻即为后娶重婚罪之前提也。此因兼祧双配在旧律不成立重婚罪，法律不溯既往，故有此解释也。

吾人既知婚姻成立为重婚罪之前提，吾人当知婚姻之成立固不必有同居之事实。同居虽为婚姻之结果，然非婚姻成立之要素。民法以婚姻为要式契约，故祇须完备律例上之要式婚姻即为成立，即得为重婚罪之前提矣。

重婚罪之成立，不但须有合法之前次婚姻为前提，其后次婚姻亦须备法定之方式。若后次婚姻未备法定方式，则虽有同居、订婚等事实，亦不成立重婚罪。然重婚非限于男子，若婚姻已成立，不论男女，再为婚姻皆成立重婚罪。

重婚罪亦不仅限于已有婚姻而重为婚姻者，即以未嫁娶之人，若与已婚之人为婚姻，而知其情者，亦为犯重婚罪，此二百九十一条后段所规定也。

（二）重婚罪之性质

关于重婚罪之性质，吾人分三段讨论之：

（甲）重婚罪非亲告罪

凡关于男女身份之罪，如强奸和奸等罪，类多为亲告罪。故当事人或当事人之尊亲属若不告诉，检察官无自行检举之权，按其法意。盖因是等犯罚虽违犯国家之秩序安宁，然其侵害个人之法益尤大。国家之干涉一方固为维系国家之秩序、风俗，一方实为保障个人之法益，而保障个人法益，即所以维护国家之秩序风俗，惟个人法益之侵害，特为显明。故刑法终采放任主义，重婚罪则异是，其唯一目的乃在维持社会之制度。关于个人之法益少，而影响于社会之全体大，是以法律不采放任主义而取绝对干涉主义。检察官得依职权自行检举，不必待诸亲告也。

（乙）重婚罪系连续犯

重婚罪之成立乃在第二重婚姻成立之时，即第二重婚姻结婚之时也。若在未被举发之前，其婚姻关系虽继续存在，然祇得认为一个犯罪之连续，非结婚当时成立一个重婚，其后之继续犯，又成立数个犯罪也。故结婚当时之犯罪若已经赦免，则其罪即已免除。其行为之继续与否，法律所不问也。又因时效之限制，若结婚成立以后一年之内，不提起公诉者，则公诉权消灭，不能检举之矣。不得借口其行为之继续，而使时效不完成也。惟在民事法上，后娶之妻，须退为妾耳。然每有利用此点以逃避法律，而娶其多妻之欲者，为社会计，殊应有所防止也。

（丙）重婚罪乃取消[1]行为

重婚罪之第二重婚姻成立之时，其婚姻即完全成立，并不以其前次婚姻之存在而根本无效者也。故男女二造即于当时发生夫妇之关系，法律所与夫妇之权利义务，亦于同时发生。初无异于合法之婚姻，所不同者，其关系因有瑕疵，法律得处以刑罚而取消之耳。然在法律未干涉以前，其夫妇关系固俨然存在，第三者固不得以其瑕疵为辞而侵犯其法益也。故妻若有奸非行为，其夫得行使其亲告权，而请求法律之保障。法院不得以其有瑕疵而拒绝之，盖其婚姻非根本无效也。

---

〔1〕 "取消"原文作"取销"，现据今日通常译法改正，下同。——校勘者注。

对于非婚生子女认领请求之商榷[*]

朱志奋

非婚生子女。指非由婚姻关系所生之子女而言。凡子女因苟合或无效婚姻而生者。均包括在内。各国以习惯及宗教之不同，其法律对此所取之态度，亦复因而各不一致：有认非婚生子女无法律之尊亲属，其生父母对之仅负扶养之义务者；有依非婚生子女之性质，分非婚生子女为普通乱伦及犯奸三种。前一种得请求认领，而后二种无此权利者。有认私生子女与其生母之关系，依出生事实而确定，而与生父之关系，须经认领程序者。夫非婚生子女为其生父母所为不合法行为之结果，其本身毫无罪恶之可言，法律为人道及社会利益计，自不应因其父母之不法。而于婚生子女与非婚生子女间存歧异之态度，上述三种制度形式上虽各有不同，而实质上对于此点无不有其缺憾也。一九一八年苏俄之法律，能打破从来传统之观念，认亲子关系应以真实之血统为基础废弃婚生子女与非婚生子女间之歧义，诚为立法事业之进步。吾国新民法于此问题，系取前述第二种制度，就中虽不无新颖之规定，然缺点实多。兹就民法第一千○六十七条及第一千○六十八条关于非婚生子女认领请求权之规定，予以商榷焉：

民法第一千○六十七条第一项规定，有下列情形之一者。非婚生子女之生母或其他法定代理人得请求其生父认领。

（一）受胎期间生父与生母有同居之事实者。

（二）由生父所作之文书可证明其为生父者。

（三）生母为生父强奸或略诱成奸者。

---

* 本文原刊于《法令杂谈》1932 年总第 123 期。

（四）生母因生父滥用权势成奸者。

依该项之文意解释之，则此种认领请求权之相对人，仅为其生父。而生父以外之他人不与焉又同条第二项规定："前项请求权自子女出生后五年间不行使而消灭。"是则非婚生子女之生母或其他法定代理人，于子女出生后五年内，自得随时请求认领，毫无限制。但于此有一疑问焉，即如非婚生子女于出生后一年内未请求其生父认领，而生父即归死亡者，其生母或其他法定代理人，于其生父死后，是否仍得请求其生父以外之人认领耶。若以前述认领请求权之相对人仅为生父之解释衡之，自以消极说为当，但此项请求权于子女出生后五年内即得自由行使，毫无限制则虽自子女出生后经四年十二月二十九日始请求认领者，亦无不合。今生父死亡，距子女出生之日为期仅经一年，自不能视其请求权业已消灭，又非婚生子女之认领，最发生权利关系者，即为其生父继承之开始。如于生父死前未请求认领，死后即不得请求他人认领者，于非婚生子女之权益损失极大，而与认领非婚生子女之法意有未符。或曰："子女出生后其生母或其他法定代理人即得随时请求认领，则自子女出生后至生父死亡前之期间内，自应及时行使。今不是之图，反于死后肇端与事，法律不保护其利益宜矣。"惟吾人细察社会常情，生母当生父在世之日，每多受生父之资助，生活前途备极乐观，实无须请求认领。至一旦生父死后，点金乏术之际，非婚生子女之利益计，饥馑交迫，生活骤感困难，为宁无请求认领之必要乎。

民法第一千〇六十八条规定："生母于受胎期间内曾与他人通奸或为放荡生活者，不适用前条之规定。"换言之，即生母于受胎期间内曾与他人通奸或为放荡生活者，虽有前条所列之情形，非婚生子女之生母或其他法定代理人，亦不得请求其生父认领是已。该条之立法原意，盖以生母既于受胎期间内已与他人通奸或为放荡生活，则该非婚生子女是否因其生父而受胎，殊难确定。故为保护其生父之利益计，自应剥夺其请求权。但生母与他人通奸或为放荡之生活，仅是生母本身之不法，法律当不能因此归咎其子女而剥夺其利益。且为放荡生活之生母，其经济状况及教养能力恒多不如常人，故为非婚生子女及社会利益计，尤有请求认领之必要，法律岂得基此而剥夺其请求耶。基上论结，故愚见以为第一千〇六十八条似应删除，而第一千〇六十七条应改为：

　　有下列情形之一者，非婚生子女之生母或其他法定代理人得请求其生父认领：

　　（一）受胎期间受胎期间生父与生母有同居之事实者；

　　（二）由生父所作之文书可证明其为生父者；

　　（三）生母为生父强奸或略诱成奸者；

　　（四）生母因生父滥用权势成奸者；

　　前项请求权，生父已死亡者，得对其亲属会议行之。

　　第一项及第二项之请求权，自子女出生后五年间不行使而消灭。

论养子制度与我国民法之规定[*]

陆承平^{**}

吾国旧律定拟制之亲子关系有二：一为立嗣，一为收养。立嗣之目的，在乎承宗，而收养之目的，则为娱老，此两者之迥不相同者也。现行民法废除宗祧继承之制，不设嗣子与养子之区别，其立法理由略谓：旧律立嗣，必限同姓，不第为宗法之谬制，应加废除，即揆之实际，亦难适用，且嗣子非己之所自出，与养子之收自他人者，其性别实属相同，强加区别，殊觉无谓。故本案于凡生前收养他人之子以为己子着，其被养之人，不问男女，及是否同姓，概称为养子，并可取得嫡子身份。又谓立嗣目的，厥在承宗，而遗产继承，则另为一事，然实际上，宗祧继承人，亦即遗产继承人，争继实即争产。故家素丰，一旦身死，亲族争继，变起萧蔷，骨肉寇仇，纠纷莫解，甚至虫流出尸，殡葬未遑，夫宗祧继承，为宗法遗制，应加废除，而遗产继承，不可无人。故本案一面不设宗祧继承之事，一面规定无子女者得以遗嘱立嗣子，俾承遗产，若无遗嘱，是其人不注意于此也，他人何可假死者之名义，自圆私利，故本案对立嗣加以他人不得代立之限制。[1] 似此规定，自足矫正旧弊，然养子制度，乃属瑕瑜互见，其利益约有下述数点：

（一）足以继续家系，免祖先祭祀之灭绝，此不仅昔时为然，在家族制度尚存之中国，仍见其必要也。

（二）俾无子者得以人为方法，免其门庭萧索之忧，而娱慰老境。

（三）家产付托有人，以免散佚，俾死者得瞑目而逝。

* 本文原刊于《法学杂志（上海1931）》（第10卷）1937年第1期。

** 陆承平，1938年毕业于东吴大学法学院（第21届），获法学学士学位。

〔1〕 见国民政府法制局拟之亲属法草案之说明。

（四）贫儿孤子，得所收养，不致流离琐尾。以为社会之累。虽然，有其利，必有其弊，养子制度之弊害亦有下列数点：

（一）以他人之子为己子，有破灭天伦，而紊乱亲属之关系。罗虞臣曰："舍天性之爱，而父他人，孝子所不忍为也，是曰抑本，苟有田产，则争为之后，无则难犹子于世父亲也，是曰怀利，吴殿麟曰，今父恩之不可解者父母也，易父母而伯叔焉，易伯叔而父母焉，君子以为此，人道之大变也。孝子处此，必有隐忍负痛终其身者。"

（二）养子依赖养亲之遗产，长游惰之风，阻上进之路，且妨害婚生子女之利益。

（三）使人无绝后之忧，则竞行独身主义，致为婚姻之障碍，而生人口之衰减。[1]

取长补短，存利去弊，庶几可使养子制度臻于完美，然我民法关于养子制度之规定，仅第一〇七二条以下十二条，似嫌简陋。因是有若干问题，均属疑问，有待于将来之解释，兹将各该问题，分别论列于下：

（一）已有亲生子女者得再收养子女乎？关于此点我国学者多为肯定之主张，余戟门氏谓"余主张纵有子女，亦不妨其为收养者也"。胡次威氏谓"余以为就养子制度之精神言之，自应以肯定说为适当"。司法院院字第九〇七号解释亦谓"本有亲生子女者，得收养他人之子女为养子女"。独吾师曹士彬氏谓"吾民法不设限制，不无缺点，愚按有子女者若收养他人之子女，至少系为被收养者之利益，始得为之，否则无以说明收养之目的也"。愚以为纵吾民法一一四二条观察，自以司法院之解释为当，惟曹师之见解，亦足供立法之参考也[2]。

（二）一人得收养二人以上之养子女乎？关于此点，曹胡二氏均主肯定说[3]，愚按一人收养二人以上之养子女，至少亦须为被收养者之利益，始得为之，盖此场合，无异已有亲生子女者再收养子女也。惟就吾民法解释，自应从肯定说。

---

〔1〕见郁宪章著《亲属法要论》第一百三十七页，而陶奇圣著《民法亲属论》、胡次威著《中国民法亲属论》亦均列举其利弊。

〔2〕见余戟门著《民法要论·亲属》第五〇页，胡次威著《中国民法亲属论》第二五一页，曹士彬著《中国民法亲属编论》第一九一页。

〔3〕见曹注第一九八页，胡著第二四八页。

（三）独子女得为他人之养子女乎？关于此点，学者均未论及，惟司法院院字第七六一号解释谓"独子独女之为他人养子女，既无禁止明文，即可任凭当事人间之协议"似尚无不当。

（四）收养行为须别收养者本人之合意乎关于此点，就吾民法解释，似非必要，盖我民法许可自幼抚养者也。然学者均言其不当，余戟门氏谓"收养虽为法律行为，但为发生亲子身份之特别法律行为，应尊重本人之意思，不能由法定代理人为之代理者也。不过被收养人为幼小者居多，假使全不能为意思表示，应由何人为之代为，民法于此，未设规定，殊觉不当"。胡次威氏谓"收养关系之成立，即以养子女之合意为必要，其在养子女尚未成年时，纵使事实上已被收养，似无成立收养关系之可能"。吾师曹士彬氏谓"惟被收养人若尚幼小，假使全然不能为意思表示，在解释上只得认为收养不成立，待其能为意思表示时决之，即在未成年人被他人受养为子女，纵使有意思能力，然如此重大行为，但亦有法定代理人补充能力之必要，民法未设规定，按之事理，殊嫌不妥"。[1]愚以为吾民法仅规定收养者之年龄应长于被收养者二十岁以上，而未规定被收养者之年龄，实一缺点，否则，此种问题均不致发生也。

（五）成年人被收养者须得本生父母之同意乎？关于此点，曹著谓"在成年人被收养为子女，依理亦须得其本生父母之同意，盖脱离本生父母关系而为他人之子女，必须本生父母同意，始近人情"。余戟门亦有相同之见解[2]，然就吾民法用语以观，殊不能为此解释，此亦吾民法缺点之一也。

（六）已死之人得由他人代为收养子女乎？关于此点，曹胡二氏均主张应为否定之解释，司法院院字第九〇七号解释亦谓"收养子女，应由收养者自为之，亲族及配偶不得于其身后代为收养，但其配偶得自为收养"。[3]愚亦同此见解，盖因收养之意思表示，在生前尚不能由他人代为，死后又安可由他人代为收养，自应采此解释也。

（七）无子女者得收养他人之子女为孙乎？关于此点，法无明文，然就现行民法解释，曹胡二氏均谓其与第一〇七二条之法条相抵触，盖既曰，收养

---

〔1〕 见余著第五一页，胡著第二四五页注一，曹著第一八二页注二。

〔2〕 见余著第五一页，曹著第一八二页注二。

〔3〕 见胡著第二五一页，曹著第一九三页。

他人之子女为子女，收养者为养父或养母，被收养者为养子或养女，自不得以无子女而收养他人为孙子女也。愚以为若许其收养他人之子女为孙，仍无异其代已死之子收养子女，此与收养必须有收养者本人之意思表示之原则，亦相抵触也〔1〕。

（八）收养者与被收养者之辈分必须相当乎？关于此点，吾民法亦无限制之规定，实乃一大缺点，司法院院字第七六一号解释。谓："旁系血亲在八亲等以内，旁系姻亲在五亲等以内，辈分不相同者，自不得为养子女。"然吾师曹士彬氏评其为不当，盖以依此解释，则旧制五服以外之伯叔兄弟，即不在限制之列，习俗上是否可行，尚有疑问，故主张应援用第七十二条，较为有据。余戟门亦主张于此场合，应适用第七十二条。郁宪章则谓"直系亲不在限制之列，则祖父可以孙为养子，岳祖父可以孙婿为养子矣，是仍有未当也"。胡次威亦认为此种解释，仍欠周洽，惟不主张援用第七十二条，而主张第一〇七七条以为解释。独陶希圣氏谓"旁系亲尚且如此，则直系亲不得凌乱辈分，无待言矣"。〔2〕愚则从胡氏之见解，盖养子女之身份，既经吾民法明定与婚生子女同，则养父母与养子女有亲属关系，自须辈分相当而后可，况收养制度，本系模拟自然的父母子女关系，从而养父母与养子女辈分须属相当，是为当然，初不必如司法院之就民法第九九三条亲属结婚限制之规定为类推解释，亦无须援用第七十二条也。

（九）有配偶者不共同为收养，仍得成立收养关系乎？关于此点，胡次威氏主张就收养之易于成立言，固应认其为有效，然就法条解释，应认为无效为适当。郁宪章氏陶希圣氏均评此规定不当，吾师曹士彬氏主张仍得成立收养关系，不过对于配偶之他方，不生收养之效力，盖不如此，则一方不能意思表示时，收养则无由成立，揆之情理，殊不可通，曹师之理由殊为透辟精当，愚亦赞同此说。〔3〕

（十）以配偶者他方之子女为养子女，仍须共同为之乎？关于此点，曹郁陶三氏均主张以得他方之同意为已足，盖此子女与他方之亲子关系，早经存在，自无再与配偶者之一方共同为收养行为之必要，此项主张，自属尤当。〔4〕

---

〔1〕 见曹著第一九三页，胡著第二五二页。

〔2〕 见曹著第一八五页，余著第五二页，郁著第一四〇页，胡著第二四六页，陶著第一七七页。

〔3〕 见胡著第二四九页，郁著第一四一页，陶著第一七八页。

〔4〕 见曹著第一八七页，郁著第一四一页，陶著第一七八页。

（十一）两配偶者共同收养之子女，因两配偶者离婚，其身份应如何乎？关于此点，曹师主张仍得为二人之养子女，因共同收养当时有婚姻关系为已足，嗣后婚姻关系消灭，不生影响；胡次威氏则主张就法条文字解释，应根本消灭其收养关系；愚以为养子女之身份，在原则上即与婚生子女同，两配偶者离婚时，对于其婚生子女即不因而丧失亲权，养子女自亦可为同一适用也，故从曹师之主张。[1]

（十二）婿养子制，在吾民法之地位，应如何乎？关于此点，学者多谓民法未就此项规定，殊属缺陷，然此种情形，应否认其为有效，学者均未论及[2]；愚主张习惯上以女婿为养子者，即事所恒见，应认为有效；若谓与我民法禁止亲属结婚之法理不合，殊不思此时既不背乎公序良俗，复无碍于伦理上之理由也。

（十三）养子女之直系血亲卑亲属，与养父母及其亲属之亲属关系应如何乎？关于此点，郁宪章陶希圣二氏主张生于收养关系成立后者，应发生亲属关系，生于收养关系成立前而与养亲同居者亦然，惟生于收养关系成立前而未与养亲同居者，始不生亲属关系，胡次威氏及吾师曹士彬氏则均主张生于收养关系成立前者，即令有同居事实，亦仅发生亲属关系；愚从后说，盖是否亲属，不得以同居为解决之前提也。[3]

（十四）养子女与其本生父母及其亲属之亲属关系应如何乎？关于此点，陶希圣氏主张当然与本生父母脱离关系，郁宪章氏胡长清氏均主张生停止之效力，吾师曹士彬氏主张身份关系仍属存在，其他权义，应认为不存在。考最高法院二〇年上字第二三〇五号判例谓"收养关系未终止前，对于养子之权利义务，无其本生父母置喙之余地"。一二年司法院院字第七六一号解释谓"收养关系未终止以前，养子女与其本生父母之关系未能回复"。似亦采郁胡二氏之主张；愚以为就实用上之利便，亦应从此见解。[4]

（十五）收养行为违反法定要件，应为无效乎？关于此点，郁胡余陶四氏之主张，均认法律既无明文规定，则违反形式要件，应认为无效，违反实质要件，应认为得撤销，盖适用民法总则关于一般法律行为无效及撤销之规定

---

[1] 见胡著第二四八页，曹著第一九〇页。

[2] 见胡著第二五〇页，曹著第二〇四页。

[3] 见胡著第二六〇页，曹著第一九八页，郁著第一四四页，陶著第一八一页。

[4] 见陶著第一八二页，郁著第一四五页，胡著第二六〇页，曹著第一九八页。

也。但吾师曹士彬氏独主张违反亲属法所定特别要件，盖应解为无效。其说明理由曰"盖已成立之婚姻关系，固不可轻于无效而影响于所生子女，至收养关系无效，并无若何不当，立法者殆亦有此意乎"？[1] 愚从曹师之见解，盖亲属法为强行法[2]，纵法无明文规定，亦不宜一律解为当然适用民法总则，况为贯彻强行法之目的，于违反亲属法所定实质要件之场合，亦以解为无效较适当也。

（十六）未成年养子女与养亲合意收养终止，究竟如何解决？关于此点，曹师主张此际应依子女本人之实质意思能力而以其本生父母为有同意权者，陶氏谓"习惯上大率由本生父母与养父母协议为之"。独郁氏谓"民法既无此项规定，则必俟至养子女成年时，始得为两愿终止之行为，殊多不便"。[3] 窃以为郁氏之主张，为事实上所不许可，盖如养家不满于养子女，若必俟至养子女成年时，始得为两愿终止之行为，时期过长，窒碍殊多，且在收养行为当时，既许可养子女之本生父母代为意思表示，此时亦惟有仍赋予其本生父母以代为意思表示之权矣。至于曹师主张应以其本生父母为有同意权，则在养子女年龄幼小，全然不能为意思表示之场合，仍有窒碍难行之处耳。

养子制度，关系复杂，问题众多，奚止上列各点，夷考其历史变迁，约有四级：一为延续祭祀制度，二为继承家长制度，三为继承遗产制度，四为保护收养制度。近代法则多已趋向于第四制度[4]，独我国民法犹狃于遗书，重其继承作用，而忽略其社会政策之意义，不以被收养者利益为规定之基础原则，实为重大之缺点也[5]。

[1] 见郁著第一四三页，胡著第二五六页，余著第五三页，陶著第一八三页，曹著第二〇三页。

[2] 见曹著第七页，郁著第四页，陶著第四页。

[3] 见郁著第一四七页，陶著第一八四页，曹著第三一〇页。

[4] 见曹著第一七八页，黄右昌著民法亲属释义第一七〇页。

[5] 陶著第一七五页，曹著第一七八页；均评述现行制度之不当。但胡次威氏则以为"虽不能谓其已臻至善，然要不外从此最新之潮流也。

中外父子亲属法比较观[*]

奚士昌[**]

疆划中外，时判古今，习惯风俗，处各蓝同。判例法制，因亦互异。故执中论外，泥古观今，断不足以言也。父子亲属关系，外人议论透彻[1]，阐发颇多。吾国历代法家，关于此点，悉本慈孝未见厘析明分用收英美法与中国法上父子关系，比较研究，以资采择。其亦言法之初步乎。

本篇综三网论之：（一）子息之分类；（二）父之责任与义务；（三）父子之权利。

一、子息之分类

西国子息之类别有三：亲生子、私生子及子嗣是。

（一）亲生子之定义

男女依法结婚后生育之子女为亲生子。依法结婚云者，谓夫妇双方原意，非强迫非诈骗。二者具有智慧上之选择力，非疯癫，非痴狂。达相当之年龄，男十八，女十五。依习惯仪式与法律不相舛谬结婚之谓也。亲生子得有继承权，继承权有长子继承、少子继承、均分继承、一子继承之别。近代欧美各国，均采均分继承制度。其采用长子继承制度者，仅英国而已。至若采取少子继承者，除 Gavel – kind 与 Borough – English 外亦不多觏。一子继承制度，颇为近代学者所注意。然除德国外，亦鲜觏也。嗣子继承权与亲生子同，私生子则无。

　＊　本文原刊于《法学季刊（上海）》（第 1 卷）1923 年第 1 期。

　＊＊　奚士昌，1924 年毕业于东吴大学法学院（第 7 届），获法学学士学位。
　　　原文为简易句读，本文句读为校勘者加。——校勘者注。

　〔1〕"透彻"原文作"透澈"，现据今日通常译法改正。——校勘者注。

（二）中国子女类别

中国子女类别，除亲生子、嗣子、私生子外，尤有庶子、寄子、收养遗弃子之别。亲生子之定义，与西国相仿佛。[1] 惟婚姻年龄限制，征有差异。依大理院法令判解，则男为十六，女为十三。私生子定义，与西国同。嗣子之认可，只须嗣父母与嗣子本生父母双方允可。除异姓乱宗外，法律不加以限制。第嗣子只限一人，且本身无所出者，始得立他人子为嗣。盖杜继承上之争论也。媵妾所育者曰庶子，有过房之名，无过房之实（即无继承权）者曰寄子。一称义子，收养遗弃之子，曰收养遗弃子。我国继承制度，与西国迥异。亲生子（嫡子）庶子、嗣子、私生子、均授有继承权，继承量各不相同。至若私生子则因较庶子关系为暧昧，故虽得父母认领，法律不与以平等继承遗产权。其量祇得嫡子庶子之半，寄子、收养遗弃子，无继承权，但可随意分给若干。惟所得遗产，不得携回本宗。

二、父母之责任

（一）英美法

1. 赡养儿女义务

兄女未达成年时代（男二十一女十八为成年时代），儿女智慧能力，体力能力，法律均目为不能自立。父母本道德上观念，应尽赡养义务。赡养义务云者，盖概括相当之保护、教育、衣食住行而言。相当教育以中学为限，专门学术、大学教育，非所需也。衣食住三者，以父母处境而异。达此则当受法律之处分，斯时苟第三人出而代为救养，则第三人所糜各费，父母仍须负完全责任。但所糜各费，不得超赡养意义之外，否则父母不负全责也。

2. 儿童契约

儿童契约，父有负责者，有不负责者。欲使父负完全责任，则须具下列三要素之一：（一）父之委托权；（二）契约得父之认可；（三）契约主要物为儿童生活所必需者。子受父之委托权，则子为正式代理人，父为正式委托主。彼此关系，与一班普通代理委托主体，绝对无二。故父须负完全责任。契约内主要物为儿童生活必需者，如订购维持生活之应用各物如麺包衣服等。盖其父既有赡养未成丁子女之义务，自不能不负此责也。苟越上述三要素之

---

[1] "仿佛"原文作"髣髴"，现据今日通常译法改正。——校勘者注。

外，则父之责任撤销[1]。

3. 儿童侵权行为

儿童侵权行为，不论为过失，或故意不得只以父子关系置父于负责地位，而科罚之。盖未成丁子女一切侵权行为，苟非为父之唆使或得父之认可，或违犯于为父服务范围以内之时，则其父概不负责也。Court of Civil Appeals of Texas, Lessoff V. Gordon 之判词。有言曰："儿童侵权行为，苟非父母之所知，或允许，或承认，或为父服役时而发生，则父责豁免。断不能强父子亲属关系，置父于不得不负责地位。"以上判决虽为 Texas 一省审厅之判辞。然各处关于儿童侵害行为为之判决，莫不以此为标准也。

（二）中国

1. 赡养义务

国人心理，视赡养儿童义务，为父之天职，无年龄之限制。儿童一日不能自立，父母须尽一日赡养之责。如故意遗弃，则按大理院现行法律，第三百三十九条之规定，应受三等有期徒刑至五等有期徒刑之科罚。

2. 儿童契约

我国父子关系，较西国尤为密切。自古迄今，悉本父慈子孝主义。父之契约，得为子之契约，子之契约，得为父之契约。利害相与，祸福共之。故有父债子还，子债父还之谚。民国成立后，大理院判词，亦悉本乎此。西国主法，我国主道德，所本不同，其果自异。

3. 儿童侵权行为

揆诸国人风俗习惯，儿童未成年丁前，一切侵权行为，无论父母认可与否，父母均须负完全责任也。

三、父母之权利与子女之权利

（一）西国

1. 惩戒儿童权

父母既有瞻养教育等之义务，则当亦有惩戒儿童权利。惩戒权利，以处境而异，要以不超越相当二字为准。儿童不尊庭训，斥责之可也。苟滥用父威，杖笞鞭打，施以重刑，以及一切不近人情之行为，如幽禁罚食等。则不

---

[1] "撤销"原文作"撤消"，现据今日通常译法改正。——校勘者注。

特法律所不容，抑亦道德所不许也。读 Meckelvey V. Meckeley, Supreme Court of Tennesse 1903，及 Teltcher V. People, Supreme Court of Illinois 1869, 52 Ill. 395 二案可洞知惩戒权，不得越相当二字之梗概，首案为不以人道待遇子女之判词。次案为幽禁虐遇之判词。盖揆诸西国法理，如有伤害儿童生命者，与普通杀伤罪同罚也。

2. 儿童之工值服役

儿童未成丁时服役工值，法律授父母以特权，得处理之。盖所以报教养之恩也。例如甲童服役乙公司，苟乙公司未得甲童父母明白之宣言，或由环境证明。该儿童已被释放（Emamcpated），乙公司不得贸然授工值于甲童，而甲童亦不得擅自取用。惟有下例情形者不受此条之限制。（一）得父母正式之释放（Emancipation）；（二）父母自愿抛弃权利。允儿童自行订约服役，处理其工值。今引 Bigg V. St. Souses, I. M. & S. Ry. Co., Supreme Court of Arkansas. 判词以证明之。其辞曰："未成丁儿女之工值，父母得以占有者，所以报幼年畜养之恩也。未得解放之儿童，不得擅自支取工值。而雇主亦不得轻以工值授之。凡儿童关于工值诉讼事宜，须由父母起诉。若儿童既得释放，或父母抛弃权利，允儿童自订服役契约，而处理其工资，则凡关于此项事宜之诉讼，亦自当由儿童本人自理。"（后母嗣父对于嗣子工值服役权利与亲父母同）

3. 儿童释放

释放者何，乃依法律之规定。捐弃父母固有管理未成丁时之督视、控御工值、服役等之特权，使儿童自由盟约。处理其工值之谓，释放后雇主可直接交付工值于该童。而儿童亦得自由处理其财产。换言之，释放后儿童对于父母关系，一若成人者然，父母一切应尽赡养等义务。于此消灭、释放之法有二：表白释放、隐匿释放是。表白释放者，视儿童具有自谋生活、自行保护之能力。不问其年之若干，父母自愿舍弃父权，使儿童离乡自活、处理工值或父母自甘转授他人以儿童之监督等权利之谓。表白释放后，父母不得反复无常，取消前议，潜取儿童工值。隐匿释放者，父母无表显明白之宣言，而由其行为环境，断其默许儿童自盟契约。自集工值之谓，论其效力，则隐匿释放与表白释放等，惟隐匿释放，父母在相当时期中，仍能恢复父权。然为期过久，为儿童利益计，法律亦不允恢复父权也。释放全权，操诸父掌，儿童不能强求。

4. 第三人对于儿童侵权行为

第三人对于儿童侵权行为，父母得有起诉权自无疑义。惟克复之量，列国颇多异议。美国历来判案，每以下列两点为标准：（一）儿童因伤害不克为父服务之工值；（二）以伤害肢体，父母所糜医学等费，父母不得直接为儿童克复本人之损失。英国法庭对于此点尤为严厉，不特不能克复为父服役所失工值，且所糜医药各费，亦不能复克。

5. 奸诱未成丁女子

英美立法对于此点各，各树旗帜，迥不相同。英美谓父母关系于奸诱女子诉讼事宜，以诱奸时仍与父属同居为限。英美法则以同居与否，绝对不成问题。苟女尚未释放，未达成丁年龄，在父母督辖之下，女虽乔居客土，父母亦得提起诉讼。克复之量，英以女子确实为父役服所失之量为限，美则否。苟女子是时为家属之一份子，生活于父权统辖之下，所有一切有形无形损失，如家庭荣誉、生育时一切医药等费，亦均能克复。

（二）中国

1. 惩戒儿童权

父权之尊，莫过于中国。古书载云，君欲臣死，不得不死，父欲子亡，不得不亡。后王治国，对父惩戒儿童权，均泥守古训，鞭笞杖责，甚至危及生命，法律亦不加以取缔。民国成立后，现有法律之规定，稍形改革。其补充条例第八条云，尊亲属伤害卑幼，仅致轻微伤害者，得因其情节免除其刑。苟越家长惩戒权必要范围内者，另议。如系伤及生命，则概依律科论。盖人民者国家之元质，其生命为国家所有，非尊长所得擅专，即有应死之罪。有审判官在，父母不能攫取之也。

2. 督监儿童权

此点中西律相吻合，不赘述。

3. 儿童之工值服役

儿童工值问题，中国习惯法，未若西律之严。儿童得随意集取工值，惟为儿童者，须相当赡养父母，苟捐弃亲恩，存心刁薄，任父母之流离，则定以现行法律遗弃尊亲罪，处无期徒刑，或二等以上有期徒刑。

4. 儿童解放

解放名词，传自西国，中国无特别规定法制。

5. 第三人对于儿童侵权行为

第三人对于儿童侵权行为，中西律大网相仿佛。惟中律不若西律厘析之分明。父母有申诉权，除损害所费医药费外，尚能克复儿童本人之损失。

6. 奸诱未成丁女子

中国为礼教之邦，奸诱行为，处罚教较泰西各国为严。读万恶淫为首之句，知中国嫉视奸诱之深。民国现行律第二百八十三条云：对未满十二岁之男女，为之猥亵行为者，处三等至五等有期徒刑，或三百元以下三十元以上罚金。第二百八十五条云：奸未满十二岁之幼女者，以强奸论罪。强奸罪处一等或二等有期徒刑。第二百八十七条云，因犯奸诱之罪，致人死者或笃疾者，处死刑或无期徒刑，或一等有期徒刑。致废疾者，处无期徒刑，或二等以上有期徒刑。奸诱行为，西国能克复有形无形之损失，如家庭荣誉，生育时一切医药等费，中国则否。

美国为民治国先进之邦，法制完美，为他邦所崇尚。故上述西国现行父子亲属法，以美法为原则。他若英德法第引为佐证，故简略。我国宪法未颁，现行法律遗漏殊多。关于父子亲属法，苟现行法律所未及者，悉本风俗上之习惯审判之。中西法之孰优孰劣，述者学浅未便参以管见也。（完）

女子继承权的检讨[*]

孔令仪^{**}

　　吾国古代习俗，向来重男轻女。其惟一原因，系生男可以延续宗嗣，光耀门楣，且无论士，农，工，商，亦莫不以男子为主体。久而久之，就形成了男子的一种特殊势力和地位，至于女子，完全可以说是寄生于男子势力之下的。礼记上的所谓："三从"一点看来，就是未嫁从父，既嫁从夫，夫死从子，就可以知道女子是毫无独立地位的了。又仪礼丧服传曰："妇人有三从之义，无守用之道，故未嫁从父，既嫁从夫，夫死从子。"诗经小雅斯干篇云："乃生男子，载寝之床，载衣之裳，载弄之璋，其泣喤喤，朱芾斯皇，室家君王：乃生女子，载寝之地，载衣之裼，载弄之瓦，无非无仪，唯酒食是议，无父母诒罹。"对于重男轻女之意，更见明显。其实女子的天赋资质，并不亚于男子，除了体力，因为生理上的缘故，稍逊于男子以外，其余与男子并无差异。并且在精细及灵敏方面，平均还比男子为多。不过最大的原因，就是女子们向来受男子的保护，养尊处优，惯了什么事，用不着自己来负责，所以渐渐地把本能都退化了，因此愈成为男子的寄生物，而损失自己的地位。格言上说："享权利，尽义务。"惟有能尽义务的人一方配得享权利，这点，凡是一个想男女平等的女子，都应格外注意的。

　　在古代，固然因为时代的环境和社会的习俗，对男女平权的道理讲不通。但到了现在，一切文化都进步了，女子在法律上的地位上，已经与男子平等。但是我们女子若不在实际上去把自己改造一下，我们怎么能适合这环境？法律要提高我们的地位，而我们自己若仍然不奋发自立，仍然自甘依靠男子，

---

　　* 本文原刊于《东北风月刊》第 1 期。

　　** 孔令仪，1939 年毕业于东吴大学法学院（第 22 届），获得法学学士学位。

而享逸乐，那么我们所得的平等平权，仍是有名无实。这点实在是我们有志的女青年所必须注意而努力的。

自民国十五年国民政府成立后，中国国民党开第二次全国代表大会，其时妇女运动决议按的第九条，即应督促国民政府从速依据党纲对内政策第十二条"于法律上经济上教育上社会上确认男女平等之原则，助进女权之发展"之规定实施。下列各项：法律方面：（一）制定男女平等的法律；（二）规定女子有财产继承权，本来女子继承权。自中古以降，我国各朝代的法律上，居然规定女子继承权，然而这种权利的赋予，并非是普遍与绝对，除掉某种列举的情形之下，女子对于继承，仍只能享其美名而不能受其实惠。自从妇女运动决议以后，女子继承权，才可以说由此而渐渐的发动。民国二十年五月，现行的民法继承编施行，廿年六月，中华民国训政时期约法，亦公布施行，继承编第一条（即民法第一千一百三十八条）规定：

遗产继承人除配偶外依左列顺序定之：

（一）直系血亲卑亲属；

（二）父母；

（三）兄弟姐妹；

（四）祖父母。

所谓"配偶"在丈夫方面指妻子而言；在妻子方面指丈夫而言，这是任何人所知者。然过去对封建思想所造成的解释，却不是这样简明。所谓"人"是单指男子而言，女子为"妇人"。但自妇女运动决议案，竟将历代的观念铲除！

训政时期约法第六条规定：

中华民国国民无男女种族宗教阶级之区别在法律上一律平等。

十九条人民依法律得享有财产继承权，所谓人民当然是中华民国之人民，并且根据约法第六条中华民国国民无男女种族宗教阶级之区别，在法律上一律平等，于是女子继承权也正式的成立。

一、继承的意义

"继承"的意义，即有法定资格的人，因法定原因的发生，而继承被继承人的人格。兹分别述之：

（甲）有法定资格的人。即指合法的继承人而言，按继承人是承袭权利义务的新主体，法律倘使没有严格的规定去限制，那么到被继承人临终，一个继承人都没有，身后一切，有谁来料理？因为谁愿替他负义务去偿债，或料理生前未了之事？在另一方面，巨富者的戚友，一定人人都要争着做继承人，去继享他的荣华富贵，如此法律倘不严格的规定，则每个富户，或准富户到寿终正寝的时候，尸身挺在板上，没人理会，而子孙戚辈间演流血的惨剧。因为争夺遗产，到入殓时棺材盖被人偷去隐匿着，皆因死者有钱，不幸到死没有亲生儿子，于是族中人降低了辈分，愿做死者的孝子，这一切的一切，均为旧习恶弊，人民不懂现行民法继承之错误。自民国十九年十二月廿六日国民政府公布二十年五月五日施行，就有明文规定，同时按部就序的计算下去，依照我民法一千一百三十八条之规定，第一顺序所谓"继承人"，当然是包括男女，其他三项均易明了。

（乙）"法定原因的发生"。民法继承编第一千一百四十七条规定，承继因被继承人死亡而开始，死亡的事实发生，继承亦即开始。

（丙）继承被继承人的人格。即指继承其法律上的位置而言，继承原因，一经发生，继承时期，即行开始，继承效力，亦即发生，被继承人的权利义务，即可移转于继承人。

详述之，即该时以后除另有规定，或特种情形外，各继承人即得随时请求分析遗产。所谓另有规定者，即被继承人以遗嘱禁止析产。在此情形下，如禁止分析期限，遗嘱未规定。则廿年以内，不能请求分析。逾此年限，法律即准继承人分析之。所谓特种情形者，例如胎儿尚未出生，亦不许分析。因为在胎儿没有出世以前，就将遗产尽行分析，这不但与法律认胎儿有继承权的本旨。

所以在此特殊情形之下，亦不许分析遗产，各继承人都是遗产的共有人。

二、女子继承权的沿革

我国在三代以前，宗法盛行，只有宗祧继承的制度，而无财产继承的说素。那时的所谓继承，是指绵血统祭祀而言，所以继承宗祧，绝对以男子为限，不特以直系卑幼男女为限，且以嫡长子为先位。其时宗祧继承人，同时即遗产继承人，如果设有亲生子为宗祧继承人，那即以继子为宗祧继承人。

女子不能与亲生子均分遗产，可见当时法律如何不平等。

中古以后，宗法制度，实际宽弛不少。然对于财产继承，则有相对的权利，并且在某种条件之下，法律以明文许可女子继承遗产。唐开成元年敕节文规定：

> 自今后，如百姓及诸色人死，无男有女已出嫁者，合得资产。

但在宗祧继承方面，可以说依旧绝对没有，唐朝法律，许出嫁女得户绝遗产，已很明了。宋朝的法律，和唐朝的差不多，也应许女子承受绝户资产，然不能承受家产的全部，先要将"营葬事及量营功德之外"除起，然后复以余财妇女承受。而且父母得以遗嘱限制或剥夺其继承权，元明清的法律，规定得更详细，大明会典规定：

> 凡户绝财产，果无同宗应继之者，所生亲女承分，无女者入官。

民国成立以后，大理院判例也明认亲女队员绝户财产有继承及告争之权，守志之妇，亦得合承夫分。然既曰绝户，假使不是绝户，女子仍不得继承，根本与否认女子继承权无异，寡妇要守志不改嫁，财产才能够归她管有，但如滥行处分或改嫁，法律上的规定，还是要向她追问的。

前夫继承人得向改嫁妇追其滥行处分之夫家赠与或遗赠之财产，但妇女守志，则应完全听其处分。（四年上字第一四七号）

夫之遗金，应归其守志之妻管有，惟不得滥行处分。（十一年统字第一七八〇号）

亲女得承受绝产，故对于无权占有遗产之人得出而告争。（四年上字第一三一二号）

民国十五年，妇女运动决议案出世以后，女子财产继承权因而确定；自前司法行政委员会之通令而实行。自此以后，表面上女子与男子已有同等财产继承权了。父母死亡，有财产的遗产由子女平均分派。然实际上，施行的时候，还是免不了旧日固见。因为决议案所称女子有财产继承权，究竟指未嫁女子而言呢，抑包括已嫁女子在内？于是适用的时候，不免发生了许多的纷争，各处的呈请解释，最高法院的判例，司法院的解释，彼去此来，闹得不亦乐乎！附录数则于后，以供参考：

最高法院解释——查第二次全国代表大会妇女运动决议案，系前司法行政委员会令行广东广西湖南各省等审检厅，在未制定颁布男女平等法律以前，关于妇女诉讼，应根据上项决议案法律方面之原则而为裁判。接上开令文，以财产论，应指未出嫁女子，与男子同有继承权，方符法律男女平等之本旨，否则女已出嫁，无异男已出继，自不适用上开之原则。（十七年解字三四号）

女子未出嫁前，与其同父兄弟分受之产，应认为各人私产，如出嫁挈往夫家，除妆奁必需之限度外，须得父母许可，如父母俱亡，须取得同父兄弟同意。（十七年解字九二号）

女子未嫁前，父母俱亡，并无同父兄弟，此项遗产，自应酌留祀产，及嗣子应继之分，至此外承受之部分，如出嫁挈往夫家除妆奁必需之限度外，仍须的嗣子同意，如嗣子尚未成年，须得其监护人或亲族会同意。（十七年解字九二号）

女子被夫遗弃，留养于父母之家。其本生父母，既许其分产，自无禁止其与兄弟分受遗产之理。（十七年解字九二号）绝户财产，无论已未出嫁之亲女，固得对于全部遗产有继承权，但对权义对等之原则，仍须酌留祀产，如本身父母负有义务，亦应由继承人负担。（十七年解字九二号）

关于已嫁女子，对于父母财产，不得有继承权。惟女子父家招人入赘，是否准已嫁论等语，此项赘婚，仍与通常婚姻关系同，惟女既因赘婚留在母家，与夫家不发生家属关系，自应准其承继财产权。（十七年解字第一三三号）

女子与夫离异留居于父母之家，如遗产未经分析，或另有继留财产，仍得享有继承财产权。（十八年院子一一号）

综观上列各解释例，我们可以归纳起来说：出嫁女子即无财产继承权，财产继承权只限于未嫁女子，该未嫁女子已得财产，如出嫁时欲挈往夫家，以妆奁必需为限，否则须得兄弟们或嗣子的同意。已嫁女子的财产继承权，限于：（一）被夫遗弃；（二）招夫入赘；（三）与夫离异；（四）母家系绝户。

这样说起来，做女子倒也很为难，假使一位巨富的女儿，在析产时，已有了情人，财产既得后，还是不嫁，要是出嫁，则所得的，就要因此剥夺；要是不嫁，如何舍得掉情人？所以无论什么事在先总以为原则十全十美了，到实施的时候才发觉许多意外的难处。女子的出嫁，事实上等于男嫁娶妻，男子不因娶妻而剥夺其继承权。女嫁为何要使她因出嫁而丧失其继承权？这岂不是依旧不平等？以女子出嫁比诸男子出继，比拟尤为失当！司法院自知此项解释，尚嫌未妥，于是有重新论定的会议。

十八年四月廿七日，司法院依照统一解释法令及变更判例规则第七条第二项的规定，召集了最高法院院长，各庭庭长，开始会议。会议的议决是，女子不分已嫁未嫁，应与男子有同等财产继承权。对于新解释，发生效力的时期，也拟了两项办法（辞长从略）提出中央政治会议。

这议案提出后，中央政治会议，就在同年五月十五日第一百八十一次会议决议，关于已嫁女子财产继承权的新解释应，自第二次全国代表大会关于妇女运动决议案前司法行政委员会民国十五年十月通令各省到达之日发生效力，在通令日还没有隶属国民政府的各省，那么未从她隶属的日子起即发生效力。中央政治会议决议后，即将该决议录案咨请国务会议明令施行，并转饬司法院通令所属，一体遵照。

三个月之后，司法院起草的施行细则，始行脱稿。复呈中央政治会第一百八十九次会议决议，再咨请国务会议通过，然后在同年八月十九日，由国民政府明令颁布，已嫁女子追溯继承财产施行细则，共十一条。按本细则命名的意思，是因为已嫁女子的财产继承权，在第二次全国代表大会决议案经前司法行政委员会通令各省到达之日起，就应该有了。既因为解释上的缘故，将她们应有的权利剥夺了，照理应该还给她们，故许她们有追溯之权，自此以后，女子继承权，方可以说名实相符，立定脚跟，一切都确定了。男女在法律上，一部分的平等，总算到达了目的。（该细则现已失效）

民国廿年五月五日，现行民法继承编施行，遗产继承男女均等的原则，亦经该法律明文制定了。从此以后，寡妇得继承亡夫的遗产，女儿不论已嫁未嫁，得继承父母的遗产；养女得继承养父母的遗产，已嫁女儿，如不幸死在父母之前，她的子女，也和孙子一样，可以代替母亲继承外祖父母的遗产，这样男女的权利可以说确无轩轾了。然而法律是这样的颁布施行了，试问女同胞中知道这法律而能够使用这继承权的有几位呢？岂不是墨守成见，甘自放弃就是无知无识，受人欺蒙的居多数！

三、女子继承权的行使

女子有平等继承权，既如前述，现在所应注意的，就是在有继承权的场合，应如何的行使请求权，被继承人的债务超于遗产额时，继承人有何规避方法？继承权被侵害的时候，应如何的设法救济？在怎样的情形之下继承权即行丧失？兹分述如后：

（甲）请求权之行使——女子既有财产继承权，就得请求分析遗产，此种请求，也是权利之一，所以名之为请求权。请求权行使之际，最应注意的，是"时"的问题。请求权之是否发生效果，先要看她请求的时期对不对。民法第一千一百四十七条规定：继承因被继承人死亡而开始。可见一定要被继承人死亡以后，继承人才有承受遗产之权，所以要求分产的请求权，也要在死亡原因发生以后进行，才可以一帆风顺，否则是白费心的。（至于被继承人应许生前析产的，继承人当然亦得请求分析然而这是例外。）以上所说的，是一般的时期。此外尚有因特别原因，以致被继承人虽已死亡，但继承人仍不得请求析产的，我们不妨命此时期为特别时期，以别于一般时期。

特别时期，因特别原因之存在而发生。特别原因，约言之有三：（A）契约订定；（B）遗嘱禁止分割；（C）胎儿为继承人。

（A）契约订定——接继承既以死亡原因之发生而开始，民法已有明文规定，所以继承开始以后，继承人当然得随时请求分割遗产。然而法律是以当事人之意思为意思的，明文的规定虽然如此，然如当事人间间（即被继承人与继承人间）另有约订定者，即不在此限，盖所以重当事人的意思。

（B）遗嘱禁止分割——被继承人在生前已得处置的事情，要使他在他死亡后发生效力。唯一的方法，就是立遗嘱。我国习惯，死者在临终时，往往有遗言吩咐子孙，虽无文书为证，后人到也遵行不悖。然而在目今民风浇薄的世界，这类习惯是不足为法的了。所以法律规定了立遗嘱的方式，遗嘱人尤须按照所定的方式做去，法律才认此遗嘱有效。其所以如此严格的缘由，是因为遗嘱的效力，对于被继承人，继承人及其他利害关系人，都有极大的影响，为免日后真伪莫辨以及纷争起见，与其宽而多病，不如严而少疵。如被继承人观察各方情形，认财产以暂不分割为利，在生前预立遗嘱，禁止继承人在他死后分析遗产，那么，为遵从被继承人意思起见，法律准予禁止。如遗嘱只禁止分割，而未定禁止年限，法律以二十年为有效期间，逾此年限，继承人即得请求分析。

（C）胎儿为继承人时——胎儿有继承权，是法律明白规定的。胎儿尚未出生，非留其应继分，法律不许析产。胎儿关于遗产的分割，以其母为代理人。

以上三种特别原因，如其有一原因存在时，被继承人虽已死亡，继承虽已开始，继承人间仍不得自由析产。

（乙）被继承人债务逾遗产额时——按权利义务，本是相互的，继承人享被继承人的遗产，对于被继承人的债务，当然也要负责。因此被继承人债务超越遗产额时，继承人得抛弃其继承权。惟抛弃继承权的意思，应在继承人知悉其得继承的时候起，两个月以内，用书面向法院即亲属会议，或其他继承人表示。法律所以定此期间的缘故，是因为这桩事实，和其他继承人及利害关系人，都有极密切的关系，若许其久不表示意思，那么，别人的权利，将因此永不确定了。抛弃继承，溯及于继承开始时发生效力。继承人中有抛弃继承权的，他的继承分，归其同一顺序的继承人分派，同一顺序的继承人都抛弃继承权时，即依照法律上关于无人继承的规定。

继承人除抛弃继承权一法外，尚有限定继承一法可行。其法为何？即继承人得限定以因继承所得的遗产，偿还被继承人的债务。如继承人有数人时，其中一人主张限定继承者，其他继承人，即视为同为限定继承。在限定继承的场合，继承人对于被继承人的权利义务；不因继承而消灭。继承人主张限定之继承者，应在继承开始时起，三个月内，开具遗产清册，呈报法院。（三个月期限法院因继承人的声请，认为必要时，得延展之）法院然后依公示催告程序公告，命被继承人的债权人，在一定期限内，报明其债权。继承人在该期限内，不得对于被继承人的任何债权人，偿还债务。法院所定期限届满后，继承人对于在期限内报明的债权，及继承人所已知之债权，均应按其数额，比例计算，以遗产分别偿还。但对于有优先权人之利益，不得妨碍。但继承人中有下列各款情事之一者，不得再主张限定之继承：（一）隐匿遗产（二）在遗产清册为虚伪之记载（三）意图诈害被继承人之债权人权利而为遗产之处分。

（丙）继承权之丧失——继承人因下列各款情事之一而丧失其继承权：（一）故意致被继承人或应继承人于死，或虽未致死，因而受刑之宣告者。（二）以诈欺或胁迫使被继承人为关于继承人之遗嘱，或使其撤销或变更之者。（三）以诈欺或胁迫妨害被继承人为关于之遗嘱，或妨害其撤销或变更之者。（四）伪造，变造，隐匿，或湮灭被继承人关于继承之遗嘱者。（五）对于被继承人有重大之虐待，或侮辱情事经被继承人表示其不得继承者。前项二款至第四款之规定，如经被继承人宥恕者，其继承权不丧失。

（丁）继承权被侵害时——继承权被侵害时，被害人或其法定代理人得请求回复之。回复请求权，应自知悉被侵害时起，二年间不行使而消灭；自继承开始起十年者，亦同。

结 论

女子继承权虽然现在在踏上光明的道路然而实实享受这权利者却甚少，女子在法律原则上同男子受同样的权利和义务，但是实际上增进多少？完美的法律是一件事，社会的风俗习惯又是一件事，所以此后女子的地位是完全要靠女子们自己的努力与发奋，在一切的学术上技能上才智上要同男子并驾齐驱，而不要让少数女子做些惊人的事业，必须要大家都能这样做，然后方能在事实上达到预期的平等的目的。

论遗产之分割[*]

郑保华

　　对于遗产引起诉争，其原因固不止一端，况在近日法学倡明之时代，个人之权利义务观念日趋扩张，女子不论已出嫁未出嫁，依法均得继承遗产，旧礼教势力已日渐薄弱，大家庭制度亦渐趋崩溃，小家庭制度代之而兴，遗产纠纷之较昔时为多，实亦为应有之现象。然兄弟阋墙，姊妹互争，以亲爱之家属，一旦涉讼，相见于法庭，唇枪舌剑，各不相下，固无论其曲直之谁属，然因此而家丑[1]外扬，贻先人之修，母子之爱，手足之情，均因反目成仇而顿归乌有，化为泡影，徒为旁人谈笑之资料。事之可痛，孰甚于此？且社会本由多数家庭集合而成，一家庭之纠纷，对社会即不无影响，故欲求社会之改进，尤赖家庭之蓬勃。如遗产纠纷过多，初亦非社会之福，故如有法能减少遗产之讼争，则人人即应负促进之责。窃以为遗产上之争执，误于被继承人及继承人间不明法律者，实居多数。此种案件，如被继承人能熟识法律，依法预[2]为之防，或继承人间能详悉法律对遗产分割之底蕴，虽不能遂谓藉此可以消弭遗产上各种纠纷，但定可减少若干之讼争。试就被继承人方面言之，依现行民法继承编被继承人在生前本得自定遗产之方法，或委托第三人代定分割之方法，但此种遗产分割之意思表示，须以遗嘱为之。[3]若被继承有此遗嘱时，只须不违反特留分之规定，[4]各继承人自应从其遗嘱而行分割，此种依被继承人意思而定分割，最足防止遗产纠纷之发生。又被

---

* 本文原刊于《法学杂志》第10卷1937～1939年（期）。

〔1〕 "丑"原文作"臭"，现据今日通常用法改正，下同。——校勘者注。

〔2〕 "预"原文作"豫"，现据今日通常用法改正，下同。——校勘者注。

〔3〕 民法第一一六五条参照。

〔4〕 参照民法继承编第三章第六节关于特留分之规定。

继承既得依遗嘱而定遗产分割之方法，其所为遗嘱之方式亦不论自书遗嘱，公证遗嘱，密封遗嘱，代笔遗嘱，口授遗嘱，只须依法作成，其效力均同。[1]但我国人，素缺乏订立遗嘱之法律常识，若干士绅之家，家长年老，虽略有在生前书立分家书，而令子女分财异居，自己酌留一部分财产，以作养老之需者，然与遗嘱性质，究不相同。且此种分家书亦不多见，一般人常视订立遗嘱为不详，且年老之人，思想总不免顽固，一切均喜于保守，古时"五世同堂"之观念，一时仍难打破，又以为本人子女总属佳良，己身即万一而有不幸，子女亦必能和衷共济，善加保守，而不致有争执之发生，况财产秘密，孰愿宣之于人，己身即不知现行订立遗嘱之法律，亦大多不愿就商于对法律有专门研究如律师等，而为谋妥当解决之办法。不幸子女初不如其父母之年老，且多受现代思潮之洗礼，徒因其父母一时之误。及父母一旦死亡，遂成日后错综难解之局，不幸何似！此种年老之人，囿于习俗，固不具论。抑又可深惜者，即有若干拥有资产，略明事理，稍知法律之人，亦多抱得过且过之思想，因循坐误，莫知改革，以为遗产之争执，必在吾身后，固不干我的事。吾如豫先订立遗嘱，则分割之方法，倘一有不当，致分析有所多寡，或反使被继承人等对吾已死之身，引起不同之感情，不如任之为愈。不知遗产之多寡，被继承人本身自知之最切，故以本人豫以遗嘱而定分割之办法者，最为适当，免致日后因本人之死亡而使被继承人间有争夺隐匿之虞。况遗产税暂行条例既已公布，不日即将施行，遗产在五千元以上者，均应依条例微税。意图减免税额而隐匿遗产者，除补税外，且须课以一倍至三倍之罚金，[2]则无论就社会国家方面着想，抑就家庭及子女个人着想，均以豫立遗嘱，使遗产得以确定，分割亦有依据之为愈也。英美人士，对订立遗嘱，即较为普及，不论为口头遗嘱（Nuncupative），自书遗嘱（Holographic will），正式附有证人之遗嘱（Formal attested or witnessed will），[3]

---

[1] 民法第一一八九条参照。

[2] 遗产税暂行条例已于本年是十月二日经立法院例会通过，计全文二十四条，并决定自二十八年一月一日起开微。

[3] 英美正式附有证人之遗嘱，多由律师代为制成，由遗嘱人签字，更有二人以上之证人签字证明。

旅外订立之遗嘱（Foreign will），[1]或联合遗嘱（Conjoint or mutual will），[2]均时见订立。窃谓吾人对于英美一般人士勇于订立遗嘱之精神，实有效法之必要也。

如被继承人生前并未以遗嘱自定分割遗嘱之方法，亦未委托第三人代定分割之方法，亦无遗嘱禁止分割者，则被继承人死亡后，如继承人间能均明悉继承法上对遗产分割之规定，而依法加以分割，则对遗产之纠葛，自亦不难免除。此种依共有法则而行分割，苟不愿依裁判之方式，除胎儿为继承人时，非保留其应继分，他继承人不得分割遗产外，[3]依法本得以协议定之，且不拘泥于应继分，彼此间尽可通融，法律本不加以干涉。兹有待于究究者，即关于分割之效力是已，查共有遗产之分割，其效力应自何时发生？对此法律有两种主义，兹分述于下：

一、创定主义或名移转主义（即权利付与说）此种主养为罗马法所采取。依此主义，则共有遗产之分割，乃从分割之时始发生分割之效力。其论据在依共有之原则，遗产在分割前，各继承人对共有遗产之全部虽均有总辖的支配关系，但非各有其遗产之一部，各继承人对共有之全部遗产，在未分割以前，已有不可分之权利，必待分割之后，各继承人方各取得其专属的所有权，而各取得特定之部分。依此论据，则如继承人甲与继承人乙对共有遗产未分割前，因甲乙各应得之部分尚未分割，甲对乙所有部分固得行使其权利，反之，乙对甲所有之部分固亦得行使其权利。直待分割时，则因分割之结果，则某部分之权利方专属于甲。不啻由乙将该部分之权利抛弃而移转或付与于甲；同时其他部分之权利亦专属于乙，不啻由甲将该部分之权利抛弃而移转或付与乙，互相移转，互相付与，视共有遗产之分割，与买卖交换等一方为权利之移转，他方为权利之让受者不无类似，故认遗遗于分割后，各继承人间所有之权利，方于是而创定也。

二、认定主义或名宣示主义（即权利宣示说）此种主义为法，意，荷，日等国所采取，其论据与创定主义适成反对。依此主义，则遗产之分割，其效力乃须回溯于共有关系发生之当时而发生，查遗产共有关系之发生，依民

---

[1] 英美旅外订立之遗嘱，乃为居住外国时所订立之遗嘱，对不动产遗之嘱，如欲其有效，则遗嘱之订立，必须合于不动产所在地之法律。

[2] 英美联合遗嘱乃两遗嘱人以上共同联合订立一遗嘱也。

[3] 民法第一一六六条参照。

法继承第一一四七条规定。继承因被继承人死亡而开始，故此主义认分割之效力，在被继承人死亡时即已发生，该时各继承人对遗产继承即各有其专属的所有权，而各有其特定的部分，各继承人所有之权利，该时早已取得，而后日遗产之分割，不过为一种专属的所有权认定之手段或方法而已。如甲乙两继承人，对遗产本为共有，未经分割，则甲乙对遗产，虽各有其一部专属之所有权，惟未分割，究未确定，甲可有之部分或为乙所有，乙所有之部分或为甲所获得，待分割后，则各人行使权利之部分，方由未确定而为确定，权利遂得因分割而宣示其各得其一部分，不致再有不确定之状态。但即未分割，甲乙两继承人对全部遗产各有其一部分之权利，则始终未变，此即认分割为权利认定之主张也。

以上两种主义，既各有论据，则分割之效力，自有不同，举其差异之处，约有两端：

一、依创定主义，如继承人中之一人，在遗产分割前，即在全部或任何共有遗产上为第三人设定物权，则第三人所取得之物权，并不因日后分割而受影响。即其他继承人不得以其应继分与第三人对抗，不论日后遗产如何分割，遗产归属何人，第三人既取得物权在前，则固得在其物上行使权利也。例如继承人甲在共有物上设定抵押权，其后虽将一部之物分割归继承人乙，则有抵押权之第三人固仍得追随乙分得之物上行使其权利。盖依创定主义，认共有遗产分割之效力，自分割之时方始发生，在未割前，各共有人对共有物固得行使其权利，故在分割以前为他人设定之物权，自不能因分割而失其效力也。反之如依认定主义，认分割为所有权之认定，在分割前各继承人间各有其专属的所有权，则在分割后，乙继承人因分割所得之遗产，甲继承人本无若何之权利，甲即在乙分得之遗产上为第三人设定物权，亦与无权利者所为之行为无异。故甲依该主义，自仅得对于其应继分或可以分得之遗产设定之，方属有效，乙固得以其本人之应继分向第三人对抗，而不受设定物权行为之牵累也。依此主义，乙分得之遗产，虽因甲在分割前已为第三人设定抵押权，则遗产既已分割，抵押权自难追随至乙分得遗产之上，而第三人之抵押权亦仅得对甲主张其抵押权，要难对乙更所有主张也。

二、依创定主义，认分割为所有权之创定，即从分割时起始生分割之效力，则各继承人对于其他之继承人，其遗产既属共有，则因分割而得之遗产。如于继承开始后，遗产分割前所生之隐疵，当互负瑕疵担保之责任，反之在认定主义。既认各继承人间对遗产既早有专属的所有权，分割不过为所有权之认定，则各继承人间对继承开始后遗产分割前所存之瑕疵，要难互负担保之责。试举例以明之，如遗产共有三种：一，股本，二，房屋，三，牧场。又如继承人共有甲乙丙三人，继承开始而本年七月一日，于本年十月一日将遗产分割，甲所分得者为股本，乙所分者为房屋，而丙所分得者为牧场。如乙所分得之房屋，本在远处，已于本年八月一日被火烧毁，分割时甲乙丙三人初均不知房屋被火焚火之事实。在此场合，苟采认定主义，则乙分得房屋已被烧去，因焚烧时已在继承开始之后，故乙只能视作不幸，甲丙固均不负担之责任也；如采创定主义，则甲丙即须负瑕疵担保之责，乙分得房屋部分之损失，应由甲乙丙三人共同负担，应由甲丙再将分得之股本及牧场交出，重行均分，或由甲丙就乙应得之部分由其二人负责摊付与丙，方属合法。

依上所述，如全采创定主义，对第三者之保护虽属周到，而对继承人之保护未免薄弱。况各继承人间因各不负瑕疵担保之义务各继承人间因各不负瑕疵担保之义务各继承人间因各不负瑕疵担保之义务，使一方独蒙享失，他方独损安全，殊非公平之道。反之如全采认定主义，则继承人间保护虽周，而第三者利益，有时因此失去保障，亦有未妥。现行民法继承编对于遗产之分割，即酌采上述两种主义，舍短取长而为规定，藉求完密，兹就继承人与第三人间之效力及继承人间之效力分别述之：

一、继承人与第三人间之效力现行民法继承编对遗产之分割，原则上采认定主义。民法第一一六七条规定："遗产之分割，溯及继承开始时发生效力"，即为关于认定主义之规定。除法律另有规定或契约另有订定外，继承人本得随时请求分割遗产，盖如依创定主义，则共有法律之关系，即常易引起纠纷，如遗产本为东西两屋，东屋较大，西屋较小。甲乙两人为同一顺序之继承人，在未分割前，甲已将其应得部分抵押与丙，则丙之抵押权本存于上述两屋之上，虽非全部，要有其二分之一之权利。[1] 苟其后甲仅分得小屋，则依认定主义之规定，丙自只得在甲分得之小屋上行使其权别，倘甲不能向丙清偿债务，而须将房屋拍卖时，亦只能拍卖小屋而不能拍卖大屋。盖分割之效力，本溯及于继承开始时发生，当其时甲乙各就其应分得之部分，早有其专属的所有权，及待分割，方明白认定。故可得为抵押权之标的者，惟为

---

[1] 民法第一一四一条参照。

甲分得之小屋部分耳。否则倘依创定主义而为规定时，丙即得主张抵押之标的，为东西两屋之一半，不以较小之屋为限，如欲依拍卖以求清偿，自得就东西两屋之一半以为拍卖之标的，甲乙丙两继承人均不得以其各人应得之部分以与之对之抗也。又如依创定主义，一旦东西两屋之一半，拍卖给第三者，则第三者就拍卖而得之房屋，将复与乙成立一种共有关系，则昔日甲乙共有，虽经分割，今因创定主义规定之结果，因行使抵押权，又须成立共有，则法律关系，实太复杂，自多不当。惟现行民法对遗产分割之效力，虽采取认定主义，藉免上述之弊，但对第三人如无毫无保护，亦觉未妥。对此依民法继承第一一五一条之规定："继承人有数人时，在分割遗产前，各继承人对于遗产全部为公同共有。"〔1〕又依民法第一一五二条规定："前条公同共有之遗产，得由继承人中互推一人管理之。"复查民法物权第八二七条第二项："各公同共有人之权利，及于公同共有物之全部。"观此，则继承人与第三人间对于物权上有发生权利之上纠葛时，可谓仍不外为一创定主义之规定。第三人固仍得藉民法物权第八二七条第二项之规定而有相当保护也，惟法律为贯彻〔2〕遗产分割之效力以认定主义为原则，并同时为保护公同共有人或继承人起见，复于民法物权第八二八条规定："公同共有人之权利义务，依其公同关系所由规定之法律或契约定之。除前项之法律或契约另有规定外，公同共有物之处分及其他之权利行使，应得公同共有人全体之同意。"依此规定，则公同共有之遗产，在未分割前，任何继承人即各公同共有人其权利虽及于公司共有物之全部，如其中任何一人不论为管理人抑非管理人，〔3〕欲为第三者设定物权者，第三者即须注意民法第八二七条第二项之规定。一须研究其设定物权人依法律或契约在公同共有物上之权利义务，苟知设定物权人依法律或契约并无设定之权利，且亦难完全尽其设定后之义务，则更须研究其有否取得公同共有人全体之同意。如设定物权人已取得公同共有人全体之同意，则第三者即有法律上之保障，其他公同共有人日后再难对第三者对抗也；如并未取得其公同共有人全体之同意，而第三者贸然允许其设定物权，则为第三者故意或过失疏忽所致，日后对第三者或有不利，法律要难从事加以

---

〔1〕 "共同共有"原文作"公同共有"，现据今日通常用法改正，下同。——校勘者注。

〔2〕 "贯彻"原文作"贯澈"，现据今日通常用法改正，下同。——校勘者注。

〔3〕 广义之管理，虽处分亦包括在内，惟依继承法遗产管理人之职务，固不包括处分行为在内，参照民法继承编第一一七九条。

保护。[1] 除第三者向设定物权人依法得以交涉外，对其他之公共同有人自难行使其权利。

二、继承人间之效力现行民法对遗产分割之效力，采认定主义为原则。已如前述，但继承人间各分得之遗产，如于继承开始后，遗产分割前所有之瑕疵，不互相负担保之义务，亦似失公平之道。故对第三人虽可采所有权认定主义，而对继承人间定有采取创定主义之必要，使各继承人负互相担保其物之完全存在之责，则继承人中之一人，于分割取得遗产后，若有瑕疵或损害，其他之继承人，即当分任其责。民法继承第一一六八条规定："遗产分割后，各继承人按其所得部分，对于他继承人因分割而得之遗产，负与出卖人同一之担保责任。"即为属于创定主义之规定。对此与民法物权第八二五条规定："各共有人对于他共有人因分割而得之物，按其应有部分，负与出卖人同一之担任责任，意义亦从同；所谓出卖人之担保责任者，一须担保其权利确系存在，即追夺担保，二须担保其并无瑕疵，即瑕疵担保。"[2] 凡此对于各种债权以外财产之担保，虽可依照上述规定而为解决，惟如遗产中有若干为债权，将来债务人是否能完全清偿，一时固虽确定。倘各继承人于遗产分割之时，并不将债权同时分割，仍以之为共有，待债务人偿还时，再加分割。若债务人不能偿还，则损失共同负担，固可不致发生担保上之问题。如分割遗产时，固同时将债权分割，则能否收回，一时既难确定。法律上为使继承人间担保得以公平起见，似不得不另筹保护之道，对此虽仍应采创定主义。惟对未到履行期之债权，其担保标准，究应如何，亦不无可以研究者，有谓当以分割时债务人之资力为担保之标准者。有谓当以清偿期债务人之资力为担保之标准者。现行民法对债权分割之担保标准，视债权性质之不同，而异其规定。民法第一一六九条规定："遗产分割后，各继承人按其所得部分，对于他继承人因分割而得之债权，就遗产分割时债务人之支付能力，负担保之责。前项债权，附有停止条件或未届清偿期者，各继承人就应清偿时债务人之支付能力，负担保之责。"此盖附有停止条或未届清偿期之债权，一时因条件尚未成就，或清偿期尚未到达，分得债权之继承人，一时实无从行使其权

---

[1]　民法第八六八条虽规定抵押之不动产如经分割，其抵押权不因而受影响，然此乃指抵押权人合法取得抵押权者而言，如取得抵押权时，在法律上已有问题，遂不能即谓虽分割仍不受影响也。

[2]　参阅民法债编第二章第一节第一款。

利。故法律明定各继承人就应清偿时债务人之支付能力，对分得债权者之继承人负担保之责，以免其倘因不能收回债权之损失。至于其他债权，既未附有停止条例，或已届清偿期，或为不定期限之债权，其债权本可于分割后即时行使，继承人既分得债权。如分割时债务人固有支付能力，徒因遗权人怠于行使其债权，致日后因债务人无支付能力，使债权不能收回，是为债权人之过失，初难责其他继承人再负担保责任也。故其他继承人如能证明分割时债务人确有支付债务之能力，则得免除其担保责任，惟如分割时债务人本无支付能力，方须负担保之责耳。

民法第一一六八条及第一一六九条虽对继承人间遗产之分割，凡不属于债权之遗产，及属于债权之遗产，均须依创定主义而互负担保责任。已如前述，惟如应负担保责任时，继承人间之摊还办法如何，法律必须有明文规定，方得免去争执。故民法第一一七〇条即继续明文规定其摊还办法规定："依前二条规定负担责任之继承人中有无支付能力，不能偿还其分担额者，其不能偿还之部分，由有请求权之继承人与他继承人中，按其所得部分，比例分担之，但其不能偿还，系由有请求权之人过失所致者，不得对于他继承人请求分担。"则继承人间担保之分担，原则上为公同依比例分摊，多数继承人之应继分因其所处继承顺序不同，数量上固不能完全平等，则担保之分担，须依比例而为公同分摊。例如遗产总额本为一万元，甲继承人得十分之六，为六千元，乙继承人得十分之二为二千元，丙继承人得十分之二，亦为二千元。假定乙之继承部分完全不能取得，而依法律规定甲丙均须负担摊还时，则应认遗产总额为八千元，甲得十分之六，可得四千八百元。然甲已得六千元，此时应即摊还一千二百元给乙，又丙得十分之二，可得一千六百元。惟丙已得二千元，此时又应摊还四百元给乙，则乙自甲处取得一千二百元，自丙处取得四百元，共为一千六百元，仍为十分之二也。此种公同摊还办法，固最为公平，而无畸重畸轻之弊，然当应负摊还之继承人中，已有无资力时，则仍难达平均负担之目的，法律上如不另有规定，则无资力之继承人既无以应付。如不许其免除义务，在事实上既有困难，许其免除义务，如无其他补救办法，则应受摊还之继承人更不免有所损失。故在此情形，特使有资力之继承人，及请求摊还之继承人，各按其所得部分，公同摊还。例如继承人为甲乙丙三人，其继承顺序相同，各得三分之一，遗产总额为价值一万八千元，分割后甲得房屋一所，价值六千元，乙得现金六千元，丙得债权六千元。如日后债权到期，均不能收回，而现金又被乙化用净尽，无力再尽分担之责，则依原则而言，丙六千元债权之损失，本应由由甲乙丙三人平均分担，各负担二千元，乙既不能出二千元，则该部分仍由甲丙分担之。即甲欲完全取得六千元之房屋，必须付给三千元给丙，盖丙对甲房屋之上，亦即有三千元之权利也。又如继承人应偿还分担额者，而不能偿还时，其不能偿还之原因，系有得请求偿还之人过失所造成者，则其他有资力偿还之继承人，依法自可不再负此部分损失分担之责，有请求权人即不得请求补偿者。例如甲分得房屋，乙分得债权，丙分得现金，各值六千元，日后乙对债权虽不能收回，而甲房屋因被延烧而失去偿还能力，而房屋之延烧，又为乙失火所致，则乙虽得请求丙分担损失。惟乙只得向丙请求偿还二千元，对于甲部分之二千元，因其不能偿还，为乙有请权人过失所致，固无从再请求与丙平均负担，亦不得请求丙再出一千元也。

以上乃专就债权归属之效果言之，但债务之归属，亦为遗产分割之效果。如在遗产分割时，预先提出一部遗产，专充偿债之用，固可不生债务归属之问题，否则不论债务移归一定之继承人或划归各继承人分担，抑债务不移归于一定之继承人，仍由全体负担，法律上均不得不规定解决之办法。民法第一一七一条规定："遗产分割后，其未清偿之被继承人之债务，移归一定之人承受或划归各继承人分担，如经债权人同意者，各继承人免除连带责任。继承人之连带责任，自遗产分割时起，如债权清偿期在遗产分割后者，自清偿期届满时起，经过五年而免除。"即求所以解决之，普通债务分归特定人，或将遗产划归各继承人分担时，先从遗产中提出一部分足敷偿债加给于特定人，或划归分担之人者，事亦常见。惟有无加给法律均所不论，至第三者之债权人，又须取得其同意[1]其他之继承人方得免除连带责任，[2]而可由特定人或划归分担之人以其自己之责任负偿还债务之责，日后虽因天灾，或其他事变，而致加给之遗产，或虽无加给而分割时分得之遗产有所灭失或毁损时，亦不得再向其他继承人请承补偿。再继承人对于被继承人之债务，除依法可免除连带责任外，普通既因遗产之分割而仍须负连带责任，惟亦得因一定期

---

〔1〕 大理院四年上字第一一五五号判决第三人承认债务人之债务，而经债权人同意者，应对于债权人发生效力，嗣后该债务人即不负清偿之责。又大理院三年上字第一○四三号判决债务之承认于债权人有重大之利害关系，苟债权人不肯同意，决不能相强。

〔2〕 继承人对于被继承人之债务，应负连带责任，可参阅民法第一一五三条第一项。

间之经过而免除，其期间均为五年，对已到期之债务固自遗产分割时起算，而清偿期在遗产分割后者，则应自清偿期届满到来耳。至于债务不移归一定人及划不归各继承人分担，而由全体负担债务，则全体继承人即须共同对债权人负偿还之义务，是又不待言矣。此外继承人中如对于被继承人负有债务者，于遗产分割时，应按其债务数额，由该继承人之应继分内扣还，及继承人中有在继承开始前因结婚，分居或营业，已从被继承人受有财产之赠与者，应将该赠与价额加入继承开始时被继承人所有之财产中，为应继遗产，但被继承人于赠与时有反对之意思表示者，不在此限。前项赠与价额，应于遗产分割时，由该继承人之应继分中扣除。赠与价额依赠与时之价值计算，在民法第一一七二条及第一一七三条亦均分别有其规定，藉使继承间对遗产之分割，得以公平而合理也。

对于托运货物因海难而丧失后其运费应否给付之检讨[*]

汤觉先^{**}

吾国海商法条文甚简，而海商问题，变化颇多，往往于纠纷发生时，常乏适当法条可以援行，今对于托运货物因海难而丧失后，托运人是否仍应给付运费一点，海商法亦无特定明文，于是此种问题之处理，不得不参照法理，与其他相似条文类推适用，以求公允之解决。但托运人与运送人间，对于运费之给付责任，有事先约定者，与无约定者二种，故其效果，亦因此而不同，兹为易以明晰计，分别释明之如次：

（甲）对于运费之给付责任无约定者

按海商法于船舶遭遇海难后，对于运费之给付责任，虽无详细明文，然参照其他法条，及各种法例，托运人对于丧失货物部分之运费，不负给付责任。海商法第一三六条规定："关于共同海损之分担额，船舶以到达地到达时之价格为价格，积货以卸载时价格为价格，但关于积货之价格，应扣除因减少无须支付之运费及其他费用。"观该条但书规定，显见积货之减失者，无需支付运费，共同海损，如此其他海难发生时，解释上亦应如此。又查民法第六四五条规定："运送物于运送中，因不可抗力而丧失者，运送人不得请求运送，其因运送而已受领之数额，应返还之。"此虽普通法之规定，然特别法无规定者，自可援引。又在英美法例中，亦采同样原则，认为航海中托运货物，因海难而丧失，虽非由于可归责于运送人之事故而生，运送人对于托运人未付之运费，不能请求给付，至于托运人已支付部分之运费，亦可请求返还。（American mercantile exch V. Blunt Selection from Williston on contracts，p. 722）

---

* 本文原刊于《航业通讯》1947 年第 22 期。

** 汤觉先，1936 年毕业于东吴大学法学院（第 19 届），获法学学士学位。

由此以观，无约定者，托运人对于丧失货物，无给付运费之义务。

（乙）对于运费之给付

查海上运送，托运人与运送人之契约，往往即以载货证券（Bill of lading）为准。吾海商法第八十九条规定："民法第六二七条至第六三〇条，及第六四九条，关于提单之规定，于载货证券准用之。"但民法第六四九条：即"运送人交与托运人之提单，或其他文件上，有免除或限制运送人责任之记载者，除能证明托运人，对于其责任之免除，或限制明示同意外，不生效力。"依此规定，首须考虑者，即载货证券在法律上之效力，其次，即对于给付运费之记载，其性质若何，兹为分述如次：

1. 载货证券在法律上之效力

查载货证券之记载，为托运人或证券持有人与运送人间之契约行为，要无疑义。然对于其契约之效力问题，立法例略有不同，吾海商法准用民法，关于陆运提单之规定，对于一般运送事项，应依照其记载办理。（民法第六二七条）而对于运送人有免除或限制其责任之记载，除托运人之明示同意不生效力。（民法第六四九）可见吾国立法原则，系采限制主义，对于载货证券之记载，（事实上均乏托运人明示同意之证明）不能绝对有效。又查英美法例，则认载货证券记载之拘束，（参阅美国 uniform bill of lading act. Sec. 10）并无限制其效力之规定。

2. 载货证券上关于给付运费记载之性质

载货证券上，对于积货因海难丧失后，如无给付运费责任之记载，自应适用民法之规定，已于前段说明，倘对于运费给付之责任有明白记载，则解释上应依照其记载办理。例如一般载货证券载明："运费须于轮船离埠二十四小时内付清，设发生不幸事件，所有运费，亦须一律缴清。"或载有"Freight payable or cleparture of Vessel lost or not lost"等文字，即系托运人与运送人间之约定，按英美法例，固应遵守记载，别无问题。即依吾国民法而言，关于运费之给付责任，亦属一般运送事项之应有记载，并非运送人免除或限制其责任之记载，自无须得托运人之明示同意，而后生效，彰彰甚明。故载货证券上，如载明货物之丧失与否，托运人均应给付运费者，托运人自不能免除该项给付义务。

关于船舶航行遇险，致船舶失灭时，其装载客货未收之水脚，应否仍由客户如数给付，查"运送物于运送中，因不可抗力，而喻失者，运送人不得请求运费，其因运送而已受领之数额，应返还之"。此为我国民法第六百四十五条所明定。惟依世界各国海上惯例，如系预付运费，或经于提单批明货物落船后，无论发生任何事变，概应照付水脚，则已收运费，并不退还，并得追缴未付运费，即我国民法第六百二十七条，亦有规定，即"提单填发后，运送人与提单持有人间，关于运送事项，依其提单之记载"。故应否仍由客户如数照付，自应视该项水脚有无特约，或是否预付而定。

专利法的比较*

黄应荣**

（一）

专利制度（Patent），日本人称为特许制度，是近代才开始的。上古时代固早有发明的事实，例如钻木取火网罟捕鱼，都是发明，但考各国的历史，当时尚无保护发明的事迹。我国的先贤，在千百年前，对于科学的发明也曾有过辉煌灿烂的伟绩，譬如指南针，火药，织布机，水车，纸，笔及印刷术等等的发明，可是对于这些发明者的丰功伟绩未加鼓励，有时反以贱业未技来轻视它。欧洲在中世纪的时候，也有不少的发明，当时的暴君，不但不褒奖，且有以异说来迫害发明者。专利制度实于中世纪发源于英国，但当时国王滥用他的特权，对于宠臣赋予专利状，民怨沸腾，至一六二三年颁布专卖条例（Statute of Monopolies），发明权利才得著立法上的承认保障，迨至十八世纪英国于宪法上乃确定专卖制度。法国革命后焕然一新，亦于一七九〇年制定专利法。德国帝国成立后，俾斯麦为图德国产业发达起见，也奉英国专利法为圭臬。迨至十九世纪其他各国相竞仿效，致今日五十余国中，有五十余种专利法，骤视之，复杂难解，然若加以研讨，则其间系统贯流，颇饶兴趣，兹将英，美，法，日本及我国的专利法分述于后。

　＊　本文原刊于《新法学》1948 年第 5 期。

　＊＊　黄应荣，1927 年毕业于东吴大学法学院（第 10 届），获得法学学士学位。

（二）

英国专卖条例公布后，直到十八世纪还未为世人所注意，就是英国本土工业技术也很少进步，当时准予专利的发明，具有价值的寥寥无几。待蒸汽机，纺织机发明后，造成产业革命，专利制度始为世人所注意，各国皆纷纷仿效。英国乃于一八五二年首次公布它的专利法，复于一八八三年及一九〇二，一九〇七，一九一〇，一九二九，一九三二等年，屡加修正，又经法院无数的判决，遂形成英国近代的专利法，比之专卖条例仅有条文数条，实不可同日而语。举其特色，约有下列数点：

（一）依据专卖条例，专利的给予系国王的恩惠（Royal Bounty），照法院的判决，在原则上，专利的给予也视为国王的恩惠，但最近的趋势，却认为一种契约，英国学者亦多赞成此说。

（二）专利权系指专有实施或制造任何方法及新制造品之谓 Sole making or making of any manner of new manufacture 。

（三）受专利者为该制造品真正的最初发明人（True and first inventor）。

（四）创立详细说明书制，依英国现行专利法的规定，呈请人于呈请专利时，必须具备详细说明书（Complete specification）载明：（甲）发明的性质及目的；（乙）发明的说明；（丙）请求部分必要时须附图式，藉以增加国人的技术知识。

（五）创立公告制度。英国自一八五二年以后，即规定在核准专利以前，专利局长应将呈请文件公告，所有呈请书及详细说明书并应公开阅览，俾利益关系人得于公告后一定期限内向专利局提出异议，专利局于无异议审查确定后，方得颁发专利证书。

（六）强迫实施。这固然是英国专利法特色之一，但我们不要误会，以为这一特点是英国专利法所仅有。查世界各国对于发明专利，大都有强迫实施的规定，不过英国专利法规定比较详细罢了。依英国现行专利法的规定，有下列情形之一者，得强迫实施：（甲）专利品未在国内以商业上的规模（Commercial Scale）制造，而无充分理由者；（乙）由国外输入发明品，致在国内以商业上规模制造遭受阻碍者；（丙）发明品未能满足国内需要者；（丁）专利权人不许可实施，或不许于有利条件之下实施，致工商业遭受阻碍者；（戊）于购买，租用，许可，使用专利物品时，或使用或实施专利方法时，专利权人附加条件，使工商界遭受不当之损害者；（已）专利方法的专利权人行使其专利权时，使在国内制造，使用或贩卖不受专利保护的材料遭受不当损害者。

（三）

美国当一七七六年独立时，其宣言曰："凡人生而平等，由上苍赋予不可分割之权利，如生命，自由及幸福是也。"为贯彻这种崇高的目的，制宪诸公于一七八七年制定宪法时，即以明文规定："国会有权对于著作家，发明家保证其著作品，发明物于限定期限内有专有之权利，以奖励科学与技术。"如果美国宪法没有这种规定，美国近百年来科学上的发明，必无如此的突飞猛进，学者有谓美国工业的发达，国运的昌隆，实可归功于此，洵非虚语！

国会依据宪法赋予的权力，为实现它的目的起见，于一七九〇年制定专利法案（Patent Act），以呈请专利的权利，限本国人民有之，旋于一七九三年将法案废止，另订较为详细的法案，又于一八〇〇年修正，将专利的范围扩展至在美国居住二年的外国侨民，一八三二年又将此法案修正，将其范围扩展至在美国居住并宣示愿归化的侨民，继于一八三六年大加革新，设立专利局，专司呈请专利的案件，并创设审查制度，复于一八三七，一八三九，一八六一，一八六三等年再加修正，直至一八七〇年又将以上各法案废止，制定统一专利法案（Consolidated Patent Act）这个法案于一八七四年修正，比较以前的更为详尽，嗣后于一八八七，一八九七，一九〇三，一九一六，一九二八等年屡加修正补充，至一九四〇年再行修正，以成今日的专利法，兹将其特点分列于后：

（一）揭示专利乃发明人的权利。依专卖条例，专利的给予乃国王的恩惠，这种传统思想，在英国未尝更改。直至晚近，法院的判决，方有废弃的趋势。美国则不然，因为受了天赋人权学说的影响，于宪法及专利法上已显示专利是发明人的权利，而不是国王的恩惠。这一种精神，以后不但未变，且日益增加，对于各国专利法影响很深。

（二）创设审查制度。美国政府鉴于当时的专利制度弊病丛生，于一八三六年革新专利法时，首先创设审查制度，凡呈请经审查后，认为呈请人依法应取得专利，而其发明又合实用并重要时，专利局长应核准专利。换句话说，所有呈请专利的发明，须经审查，如认为确具法定条件，即须核发专利证书，来表彰发明人的权利。这种制度实行以来，成效卓著，英国在一九〇二年也开始仿效，至今除法法系外，世界各国莫不采用。

（三）发明的对象不限于机器（Manufacture）及调合品（Composition of matter）任何人发明或发现无性生殖之新植物，而非一种块茎繁殖之植物（Invented or discovered and asexually reproduced any distinct or new lariety of plant，other than a tuber propagated plant），均得呈请专利。

（四）

法国的专利法，系依据其本国原有的制度，参酌英国的专利法规而成。当一七九一年首次制定专利法时，适逢革命，故受天赋人权说及社会契约说的影响特深。这种精神，不但于一八四四年修正专利法时，保留无遗，即以后再加修正，也未尝更改，其特点有二：（一）发明权利说；（二）设立呈请制说。世界各国，如比利时、荷兰、巴西、阿根廷等国家多采用，后形成法法系，与英美法系相拮抗。兹略说明于下：

（一）发明权利说。依据一七九一年专利法起草委员会的理论，各种人权中，思想时最确实的一种权利。这种权利，在人为的制度发生以前，即已存在，私人所有地的草木，属于所有人，那么私人脑海中的思想，当然属于私人所有。发明的所有权，比较其他所有权，更为原始，因为其他所有权，系人为的，而发明所有权，乃由自然法而生。据此，发明者得呈请国家对他的权利，给予保障，而国家经此呈请，有确认保护的义务。

（二）设立呈请制说。发明既是一种权利，自不应经审查确定后，方核发专利，致发明者丧失他固有权利，发明者确信他的发明，便应依法声请登记。政府不必先审查发明的实质，只须形式上审查是否合于法定程序，及发明的种类如何，便可决定。这种发明的真实性政府不予保证应否给予专利，倘因此而损害第三人的既得权利，也只得由被害人事后请求法律上的救济，政府不预先防患于未然。

（五）

日本称发明专利为"特许"，新型（Utility Model）为"实用新案"，新式样（Design）为"意匠"，依日本现行特许法，实用新案法，其要点如下：

甲、发明部分

（一）发明的范围，凡合于工业上应用的发明，得呈请专利，但下列物品不予专利：（1）饮食物及嗜好物；（2）医药及其调合法；（3）由化学方法制成的物品；（4）有扰乱秩序败坏风俗以及有害卫生之虞者。

（二）呈请人为发明人或其继承人，外国人在国内无住所或营业所者，除有条约及准用条约之规定外，不得享有专利权，及关于专利的权利。

（三）专利期间，自公告之日起十五年。

（四）实施专利物品，应于发给专利证书后三年内实施。

乙、新型部分

（一）新型范围，凡物品之形状构造或组合而有实用的新型之工业考案者，得呈请新型专利。但下列各物品，不予新型专利：（一）与日皇的菊花纹章有同一或类似的形状；（二）扰乱秩序或风俗或有害卫生之虞者。

（二）新型专利期间十年。

丙、新式样

（一）凡对于物品之形状花纹色彩首先创作适于美感之新式样者，得呈请专利。（第一一一条）

（二）不予新式样专利的物品：（一）妨害公共秩序善意风俗或卫生者。（二）相同或近似于党旗，国旗，国父遗像，国徽，军旗，印信，勋章。（第一一三条）

（三）专利期间为五年，自呈请之日起算。（第一一四条）

（四）不受强迫实施的规定。

（六）

我国的专利法，当以民国元年十二月十二日工商部所公布的奖励工艺品暂行章程为嚆矢。该章程仅有十二条，所谓工艺品者为发明或改良的制造品，而工艺品经工商部考验认为合格者，分别等差给予下列奖励：（甲）五年以内的专利。（乙）名誉上的奖励。农商部于民国十二年三月修正为暂行工艺品奖励章程，共十九条，其要点如下：（甲）享有奖励权利者，以中华民国人民为限。（乙）奖励对象分为二种：（一）工艺上之物品及方法，首先发明或改良者；（二）应用外国成品制造物品，卓有成效者。（丙）专利权人有再发明或改良时，得再呈请专利，迨国民政府奠都南京，各方对于工业技术的改进，逐渐注意。国民政府遂于民国十七年六月十八日公布奖励工业暂行条例，这个时候，国人在工业上的发明，虽比较的增加，但全国工业尚属幼稚，而条例过于简单，没有什么成效。民国廿一年九月卅一日国民政府又公布奖励工业技术暂行条例增加二十九条，其要点如次：

一、发明专利的对象为首先发明的物品及方法。（第一条）

二、专利期间为五年或十年。（第二条）

三、设立审查委员会为审查机构。（第十四条）

四、呈请专利，经审查认为应予奖励，应公告，自公告日起六个月内利害关系人得提出异议。（第十六条）

五、专利权人再有新发明时，得呈请追加奖励。（第五条）

六、首次规定雇用人与受雇用专利权的分配。（第十二条）

七、对于审查的审定不服时，得呈请再审查。（第十五条）

经济部对民国廿年四月六日，卅年一月六日，二次加以修正，与前条例不同者有下列数点：

一、奖励范围，除发明物品方法外，包括：（一）关于物品形状，构造或装置配合，而创作合于实用之新型者；（二）关于物品之形状色彩或其结合而创作适于美感之新式样者，换句话说，奖励的范围，除发明外，包括新型及新样。（第一条）

二、专利年限：（甲）发明为五年或十年；（乙）新型为三年或五年；（丙）新式样为五年。（第二条）

三、不予奖励的物品：（一）饮食品；（二）医药用品。

四、对于再审查的审定不服时，得于六十日内提起诉愿。（第十八条第二项）

五、专利证书费，于必要时，得以命令准予免纳。（第三十二条第二项）

这种修正条例，是暂时性质，比以前的各种条例，内容固较充实，但仍不完备，为积极的奖励发明创作，应早日制定专利法，以资准绳。经济部遂于卅二年十二月拟就专利法草案，呈由行政院审议，于卅二年五月完成立法程序，于同年五月二十九日由国民政府以府令公布，于是有关发明及新型新式样的专利法卒告完成。

该法计分四章，第一章发明，第二章新型，第三章新式样，第四章附章，共一百三十三条，其中重要事件，均有详细规定，兹略说明如下：

甲、发明：

（一）专利范围，包括发明，新型及新式样。

（二）发明须具有工业上价值，而所谓工业上价值，须切合实用，且已达到工业上实施的阶段（第一条，第四条），如有下列情事之一者，不得谓为发明：（1）呈请前已见于刊物，或已在国内公开使用，他人可能仿效者；（2）有相同之发明核准专利在先者；（3）已向外国政府呈请专利一年者；（4）经陈列于政府或政府认可之展览会，于开会之日起，逾六个月尚未呈请专利者；（5）呈请专利前秘密大量制造，而非从事实验者。（第二条）

（三）不予专利的物品为：（1）化学品。（2）饮食品及嗜好品。（3）医药品及其调合品。（4）发明品之适用违反法律者。（5）妨害公共秩序善良风俗或卫生者。（第四条）

（四）外国人依互相保护专利的条约，得为专利的呈请。（第十四条）

五、专利呈请人对于不予专利之审定不服者，得于审定书送达之次日起三十日内，辅具理由书，请求再审查（第三十一条）对于再审查之审定有不服时，得于审定书送达之次日起，呈请经济部为最后之核定。

（六）专利期间：（1）发明为十五年。（第六条第二项）；（2）新型为十年。（第九十九条第二项）；（3）新式样五年。（第一一四条第二项）均自呈请之日起算。

（七）实施。经核准专利满三年，无适当理由未在国内实施或未适当实施其发明者，专利局得依职权撤销，或依关系人之请求，特许其实施，但特许实施人对专利权人应予以补偿金。（第六十七条）而有下列情事之一者，为未适当实施：

1. 核准专利之发明品可在国内使用而未为大规模制造，且不能提出充分理由者。

2. 专利权人以其发明完全或大部分在国外制造输入国内者。

3. 利用他人发明为再发明之专利权人，非实施原发明人之发明，不能实施其再发明，而原发明人之专利权人在合理条件之下，拒绝租与再发明人实施者。

4. 在国外输入零件，仅在国内施工装配者。

（八）设立专利局，掌理专利事项。（第十条）

乙、新型：

（一）凡对于物品之形状构造或装置，首先创作合于实用之新型者，得呈请专利。（第九十五条）

（二）不予新型专利的物品为：（1）新型之使用违反法律者；（2）妨害公共秩序善良风俗或卫生者；（3）相同或近似党旗国旗军旗国徽勋章之形状者。

（三）专利期间为十年，自呈请之日起算。（第九十九条第二项）

（四）不受强制实施的规定。

（七）

综观上述各国专利法，足见各国对于专利的基本观念不同，约有以下三说：（1）恩惠说，（2）权利说，（3）契约说。学者的意见，亦莫衷一是，除以上三说外，有主张产业振兴说者，究竟哪一说正当，至今还没有定论，容以后另文讨论。又各国对于下列各重要事项：（1）专利方法，（2）发明的范围，（3）呈请人，（4）不服审查的救济，（5）专利期间，（6）实施的规定。宽严不同，内容亦不一致。

（一）专利方法，专利的基本观念既不同，各国对于专利的方法，所采的制度，可分为下列二种：（1）审查制，（2）呈请制。前者为美国首先创立，为多数国家所采用。后者为法国创立，为法法系所采用。而同一审查制在程序上，复有公告与不公告之别。这两种制度的优劣，学说纷纭，莫衷一是。本来制度的本身没有绝对的好坏可说，我们究竟要采哪一种，应斟酌本国的情形，以其适应力的大小为准。过去国人有主张仿照法比制，因为我国人民科学知识浅薄，发明很少，无须专设专利局，设立审查委员会专事审查，徒耗国帑。可是近年来国人对于发明固不多，但对于新型与新式样的创作，却日有增加，而且在呈请制之下，发明创作的保障，究欠周密。故我国专利法仿英，美，日本等国，采取审查制。

（二）发明的范围。按英国专利条例的规定，准予专利的发明，为"新的制造方式"，到现在英国专利法仍沿用它，什么是"新的制造方式"？条文未予说明。故除美国加拿大外，对于得予专利的发明，多概括规定，我国专利法与世界各国专利法，大致相同，不过对于：（1）化学品，（2）饮食品，（3）医药品及其调和品，仿德国，日本，荷兰等国，不予专利。这些物品的发明，应否限制，实一重要问题，值得再行研究。

（三）呈请人。按英国专卖条例，真正的发明人，不论本国或外国人民，均得呈请专利。美国一七九〇年专利法案，呈请权利人，却以本国人民为限。依日本最早的专利法，呈请人亦以本国人民为限，迨各国废弃其领事裁判权，对于外国人呈请专利，方才不加以限制，自国际专利会议成立后，各会员国，都承认外国人民有呈请专利的权利。但呈请的条件，手续及专利的期间，各国的规定不同。现在除少数国家如泰国，阿拉伯外，都准许外国人呈请专利。我国鉴于潮流所趋，不平等条约业已取消，战后必可订定平等商约。故专利法规定专利由发明人或其受让人或继承人，向专利局呈请，外国人依相互保护的条约，得为专利的呈请。

（四）不服审查的救济。查英，美，日本等国的规定，呈请人不服审查时，得向司法机关请求救济。按我国专利法规定，呈请人对于不予专利之审查，得请求审查，对于再审查的审定不服时，得请求经济部为最后的核定。立法原意，或以专利属于工业行政部门，最后核定的权，应属于专利局的上级机关，殊不知专利权应否的给予，事关呈请人的权利，在我国现行行政制度之下，以专利局的上级机关，为最后核定的机关，对于发明人，能否予以确实的救济，不无疑问。

（五）专利期间。专利年限，关系发明人的权益很大，对于工业也影响很深，因为专利年限过短，发明人难以实施，不足以鼓励发明，年限过长，反足阻碍工业的发达。因此世界各国多根据英国专卖条例十四年的规定，参酌本国情形略为增减。例如美国为十七年，法国，日本为十五年，英国亦不照其原有的十四年，已改为十二年了。又专利年限的开始日期，各国专利法的规定亦不一致，有自呈请日起算的，也有自公告日起算的，又有自核准专利日起算的，我国专利法规定十五年，自呈请日起算，与法国，瑞士，土耳其的规定相同。

（六）实施。专利权人行使专利权，专利法上称为实施，原则上实施应由专利权人为之，专利权人如不顾自己实施，得将其权利出售或转让与第三人，或许可第三人实施，如不自行实施，又不出售，或转让，或不许可第三人实施，这对于社会有害，与专利的目的不符。所以对于核准专利的发明，除少数国家外，多有强迫实施的规定，不过办法不同，对不实施的专利权人有发强迫实施许可证的，也有撤销他的专利权的许可证，又有先发强迫许可证，然后撤销专利权的，或二者任择其一。我国专利法采英国专利法的精神，对于实施一项，特立一节，至为允当。至于新型专利，查世界各国，以新型作为工业所有权的一种，以法律规定予以专利，以前有德国，日本及波兰三国，而以发明新型，新式样合一于法规，只有我国的专利法。专利法所称的新型为"物品之形状，构造或装置，合于实用之新型"，与日本实用新案所指的，"物品之形状，构造或组合而有实用的新型"相同。其他重要事项如：（1）不予新型专利物品；（2）新型专利期间；（3）不受强迫实施各规定，与日本实用新案法，并无二致。

下编 民事诉讼

英国民事案件上诉程序[*]

Samuel Clark 著　　倪征噢[**]译

美国近年来，力谋改良诉讼制度。良以法规之繁冗失宜，诉讼之进行迟滞。无辜理直者，惧被讼累，视法院为畏途，宁愿牺牲其固有之权利，不欲求法律之救济。而为恶理曲者，因而得逞，甚至无端藉词兴讼，玩法律于掌上，非惟法律公平之旨不张，而影响于社会安宁，尤匪浅鲜。但自一八四八年，纽约州制定斐而特法典（Field Code）以还，美国诉讼法上之修正改善，仅限于呈诉规则，及审判前各种准备程序而已。至于英国则自一八七三年施行法权律（Judicature Act）后，诉讼制度几能改良全部。因此关于民事案件，英国之上诉程序，有多数重要之点，不同于美国任何州之上诉程序。于叙述英国上诉程序之前，兹现将其法院制度，简略说明如下。

英国之法院

英国各级法院有初级庭（Petty Session），季审庭（Quarter Session），郡法院（County Courts），大审院（Supreme Court of Judicature），及其两分院，一曰高等法院（High Court），一曰上诉法院（Court of Appeals），最后贵族院（House of Lords）。

初级庭酷类美国之治安法庭（Justice of Peace Court），适用简易程序，审理少数琐屑案件。季审庭为受理不服初级庭判决案件之上诉机关。郡法院为英国最普通之法院，其管辖权颇广，但大率限于标的不满一百金镑之诉讼。不服其判决，得上诉至高等法院，但有少数特种案件，不服郡法院判决，上诉得迳至上诉法院。但标的不满二十金榜之诉讼，非得郡法院推事之许可，不得上诉。

---

[*]　本文原刊于《中华法学杂志》（第 3 卷）1932 年第 6 期。

[**]　倪征噢，1928 年毕业于东吴大学法学院（第 11 届），获法学学士学位。

大审院分为两院，曰高等法院，曰上诉法院。高等法院，分为三庭：（一）君王庭（Kings Bench），（二）衡平法院（Chancery），（三）遗嘱婚姻海事庭（Probate，Divorce and Admiralty Division）。概括言之，凡不属于衡平法庭，及遗嘱婚姻海事庭管辖之案件，均归君王庭受理之。每庭有推事二员，审理上诉案件。二人意见相左时，维持原判。不服高等法院之判决，得再向上诉法院上诉。英国之上诉法院，类似美国各州之终审法院。庭员以上诉推事（Lord Justices of Appeal）五人，及当然庭员（Ex－officio Members）数人组成之。司法大臣（Lord Chancellor），得随时调派高等法院推事，暂充上诉法院推事，上诉推事之资格，规定甚严，须为高等法院推事，或大律师满十五年以上者，方得充任。

上诉法院分为两庭，第一庭受理不服君主庭判决之上诉案件，第二庭受理不服衡平法庭判决之上诉案件。但为避免壅积起见，得辟第三庭。司法大臣得依案件之多寡，而酌定庭数之增减。审判以推事三人组织合议庭行之。但对于中间判决（Interlocutory Order）之上诉案件，或经两造当事人同意者，得由推事二员审理之。

当事人如再不服上诉法院之判决时，得再提上诉至贵族院。惟讼费巨重，鲜有能担负者。贵族院审理上诉案件时，承审者为司法大臣，常任上诉议员（Lords of Appeal in Ordinary）六人，及国会中曾任高级司法官之贵族。至于未曾任司法官之贵族，虽无明文禁止，但事实上，两百年来，向不参加审判事务。

英国法院之特点

凡法院之编制，办事之规程，立法者仅定其大纲，法院设有拟定办事规程委员会（Rule Making Committee），自定细则。试观上诉法院之编制，关于推事之人数及资格，上诉法院之管辖权等项，均由法权律（JudicatureAct）明白规定。但上诉之程序，则概由法院另订。故有二十一款规则之制定。

英国司法之独立精神，为世界所称道。殊不知司法独立者，法官地位，不受政治影响，而能不偏不私，行使其审判之权而已。但法院之行政方面，则行政当局，有监督之权。故法院各庭，以行政官兼任庭长，掌理院内行政上事务，如案件之分配，办事之效率等等。例如司法大臣为衡平法庭庭长，司法总监（Lord Chief Justice）为君主庭庭长，遗嘱婚姻海事庭，亦有庭长。司法大臣同时为上诉法院院长。各该院长庭长，得以当然庭员资格，管理上诉案件。其地位与权力之远出乎美国各州终审法院庭长之上，无待言矣。

英国审判程序优良之点非一。如诉讼程式之简单化，及简易程序之适用，又如指定襄献员解决无甚争端之讼案，研究诉讼程式上各种问题，确定争点，及处置其他审判前一切事件，又如临时审判选定陪审员之迅速，审判时不受证据法之拘泥之束缚，以及大律师之能协助法官，推究事实与法理。凡此种种，均可使诉讼进行迅速，不久滞于法院，致当事人受诉讼之拖累。

英国法院之推事，于审判时，对于双方供词，自为笔录。因此对于案情，更臻详尽明确。倘当事人欲得更详之笔录，得自雇速记员到庭抄录。如经双方同意，以此笔录为准者，亦可准许之。上诉法院之职权，不以纠正错误为限，凡属案情范围以内，不分事实问题，与法律问题，均得反复研究，以求彻底明了，而为公正之裁判。是故法权律第二十七节谓："凡上诉案件之审理，上诉法院之职权及管辖，与高等法院者无异。"换言之，上诉法院，虽为受理上诉案件之机关，亦得行使第一审法院之一切职务。又上诉法院办事规程第四条云："关于诉状之修正，证据之追捕，上诉法院之职权与义务，与高等法院同。……上诉法院，得推断事实，而为公正判决。上诉虽非全部，或当事人有数人，而并非共同上诉者，法院亦得行使上述职权，为必要之判决，并拘束未提起上诉之当事人。"

凡第一审法院及上诉法院之职权，英国上诉法院，兼而有之。其目的在求讼案速了，勿使发还再审，迁延时日，予当事人以重大不便也。

上诉法院，为避免再审起见，对于事实问题，亦得推断审查。故凡不服中间判决，提起上诉，或在原判决后，发现新事实，有绝对追捕证据之权利。如因其他情形，请求追捕者，则须得上诉法院之准许。但因故意或过失，未在下级法院提出者，上诉时，不准追捕。追捕证据，得以言词为之，或以宣誓证言书为之，或以鉴定人报告为之。

上诉之必要手续

美国诉讼制度之繁冗迟滞，以上诉程序为最甚。良以法院困于斟酌诉状，整理案卷，而于事实法理，反无详甚考究之机会也。英国则不然，院令第五十八号规程之第一条规定："上诉程序，准用再审方式，以简易式之通知为之，毋须其他诉状，或正式程序。"以是将美国上诉程序进行之障碍，一扫无余。至于调集案卷之令状（Writ of Exception），真正错误之令状（Writ of Error），抗告诉状（Bill of Exception），提定错误状（Assignment of Error）等，全不适用，上诉人只须按下列步骤，提起上诉。

将提起上诉事实，通知对造人；

向上诉法院，呈报上诉；

向上诉法院，递呈文件，以便审查；

审判时为言词辩论。

第一至第三项，为例行公事，手续简易，无须律师，虽常人亦能为之。比诸美国各州之制度，上诉时两造准备程序之繁冗，相差甚远，兹就各点，一一释明之。

（一）通知上诉　通知上诉，须说明系全部上诉，抑系一部分上诉。通知上诉书内，无须叙述上诉理由，即使叙述，在言词辩论时，上诉人亦不受其拘束。对于中间判决，提起上诉，上诉人必须于原审判决后十日内，将上诉事实，通知对方。对于终局判决，提起上诉，应与原审判决后六星期内为之。但该上诉期限，原审法院，或上诉法院，认为有充分理由，或有失公平之虞者，得延长之。

（二）呈报上诉　呈报上诉者，上诉人将通知上诉书之副本，送交上诉法院中与书记官类似之职员。呈报时，应将原判决书正本或副本，出示该职员，但无须留存附卷。该职员将上诉案由，记载于上诉日程，按期开审，除得上诉法院准许外，不得展期。

（三）递呈上诉文件　上诉人应将下列文件各三份，送交上诉法院，制成三册，以供上诉推事参阅：

诉状；

通知上诉书；

原审判决书；

各种与案情有关宣誓证言书；

推事之证据笔录。

其他上诉审判时必要文件，例如契约遗嘱等之副本。

此等文件，送交上诉法院后，大约一星期之内，审理日期，即可在法院日刊中发表。

（四）言词辩论　审理上诉案件时，无须上诉理由书。辩论时，推事得随时发问。言词辩论，无限时。辩论终结后，推事当庭评议，宣读判词，以后由法院报告员，制成判决书，存案备查。

当事人得状请原审法院，将原审笔录，送交上诉法院。该笔录如有欠明了详尽之处时，如原审时有速记员到庭记录者，上诉法院得参阅该项笔录，以资补充。律师亦得命襄办律师到庭抄供，以补推事自制笔录之不足，而于上诉时提出，以供参考。上诉人如认原审推事，于论断事实，指示陪审员时，有错误者，或原审判词，宣读时有错误者，除有其他记录可考外，当事人自雇速记员之笔录，于上诉时，得准参阅，以资补正。

附带上诉

被上诉人于对造提起上诉后，亦得附带上诉。无须书面通知对造人，但应使上诉人，或其他利害关系人，得知其请求变更判决之意旨。不为是项通知者，上诉法院仍得因其声请，而为有利于被上诉人之变更。但法院得斟酌情形，命被上诉人负担诉讼费用。

停止执行

上诉不能停止执行，但上诉人得向原审法院声请停止执行。如遭拒绝，得通知对造，再向上诉法院声请之。准许与否，须视声请人能否证明设依原判执行，将来上诉结果原判撤销或变更时，难以恢复未执行时原状为断。

诉讼费用之担保

当事人之一造，提起上诉时，通常无须提供诉讼费用之担保。但被上诉人，得先向上诉人要求提供担保，上诉人若拒绝其请求时，被上诉人得向上诉法院声请。上诉法院如认为必要，得准许之，并命令上诉人提供担保。

结论

现今美国学者，欲求司法改良，对于英国上诉制度，不可不加研究。但全部采纳，是否适宜，不无疑问。盖英美法律，虽出于同源，但两国司法行政状况迥然不同。例如英国法院之集中于伦敦一遇，律师之分大律师咨询律师两等，诉讼费用之巨重，法官俸给之丰厚，与美国情形，略加变通，尚能适用。况英国呈诉方式，及审判程序，已有多数要点，为美国诸州所采用，颇收成效。然则英国上诉程序之可以为美国程序改良之借鉴备酌量之采用者，殆无疑议矣。

民事诉讼法修正案中之几个要点*

翟曾泽　演讲

郑麟同**笔记

按诉讼法比较实体法为重要，古代罗马十二铜表法，以诉讼法排列在前，其第一表规定提传，第二表规定审问，均为关于诉讼法之规定。即在我国公布法律，亦以诉讼法公布较早，更就办案而论，亦以诉讼法使用在先，例如审查诉讼事件，如遇原告或被告无当事人能力者，或不属于普通法院之权限者，法院应以裁定驳回其诉，至该事件在实体法上是否有理，实毋庸加以审究。

刑诉法与民诉法比较，民诉法尤属重要。刑诉法惟对于人犯可以适用（按照刑法修订案人犯与犯人有别，犯人专指已决犯而言，人犯则兼指嫌疑犯与已决犯而言)，而民诉法则无论对于何人，凡就私权有所争执者，即非依照民诉法进行不可。

现行民事诉讼法公布施行后，各方颇多非难，良以民事诉讼，利在速结；而法定程序，朱诸繁重，致当事人之桀点者，转得借以延滞诉讼之进行，是诸国家立法之本旨。立法院有鉴于斯，故有修改民诉法之举。兹就此次修正案中重要数点分别说明，如次：

（一）调解。民事调解法之目的，在乎杜息争端，减少讼累，不得谓非善法。然自实行之后，人民并不觉得便利，甚至有主张废除之者。间尝推原其故，大都由于调解主任之奉行不力。当事人间纵有争执，在涉讼之前，嫌怨未深，未始不可劝导就范。且声请调解，无庸缴纳讼费，当事人尚无何种损失。如果调解主任，能恳切开导，晓以利害，当事人绝无顽固不化，自招讼

＊　本文原刊于《法学杂志（上海1931）》（第8卷）1935年第1期，第107～111页。

＊＊　郑麟同，1935年毕业于东吴大学法学院（第18届），获法学学士学位。

累者。然后按诸实际，调解案件能成立者，殆居少数。究其原因，都由于调解主任，询据两造意见各执，不易融合，遂认调解为不能成立，论令向法院正式起诉。至起诉之后，该案即归民庭推事办理，与调解主任不相关涉，是以调解主任，往往不肯竭尽能事，负担办理。欲除此种情弊，莫若将调解案件分归推事办理，不设主任专司其事。其调解不成立者，即由该推事继命当事人补缴讼费，继续审判。如次则调解推事，为避免将来继续审判之繁琐起见，自无不竭力劝论当事人和平解决，讼事定可因而减少。再民事案件调解不成立，即由原调解推事继续审判，不但驾轻就熟，并可免传当事人重行到案件陈述之程序，达到简洁结案之目的。故修正民事诉讼法已将调解法容纳在内，不设单行法规。如此规定，德国立法，已有先例，可以参考。

（二）假执行。诉讼之目的，不仅在乎判决之胜利，而又在乎执行之有着。民事案件之执行，以判决确定后为原则，若在判决尚未确定以前，因有特别情形声请法院宣告假执行者。依现行民事诉讼法之规定，非释明在判决确定前不为执行，恐受难于抵偿或难于计算之损害。惟是释明恐受难于抵偿或难于计算之损害，殊非易事。故修正民事诉讼法又恢复前民诉条例之规定，只须原告提供担保，法院即应准其请求宣告假执行。假执行一经宣示，在判决确定前，即可执行。被告于判决败诉之后，固已无从规避，或将财产隐匿；而又自知债务终须清偿，何必故意拖延，愈增损失，提起损人不利己之上诉。故民事诉讼法关于此点之修正，不但可以保护债权人之利益，并可以减少债务人之上诉。

（三）一造辩论判决。现行民事诉讼法，若被告于最初言辞辩论期日前，并未提出答辩状；继与言词辩论期日不到场，仍不得许到场之原告一造辩论而为判决。必该被告于第二次言词辩论期日仍不到场时，法院方得许到场之原告一造辩论而为判决。以致近时法院传审案件，被告在第一次即不到场，亦不提出答案辩状，几成惯例。必以法院第二次传票后，方始到场辩论。原告徒多无谓之拖累，法院亦徒增无谓之手续。修正民事诉讼法规定言词辩论期日，当事人之一造不到场者，得依到场当事人之声请，由其一造辩论而为判决。是以此后被告若于第一次言词辩论期日不到场，继未提出答案辩状，亦得由到场原告一造辩论而为判决，使诉讼进行迅速。

（四）上诉。现行民事诉讼法，当事人不服第一审或第二审判决，得向原法院或上诉法院提起上诉。此种规定不无流弊，盖败诉之当事人为图延迟诉讼起见，往往不向原法院提起上诉，而向上诉法院提起上诉。上诉法院接到上诉状后，再由该法院书记官通知原法院书记官送交诉讼卷宗。如上诉法院为最高法院，犹须经由高等法院嘱托第一审法院送达上诉状缮本于被上诉人，传令答辩。上诉人又往往于声明上诉之后，不缴讼费，不具理由，经上诉法院限令补正后，方始遵辩。甚或对于讼费，先缴一部，或声请救助，转辗稽迟，于案件之进行，殊多窒碍。兹民事诉讼法修正案规定，凡不服第一审或第二审判决者，应分别向第一审或第二审法院提出上诉状。原法院如以其已逾上诉期间，或系对于不得上诉之判决而上诉者，则以裁定驳回之。有其他不合法之情形而可以补正者，则定期命其补正。如不于期内补正，可认为系意图延滞诉讼者；则依他造声请，以裁定就原判决宣告假执行，并得酌量情形，依职权宣告之。如提起第三审上诉，而于上诉状内未表明上诉理由者，上诉人应于提起上诉后十五日内提出理由书于原第二审法院；未提出者毋庸命其补正，被上诉人亦应于接到上诉状或上诉理由书缮本后，十五日内提出答辩状于原第二审法院。逾期而不提出者，第二审法院书记官，即将卷宗送交第三审法院核辩。如次上诉人庶无利用程序延滞诉讼之机会，而法院亦无交书往返辗转需时之周折，案件进行，自较迅速。

（五）抗告。按现行民事诉讼法抗告程序之规定，对于抗告法院之裁定，得以违背法令为理由提起再抗告，范围甚宽，足以引起迟延诉讼之弊。修正案对于再抗告加以限制。抗告法院之裁定，以抗告为不合法而驳回抗告，或以抗告为有理由而废弃或变更原裁定者，对于该裁定得再为抗告。换言之，即抗告法院之裁定，如以抗告为无理由而驳回者，不许再为抗告。关于抗告期间，民事诉讼法定为抗告十四日，即时抗告七日，修正案缩短抗告期间为十日，其他抗告为五日，而废除即时抗告之用语。

（六）再审。查现行民事诉讼法，对于原告明知被告之居住而指为居住不明，蒙请公示送达，致判决确定者，并无准由被告提起再审之诉之规定。是以被告受有此种确定判决者，在法律上每苦于无法救济。最高法院二十二年七月四日抗字第八二九号民事裁定，虽有当事人知他造之居住而指为居住不明，蒙请公示送达，致判决确定后，如果该他造发现新物证，足以证明该当事人并非不知其居住，而据以为其在裁判上可受利益，自得提起再审之诉之判例，究不如法律明文规定之为当。以前民事诉讼条例，原有此种规定，民事诉讼法将其删去，修正案则重予加入，自较得当。

　　以上各节，系就此次民事诉讼法修正案中重要之点言之，此外修正之点尚多，公布之后，不难明了，恕不赘述。

民事诉讼法修正条文述评*

张企泰

去年十二月廿六日国府颁行民事诉讼法修正条文，系就现行法加以补充或改进。据司法行政部长谢冠生氏最近在参政会之报告，得知修正条文，系该部所拟，送请立法院审议通过者，其旨在简化程序，全国一律推行。但新条文对于原有的立法主义，并无根本上的修正，诚非吾人殷切期待之有系统的创作的立法，而是根据司法官若干年来的经验，认为应行修正的若干点而已。

全部修正条文，就其意义而言，可分为五类，逐类评述如次：

甲、立法技术之改进者

第一一〇条第三款及第一一四条第二项，原文称执达员之规费。"规费"两字，在全部民诉法中，仅见于该两条，颇有疑为一种专门名词者。而事实上，执达员所收取之费用，其主要者为送达费。兹修正为执达员"应收之费用"，较通用而无特殊意义，实为文字上之改进。

第一三八条原文称"公安局或邻长处"。现公安局之名称已不习用，而全国各地又实行保甲制度。经修正为"自治或警察机关"，自较妥适。

第一八六条经修正为"中止诉讼程序之裁定，法院得依声请或依职权撤销之"。查法院裁定命中止诉讼程序，或依声请或依职权为之，均无不可。则认为有撤销其裁定之必要时，亦得依声请或依职权为之。纵如原文之规定，解释上亦不致有疑义。兹为如修正文之添加，以促注意，自无不可。

第二四九条之修正，除添列第二项，系属程序之简化，容后评述外，其

＊ 本文原刊于《中华法学杂志》（第 5 卷）1946 年第 4 期。

第一项第七款，将原文"第三百八十条或第三百九十九条"，改为"或其诉讼标的为确定判决之效力所及者"，意义并无变更，惟文字略有修正耳。

第二六五条于原文"各当事人因准备言词辩论"之下，添加"之必要"三字，亦系文字上之修正。

第四四〇条第二项原文之"被上诉人提出之书状，并前条第二项命补正及宣告假执行之裁定"，经修正为"其他有关文件"。原文词句冗长，而所指者有限。修正文词简意赅，亦一改进。

第四五一条原文称"判决书内应记载之事实，得引用第一审判决"，原只以当事人未在第二审提出新攻击或防御方法者为限。如其提出之，则为判决基础之事实及辩论，与原审判决内所载者，不尽相同，自不得引用第一审判决所载之事实，即算了事。过去或因第二审法院多有未明其真义者，故经修正为"判决书内应记载之事实，以当事人未提出新攻击或防御方法者为限，得引用第一审判权"，以促注意。

第四七三条第二项修正文，于原文"……及以违背法令确定事实……"之下，添加"遗漏事实或认作主张事实"等数字。查所谓违背法令确定事实者，所指甚广。误认契约之性质，例如误租赁契约为使用借贷契约，自亦包括在内。其误认之结果，使原为租赁之事实，被确定为借贷之事实。法院于违背法令确定事实时，往往于当事人陈述之事实，有所遗漏；或于其主张之事实，颇有错认。例如甲主张其房屋系贷与乙使用，以乙未经甲之同意，许丙使用，于是声明终止契约（民法第四七二条第二款），诉请确认借贷关系业已不成立。乙则主张系向甲租用，其未经甲之同意，转租于丙，于法并无不合，声明驳回原告之诉，并提出租金收据一纸，以为证明。如该收据确可证明为租金之支付，第一审法院竟不之顾，武断为借贷契约，而为消极确认判决；第二审法院亦竟维持原判，其误租赁为借贷，显属违背法令。而法院于误认之际，同时亦遗漏租金支付之事实，并认甲主张之事实为真确。愚见以为原文所载，涵义甚广，殊不必为如修正文之添加。

第四八七条有两处修正。第三项之修正，容于下节评述。原第一项经修正后，但书全删。查原第一项之规定，应与第二三八条，第四八〇条，及第四八三条第一项等规定合并读之。第四八〇条既规定诉讼程序进行中所为之裁定，不得抗告，自不发生抗告有无理由之问题。若该裁定经法律明定得为抗告者，则依各该规定及第四八〇条之规定，仍得为抗告。但依法其抗告应由直接上级法院裁定。是则原第一项但书中，关于"但以……该裁定系于诉讼程序进行中所为者为限"一段，颇欠妥适，应删。又第二三八条规定关于指挥诉讼之裁定，或别有规定者，为该裁定之法院法院机构，不受其羁束，而未称不得抗告。既经当事人抗告，如认其为有理由者，可自更正原裁定，不必送交直接上级法院裁定。则原第一项但书中关于"但以不受该裁定之羁束……者为限"一段，自系妥善之立法。修正文并此亦删，不知是否以其为赘文。审如是，则修正文与原文之意义，将无出入，不过为文字上之修正而已。惟修正文既将原有之但书全部删除，或疑修正意旨，不论任何裁定，经当事人合法抗告后，原法院或审判长，认抗告为有理由者，应更正原裁定，毋须送交直接上级法院裁定。依此解释，则第四八七条之修正第一项，将与第二三八条前段，及第四八三条第一项，有显著之抵触，破坏民诉法中一大定则，实系不当之立法。修正意旨，当不致于此。愚见以为原第一项但书前段，如能保存，其意义较为明显，且可免滋疑义。

第六一三条第二项原文"撤销之"三字，修正为"主张无效"，自是立法技术上之改进。盖禁治产人无行为能力（民法第一五条），其意思表示无效（同法第七五条），绝不发生撤销之问题也。

乙、规定之补充者

第十五条经添列第三项，载"因航空器飞航失事，或其他空中事故，请求损害赔偿而涉讼者，得由受损害航空器最初降落地，或加害航空器被扣押地之法院管辖"。良以现代航空发达，因飞航失事，或其他空中事故而涉讼者，自在意料之中，理应比照同条第二项而为如修正文第三项之添列也。

第五一条原文，仅以对于无诉讼能力人为诉讼行为时为限，于一定之情形下，得声请为之选任特别代理人。现以惨遭八年战祸，死亡众伙，孤儿陡增，未必均有监护人之设置。如其为保障合法权益，而有为诉讼行为之必要，以其无诉讼能力，其诉必遭驳回，殊非国家保护死难军民遗孤之旨。故特清列第二项，规定其亲属或利害关系人，待声请受诉法院之审判长，为之选任特别代理人，以附诉讼要件，并以便遗孤之获得法律上保障也。

第七○条第一项经修正后，于"领取所争物"之下，添加"或选任代理人"等数字。视其添加之地位，可推知系指在强制执行程序时选任代理人而言。查在强制执行程序时，往往有选任代理人之情事。或债权人声请强制执行，或法院执行庭传询债权人债务人之两造成一造，或实施执行时，法院书记官执达员会同债权人前往执行，以上均属关于强制执行之行为。最后所争物业经法院执行到手，通知债权人领取之。于上列情形之一，如债权人或债务人不欲自己出场。均可委请他人代理，过去根据第七〇条第一项之原文，已须由当事人特别委任之，兹添加数字，颇嫌赘疣。

第九四条经添列第二项，载"诉讼行为须支出费用者，得命当事人预纳之"，自系补充的规定。

第二三三条原文包括三项，经修正后，原第一项不动。原第二项及第三项前段合并为新第二项，复经修正补充。至于原第三项末段，则自成一项。新第二项载"声请补充，应于判决书送达后二十日之不变期间内为之。当事人就脱漏部分声明不服者，以声请补充判决论。……"（以下悉照原文）除将原定之十日伸长为二十日外，复表明其为不变期间，以免疑义。至于"当事人就脱漏部分声明不服者，以声请补充判决论"数字之添加，察其词意，必系法院曾为判决。否则当事人根本无从声明不服。又此其判决，必经法院宣示，而未经载明于判决书内者。盖未经宣示，尚不成其为判决。惟其未载明于判决书内，始为脱漏。对于此脱漏部分，原被两造，如认为受其不利，均可声明不服。论其情形，各有不同。其在被告，原无声明不服之必要。盖宣示之判决，既未载明于判决书中，纵有不利，被告尚不受其拘束。如系给付判决，原告尚无执行名义，据以请求执行；如系确认判决或创设判决，原告尚无所据以主张其权利。若竟声明不服，致使法院为补充之判决，是不啻自投罗网，依常情言，决不为也。其在原告，自将声明不服。既系对于原判决声明不服，应以上诉论，而由上级法院受理。上级法院对于经宣示而于判决书中脱漏之部分，虽有判决宣示笔录可以查考，但判决之效力，究以判决正本所载者为限，实未便以原告之声明不服作为上诉，而予受理。故修正文特明定以声请补充判决论。使原法院先为补充之判决正本，然后再对之提起上诉，以符程式。惟兹尚有应行考虑之手续上问题为：当事人之上诉状，例须向原法院提出，并先经其核阅。如发现其中有对于脱漏部分声明不服时，应否即为补充之判决，送达于当事人，而后将卷宗汇总送交上级法院？此其一。原法院如未发现，而由上级法院发现时，应如何送交原法院为补充之判决？均未明定，颇属缺憾。盖其手续之繁简，可影响及于程序进行之迟速也。又声明不服，有时既可以声请补充判决论，则声明不服（即上诉）之期间，与声请补充判决之期间，不能互异，此或系原定之十日伸长为二十日之理由与。

第三八〇条原文仅有一项。经修正后，添列两项。而第一项亦有修正。新第一项载"和解成立者，与确定判决有同一之效力"，与原文之意义，并无出入，可视为立法技术上之改进，并与第二四九条第一项第七款之修正文，前后一致。添列之第二项称"和解有无效或得撤销之原因者，当事人得请求继续审判"。盖审判上和解，虽由法院主持其事，并经制作笔录，但竟系出于当事人两造之合致意思，未可与法院之判决相提并论。故不能对之提起上诉或再审之诉。且既系当事人两造之合致意思，故如有意思表示无效及得撤销之原因，或依民诉法之规定，认为未经合法成立者，自可向和解时该诉讼系属之法院请求继续审判。过去最高法院就此点曾著有判例，今则明定于法律中，以补条文之缺陷。又修正文添列之第三项载"第四百九十条及第四百九十八条之规定于前项情形准用之"。可见请求续审，有一定时间上限制。而法院就其请求为审判时，如认为其请求不合法者，以裁定驳回之；如认为其显无理由者，得不经言词辩论以判决驳回之。均系补充之规定。

第三八九条第一项第五款以一百元提高为五百元；又第四〇二条第一项及第四三三条以八百元提高为二千元。恐仍以战前之生活为标准。

第五三五条第一项经修正为"申报权利之公示催告，以得依背书转让之证券，及其他法律有规定者为限"。原文仅载以法律规定者为限。故为指示证券或无记名证券遗失被盗或灭失者，持有人得向法院为公示催告之声请。（民法第七一八条，第七二五条。又关于被继承人债权人之报明债权者第一一五七条；关于继承人之承认继承者第一一七八条；关于死亡宣告得，民事诉讼法第六二一条以下。此外同法第五五四条第一项规定无记名证券或空白背书之指示证券，得由最后之持有人为公示催告之声请，乃系民法第七一八条及第七二五条之补充规定耳。）指示证券固得以背书让与之（民法第七一六条第一项），但得以背书让与者，不以指示证券为限。依民法第七一〇条解释指示证券之意义，可知其证券之成立，至少必需有三人：指示人，被指示人，及领取人是也。但票据中之本票，其所发生之法律关系，可仅存在于二人之间。至于汇票支票，虽通常系指示式，但其所发生之法律关系，亦可仅存于二人之间（票据法第二二条、第一二一条第二项）。上述三种票据，均得以背书让与，而事实上亦最需要依公示催告程序宣告无效，但依原文，未必即可，应分别情形而论；而依修正文，则一律可行，不得谓非补充之规定也。

丙、程序之简化者

第二三条第一项经修正为"有左列各款情形之一者，直接上级法院应依当事人之声请或受诉讼法院之请求，指定管辖"。故今后法院得不待当事人之声请，迳依职权请求指定管辖，实与第二八条：修正立法，前后一贯者也。

第二八条第一项经修正为"诉讼之全部或一部，法院认为无管辖权者，依原告声请或依职权，以裁定移送于其管辖法院"。故原告如声请者，得斟酌其声请；否则亦得依职权移送之。盖诉讼事件，应由何法院管辖，法院之认识，自较当事人为正确。由其依职权移送，自不致有误。抑且简省手续。不过有数管辖法院时，仍不妨命原告指定其中之一，盖此于原告有相当之利害关系。修正文将其删去，未见尽妥。又原告之声请，既无必蒙核准之理，有时亦有被驳回之可能（同条第三项），故原第一项中之"应"字，亦经删除。

第三人条经添列第二项载"推事有第三十三条第一项第二款之情形者，经院长许可，得回避之"。故毋须必待当事人之声请，不得谓非简化也。

第六四条第二项经修正为"参加人承当诉讼者，其所辅助之当事人脱离诉讼。但本案之判决，对于脱离之当事人，仍有效力"。故今后其所辅助之当事人脱离诉讼，毋须经法院之裁定，未始非程序之简化。

第一六六条经修正将"添具意见书"数字删除。今后原法院于受回复原状之声请，认为应行许可，而将该事件送交上级法院时，可毋庸添具意见书，以省手续。

第二四九条第一项第七款之修正，系立法技术上之改进，前已评述。此外修正文复添列第二项载"原告之诉，依其所诉之事实，在法律上显无理由者，法院得不经言词辩论，迳以判决驳回之"。立法用意，原在简省手续，并以杜健讼之弊，未始不可取。惟事实上，原告起诉，纵自知理亏，但于诉状中，决不承认。往往歪曲事实，强词夺理，以表自直。故非经言词辩论，不易认定其起诉为显无理由也。该项之实际效用，预料必甚微薄。反之其流弊则可能甚大。法官而欲枉法循情者，即可以之为凭藉。第一审既如此，第二审难保其不如此也。是则原告无一次公开陈述辩论之机会，即可永丧失其应有的法律上保障。查现行民诉法，原则上系采言词审理主义，言词辩论，原则上应公开法庭行之。其所以如此规定者，乃以示执法之无私，并以隆法院之威信。故除第三审因第一二两审之审判工作不尽相同，改采书状审理主义，不经言词辩论，即可判决外，其他仅限于极特殊而例外之情形，始规定得不经言词辩论，迳以判决驳回之。例如再审之诉显无再审理由者（第四九八条第二项），或和解成立后，请求继续审判，而显无理由者（第三八〇条第三项）。上述两例之再审与续审，实系非常之法律上救济，应于万不得已时始予准可。否则不必命开辩论，徒滋纷扰。兹更规定于原告通常之起诉，亦可不经言词辩论，迳以判决驳回之，实有背于民诉法之基本原则，期期以为不可。且若原告之诉，果无理由，则一次辩论，即可结案。并此亦略，则所节省之时间，劳力与费用有限，而立法精神司法威信所遭受之牺牲则甚大，至非所宜。

第四八七条第一项之修正，业于前节评述，关于原第三项者，规定应添具意见书，经改"应"字为"得"字，文句先后，亦略有变动。

丁、程序之加速者

第三七条之原文包括两项，经修正后，改为一项。载"推事被声请回避者，除因有急迫情形，应为必要处分，或以第三十三条第一项第二款为理由者外，应即停止诉讼程序"。原文以停止诉讼程序为原则。须推事回避之声请，违背第三三条第二项或第三四条第一项或第二项之规定，或显系意图延滞诉讼而为者，始认为例外情形，得不予停止诉讼程序。修正条文，就其文义解释，似亦以停止诉讼程序为原则。惟例外之规定，较原文所定为广。凡声请推事回避以第三三条第一项第二款为理由者，概不停止诉讼程序。此外如有急迫情形，仍应为必要之处分。故仅以第三三条第一项第一款为理由时，始应停止诉讼程序。然则依论理解释，毋宁谓修正文系以不停止诉讼程序为原则，较为正确。夫停止诉讼程序，有碍结案。兹改以不停止为原则，自有加速程序之效用。

第一四九条于原第二项外，添列第三项称"原德法或曾受送达之被告变更应为送达之处所，不向受诉法院陈明，致有第一项第一款情形者，受诉法院得依职权命为公示送达"。查公示送达，原则上应依声请为之，如有上述情形，无法送达，必待声请而后为公示送达，难免稽延时日。今后得依职权为之，亦可加速程序之进行。

第二七三条经修正后，原第一项末句删。第二项改为"前项情形，除有另定新期日之必要者外，受命推事得终结准备程序"。故今后行准备程序时，如于指定期日，当事人之一造不到场者，受命推事，得不另定期日，传唤两造；于对于到场之一造行准备程序后，即得终结准备程序，以利结案。

第三八五条经添加"不到场之当事人，经再传而仍不到场者，并得依职权由一造辩论而为判决"等语，以殿于原第一项之后。过去须依到场当事人之声请，始得由其一造辩论而为判决。如不到场之当事人迭传不到，而到场之一造，亦始终未为此声请，该诉讼势将久悬不决。今后法院得依职权由一造辩论而为判决，以利结案。

第三九五条经添加"被告未声明者，应告以得为声明"等语，以殿于原第二项之后。法院废弃或变更宣告假执行之本案判决，事实上虽颇习见，但同条同项规定被告得于上级受诉法院，为命原告返还及赔偿之声明者，向少为被告或其代理人注意。被告既未为此声明，法院自无从为命原告返还及赔偿之判决，被告亦无从据以向原告为返还及赔偿之请求。势必向第一审法院，另行起诉，求得执行名义而后可。费时失机，莫此为甚。兹规定上级受诉法院（第二审法院）于被告未声明者，应告以得为声明，从而据以判决，不仅节省时间与劳费，抑且使被告合法之权益，早日得获保障。

戊、程序之其他改进者

凡不属于上述各节者，均归入此类，题为程序之其他改进，逐一评述于后。第五三条第三款经修正后，于原文"管辖区域内"以下，添加"或有第四条至第十九条所定之共同管辖法院"数字。查原文规定仅以被告之住所在同一法院管辖区域内者为限。故若重庆一股份有限公司，添募新股，旧股东甲乙两人，先后认股各若干，而未依限缴纳股款，迭经催缴，均置不理。公司因而受有损害者，依法得向甲乙请求赔偿其损害。公司对于甲乙之请求权，不得谓非同种类，而本于事实上及法律上同种类之原因。如甲乙均有住所于重庆，依原第三款，公司自得列甲乙为共同被告，向重庆法院起诉。如甲乙之住所不在同一地，公司依第九条之规定，固得仍向重庆法院起诉，但应分别提起之。兹经修正于上述之情形，仍可将甲乙两人，列为共同被告，诉请赔偿，以省时间劳力与费用，未始非一改进也。

第一〇九条经添加第三项，称"前项释明，得由受诉法院管辖区域内有资力之人出具保证书代之"。此予贫苦之人多一获得诉讼救助之机会。盖释明之工作，仍须提出一切证据，以使法院信其主张为真实，故往往不易成功。

今后声请人如能取得有资力之人或商号之保证书，即可毋庸释明，而获得诉讼救助。但使一贫苦之人，取得有资力之人之保证书，有时亦非易事，或且较释明之工作更难。执法者不得以有第三项之添列，即置第二项于不顾。应体察立法者保护经济上弱者之至意，于本条各项，善为运用。

第一九〇条原有之两项，经合并为一项，另添列第二项。修正文之第一项称"休止诉讼程序之当事人，自陈明休止时起，如于四个月内不续行诉讼者，视为撤回其诉或上诉"。原文之"一个月内不得续行诉讼"，既经删除，则当事人于陈明休止之翌日，即可续为诉讼行为，尤其请求续行审理。此时仍可再度陈明休止，翌日再请续审。如此纠缠不清，至有碍于结案。原文设一个月之中间期间，其意即在使当事人有充分之时间，成立和解。盖既陈明休止，足见两造有和解之意。但当事人之意气，可因偶然事件，于短期内有甚大之变化。设不限定一相当期间，使各按兵，即不易遂休止诉讼程序，另求解决途径之初衷。且于法律创设休止程序之宗旨，亦有违忤。所幸事实上当事人续为诉讼行为，尚须法院之协力。例如请求续行审理，便须法院指定期日。如法院于协力为诉讼行为时，能体察原第一项之立法用意，则虽经修正，尚无大碍。

修正文添列之第二项载"前项规定之效力，法院应于其效力发生前十日，通知当事人"。此固予法院以一新工作，但通知之事，轻而易举，而当事人则因此而知所适从矣。

第二四八条经修正为"对于同一被告之数宗诉讼，除定有专属管辖者外，得向就其中一诉讼有管辖权之法院合并提起之。但不得行同种诉讼程序者，不在此限"。实较原文所定许可合并起诉之场合为广泛。例如（一）甲以机器一架出租于乙，租期届满，机器未获返还。（二）甲之房屋，被乙故意毁损，而未获赔偿。设乙之住所在重庆，甲被损毁之房屋在成都，上述甲对乙之两宗诉讼，依原文之规定，仅得向重庆法院合并提起之。但依修正条文，亦得向成都法院合并提起。若甲对于乙更有第三宗诉讼，比如（三）甲售货于一无限公司，乙系该公司之股东，因公司被宣告破产，甲未受全部价金之清偿，乃请求乙清偿之。如该公司设于贵阳，依修正条文，甲不仅得将三宗诉讼向重庆法院，亦得向成都（或贵阳）法院合并提起。而第一三两宗诉讼所自生之法律关系，固根本与成都无涉也。修正意旨或以为重庆法院，既可合并受理第二三两宗诉讼，而该两宗诉讼所自生之法律关系，根本与重庆无涉，则不许成都（或贵阳）法院合并受理，殊属毫无理由。

前例所述三宗诉讼，均系非专属管辖事件。如其中一宗诉讼定有专属管辖者，是否得与他宗诉讼合并提起。依原文应为肯定之解释无疑。但依修正文，因其规定中有"除定有专属管辖者外"等字样，故颇有疑应除外，而不得合并提起者。愚见以为果如其说，则前揭之句，应置于但书中。故欲得立法之真意，不应以前揭之句与条文中之前句相连，而应以之与后句并读。其意盖谓对于同一被告之数宗诉讼，如其中之一定有专属管辖者，原告即不得随意向就其中一诉讼有管辖权之法院合并提起之。否则专属管辖之事件，可能由他法院管辖，不仅专属两字将无意义，抑且专属管辖之名词，亦有内在之矛盾。但若原告向就其中一诉讼定有专属管辖之法院合并提起，于法即无不合。为说明起见，更假定甲对于乙有第四宗诉讼。比如乙所有在衡阳之田，甲主张为己所有，因而诉请返还。此际甲得将四宗诉讼合并向衡阳法院提起之。其他三宗诉讼所自生之法律关系，固与衡阳一地根本无涉，但前既许成都（或贵阳）法院受理其他两宗诉讼，于此亦无否认衡阳法院合并受理他宗诉讼之理，至为明显。

修正条文之立法，是得是失，诚难一言而决。依照法理，一国之民事法院，对于国内发生之任何民事诉讼，均有权受理（其定有专属管辖者除外）。惟在其法定管辖内之事件，并有受理之义务与责任。征诸第二五条第一九七条第一项，实可凭信；尤其第四四九条第一项前段，规定第二审法院不得以第一审法院无管辖权而废弃原判决，尤足为吾人立论之根据。是故使上例之衡阳法院合并受理其他诉讼，诚未悖于法理；从而修正条文在理论上亦非不足恃。抑且事实上甲将四宗诉讼合并提起，而由衡阳法院受理，亦可免当事人两造往返奔走，另案起诉。对于时间劳力费用之节省实多。但其他三宗诉讼所自生之法律关系（租赁关系等），均未发生于衡阳，诉讼资料之汇集，究属困难。在当事人难免各自函电催寄证明文书，在法院亦难免嘱托他法院调查人证，于是反增手续，而碍结案。好在原告如不欲合并提起，亦可分案起诉，法律固未尝加以禁阻也。总之修正条文于法理有据，其立法意旨亦可嘉，未始非一改进。但其能否发生善果，断视原告之如何运用耳。

第二五七条经以原第一二两项并为一项，称"诉之变更或追加，如新诉专属他法院管辖或不得行同种之诉讼程序者，不得为之"。原文之规定，系与原第二四八条前后一贯。第二四八条既经修正，本条理须修正，以期配合。

故如前例之甲，既向成都法院起诉，随后又发生贵阳之事，纵该事件，原告如独立起诉，成都法院无管辖权，于是依原第一项不得追加，但依修正条文仍得追加之。

第四四三条第一项中之"第三款"，经修正为"第四款"，故今后遇有诉讼权的对于数人必须合一确定者，亦得在第二审程序追加其原非当事人之人为当事人矣。原第一项既未将第二五六条第四款包括在内，如于第二审发觉必要共同诉讼之当事人有脱漏时，即可不再就其他实体上事项为审判，应废弃原判，驳回原告在第一审之起诉。原告如仍欲诉讼，必须添补其他共同诉讼人，另案向第一审法院提起，殊属费时失机。例如甲乙丙三人共同继承之田，为丁无权占有，仅甲乙共同向丁诉请回复占有。如丁不服原判，于第二审程序言词辩论将终结时，忽以被上诉人（原审之原告）之当事人不适格提出抗辩，第二审法院必将废弃原判，而驳回被上诉人在第一审之起诉。其在甲乙，势必添列丙之名，重行向第一审法院起诉。同一事件，只因偶有当事人不适格情事，而使当事人重行起诉，第一审法院（甚或第二审法院）重新审理，殊属不合情理。至于时间劳力及费用之浪费，犹属余事。今后于上述情形，甲乙于丁提出抗辩时，即可在第二审程序，添列丙为共同原告，续请审理，自较省事多多。修正条文未始非一重大之改进也。

第四五四条经添列第二项，载"前项宣告假执行，如有必要，亦得依职权为之"。查假执行之制度，系为抗衡债务人之上诉而设。债务人有时自知理亏，为欲拖延诉讼，往往利用上诉，以图达其目的。故未经判决确定前。先使债权人就债务人之财产为执行。债务人之无理上诉，不仅影响债权人之利益，仰且加重上级法院之工作。故如德国民诉法，即规定关于财产权之诉讼，第二审法院之判决维持第一审判决者，于其范围内，一律依职权宣告假执行。盖事件经两次之审理，是非曲直，大致已明。如系给付之诉，应许假执行，以免拖延，并以减轻最高法院之工作，立法意旨，殊属可嘉。于我国今日之情形，尤有采用之必要。原文公规定依声请宣告假执行，较德国之立法，已有不如。更依司法院之解释，法院于宣告假执行时，得依第四六〇条准用通常诉讼程序之规定，尤其第三九〇条至第三九二条，则假执行制度之效用益减矣。兹添列第二项，自是进步之立法。今后甚希第二审法院，体察立法之用意，广为运用，于无疑义之诉讼，勿再附条件宣告假执行，或准免假执行，将以宏修正文之实效也。

己、尾语

修正条文，虽嫌枝叶，仍系现行民诉法施行以来第一次之重要修正，可能为以后根本修正之初步工作，大体上较原来条文有甚大之改进，至堪称道。惟现行法中尚有应修正之处，而为修正条文所未及者，愿以一得之见，以供研讨。

查诉讼要件有欠缺时，审判长认为可以补正者，应定期间先命补正。至若当事人不适格，则系属于实体上事项，无法补正。有此情形者，法院应依判决驳回原告之诉。就法理言，固应如斯也。但事实上，当事人之不适格，在必要共同诉讼为最常见。若漏列共同诉讼人中一人，即可使当事人不适格。经法院判决驳回原告之诉之后，原告势必添列前此漏列之共同诉讼人，重行起诉。同一事件，只因当事人之一，偶有漏列，故须重行起诉，重新审理，诸多浪费。修正条文，曾因此而将第四四三条修正，（详见前节，关于该条之评述）则于上述之情形，似应为类似之补正，以期一贯，方为妥善。故拟于第二四九条添列一项，称"诉讼标的，对于数人必须合一确定者，如共同诉讼人中一人或数人有欠缺时，法院应于判决驳回原告之诉。但其情形可以补正者，审判长应定期间先命补正"。此系关于程序之改进者一也。

第四九六条设有两重期限，除三十日之不变期间外，复设五年之期限，亦属不变期间，具有除斥效用。立法理由，莫非为维护法律上之和平。若时隔五载，犹许提起再审之诉，难免引起许多无谓而难决之纠纷。但此五年期限，应自何时起算，方为适当。法律规定自判决确定时起。但其再审之理由发生于判决确定后者，自发生时起（同条第三项）。夫再审之理由，既可能发生于判决确定之后，则如于确定后十年或二十年再审之理由始发生者，依现行法之规定，仍应许其提起再审之诉。（即自第十年或第二十年发生时，起算三十日或五年）此与上述重设五年期限之立法意旨，已有显著之抵触。何况自发生时起，应于三十日内，抑应于五年内提起之，更属无从决定。虽同条规定三十日之期间，应自知悉再审理由时起算，五年期限，则自再审理由发生时起算，但笔者不敏，不知此际之"知悉"与"发生"，其间究有若何之区别。普通所谓知悉者，系主观之活动；发生者，系客观之情况。此种区别，是否亦适用于此。如其然者，则假定当事人事后发现未经斟酌之证物，应否于发现时，即认为知悉有再审之理由；抑须俟其确知其得为再审之理由时，始认为知悉之。又应否于发现时，始认为再审之理由发生，抑应认为于证物存在时已发生。均可发生甚多无法解决之难题。如其不然，而视知悉与发生为同一事者，则何以自知悉时起，仅算三十日；自发生时起，可算达五年，又系不决之谜，益可见同条之规定，必有重大之瑕疵。法律设两重期间之意旨，既如上述，则五年期限，应一律自判决确定时起算，然后同条第二项之意义始显，上述之种种困难亦全消。以前例言，即当事人于判决确定后始发现证物，而知悉得为再审之理由者，即自知悉时起算，应于三十日内提起再审之诉。但若三十日之期间，距离判决确定时已逾五年者，其逾越部分作废，应以五年为限。如全部期间逾五年者，其全部作废，当事人即不得提起同去审之诉。愚见以为此系同条应有之意义。故同条第三项中"其再审之理由发生于判决确定后者，自发生时起"数字拟删。此系关于立法技术之改进者二也。

第五七八条第一项列举若干种婚姻事件，规定对于第三人亦有效力。盖婚姻事件，大多系创设之诉，法院所为之判决，其效力自不应以当事人两造为限，但同条同项独未见列有离婚之诉，岂以为离婚之诉，非创设之诉耶？故拟修正为"就婚姻无效，撤销婚姻，确认婚姻成立或不成立，或离婚之诉所为之判决，对于第三人亦有效力"。此亦系关于立法技术之改进者三也。

第四七六条规定第三审法院，仅于两种情形中，应就该事件自为判决。愚见以为尚有他种情形焉。即提起于第二审法院之上诉，逾越上诉期间者，经第三审法院发觉后，于废弃原判外，如发回或发交第二审法院，仍不得更为审判，应自为判决。或驳回原告于第一审之起诉，或维持原第一审判决，视其系原告抑亦被告向第二审法院逾时提起上诉而。故拟就同条添列第三款："三、因违背第四三七条向第二审法院提起上诉而废弃原判决者"。此系关于规定之补充者四也。

上述数端，仅就忆想所及，拟予修正者，兹特提出，以就正于有道。

修正民事诉讼法的几点意见[*]

张企泰

在今战时，敌机混血施轰炸，生命财产，横遭摧残，大家对于打官司，不免看得冷淡。但国家司法上职务，有安定社会的功效，而社会安定有序，是国家进步及一切建设的基本条件。既不能因人民冷淡而国家自毁司法的效能，更因战后的纷乱社会，须司法机关担负大部分的整理工作，而有加强效能的必要。一方面使社会正义有尽量实现的机会，他方面应力求当事人及法院的劳力时间及费用之节省。我们本于斯旨。特就民诉法中应加修正者数点，贡献如下之意见。

一、关于缺席判决

一般的见解，以为现行民诉法，只知有一造辩论判决，而不知有缺席判决。何谓缺席判决，法院所为不利于缺席一造之判决也。至于一造辩论判决，对于制度一造，不必为不利。（这是两种判决的主要区别，其他不同，容后论述）我们对于一般的见解，未敢赞同，举其理由，约有三端：

A. 现行民诉法第三八五条，比之于民事诉讼条例第四五七条，未见有甚大之区别。

第三八五条：言词辩论期日当事人之一造不到场者再依到场当事人之声请由其一造辩论而为判决。

如以前已为辩论或证据调查或未到场人有准备书状之陈述者为前项判决时应斟酌之未到场人以前声明之证据其必要者并应调查之。

第四五七条：言词辩论日期当事人之一造不到场者依到场当事人之声请

---

* 本文原刊于《今日评论》（第 5 卷）1941 年第 8 期。

由其一造辩论而为判决。

前项判决应斟酌以前辩论及调查证据之结果并未到场人准备书状之陈述。

未到场人以前声明之证据方法其必要者应调查之。

除文字上峪有变化外，大致相同。尤其第一项：除日期两字倒置以外，却是一模一样。但在民诉条例时代及以前有缺席判决，（二十年院字第四二七号解释例称"因当事人缺席之效果而为不利于缺席人之判决，固应为缺席判决……"）而依现行法说是没有缺席判决，实颇费解。

B. 民诉条例与现行法之大体相同，不能证明从前主张有缺席判决的见解为必对，而目前通行的见解为不对。诚然，兹特提出第二点理由。现行法第一九五条规定称各当事人对于他造提出之事实及证据，应为陈述。如不为陈述，可推定为自认。盖依第二八〇条，当事人对于他造主张之事实，于言词辩论时，不争执着，视同自认。既经自认，则他造主张之事实，应毋庸举证。（第二七九条一项）法院得根据此事实。为不利于一造之判决。以上论断，假若不错，则到场而对于他造提出之事实，不为陈述或不予争执，或根本不为辩论，法院定欲为不利于彼之判决。今彼如不到场，则依到场当事人声请，由其一造辩论而为判决，其判决自应不利于缺席人，方为合理。但通行见解，既不承认有缺席判决，则到场当事人就其所主张之事实，尚须证明。如其不能提出强有力的证据，将受败诉之判决，是则缺席人颇有胜之机会，不仅承认缺席人之地位，较到场而不为辩论者为优越。其结果不但助长缺席之风，且与第三八七条（当事人于辩论期日到场不为辩论者视同不到场）发生抵触。通观民诉法各条规定，可见第三八五条未曾否认缺席判决。

C. 各国立法，以德法两国对于缺席判决制度，适用上较少限制。奥国民诉法为保证缺席人之利益，对于缺席判决，限制较严，但仍未根本否认此种判决。我国民诉法以奥民诉法为圭臬，似亦以解释有缺席判决为当。此点理由，固不如第一二两点之强而有力，但亦未始不可提供参考。或以为吾人之主张，不合第三八五条之规定。因该条一项明定"由一造辩论而为判决"，显系一造辩论判决，而非缺席。但一造辩论判决究应作何解？一造辩论判决之概念，是否排斥缺席判决？称一造辩论判决者，乃于期日仅由到场之一造为辩论，法院即在此情形中所为之判决。到场人就诉讼关系为事实上及法律上陈述，此后因一造不到场，可推定为自认，即不待举证。而为不利于缺席人之判决，概系一造辩论判决，同时亦是缺席判决。若缺席人已有准备书状之陈述或他种要件具备，而可适用第三八五条二项时，虽亦由一造为辩论，故应认为一造辩论判决。但已非秩序判决矣。盖法院斟酌未到场人之准备书状等，认其为有理由时，可为不利于到场人之判决，故系通常诉决。因此，依吾人观之，一造辩论判决可为缺席判决，亦概为通常判决。其相对为两造辩论判决。故仅与两造辩论判决，在概念上互相排斥。一造辩论判决既包含缺席判决在内，则一般见解，以为现行法知有一造辩论判决而不知有缺席判决者，显然认为此两种判决在概念上不相容纳，实系错误。第三八五条之规定，并不如一般所见，否认缺席判决。

缺席判决在德称 Versaeumnisurteil，一造辩论之通常判决称 Entscheid uag rach lage der akten。其他判决简称 Urteile。后两种复总称 Kontradi ktirische urteile 乃对缺席判决而言者也。

吾人既认定现行法并不否认缺席判决，其适用要件何若？依现行法之规定：

A. 须一造于言词辩论期日不到场，或到场而不就本案为辩论。

B. 须由到场当事人声请为缺席判决。如其不为此声开而愿延展期日。未始不可从其意而许其展期。

C. 须以前未为辩论未调查证据或缺席人无准备出状之陈述。否则应适用第三八五条二项。此种判决已非缺席判决而系通常判决，不必对于缺席人为不利。

D. 须无第三八六条中各款情形之一者。

以上所述，系根据现行法的一种理论。再就实际而言，缺席判决未始非合适制度。凡与人发生纠纷，引起诉讼，自己不去法院为攻击防御，何能期他人代劳。况民事诉讼系采不干涉审理主义（或辩论主义），当事人不声明所用之证据或不为陈述，法院不得代其主张。故对于缺席人为不利之判决，未见其不宜也。再者推考当事人缺席之原因，往往在延滞诉讼。若法院因一造缺席而延展期日，适以迎合该缺席人之心理，大有背于迅速结案的要义。故缺席判决并具防免诉讼延滞的效用。

故意延滞诉讼因而缺席者，固系多数，但因未可归责于当事人之特殊情形，致未克到场者，亦有其事。好在我民诉法许当事人于第二审提出新攻击或防御方法，第一二两审程序，性质上并无不同，缺席人仍有求济之方，以求事理之平。奥民诉法并许缺席人声请回复原状，于是可在原经一审法院重开辩论。当事人所花劳力费用与时间，自较上诉为节省，此于保护缺席人利益之旨，亦甚相合。前民事诉讼条例规定迟误言词辩论期日，可以声请回复原状，（第二○五条）立法旨趣，颇似奥民诉法。而现行法第一六四条规定仅于期间（而非期日）之迟误始得声请回复原状。以今比昔，未见共进步也。

二、关于假执行

就未确定之判决，付诸执行，此之谓假执行。判决未确定者，指判决尚得由上诉法院废弃之谓。故原告之假执行与被告之上诉实相属抗者也。收诉一造之提起上诉，固在求得一更合理适当之判决，使已之利益，能受合法之保护，但意图延滞诉讼而提起上诉者，弈属常见。为防免此种流弊并保护胜诉一造之利益起见，遂有假执行制度之发明。

假执行之效用，既在防免诉讼延滞，其影响于法院之积案遂颇大。假执行之效用，如能显著，败诉一造必难藉上诉以期延滞。而法院亦因此可减少案件。年来司法当局以最高法院积案过多，思所以减少之，曾想了许多方法。可未见到假执行制度之加强，也是一个有效办法。现行法关于假执行之规定，未见尽妥。第三九五条二项规定被告因假执行所受之损害，原告须予赔偿。则原告为避免赔偿或然之损害计，往往不敢声请假执行。假执行之功效，于是大减，当事人藉上诉以延滞诉讼，便得畅行无阻。第三九五条二项之立法理由，在防免假执行之滥用，使债务人不致无端受损，固未可厚非，但在某种情形、假执行之运用，绝难认为有滥用之嫌。此尤于第二审法院之判决，维持第一审判决者为然。盖一案而经两次之审理，获两次相同之判决，是非曲直，几有定论。就此种判决而予假执行，不应再使债权人负第三九五第二项所定之赔偿责任，亦至合理。何况债权人在上述情形中尽量运用假执行制度，债务人便从藉上诉于第三审法院，以图延滞，第三审法院（即最高法院）之讼案，也可减少很多了。此外第四五四条亦不如改为依职权之为愈。

三、关于第三审程序之要件

第四六三条一项规定对于财产权上诉讼之第二审判决，如因上诉所得受之利益，不逾五百元者，不得上诉。立法理由以为第三审程序，花费国家经费甚大，如轻微案件，都有适用第三审程序之机会，未免得不偿失。他国本于同一旨趣，亦有类似之立法。但因中国法官程度低劣，第四六三条一项之适用，便现出极大毛病。据说有下列的事发生。原告因买卖标的物有瑕疵，声请解除契约及赔偿损害。经地方法院判决契约解除，赔偿之诉驳回。原告对于驳回部分不服，上诉于高等法院。该法院竟判减少价金。又屋三间，三人所共有。因分割而涉讼。经地方法院判决归其中一人专属所有，他共有人不服，提起上诉。高等法院除维持原判外，复称为杜绝将来纠纷计，该三屋之地基（本分属三人所有）由该院主张，一并划归被上诉人所有，以上两案、高等法院之判决，未本于当事人之言词辩论，显系违背法令。但两案均因标的轻微，不合第四六三条一项，不得上诉于最高法院。结果当事人无端受损。此在最高法院，固然少了一部分讼案，可是人民属于国家司法职务，便要丧失信仰。中国本来穷人多，富人少，穷人打官司，不能享有最高审判机关审判的权利，其利益势难得合法之保障。此不但有悖于三民主义的精神，并且现在我们全民抗战，穷人也积极参加（恐比富者出力更多），而在法律上的保护，贫富之间，却有厚薄之分，与抗战前途，亦深有影响。在各地法官程度未提高以前，吾人主张废正第四六三条一项。两年前司法当局为欲减少最高法院积案，主张由五百元增为一千元，致使最高审判机关与民众隔绝更深，诚不知其可也。此办法专替最高法院一面着想，而不想到大部分人民的利益不想到国家司法的威信，可谓只知其一，不知其二。

四、关于陈述其相义务

民事诉讼向采不干涉主义，行之既久，流弊渐显。近代立法，推广采职权主义，但仍以济穷，而非取不干涉主义而代之。民事诉讼程序既在保护私权，调谐私人利益，而与公益无直接影响。国家自毋庸积极参与其间。但最近学说，认为民事诉讼同时影响于社会之法律安全，亦至深且大。国家不应采姑息或超然之态度。例如事实之陈述，依不干涉主义，应悉听当事人之便。当事人可尽量说谎，只须其能证明为真，或他造不反证或不能反证为伪。法院须以其谎话为裁判之根据。形式上虽云是非已有定论，实际上一造含冤不白。国家司法不啻为狡猾之徒，便其诈欺。此外当事人说谎可无端加重法院审判工作。人民对于法院，既有请求法律上保护之权，则对于法院平直之工作，自有协助之义务。当事人陈述事实之真相，亦协助之一道，奥民诉法第一七八条规定当事人有此义务，德国一九三三年十月二十七日之修正民诉法，亦于第一三八条一项规定"当事人应就事实状态，依其发生之真实情形，无丝毫之隐匿，向法院为陈述"。其有违背陈述真相之义务（Wahrheitsp flicht）者，得适用德民第八二三条二项及第八二六条（该两条相当于我民第一八四条）令其赔偿损害。我国人民素视诉讼为畏途，而刀笔吏之乱是非，尤属习见，令人咋舌，人民对于司法，向少信仰。民国以来，虽制度一新，而精神如旧。数十年来进步甚迟。法律威信，迄未树立。改进之道，固有多端，但以吾人研究民诉法之立场而论，如能仿奥德民诉法规定陈述真相之义务，或亦能稍变风纪乎。

调解制度之比较研究[*]

张企泰

一、调解之采用

调解制度在欧洲最先采用者为荷兰。法国大革命时，改制务新，以荷兰调解制度素为人所称颂，乃袭用之。当时法儒 Voltaire 对于调解制度曾赞之云："我所见最好的法律，最好的习俗，并且最有用者，莫如荷兰之调解法。如有两人争执，应先至调解法院。调解法官名曰和平之制造者。若当事人偕律师或代理人同来，则必先屏除此等人，犹抽釜底之薪。和平之制造者乃语当事人云：尔等耗费钱财，互至不幸，实属大愚。今吾辈调解尔事，不使耗去分文。如两造意气太盛，则搁置其事，俟诸异日，使病象以时减消，然后再为调解。如其愚诚不可救，则准其起诉，亦犹医士之宰割腐肢耳。"一千八百○六年法制民诉法典，以调解制度规定于第四十八至五十八条中。其他各国亦遂先后采用。奥则规定于民诉法第四百九十五条甲至五百条甲中。采用调解之目的，一方面在息事宁人，如 Voltaire 之所称述；一方面在简速了结轻小事件，以减少法院之积案。通常诉讼程序，形式繁多，费用浩大，往往一轻微案件，胜诉方面之所得，远不足以抵偿其因诉讼所为之费用。此既非当事人之利，抑且非法院之便。盖凡轻微案件，亦须经繁杂之形式而得解决，实不胜其烦累也。

二、调解与诉讼之别

调解非诉讼，调解法官亦非判决法官。所以因诉讼所发生的结果，不必

---

* 本文原刊于《中华法学杂志》（第 6 卷）1935 年第 4/5 期。

尽准用于调解。判决法官所有的权限，调解法官不必尽有之。

调解不发生法院系属效力。譬如一造提起诉讼，而对造声请调解，不能以法院系属为理由，因起诉而对于调解，或因调解而对于起诉，提出异议。

调解不公开为之。

调解中无提出反诉之余地。

调解中止认诺舍弃及自认，并无诉讼中所为认诺舍弃及自认之效力。但可在调解不成进行诉讼时，引为参考材料用。

法国民诉法且不赋与调解结果以执行效力（德奥法律反是，本国法亦反是）。亦不加以诉讼消灭之限制。调解效力以三十年为期。如调解因当事人之久不进行而停止，在三十年之内，旧事重提，可毋须再经调解程序，得迳向法院起诉（德奥法律反是，本国法亦反是）。

但调解亦发生一部分诉讼的效力，如时效之中止，及期限之遵守是也（包括法定利息之开始）。

调解法官权限，不如判决法官权限之宽大。调解法官不得讯问当事人，及进行大规模之证据调查。但为准备调解进行起见，得为必要之处分。

依法国法，调解法官且无权令当事人本人出席（德国法反是）。如当事人提出管辖错误问题，调解法官亦无权迳为裁断，必呈交法院审理（德国法反是）。

故调解之法律性质与诉讼不同。虽其不同之程度，因国而殊，在法更远，在德较近（依德国法，调解程序，在有特殊规定外，适用通常程序之规定，但以不违背调解之本旨为限），但其不同则一也。

调解为私人利益而设，无与公共秩序。故如有遗漏调解程序而直接进行诉讼者，被告当于进行本案言词辩论前提出异议。如不于此时提出异议，则诉讼以合法论。再从实际言，若以调解因公共秩序而设，遇有遗漏调解程序情事，准当事人或检察官于上诉法院且在诉讼任何一阶段中提出异议，试问将此前判决撤销，案卷送回，令两造重新开始进行调解，此项调解，有成功之希望乎？

三、调解之开始

法国法规定凡属第一级法院，治安推事，及劳资争议所管辖范围内之案件，须先在治安推事前进行调解。德国法规定凡属初级法院管辖范围内案件，须先经调解。但亦有例外，非每一如此案件可经调解或必经调解。

可经调解之案件。须当事人有调解之能力，所争执之权利可谓调解之标的。如当事人为未成年人或禁治产人，则可不经调解。依理而论，监护人可以代理未成年人进行调解，但需得亲属会议之核准，法律家三名之咨询，及法院之裁可，手续繁多，费用浩大，根本违背调解之本旨（见法国法）。如争执之权利属身份的，能力的，国籍的，亲属关系的，或其他须准用有关公共秩序法条之权利，绝对不能为调解之标的。故以此等权利为争执标的之事件，可不先经调解。虽然离婚与离异，固亦关涉身分得及家属的权利，但须先经调解。

上述两点，法国法有明文规定，德国法无之。但德国法第四百九十五条甲第一项第六款规定，如法院审酌情形，认为直接提起诉讼确有理由，尤其顾虑到请求权之种类，当事人之关系，或特种环境，觉调解无成立希望者，可以免调解（并见本国新民诉法第四百〇九条第五项），实亦可以包括法国法明文之规定而有余矣。

其他案件，虽当事人有调解之能力，其争执之权利可为调解之标的，然以他种理由，可以不必经调解程序。此节在德国法规定于第四九五条甲中，在法国法规定于第四十九条中（关于本国法见第四百九条）。德国法所规定可不必经调解程序之事件如下：

（一）在最近一年中，曾由邦司法行政部所设或所认可之调解所因调解而未有结果者。

（二）曾经提出调解声请而被驳回者。

（三）因证书及票据涉讼者。

（四）系提起反诉者。

（五）送达于被告之传票应于外国送达或为公示送达者。

（六）法院酌量情形，认为根据于其他重要理由直接起诉确有理由，尤其顾虑到请求权之种类，当事人之关系，或特种环境，觉调解无成立希望者。

法国法中所列举免调解事件，又如：其一造当事人为国家，村市，公共机关，未成年人，禁治产人，无人继承之遗产管理人者。对方有两人以上且有同一利害关系者。盖对方当事人在两人以上，意见往往分歧，调解发生事实上困难。

德国法于第四百九十五条第二项又规定，凡经调解不成立者，过一年后如欲起诉，应再经调解。故在一年中起诉，毋须再经调解（亦见本国法第四百九条第二项。法国法以三十年为期，即在三十年中，可不再经调解，直接提起诉讼，为期诚不免过长）。

调解因当事人提出调解声请书而开始，亦因两造共趋法院而开始（亦见本国法第四百三是条）。德国法复规定如不先经调解，迳行起诉，其起诉书状，以调解声请书论。对于此项裁定，得为抗告。复依第六百九十六条，进行督促程序，债务人提出异议，因一造之声请，指定日期，得开始调解。

如有依法得不经调解之案件，当事人仍请调解者，法院的视其毋庸先经调解情形，系由于私人利益或由于公共秩序，而以裁定分别准许或驳回之（法国法）如当事人声请指定诉讼日期，而法院则指定调解日期，当事人得提起抗告。

调解声请书应记明两造当事人之姓名，请求事项，及请求所根据之各种事实。声请人并得揭出证据，及对方否认请求所根据之理由。如有有关文件，亦得将其原本或抄本附呈。

送达由法院依职权、为之。时效之中止及期间之遵守，则已于调解声请书送入时开始。

法官指定调解日期时，得先审查调解法定条件是否已经完备。若声请书中缺少请求事项，或请求所根据之各种事实，法官得以为不合法而驳回之。如诉讼手续不合法，或当事人无调解能力，或其请求显然无理由，法官认为自始即无成立调解之希望者，得驳回之。对于驳回，不得声明不服。但如不附带理由，当事人得提出抗告。调解驳回后，可以迳行起诉。

在德国，调解日期指定前，除非声请人释明其经济状况困难，须先付清调解费用。调解费用为诉讼费用之半。如调解不成，进行诉讼，在由调解声请人先交清其余半数，而后由法院指定诉讼日期。为欲避免迟延由调解程序当场进入诉讼程序起见，法院于送达调解日期时，得便告调解声请人随带诉讼必要之费用。先经督促程序者，调解毋须费用。

调解日期，既已指定，即由法院向当事人为传唤。依德国法，若送达限于法院管辖区域内，传唤当事人到场，至少需予以三日期限。在本国他处者，至少一周。在外国者由法院酌量情形定之。

关于调解管辖问题，如声请调解之对造，提出管辖错误之异议，在法国，调解法官无为裁定之权，仅得作成笔录，移送第一级法院审理。如第一级法院认为管辖确系错误，应即移送该管调解法官调解。在德国，调解当事人得于调解进行中随时提出管辖错误之异议。当事人提出土地管辖之异议，如法院认为有理，应将案卷移送该管初级法院进行调解。对于此项裁定，当事人不得声明不服。事物管辖错误，实际上绝少发生。果经当事人提出此项异议，如法院认为有理，得向当事人建议，声请进行诉讼，然后移送该管法院审理（盖属于非初级法院如地方法院所管辖之案件，毋庸先经调解）。对于此项裁定，不得抗告。若当事人不声请诉讼，初级法院只得以裁定驳回调解。调解当事人对于此项裁定，可以提起抗告。若在其他法院发生事物管辖错误问题。而将案件移送该管初级法院，则不能以在其他法院已经进行之诉讼，移送初级法院而为调解，该管初级法院应继续受理诉讼。调解可进而变成诉讼，诉讼不能退而变为调解。

调解以债务人住所所在地之法院为由管辖。普通法中所规定之例外，尤其关于继承方面，于此当亦准用。但关于不动产之案件，在法国则有明文规定（第五十条），仍属债务人住所所在地之治安推事管辖。盖以治安推事，熟悉债务人，调解自较顺利而易奏功。

四、调解之进行

在调解进行中，调解法官得以促成调解为职旨，本一己之意见，于程序方面，为必要之措置。其职务在开导劝喻，不在判断。受劝导者，亦必须当事人本人，劝导始易奏效。故法国法规定（第五十三条），除非别有事故，当事人应亲自到场，不得派代理人出席。关于代理一事，一千七百九十一年法案，曾禁诉讼代理人，书记官，承发吏为调解代理人。但民诉法典中已不重审此禁。一千八百三十八年法案，仅不准承发吏为代理人。若当事人无故缺席，委人代理，法官得以缺席论，判以罚锾之处分。罚锾数额，不得逾十法郎（合华币两元左右）。故实际等于不罚。但法官不能强其到场。德国法并无不可委托代理人之限制，但第四百九十九条乙规定，法官得随时令当事人本人到场。如违令而仍不到场，法官得处以罚锾，但其数额不得逾一千马克。奥国法则规定调解法官不得强迫当事人当场，亦不得竟处以罚锾。

德国法规定（第四百九十九条内）法官在调解进行中，酌量情形，如认为必要，得传讯证人，但以一名为限；并可调查其他证据，但以能即时调查而不致迟延者为限。法官亦得用电话机其他简便方法讯问证人。但讯问当事人，法所不许（参阅本国法第四百十八条）。

五、调解之结局

调解之结局，可分四项言之：

（一）传票既已送达，届期两造均不到场，或到场而不进行调解，在德，调解法官得为裁定，以此等事视为其事从未发生。但未使不发生相当效果。即在三十年之内，调解声请人得迳向法院提起诉讼，不必再经调解，其不到场之罚锾十法郎，须于事先付清。该罚锾不由治安推事而由第一级法院宣告。

（二）若一造不到场，或到场而不进行调解，在德，到场之一造得声请进行诉讼，而成立一造辩论之判决。调解声请书，即视作起诉书状。诉讼系属效力，视作自调解声请书送达或通知时已发生。在法，即由书记官记录其事，缺席之一造受罚锾之处分。

（三）若两造均到场，调解未有结果，在德，可由两种下场：（1）撤回调解声请（其实撤回调解声请，可不得对方同意随时为之）。撤回后，过去种种，视作从未发生。（2）进行诉讼一造声请，而由法院裁定之。若事实上可能，得当场进行。否则应速另定日期，进行诉讼。依奥国法，迳行开始诉讼程序，须得对方当事人之同意。如不同意，则须正式提起诉讼。声请进行诉讼者如为调解之声请人，则于诉讼日期指定前，应付清其余一般讼费。如为声请调解之对造，则法院可不待余半讼费之付清，迳行开始诉讼。盖在诉讼程序中，该对造仍不失为被告，被告素无先缴讼费之办法。调解声请书，得予以更改补充，作为起诉书状。关于更改补充诸点，其诉讼系属效力，须自在调解中主张时始。有时调解以种种原因而中止，如在调解进行中发生调解成立之障碍，或调解条件之丧失，法院得以一造之声请，驳回调解。对于此项裁定，得为抗告。

上述两种下场及调解中止情事，亦可子啊法国发生。关于笔录之作成，在法则仅限于记述调解不成，而不详细记载其经过：两造之供述，及其承认及否认等。

（四）两造均到场，调解成立，当由法院制成笔录。依德国法，调解笔录有执行名义。奥国法亦然（亦见本国法第四百二十一条第一项）。法国法则反是。依第五十四条规定，调解笔录仅有私人债务之效力。当时作如此规定，实由于公证人等之请求。因公证人等反对予以执行效力。若调解笔录与公证书有同样价值，行见人人以俭省之费用，求调解笔录，而避免公证书，是乃损公证人之营业。故在法，如执行调解笔录发生困难，须向法院求得一判决，并且再须经过调解程序。第二次调解之目标，为第一次调解之结果，非即第一次之调解目标。法国学者，对于调解笔录之无执行名义，均论谓违背公允。

凡上述调解不成诸情事，法院得付与当事人以证明书，记载所主张之请求权。在一年内，重提往事，毋庸再经调解。

六、调解在各国之已往成绩

调解之成立，以在乡村为最易，在小城为最难。盖在乡村之间，法官尚具相当威信，其意见易为村民所尊奉。且村民大抵互相结识，多有书世共居一处者，不愿涉讼，结不解怨。在城市中，则情形迥异。且时有利用紧急程序以逃避调节者。依照法国统计，经调解之案件成立者，十分之四强。依照奥国统计：

调 解 传 票 之 数 额		
1900	1910	1923
7295	11 633	15 645
10 912	16 676	11 489
4526	7003	6320
1777	2532	2239
17 448	22 185	8967
3725	5331	5832
12 125	17 404	5250
966	1621	1778

区　域
奥　　京
下　　奥
上　　奥
Salzburg
Steiermark
Kärnten
Tirol
Vovalberg

关于上列字数须注意一点，即每一调解需传票两张。在欧战以前之十年中，调解事件，各处增加。欧战以后，除维也纳外，他处均不见有增。如 Steiermark 及 Tirol 两处，因失地关系，区域面积缩小，调解案件亦遂大减。

七、法德调解制度比较与中国调解制度

法国调解制度，其性质去诉讼过远。调解法官权限亦太小。如关于管辖错误问题，调解法官不得自为裁决，而必须移送法院审断，致迁延时日。罚锾限于十法郎，数目过微，失罚锾之效力。故当事人有意拖延者，仍可以无故不到场。调解笔录无执行效力，故调解结果几近于无结果。煞费心机，得一解决，而实际仍不得解决，令人对于调解丧失信仰。若必须经第二次调解或诉讼以获到第一次调解之执行，诚不胜其烦累，徒予恶意者以刁难延宕之机会，大非采用调解制度之本旨。

调解制度之援用，当以不阻碍案件之迅速解决为原则。故德国调解制度，实较法国者为优。上述法国调解制度之缺点，为德国法所无。但实际上如关于管辖问题之异议，使一案件分开数次期日了解；证据之调查，迁延时日（盖不调查证据，不能提出对于两造均能满意之建议），亦犯迟延之弊。

本国法之调解制度，迹近德国法。第四百十六条规定当事人及法院得选任调解人协同调解，乃法德两国法律之所无。关于管辖问题，第四百十条规定准用提出程序之管辖规定，亦发生迟延弊病。且依本国法规定，法院如认为管辖确有错误，不能入德国法院之将案件迳行移送该管法院调解，而仅得驳回声请；调解声请人，须再寻觅该管法院请求调解，显然误时失机（依本

国法，调解不发生事物管辖问题。自各省推行三级三审制后，高等法院只为第二审，且本国亦乏民事特别法院，事物管辖决不致有错误）。关于调查证据，第四百十八条规定法院得于必要时为之。但此间是否亦准用通常程序中止证据调查办法，既无明文规定，自不无疑义。通常程序中止调查证据，旨在确定真伪，手续严密繁重。调解不在判断是非曲直，且旨在简速了结案件，准用通常调查证据办法，实有悖乎调解之本旨。然则第四百十八条所规定调查证据，究当加以何种限制？第四百十九条规定调解不成立时，一造声请为诉讼之辩论，他造如声请延展期日，法院应许可之。究竟可以延展若干日，亦生问题。第四百二十条规定法院以两造或一造不到场，得另定调解日期。究竟期日相距若干日，可以令定几次，若不明定限制，均可以发生迟延之弊病。现关于调解尚须调解细则，草拟细则时，似应在可能范围内，设法与以补正也。

二十四年（1935）夏于南京

民事诉讼法关于裁定规定之种种[*]

罗会章[**]

一、裁定与判决之区别

裁判为法院之意思表示，以其形式区别，可分为判决裁定二者（德日民诉法分为判决，决定，命令三者）。判决者，法院基于必要的言词辩论（民诉法二二一之一），就实体法上及诉讼法上之权利所为之宣言，以具备第二二六条之形式为必要。裁定者，法院基于书面审理或任意言词辩论所为之裁判也。上之定义，系根据现行民事诉讼法之规定而下，兹更进而说明二者区别之要点：

（一）为裁判之法律上根据之不同凡法院以判决之形式为裁判，必有一定之法条为根据，于裁定则不一定须有明文为根据，盖我民诉法二二○条规定"裁判除依本法应用判决者外，以裁定行之"系限定裁判之以判决出之者须有明文之根据。

参照条文：

本法八七（诉讼费用之判决），二三三（补充判决），三九三（假执行之判决），四四六四七八（驳回上诉之判决），四四八（发回更审之判决），四四八四七六（上诉审废弃宣判自为判决），四四九（移送判决），四七四四七五（发回发交之判决），四七七（变更宣判之判决），四九八（再审之诉无理由之判决），五六○（撤销除权判决之判决），六一二（撤销禁治产宣告之判决），六二一（原告死亡之判决），三八一，三八二，三八三，三八四，三

---

    * 本文原刊于《东吴法声》（年份、期数不详）。

    ** 罗会章，1940 年毕业于东吴大学法学院（第 23 届），获法学学士学位。

八五。

本法规定裁判以裁定行之者：二三，二八，五三，三六，三八，五一，六〇，六四，六八，八九，九〇，九六，九九，一〇一，一〇四，一〇五，一〇七，一一三，一四九，一六三，一六六，一七七，一七八，一八一，一八二，一八三，一八四，一八五，一八六，一八七，二〇一，二三二，二三三，二四〇，二四五，三〇三，三一〇，三一一，三一五，三二〇，三二三，三三三，三四三，三四七，三四九，三五一，三六〇，三六七，三七一，三七二，三八六，四一一，四一四，四三九，四四一，四五三，四八九，四九八，五〇八，五〇九，五一三，五一四，五二三，五二四，五二五，五二九，五三三，五四三，五六三，五七二，五八一，五八四，五九二，六〇〇，六〇三，六一九。

下列诸条之裁判，虽未明定以裁定行之，但亦得用裁定行之：四九，七五，七九，八一，八二，八五，九二，九五，一二一，一三二，一三三，一五〇，二〇四，二〇六，二一〇，二六八，二七〇，二七四，二八七，三三〇，三三八，三五三，三六五，三七七，五六二，五〇〇，五七五，六〇二，六一二。

（二）所解决争点之不同判决为关于诉讼程序上之争点或关于当事人实体上权利争点所为之宣言，裁定乃原则上关于诉讼程序上争点所为之宣言，其主要效用在于诉讼之指挥，例外上，裁定亦有关于实体法上之权力，如对于证人或鉴定人宣示罚锾之裁定（三〇三，三一一，三一五，三二四）选任特别代理人之裁定（五一）支付命令（五〇四）债权扣押命令（五二三）等是也。

（三）为裁判之主体不同判决乃法院所为之宣言，裁定乃法院或审判长受命推事受托推事所为之宣言，法院为裁判，除依民诉法应以判决行之者外，以裁定行之。至审判者受托推事受命推事之裁判，则概以裁定行之，无用判决者。

（四）判裁之基础与形式不同判决乃基于必要的言词辩论，以一定之形式所为之裁判也。而裁定乃本于任意言词辩论，非依一定形式所为之裁判也。

判决，除少数例外（四七一），恒基于必要的言词辩论为之（二二一之一），凡基于必要的言词辩论所为之裁判，必为判决，至于裁定，则以不基于言词辩论为之为原则。

判决必依法定形式为之，以有法定形式之文书，即判决书，为必要（二二六）在裁定于二三九条即未准用二二六条，故有无庸作成文书者，即作文书，除遵守二三七条之限制（驳回声明或有争执之声明，应付理由），亦无必循之定式。（参一二三之五）

（五）羁束力之不同判决有羁束宣示法院之效力，裁定则有羁束力，有无羁束力者。

判决因宣示而生判决之效力，从而羁束宣示之法院，判决经宣示后，纵令法院发现其自己判决不当，亦不得自行废弃变更，又已宣示中间判决者，嗣后不得为与其中间判决矛盾之终局判决（注：判决不得自行废弃变更之原则），有如下之例外：

1. 更审事件当事人向上诉审提起上诉，由上诉审发回更审者，原法院（即受发回之法院）之判决已受废弃，失其效力，故可不受羁束。

2. 再审事件再审以确定判决不当为理由，依其废弃变更之声明为之，由原为判决之法院审理者，可不受前确定判决之羁束。

裁定有因宣示或送达而生羁束为该裁定之法院，审判长，受命推事或受托推事之效力者，（二三八条主文之裁定）亦有关于诉讼指挥及法律上有特别规定之裁定不生羁束力者（二三八条但书）。诉讼指挥之裁判许其自行废弃变更者，为期其合于诉讼进行之状况也，例如诉讼中止之裁定（一八一至一八六）。关于分别，合并及限制辩论之裁定（二〇四，二〇五，二〇六）等，为指挥诉讼之裁定，许为裁定之法院得以自由废弃变更或不为施行。至本法有特别规定之裁定，如一五九（期日之裁定）一六三（期间之裁定）一八六（中止诉讼程序之裁定）皆许自行废弃变更。

此外如判决乃对于当事人所为之宣言，裁定乃对于当事人及诉讼关系所为之宣言，对于判决之不服，以上诉方法行之，对于裁定不服，以报告之方法行之，皆二者之不同也。

二、裁定之废弃变更

原经宣示或送达之裁定，已有对外效力，此种裁定之废弃变更，自不能不依一定之程序，兹分别何种裁定申述本法就此之规定于下[1]：

---

[1] "下"原文作"左"，现据今日排版需要改正，下同。——校勘者注。

（一）不羁束原为裁定之法院或审判官（审判长，受命推事，受托推事）之裁定而系关于诉讼指挥者，此种裁定，法律规定不得抗告，只能由原为裁定之法院或审判官自行废弃变更，当事人亦得申请[1]为废弃变更或提出异议。

（二）依二三八条所谓"别有规定"不羁束原为裁定之法院或审判官之裁定，（一五九，一六三，一八六等）此种裁定，得：

1. 由原为裁定之法院或审判官自行废弃变更，或

2. 依抗告程序更正，所谓依抗告程序更正，又分为：

第一，原法院或审判长自行更正。（四八七）

第二，由抗告法院废弃原裁定，自为裁定。（四八九）

第三，由抗告法院废弃原裁定，命原法院或审判长更为裁定。（四八九）

（三）诉讼进行中所为之裁定分为二类：

1. 法律明文许抗告者得依抗告程序更正；

2. 不许抗告者，如牵涉终局判决，得于上诉时并受上级法院审判。

（四）羁束原法院之裁定（二四九，四三九，四五三之裁定）此种裁定，不得自行废弃或变更，只能依法由抗告法院更正。

三、不能抗告之裁定

依本法四七九条规定，对于裁定得为抗告，但别有规定者不在此限，故一切裁定，原则上皆得抗告，法有明文不许抗告者，则属例外，详审本法之规定，例外之范围固甚广也。

所谓别有规定不得抗告之裁定，约可分为下列数种：

1. 诉讼进行中所为之裁定。（四八〇）

2. 财产权诉讼标的之金额或价额不逾五百元者其第二审法院所为之裁定。（四八一）

3. 受命推事或受托推事所为之裁定。（四八二）

4. 法律明定不得声明不服之裁定。

5. 法律明定不得抗告之裁定。

6. 得提出异议之裁定。

---

〔1〕 "申请"原文作"声请"，现据今日排版需要改正。——校勘者注。

兹更分述本法对此六种裁定规定之大略：

（一）诉讼进行中所为之裁定诉讼进行中所为之裁定，除本法有特别规定外，不得抗告（四八〇）。于诉讼程序进行中所为之裁定，最显著者，为关于指挥诉讼之裁定，此项裁定，得由为裁定之法院或审判官自行变更，不得独立抗告，长以法院于诉讼进行中所为之裁定至严，倘一经裁定，即许抗告，未免过于拖累，有碍诉讼之进行，故法律特以明文禁止其抗告。

所谓诉讼进行中之裁定如下：兹并分为不得抗告及得抗告二种：

1. 不得抗告（即依四八〇条并无明文特许抗告者）如：关于诉讼指挥之裁定（二三八条但书，并参一九八条以下）：

命补正程式之裁定。（一二一）

诉讼不经裁判终结时关于诉讼费用依申请所为之裁定。（九〇，八八）

驳回申请一造辩论判决之裁定。（三八六）

驳回申请宣告支付命令得为假执行之裁定。（五一七）

申请禁止支付之裁定。（五六二）

2. 有明文规定得为抗告者，如：

驳回申请推事回避之裁定。（三六）

申请驳回从参加之裁定。（六〇）

命第三人负担诉讼费用之裁定。（八九）

于应否准许返还担保之裁定。（一〇四）

关于诉讼救助之裁定。（一〇七，一一三，一一五）

驳回申请公示送达之裁定。（一四九之二）

关于中止诉讼程序及撤销中止之裁定。（一八七）

对于违背证人或鉴定义务科以罚锾及命赔偿费用或命拘提之裁定。（三〇三，三一五，三一一，三二四）

以拒却鉴定人为不当之裁定。（三三三）

关于拒绝证言或拒绝裁定当否之裁定。（三一〇，三三〇）

因第三人不提出证书或勘验物而科以前锾及命赔偿费用或命强制处分之裁定。（三四九，三六〇，三六七）

关于证人鉴定人或提出证书之第三人请求费用之裁定。（三二三，三三八，三五一）

驳回申请证据保全之裁定。（三七一）

因人事诉讼之本人不到场而予以制裁处分及驳回当事人申请撤销此项处分之裁定。（五七二，三〇三，五八四，五九二）

驳回申请禁治产之裁定。（六〇）

法院就异议所为之裁定。（四八二）

（二）财产权诉讼标的之金额或价额不逾五百元者其第二审法院所为之裁定，（四八一）关于财产权之诉讼，其标的之金额或价额在四百六十三条所定之上诉利益额数以下者，其第二审法院所为之裁定不得抗告。此种规定之理由，与限制上诉正复相同，唯所谓第四百六十三条所定上诉利益额数者，除该条第一项所定之额数外，尚须注意同条第二项所定之额数。（四六三条二项规定："前项所定额数，得因地方情形，以司法行政最高官署命令减为三百元或增至一千元。"）

（三）受命推事或受托推事所为之裁定受命推事或受托推事所为之裁定不得抗告，但其裁定设为受诉法院所为得抗告者得向受诉法院提出异议。（四八二之一）例如受命推事或受托推事所为科证人或鉴定人罚锾之裁定，固不得对之抗告，唯仍得向受诉法院提出异议，因此种裁定，苟为受诉法院所为，即属得为抗告者也。（三二二，三〇三，三一一）此项异议，准用对于法院同种裁定抗告之规定。（四八二之二）受诉法院就异议所为之裁定，得依民诉法第四条之规定抗告。

（四）法律明定不得声明不服之裁定本法各条规定不得声明不服之裁定，绝不得向上级法院声明不服（四三五但书），此种裁定，或得向原法院申请自行废弃变更（如某种指挥诉讼之裁定）或与当事人无利益关系，亦毋庸许其独立声明不服或抗告。

本法规定不得声明不服之裁定如：

指定管辖之裁定。（二三）

以回避申请为正当之裁定。（三六）

许为诉之变更追加及认为非变更追加之裁定。（二五八）

以拒却鉴定人为正当之裁定。（三三三）

准许保全证据之裁定。（三七一）

第二审法院关于假执行之裁定。（四五五）

驳回支付命令申请之裁定。（五〇九）

（五）法律明定不得抗告之裁定如：

驳回更正申请之裁定。（二三二，二三九）

请求标的所在地法院为假处分之裁定。（五三三）

宣告禁治产之裁定。（六〇五）

驳回撤销禁治产申请之裁定。（六二〇）

依本法立法旨趣，法定不许抗告之裁定，仅不得以独立抗告之方法陈明不服，尚有其他之救济在，兹述于下：

1. 并受上级法院审理法定不许抗告之裁定，若与日后所为之终局判决有牵涉关系者，得与终局判决并受第二审法院之审判。（四三五，四七八）盖第四三五条规定，第一审终局判决前之裁定，牵涉该判决者并受第二审上诉法院之审判，但依法不得声明不服或得以抗告声明不服者不在此限。又因依四七八条准用之规定，第二审终局判决前之裁定，牵涉该判决者，亦得受第三审上上诉法院之审判。

2. 申请撤销或提起撤销之诉例如五三三条一项本案法院就请求标的所在地地方法院所为假处分当否之裁定，依同条第三条不得抗告，但因准用假扣押之规定。（参五二九）得于命假处分之原因消减或情事变更申请撤销之。又六〇五条之宣告禁治产之裁定不得抗告，依同条第二项规定，依民法规定得申请禁治产之人，得向就禁治产之申请会为裁判之地方法院提起撤销禁治产宣告之诉。

（六）的提出异议之裁定本法一九三条规定当事人对于诉讼程序规定之违背得提出异议。二〇一条规定对于审判诉长关于指讼指挥或审判长陪席推事之发问或晓谕，得提出异议。五一二条之支付命令亦然，是此种裁定，既得以异议申请废弃或变更之，自不得再行提起抗告。

四、得为抗告之裁定

综观本法之规定，裁定得抗告者不外：

1. 法律明文规定得为抗告者，此种专条甚少。

2. 非诉讼进行中之裁定而又无明文规定不许抗告者。如下者，为诉讼进行中及其他程序中所为之裁定，均得抗告：三六，三六，六〇，八九，九〇，九六，一〇〇，一〇四，一〇五，一〇七，一一三，一一五，一七七，一七八，一七九，一八一，一八二，一八三，一八四，一八五，一八六，一八七，一九四，三〇三，三一一，三一五，三二三，三二四，三三〇，三三八，三四九，三五一，三六〇，三六七，三七一，三八六，四一四，四八二，四八三，五二四，五二九，五五〇，五七二，五八四，五九二，六〇二，六〇三。

从理论与实际讨论现行法律*

郭 卫**

　　法律应为社会之需要而产生，国家制定法律，其主要目的在维持社会之现状。换言之，即一方面在保持社会善良习惯使之不堕，善良人民无被侵害之处，一方面使个人间之权利义务有正当解决之方法与途径，以全社会之秩序；而另一方面虽不无改良社会之意义存乎其间，要非以之为主要目的者也，是于立法之始，未可忽视现实社会之实际情形，而专着眼〔1〕于理论，所谓最新学说也，所谓最新立法例也，有适于彼而不适于此者，有实施尚须有待者，有与整个之立法精神不合者，有与局部之事实有碍者，是未可悉奉为圭臬也。然于新法实施之际，人民多未了解其真意所在，所谓非常之原，黎民惊诧。因之而良法不知利用，与恶法等量齐观，或良法运用不当，致推行时受阻碍，因噎废食，固所不可，而胶柱鼓瑟，亦难成曲。况我国自古以来，偏重儒术，崇尚道义，轻视律法，坟典索丘，肇自唐虞，诗书礼乐，隆于三代，虽不无法律问题错综其间，然为儒家所不道，战国之末，李悝制法经六篇，至唐而集其大成，大抵以出礼入刑，民刑无别，其一贯之立法旨趣，在维持礼教而已，降及清末，朝野人士始知旧法之不足应现代社会之需要，而

---

　　* 本文原刊于《中华法学杂志》（新编第 1 卷）1936 年第 2 期。原本仅有简易句读，本文句读为录入者添加。

　　** 郭卫（1892～1958 年），又名郭元觉，湖南常宁人，民国时期著名法学家，毕业于北洋大学法科，获哥伦比亚大学法学博士。曾任大理院推事，位及司法部秘书长。1925 年与友人共创上海政法大学，并兼任多所大学教授。与友人创办上海法学编译社，出任社长，编译了许多外国法学著作，并于 1931 年在上海创办《现代法学》期刊。民国中后期极为活跃，著述颇多，律师算其终生职业，为民国法律做了不少奠基工作。

　　〔1〕 "着眼"原文作"著眼"，现据今日通常用法改正。——校勘者注

从事改进，惟仓促[1]之间，欲创宏规巨典，势所难能，不得不因袭东邻成法，傲立草案，同时确立审判制度，俾获试行，入民国后，大部法典仍未成立，斤以大理院之判例解释为依归。直至民国十六年后，革命初步工作告成，国民政府立法院始将民刑各法次第制定，自公布施行以来，虽大体尚无阻碍，然与社会情形亦容有未洽者，爰就管见所及，略述数端，期与本会同人之商榷耳。

（一）宗祧继承存废问题

我国数千年来，宗奉儒家之说，圣经贤传已深入人心，牢不可破，故于国家政治，社会组织，无不以孔孟之言为中心，孔孟之说首重忠孝，家族制度之树立与维系，又以孝字为中心，宗祧继承为孝之基本建架，故不孝有三无后为大之信条，视为天经地义，铁案不磨，若欲打破此种信条，则家族制度随之倾覆，是宗祧继承之存废，与家族制度之存废颇有连带关系，欲研究宗祧继承之存废，应先研究家族制度之存废。夫家族为民族之基本组织，合若干家族始成为民族，欲谋民族之有组织，易团结，必先从整理家族始，总理遗教言之綦详，故吾人不欲维持家族制度则已。欲谋维持家族制度，即不可不保存宗祧继承，或谓现行法律已有遗产继承之规定，遗产继承以直系血亲卑亲属为先，是名义上虽无宗祧继承之规定，而实际上已包括宗祧继承于遗产继承之中。但之宗祧继承与遗产继承原不可分，即有宗祧继承权者，昔便有遗产继承权，无宗祧继承权者便无遗产继承权。今则置宗祧继承于不问矣，要知昔时所谓继承者，指宗祧继承而言，宗祧继承是以继承义务为主，权利继承仅为附带条件，故父债子偿，不问有无遗产，生养死葬，完全为其职责。今之遗产继承，仅于身后承其财产，他无何种义务，是纯以权利继承为主，而义务漠然无关。如无权利可继，且许其抛弃，或呈请限定，除有直系血亲及家长家属关系外，即无养生之义，复无送死之责，则人所希望继承之目的，仅恐财产于身后无处安顿耳。如仅恐财产于身后无处安顿，则不如及身耗去，何必遗为后累，既无身后之图，何有生前之利，甚至生产不力，业务不竞，自暴自弃，意懒心灰，于国家健全社会进步，亦殊多影响。况现代社会习惯，以人亡户绝为最不幸事，虽不获宁馨，望其光前裕后纵有豚犬，亦足营奠营斋，必身后付托有人，九泉方能瞑目。千百年来，人同此心，若

---

[1] "仓促"原文作"仓卒"，现据今日通常用法改正。——校勘者注。

借以维持社会现状之法律摒不列入，无子女者若不于生前收领养子，则死后无从立嗣，守志之妇不能代立嗣子，而单方收领养子，效力不及本人，虽遗产不患无人承受，而宗祧势必永付阙如。至有女无子者，虽云已有直系卑属，足以承受遗产，然除招入赘婿外，女儿终须因结婚而入他人家庭，生子自是外姓，本身宗祧，无人继承，此殊为人情所不愿，亦足破坏家族制度之基础也。按历代律法，对于家族制度维护甚力，如唐律对于祖父母、父母在而子孙别籍异财者徒二年；祖父母、父母令子孙别籍，及以子孙妄继人后者徒三年；养异姓男者徒一年；无者笞五十。清律对于乞养异姓义子以乱宗族者杖六十，若以子与异姓人为嗣者罪同，其千归宗，无子许令同宗昭穆相当之姓承继，先尽同父母亲，次及大功小功缌麻，如俱无者，方许择立远房及同姓为嗣，若立嗣之后生子，其家产与原子均分，妇人夫亡无子守志者，合承父分，须凭族长择昭穆相当之人继嗣，是皆以保持宗族团体勿使错乱崩溃为旨趣，又考虞书尧典，克明俊德，以亲九族。九族既睦，平章百姓，百姓昭明，协和万邦，黎民于变时雍，可知其时已知以家族团体为建设国家之基础。故圣人吹律定姓，以纪其族，必俟九族既睦，百姓昭明，国基既立，然后协和万邦，此从积极方面，有树立家族团体之必要。即就消极方面而言，如秦汉之律，对于谋反叛逆者，诛及九族，是一人犯罪，九族连坐，则同族之人必自相警戒，勿使犯罪。其稽核较漠不相关之集团为易，虽此制已不复见于今日，然若借家族团体以谋教育之普及，有一族之公欸可资补拨，欲谋良莠之清查，有各房之亲长可资考询，亦易为力也。余意如不欲维系家族团体则已，若欲继续维系家族团体，则宗祧继承仍不可废也。

（二）男女立法平等问题

男女平等问题，为二十世纪立法上一大争议，主不平等主义者，谓男女限于生理上之不同，不能立于同等地位；主平等主义者，谓男女同属人类，不能因生理之不同而有所轩轾，要知物之不齐，物之情也。男女地位固不能故为轩轾，而其职责与地位，则每限于生理上之关系，未可强之使同，譬之陆行宜车，水行宜舟，泥行宜撬，各有所宜，讵能强之使同乎。其所以不同者，并非视为不平等也，男女以生理之异，体力各别，在社会上所负职责，以及其他关系，不能不有所区别，益以婚姻制度确立室家原则，虽三从四德之义今已目为迂腐，而出入家庭之间，未可悉无异致。盖女子以出嫁而入男子家庭者为多，一入男子家庭，则须从夫姓，并以夫之住所为住所（参阅民法第一〇〇〇条及一〇〇二条），所生子女则从父姓，对于母家虽仍不失为血亲关系，但既入夫之家庭，其不能视为父母之宗祧继承人无论矣。即关于母族家庭间之关系，亦自较薄弱，所谓义务，在习惯上事实上仅有其名耳，若对于母家之权利仍与未离家庭之兄弟悉属平等，有财产继承之权，无养生送死之责，（此就习惯事实而言）不徒于事实上不无稍矣，而于理论上亦容有未洽，此其一。又关于贞洁之义务一点，从理论上立言，男女应平等，毫无讨论余地，但新刑律及旧刑法对于和奸罪，均仅罚有夫之妇，除因相奸关系外，不及有妇之夫，其理由计有三端，一因顾全家族团体，妻与他人通奸，有乱血统之疑虑；二因妻是嫁入夫家，处于夫族家庭之中，妻与他人通奸，有妨家庭之秩序；三因习惯上妻与他人通奸，夫之名誉有损，而夫与他人通奸，妻之名誉无关。三者皆为夫之所无，而为妻之所独有，故和奸罪以奸淫有夫妇女为限也。新刑法因妇女会迭次要求，为顾全男女平等之理论起见，特于第二百三十九条为兼使男女同负贞洁义务之规定。就男女平等之原则论，固无可非议，惟就现代社会之实际状况言，则女子殊不能因此获得永久的幸福。盖现代妇女尚多未能谋经济上之独立，经济不能独立，则仍非依赖男子以为生活不可，既须依赖男子以为生活，似不可立于孤独地位，若其夫偶有外遇，妻即执法以绳，夫虽因而获罪，足如妻之所愿。但期满出狱，夫妻感情既已破裂，势非演成离婚不可，离婚之后，妻之年龄尚轻者，犹可另行婚嫁，或自谋生活；如年已老矣，兼无自食能力，一经离婚，便失所依，一朝之忿，噬脐莫及。纵或不致离异，而家庭之幸福容无间然乎。在外国男女教育已获平等，妇女皆能独立谋生，社会组织已入于个人单位，家庭观念，甚为薄弱，夫妻之间，合则留，不合则去，或无上述痛苦，故男女贞洁义务平等之法律，殊不适宜于我国现代社会情况之下，此其二。上述两端为其荦荦大者，余可类推矣。

（三）养子代位及孀媳继产问题

依民法第一千一百四十条之规定，第一顺序之继承人有于继承开始前死亡或丧失继承权者，由其直系血亲卑亲属代位继承其应继分。是继承人于继承开始前死亡或丧失其继承权时，所能代位继承其应继分者，以其直系血亲卑亲属为限。如继承人为养子，于继承开始前死亡，无亲生子女，其生前若收有养子，能否代位继承其应继分，原有甲乙二说。甲说谓代位继承既明定以直系血亲卑亲属为限，养子女对于遗产之继承，虽其顺序与婚生子女同，但究非直系血亲，不能代位继承。乙说谓依民法第一千零七十七条之规定，养子女与养父母之关系，除法律另有规定外，与婚生子女同，既与婚生子女同，即当以准直系血亲论，应有代位继承权。惟最近司法院解释采用第一说，认养子女无代位继承之权，殆以所谓与婚生子女同者，仅就养父母与养子女之关系而言，代位继承者，是代位继承其养父母之父母遗产，故不能以类推解释而认为养父母亦同。然余意应先解决民法一千一百四十条中之"其"字，究是指继承人而言，抑是指被继承人而言。若是指被继承人而言，则代位继承者，非被继承人之直系血亲卑亲属不能代位继承；若是指继承人而言，则养子之子女虽认为非被继承人之直系血亲卑亲属，但对于继承人之关系，既与其婚生子女同，除应适用同法第一千一百四十二条第二项之限制外，应得代位继承其养父之应继分，其所以生此争议者，实因民法亲属编中对于养子女之身份规定稍欠明了也。又子于娶妻后死亡，父尤健在，其妻守志不嫁，若无亲生子女，至他日父亡而继承开始时，媳媳既无直接继承之权，而又无亲生子女代位继承所有遗产，只得由被继承人之父母或兄弟姐妹承受，而媳媳反不能依法继承，纵云依同法第一千一百四十九条之规定，由亲属会议依其所受扶养之程度酌给遗产，既云酌给，究非正分，衡之习惯人情，似有未当。盖在昔有宗祧继承之规定，得于身后择立嗣子以继承其遗产也。

（四）重婚效力问题

关于重婚之效力，有主自始无效者，有主于撤销后始失其婚姻效力者，前者谓重婚行为为破坏一夫一妻制度，原为法律所不许，乃属一种违反善良风俗之禁止行为，依据民法第七十一条及第七十二条之立法精神，违反善良风俗及禁止之规定者，应属根本无效，且若认为须撤销后始失其分，则凡在未撤销以前，或始终无人申请撤销，则配偶身份始终存在，岂非认一人同时有合法之二配偶乎？不徒与立法精神显有矛盾，而对于妻权之行使及遗产之继承，均将发生复杂之问题，故不如认为自始无效之为愈也。有主撤销后始失其婚姻效力者，谓婚姻既经举行正式仪式，依法即已成立，且每有因重婚而致前婚被离异，于前婚离异之后，重婚之婚姻地位即已不生任何问题，且在前婚姻消灭前，利害关系人对于重婚原得随时请求撤销，并无时期之限制。我国民法亲属篇即是采用此说，故未将重婚列入第九百八十八条之内，并于第九百九十二条特设得请求撤销之明文，余意为贯彻一夫一妻制起见，似以认为自始无效为宜也。

（五）妾之存废问题

欲贯彻一夫一妻之制度，当然不应有妾，是妾之存废问题，本无讨论之余地，惟有谓就吾国社会实际情形而论，妾之制度已产生于数千年前，不徒为习惯所认许，且为法律所明定，虽不适于理论，尚无背乎人情，数千年来所以能获存在之由，厥有多端。一为我国社会夙重宗祧，年老无子，每视为耻辱，而姓族之辈，每有因其无子而觊觎财产，致迭起阴谋者，亦时有所闻，如无置妾生子之法以图救济，则惟有谋与老妻离婚以图另娶，情节复杂，愈增纠纷，此其一。又或情场结合，或誓以终身，桑间濮上，动滋乎物议，欲求解决有方，厥为离婚是谋，若许夫妻合意以妾之名义相容纳，反足维持家庭和睦，此其二。他如妻方罹有不治重症，离婚则情感未破，勉合而人道常乖，若双方同意，不妨另置侧室，弭此缺憾，此其三。凡此数端，虽非决无解决之法，然若以得夫妻双方同意为条件，而许其置妾，似尚于国家体制，社会风俗，无甚妨碍云云。余意对于此说虽不无可以驳诘之理由，惟就实际而论，妾之名义虽不存在，而妾之事实仍未因新法之施行而有所灭减。盖依民法之规定，凡以永久共同生活为目的而同居一家者，视为家属，家长依法有扶养义务（参阅民法第一一二三条第三项及第一一一四条第四欵），又为被继承人生前所扶养之人，得酌给遗产，亦为民法所规定，是女人男家，虽无名分，亦可获受扶养，兼得分度遗产，谓非实际上之妾而何，其所异者，若非得妻之同意，能依刑法第二百三十九条之规定而诉追耳。是妾制之宜名誉俱存，或仅应废其名而存其实，不无讨论之余地也。

（六）养子年龄问题

依民法第一千零七十三条之规定，收养者之年龄应长于被收养者二十岁以上，其立法意旨无非以两者之年龄如不相称，则殊有失亲子之情，致召非分之讥。然究未可遇分限制，致收养易生障碍。盖在婚生子女，以社会普通情形而论，父母长于子女仅十六七或十七八岁者，事所常有。彼婚生子女，其年龄之相差，尚多有未及二十岁者，何必对于养父母之年龄必以长于二十岁为限，余意能长于十六岁以上斯可矣。

（七）利息限制问题

利率限制，年息不得过百分之二十，已为现行民法所规定，惟对于利息总额无明文限制。则自可随年月而增加，虽超过原本数倍，债权人亦有请求权，债务人不得拒绝履行。例如本金十元，年息百分之二十，至十年后，其利息将逾二千元，在债务人延欠十年不予清偿，当是因经济能力薄弱，无法履行。若更益以两倍以上之利息，则更不堪负累，故清律有"年月虽多不过一本一利"之限制，即为救济此种情形而设也。或谓利息债务请求权之时效仅为五年，过期即不得请求，五年之期至多不过与原本相等耳。故无另设限制明文之必要，但此仅就无特别约定之定期给付利息而言，按诸社会习惯，常有利随本还之约定者，每于借约内有"不拘期间远近本利一并算还"之声明，则该项利息请求权并非定期给付，应不能因五年间不行使而消灭，此项利息数额，似有限制之必要。

（八）合伙责任问题

依民法第六百八十一条之规定，合伙财产不足清偿合伙之债务时，各合伙人对于不足之额连带负其责任，此为保护合伙债权人之利益而设也。有谓此种负担连带责任之规定，殊有碍于各合伙事业之发展，盖合伙人中之资力不尽相等，且有相差悬殊者，若合伙人中均无充分资力，欲览一资力雄厚之人加入合伙，其人因怵于连带责任之负担，必不肯轻于投资，合伙事业常因而无由发展。故年来上海市商会迭有修改本条文之请求，欲改为各合伙人只负分担之无限责任，以便资力雄厚者易行加入为合伙人。此种修改之请求，虽不能谓无相当理由，然一方有利，则必一方有损，盖在投资合伙事业者固足减少危险，而在合伙债权人则必因而易滋疑虑。对于该合伙事业之信用，必因而无形低落，当亦有阻于合伙事业之发展也。此殊非两全之道，余意欲求两全之法，对于合伙人之责任仍当如该条之规定，应各负连带责任。惟为减少合伙人之危险起见，准许合伙人于任何状态之下请求退伙，不受民法第六百八十六条之限制，则资力雄厚之合伙人，如发现该合伙事业将有趋于危险之虞时，尽可即时退出。而在合伙债权人方面既有民法第六百九十条之保障（即合伙人退伙后，对于退伙前合伙所负之债务仍应负责），亦不致蒙受损失。庶几两无危险，于合伙事业之发展常无所阻碍矣。

（九）典当制度立法问题

典当为我国普遍于社会之事业，且为贫民之金融周转机关，关于利率之限制，危险之赔偿，以及其他关于保护取缔各事项，亟应有规定之法律，以资保障。而维贫民利益，乃遍查民法债物各编，并无关于典当之规定，盖典当既不能认为质权，又不能认为典权。盖质权及典权，纯为担保物权，典当虽同是以物品做担保，而贷与金钱，然就仅能没收担保品不能再向债务人追偿不足之数一点观之，显与质权不同。就限于以动产为标的一点观之，显与典权不同，是既非质权，又非典权，自不能于民法中求得适用之条文，不知立法当时是认典当制度不应存在，抑或欲于民法外另立单行法规，致未能列入于民法之中。就其制度而言，确足救济贫民间之金融周转，而为之解除一时之困苦，盖贫民身无资产，偶有急需，既不易向私人告贷，复无法向银行质抵，只得将日用衣物权作抵押，以贷与金钱，救其眉急，典当与贫民之关系于此可知矣。或谓营典业多属重利盘剥，等于欺罔诈骗，乘人之危，于法有背，应以不使存在为当。要知贫民若无此种金融流通机关，偶有急需，无处挪借，则必坐以待毙，其痛苦更所不堪矣。至云取利有背于民法上之法定限制者，其实该索取利息之中，尚含有保管及变卖物品费用在内，非纯属金钱上之利益，除去保管变卖各费，其纯利益当不致如表面所定利率之高也。

（十）不动产强制登记问题

不动产登记为解决不动产一切纠纷之最良制度，无可非议。惟就社会实际情形而言，登记制度虽施行已久，而人民每怵于手续之繁琐，或吝于费用之负担，或罔知利害，或坐视因循，于纠纷发生以前而实行登记者，寥寥无几。一旦涉讼法庭，虽明知产为彼有，苦于依法不得对抗，法院只得作违心之判决而已。此就施行已久之区域，犹不免有上述情形，其初次实施登记各处，法院裁判尤感困难。例如江北某法院于本年二月一日方实施登记，乡僻之区犹不知登记为何事，即城区亦罔知利害所关，坐视不前，狡黠之徒即利用此种机会，动以他人产业指作债务人所有，而请求法院查封拍卖，及所有权人提起异议之诉，又以不曾登记，未能对抗，忍气吞声，含冤莫白。此类之事，不一而足，救济之法，惟有实施强制登记耳。

（十一）检察制度之存废与扩充自诉问题

近年以来，废除检察制度或缩小检察组织之论调，已洋洋盈耳。其最大原因，谓检察官不能尽其职责，反足虚靡司法之上一部分经费，不如废除检察官或缩小检察组织，增加推事员额之为愈也，至指检察官不能尽其职责之点，约有三端。一为轻率起诉，二为不自动检举，三为不尽莅庭责任，试分别言之。所谓轻率起诉者，谓不详细侦查内容，而据以起诉塞责也，盖依照现行刑事诉讼制度，审判中无预审之规定，于审判以前，多赖检察官将证据搜查完备，事实讯问明了，方能期望审判迅速，免致被告长期羁押，且在侦查时搜集证据，每较审判中为便捷。如检察官怠于搜查证据，至审判中每因时移境迁，或物证业已湮灭，不易搜求，或人证已离原地，无从传集，不徒搜查不易，而且真相难明，抑或本无犯罪嫌疑，而检察官以职务繁忙，怠于探索，辄从概括认定。又如犯罪是否成立，检察官以学识不足，不敢轻于判断，辄以起诉塞责，此或由于检察官之职务繁忙，或由于检察官之学识不足有以致之，尚不足为检察制度根本不良之理由也。检察官之职务，就各地法院之实际情形而言，确甚繁忙。盖每一地院所配检察官，除通都大邑而外，大抵仅二三人。其重要任务，除办理侦查案件外，相验与莅庭皆足费去多数之时间，大抵相验之案多在乡区。近则竟日在还，远则须待隔日，每为相一命案，致搁置一二日间所分受之侦查案件，事所常有，此一二日所积压之案件尚未能办竣，而新受分配之案件已源源而来。倘于一星期或半月之内迭遇相验，日积月累，繁忙更甚。或为期限所迫，或为事势所驱，对于侦查案件，不能不求速结，欲求速结，则轻率起诉之事势所难免。此外除相验命案外，尚须莅庭。如每日有二三庭，全日时间已费去过半，其能专心用于侦查之时间，实属有限，此尤赖于监督长官，对于员额事务之分配，力求适当，务予以充分侦查案件之时间。其或有学识欠缺者，应随时考核，设法补救，务用皆恪称职之人也，方能免轻率起诉之弊。然以限于司法经费，各地方法院不徒员额过少，且多以候补人充任，监督长官亦难为无米之炊，敷衍了事，非制度之不良也。所谓不自动检举者，谓除因告诉、告发或发交而始予侦查之外，检察官不自行注意一般得知之犯罪事情，而自行侦查也。此则由于职务之繁忙者有之，由于不欲多事者有之，由于有所顾虑者亦有之。由于职务繁忙者已如上述，除相验所费时间外，对于因告诉、告发或发交案件之侦查，已虞日不暇给，更无余力以从事一般得知之事情中搜求犯罪矣。其不欲多事者，或自甘精神暇豫，或囿于多事不如省事之成见，大抵只求无过，不求有功，要以不勇于任何事之陋习为宗旨。余每以冷静之态度，观察过去及现在之公务人员，其经验宏富办事干练者，多已濡染官僚习气；而初入仕途毫无经验者，虽勇气较佳，又率多不明办事手续；对于官僚者，只求注意于应酬钻营，甚少为事务谋进展。换言之，即勇于为官而怠于任事，勤于表面敷衍，而忽于实际工作，以为身任公职不过如是耳。其由于有所顾虑者，则多因犯罪者或为党政要人，或幕后有所倚恃，或为情面所关，或因投鼠忌器。必具有大无畏之精神，不可夺志之气节，始能一往直前，而结果如何仍不可知也。所谓不尽莅庭责任者，谓检察官莅庭已成告朔之饩羊，对于陈述意旨，辄云犯罪事实已见起诉书状，对于陈述辩论意见，辄云案经询问明了，请即依法判决。此虽不能悉指全国各级法院检察官而言，然如是者确在十之八九以上。推厥其由，有由于时间不及分配，仅于初次开庭及辩论开始时始匆匆一莅止者；有由于讯供时怠于注意，俟坐庭席假寐以俟者；有不欲与辩护人互相争论致费精神者；而内地各法院，尚有于无律师出庭案件始终不莅庭，仅由书记官代为记录例诏者，恐亦在十之八九以上。但余就经验所及，对于此点应从根本立论，按检察官莅庭之本旨，在代表国家维持法律威信，行使公诉权力，与被告之利益无多关系。若必使检察官恪尽辩论之职责，自非令其于开庭期日始终出庭不可，但刑庭推事若有数人同时开庭，则须有同数之检察官同时莅庭，无论检察官与刑庭推事不必有同一之人数。纵有同一之人数，亦必有因相验而离院者，有因侦查而开庭者，断难悉数令其莅庭。如悉数莅庭，而其余职务更有何时间以资办理，势非有多于刑庭推事之检察官员额，不能办到，于今日实行缩小检察官组织之下，人员已日渐减少，欲其每案始终莅庭，当为事实所不许也。

以上仅就时人不满于检察官制度之情形言之，至检察制度之在根本上有无废除之可能，则与扩充自诉问题有关。自旧刑事诉讼法试行自诉制度以来，初仅限于告诉乃论之罪及初级案件之直接侵害个人法益者，始得提起自诉。至现行刑事诉讼法加以扩充，凡因犯罪而被害者，除对于直接尊亲及配偶外，均得提起自诉。则除关于国家社会法益中，须以个人为犯罪之直接被害者为限始得提起自诉外，凡侵害个人法益者，皆得提起自诉，是自诉范围可谓广矣。在表面上检察官所受案件似当减少，而实际上自新法施行以后，被害人直接向法院提起自诉者，尚未见特别增多，故检察官之职务尚甚繁忙。近日司法行政部为使被害人施行自诉起见，曾通令各级法院检察官于接收告诉状时，遇有合于自诉条件者，应代为涂改受状机关，以之移送法院作自诉受理。而事实上或因自诉人之不愿自诉，或因检察官之未能遵照办理，实行移送者仍属无几，是于现代情形之下，不徒废除检察制度为不可能，则缩小检察官组织尚须考虑。至如何缩小检察组织，一为裁减检察官员额，一为将检方之行政事务完全移归院方办理。前者之能否实现，当先设法减少公诉案件，使被害人全体均向法院自诉。欲减少公诉案件，尚非专使被害人实行自诉所能有效。盖检阅各级法院公诉案件，除合于自诉条件者外，其是侵害国家社会法益者尚不在少数，非再行扩充自诉范围不为功。例如诬告罪，一方面为侵害国家法益，而一方面为侵害个人法益，依照现行法例，不得提起自诉，将来扩充自诉范围，即当加入于得自诉之列，且更须修改自诉法条之得自诉为应自诉，则检察官所受案件必大为减少。此外对于自诉案件应废除检察官担当诉讼及出庭陈述意见之规定（参阅刑事诉讼法第三百二十二条及第三百二十三条），则裁减检察官员额之计划方能实现。至检方行政事务，依照现行组织，除已将会计统计部分移归院方办理外，关于对外行文事项，监督指挥院内法警事项，均仍由检方办理。若检方检察官员额缩至一人时，其余人员亦当减少。对外行文及指挥执行刑罚，亦当以院长名义行之，则检察官仅于院内行使职权，类于庭长地位而已。

使检察组织缩至上述情形，原为事实上所可能，但有应讨论者，检察组织缩小之后，自诉范围自应扩充，究竟自诉于极端扩充之后，其利弊若何，亦不可不予顾及。试就自诉实行后之情形观之，有不能已于言者，即审判自诉之程序应与审理公诉之程序稍异。在刑事诉讼条例时期，原无自诉规定，故只有审理公诉程序，而无审理自诉程序。旧刑事诉讼法以自诉范围甚小，亦未尝顾及自诉之审理，仅有关于自诉之大体规定，于审理程序无所增设，现行刑事诉讼法既已将自诉范围扩充，对于自诉之审理，原应设特别程序，乃亦未能及此，殊滋遗恨。盖公诉为已经过侦查程序之案件，一经起诉到院，自可正式传审。在自诉案件，是由当事人初次呈诉，究竟所诉事项是否构成犯罪，时效是否完成，以及证据之有无，事实之真伪，皆未曾经过讯问审查。若仅凭一面之词，据尔公开法庭，视为被告，从事审问，则纵属纯良无瑕可指之公正绅士。或于社会甚有名誉地位之任职人员，因被人敲诈不遂，以提起刑事诉讼为报复条件。审判之结果虽获谕知无罪，而报章宣布，亲友传述，名誉地位已受其影响。甚至专以敲诈为业者，一不遂所欲，动轻撷拾一二类似犯罪嫌疑之事实，或纯以不涉犯罪之行为，拉杂成篇，具状自诉，轻轻一纸，而刑事被告之头衔已加诸其人之身矣。此类案件，若向检察官告诉，一经秘密侦查，早已为不起诉处分，当不致公开法庭与传讯为被告也。则被告之拖累可免，而奸人之惯技不售，今既许其进行自诉，则应于公开审理之前，得先经过类于侦查或预审之程序。如认为确无犯罪嫌疑，可不待传讯被告，进行予以无罪之判决，或为不须审理之裁定。纵或稍有嫌疑，亦不妨先行秘密讯问，然后公开法庭审理，此为异于公诉审理之程序，而为自诉程序中所必不可缺者也。

东吴法学先贤文录编辑人员名单

总主编：

胡玉鸿

各分卷主编：

法理学卷：孙莉

法律史卷：方潇

宪法学、行政法学卷：上官丕亮、黄学贤

民事法学卷：方新军、胡亚球

刑事法学卷：李晓明、张成敏

商法、经济法、社会法学卷：李中原、朱谦、沈同仙

国际法学卷：陈立虎

司法制度、法学教育卷：胡玉鸿、庞凌

录入人员名单

魏琪	邢凌波	殷凯凯	吴思齐	马健博	张昊鹏	倪文琦	陈萍
梁艳茹	安子靖	张基晨	施嫣然	袁小瑛	戚小乐	陈康嘉	臧成
苏峰	王杏	许瑞超	张盼盼	刘鑫建	刘文丽	安冉	张秀林
陈雯婷	蒋超	钱佳	张琦	崔皓然	陈钰炅	惠康莉	唐奥平
马敏	徐湘云	赵琪	吕森凤	孙蓓蕾	姜瑛	胡寒雨	张尧
阴宇真	王晓宇	李婉楠	卢怡	柳一舟	丁楚	孙浩	宋鸽
李臣锋							

校勘人员名单

魏琪	邢凌波	殷凯凯	吴思齐	倪文琦	张昊鹏	张盼盼	金徐珩
陈雯婷	钱佳	蒋超	崔皓然	陈钰炅	唐奥平	徐湘云	赵琪
吕森凤	姜瑛	张尧	卢怡	丁楚	王春雷	韩进飞	孙浩
宋鸽	刘冰捷	杨丽霞	李臣锋				